STUDIEN ZUR ZEITGESCHICHTE BAND 16

Herausgegeben vom Institut für Zeitgeschichte

ILSE UNGER

Die Bayernpartei

Geschichte und Struktur 1945

1979
DEUTSCHE VERLAGS-ANSTALT STUTTGART

Lektorat: Christoph Weisz

CIP-Kurztitelaufnahme der Deutschen Bibliothek

Ilse Unger
Die Bayernpartei;
Geschichte und Struktur 1945–1957. –
Stuttgart: Deutsche Verlags-Anstalt, 1979
(Studien zur Zeitgeschichte; Bd. 16)
ISBN 3 421 01939 8

© 1979 Deutsche Verlags-Anstalt GmbH, Stuttgart.
Umschlagentwurf: Edgar Dambacher.
Satz und Druck: Brönner & Daentler KG, Eichstätt.
Printed in Germany. ISBN 3 421 **01939 8**

Inhalt

Verzeichnis der Tabellen, Grafiken und Karten 7

VORWORT 9

TEIL A VORAUSSETZUNGEN 11

I. Bayern 1945 – Restauration oder Neubeginn 11
II. Partikularistische und föderalistische Parteien und Interessen 18

TEIL B STRUKTUREN 31

I. Entwicklung der Bayernpartei vom Eintritt Baumgartners bis zur Viererkoalition 31

II. Verbandsstruktur und Organisationspolitik 40

   1. ‚Volksbewegung' als ‚Massenpartei' 41
      Die erste Satzung von 1948 41 – Parteiaufbau 43 – Zerrüttung 45 – Organisation als Propagandainstrument 48 – Ausschüsse 52 – Ärztegruppe 54 – Kulturrat 55 – Wirtschaftsbeirat 56

   2. ‚Wahlagentur' und ‚Heimatverein' 57
      Die Satzung von 1951 58 – Landesversammlung 58 – Landesausschuß 60 – Landesleitung 62 – Folklore statt Organisation 64

   3. Jugendorganisationen 68
      Studentengruppe 68 – Jungbayern-Bund 69

III. Sozialstruktur 71

   1. Mitglieder 71
      Mitgliedschaft 1946–1955 71 – Mitgliederentwicklung – Vergleich zu CSU und SPD 72 – Regionale Verteilung 74 – Entwicklungsphasen in der Bayernpartei und ausgewählter Gliederungen 75 – München 78 – Mitgliederbewegung von Bayernpartei und CSU in Niederbayern 78 – Konfession 79 – Anteil weiblicher Mitglieder 81 – Berufliche Gliederung und soziale Schichtung 81 – Funktionäre 84 – Mandatsträger 86 – Mandatsbewerber 87

   2. Wähler 93
      Wählerbewegung 94 – Exkurs: Kommunalwahlen und Wahlbündnisse 96 – Regionale Schwerpunkte 99 – Stadt-Land-Verteilung 102 – Wirtschaftliche Struktur 104 – Konfession 105 – Heimatvertriebene als Wahlfaktor 108 – Wählertraditionen 110

IV. Finanzierung 113
   1. Finanzierung und Organisation 114
      Finanzierung unterer Gliederungen 114 – Oberbayern 115 – Bezirksverband Traunstein-Land 117 – Finanzielle Abhängigkeit der Kreisverbände 118 – Finanzierung des Landesverbands 119
   2. Verflechtung von Geld und Politik 126
      Dunkle Kanäle und Affären – Bürgerblockbildung in der frühen Ära Adenauer 126 – Der Fall Messmer 127 – Der Fall Schmidhuber 128 – Spiegelausschuß 130 – Außensteuerung durch Industriefinanzierung 131 – Einflußnahme der Fördererverbände der Industrie 133

TEIL C ENTWICKLUNGEN 138
   I. Aufstieg als ‚bayerische Volksbewegung' gegen die Gründung einer Bundesrepublik 138
     1. Außen- und innenpolitische Faktoren 138
     2. Programm und Praxis 141
     3. Weißblaue Querverbindungen – zur Rolle Fritz Schäffers 150

   II. Zersplitterungstendenzen – die Bayernpartei von den Bundestagswahlen 1949 bis zur Bildung der Viererkoalition 154
     1. Bayernpartei und CSU – Verflechtungen und Gegensätze . . . 156
     2. Bayernpartei und katholische Kirche 168
     3. Bayernpartei und monarchistische Organisationen 172
     4. Bayernpartei und Bayerischer Bauernverband 174

   III. Scheitern der Bayernpartei an der Viererkoalition 179
     1. Bildung und Ziele der Viererkoalition 180
       Koalitionsverhandlungen 180 – Bayernpartei und Ziele der Viererkoalition 186
     2. Die Bayernpartei im Kabinett Hoegner 189
     3. Zersetzung der Viererkoalition und die Isolation der Bayernpartei 191
       Spielbanken-Untersuchungsausschuß 192 – Abwerbungsversuche der CSU 194 – Wahlbündnisse zu den Bundestagswahlen 1957 196 – Austritt aus der Viererkoalition 200

Anmerkungen 205

Quellen- und Literaturverzeichnis 280

Abkürzungen 292

Personenregister 294

Verzeichnis der Tabellen, Grafiken und Karten

Tabelle 1:	Vergleich der Mitgliederbewegung von SPD, CSU und Bayernpartei 1947 und 1949	72
Tabelle 2:	Gesamtmitgliederentwicklung der Bayernpartei 1948–1955	73
Tabelle 3:	Regionale Schwerpunkte der Bayernpartei-Mitglieder im Vergleich zur CSU	74
Tabelle 4:	Anteil der Regierungsbezirke an der Gesamtmitgliedschaft von Bayernpartei und CSU	74
Tabelle 5:	Zahl der Einwohner pro Mitglied bei der Bayernpartei und CSU	75
Tabelle 6:	Anteil der Kreisverbände an der Gesamtmitgliedschaft/Mitgliederdichte/Zahl der Einwohner pro Mitglied	76
Tabelle 7:	Sozialstruktur, Mitgliederzahl und Organisationsdichte der Bayernpartei im Regierungsbezirk Oberfranken 1950 . . .	80
Tabelle 8:	Anteil der Frauen an der Gesamtmitgliedschaft 1949 . . .	81
Tabelle 9:	Sozialstruktur von Bayernpartei-Mitgliedern 1954	82
Tabelle 10:	Soziale Schichtung der Bayernpartei	84
Tabelle 11:	Soziale Strukturierung der Parteiführung in der Bayernpartei	85
Tabelle 12:	Soziale Strukturierung der gewählten Vertreter der Bayernpartei	86
Tabelle 13:	Kandidaten bei den Stadt- und Kreistagswahlen 1948 . . .	88
Tabelle 14:	Bewerber zum Kreistag Rosenheim 1956	89
Tabelle 15:	Soziale Stellung der Kandidaten für Bundestag und Landtag 1949–1958	90
Tabelle 16:	Soziale Strukturierung der Landtagskandidaten der Bayernpartei 1950–1962 nach Regierungsbezirken	91
Tabelle 17:	Soziale Strukturierung der Landtagskandidaten nach Regierungsbezirken 1950–1958	92
Tabelle 18:	Altersstruktur der Kandidaten der Bayernpartei für Bundes- und Landtag 1949–1958	93
Grafik 1:	Wahlbeteiligung und Stimmenanteile der Parteien bei den Landtags- und Bundestagswahlen in Bayern 1946–1962 . .	95
Karte 1:	Bayernpartei in den Kommunalwahlen 1948 . . . nach	96
Karte 2:	Bayernpartei in den Bundestagswahlen 1949 . . . nach	96
Karte 3:	Bayernpartei in den Landtagswahlen 1950 . . . . nach	96
Karte 4:	Bayernpartei in den Bundestagswahlen 1953 . . . nach	96
Karte 5:	Bayernpartei in den Landtagswahlen 1954 . . . . nach	96
Karte 6:	Föderalistische Union in den Bundestagswahlen 1957 nach	96
Grafik 2:	Wahlbeteiligung und Stimmenanteile der Parteien bei den Kommunalwahlen 1946–1960	97
Grafik 3:	Einbruch in die CSU-Wählerschaft durch Gründung der Bayernpartei	99

Tabelle 19:	Die regionale Verteilung der Bayernparteiwähler in den Bundestagswahlen 1949–1953	100
Grafik 4:	Entwicklung des Anteils der Wahlvorschläge, der Falschwähler und der Nichtwähler an den zu vergebenden Stimmen in den Regierungsbezirken Bayerns bei den Landtagswahlen von 1950–1958	101
Tabelle 20:	Die Wahlergebnisse in Traunstein-Stadt	102
Tabelle 21:	Anteil der Stadt- und Landwähler in den Bundestags- und Landtagswahlen 1949–1958, Vergleich Bayernpartei, CSU, SPD und BHE	103
Tabelle 22:	Stimmen in den Landkreisen mit starker landwirtschaftlicher Durchsetzung (ohne kreisfreie Städte) in den Landtagswahlen 1950	104
Tabelle 23:	Stimmen in den Stadt- und Landkreisen mit überwiegend industrieller Bevölkerung (ohne kreisfreie Städte) in den Landtagswahlen 1950	104
Tabelle 24:	Konfessionelle Zusammensetzung der Wahlkreise und BP-Wahlergebnisse 1949 und 1950 (Vergleich)	105
Tabelle 25:	Abstimmungsergebnis und konfessionelle Gliederung der Gemeinden in Bayern	105
Tabelle 26:	Sozialstruktur und Wahlerfolg der Bayernpartei im Regierungsbezirk Oberfranken	106
Tabelle 27:	Ergebnis der Landtagswahlen 1950, gegliedert nach dem Anteil der Flüchtlinge an der Wohnbevölkerung insgesamt (in v. H. der gültigen Stimmen)	107
Grafik 5:	Wahlergebnisse von CSU, BP und BHE und Anteil der Flüchtlinge an der Wohnbevölkerung in Landkreisen, Landtagswahl 1950	108

Vorwort

Die vorliegende Arbeit wurde von Herrn Prof. Dr. Waldemar Besson im Rahmen eines Forschungsprojekts zur Nachkriegsentwicklung in Bayern in Verbindung mit dem Institut für Zeitgeschichte und der Stiftung Volkswagenwerk angeregt. Für die Betreuung der Arbeit gilt mein Dank Herrn Prof. Dr. Kurt Lenk und Herrn Prof. Dr. Gotthard Jasper. Die Arbeit wurde im Frühjahr 1977 von der philosophischen Fakultät der Universität Erlangen-Nürnberg als Dissertation angenommen. Für die Druckfassung mußte die Arbeit erheblich gekürzt werden; für Kürzung und redaktionelle Straffung danke ich Frau Dr. Jutta Weisz. Dem Institut für Zeitgeschichte danke ich für langjährige Unterstützung, den Mitarbeitern und Freunden im Institut für viele Anregungen und vor allem auch Aufmunterung. Auch die ehemaligen Mitarbeiter des von der Stiftung Volkswagenwerk geförderten „Bayernprojekts" haben mich durch manche Ratschläge und Hinweise unterstützt, vor allem Herr Dr. Dietrich Thränhardt und Herr Prof. Dr. Wolf-Dieter Narr.
Die Arbeit hätte in dieser Form nicht geschrieben werden können ohne die Aufgeschlossenheit und Hilfsbereitschaft der Landesgeschäftsstelle der Bayernpartei, die mir Unterlagen und Archiv bereitwillig zur Verfügung stellte. Besonders herzlich danken möchte ich Frau Lilly Baumgartner und Frau Magda Fischbacher, die mir die Nachlässe der Parteivorsitzenden Prof. Dr. Josef Baumgartner und Dr. Jakob Fischbacher großzügig überließen.
Auch der Münchener Volkshochschule, insbesondere Herrn Direktor Dr. Franz Rieger, bin ich sehr verbunden, daß sie die Abfassung der Dissertation mit einer einjährigen Beurlaubung zur Wahrnehmung eines Graduiertenstipendiums gefördert haben.

TEIL A VORAUSSETZUNGEN

I. Bayern 1945 — Restauration oder Neubeginn

In der Reaktion auf den Zentralismus des Dritten Reiches und auf seine vermeintlich preußischen Wurzeln zeigten sich unmittelbar nach dem Ende des Zweiten Weltkriegs in Deutschland antipreußische oder antizentralistische bis hin zu separatistischen Tendenzen, so etwa in Schleswig-Holstein[1], im Rheinland[2], in Baden[3], in Niedersachsen[4] oder Bayern. Hielten sich aber derartige Strömungen in den meisten Regionen nur vorübergehend auf der politischen Bühne, so erwiesen sie sich in Niedersachsen und Bayern als sehr dauerhafte und gewichtige politische Kräfte. Insbesondere in Bayern wuchsen diese Neigungen bald über den Status politischen Sektierertums hinaus. Föderalistische bis separatistische Bestrebungen hatten Anhänger in der CSU, aber auch vereinzelt in der SPD und sie fanden in der Bayernpartei die aktivste Verfechterin.

Die Artikulierung bayerischer Sonderinteressen ausschließlich auf einen zeitspezifischen wirtschafts- und ernährungspolitischen Egoismus zurückzuführen, beziehungsweise sie als Reflex auf die ins Land einströmenden Flüchtlinge zu erklären, erweist sich im Hinblick auf die in vielem vergleichbare Situation nach dem Ende des ersten Weltkriegs als zu oberflächlich. Sicher hatten auch damals der Wunsch, den Versorgungsschwierigkeiten der Nachkriegsjahre zu entgehen und zuerst die Ernährung der einheimischen Bevölkerung sicherzustellen, und der Versuch, die Lasten des verlorenen Krieges nicht mittragen zu müssen, partikularistische und separatistische Gedankengänge bestärkt. Aber schon 1918 begründeten bayerische Politiker ihre Forderungen mit spezifisch bayerischen Interessen. Daher sollte man zum Verständnis der bayerischen Sonderbestrebungen nach 1945 die historisch gewachsenen Traditionen des Landes in genügender Weise berücksichtigen.

In den bayerischen Kernlanden war der vom Wittelsbacher Herrscherhaus, von Stammestradition und Katholizismus getragene Wille zur Erhaltung der bayerischen Staatlichkeit besonders ausgeprägt, während er in den nach 1803 hinzugekommenen Gebieten mit relativ starker protestantischer Bevölkerung kaum vorhanden war. Die Regierung Max I. und Montgelas' verstand es jedoch, mit Hilfe der Constitution von 1808 die in den bayerischen Staatsverband neu hineingenommenen Territorien und ihre Standesherren in eine bayerische „Staatsnation" zu integrieren[5]. Die katholischen und staatsbewußten Altbayern formierten sich erstmals nach der Niederlage Österreichs bei Königgrätz[6]. Im Gegensatz zur liberalen bayerischen Regierung schien ihnen ein kleindeutsches Reich unter der Führung des protestantischen Preußen unannehmbar. Der politische Katholizismus in Bayern erhoffte damals die Schaffung eines von Österreich geführten großdeutschen Reiches, zumindest aber den Zusammenschluß der deutschen Mittelstaaten zu einer von Bayern dominierten dritten Kraft zwischen Preußen und Österreich[7].

Nach der Gründung des Norddeutschen Bundes entwickelte sich in Altbayern und im katholischen Schwaben eine oppositionelle Bewegung, die sich in Bauernvereinen und Katholischen Casinos lose organisierte. Diese bildeten die Keimzellen der Bayerischen Patriotenpartei, die sich lediglich als Parlamentsfraktion konstituierte und über kein detailliertes Programm verfügte[8]. Ausschließlich zur Erhaltung der staatlichen Selbständigkeit Bayerns gegründet, war sie zudem Sammelbecken einer „breiten katholisch-konservativ-großdeutschen Strömung im Lande"[9]. Doch auch in Bayern regte sich kleindeutsch-nationale Begeisterung für die Erfolge Bismarcks, ja selbst Teile des Klerus traten für die Reichsgründung ein. Die Patriotenpartei verlor an politischem Gewicht und schloß sich als Bayerische Zentrumspartei dem Reichszentrum an.

Partikularistische Neigungen brachen erst wieder auf, als bäuerliche Kreise sich 1893 aus Unzufriedenheit mit der Landwirtschaftspolitik des Zentrums im Bayerischen Bauernbund eine eigene politische Vertretung schufen[10]. Während das bayerische Zentrum zunehmend auf die betont nationale Linie der Gesamtpartei einschwenkte, mußten die Christlichen Bauernvereine unter Georg Heim, die am Zentrum orientiert waren, nun ebenfalls betont partikularistisch auftreten, um mit dem Bauernbund konkurrieren zu können[11]. Der Bauernbund trat in der Auseinandersetzung mit den Bauernvereinen teilweise antiklerikal und liberal auf; sein linker Flügel zeigte – besonders unter dem politischen Einfluß der Brüder Gandorfer – antimonarchistische und sogar sozialistische Tendenzen[12].

Auch die bayerische Sozialdemokratie unter Georg von Vollmar setzte sich gegenüber dem preußischen Militarismus ebenso wie gegenüber dem Zentralismus der norddeutschen Parteigenossen für eine relative Selbständigkeit Bayerns innerhalb des Reichs ein.

Während des Ersten Weltkriegs machte sich in Bayern unter der Zivilbevölkerung und unter den Soldaten eine Unzufriedenheit breit, die sich zunächst gegen die angebliche Benachteiligung Bayerns durch den preußischen Norden und den kriegsbedingten Wirtschaftszentralismus richtete, in die aber in zunehmendem Maße auch der König und die Regierung miteinbezogen wurden[13]. Im Angesicht der militärischen Niederlage gewannen bayerisch-eigenstaatliche Bestrebungen wieder an Bedeutung. Der Umsturz von 1918 war nicht, wie später von konservativen Politikern und Historikern behauptet, ein Akt der „Überrumpelung durch landfremde Elemente"[14], sondern vielmehr ein „Endprodukt der dramatischen Zuspitzung der innerbayerischen Entwicklung seit 1916"[15]. Bayerns erster republikanischer Ministerpräsident, Kurt Eisner, verfolgte, wenn auch mit völlig anderen politischen Motiven und Zielsetzungen als seine Vorgänger im Amt, eine Politik der Sonderstellung Bayerns gegenüber dem Reich[16]. Freilich konnte er seine Vorstellung von der föderalistischen Neuordnung des Reiches in Form der Vereinigten Staaten von Deutschland nicht verwirklichen.

Wenige Tage nach dem Sturz der bayerischen Monarchie bereits organisierten sich – auch in Reaktion auf die revolutionären Ereignisse – die katholischen Konservativen und gründeten in Regensburg die Bayerische Volkspartei[17]. Die neue Partei griff bewußt auf die Tradition der Bayerischen Patriotenpartei zurück und setzte sich nicht allein durch die Namensnennung von der Zentrumspartei ab. 1920 kündigte sie sogar die Arbeitsgemeinschaft mit dem Zentrum im Reichstag auf[18].

Von der Beseitigung der bayerischen Räterepublik bis zum Scheitern des Hitler-Putsches bestimmten in Bayern diejenigen Gruppierungen die Politik, die die Weimarer Republik und die parlamentarische Demokratie ablehnten. In der Vorstellungswelt der zahlreichen gegenrevolutionären Parteien, Vereine und paramili-

tärischen Verbände, aber auch in der politischen Konzeption der von der BVP getragenen Regierungen, kam Bayern eine „Ordnungszellen"-Funktion zur Gesundung des Reichs zu[19].
Mit dem Sturz der Wittelsbacher Dynastie war die monarchische Gesinnung im Lande keineswegs verschwunden. Die Realisierung der weitverbreiteten Restaurationserwartungen wurde aber von den tragenden Kräften der bayerischen Politik als ein möglicher Endpunkt, und nicht als Voraussetzung der gegenrevolutionären Entwicklung betrachtet. Es trat zwar im November 1919 eine Bayerische Königspartei mit einem Aktionsprogramm an die Öffentlichkeit, doch verfügte diese Gruppierung kaum über einen nennenswerten Anhang. Sie zerfiel rasch aufgrund von programmatischen und persönlichen Streitigkeiten. Im Programm der Königspartei wurden die Bayern als ein Volk bezeichnet, das in einer Zeit um seine Selbständigkeit betrogen werde, in der andere Völker freie Selbstbestimmung verlangten und erhielten. Bayern dürfe nicht zu einer preußischen Provinz erniedrigt werden, sondern müsse als „freies Königreich soweit es nur immer möglich ist, innerhalb unseres großen deutschen Vaterlandes" bestehen können. Innenpolitisch forderte die Königspartei, die „Willkürherrschaft des Parlaments" durch Einführung einer Ständekammer und des Volksentscheids einzudämmen[20]. Ein am 15. März 1921 gegründeter Bayerischer Heimat- und Königsbund konnte, nicht zuletzt dank der Unterstützung durch die BVP und die Deutschnationalen, rasch ein dichtes Netz von Ortsgruppen und Kreisverbänden über ganz Bayern spannen[21]. Der Bund war nicht separatistisch, sondern betont föderalistisch. Er zählte 1927 65 000 Mitglieder und erreichte 1932/33 mit 70 000 seine höchste Mitgliederzahl[22]. Neben dem Heimat- und Königsbund blieb ein separatistischer Bayernbund, dessen Gründer auch eine „Bayernpartei gegen Berliner Zentralisation" ins Leben rief, völlig ohne Bedeutung[23].
Nach dem Scheitern des Hitler-Putsches gab die bayerische Regierung die Politik des offenen Konflikts mit dem Reich zugunsten einer „stark gouvernemental gehaltenen föderalistischen Revisionspolitik"[24] auf und gab den Anstoß zu der großen Reichsreformdiskussion zwischen 1924 und 1930[25]. In ihrem Bamberger Programm von 1920 trat die BVP sowohl für die Reform der Reichsverfassung wie auch für eine Umgestaltung der bayerischen Verfassung ein. Die wichtigsten Änderungsvorschläge – sie wurden 1945 von Vertretern des bayerischen Föderalismus erneut vorgebracht – betrafen die Einführung einer zweiten Kammer und eines Staatspräsidenten „zur Stärkung der bayerischen Staatspersönlichkeit, zur Hebung der Staatsautorität und zur Heilung eines überspitzten Parlamentarismus"[26]. Die Bejahung von Demokratie und Parlamentarismus blieb in der BVP vordergründig. Demokratie wurde von ihr in erster Linie als Prinzip föderalistischer Saatsgestaltung verstanden. Daß sich die föderalistischen Prinzipien in der parlamentarischen Demokratie der Weimarer nicht durchsetzen konnten, wurde dem demokratischen Pluralismus und dem Sozialismus angelastet.
Trotz des antisozialistischen Grundkonsenses bestanden in Bayern tiefgreifende Gegensätze im Verhältnis zwischen den katholisch geprägten Konservativen und den Nationalsozialisten, vor allem was die Stellung der Länder zum Reich, die Kirchen- und Kulturpolitik betraf. Nach 1933 motivierte die Verwurzelung im „weiß-blauen" Milieu nur wenige zum aktiven Widerstand[27]. Aus Mitgliedern des aufgelösten Heimat- und Königsbundes fand sich eine Gruppe Königstreuer

unter Führung des Freiherrn von Harnier zusammen, um die Treue zum Haus Wittelsbach durch Verteilung antinationalsozialistischer und monarchistischer Flugblätter zu wecken bzw. wach zu halten. 1939 wurden 125 Mitglieder dieses sozial breit gestreuten Kreises verhaftet[28].

Die sich abzeichnende Niederlage Deutschlands ermutigte während des Zweiten Weltkriegs das Hervortreten von Widerstandskreisen, deren Intentionen vornehmlich auf die Errichtung eines unabhängigen bayerischen Staates gerichtet waren. So legte z. B. eine Bayerische Heimatbewegung in einem 1943 von Gebhard Seelos und Otto Hipp verfaßten „Bayerischen Memorandum" ihre politische Konzeption nieder. Das Memorandum verfolgte den politischen Zweck, den Alliierten gegenüber jegliche originäre Verbindung zwischen Bayern und dem Nationalsozialismus zu leugnen: „Deutschland konnte nur dem Nationalsozialismus völlig verfallen, weil Preußentum und Nationalsozialismus das gleiche bedeuten. Die Ausrottung des Nationalsozialismus bedeutet für die Bayern die Beseitigung alles Preußischen aus Bayern."[29] In enger Verbindung mit der Bayerischen Heimatbewegung stand die Freiheitsaktion Bayern, – ein letzter, verzweifelter Umsturzversuch am 27./28. April 1945. Nach der Besetzung der Sendeanlagen verkündete die Freiheitsaktion, deren Führer der Wehrmacht angehörten, daß sie die Regierungsgewalt übernommen habe, und rief zur Befreiung des bayerischen Heimatbodens auf. Die Aktion brach nach zwei Tagen zusammen, ihr Ziel einer kampflosen Übergabe Münchens an die Amerikaner hatte sie jedoch erreicht[30]. Sowohl Angehörige der Bayerischen Heimatbewegung wie Angehörige der Freiheitsaktion Bayern finden sich später als Mitglieder der Königspartei, der CSU, vor allem aber der Bayernpartei[31].

Das Ende des Zweiten Weltkrieges bedeutete für Deutschland nicht nur wie 1918 die totale militärische Niederlage. Vielmehr gingen mit der bedingungslosen Kapitulation des Deutschen Reiches Regierungsgewalt und sämtliche Verwaltungskompetenzen auf die vier Besatzungsmächte über. Bayern kam als fast geschlossene territoriale und verwaltungsmäßige Einheit[32] unter amerikanische Besatzung. Die amerikanische Militärregierung sah ihre Aufgabe zuerst und vor allem darin, das administrative Chaos zu beseitigen und eine geordnete Verwaltung zu etablieren. Die ersten Schritte zum Aufbau der Verwaltung verliefen konzeptionslos und disparat und hingen von der Persönlichkeit des jeweiligen Chefs der örtlichen Militärregierung ab. Als in Bayern die erste deutsche Regierung auf Landesebene eingesetzt wurde, griff Colonel Charles Keegan auf eine schon früher – etwa bei der Besetzung Aachens – geübte Praxis zurück, bei der Personalauswahl für Verwaltung und Regierung die Kirchen um Rat zu fragen. Die Kirchen, die katholische mehr als die protestantische, galten als Hort des Antinationalsozialismus. So wurde auf Vorschlag von Kardinal Faulhaber, dessen mutige Predigten gegen den Nationalsozialismus außerhalb Deutschlands bekannter waren als seine antidemokratischen Äußerungen der Weimarer Zeit, sowie auf Empfehlung des während der NS-Zeit der Bekennenden Kirche angehörenden evangelischen Bischofs Meiser am 28. Mai 1945 Fritz Schäffer zum ersten bayerischen Ministerpräsidenten ernannt.

Schäffer wurde von der Militärregierung vor die Aufgabe gestellt, einerseits die Zivilverwaltung in Bayern wieder aufzubauen, und andererseits die Entnazifizierung durchzuführen. Schäffers politisches Konzept ging über diesen Auftrag hinaus. Anknüpfend an die föderalistische Konzeption der BVP, dachte er daran, während

seiner Amtszeit den Grundstein für eine völlige Neuordnung des Verhältnisses Bayern – Reich legen zu können. Hier bot ihm das Fehlen einer Reichsregierung – auch wenn er eine Separierung Bayerns nicht anvisierte – die Möglichkeit, die Zuständigkeiten der bayerischen Regierung zu erweitern und die Verluste, welche Bayern in der Weimarer Republik und während der NS-Zeit an „Staatspersönlichkeit" erlitten hatte, wieder wettzumachen[33].
Die Zulassung politischer Parteien widersprach dem Konzept Schäffers, der vor allem parteipolitische Auswirkungen auf sein Beamtenkabinett befürchtete. Als in Reaktion auf die frühe Zulassung von Parteien in der SBZ und in Vollzug der Potsdamer Beschlüsse der amerikanische Militärgouverneur und Oberbefehlshaber der amerikanischen Truppen, Dwight D. Eisenhower, am 27. August 1945 auch für die US-Zone die Parteilizenzierung auf Orts- und Kreisebene freigab, arbeitete Schäffer dieser Entwicklung mit kurzfristigem Erfolg entgegen. Die Haltung Schäffers hatte aber nicht verhindern können, daß schon seit Juli/August „Überreste" der Weimarer Parteien Kontakt miteinander aufnehmen und Vorbesprechungen über Neubildung und Organisation von Parteien abhielten. Die politischen Gruppen standen in heftiger Opposition zu Schäffers bayerischem Experiment. So fanden KPD- und SPD-Funktionäre in München zu einer „Aktionsgemeinschaft" zusammen, die sich in ihrem Programm vom 8. August 1945 ausdrücklich gegen die „diktatorische Stellenbesetzung durch die BVP" wandte[34]. Auch christliche Politiker wie Josef Müller und Adam Stegerwald wünschten das baldige Ende der Schäfferschen Politik. Stegerwald und Müller rechneten sich schon im August Chancen für die Übernahme der Regierung aus und verteilten auch schon die Ministerposten für „ihre" bayerische Regierung[35]. Schäffers Position war aber nicht durch die oppositionelle Haltung der sich bildenden Parteien gefährdet, sondern durch die Militärregierung. Diese entließ ihn am 28. September 1945 wegen seiner „Verzögerungs- und Umgehungstaktiken"[36] in der Entnazifizierung. Zur Enttäuschung Müllers und Stegerwalds setzte die Militärregierung mit Wilhelm Hoegner einen „Linken" als Ministerpräsidenten ein[37].
Die Parteienbildung kam anfangs nur mühsam in Gang. Die USFET[38]-Direktive vom 27. August 1945 gestattete zwar die Bildung von Parteien auf Orts- und Kreisebene, behinderte aber durch ein kompliziertes und restriktiv angewandtes Zulassungsverfahren und vielerlei Auflagen die schnelle Wiederbelebung der Parteien. Nach und nach wurden verschiedene Parteiorganisationen auf Kreisebene zugelassen, die infolge Benzinmangels, Transport- und Kommunikationsschwierigkeiten zunächst ohne Koordinierung nebeneinander agierten. Ende November gab es in Bayern 62 Kreisorganisationen, die sich verschiedenen Parteirichtungen zurechneten: 23 Gruppen zur SPD, 21 zur KPD, 6 zu CSU und 4 zu einer Christlichen Demokratischen Partei. Neben den genannten Parteien hatten noch eine „BVP", eine „Christlich Soziale Bayerische Demokratische Partei", ein „Politischer Bund", eine „Antifaschistisch-Sozialistische Volkspartei" und eine „Christlich-Soziale Volkspartei" um Lizenzierung nachgesucht[39].
Für das Verständnis der parteipolitischen Entwicklung in Bayern scheint es an dieser Stelle notwendig, kurz auf die wirtschaftlichen und demographischen Veränderungen einzugehen, die durch den Zweiten Weltkrieg und die Nachkriegszeit bedingt waren.
Der Industrialisierungsprozeß war in Bayern nicht so weit fortgeschritten wie in

anderen Regionen Deutschlands. Mangel an Rohstoffen, die verkehrsungünstige Lage und andere infrastrukturelle Defizite hemmten die Entwicklung im südlichen und östlichen Teil Bayerns und beschränkten die Industrialisierung auf die wenigen großstädtischen Ballungszentren[40]. Im wesentlichen war die Wirtschaftsstruktur des Landes durch kleine und mittlere landwirtschaftliche und gewerbliche Betriebe geprägt. Nicht zuletzt durch wirtschaftliche Neugründungen und Betriebsverlagerungen während der NS-Zeit drang die Industrialisierung zunehmend auch in ländliche Bezirke vor[41]. Die Besatzungszeit schuf weitere Voraussetzungen für den späteren ‚großen Sprung' nach vorn[42]. Zum einen bewirkte die Teilung Deutschlands eine wesentliche Veränderung der Position Bayerns im Wirtschaftsgefüge Deutschlands, zum anderen erwuchs dem Land durch das Einströmen von Vertriebenen und Flüchtlingen ein immenses Arbeitskräftepotential. Auch wenn das wirtschaftliche Wachstum Bayerns von diesen Faktoren langfristig profitierte, so lösten sie dennoch heftige innere Abwehrbewegungen aus.

Entscheidend für die Nachkriegsentwicklung Bayerns war vor allem die demographische Veränderung des Landes. Durch Zuwanderung zu neuen Rüstungsbetrieben und im Zuge der Evakuierung oder der Flucht aus den zerstörten Städten Nord- und Westdeutschlands hatte Bayern im Zweiten Weltkrieg einen erheblichen Bevölkerungszuwachs zu verzeichnen, der mit dem Einströmen der Flüchtlinge und Vertriebenen sprunghaft anstieg.

Während bis zum Februar 1945 etwa 30 000 Flüchtlinge aus dem Ausland und den deutschen Gebieten östlich von Oder und Neiße nach Bayern gekommen waren, so war die Zahl kurz nach dem Zusammenbruch im Juni 1945 auf 583 000 angewachsen und bis Oktober 1946 auf 1 536 749 angestiegen[43]. Im Juni 1946 lebten hier darüber hinaus noch 678 000 Evakuierte[44]. Zwar war bis Oktober 1946 ein Teil nach Hause zurückgekehrt, ungefähr 415 000 blieben jedoch weiterhin in Bayern[45]. Außerdem hielten sich über 400 000 Ausländer und von der UNRRA betreute Displaced Persons in Privatquartieren und Lagern auf[46].

Der Anteil der Zugezogenen oder Nichtbayern, d. h. der Personen, die am 1. 9. 1939 ihren Wohnsitz außerhalb Bayerns hatten, betrug bei der Volkszählung 1946 rund ein Viertel der Gesamtwohnbevölkerung[47]. Innerhalb der Gruppe der Zugezogenen hatten die Flüchtlinge mit 75 v. H. höchsten Anteil[48], die Evakuierten folgen mit 20 v. H.[49], Ausländer machten 5 v. H. aus[50].

Wie die anderen, industriell weniger entwickelten Gebiete (Niedersachsen und Schleswig-Holstein) war auch Bayern ein Hauptanziehungspunkt für die arbeits- und besitzlosen Zuwanderer, die wegen der Zerstörung der Städte und des Mangels an Wohnraum vorwiegend in ländliche Regionen eingewiesen wurden. Die ländlichen Gemeinden hatten deshalb einen wesentlich höheren Bevölkerungszuwachs zu verzeichnen als Bayern insgesamt. Mit 21,1% war Bayern nach Schleswig-Holstein und Niedersachsen das Land mit dem dritthöchsten Anteil[51] an Flüchtlingen und Vertriebenen in den Westzonen.

Gegenüber den Heimatvertriebenen war das Verhalten der einheimischen Bevölkerung in starkem Maße von Egoismus bestimmt, wurden jene doch häufig als „lästige Fresser" und Eindringlinge betrachtet. Noch verhaßter waren allerdings die Evakuierten, welche während des Dritten Reiches nach Bayern, in den „Luftschutzkeller Deutschlands"[52], gekommen waren. Von Ende 1945 bis Ende 1947 entstanden in Bayern 6073 neue Industriebetriebe, davon etwa 2000 (31,9%)

mit Flüchtlingslizenzen[53]; allein 1000 Flüchtlingslizenzen wurden 1947 vergeben. Im Vollzug der Politik der Militärregierung wurden auf Erlaß des Wirtschaftsministeriums Lizenzanträge der Heimatvertriebenen bevorzugt behandelt und Kapitalhilfen in Form von Flüchtlingskrediten und Staatsbürgschaften gegeben. Die amerikanische Militärregierung forderte eine bevorzugte Behandlung der Flüchtlinge durch die deutschen Behörden und griff mit dem Gesetz zur Gewerbefreiheit zu deren Gunsten ein, nicht ohne Protest beim einheimischen Gewerbe hervorzurufen[54].

Das einheimische Gewerbe versuchte auf Parteien und Landtagsfraktionen Einfluß zu nehmen, um eine strenge Zulassungsreglementierung zu erreichen, da dem „alteingesessenen soliden Gewerbe" übermäßig Konkurrenz gemacht werde und die Gewerbefreiheit zudem unqualifizierten Kräften die Möglichkeit gäbe, Betriebe zu gründen, was zu Fehlinvestitionen führe[55]. Den Beschwerden des Hauptausschusses der Flüchtlinge[56] ebenso ausgesetzt wie der Forderung des einheimischen Gewerbes nach einer rigiden Zulassungspolitik, neigten die Wirtschaftsminister Zorn (SPD) und später Seidel (CSU) wohl mehr einer langfristigen Industrialisierung zu. Deshalb versuchten beide, im akuten Streit zwischen Zulassung und Aussperrung der Flüchtlinge eine gemäßigte Politik zu betreiben[57].

Auf der anderen Seite war die Notlage der Masse der Flüchtlinge und Vertriebenen bedrohlich: angesichts ihrer Isolierung in der neuen Gesellschaft, ihrer Entwurzelung und ihres Statusverlustes – besonders häufig sanken sie vom selbständigen Landwirt zum Hilfsarbeiter ab[58] – fürchteten Militär- wie Landesregierung deren politische Radikalisierung. Während die Kabinette Schäffer und Hoegner mit Wahlgesetzentwürfen reagierten, die das Wahlrecht auf die Einheimischen beschränken sollten[59], unterband die Militärregierung Bestrebungen, Parteiorganisationen der Flüchtlinge und Vertriebenen aufzubauen[60]. Die Befürchtung der Einheimischen, die Zuwanderer könnten erfolgreich einen Lastenausgleich fordern, war damit nicht gänzlich auszuräumen, zumal in den Jahren 1946/47 vermehrt „landfremde Elemente" in den Staatsapparat einzurücken begannen. Während bayerische Beamte, die nach dem Befreiungsgesetz entlassen worden waren, auf ihren Spruchkammerbescheid warten mußten, waren die Behörden gegen ihren Willen gezwungen, ihren Apparat durch die Einstellung von Flüchtlingen und Vertriebenen in Gang zu halten[61]. Die Einheimischen protestierten mit dem Argument, die ‚Preußen' könnten ihre Fragebogen fälschen, und niemand könne es nachprüfen, weil für diese keine belastenden Unterlagen in Bayern greifbar seien[62].

Derartige Konkurrenzelemente wurden im täglichen Leben – beim Hamstern, bei der Wohnungssuche, beim Versuch, einquartierte Familien wieder loszuwerden, beim Wettbewerb um Arbeitsplätze – in den Jahren 1947/48 für das Verhältnis der Einheimischen zu den ‚Neubürgern' zunehmend bestimmend. Zunehmend deshalb, da die Zahl der Neubürger noch immer wuchs[63] und der Kampf um Wohnung und Nahrung sich mit dem Niedergang der Wirtschaft 1947 weiter verschärfte.

Den Parteien forderte die Existenz der Neubürger programmatische Kunststücke ab. Da die Heimatvertriebenen nach sechsmonatigem Aufenthalt wahlberechtigt wurden, hatten sich die Parteien auf dieses Wählerreservoir einzustellen. Konnten sich SPD, KPD und WAV noch relativ unbefangen um die Stimmen der Heimatvertriebenen bemühen, so mußte die CSU befürchten, durch Öffnung gegenüber den Flüchtlingen ihre einheimischen Anhänger zu verärgern. Das Dilemma, sich die Stimmen der einheimischen Wähler erhalten zu wollen und doch Heimatvertriebene zu gewinnen, versuchte die CSU dadurch zu überspielen, daß sie stammesmäßige Gemeinsamkeiten zu betonen suchte. Die Landesleitung der CSU wies ihre Redner an, deutlich herauszustellen, „daß die Sudetendeutschen den bayerischen Stämmen, zumal den Franken, nahe verwandt sind"[64].

Der sozioökonomische Hintergrund macht die Entwicklung der politischen Selbstorganisierung der Flüchtlinge verständlich, die in Bayern bereits 1949 mit dem Bündnis zwischen dem Neubürgerbund der Protestpartei WAV[65], einer Art antifaschistischen Rechtsradikalismus, begann. Die Zugewanderten drängten über das Parlament und öffentliche Agitation auf Gleichstellung und Lastenausgleich. Seit 1950 wurden diese Spannungen zwischen Vertriebenen und Einheimischen bundesweit im BHE politisch organisiert, was kurzfristig zu einer organisierten Reaktion unter den Einheimischen führte, die von der Konkurrenz mit den Vertriebenen und durch den von ihnen geförderten industriellen Strukturwandel sich in ihrem Status und Milieu bedroht fühlten[66].

Die CSU, besonders in ihrer oberbayerischen Variante, wäre an sich das gegebene Sprachrohr für den defensiven Protest des ländlichen Traditionsmilieus gewesen. Als Regierungspartei mußte sie die soziale Krise, die durch die Vertriebenen verschärft wurde, in Anwesenheit und unter Nutzung der Vertriebenen lösen. Sie mußte deshalb den Industrialisierungsprozeß unterstützen, und sie erschien mithin als Verräter einheimischer Interessen und traditionaler Gefühle. Insofern bestand 1948 mit der Zuspitzung dieser innergesellschaftlichen Spannungen ein politisches Vakuum. Wer diese ‚bayerische Stimmung', die auch von großen Teilen der altbayerischen CSU geteilt wurde, organisierte, konnte mit einem breiten Protestpotential rechnen.

II. Partikularistische und föderalistische Parteien und Interessen

Die wiedererstarkten monarchistischen Strömungen konnten in Schäffer als erstem bayerischen Regierungschef einen Garanten für die Durchsetzung ihrer Interessen sehen. Dementsprechend war man der Meinung, die politische Entwicklung getrost abwarten zu können. Die Ablösung Schäffers durch Wilhelm Hoegner und die Abberufung Pattons vom Posten des Militärgouverneurs in Bayern im September 1945 dürften dann das Signal zu einer monarchistischen Aktivität gegeben haben. Am 14. Oktober 1945 wurde der Militärregierung das Programm einer „Bayerischen Heimat- und Königspartei" mit dem Antrag auf Zulassung vorgelegt[67]. Über die Gründungsvorgänge lassen sich nur Vermutungen anstellen. Ob eine graue Eminenz im Hintergrund die Fäden zog, wie Konstantin von Bayern behauptet[68], oder ob Freiherr von Redwitz, ein Vertrauter des Wittelsbacher Kronprätendenten, Rupprecht, initiativ wurde, so Sendtner[69], läßt sich nicht nachprüfen. Der engere Kreis der Gründungsmitglieder setzte sich aus Adeligen und meist freiberuflich tätigen Angehörigen des Bürgertums zusammen[70]. Die Leitung

übernahm Professor Dr. Max Lebsche, ein, wie Konstantin von Bayern schreibt, „namhafter Chirurg, dessen Frömmigkeit ebenso bekannt war wie seine Königstreue"[71]. Am 23. Januar 1946 wurde die BHKP im Stadtkreis München zugelassen.
Als politisches Nahziel proklamierte die BHKP die Beteiligung an den Wahlen zur Verfassunggebenden Landesversammlung, in der man die Forderung nach einer Abstimmung über die künftige Staatsform Bayerns durch die bayerische Bevölkerung verfechten wollte[72]. Diese Forderung war, wenn nicht von ihm inspiriert, so doch im Sinne Rupprechts von Bayern. Dieser hatte zwischen 1918 und 1933 nicht nur eine von der politischen Praxis distanzierte, den „Ruf" des Volks abwartende Haltung eingenommen, sondern er hatte auch in einem 1945 den Alliierten zugespielten Memorandum derartige Gedanken niedergelegt[73]. Dort findet sich sowohl die Forderung nach einer Volksabstimmung über die künftige bayerische Staatsform als auch nach der Beschränkung der Abstimmungsberechtigten auf vor 1914 in Bayern Geborene und ihre Nachkommen[74]. Dieser Punkt kehrt im Programm der BHKP wieder.
Am 28. 4. 1946 trat die BHKP zum ersten und einzigen Mal an die Öffentlichkeit. In einer großen Kundgebung trug Max Lebsche die „Grundsätze und Ziele" der Partei vor. Auf drei Grundsätzen bauten sich die Vorstellungen von der Staats- und Gesellschaftsgestaltung auf[75]:
auf der Durchsetzung der christlichen Weltanschauung,
auf der „natürlichen Rangordnung" der kleinen „Gemeinschaftskreise" und der ständischen Gliederung,
sowie auf der Ablehnung der Volkssouveränität[76].
Neben diese weltanschaulichen Elemente trat die aus einer apologetischen Interpretation der deutschen Geschichte gewonnene Erkenntnis, daß Bayern an der ‚deutschen Katastrophe' schuldlos sei. Es führe „eine Linie von 1866 bis 1946. ... Kann auch nur der geringste Zweifel darüber bestehen, daß der deutsche Zentralismus in jeder Form sowohl dem ganzen deutschen Volk wie auch seinen Stämmen nichts als Unglück, Schaden und Schande gebracht hat? Die Patrioten der 60er Jahre haben rechtzeitig vor dieser Entwicklung gewarnt. Man hat sie aber als nebensächliche und lächerliche Minderheit betrachtet und behandelt. Zwei verlorene Weltkriege beweisen ihr klares Urteil und ihre richtige Voraussage!"[77]
Von diesen Überlegungen wird Bayerns Recht auf einen eigenen Weg abgeleitet. Es solle seine „Staatspersönlichkeit" – gemeint ist der Zustand der Verfassung von 1818 – wiederfinden, d. h. es solle selbständiger Staat werden und „mit anderen deutschen Staaten" lediglich einen Staatenbund bilden. Es solle wieder Monarchie werden, denn die „Krone ist Symbol der wiedererlangten Staatspersönlichkeit, Garant sicherer und stetiger Staatsführung, vor allem aber geheiligtes Zeichen dafür, daß die geschichtliche Schuld beglichen und der Treuebund zwischen Volk und Dynastie neu geschlossen ist"[78].
Der weißblaue Traum währte nicht lange. Einflußreiche Berater der Militärregierung brachten im State Department erhebliche Einwände gegen die Zulassung vor[79], und nach einigem Zögern fügte sich General Clay dem Druck aus Washington und ließ die Bayerische Heimat- und Königspartei, die vom State Department als reaktionär, undemokratisch und als Gefahr für einen künftigen föderalen deutschen Staatsaufbau angesehen wurde, am 10. Mai 1946 verbieten[80].

Sicherlich kam den „Königsmachern" nur kurzfristig eine gewisse politische und historische Bedeutung zu[81]. Immerhin finden hier altbayerische Vorstellungen und Ressentiments einmal „klar" und geschlossen Ausdruck. Später traten Mitglieder der BHKP der CSU und der Bayernpartei bei und vertraten dort weiter monarchistische Ideen.

Auch innerhalb sozialdemokratischer Gruppen der Emigration traten Befürworter einer bayerischen Sonderstellung auf. So gründete 1942/43 der SPD-Abgeordnete des bayerischen Landtags, Franz Xaver Aenderl, der 1934 nach England emigrieren mußte[82], in London einen Bavarian Circle[83]. Er veröffentlichte eine Broschüre mit dem Titel „Bavaria, the Problem of German Federalism". Den „bayerischen Stereotypen", daß Preußen an allem Unglück Deutschlands die Schuld trage und daß die historische Entwicklung Bayern eine führende Position im deutschen Sprachraum zuweise, ist auch er verhaftet. Nach Aenderls Vorstellungen sollte in einem künftigen Deutschland der Staat Preußen zerschlagen und das deutsche Reich in einen Bund von Staaten und Freistädten gegliedert werden. In einem „wirklich föderalistischen Deutschland" werde „die Führung aufgrund kultureller Überlegenheit auf den Westen und Süden übergehen"[84].

Ein anderer, in der Schweiz lebender Emigrant, konzipierte seine Überlegungen und Vorschläge zur föderalistischen Gliederung Deutschlands konkreter. Wilhelm Hoegner, bis 1933 Reichstagsabgeordneter der SPD, verfaßte 1943 eine Denkschrift für die amerikanische Regierung[85], der er ein „Memorandum über die künftige Stellung Bayerns" folgen ließ[86].

In der Hochschätzung der bayerischen Tradition und der Beurteilung Preußens als wesentlicher Ursache für die Entwicklung des Nationalsozialismus stimmte Hoegner mit Aenderl überein[87]. Allerdings differenzierte Hoegner, indem er den *preußischen Militarismus* als Ursache der katastrophalen Entwicklung betrachtete. Die Erkenntnis und Überwindung dieses Grundübels halte er für eine Voraussetzung für die Entwicklung der Deutschen zu freien Staatsbürgern[88].

Die künftige Gestaltung des deutschen Reichs sah Hoegner unter kurzfristigen und langfristigen Aspekten. Eine Trennung Bayerns vom Reich auf lange Sicht lehnte er ebenso ab wie die Gründung eines Staatsgebildes aus den süddeutschen Staaten unter Einschluß Österreichs[89]. Für eine weitgehende Föderalisierung in Form eines Staatenbundes spreche, „wenigstens in den Übergangsjahren, die Notwendigkeit, nach dem totalen Einheitsstaat zunächst einmal das Eigenleben der Einzelstaaten wieder zu kräftigen und den deutschen Hang zur Uniformität und Gleichschaltung zu bekämpfen"[90].

Der zentralen Institution des Reiches – einer aus je einem Vertreter der Einzelstaaten gebildeten Bundesregierung – wurde nur eine koordinierende Legislativfunktion auf wirtschafts- und währungs-, sozial-, rechts-, sowie finanz- und zollpolitischem Gebiet zugesprochen. In allen Bereichen der Verwaltung sollte dagegen Bayern „die unumschränkte Staatshoheit" besitzen. Als äußeres Symbol empfahl Hoegner die Institution eines bayerischen Staatspräsidenten. Dem Reich sollte uneingeschränkt nur die Führung der „äußeren Angelegenheiten" bleiben[91]. Zwischen 1943 und 1945 änderte Hoegner seine Meinung. In einer von ihm verfaßten, auch von anderen bayerischen Emigranten in der Schweiz unterzeichneten[92] „Vorläufigen Vereinbarung über die künftige staatsrechtliche Stellung Bayerns" vom 26. April 1945 wurde für Bayern das Recht in Anspruch genommen, „im Rahmen seiner Zuständigkeiten Verträge mit auswärtigen Staaten abzuschließen und bei ihnen Gesandtschaften zu unterhalten"[93].

Im Juni 1945 kehrte Hoegner mit Unterstützung der Amerikaner[94] nach München zurück. Bald wurde er in den Wiederaufbau der bayerischen Justiz eingeschaltet: Ministerpräsident Schäffer berief ihn als Generalstaatsanwalt am obersten Landesgericht[95]. Es fällt schwer, Ansehen und Gewicht Hoegners innerhalb der bayerischen SPD in dieser Frühphase auszumachen. Hält man sich vor Augen, daß die Verbindung zur sich konstituierenden Parteileitung in Hannover über Thomas Wimmer lief, und daß Albert Roßhaupter die Münchener SPD auf der Konferenz von Wennigsen (5.–7. Oktober), vertreten sollte, die den Beginn der organisatorischen Koordination der SPD auf Westzonenebene darstellte, so scheint Hoegner keine führende Rolle gespielt zu haben[96]. In die Führungsposition der bayerischen SPD katapultierte ihn weniger sein innerparteiliches Ansehen als die Macht der Militärregierung: am 28. September 1945 wurde er überraschend zum Ministerpräsidenten ernannt.

In der Münchener und altbayerischen SPD stieß Hoegner mit seiner föderalistischen Einstellung auf Resonanz. Auch für seine parteiorganisatorischen Absichten, dem Landesverband der SPD volle Autonomie gegenüber einer Reichszentrale zu erhalten, fand er hier Anhänger. Dies änderte sich jedoch seit der Zulassung der SPD auf Landesebene am 8. Januar 1946. Jetzt wirkte sich das quantitative Gewicht des fränkischen SPD-Bezirks aus, der bereits auf einer Konferenz am 23. September 1945 den Anschluß an eine „Gesamtpartei" beschlossen hatte und der an altbayerischen Staatsillusionen traditionsgemäß wenig interessiert war[97].

Auf der außerordentlichen Landeskonferenz der bayerischen SPD am 2. Februar 1946 in Pfaffenhofen wurden zwar den organisatorischen Vorstellungen Hoegners mit der Berufung eines Landesvorstands Bayern[98] Rechnung getragen und Hoegner zum ersten Landesvorsitzenden gewählt, doch verdankte er diesen Erfolg sowie seine Wiederwahl am 20. Oktober 1946 in Ingolstadt wohl hauptsächlich seinem Ministerpräsidentenamt. Die Schwäche der Position Hoegners und seines Anhangs wurde am 12. September 1946 sichtbar, als in der Verfassunggebenden Landesversammlung über die Einführung eines bayerischen Staatspräsidenten, für die sich Hoegner während der Beratungen mit allen Kräften eingesetzt hatte, abgestimmt wurde: Nur vier Sozialdemokraten stimmten neben Hoegner für diese Institution[99].

Bis zur Gründungsversammlung der CSU am 11. Oktober 1945 in München[100] hatten sich drei, in ihren Konzeptionen zum Teil recht gegensätzliche Gruppierungen herausgebildet, deren Auseinandersetzungen das Bild der CSU in den ersten Jahren bestimmten.

Die erste Gruppe um Josef Müller knüpfte mit ihrem Konzept einer „christlich interkonfessionelle(n) Massenpartei auf breiter organisatorischer Basis"[101] an Vorstellungen an, die der ehemalige Vorsitzende des Gesamtverbandes christlicher Gewerkschaften und mehrmalige Reichsminister Adam Stegerwald schon in den 20er Jahren entwickelt hatte. Stegerwald, nach 1945 Exponent der Würzburger Gründungsgruppe der CSU und national und zentralistisch orientiert, dachte nicht an die Bildung einer bayerischen Sonderpartei, wenn er auch einen süddeutschen Führungsanspruch im künftigen Deutschland proklamierte. Nach Stegerwalds Tod

im Dezember 1945 wurde Josef Müller gewissermaßen dessen politischer Testamentsvollstrecker[102].
Die zweite Gruppe, die sich um Fritz Schäffer und Alois Hundhammer scharte, wollte nach 1945 die BVP-Tradition wieder aufnehmen. Insbesondere Schäffer, der bis 1933 Vorsitzender der BVP gewesen war, wünschte eine Wiedergründung dieser Partei oder zumindest eine Übernahme der föderalistischen Konzeption der BVP. Alois Hundhammer[103], bis 1933 stellvertretender Generalsekretär des christlichen Bauernvereins in Bayern und Landtagsabgeordneter der BVP, ist zwar ebenfalls den BVP-Traditionalisten zuzurechnen, wegen seines ausgeprägten Stammesbewußtseins und seiner monarchistischen Gesinnung kam ihm allerdings eine Sonderstellung innerhalb der Führungsspitze der CSU zu. Aufgrund seiner bäuerlichen, klerikalen und erzkonservativen Vorstellungen läßt er sich weder der Schäffer-Gruppe, noch dem Bauernflügel der CSU völlig zuordnen. Während Hundhammer die Bauern wieder in christlichen Bauernvereinen organisieren wollte, hatten Michael Horlacher[104], Alois Schlögl[105] und Josef Baumgartner[106] – die führenden Vertreter des Bauernflügels – die verschiedenen bäuerlichen Gruppierungen bereits in *einem* ständischen, parteipolitisch neutralen Verband, dem Bayerischen Bauernverband, vereinigt[107]. Die gewiß nicht einheitliche Konzeption der Bauernführer besaß eine antiklerikale Komponente. Sie wollten den direkten – über die Geistlichen – und den indirekten – über die CSU – Einfluß der katholischen Kirche auf die ständische Organisation der Bauern ausschalten[108]. Antiklerikale Haltung und die Ablehnung der höheren Beamtenschaft als dominierenden Faktor in der Partei verbanden den Bauernflügel und die Gruppe um Josef Müller gegen den klerikalen Hundhammer und seine Anhänger. Allerdings ergaben sich in der Frage der staatsrechtlichen Stellung Bayerns im künftigen Deutschland wieder andere Fraktionen. Hier standen die Föderalisten der verschiedenen Schattierungen – unter ihnen auch Vertreter des bäuerlichen Zirkels – unversöhnlich gegen den Landesvorsitzenden Josef Müller. Generell kann nicht von homogenen, einheitlich agierenden Gruppen und verfestigten Positionen gesprochen werden. Je nach Gegenstand der Auseinandersetzung liefen die Fronten durch- und gegeneinander[109].
Die Spannungen hatten ihre Ursachen in der Frage der Stellung Bayerns zu Deutschland, in den kontroversen Auffassungen um Probleme Unitarismus oder Föderalismus, in dem Gegensatz zwischen BVP-Tradition und der Konzeption der CSU als einer neuen christlichen Sammlungspartei und nicht zuletzt in den persönlichen Rivalitäten um den Führungsanspruch in der Partei.
Seit März 1946 brachen die bis dahin schwelenden Konflikte innerhalb der CSU offen aus. Einen ersten Höhepunkt in der höhepunktreichen Auseinandersetzung zwischen dem ‚Zentralisten' Müller und den Föderalisten brachte die Abstimmung in der Verfassunggebenden Landesversammlung vom 14. September 1946 über die Einführung eines bayerischen Staatspräsidenten. In der vorausgegangenen Fraktionssitzung hatte sich die Mehrheit der CSU-Fraktion für die Einführung ausgesprochen[110]. Wenn in der entscheidenden Abstimmung diese Institution dennoch mit nur einer Stimme Mehrheit abgelehnt wurde, so hatte Josef Müller daran insofern maßgeblichen Anteil, als er den Fraktionszwang aufhob, womit die in der Mehrheit ablehnende SPD abstimmungsentscheidend verstärkt wurde[111]. Für die Anhänger einer christlichen Partei in der Nachfolge der BVP, für die stammes-

bewußten bayerischen Klerikalen und Bauern, und vor allem für die Monarchisten bedeutete die Abstimmungsniederlage, daß ein wesentliches Element ihrer politischen Hoffnungen und ihrer politischen Vorstellungswelt in der gegebenen Parteienkonstellation nicht verwirklicht werden konnte. Auf der Landesversammlung 1947 konnte der Zerfall der CSU in ihre Flügel von der Parteiführung gerade noch verhindert werden. Zum wiederholten Male hatte sich aber gezeigt, daß die bayerisch-katholisch-etatistische Hundhammer/Schäffer-Gruppe zwar die CSU-Landtagsfraktion dominierte, sich aber in der Gesamtpartei nicht durchsetzen konnte. Die Spannungen in der mühsam stabilisierten CSU blieben. Sie wurden verschärft durch Fritz Schäffer, der nach der Aufhebung des politischen Betätigungsverbots im Januar 1948 in die Politik zurückkehrte. Schäffer und Baumgartner bemühten sich nun um die Führung jener Föderalisten, die ihre Interessen in der CSU nicht oder nicht mehr vertreten sahen. Angesichts der politischen Lage bedeutete dies einen Wettlauf um die Führung der seit 1946 bestehenden Bayernpartei, die sich zum Sammelbecken von Monarchisten, Partikularisten und Föderalisten entwickelt hatte.

Fritz Schäffer dürfte trotz seines politischen Betätigungsverbots im Kampf gegen Josef Müller nicht untätig geblieben sein. Seit Mitte 1947 gab es Gerüchte, daß die Schäffer-Anhänger in der CSU nur auf seine Rückkehr auf die politische Bühne warteten, um dann eine eigene Partei zu gründen, die Schäffer „Katholischer Volksblock Bayern"[112] nennen wollte. Nun wartete man mit Spannung darauf, welche Entscheidung Schäffer treffen würde: Würde er den Kampf gegen den Führungsanspruch und die politische Konzeption Josef Müllers von innen her, von der Basis des CSU-Bezirksverbands Oberbayern, oder von außen her, durch den Übertritt zur Bayernpartei, aufnehmen.

Vor Schäffer war jedoch Baumgartner initiativ geworden. Am 26. Januar 1948, einen Tag nach der Landesversammlung der CSU in Marktredwitz, trat er zur Bayernpartei über[113]. Noch am selben Abend feierten Michael Horlacher und Josef Müller mit Baumgartner den „Abschied als Parteifreunde"[114]. Nach Aufzeichnungen Müllers gab Baumgartner bei dieser Gelegenheit als Grund für seinen schnellen Übertritt an: „die CDU-CSU habe ihn im Stich gelassen gegen Schlange-Schöningen. CDU sei zentralistisch. Er erklärt im weiteren Verlauf, er habe bis zum letzten Moment gezögert, noch am Sonntag vormittag. Nach der Wiederzulassung Schäffers zur politischen Betätigung sei eine Landesausschuß-Sitzung der Bayernpartei telegraphisch einberufen worden. Die Initiative sei weitgehend bei Aretin gelegen. Aretin wollte Schäffer zum Vorsitzenden gewählt wissen. Die anderen, die die Majorität hatten, haben ihn [B] dann durchgesetzt. Deswegen habe er auch keine Zeit gehabt, entgegen der ursprünglichen Absicht, sich mit Horlacher und mir zu verständigen. Baumgartner erzählt, Schäffer habe ihm am 7. Januar 1948 einen handschriftlichen Brief geschrieben, in dem er erklärt, er habe sich dafür entschieden, zur Bayernpartei zu gehen. Er schlage Baumgartner ein gemeinsames Handeln vor. Auf den Hinweis, daß hinter den Kulissen der Marktredwitzer Landesversammlung immer behauptet worden sei, Schäffer habe sich noch nicht entschlossen und seine endgültige Entscheidung hänge von den Beschlüssen der Landesversammlung ab, erklärt Baumgartner, er halte es für möglich, daß Schäffer nochmals gewechselt habe. Der Grund sei sicher der: Schäffer habe in die Bayernpartei eintreten wollen unter der Bedingung, daß er der erste Vorsit-

zende würde. Dagegen seien Widerstände gekommen, innerhalb der Bayernpartei und das sei auch der Grund, warum man ihn, Baumgartner, veranlaßt habe, so rasch zu kandidieren und nach der Ablehnung der Schäfferschen Forderung habe Schäffer vielleicht noch einmal versucht, in der Union eine Basis zu gewinnen. Man sei aber jetzt in der Bayernpartei der Auffassung, daß Schäffer aufgrund der Marktredwitzer Ergebnisse in der Union keine Chance mehr sehen würde, mich zu erledigen. Infolgedessen wisse man im Augenblick noch nicht, was er tun werde. Es sei möglich, daß er es nochmals bei der Bayernpartei versuchen werde. Er, Baumgartner, glaube allerdings, daß Schäffers Aufnahmegesuch abgelehnt würde. Denn es sei ein eigener Arbeitsausschuß da, der über die Gesuche von Leuten, die früher schon in der Politik tätig waren, entscheiden würde."[115] Schäffer, der mit einem „fast religiösen Sendungsbewußtsein"[116] in die Politik zurückgekehrt war, stellte sowohl für Müller als auch für Baumgarnter eine Bedrohung ihrer Machtpositionen dar, je nachdem für welche der beiden Parteien er sich entscheiden würde. Nach einigem Zögern und nach einer Reihe von taktischen Winkelzügen[117] legte sich Schäffer schließlich am 14. Februar 1948 fest: er ließ sich zum Vorsitzenden des Bezirksverbandes Oberbayern der CSU wählen, nachdem Hundhammer zu seinen Gunsten zurückgetreten war[118]. Schäffer selbst bezeichnete seine aktive Rückkehr in die CSU als den Beginn eines Kampfes „auf Biegen und Brechen"[119]. Die Rebellion Schäffers stürzte die CSU in die größte Auseinandersetzung seit ihrer Gründung[120].
Obwohl persönliche Angriffe das Bild bestimmten, kann man die Krise der CSU nicht allein von den persönlichen Rivalitäten zwischen Müller und Schäffer ableiten. Beiden ging es um die Konzeption der CSU und um Weichenstellungen für die deutsche Politik.
In der Landesausschußsitzung der CSU am 28. Februar in Regensburg kam es zur entscheidenden Auseinandersetzung zwischen dem Müller- und dem Schäffer/Hundhammer-Flügel. Einen Höhepunkt der Landesausschußsitzung bildeten die Ausführungen Müllers zu den Übertrittsabsichten Schäffers und zu dem freundschaftlichen Abschiedsumtrunk mit Baumgartner. Während Müller den Übertritt Baumgarnters herunterspielte, versuchte sich Schäffer zum Retter der CSU angesichts der Bedrohung durch die Bayernpartei zu stilisieren: „Wir haben noch Zeit bis zur Landeszulassung der Bayernpartei. Wir können noch einen Damm aufrichten, um zu retten, was noch zu retten ist [...] Solange die Bayernpartei eine Partei der Unzufriedenen ist, bildet sie eine Gefahr für das bayerische Volk. Ich möchte, daß die CSU gestärkt wird."[121] Hundhammer sprach sich sogar indirekt für eine Spaltung der CSU aus: „Wenn wir unsere Kräfte zersplittern, kann vielleicht erreicht werden, daß wir bei der Wahl verschiedene Wege gehen, aber dann im Parlament alle bürgerlichen Gruppen die Regierung bilden. Die Bayernpartei wird als bürgerliche Partei der CSU näher stehen als die SPD, die letzten Endes doch von der radikaleren SED-Seite beherrscht wird. – [...] wenn wir einen Blick in die Zukunft werfen, stehen wir vor der Situation, daß entweder in Bayern die Kraft der christlichen Geistesrichtung zersplittert wird in zwei oder drei Gruppen oder daß wir das Ganze zusammenfassen."[122]
Die Bezirksverbände Oberbayern und München fanden bei den anderen Bezirksverbänden jedoch nicht die erwartete Unterstützung. Mit 68 gegen 18 Stimmen bei 23 Enthaltungen wurde ein Antrag angenommen, der Schäffer nicht nur partei-

schädigendes, sowie das Ansehen des Landes beeinträchtigendes Verhalten vorwarf, sondern dem Landesvorstand sogar die Möglichkeit gab, den Bezirksverband Oberbayern neu zu organisieren[123]. Nach dieser Niederlage intensivierte Schäffer seine Verbindungen zur Bayernpartei, um von außen die CSU unter Druck setzen zu können. Inzwischen hatte aber Baumgartner seinen Zeitvorsprung genützt, um innerhalb der Bayernpartei seine Führungsposition auszubauen und zu sichern. Schäffer trat nicht der Bayernpartei bei. Um einem Parteiausschlußverfahren zuvorzukommen, trat er selbst aus der CSU aus.

Um die Jahreswende 1947/48 waren die sozialen und wirtschaftlichen Voraussetzungen für eine bayerische Protestbewegung gegeben, die mit einer breiten Resonanz in bäuerlichen und bürgerlich-mittelständischen Schichten rechnen konnte. Wie sie sich politisch formieren würde, ob durch eine Spaltung der CSU, oder durch eine Neugründung, oder ob vorhandene kleine Gruppen ihre Organisierung übernehmen würden, hing von Imponderabilien innerhalb der bayerischen politischen Führungsschicht ab. Die Erfolgsgeschichte der Bayernpartei enthält Elemente aller drei Möglichkeiten. Für das Verständnis der Transformation der „bayerischen Bewegung" in eine Partei ist es wichtig, die Vorgeschichte der Gruppen, aus denen sich dann ihr Funktionärskörper zusammensetzte, zu analysieren.

Der CSU als Sammelpartei aller nichtsozialistischen christlichen Kräfte war es nicht gelungen, alle bürgerlichen politischen Gruppierungen zu integrieren. Neben den Monarchisten, die bereits Anfang 1946 mit der Gründung der Königspartei an die Öffentlichkeit getreten waren, gab es noch andere lokale Parteigründungen. Für die Landkreiswahlen im April 1946 konstituierte sich in Wolnzach bei Pfaffenhofen (Niederbayern) der Bayerische Bauern- und Mittelstandsbund[124] und stellte zwölf Kandidaten auf. Es spricht einiges dafür, daß diese Gründung, wenn nicht von der SPD initiiert, so doch von ihr (besonders von Hoegner) gefördert wurde[125], um die CSU zu schwächen. Die Befürchtung Baumgartners, hier könnte eine Keimzelle für die Neugründung des Bayerischen Bauernbundes entstehen[126], war nicht unbegründet, da sich innerhalb des überparteilichen, aber doch weitgehend von der CSU beherrschten Bayerischen Bauernverbands Unzufriedenheit mit der CSU bemerkbar gemacht hatte[127].

In Traunstein war 1945 eine „Aktionsgemeinschaft der antifaschistischen Bauern Bayerns" unter dem Namen „Demokratische Bauernvereinigung Bayerns, Kreis Traunstein" entstanden. Sie war „unpolitisch, jedoch für absolute Reinhaltung des demokratischen Gedankens und gegen jede Einflußnahme von Nazis in öffentlichen Stellen" und vertrat im wesentlichen rein bäuerliche Interessen[128].

In Lohr am Main (Unterfranken) wurde von der Militärregierung am 19. Dezember 1945 eine Bayerische Bauernpartei zugelassen[129]. Kurze Zeit später konnte auch in München eine Ortsgruppe gegründet werden. In einem programmatischen Flugblatt wandte sie sich scharf gegen „den Feind der Bauern", die CSU – ohne sie namentlich zu erwähnen –, die „eine politische Organisation der Bauern nicht zuläßt oder verhindert, auch wenn [sie] dies unter der Tarnung eines Wirtschaftlichen Bauernverbandes tut"[130]. Die Bayerische Bauernpartei gewann nur im Bezirk Lohr an Bedeutung. Hier wurde sie später zu einer wichtigen Stütze der Bayernpartei, da ihr Gründer, Alfred Klein, der bereits seit 1946 Verbindung mit Baumgartner hatte[131], die Bauernpartei in die Bayernpartei überführte, und die Organisation in Unterfranken übernahm[132].

In Kötzting (Oberpfalz) hatten Ludwig Volkholz[133] und Karl Utz[134] mit dem Programm „Bayern den Bayern", das die Ressentiments gegen Flüchtlinge ansprach, eine „Partei der Einheimischen" gesammelt. Sie nahmen später Kontakt zu Lallinger auf und traten zur Bayernpartei über. Kötzting, bis 1933 eine Hochburg des Bayerischen Bauernbundes, wurde bald einer der mitgliederstärksten Bezirksverbände der Bayernpartei, der beträchtliche Wahlerfolge erzielte[135].

Eine weitere, rein bäuerliche Wurzel der Bayernpartei entwickelte sich in Rosenheim und im Chiemgau (Oberbayern). Hier hatte schon während der NS-Zeit Jakob Fischbacher[136] Gegner des Nationalsozialismus aus überwiegend bäuerlichen Kreisen um sich versammelt. Seinem Plan, eine „Bayerische Freiheitspartei"[137] zu gründen, kam Ludwig Max Lallinger durch die Gründung der Bayernpartei in München zuvor[138].

Fischbacher, seit 1912 im Christlichen Bauernverein Oberbayern tätig, hatte eng mit Georg Heim zusammengearbeitet, und war von dessen politischen Vorstellungen geprägt. Sein Separatismus, der ihn einen Zusammenschluß Bayerns mit Österreich eher befürworten ließ als einen deutschen Bundesstaat, entsprang einer tiefverwurzelten Abneigung gegen alles Norddeutsche und Preußische. So äußerte er Anfang April 1947 in Rosenheim vor mehreren tausend Bauern, daß preußische Evakuierte, die „den preußischen Kommandoton in die Amtsstuben verpflanzen"[139] und die Bayern nur terrorisieren und kommandieren wollen", „aus den Amtsstuben verschwinden" müßten[140]. Auch mit seiner Forderung, neben dem Entnazifizierungsgesetz müßte ein „Entbazifizierungsgesetz"[141] geschaffen werden, fand er bei der altbayerisch-bäuerlichen Bevölkerung großen Anklang. Seine berüchtigte Äußerung, die Ehe zwischen bayerischen Bauernburschen und evakuierten „geschminkten Weibsen mit lackierten Fingernägeln[142]" sei eine Blutschande[143], beschäftigte wegen der heftigen Reaktionen in der in- und ausländischen Presse sogar den bayerischen Ministerrat[144]. Obwohl seine Äußerung zur „Bluadsschand"[145] heruntergespielt wurde, wurde ein Untersuchungsausschuß des Bayerischen Bauernverbands eingesetzt, was zur Suspendierung Fischbachers führte. Mit seinen derben Reden und Ausfällen gegen alles „Nichtbayerische" traf Fischbacher die Stimmung weiter Kreise der bäuerlichen Bevölkerung. Im August 1947 trat er der Bayernpartei bei und baute binnen kurzem den oberbayerischen Kreisverband zum mitgliederstärksten und bestorganisierten in der Bayernpartei aus.

Gemeinsam war diesen lokalen Partei- und Wählergruppen die soziale Rekrutierung aus katholischen, bäuerlichen oder mittelständischen Kreisen, die Abneigung gegen Flüchtlinge und Evakuierte, besonders gegen Norddeutsche in bayerischen Ämtern, die Forderung nach einem selbständigen Bayern, die geringe kirchliche Bindung und die regionale Konzentration auf Altbayern.

In der Bayernpartei gelten der 28. Oktober 1946 als Gründungsdatum und Ludwig Max Lallinger als Parteigründer: „Im Straubinger Hof in München traf sich am 28. Oktober 1946 der Polizeibeamte, Ludwig Max Lallinger, mit einigen Freunden zur Gründung der Bayernpartei."[146] Durch diese Beschreibung, die sich vielfach auch in der Literatur wiederfindet, wird der tatsächliche Entstehungsprozeß vereinfacht dargestellt. Daran konnten sich allerdings Mutmaßungen knüpfen, Ministerpräsident Hoegner hätte den zu seiner persönlichen Bewachung abkommandierten Polizeikommissar Lallinger[147] zu dieser Gründung angestiftet[148], was beide jedoch strikt zurückwiesen[149]. In Wirklichkeit hat sich die Bayernpartei aus einer kleinen, mehr als ein Jahr früher gegründeten Partei entwickelt.

Am 3. September 1945, wenige Tage nach Bekanntgabe der Militärregierung, daß politische Parteien auf Antrag und nach entsprechender Prüfung für das jeweilige Kreisgebiet zugelassen werden könnten, wurde in München eine „Bayerische Arbeiter- und Mittelstandspartei" gegründet[150]. Sie sollte – wie es in einem Schreiben des vorläufigen Landesvorsitzenden Michael P. Reitmair hieß – „den Weg zu einer künftigen großen ‚bayerisch demokratischen Partei' ebenen [...] helfen"[151]. Bis zur Lizenzierung für den Stadt- und Landkreis München hatte die Partei zweimal ihren Namen gewechselt: zunächst „Mittelstands- und Bauernpartei" wurde sie am 19. November 1945 in „Demokratische Union" umbenannt. Unter diesem Namen wurde sie am 30. November 1945 lizenziert[152].

Mit Hilfe von persönlichen Kontakten wurde die Gründung weiterer Ortsgruppen vorangetrieben. Am 11. Februar 1946 wurde die Demokratische Union für den Stadt- und Landkreis Augsburg[153] und am 25. Februar für den Landkreis Pfarrkirchen[154] lizenziert. Auch in den Gemeinden Hohenpeißenberg und Peiting im Landkreis Schongau hatte die Demokratische Union schon früh Anhänger[155].

Die Münchener Gründungsmitglieder der Demokratischen Union hatten einen von der Ebene der Stadtbezirke – so wurden die städtischen Ortsvereine bezeichnet – ausgehenden Organisationsaufbau geplant. Die Stadtbezirksvorsitzenden sollten die Stadtkreisversammlung bilden und den Stadtkreisvorsitzenden wählen. Da die Gruppe vorerst allerdings nur aus acht bis zehn Mitgliedern bestand[156], blieben diese Pläne zunächst Deklamation, zumal Führungsstreitigkeiten und gegenseitige Verleumdungen die Aktivität lähmten[157]. Bis Mai 1946 war die Münchener Demokratische Union auf 76 Mitglieder angewachsen, von denen sich etwa die Hälfte aktiv betätigte.

Als die Streitigkeiten in der Demokratischen Union so weit gediehen waren, daß der Parteigründer und „vorläufige Landesvorsitzende" Reitmair und der Stadtkreisvorsitzende Anton Kandetzki die gegenseitige Abwahl betrieben, griff die Militärregierung ein und ernannte am 26. April 1946 Ludwig Max Lallinger zum kommissarischen Stadtkreisvorsitzenden[158]. Lallinger war der Demokratischen Union im Januar 1946 beigetreten und bald Stadtbezirksvorsitzender geworden[159]. Er muß sich rasch das Vertrauen seiner Parteifreunde erworben haben, denn bereits am 23. März 1946 wurde er zum stellvertretenden Vorsitzenden des „kleinen Parteiausschusses" – einem nicht klar definierbaren Führungsorgan für den Stadt- und Landkreis München – gewählt[160]. Knapp vier Wochen später, als die Versammlung der Stadtbezirksvorsitzenden den „vorläufigen Landesvorsitzenden" Reitmair abgewählt hatte, übernahm Lallinger Akten und Kasse der Demokratischen Union[161]. Am 7. Juni 1946 wurde er von der Versammlung der Stadtbezirksvorsitzenden durch ordnungsgemäße Wahl im Amt des Vorsitzenden für den Stadt- und Landkreis München bestätigt[162]. Zur Klärung der Situation bedurfte es jedoch des abermaligen Eingreifens der Militärregierung: da Reitmair die Wahl angefochten hatte, ließ sie die Wahl in ihren Amtsräumen wiederholen; das Votum für Lallinger fiel nun noch deutlicher aus[163].

Die Exponenten der Demokratischen Union hatten sich seit Frühjahr 1946 um Zulassung der Partei auf Landesebene bemüht. Im März 1946 wurde der erste Antrag gestellt[164]. Zur Unterstreichung des Anspruchs, spezifisch bayerische Belange

zu vertreten und um für ganz Bayern zugelassen zu werden, beschlossen die Münchener Stadtbezirksvorsitzenden und die Gründungsmitglieder am 23. April die Umbenennung der Partei – der Name war inzwischen bereits ohne formellen Akt zu Bayerische Demokratische Union erweitert worden – in „Bayerische Landespartei". Es wurde ein entsprechender Antrag an die Militärregierung gestellt. Während die Militärregierung den Antrag auf Landeszulassung mit zuvor zu erfüllenden Auflagen zurückgab, entschied sie in der Frage der Umbenennung, daß erst die Demokratische Union auf Landesebene zugelassen sein müßte[165].
Wichtigste Auflage war die Bildung eines Landesausschusses; dazu hatte die Militärregierung bestimmt, daß eine Versammlung von Delegierten der bereits zugelassenen Stadt- und Landkreisverbände diese überörtliche Parteirepräsentanz zu wählen hätte[166]. Dieser Auflage wurde am 14. Juli 1946 entsprochen: je fünf Delegierte aus Augsburg und Pfarrkirchen und sieben Delegierte aus München wählten eine vorläufige Landesvorstandschaft mit Ludwig Max Lallinger als Voristzendem[167]. Die Hoffnung, nun die Landeszulassung zu erreichen, erfüllte sich nicht. Auch der Antrag vom 25. August 1946 wurde abgelehnt[168]. Er wurde das Opfer einer gegen separatistische Tendenzen gerichteten Zulassungspraxis, die sich bei OMGUS durchgesetzt und im Mai 1946 schon die Bayerische Königspartei getroffen hatte[169]. Hinzu kam, daß der Vorsitzende der Demokratischen Union in Augsburg, Baron von Zedlitz, durch eine Äußerung gegenüber der Militärregierung die Partei in Schwierigkeiten gebracht hatte: „Entpreußifizierung" sei wichtiger als Entnazifizierung[170]. Wie die daraufhin von der Militärregierung in die Wege geleitete Auflösung der Demokratischen Union Augsburg im einzelnen verhindert werden konnte, ist aus den Quellen nicht ersichtlich. Fest steht, daß der Fortbestand der Augsburger Gruppe an einen Wechsel des Firmenschildes geknüpft war. In der Mitgliederversammlung vom 12. Oktober 1946 berichtete Zedlitz über die Situation in Augsburg. Er beantragte, die „Bayerische Demokratische Union", die auf Briefköpfen bereits den Namen „Bayerische Landespartei" als Untertitel benutzt hatte, in „Bayernpartei" umzubenennen[171]. Über diesen Antrag ist nicht weiter diskutiert worden. Lallinger scheint die Einstellung der Militärregierung in München zu einer Umbenennung erkundet zu haben, da er vor der Abstimmung über den Antrag auf Umbenennung am 26. Oktober 1946 erklärte, daß „keine Bedenken bestünden". Der Namenswechsel wurde von der Mitgliederversammlung einstimmig gebilligt und am 16. November 1946 von der Militärregierung genehmigt[172].
Die in späteren Jahren gefeierte „Gründung" der Bayernpartei reduziert sich so auf eine Umbenennung, die indirekt von der Lizenzierungspraxis der Militärregierung veranlaßt worden war. Zum einen wollte man den Kreisverband Augsburg vor der Auflösung bewahren und zum andern hoffte man, mit dem Namen Bayernpartei eher die Landeszulassung zu erreichen als mit der Bezeichnung „Bayerische Landespartei"[173]. Wie wenig neu und eigenständig diese „Bayernpartei" war, zeigt auch die Tatsache, daß das Programm der „Bayerischen Demokratischen Union" – sieht man von einigen auf das Wohlwollen der Militärregierung abzielenden Änderungen ab – zunächst auch das Programm der Bayernpartei blieb[174].
Doch bald versuchte die Parteispitze, die Bayernpartei zur „neuen Partei" und Lallinger zum „Gründer"[175] zu stilisieren und die von Streitereien und Erfolglosigkeit geprägte Frühphase vergessen zu machen. Durch die Zulassungspraxis

der Militärregierung war die Bayerische Demokratische Union gezwungen gewesen, sich über locker miteinander verbundenen Orts- und Kreisverbänden auszubreiten, eine Situation, die sektenhafte Entwicklungen und lokale Querelen förderte. Wenngleich die Ausbreitung mit Hilfe von örtlichen und regionalen Gründungen im Jahre 1947 leichter vonstatten ging, behielt die Bayernpartei jedoch den Charakter eines Zusammenschlusses von politischen Gruppen mit verwandter politischer Zielsetzung, aber sehr divergierenden Vorstellungen von Parteiorganisation und alle Mitglieder bindendem Programm.

Unmittelbar nach der Gründung stießen einige junge Akademiker und Angehörige des Mittelstandes zur Bayernpartei, von denen einige zunächst in die Bayerische Heimat- und Königspartei eingetreten gewesen waren. Wie die Mitglieder der Gründungsgruppe um Lallinger waren sie radikale Separatisten und zeichneten sich durch eine besondere Abneigung gegen alles Preußische aus. Sie traten für den Ständestaat, das Zweikammernsystem und den Staatspräsidenten ein, weil sie in diesen Verfassungsinstitutionen eine Garantie für eine „gesunde" Neuordnung des Nachkriegschaos' sahen. Parteien und Parlamenten trauten sie keine Neuordnung in ihrem Sinne zu. Donaubund, also Zusammenschluß Bayerns mit Österreich, oder Alpenföderation unter Einschluß der Schweiz gehörten zum Fundus ihrer politischen Vorstellungen[176]. Nach Gründung des Landesverbands der Bayernpartei verlor diese Gruppe innerhalb der Partei ihren Einfluß. Ein Großteil der Gruppe verließ die Bayernpartei, als unter der Führung Baumgartners der ursprüngliche Separatismus einem gemäßigten Partikularismus gewichen war[177].

Enttäuscht darüber, daß sich innerhalb der CSU der Schäffer/Hundhammer-Flügel mit seinen staatspolitischen Vorstellungen nicht hatte durchsetzen können, traten im Frühsommer 1947 auch einige CSU-Mitglieder und -Funktionäre zur Bayernpartei über. Ihre Exponenten, Anton Donhauser und Anton von Aretin, stießen schnell in die Führung der Bayernpartei vor. Zu dieser Zeit wurde auch Anton Besold[178], der 1945/46 der Königspartei angehört hatte, Mitglied der Bayernpartei.

Nach diesem Zuwachs und dem Eintritt Fischbachers mußte die Führungsstruktur der Bayernpartei geändert werden, um der Tatsache Rechnung zu tragen, daß zum einen Fischbacher eine Hausmacht in die Partei eingebracht hatte und zum andern, daß auch andere Gruppen in der Parteiführung repräsentiert werden mußten. Im September 1947 wurde daher ein Arbeitskreis, der „Siebenerausschuß" gebildet, dem neben Lallinger und Fischbacher zwei Vertreter der radikalen Separatisten, Karl Maerkl[179] und Josef Kettner[180], ferner Georg Knott[181], Mitglied der Freiheitsaktion Bayern, sowie zwei Repräsentanten der christlich-konservativen Richtung, Anton Donhauser und Anton Besold, angehörten. Auf dem ersten Parteitag im Dezember 1947 wurde durch Vergrößerung des „Siebenerausschusses" der erweiterte Landesausschuß gebildet, in den auch Vertreter aus Schwaben, Franken und der Oberpfalz sowie die ehemaligen Sozialdemokraten Franz Xaver Aenderl und Hermann Aumer gewählt wurden.

Die neue Führungsstruktur konnte nicht darüber hinwegtäuschen, daß der Bayernpartei eine, über lokale Bereiche hinaus bekannte politisch zugkräftige Persönlichkeit fehlte. Dieser Parteiführung, in der sehr divergierende politische Richtungen vertreten waren, fehlte ein Politiker mit ausgleichender Fähigkeit. Daher versuchte man, bekannte und repräsentative Politiker für die Bayernpartei zu gewinnen, wobei sich die Christlich-Konservativen um Fritz Schäffer und die eher liberalen Gruppen um Josef Baumgartner bemühten.

Als Josef Baumgartner buchstäblich „das Rennen machte", wurde ihm inoffiziell sogleich die Führung der Partei übertragen. Noch vor seinem offiziellen Eintritt wurde ein Direktorium eingerichtet, das er dann gemeinsam mit Fischbacher und Aumer übernahm[182]. Obgleich die Militärregierung diesem Direktorium die Zustimmung versagte, da es nicht satzungsgemäß zustandegekommen war, führte es dennoch inoffiziell die Partei[183].

In der Person Baumgartners stand nun ein Politiker an der Spitze der Bayernpartei, der durch seine Aktivitäten in den ständischen Bauernorganisationen und in der BVP vor 1933 und durch seine Politik als bayerischer Landwirtschaftsminister nach 1945 nicht nur in ganz Bayern bekannt war und vor allem in bäuerlichen Kreisen großes Ansehen genoß, sondern darüber hinaus auch über große politische und taktische Erfahrungen und Fähigkeiten verfügte.

TEIL B STRUKTUREN

Häufig werden in der parteisoziologischen Literatur Organisationsprobleme wie Satzung, Propaganda, Finanzierung von der Entwicklung und sozialen Basis der Partei, ihrer Politik und Ideologie abgetrennt, als handele es sich um isolierbare autonome Faktoren. Oder die Satzung wird als die politische Realität betrachtet. Beide Sichtweisen verfehlen die Dialektik zwischen Organisation, Geld und Politik, zwischen Verfassung und Verfassungswirklichkeit, zwischen Sozialstruktur und Propaganda. Auf der anderen Seite lassen sich solche Bezüge nicht ständig herstellen, ohne Fluß und Übersichtlichkeit einer Darstellung zu beeinträchtigen. Deshalb wird im folgenden ein Kompromiß-Vorgehen angewandt. Nach einem Überblick über die Organisation der Bayernpartei in den beiden großen Abschnitten ihrer Entwicklung – Aufbruch als Protestbewegung, Schrumpfung zur Heimatpartei – werden die Satzungen von 1948 und 1951 auf ihre Wirksamkeit und Bedeutung für die Praxis untersucht, um die Vermittlung zwischen dem jeweiligen Organisationstyp und der Parteipolitik aufzuzeigen. Vor diesem Hintergrund wird dann gesondert den beiden zentralen organisationspolitischen Problemen der Bayernpartei – ihrer Sozialstruktur und ihrer Finanzierung – nachgegangen. Dabei wird immer wieder auf Grundprobleme der Flügelbildung, der Zusammenhänge mit dem sozialen und politischen Umfeld und des Verhältnisses zwischen Intentionen, Propaganda und Praxis Bezug genommen.

I. Entwicklung der Bayernpartei vom Eintritt Baumgartners bis zur Viererkoalition

Obwohl die Bayernpartei in insgesamt 30 Landkreisen von den lokalen Behörden der Militärregierung schon seit einiger Zeit lizenziert worden war, wurde sie auf Landesebene erst am 29. März 1948 zugelassen. Allerdings konnte sie, da für die Kommunalwahlen am 25. April 1948 bereits Wochen zuvor Listen eingereicht werden mußten, nur in rund einem Drittel der Wahlkreise eigene Kandidaten aufstellen. Sie erhielten im April auf Landesebene 8,7% der abgegebenen gültigen Stimmen, in den Landkreisen 6,4%, in den kreisunmittelbaren Städten 14,7%[1]. In Ober- und Niederbayern wurde die Bayernpartei in sechs von elf Städten und in vier Landkreisen bei ihrer ersten Beteiligung an Wahlen stärkste Partei[2]. In München verfehlte sie nur um wenige Prozent das Ergebnis der führenden SPD[3]. Allerdings konnte sie diese Spitzenwahlergebnisse in den gleichen Kreisen weder bei den Bundestagswahlen 1949 noch in den Landtagswahlen 1950 wiederholen. Auf dem ersten Parteitag nach der Zulassung auf Landesebene in Passau am 19. Juni 1948 wurde Baumgartner mit großer Mehrheit zum Parteivorsitzenden (Landesvorsitzenden)[4] und Anton Donhauser zu seinem Stellvertreter gewählt.

Landesgeschäftsführer, später Generalsekretär, wurde Ernst Falkner, der im Sommer 1945 einige Monate geschäftsführender Regierungspräsident und zeitweise Vorsitzender der CSU in Niederbayern war; zusammen mit Baumgartner war er zur Bayernpartei übergetreten. Die Gründer Lallinger und Fischbacher wurden bald aus der ersten Führungsgarnitur verdrängt und waren nur noch als gleichberechtigte Beisitzer im Parteivorstand (Landesleitung) vertreten, während die wichtigsten Führungspositionen von CSU-Dissidenten besetzt wurden[5].

Vom Erfolg der Kommunalwahlen bestätigt, sah sich die Bayernpartei als „Elementarbewegung"[6] des bayerischen Volkes oder, wie Falkner auf der ersten Landesversammlung propagierte, als „die bayerische Volkserhebung"[7]. In der bewußten Propagierung der Bayernpartei als „Bewegung des bayerischen Volkes" lag ebenso viel Taktik wie Selbstverständnis, denn die Partei war zu diesem Zeitpunkt aus mehreren Gründen in eine schwierige Situation geraten. Einmal hatte sie bereits seit Anfang 1948 einen Mitgliederzuwachs zu verzeichnen, von dem die erste in den Anfängen steckende „Organisation überspült"[8] wurde. Zum anderen zeichnete sich im Juni 1948 schon deutlich ab, daß für die Integration der westlichen Besatzungszonen in einen westdeutschen Staat bereits die Weichen gestellt waren. Nicht zuletzt erschwerte die Heterogenität der Partei von den Führungsorganen bis zu den Mitgliedern eine konstruktive Entwicklung.

Baumgartner fürchtete, „daß die Zeit über uns hinweggehen wird, wenn wir bis zu den kommenden Parlamentswahlen nicht über 50% der bayerischen Bevölkerung hinter uns haben [...], dies allein ist unser Plan"[9]. Angesichts der schnellen Entwicklung hin zur Gründung eines westdeutschen Staates, sowie der innerparteilichen Gegensätze und des wegen der organisatorischen Defizite kaum zu integrierenden Mitgliederzuwachses blieb der Partei kein anderer Weg als Politik mit Hilfe zugkräftiger politischer Formeln zu betreiben. Schlagworte wie „Bayern muß Bayern bleiben" oder „Bayern den Bayern" traten an die Stelle eines durchkonzipierten und von der Mehrheit der Partei akzeptierten Programms. Wollte die Partei mit ihrem erklärten Hauptziel, nämlich Bayern ein Höchstmaß an Souveränität zu erkämpfen, überhaupt noch rechtzeitig auf die politische Bühne treten, dann mußten alle Probleme dieser einen Forderung untergeordnet werden. Auf die Anpassung der organisatorischen Struktur an die Mitgliederentwicklung und damit letztlich auf die Konsolidierung der Partei mußte zugunsten bloßer Agitation verzichtet werden.

Drei in ihrer Wirkung sich potenzierende Faktoren haben die Aufbauphase der Bayernpartei bestimmt: der Zeitdruck, der sich aus dem schnellen Ablauf der Vorbereitungen zur Gründung eines westdeutschen Staates ergab, nötigte die Bayernpartei, sogleich alle Kräfte auf diese Auseinandersetzung zu konzentrieren; der sprunghafte Anstieg der Mitglieder, der organisatorisch ohnehin kaum zu bewältigen war, hätte aber seinerseits die Anspannung aller Kräfte erfordert; die Gegensätze in den Führungsgremien erschwerten es, mehr programmatischen Konsens zu erreichen, als in werbewirksamen Formeln zum Ausdruck kam.

Diesen Belastungen vermochte die Parteiführung nur durch einen Stil und ein Selbstverständnis zu begegnen, welche die Probleme auf Eis legten und den spezifischen „Bewegungs"-Charakter der Partei ausmachten. Um eine effektive Agitationsbasis zu schaffen, sah es die vorläufige Parteiführung, der sogenannte Siebenerausschuß, als vordringlich an, den Landesverband zu konstituieren und Partei-

organisationen in sämtlichen bayerischen Regierungsbezirken, Stadt- und Landkreisen aufzubauen.
Die Hoffnung, vorzeitige Neuwahlen des bayerischen Landtags durch einen Volksentscheid oder mit Unterstützung der SPD durch eine Selbstauflösung des Parlaments erzwingen zu können, wurde bald aufgegeben[10]. Die Bayernpartei war im ersten Bayerischen Landtag nur mit Baumgartner und einigen wenigen weiteren Abgeordneten vertreten, die zur Bayernpartei übergewechselt waren. Diese bildeten mit den Dissidenten der Wirtschaftlichen Aufbauvereinigung als „Freie Parlamentarische Vereinigung" eine Fraktionsgemeinschaft[11]. Trotz großer propagandistischer Anstrengungen gelang es der Bayernpartei nicht, ihren Anspruch auf eine Vertretung im Parlamentarischen Rat durchzusetzen.
Bei den Wahlen zum 1. Deutschen Bundestag erreichte die Bayernpartei 20,9% in Bayern und wurde damit drittstärkste Patei in Bayern; die CSU wurde von 52,9% bei den Landtagswahlen 1946 auf 29,2% reduziert; die SPD erhielt 22,8%, die WAV 14,4, die FDP 8,5 und die KPD 4,1% der abgegebenen gültigen Stimmen. Die Bayernpartei kam mit 17 Abgeordneten in den Bundestag, davon hatten elf ein Direktmandat errungen. Doch für die Parteiführung bedeutete das Ergebnis der Bundestagswahlen, in denen sie nur in Oberbayern und Niederbayern stärkste Partei geworden war, eine Niederlage; denn eine „bayerische Volkserhebung", wie sie durch ein günstiges Wahlergebnis demonstriert werden sollte, war darin gewiß nicht zum Ausdruck gekommen.
Hatte die Erwartung eines gewaltigen Wählergewinns die Partei bis zu den Bundestagswahlen, wenn auch nur unvollkommen, nach außen geeinigt, so brachen nun in der Frage der künftigen Haltung der Bayernpartei zur Regierung Adenauer und zur CSU die Gegensätze offen aus. Denn Adenauer, der nur durch die Stimme eines Bayernpartei-Abgeordneten, der entgegen dem Fraktionsbeschluß, Stimmenthaltung zu üben, für Adenauer als Bundeskanzler votierte[12], im ersten Wahlgang die absolute Mehrheit erreichte, war auf die Stimmen der Bayernpartei angewiesen. Die knappe Mehrheit der Regierungskoalition erlaubte der Bayernpartei, im Bundestag „das Zünglein an der Waage" zu spielen. Während die Gruppe Baumgartner, Falkner und der frühe Gründerkreis eine eigenständige, auch programmatisch gegen die CSU abgegrenzte Politik betreiben wollten, setzte sich der stellvertretende Landesvorsitzende Donhauser mit einem Teil der Bundestagsfraktion für eine Unterstützung Adenauers und eine stärkere Zusammenarbeit mit der CSU ein, um die christliche und bürgerliche Front gegen die sozialistischen Parteien zu stärken[13]. Die Aktivitäten dieser CSU-nahen Gruppe unter der Führung Donhausers, des Kreisvorsitzenden von Niederbayern, Anton von Aretin, und des Schatzmeisters, Wilhelm Schmidhuber[14], stürzten die Bayernpartei in eine schwere Krise. Erst als Bestechungsaffären im Zusammenhang mit der Wahl der Bundeshauptstadt bekannt wurden und 1950 zur Einsetzung des berühmten Spiegelausschusses führten, wobei die Untersuchungen die finanzielle Abhängigkeit der Bayernpartei-Opposition um Donhauser aufzeigten, konnte sich Baumgartner im Kampf um die Führung der Partei durchsetzen.
Seither war die Stellung Baumgartners als Parteivorsitzender unumstritten, zumal allein er es verstand, die auseinanderstrebenden Flügel der Partei zusammenzuhalten. Von 1948 bis 1958 wurde er mit großer Mehrheit als einziger Kandidat immer wieder gewählt, nur 1952 und 1953 verzichtete er auf eine Kandidatur. Die unter-

schiedlichen politischen Richtungen innerhalb der Bayernpartei waren durch die Stellvertreter des Landesvorsitzenden vertreten. Bereits auf der 2. Landesversammlung 1949 wurden zwei an Stelle von bisher einem Stellvertreter gewählt: neben Anton Donhauser wurde Hermann Etzel[15] in die Parteispitze delegiert, der als ein konsequenter Verfechter der parteipolitischen Eigenständigkeit der Bayernpartei galt.

Nachdem es Baumgartner gelungen war, ein Schiedsverfahren gegen Donhauser in Gang zu setzen, durfte dieser bereits 1950 für kein Parteiamt mehr kandidieren. Um Spannungen auszugleichen, wurden auf der Landesversammlung 1950 gleich drei Stellvertreter gewählt: Etzel, Fischbacher und Fürst Oettingen-Wallerstein[16], der den Großgrundbesitz und die Monarchisten repräsentierte. Donhauser und ein Teil der Bundestagsfraktion verließen wenig später die Bayernpartei, die dadurch ihren Fraktionsstatus verlor. Noch 1951 legte auch der Fraktionsvorsitzende Seelos[17] sein Abgeordnetenmandat nieder; sein Nachfolger Hugo Decker[18] formierte im Bundestag mit dem Zentrum die „Föderalistische Union"[19].

Die Krise nach den ersten Bundestagswahlen zeigt die besonderen Schwierigkeiten der Bayernpartei, die ursprünglich als „die bayerische Volkserhebung" gegen das Grundgesetz angetreten war und sich nun den Realitäten des „Provisoriums" Bundesrepublik anpassen mußte. Ihre Aktivität im Bundestag reduzierte sich darauf, Anträge gegen zentralisierende Tendenzen der Bundespolitik einzubringen. Die Politik der Bayernpartei entbehrte aufgrund der heterogenen Interessenlagen innerhalb ihrer Bundestagsfraktion und der mangelnden Einbindung ihrer Fraktionsmitglieder in die Partei einer einheitlichen Linie. Eine Annäherung an die CSU, mit der 1951 für kurze Zeit eine Arbeitsgemeinschaft gebildet wurde, war nach Austritt eines Teils der Bundestagsfraktion zugunsten der Bildung der „Föderalistischen Union" aufgegeben worden. Während die Bayernpartei in wirtschafts- und außenpolitischen Fragen im allgemeinen mit Adenauers Politik konform ging, lehnte die Fraktion der „Föderalistischen Union" beispielsweise die allgemeine Wehrpflicht ab, in der Frage der EVG-Verträge war ihr Abstimmungsverhalten nicht einheitlich. Insgesamt konzentrierte sie sich auf einen materiallen Ausbau der föderativen Bestimmungen des Grundgesetzes, insbesondere der Finanzhoheit der Länder und ihrer Kompetenzen auf den Gebieten Kultur und Polizei, sowie auf die Stärkung der Stellung des Bundesrats gegenüber dem Bundestag. Ihre Versuche, die Pfalz wieder in den bayerischen Staatsverband zurückzuführen, stießen im Bundestag auf keinerlei Resonanz.

Trotz der innerparteilichen Krisen und der Korruptionsaffären, die durch die Ermittlungen des Spiegelausschusses auch einer breiteren Öffentlichkeit über Bayern hinaus bekannt wurden, konnte sich die Bayernpartei in den Landtagswahlen 1950 mit 17,9% noch gut behaupten. Die CSU erhielt 27,4%; die SPD wurde mit 28% die stärkste Partei, erhielt jedoch mit 63 Sitzen ein Mandat weniger[20] als die CSU. Die Bayernpartei war nunmehr im Landtag mit 39 Sitzen, der BHE mit 26 und die FDP mit 12 Abgeordneten vertreten. Das von Baumgartner propagierte Wahlziel, stärkste Partei in Bayern zu werden, wurde nur in den Regierungsbezirken Ober- und Niederbayern erreicht. Als Landesvorsitzender der stärksten Fraktion im Landtag führte Ehard die Koalitionsverhandlungen. Die vor allem vom Hundhammer-Flügel angestrebte Koalition mit der Bayernpartei kam nicht zustande, und Ehard konnte eine große Koalition mit SPD und BHE bilden.

Das Verhältnis zwischen CSU und Bayernpartei in Bayern war zu dieser Zeit sehr zwiespältig. Ehard, dem man vorwarf, „den Marxisten in einer schwarz-roten Koalition" gegenüber der Zusammenführung der christlich-bürgerlichen Front in Bayern den Vorzug gegeben zu haben, wurde von der Bayernpartei bekämpft. Für den Hundhammer-Flügel hingegen waren immer wieder versöhnliche Töne zu hören. Da man in kulturpolitischen Fragen gemeinsame Interessen vertrat, wurden von den oberbayerischen CSU- und Bayernpartei-Verbänden ähnlich klingende Verlautbarungen herausgegeben, die, unterstützt von Teilen des Klerus, auf eine Auflösung der großen Koalition zielten. Anfang April 1951 verabschiedeten die CSU-Oberbayern unter Vorsitz Hundhammers und der Landesausschuß der Bayernpartei eine gleichlautende Entschließung, in der sie „die Verständigung und Zusammenfassung aller christlichen, föderalistischen und nichtmarxistischen Kräfte des bayerischen Volkes"[21] forderten. Es war sogar zeitweilig ein Wahlbündnis der beiden Parteien für die Kommunalwahlen 1952 im Gespräch. Mit derartigen Annäherungsversuchen zwischen CSU und Bayernpartei war es nach heftigen Auseinandersetzungen anläßlich von Landtagsnachwahlen und der fehlenden Unterstützung der Bayernpartei für die Kandidatur Hundhammers zum Landtagspräsidenten jedoch bald vorbei[22].

Die Bayernpartei ging – abgesehen von wenigen lokalen Wahlbündnissen – unabhängig in den Wahlkampf[23]. Erstmals bei Kommunalwahlen für alle Wahlkreise zugelassen, konnte sie sich im Vergleich zu ihrer sehr viel ungünstigeren Ausgangsposition 1948 nur wenig verbessern, doch wurde sie mit 10,4% immerhin noch drittstärkste Partei. Der BHE, der sich überhaupt zum erstenmal an Kommunalwahlen beteiligen konnte, folgte mit 10,0%. Die CSU erhielt 26,5% und hatte damit gegenüber 1948 um 11,2% verloren, während sich die SPD mit 26,1% gegenüber 1948 um 2,4% steigern konnte.

Als Baumgartner, der bereits 1951 nur mehr auf Drängen der Parteiführung bereit war, den Landesvorsitz weiter zu übernehmen[24], 1952 endgültig auf eine Kandidatur verzichtete, kamen bei der Wahl seines Nachfolgers die alten Spannungen in der Partei wieder an die Oberfläche. Dabei hatte sich die Bayernpartei im Jahr 1951 innerparteilich konsolidieren können. Auf der Landesversammlung am 7. Juli 1951 waren die gesamte Parteiführung, der Landesvorsitzende und seine drei Stellvertreter, bestätigt worden[25]. Auch der desolate Finanzzustand der Partei – ihre Verschuldung nach den Landtagswahlen 1950 hatte ihre Existenz in Frage gestellt – war durch einschneidende Sparmaßnahmen auf ein vertretbares Maß reduziert worden. Eine neue Satzung und Schiedsordnung waren verabschiedet und eine Aktualisierung des Parteiprogramms beschlossen worden. Am 25./26. August 1951 erarbeitete die Landesleitung in programmatischen Leitlinien zur gesamtpolitischen Lage, den „Hohenaltheimer Richtlinien", eine Konkretisierung des 15-Punkte-Programms der Gründungszeit. Darin wurde besonderes Gewicht wirtschaftlichen Fragen beigemessen, was in der Betonung des Privateigentums und in antigewerkschaftlichen Positionen in der Frage der Mitbestimmung sowie in der Betonung mittelständischer Interessen zum Ausdruck kam. Allerdings erzwang die zur Finanzierung der Volksbewegungspropaganda eingegangene Verschuldung rigorose Sparmaßnahmen, so daß die organisatorische Arbeit an der Bsais schon aus finanziellen Gründen vernachlässigt werden mußte.

Auf der 5. Landesversammlung der Bayernpartei am 23. August 1952 in Rosenheim wurde Jakob Fischbacher mit knapper Mehrheit vor Anton Besold, seit 1951 Generalsekretär, zum Vorsitzenden gewählt. Etzel, Lallinger und August Geislhöringer wurden Stellvertreter. Baumgartner erhielt als Ehrenvorsitzender Sitz und Stimme in der Landesleitung[26]. Mit Lallinger und Fischbacher war wieder die radikale Gründungsgruppe in führende Positionen aufgerückt. Dies fand auch in einer Resolution der Landesversammlung, wonach die Bayernpartei vor allem die „Interessen des gewerblichen und bäuerlichen Mittelstands, der Arbeiter und Sozialschwachen"[27] zu vertreten hatte, seinen Niederschlag. Fischbacher legte die künftige politische Richtung der Bayernpartei dahingehend fest, daß die Landtagsfraktion, die als Opposition in einer Reihe von Abstimmungen mit der Regierungspartei CSU gestimmt oder Anträge, die vom Hundhammer-Flügel eingebracht worden waren, unterstützt hatte, sich schärfer gegenüber der CSU abzugrenzen habe. Er betonte, daß „eine Verschmelzung von CSU und Bayernpartei", die seit den Landtagswahlen immer wieder diskutiert wurde, „nie in Frage"[28] käme, daß es vielmehr darum gehe, mit außerbayerischen föderativen Kräften einen Block zu bilden. Allerdings gelang es Fischbacher während des knappen Jahrs, in dem er als Landesvorsitzender wirkte, nicht, diese Postulate in die politische Praxis der Bayernpartei umzusetzen, da seit dem Tode des ersten Generalsekretärs Falkner[29] dessen Nachfolger Anton Besold die Politik der Partei entscheidend geprägt hatte. Besold erreichte zwar die finanzielle Sanierung der Partei, aber durch die einschneidenden Sparmaßnahmen wurde die organisatorische Basisarbeit des Landesverbands derart eingeschränkt, daß die Bayernpartei parteipolitische Aktivität nur noch in den Wahlkampagnen, und dies auch nur mit Hilfe von finanziellen Zuwendungen von Seiten der Industrie, entfaltete. Während Fischbacher und seine Gruppe sich um eine stärkere politische Profilierung gegenüber der CSU bemühten, hatte Besold längst auf eine Entpolitisierung der Aktivitäten der Bayernpartei hingearbeitet und diese auch in den Führungsgremien durchgesetzt. Zumal deshalb, weil sich Baumgartner seit Ende 1951 von seinen Leitungsaufgaben zurückgezogen hatte, da ihm der Posten des Generalsekretärs des Bauernverbandes in Aussicht gestellt worden war, sofern er die erforderliche „politische Eignung"[30], und das hieß für die zuständigen CSU-Funktionäre im Bayerischen Bauernverband politische Zurückhaltung und besonderes Wohlverhalten gegenüber der CSU, zeigte.

Die Bayernpartei verlor rasch den Charakter einer Heimat- und Landespartei, den sie sich seit den Bundestagswahlen 1949 zu geben gesucht hatte, und präsentierte sich nunmehr als ein Traditions- und Heimatverein. Fahnenweihen, monarchistische Kundgebungen und andere Traditionsfeste bestimmten immer mehr ihr Image in der Öffentlichkeit. So war es nicht weiter verwunderlich, daß Besold auf der Landesversammlung im Mai 1953, zu Beginn des Wahlkampfs für den 2. Deutschen Bundestag, Fischbacher als Landesvorsitzenden ablösen konnte. Zuvor schon war die „Altbayernpartei-Richtung" in der Parteiführung durch den Austritt von Hermann Etzel geschwächt worden, der sich im Bundestag dem linken Flügel des Zentrums angeschlossen und in der Wiederbewaffnungsfrage entgegen den Beschlüssen der Bayernpartei abgestimmt hatte.

Die Kursänderung auf der 6. Landesversammlung am 30./31. Mai 1953 zeigte sich auch in der Wahl des Nachfolgers für den ausgeschiedenen Etzel; als Vertreter der fränkischen Region wurde Georg Bantele, Oberst a. D. und Protestant, in die engere Landesleitung gewählt. Noch deutlicher akzentuierte der neue Landesvor-

sitzende Besold die Umorientierung. Während Fischbacher vor allem staatspolitische Forderungen – die er dann freilich in keiner Weise durchsetzen konnte – in den Vordergrund gestellt hatte, interpretierte Besold die Bayernpartei als mittelständische Interessenorganisation. In einem „Sieben-Punkte-Programm"[31] forderte er Kultur- und Finanzhoheit für die Länder, ein „Grundgesetz" für die Landwirtschaft, eine große Steuerreform sowie eine Reform der Sozialpolitik im Interesse des gewerblichen Mittelstands. Er wandte sich gegen alle Tendenzen in Richtung „Wohlfahrtsstaat", sprach sich für eine Industrialisierung der Handwerksbetriebe, eine Förderung des Berufsbeamtentums, eine bessere Versorgung der Altpensionäre und der ehemaligen Berufssoldaten aus und erneuerte die bekannte Forderung der Bayernpartei nach „Gleichberechtigung zwischen Flüchtlingen und Einheimischen". Er lehnte alle sozialistischen Tendenzen in der Bundesrepublik schärfstens ab, erklärte die Sozialdemokratie zum Hauptgegner der Bayernpartei und gab für die anstehenden Bundestagswahlen die Parole aus: „gesamte Stoßkraft nach links [...] eine Regierung Adenauer wird an der Bayernpartei nicht scheitern"[32].
Ein Wahlbündnis mit der CSU kam allerdings nur in München zustande. Die Hoffnung der Bayernpartei, mit Hilfe dieses Wahlbündnisses Direktmandate zu gewinnen und so die Hürden des Bundeswahlgesetzes zu überspringen, wurde freilich enttäuscht. In zwei Münchner Wahlkreisen kandidierten Repräsentanten der Bayernpartei auf der Liste der CSU, doch wurden die eigentlich von der Bayernpartei gewonnenen Mandate der CSU zugerechnet. Die Bayernpartei, die 9,3 % der Stimmen in Bayern erhalten hatte, verlor dadurch auch acht Abgeordnetensitze im Bundestag, die ihr nach dem Wahlergebnis zugestanden hätten.
Als Ehard, Schäffer und Hundhammer die Bayernpartei angesichts dieser Niederlage aufforderten, sich jetzt in die CSU einzugliedern, und darüber hinaus die Klage der Bayernpartei gegen die Verweigerung der in München gewonnenen Sitze vom Landeswahlausschuß abgelehnt wurde[33] und sie deshalb nur noch mit zwei Abgeordneten in der CSU-Fraktion im Bundestag vertreten war, begann es in den mittleren und unteren Parteigliederungen der Bayernpartei zu gären. Anstelle des satzungsgemäßen Landesausschusses wurde eine Versammlung sämtlicher Bezirksverbandsvorsitzender einberufen, die am 27. September 1953 eine Fusion mit der CSU einstimmig ablehnte. In Formulierungen wie „lieber in der Bayernpartei sterben als mit der CSU verderben"[34] sprachen sich die Vertreter eindeutig für einen selbständigen Kurs aus.
Kurze Zeit später trat Lallinger mit dem Kreisverband München, aus Protest gegen den Landesvorsitzenden Besold und dessen konziliante Politik gegenüber der CSU, aus der Partei aus[35]. Nachdem sich einige Bezirksverbände diesem Protest angeschlossen hatten, wurden Lallinger und Volkholz aus der Landtagsfraktion ausgeschlossen[36]. Die „Rebellion" Lallingers schien zunächst gescheitert, doch wurde Besold auf der Sitzung des nächsten ordentlichen Landesausschusses am 16. November 1953 zum Rücktritt gezwungen und Baumgartner wieder als Landesvorsitzender gewählt[37].
Die 7. Landesversammlung der Bayernpartei am 5. Juli 1954 in Straubing, ihrer niederbayerischen Hochburg, stand unter dem Motto „ohne Bayernpartei keine bayerische Regierung"[38]. Die Wahl der Stellvertreter des Landesvorsitzenden signalisierte wiederum die künftige Richtung der Partei. Lallinger wurde nach seinen Austrittseskapaden zum Stellvertreter gewählt. An die Stelle Banteles trat

37

als Vertreter Frankens Konrad Frühwald[39], der als Bauer landwirtschaftliche Interessengruppen repräsentierte. Stellvertreter wurde ferner auch Karl Lacherbauer[40], der nach enttäuschten Karriereerwartungen bei der CSU 1953 zur Bayernpartei übergetreten war und sich nun als besonderer Gegner der CSU profilierte.

Auf dieser Landesversammlung bereits formulierte Baumgartner das Regierungsprogramm der Bayernpartei, das Ende des Jahres als Grundlage für die Verhandlungen mit der SPD für die Bildung der Viererkoalition dienen sollte. In den Landtagswahlen 1954 führte die Bayernpartei den Wahlkampf konsequent gegen die CSU, insbesondere nachdem im Bundestagswahlkampf 1953 die Frontstellung gegen die SPD und die propagierte Unterstützung Adenauers von der Wählerschaft nicht honoriert worden war. Gegenüber den Bundestagswahlen konnte sich die Bayernpartei bei den bayerischen Landtagswahlen am 28. November 1954 von 9,3 % auf 13,2 % verbessern, wenngleich sie im Vergleich zu dem Landtagswahlergebnis von 1950, als sie 17,9 % erreicht hatte, erhebliche Einbußen verzeichnen mußte. Die CSU war die eindeutige Gewinnerin der Landtagswahlen 1954. Sie erhielt mit 38 % 83 Mandate, die SPD errang mit 28,1 % 61 Mandate, der GBBHE konnte 10,2 % und 19 Mandate auf sich vereinigen, während die FDP mit 7,2 % und 13 Mandaten gerade noch in den Landtag gelangte.

Die CSU brachte sich selbst um den Erfolg ihres Wahlergebnisses. Während sich ihre Flügel nicht einigen konnten, ob man mit der Bayernpartei oder mit der FDP eine Koalition eingehen solle und welche Ressorts den künftigen Koalitionspartnern überlassen werden sollten, hatten sich die Landesvorsitzenden von SPD und Bayernpartei, Waldemar von Knoeringen und Baumgartner, verständigt und mit FDP und BHE geeinigt, eine Viererkoalition zu bilden.

Im neuen Kabinett Hoegner stellte die Bayernpartei mit Baumgartner den stellvertretenden Ministerpräsidenten und mit August Geislhöringer[41], der seit 1953 Vorsitzender des Landesausschusses und Finanzbevollmächtigter der Partei war, den Innenminister sowie zwei Staatssekretäre: im Finanzministerium Joseph Panholzer[42] und im Justizministerium Kurt Eilles[43]. Die Bayernpartei, die damit zum ersten Mal Regierungsverantwortung übernommen hatte, hätte nun einen neuen Aufschwung nehmen können, zumal ein großer Teil derjenigen Funktionäre, die sich schon immer für eine Annäherung an die CSU eingesetzt hatten, inzwischen zur CSU übergewechselt waren. Auf den folgenden Parteitagen demonstrierte sie Einigkeit und Geschlossenheit. Auch in der Wahl der Stellvertreter gab es kaum personelle Veränderungen, die auf schwerwiegenden politischen Divergenzen beruht hätten. Rivalitäten und Führungskämpfe verlagerten sich vielmehr nun in die Landtagsfraktion.

Der Eintritt in die Viererkoalition zwang die Bayernpartei zu einer Klärung ihrer politischen Ziele. Auf der Landesversammlung in Ingolstadt 1955 definierte Baumgartner, der mit überwältigender Mehrheit (238 von 242 Stimmen) wiedergewählt wurde, die Bayernpartei als „Volkspartei". Sie sollte „weder eine Mittelstands- noch eine Bauern- oder Arbeiterpartei sein, sondern eine Partei, in der sich alle Berufsschichten zusammenfinden"[44]. In der Praxis wurde jedoch das Image einer Heimatpartei des bayerischen Volkes weitergepflegt. Der Kontinuitätskurs der Partei zeigt sich auch in der Wiederwahl der drei Stellvertreter Lallinger, Lacherbauer und Frühwald.

Die Bildung der Viererkoalition gegen die CSU löste eine ihrer schwersten Führungskrisen seit der Ablösung Josef Müllers durch Hans Ehard im Jahr 1949 aus. Noch im Dezember 1954 trat Ehard als Landesvorsitzender zurück, am 22. Januar 1955 wurde Hanns Seidel, der Wirtschaftsminister im Kabinett Ehard gewesen war, zum Landesvorsitzenden gewählt, ein halbes Jahr später wurde auch der Landesvorstand zugunsten des Parteinachwuchses so umstrukturiert, daß Vertreter des alten Partei-Establishments, wie Hundhammer und Horlacher, nicht mehr vertreten waren[45]. In der CSU setzten weitreichende organisationspolitische Veränderungen ein, die als Umwandlung von der Honoratioren- zu einer „Massenpartei modernen Typs" bezeichnet wurden[46]. Parallel zur Sanierung der Partei entwickelten Landesleitung und Landtagsfraktion der CSU Strategien zur Demontage der Viererkoalition und bedienten sich dabei der bewährten Methode, Bayernpartei-Abgeordnete zum Übertritt in die CSU zu gewinnen.

Die Bayernpartei, die zwischen 1951 und 1953 zum Traditions- und Heimatverein herabgesunken war und deren Landesgeschäftsstelle nur vor den Wahlen als „Wahlagentur" aktiv geworden war, versuchte nun von der Parteispitze aus, u. a. durch Finanzierungshilfen an die Kreisverbände, die Partei auf den mittleren Gliederungen in den Regierungsbezirken zu reorganisieren. Der Auflösungsprozeß der Bayernpartei war in vielen Bezirken jedoch schon so weit fortgeschritten, daß es langjähriger und intensiver Aufbauarbeit bedurft hätte, um das Versäumte aufzuholen. Zudem wurde in den Kommunalwahlen am 18. 3. 1956 die Regierungstätigkeit der Bayernpartei nicht durch Stimmengewinne honoriert. Allzu negativ auf das Wählerverhalten hatten sich die Untersuchungen des Landtagsausschusses ausgewirkt, der zur Überprüfung finanzieller Unregelmäßigkeiten von Regierungsmitgliedern der Bayernpartei bei der Vergabe von Spielbankenlizenzen eingesetzt worden war. Die Bayernpartei erhielt bei diesen Wahlen nur mehr 7,7% und lag damit unter ihrem Ergebnis von 1948. Die CSU konnte sich von 26,5 auf 34% verbessern, und auch die SPD wies mit einem Plus von 3,4% Erfolge auf. Die anderen kleinen Partner der Viererkoalition, FDP und BHE, mußten ebenfalls Verluste hinnehmen.

Dieses Wahlergebnis nahm nun eine ganze Reihe von kommunalen Mandatsträgern der Bayernpartei zum Anlaß, zur CSU überzutreten[47]. Doch erst nachdem die Bayernpartei auch in den Bundestagswahlen 1957 als „Föderalistische Union"[48] eine weitere Niederlage erlitten hatte, erwiesen sich die Absorptionsstrategien der CSU als erfolgreich. Unter dem Eindruck, daß die Wähler das Bündnis mit der SPD ablehnten, und mit der Aussicht, eine Koalitionsregierung mit der CSU eingehen zu können, traten zuerst der BHE und dann die Bayernpartei aus der Regierung Hoegner aus. Der Zerfall der Viererkoalition war der Anfang vom Ende der Bayernpartei. Die CSU bildete entgegen vorheriger Zusagen eine Regierung ohne Beteiligung der Bayernpartei und bereitete gegen deren Minister, die an der Viererkoalition beteiligt gewesen waren, einen Prozeß vor, der mit der Verurteilung Baumgartners und Geislhöringers endete. Obwohl das Urteil im Spielbankenprozeß höchst umstritten blieb, war die Bayernpartei diskreditiert und ihr weiterer Abstieg und Verfall nicht mehr aufzuhalten.

II. Verbandsstruktur und Organisationspolitik

Bis zur Landeszulassung richtete die Bayernpartei ihre gesamte Parteiarbeit darauf aus, die Anforderungen für die Lizenzierung durch die Militärregierung zu erfüllen. Um Mitglieder zu gewinnen, gab man sich als Protestpartei der Einheimischen, als monarchistenfreundlich und als eigentliche Traditionshüterin bayerischer Staatlichkeit, indem man sich z. B. – im Gegensatz zur Mehrheit der CSU 1946 – für die Einführung des Staatspräsidenten einsetzte, um Prominenz von der CSU, den Monarchisten und überparteiliche Honoratioren für die Partei zu gewinnen. Auch die in ihrer Grundstruktur von der CSU übernommene Satzung diente diesen beiden Etablierungszielen und spiegelte in ihrer geringen Bedeutung für die Partei – sie wurde in der Parteikrise einfach ausgesetzt – die Eile der Aufbruchszeit.
Nach der Landeszulassung und dem Übertritt Baumgartners entwickelte der Landesgeschäftsführer ein organisationspolitisches Konzept. Nach außen sollte sich die Bayernpartei als Volksbewegung, als Erhebung des gesamten bayerischen Volkes präsentieren, nach innen arbeitete Falkner daran, eine Art „Massenpartei" zu organisieren. Er bemühte sich daher intensiv um eine schnelle Ausweitung der Mitgliedschaft, die er durch eine breite Zielgruppenarbeit in Fachausschüssen anziehen und interessenpolitisch integrieren wollte. Daneben sollte eine große Parteizeitung Anhänger mobilisieren und die Mitgliedschaft pflegen. Viele dieser Ansätze blieben alsbald stecken, als die Bayernpartei weder in den Bundestagswahlen noch in den Landtagswahlen 1950 stärkste Partei in Bayern wurde, wie es die Parteiführung gehofft hatte. Zugleich setzte ein Zersplitterungs- und Zerfallsprozeß in der Parteispitze ein, der durch die finanzielle Abhängigkeit von Kreditgebern verstärkt wurde, weil der organisatorische Aufbruch der Volksbewegung aus ungedeckten Wechseln auf die Zukunft bestritten worden war.
Seit Ende 1950 jedenfalls war die Bayernpartei sowohl in ihrer Spitze als auch unter den mittleren Funktionären völlig desorientiert; organisationspolitische Zielsetzungen existierten kaum als Problem, noch weniger als entsprechende Konzeption, noch wurden sie gar realisiert. Während 1948/49 thematisch gezielte Versammlungswellen bei sämtlichen Bauernmärkten[1] in Altbayern stattfanden und der Aschermittwoch in Vilshofen wieder eingeführt wurde, verwandelten sich die wesentlichen Parteiveranstaltungen seit 1951 in Heimatabende, Aufmärsche von Trachtengruppen, monarchistische Kundgebungen, Fahnenweihen. Mehrfach trat man auch einfach bei monarchistischen Kundgebungen auf. 1951 wurde zwar mit mehr Sorgfalt eine neue Satzung konzipiert und dadurch die Führung gestärkt. Aber da sich aus den permanenten Streitigkeiten der führenden Parteirepräsentanten zunehmend ein Auflösungsprozeß der Parteiführung und Fraktionen entwickelte, war die Partei gelähmt. Die regionale Organisation bröckelte ab, Versuche zur Reorganisation der interessenpolitischen Ausschüsse blieben im Ansatz stecken. Auf keiner Ebene gab es die Bedingungen für eine kontinuierliche politische Praxis. Mangelnde personelle, finanzielle und organisatorische Voraussetzungen reduzierten den Landesverband und die Landesgeschäftsstelle zu einer Art Wahlagentur. Doch selbst die damit verbundenen Funktionen wurden zuweilen kaum noch wahrgenommen; beispielsweise war die Landesgeschäftsstelle 1954 nicht in der Lage, den Landtagswahlkampf zentral zu führen, da kein Personal und kein Geld vorhanden

waren. Während in der CSU der Generalsekretär[2] immer mehr Bedeutung gewann, war die Bayernpartei seit 1953 nicht einmal mehr imstande, überhaupt einen Generalsekretär zu bestellen. Die Einstellung eines Landesgeschäftsführers 1955, nachdem diese Position jahrelang aus finanziellen Gründen nicht besetzt worden war, brachte nur Ansätze einer Reorganisation; die Zeit war zu kurz für eine langfristige Aufbauarbeit und stabile Organisation. Über die Koordinierung der Vorbereitungen für die Kommunal- und Bundestagswahlkämpfe 1956/57 kam er letztlich nicht hinaus. Zwar führten gezielte Tagungen auf Kreis- und Bezirksebene zu einer neuen Aktivität in einzelnen Kreisverbänden, doch die Beteiligung der Bayernpartei an der Viererkoalition machte diese Versuche zunichte; denn der Partei fehlten die Mittel, um ihren agrarisch-kleinbürgerlichen Mitgliedern und Anhängern in einer großangelegten Aufklärungskampagne diesen Schritt verständlich zu machen. Eine Ausnahme bildete der Kreisverband München; er stützte den Entschluß zur Teilnahme an der Viererkoalition und war organisatorisch wie finanziell stabil. Die Position versuchte der Kreisverbandsvorsitzende Lallinger als Organisationsleiter seit 1955 zu nutzen, um von München aus noch einmal eine Reorganisation der Gesamtpartei voranzutreiben. Aber seit 1954 war die Organisation bereits weitgehend auf Ober- und Niederbayern und Schwaben zusammengeschrumpft und vermochte kaum noch ihren kleinbäuerlichen Stamm bei Wahlen zu mobilisieren. Auf beiden Entwicklungsstufen standen die organisationspolitischen Ziele der Bayernpartei im Widerspruch, quasi eine „bayerische Nationalbewegung" organisieren und zugleich sich als kleinerer Verband im Mehrparteiensystem behaupten zu wollen. Während die zweite Komponente die institutionellen, sozialstrukturellen und finanziellen Bedingungen der Partei bestimmte, wollte sich die Führung nicht von ihrem ‚überparteilichen' regionalen Ziel trennen und versäumte damit die Nutzung jener interessenpolitischen Bindekräfte sowohl der Masse ihrer bäuerlichen Wähler wie ihrer meist kleinbürgerlichen Funktionäre und Mandatsträger, die auch kleineren Parteien eine gewisse Kontinuität zu geben vermögen. Der regionale Protest, der ihr im Aufbruch zu Aufsehen verhalf, aber konträr zu längerfristigen sozialen Interessen in der Bevölkerung und in der politischen Führungsschicht stand, verhinderte zugleich, daß ihre Schrumpfung zur Landespartei zu den notwendigen strukturellen Konsequenzen führte.

1. ‚Volksbewegung' als ‚Massenpartei'

Die erste Satzung von 1948
Restriktionen der Militärregierung hatten sich nicht nur hemmend auf den organisatorischen Aufbau bis zur Landesebene ausgewirkt; auch Formulierung und Verabschiedung der ersten Landessatzung waren davon betroffen. Da alle Parteigründungen auf der Land- und Stadtkreisebene ihre Satzungen der jeweiligen örtlichen Militärregierung zur Genehmigung vorlegen mußten, kam es natürlich zu unterschiedlichen Regelungen. Einen gewissen Vorbildcharakter hatte offenbar die Satzung des Kreisverbands München, der sich in lapidarer Kürze mit wenigen Bestimmungen begnügt hatte[3]. Erwähnenswert – weil Vorform einer späteren institutionellen Besonderheit der Bayernpartei – ist allenfalls die Einrichtung von „Fraktionen" oder „gemeindlichen Parteivertretungen", nämlich von den Mit-

gliederversammlungen der jeweiligen Parteiverbände gewählten Kommunalausschüssen, die die Vertreter in den Kommunalparlamenten vorerst ersetzen, später wohl diese beraten sollten[4]. Die Unterschiede der Satzungen der Lokalorganisationen, die sich aus ihrer gewachsenen Struktur und aus dem Lizenzierungszwang ergaben, hatten zur Folge, daß die erste Landessatzung nur sehr allgemeine Rahmenbestimmungen enthalten konnte[5]. Andererseits hatten die verschiedenen Vorläufer wie auch die spätere Bayernpartei selbst in ihren Anträgen auf Lizenzierung als Landespartei der Militärregierung Satzungsentwürfe vorgelegt, die nicht den konkreten Anforderungen an eine Landesparteisatzung entsprachen[6]. Erst nach der Gründung des Landesverbands wurde deshalb eine entsprechende Satzung entworfen, die vom ersten Parteitag verabschiedet werden sollte.

Es ist jedoch für die Bayernpartei in dieser Phase charakteristisch, daß die Organisationsfrage auf der ersten Landesversammlung vom 18./19. Juni 1948 unter den Tisch fiel: Agitation und Führungsauslese für die bayerische Volksbewegung standen hier obenan. Nachdem die Delegierten die programmatischen Äußerungen der Aspiranten für Führungspositionen vernommen und einen Vorstand gewählt hatten, brach die Versammlung überstürzt auf. Unglücklicherweise war nämlich am selben Tag die Währungsreform verkündet worden. Beim Abbruch der Tagung blieb die grundlegende Aufgabe, die Satzung zu verabschieden, unerledigt und wurde dem Landesausschuß überwiesen. Der von Anton von Aretin vorgelegte Entwurf sollte zuvor noch von dem Juristen Hermann Etzel überarbeitet werden[7]. Das Ergebnis verschickte der geschäftsführende Landesvorstand am 29. 10. 1948 mit der Maßgabe an die Landesvorstandschaft, daß die Satzung des Landesverbandes Gültigkeit erlange, sofern nicht binnen vierzehn Tagen schriftlicher Einspruch erfolge[8]. Und eine Reaktion gab es nicht.

Ebenso kurios wie diese Entstehungsgeschichte der Bayernpartei-Satzung von 1948 ist ihr Inhalt. Mag es im allgemeinen auch wenig sinnvoll sein, Parteisatzungen dieser Zeit auf ihr Demokratieverständnis hin zu untersuchen, weil sie durch die Mindestanforderungen der Amerikaner – unabhängig von den Intentionen und Praktiken der einzelnen Parteien – auf ein gemeinsames Niveau gehoben wurden, so sind die darüber hinausgehenden Merkmale im Aufbau der Bayernpartei doch erklärungsbedürftig. Dies besonders deshalb, weil aus der Entstehungsgeschichte ein ‚demokratisierender' Einfluß einer Parteibasis ausgeschlossen werden darf. Die Bayernpartei-Satzung war ein reines Führungsprodukt und zugleich unübersehbar führungsfeindlich. „Sie geben mir als Landesvorsitzendem nicht einmal die Freiheit, auf den Lokus zu gehen", klagte Baumgartner[9]. Die Entstehungsgeschichte des Satzungsentwurfs gibt einige Hinweise für diese Konstruktion.

Anton von Aretin hatte bei seinem Vorschlag[10] wohl die Satzung der CSU von 1946[11] als Vorlage genommen; einen großen Teil des Institutionengefüges übernahm er unverändert. Diese Anlehnung ergab sich einmal aus der Eile, mit der ein Entwurf vorgelegt werden mußte; zum andern wollte man nicht erneute Risiken mit der Militärregierung eingehen und bezog sich deshalb auf die Satzung einer bereits lizenzierten Partei. Die Wahl des Vorbilds erklärt sich einfach aus der Tatsache, daß der Verfasser aus der CSU übergetreten war. Und aus diesem letzten Grunde sind auch die wesentlichen Unterschiede zu verstehen. Aus der berufsständischen Tradition der BVP hatte die CSU 1946 auf allen Ebenen Organe zur Wahrnehmung der Interessen der vertretenen Berufsstände[12] vorgesehen; da diese bereits 1948 ihre Bedeutung verloren hatten, wurde auf sie verzichtet und an ihrer Statt neben „Arbeits- und Organisationsausschüssen"[13] nur die Möglichkeit zur Bildung von „Fachausschüssen"[14] auf allen Ebenen eröffnet. Sie sollten der Zielgruppenwerbung und der Beratung bei programmatischen Aussagen dienen, also nicht als berufsständische Komponente der innerparteilichen Willensbildung. Wichtiger wurde die Schwächung der Stellung des Landesvorsitzenden; hier hatte sich Josef Müller eine zentrale Machtposition leibgeschneidert, gegen die der Schäffer-Hundhammer-Flügel lange Zeit vergebens angerannt war[15]. Eine vergleichbare Flügelbildung existierte aber bei der Gründung der Bayernpartei-Landesorganisation von Anfang an[16], und die CSU-Dissidenten wollten einer Wiederholung ihrer Erfahrung vorbeugen. Deshalb wurde die Machtvollkommenheit des Parteichefs zugunsten eines die Flügel repräsentierenden Führungskollegiums[17] wie auch eines größeren Eigengewichts der Regionalorganisationen stark beschnitten. Da auch der radikale und demokratische Flügel, der vor allem in München und Oberbayern seine Hausmacht hatte, ein ähnliches Selbstschutzbedürfnis in der Bayernpartei hatte, sprachen bei ihm sogar zwei Argumente für den Vorschlag seiner Gegner, Minderheitenschutz und Willensbildung von unten nach oben institutionell zu sichern[18]. Die Ermöglichung innerparteilicher Demokratie sollte jedoch in der Bayernpartei angesichts ihres Bewegungscharakters statt vermehrter Teilnahme der Basis vor allem desintegrative Wirkungen in der Führung hervorbringen und zu einer baldigen Suspendierung der wichtigsten Satzungsorgane insgesamt führen.

Parteiaufbau

Die Bayernpartei gliederte sich nach der Satzung von 1948 in Ortsgemeinschaften, Bezirksverbände – die den Stadt- und Landkreisen entsprachen – und acht Kreisverbände, jeweils einen für jeden der sieben Regierungsbezirke und einen besonderen für München Stadt und Land, das diese Vorzugsstellung durch seine organisatorische Stärke erworben hatte. Diese in den Mittelinstanzen gegenüber den sonst üblichen Formen verwirrenden Bezeichnungen wurden gewählt, um die Traditionsverbundenheit und Eigenständigkeit der Bayernpartei zu unterstreichen[19]. Die lokalen und regionalen Organisationseinheiten waren gegenüber dem Landesverband relativ selbständig und in sich demokratisch strukturiert. Die Kreisverbände konnten hauptamtliche Funktionäre anstellen – in der CSU wurden diese für untere Verbandsgliederungen von der Landesleitung in Dienst genommen[20]; die Kreisvorsitzenden saßen mit zwei Delegierten ihrer Kreisausschüsse in der Landesvorstandschaft und hatten dort die Mehrheit, die der Landesleitung Weisungen erteilen konnte[21]. Auch im Landesausschuß, der permanenten Vertretung des Parteitags, bildeten die 40 Delegierten der Kreisausschüsse den größten Block und hatten zusammen mit den 24 Kreisvertretern der Landesvorstandschaft die Mehrheit[22]. Darüber hinaus konnten drei Kreisverbände eine außerordentliche Landesversammlung – der ordentliche Parteitag tagte einmal im Jahre – einberufen[23]. Diese Vorsorge mußte bei regionalisierter Flügelbildung zur Immobilität der Gesamtpartei führen.
Andererseits waren die Mitwirkungs- und Schutzrechte der Basis breit ausgestaltet. Die Vorschrift, daß bei allen Parteigremien, selbst bei lokalen Mitgliederversammlungen, das Beschlußquorum bei der Hälfte der Stimmberechtigten lag, sollte Führungsmanipulationen verhindern, bewirkte aber die permanente Beschlußunfä-

higkeit der meisten Ortsorgane[24]. Theoretisch gab es genug Möglichkeiten zur Rückbindung der Bezirksorganisation und der Parteitagsdelegierten; nur ein Zehntel der Mitglieder eines Bezirksverbands (also z. B. eines Stadtkreises) konnte die Einberufung einer allgemeinen Mitgliederversammlung beantragen[25]. Mandatsträger waren auf keiner Ebene geborene Mitglieder der Vorstände – demokratisch gewiß, aber zugleich leistete dies der Tendenz der parlamentarischen Fraktionen bis auf die Ortsebene hinab Vorschub, sich aus dem Leben der Partei zu emanzipieren. Allerdings mag dabei auch eine Rolle gespielt haben, daß die Bayernpartei mit diesem Problem aus Mangel an höherrangigen Mandatsträgern noch nicht vertraut war. Die Mitglieder wurden durch ein Schlichtungsverfahren und einen umfänglichen Instanzenzug von Schiedsgerichten vor willkürlichem Ausschluß geschützt[26]. Zudem konnte sich ein vom Ausschluß bedrohtes Mitglied einfach bei einem anderen Bezirksverband wieder anmelden und damit zumindest viel Zeit gewinnen. Als der Schatzmeister Schmidhuber diesen Weg beschritt, konnte Baumgartner am 10. 5. 1950 jedoch eine Notstandsvorschrift zugunsten der Landesebene durchsetzen[27].

Auf der Landesebene, die mit der Landesversammlung als oberstem Organ, dem Landesausschuß als ihrem permanenten Vertreter, der Landesvorstandschaft und der Landesleitung als ihrem faktisch geschäftsführenden Ausschuß formell dreistufig gegliedert war, waren die Einbettung des Vorsitzenden in einen Kreis von Stellvertretern und Beisitzern mit derselben Legitimation (unmittelbare Wahl durch die Landesversammlung) und die Bindung der Landesleitung an die Vertretungskörperschaften wiederum die hervorstechenden Merkmale. Dies bedeutete eine Abhängigkeit von jenen Organen, die von den flügelbildenden Kreisorganisationen beherrscht wurden. Denn auf Landesebene findet sich wieder der bereits bei den Regionalgliederungen aufgezeigte Widerspruch zwischen formeller Demokratie und deren Hemmnis durch praktische Vorschriften. Dieser Parteitag[28] wurde mit je zwei Vertretern jedes Bezirksverbands von den Delegierten der Basis dominiert, während hier die Vertreter der Kreisorganisationen in den Hintergrund traten. Er eignete sich also für einen unmittelbaren, plebiszitären Bezug zwischen Führung und Basis. Zwischen den einjährigen Parteitagen wurde dieser jedoch vom Landesausschuß vertreten, der nicht von der Landesversammlung gewählt war, sondern von Vertretern der Kreisorganisationen zu etwa zwei Drittel besetzt wurde. Gegenüber ihren 64 Stimmen nahmen sich die eigentlichen Vertreter des Parteitags, nämlich die allein von ihm gewählten Mitglieder der Landesleitung (zwischen sieben und neun) bescheiden aus[29]. In der Landesvorstandschaft – also dem erweiterten Landesvorstand – waren die Verhältnisse etwas günstiger, weil hier die Landesleitung durch fünf Vertreter des Parteitags verstärkt, die Mehrheit der Kreise aber auf 24 geschrumpft war[30]. Auf beiden Ebenen kam als Pufferelement eine Anzahl von Vertretern der Minderheiten (Frauen, Jugend und Heimatvertriebene) hinzu[31].

Auch im engsten Kreis der Landesleitung kehrte das Problem einer Institutionalisierung der regionalen Flügelbildung wieder. Aretin hatte den alten Wunsch des Schäffer-Hundhammer-Flügels in der CSU jetzt innerhalb der Bayernpartei realisieren wollen, dem Vorsitzenden drei Stellvertreter beizugeben und die Landesleitung als geschäftsführenden Ausschuß an die Vertretung der Kreisverbände im Landesausschuß zu binden[32]. In der Satzung von 1948 waren nur ein Stellvertreter und fünf weitere gewählte Mitglieder vorgesehen. Doch schon 1949 versuchte die Parteiführung ihre Befugnisse zu erweitern, da sie durch die Landesvorstandschaft, an deren Beschlüsse sie gebunden war, in ihrer Handlungsfreiheit erheblich eingeengt wurde. Auf der Landesversammlung 1949 begründete Falkner einen Vorschlag von Landesleitung und Landesausschuß zur Satzungsänderung: „Die Landesleitung war nach der bisherigen Satzung nur ein administratives Organ ohne politische Befugnis [...] Der Landesausschuß hält es für richtig, daß die Landesleitung das administrative und politische Führungsorgan der Partei darstellt[33]." Die Landesleitung sollte sich künftig aus zwei gleichberechtigten Stellvertretern und aus Vertretern der acht Kreisverbände zusammensetzen[34]. Dahinter stand sowohl der Wunsch, die starke Position des stellvertretenden Vorsitzenden durch einen zweiten zu relativieren, zumal sich erneut Spannungen zwischen den Parteiflügeln abzeichneten, als auch die Absicht, Führungsansprüchen der regionalen Organisationsspitzen Rechnung zu tragen. Die Landesversammlung beschloß die vorgeschlagene Satzungsänderung; als zweiter Stellvertreter neben Anton Donhauser wurde Hermann Etzel gewählt, der das Übergewicht Donhausers konterkarieren sollte. 1950 wurde nach der Ausbootung Donhausers die Satzung erneut geändert und auf den Entwurf Aretins zurückgegriffen, jetzt aber mit der Maßgabe, daß die Stellvertreter die drei Landesteile Bayerns repräsentieren sollten[35] – wohl ein Versuch, ihre Rolle zu entpolitisieren und gegenüber dem Vorsitzenden zu schwächen.

Da sich die Zuständigkeiten aller Gremien auf Landesebene zumindest in der Praxis weitgehend überschnitten, ergab sich ein klarer Führungsdualismus der „Bewegung". Die Parteispitze konnte sich aus der Umklammerung durch die Kreisverbände nur im Rückgriff auf die Bezirksorganisationen befreien. In der politischen Praxis bedeutete dies intensive Zusammenarbeit mit den aktiven Bezirksverbänden Oberbayerns und Münchens. Darin wurde die Ambivalenz plebiszitärer Organisationselemente deutlich: ein gleichzeitiges Ansteigen der Ermöglichung basisnaher Teilhabe und der Durchsetzung der obersten Führung. Auf der anderen Seite wurde der ganze Mittelbau der Partei, teilweise sogar der Parteitag, insbesondere aber der Landesausschuß, von den Kreisorganisationen beherrscht, wenn auch mit unterschiedlichen Mehrheiten. Innerhalb dieser Mehrheiten kam wiederum, unterschiedlich gewichtet, die Flügelbildung zum Ausdruck, insgesamt jedoch zum Nachteil der altbayerischen Hochburgen der ‚Radikalen'.

Zerrüttung

Als die Bayernpartei durch die Bundestagswahlen in ihrer Hoffnung, zur Repräsentantin der Mehrheit des bayerischen Volkes zu werden, enttäuscht und durch das Verhalten ihrer Bonner Fraktionsmitglieder mit alltäglichen parteipolitischen Problemen – Koalitionsfrage und Bewahrung der eigenen Identität – konfrontiert wurde, führte der institutionell angelegte Dualismus schnell zur Zerrüttung, Außerkraftsetzung und Ablösung der Parteisatzung. Die Aushöhlung begann in den mittleren Führungsgremien auf Landesebene, weil die Aufgaben der Landesvorstandschaft und des Landesausschusses nicht voneinander abzugrenzen waren. Seit, neben Organisationsfragen, das Problem einer Aufnahme Schäffers auf der Tagesordnung der ersten Sitzung der Landesvorstandschaft am 2. und 3. Oktober

1948[36] gestanden hatte, wurde die Haltung zur CSU und zur Regierung Adenauer zum Leitmotiv der Flügelkämpfe. Da es hierbei um ein Grundproblem der Ausrichtung der Partei ging und sich alle innerparteilichen Gruppen beste Chancen ausrechneten, ihre Vorstellungen durchzusetzen, verlagerte sich das Zentrum der Willensbildung aus der Vorstandschaft in den Landesausschuß. Dieser hätte nach der Satzung eigentlich nur zweimal im Jahr einberufen werden müssen, tagte 1949 aber mindestens fünfmal, während die Vorstandschaft, die viermal einzuberufen war, es auf höchstens drei Sitzungen brachte[37] (allerdings war sie auch korporatives Mitglied im Landesausschuß). Zwar konnten sich der Parteichef und mit ihm diejenigen, die sich von der Union abgrenzen wollten, auf den Landesparteitagen und Landesausschußsitzungen letztlich gegen Donhauser, Schmidhuber und die CSU-Sympathisanten in der Bundestagsfraktion durchsetzen, aber doch erst nach langen, halböffentlichen Auseinandersetzungen, die Image und Integration der Partei schwer in Mitleidenschaft zogen.

Entscheidend wurde die Sitzung des Landesausschusses vom 7. 5. 1950[38], auf der die Gegensätze zwischen den Flügeln nicht mehr geschlichtet werden konnten und die Parteiführung nur noch mit einem Notstandsrecht durchzukommen meinte. Baumgartner klagte: „Persönlich bin ich der Überzeugung, daß wir mit unseren Satzungen die Bayernpartei ruinieren[39]." Der Landesausschuß mißbilligte die Haltung einiger Fraktionsmitglieder, die sich ohne Abstimmung mit der Gesamtfraktion Anträgen anderer Fraktionen angeschlossen hatten und dadurch in Korruptionsverdacht gekommen waren[40]. Er billigte die Suspendierung des Landesschatzmeisters und verabschiedete eine Satzungsänderung, durch die er mit schwammiger Tatbestandsbegründung und ohne Berufungsmöglichkeit das Recht zum Parteiausschluß an sich zog[41]. Schließlich machte er sich einen Mißtrauensantrag der Landesleitung gegen die stellvertretenden Landesvorsitzenden Donhauser zu eigen. Da damit in ein bereits eingeleitetes satzungsmäßiges Schiedsverfahren eingegriffen wurde, verließ Donhausers Anhang, die Delegierten Niederbayerns und eines Teils von Unterfranken, unter Protest die Sitzung[42].

Wollte die Parteiführung einer weiteren Zerrüttung der Partei vorbeugen, mußte sie den Führungsdualismus beseitigen, die Plattform der in den Kreisverbandsführungen verankerten Opposition in den mittleren Führungsorganen eliminieren und sich durch eine Stärkung des plebiszitären Elements im Parteiaufbau zwischen den Parteitagen legitimieren. Baumgartner bewog die Landesversammlung am 8. 7. 1950, Landesausschuß und -vorstandschaft auszusetzen und statt ihrer ein neues Gremium, die sogenannte „Generalmitgliederversammlung" aller Kreis- und Bezirksverbandsvorsitzenden zu schaffen[43]. Die erste wurde bereits am nächsten Tag einberufen und richtete ein Ultimatum an den Kreisverband Niederbayern – aus Protest gegen die Ausbootung der Donhauser-Gruppe hatte dieser sich als eigener Verband in Passau ins Vereinsregister eintragen lassen –, diese Absonderung rückgängig zu machen[44]. Zugleich faßte sie einstimmig den Beschluß, „den Landtagswahlkampf völlig unabhängig nach allen Seiten hin" zu führen, und richtete scharfe Angriffe gegen die CSU, unter deren Diktatur Bayern an Unabhängigkeit und Selbständigkeit verloren habe[45]. Diese „Willensbekundungen der Basis" waren gegen die Donhauser/Schmidhuber/Aretin-Gruppe gerichtet, die der Parteileitung ein Wahlabkommen mit der CSU hatte aufzwingen wollen. Auch in anderen innerparteilichen Fragen wie Schiedsverfahren und Kritik am Abstim-

mungsverhalten einzelner Bayernpartei-Abgeordneter in der Frage Bundeshauptstadt entsprach die Generalversammlung den Wünschen der Landesleitung[46].
Ein wesentlicher Grund für die Einführung der Generalversammlung in dieser Zwischenphase 1950/51 bis zur Verabschiedung einer führungsfreundlicheren Satzung war die Möglichkeit, ein Gremium mit anderen Mehrheitsverhältnissen zu schaffen. In der Generalversammlung bekamen nämlich die ‚Radikalen' aus München und Oberbayern ein eindeutiges Übergewicht; denn während jeder Kreisverband in den Landesausschuß wie in die -vorstandschaft die gleiche Zahl von Delegierten entsandt hatte, erhielten nun die Regierungsbezirke mit den meisten Bezirksverbänden einen sehr viel stärkeren Einfluß. Auf der Generalversammlung am 9. 7. 1950 war allein München mit 37 Delegierten vertreten, da die einzelnen Stadtbezirke als Bezirksverbände bewertet wurden. Von den übrigen Kreisverbänden erhielt Oberbayern 29, Niederbayern 24, die Oberpfalz und Schwaben je 24, Unterfranken 22, Oberfranken 17 und Mittelfranken 15 Delegierte[47]. Zusammen mit den acht Kreisverbandsvorsitzenden bestand die Generalversammlung also aus 200 stimmberechtigten Mitgliedern[48]. Ein weiterer Vorteil dieses Gremiums bestand für die Landesleitung darin, daß sie in dieser Versammlung sehr viel leichter die Masse der lokalen Funktionäre für ihre Vorschläge gewinnen konnte als die ‚inneren Kreise' der regionalen Parteiführungen, die ihr Abstimmungsverhalten abgesprochen hatten. Die Landesleitung war darüber hinaus in dieser Phase auch ganz besonders auf die Generalversammlungen zur Legitimierung ihrer Arbeit angewiesen, zumal die Königspartei vor den Landtagswahlen wieder aktiv geworden war und innerhalb der Bayernpartei auf Sympathisanten rechnen konnte.
Nach den Landtagswahlen 1950 erhielt die Generalversammlung den Auftrag, Grundlagen für eine neue Satzung auszuarbeiten. Hier zeigte sich allerdings, daß die plebiszitäre Komponente nicht nur ein Führungsinstrument war, sondern auch ein gewisses Eigengewicht besaß. Sie schuf neue Integrationsprobleme und hätte – ohne Gegensteuerung durch die Parteiführung – den Handlungsspielraum der Führung auf allen Ebenen empfindlich eingeengt. Die organisationsstarken Regionen wollten nämlich ihre neue Machtstellung nicht räumen, sondern ausbauen. In der Satzungsdiskussion am 18. 2. 1951[49] versuchte der Kreisverband Oberbayern die Initiative in der Generalversammlung an sich zu ziehen, indem er einen Alternativentwurf[50] zum Satzungsvorschlag der Landesleitung vorlegte und beantragte, ihn als Diskussionsgrundlage zu nehmen[51]. Dieser zeichnete sich einerseits durch deutliche Ansätze zum imperativen Mandat aus: die Parlamentsfraktionen sollten an die Partei, die innerparteilichen Delegierten an die Kreisverbände gebunden werden – zumindest in nicht näher definierten ‚besonderen Fragen'[52]. Zugleich wurden die Hauptziele der Partei in der Satzung festgeschrieben[53], wohl eine weitere Institutionalisierung imperativer Elemente und ein Hebel für Parteiausschlüsse. Vor allem aber sollte dem Delegiertenschlüssel die Mitgliederzahl der Kreisverbände zugrundegelegt werden[54], wodurch Oberbayern eine eindeutige Schlüsselstellung erhalten hätte. Da für diesen Antrag keine Mehrheit in der überwiegend aus Vorsitzenden mitgliedsschwacher Kreisverbände zusammengesetzten Generalversammlung zu finden war und gerade auch der Versuch, wenigstens diesen Delegiertenschlüssel in den Entwurf der Landesleitung einzugliedern, scheiterte, kam nun auch Obstruktion von Oberbayern. Die Mehrheit der oberbayerischen Delegierten zog aus[55], so daß Baumgartner seinen Stellvertreter Fischbacher, den

oberbayerischen Kreisvorsitzenden, bitten mußte, „seine Leute zur Disziplin anzuhalten"[56].
Daraufhin berief die Landesleitung für den 31. 3. 1951 die konstituierende Sitzung eines Landesausschusses ein[57], dessen Zusammensetzung nicht dem Wunsch der Oberbayern entsprach; doch konnte ihr energischer Widerstand immerhin erreichen, daß die Satzungsdiskussion neu aufgerollt und von diesem vorläufigen, unlegitimierten Landesausschuß ein besonderes satzunggebendes Gremium gewählt wurde[58].

Organisation als Propagandainstrument
Der organisatorische Aufbau der Bayernpartei wurde bis zum Eintritt Baumgartners vor allem vom Kreisverband München und einzelnen Bezirksverbänden Oberbayerns getragen[59]. Aufbaureferenten versuchten in Stadt- und Landkreisen die notwendigen 25 vom Nationalsozialismus unbelasteten Bürger aufzutreiben, eine Gründungsversammlung einzuberufen und einen Orts- oder Bezirksvorstand wählen zu lassen. Dementsprechend bot die Basis eine bunte Vielfalt von politischen Richtungen und Meinungen. Beim Aufbau von Ortsverbänden bekämpften sich zuweilen Monarchisten, die nach dem Verbot der Königspartei in der Bayernpartei eine neue Chance erblickten, und „Republikaner"[60] wie die Münchener Gründungskreise um Lallinger, die eine Öffnung nach links anstrebten: „Wenn nun gewissen Herren die Bayernpartei *nur* ein Mittel sein soll, ihre wirklichen Ziele zu tarnen, dann ist für sie weniger Platz in unseren Reihen als für Männer, die einst ‚Links' gestanden und nun sich davon überzeugen ließen, daß die Auferstehung Bayerns wichtiger ist, als die Belange der einzelnen Parteien."[61]
Die Heterogenität der Mitgliedschaft, die bereits in der Zusammensetzung des ersten vorbereitenden Führungsausschusses deutlich wurde[62], erschwerte die organisatorische Aufbauarbeit erheblich und erzwang die Formulierung integrierender Kampfaufgaben durch die Landesleitung.
Nach dem erfolgreichen Abschneiden der Bayernpartei in den Kommunalwahlen 1948 forderte Baumgartner als Parteiziel, in den nächsten Wahlen die absolute Mehrheit in Bayern zu gewinnen[63]. Da zu diesem Zeitpunkt allerdings die erste Wahlperiode des Bayerischen Landtags erst zur Hälfte vorüber war und die weitere politische Entwicklung der westlichen Besatzungszonen nur vage erkennbar wurde, richtete man sich einmal auf Wahlen für eine „Nationalversammlung" ein, und suchte zum anderen – mit dem Hinweis auf das Ergebnis der Kommunalwahlen – eine Auflösung des Landtags entweder durch ihn selbst oder durch einen Volksentscheid mit anschließenden Neuwahlen zu erreichen.
In den Jahren 1949/50 wurde diesem Ziel alles andere untergeordnet. Der Bayernpartei blieb jedoch bis zu den ersten Bundestagswahlen sehr wenig Zeit, den organisatorischen Ausbau voranzutreiben. Für die Parteiführung bedeutete der Ausgang der Bundestagswahlen, aus denen die Bayernpartei nur in Ober- und Niederbayern als stärkste Partei hervorging, eine „Niederlage"[64]. Jetzt richteten sich die Hoffnungen auf die Landtagswahlen; Baumgartner schrieb im Dezember 1949: „Im Jahre 1950 müssen wir die stärkste Partei in Bayern werden, dann können wir in Bayern etwas erreichen. Wenn es uns nicht gelingt, war alles umsonst."[65]
Das organisationspolitische Konzept, eine bayerische Volksbewegung zu entfachen, wurde im wesentlichen vom Landesvorsitzenden und vom Leiter der Landes-

geschäftsstelle Falkner bestimmt. Zwar hatte die Bayernpartei im Jahr vor den Bundestagswahlen einen großen Zulauf, so daß davon gesprochen werden konnte, die erst in Ansätzen vorhandene Organisation werde von Mitgliedern „überspült"[66]. Aber diese Mitglieder waren vom Protestmotiv getrieben und hatten geringe Organisationserfahrung; ihre Beitragsmoral und Aktivität waren gering[67]. Die Parteileitung verstand auch von vornherein die einzelnen Mitglieder nicht als die unterste Organisationszelle, von deren sozialen Beziehungen Ausbreitung und Dauer der Parteierfolge abhingen. Vielmehr fühlte sie sich von der Protestwelle getragen und sah in der Organisation im wesentlichen nur den Apparat, der die zentral gesteuerte Mobilisierungspropaganda umsetzte. Die Mitglieder sollten Plakate kleben, Zeitungen verkaufen, Lokale organisieren, Anstecknadeln und Fähnchen an den Mann bringen. Insofern hatte die „Erfassung"[68] möglichst weiter Landstriche Priorität vor dem politischen Leben größerer Ortsgemeinschaften.
Wenn die Parteiführung aus der Bayernpartei eine „Massenpartei" machen wollte, so hieß das auch eine mitgliederstarke Organisation, mehr aber noch ein Instrument der Agitation, das Massen der bayerischen Bevölkerung für die Bayernpartei an die Wahlurnen bringen sollte. Vordringlichste Aufgaben waren für die Parteiführung also, „eine schlagkräftige Organisation auf die Beine zu stellen"[69] und „über die finanziellen Schwierigkeiten hinwegzukommen"[70]. Denn die Währungsreform brachte für alle Parteien und selbst die Gewerkschaften ein organisatorisches Dilemma und einen erheblichen Mitgliederschwund.
Wenn Baumgartner im August 1948 dem Landesausschuß erklärte, daß „von 6000 Gemeinden Bayerns nur 2000 durchorganisiert"[71] seien und die Bayernpartei mit einem derartigen Organisationsstand einen Volksentscheid nicht gewinnen würde, war diese Angabe noch immer eine propagandistische Übertreibung, die zur Ermunterung der Delegierten dienen sollte. Denn im größten Teil dieser Gemeinden arbeitete nur ein – häufig in einer Nachbargemeinde angesiedeltes – Mitglied als „Stützpunktleiter". Zur Ausweitung der Organisation waren die Bezirksvorsitzenden aufgefordert worden, bis zum 1. November 1948 in allen Gemeinden „wenigstens einen Stützpunkt in Gestalt eines Vertrauensmannes"[72] zu errichten.
„Die Bezirksverbände müssen aus eigener Initiative in der Lage sein, sich selbst zu finanzieren und trotzdem die ihnen gestellten organisatorischen Aufgaben leisten [...] Denken wir an die Zeit, wo die Bayernpartei in den Anfängen steckte. Es gab auch damals nicht eine ‚Landesleitung', an die man sich um finanzielle Hilfe wenden konnte, und wir erleben es noch heute, daß einige Bezirksverbände aus dem Nichts heraus eine gesunde finanzielle Basis und einen hohen Mitgliederstand erreichten [...] Der Bezirksvorsitzende der Bayernpartei muß sich unterscheiden von den früheren Vorsitzenden einer politischen Partei. Da mag es üblich und erträglich gewesen sein, einmal oder zweimal im Jahr eine Versammlung zu leiten und zu repräsentieren, bei uns muß gearbeitet werden. Wenn es in 20 Bezirksverbänden möglich ist, durchzuorganisieren und politisches Leben zu entfalten, dann muß es auch in den anderen 130 Landkreisen möglich sein."[73]
Allerdings waren in den zahlreichen Rund- und Informationsschreiben, die Landesleitung und -geschäftsstelle an die unteren Gliederungen schickten[74], immer wieder Klagen über mangelnde Aktivität und Nachlässigkeit in der Beantwortung der Rundschreiben und Fragebogen der Geschäftsstelle enthalten. Seit Herbst 1948 führte diese organisationspolitische Tagungen in Verbindung mit außerordentlichen

Mitgliederversammlungen in den Bezirksverbänden durch, deren Teilnahme für die Funktionäre verpflichtend war[75]. Außerdem wurden die Parteiredner und die kommunalen Mandatsträger der Bayernpartei geschult[76].
Propaganda betrachtete Falkner als das Zentrum der organisatorischen Arbeit der Landesgeschäftstelle. In ihrem Haushaltsvoranschlag setzte er monatlich rund 10 000 DM (2/3 des Gesamtetats) für Propaganda an[77]. Die Bayernpartei gründete einen eigenen Verlag mit einer Jahresbilanz von einer halben Million und zu dessen Finanzierung eine Selbsthilfegenossenschaft[78]. Mit enorm hohem finanziellen Verlust wurde eine eigene Wochenzeitung, die „Bayerische Landeszeitung"[79], herausgegeben; die Mitteilungsblätter der Kreisverbände Oberbayern und München wie auch die kulturelle Zeitschrift der Bayernpartei „Bavaria"[80] wurden zugunsten der aktuelleren und politischeren Wochenzeitung eingestellt[81].
Als wichtigstes Werbeinstrument galt der Parteiführung die „Bayerische Landeszeitung". Im Januar 1949 wurden die Bezirksverbandsvorsitzenden angewiesen, jedem Mitglied der Bayernpartei für Freunde und Bekannte mehrere Exemplare der ersten Ausgabe zu verkaufen, eigene Verkäufer für die Zeitung zu engagieren und Abonnements zu organisieren. „Die politische und finanzielle Entwicklung der Bayernpartei hängt davon ab, ob es uns gelingt, die Bayerische Landeszeitung zur größten Wochenzeitung Bayerns zu machen"[82], sagte Falkner. Auch nützte die Landesgeschäftsstelle die Organisationstagungen in den Landkreisen, um für den Vertrieb zu werben. Die Verbreitung der Zeitung in den Bezirksverbänden entsprach jedoch nicht den Erwartungen, auch wiederholte Mahnschreiben nutzten offenbar wenig[83]. Das größte Abonnentenkontingent stellten zwar Oberbayern und München, aber auch dort waren die Abonnentenwerbung und der Verkauf nicht durchgehend erfolgreich. Die Gemeinde Erding mit 1700 Einwohnern, in der 92 Einwohner die „Bayerische Landeszeitung" abonniert hatten[84], stellte schon eine Ausnahme dar. In vielen Fällen hatten die Bezirksverbände – selbst in Oberbayern – keinen Überblick über die Zahl der Abonnenten[85].
Der Pflege des bayerischen Selbst- und Traditionsbewußtseins als Grundlage der Parteiideologie diente eine Broschüren-Reihe, die Weiß-blauen Hefte[86], die der Verlag über die Parteiverbände, aber auch durch den Buchhandel vertrieb. Im Sommer 1949 umfaßte die Reihe fünf Hefte: Hermann Etzel schrieb über „Peußen – Deutschlands Feind" (2 Teile), Erwein von Aretin verfaßte zwei Hefte über die Wittelsbacher, und die programmatische Rede Baumgartners „Bayern muß Bayern bleiben" wurde ebenfalls hier gedruckt[87]. Der Agitation sollte eine Serie von Flugblättern dienen. Ihre Titel zeigen, daß jedes eine spezifische Zielgruppe umwerben sollte: „Die Gebildeten und die Politik", „Ein Priester hat das Wort", „Das Unrecht der Entnazifizierung", „Heimatvertriebene", „Bayerische Bauern", „Bayerischer Arbeiter", „Altbayern, Franken und Schwaben"[88].
Plakate für Veranstaltungen besonders auch im ersten Bundestagswahlkampf, pflegten historische Symbole in den Vordergrund zu stellen. Das Löwen-Wappen sollte die Freiheit Bayerns symbolisieren, der Schmied von Kochel den bayerischen Widerstand[89]. Darüber hinaus vertrieb der Verlag eine Reihe bayerischer Traditionszeichen wie Bayernzeichen und Wappen als Anstecknadel in kleiner und großer Ausführung, weiß-blaue Fahnen „aus bestem Fahnentuch als Fensterfähnchen"[90], großformatige Hausfahnen, Banner, blaue Auto- und Fahnenwimpel; die Bayernhymne konnte als Schallplatte sowie als Text mit Klaviernoten, die neueste Foto-

grafie von Kronprinz Rupprecht als Postkarte mit faksimiliertem Namenszug erworben werden[91]. Im Wahlkampf wurden – neben Plakaten und kleinen Aufklebern mit bayerischen Parolen[92] – insbesondere weiß-blaue Streifen hergestellt: „Mit diesen Streifen muß ganz Bayern überflutet werden, es muß in den Tagen vor der Wahl jedem Menschen, der sich auf der Straße bewegt, der weiß-blaue Streifen mit dem Hinweis auf Liste 6 in die Augen springen."[93] Bei aller Betonung der Tradition wies die Landesleitung allerdings ihre Funktionäre an, Grußformeln wie „mit treu-bayerischem Gruß" oder „Treu Bayern" im Schriftverkehr zu unterlassen, da dies die Bayernpartei lächerlich mache und an die NS-Zeit erinnere[94].
Von Herbst 1948 bis zu den Bundestagswahlen veranstaltete die Landesleitung innerparteiliche Schulungstagungen sowie Großkundgebungen in ganz Bayern. Die Tagungen der Landesleitung wurden in zentralen Orten der Regierungsbezirke durchgeführt; nach ihrem Abschluß – oder auch zwischendurch – verteilten sich die Mitglieder der Landesleitung auf vorgeplante Kundgebungen und Versammlungen in den umliegenden Ortschaften. Anläßlich zahlreicher Bauernmärkte organisierte die Landesgeschäftsstelle Parallelkundgebungen, auf denen vor allem der ehemalige Kreisdirektor des Bauernverbands Fischbacher und Josef Baumgartner sprachen. Baumgartner hatte sich durch seinen Rücktritt als Landwirtschaftsminister aus Protest gegen die Landwirtschaftspolitik des Wirtschaftsrats in der bäuerlichen Bevölkerung viele Sympathisanten und damit Zugkraft als Redner erworben.
Um dem Anspruch der „bayerischen Volkserhebung" gerecht zu werden, plante die Landesleitung große Protest-Kundgebungen gegen den Parlamentarischen Rat[95]. Baumgartner hatte anläßlich eines Besuchs in Rom beim Papst einen großen kommunistischen Aufmarsch gesehen und erzählte davon begeistert den Parteifreunden in der Landesleitung. Die Landesleitung war von der organisatorischen Leistung und der Wirkung dieses Aufmarsches außerordentlich angetan und erwog ernsthaft, ihn bei einer Kundgebung auf dem Königsplatz in München nach Kräften zu kopieren; sie ließ den Gedanken aber wieder fallen, weil sie doch bezweifelte, ob sie genügend Anhänger in organisierter Form mobilisieren könnte, um dem proletarischen Vorbild nahezukommen[96]. Die Anregung zu para-kommunistischen Propaganda-Aufmärschen war allerdings nur ein innerparteilicher Nebeneffekt von Baumgartners Besuch in Rom. Viel wichtiger war für den Landesvorsitzenden, wie für die Bayernpartei, seine Audienz beim Papst als propagandistisches Instrument für die Anerkennung im bayerischen katholischen Klerus und Milieu-Katholizismus einsetzen zu können.
In dieser Phase ihrer Entwicklung versuchte die Bayernpartei sich auf der einen Seite rhetorisch – „wir wollen Revolutionäre sein"[97] – als revolutionäre Freiheitsbewegung zu stilisieren, und auf der anderen Seite Sympathiewerbung bei einer Reihe von Einzelgruppen zu treiben. Organisatorisch wollte sie wenigstens ein Gerüst für die Mitglieder und die Parteistruktur schaffen. Nach den Bundestagswahlen 1949 befand die Parteiführung, daß die Ursache für die „Niederlage" in der schwachen organisatorischen Verankerung der Bayernpartei auf dem Lande gesehen werden müsse und unternahm erneut Anstrengungen, die Parteibasis zu verbreitern.
Falkner verwies auf das Vorbild der SPD und stellte den Antrag, daß bis zum 1. 12. 1949 in der Hälfte der Gemeinden jedes Landkreises und bis 1. 1. 1950 in allen Gemeinden Stützpunkte der Bayernpartei aufzubauen seien[98]. Bezirksvor-

sitzende, die aus beruflichen oder sonstigen Gründen glaubten, diese Weisung nicht erfüllen zu können, sollten ihren Posten zur Verfügung stellen und Neuwahlen durchführen[99]. Die Landesgeschäftsstelle forderte monatliche Erfolgsberichte der Bezirksvorsitzenden an[100]. Da aber offenbar nur ein kleiner Teil von ihnen die Parteiorganisation entsprechend vorantrieb, führte die Geschäftstelle ein Punkt-Bewertungssystem[101] ein, um einen Wettbewerb zwischen den einzelnen Bezirksverbänden anzustacheln.

Zwar verbesserte sich daraufhin der „Erfassungsgrad" innerhalb der nächsten vier Monate wesentlich. Jedoch blieb das Ziel, in allen Gemeinden vertreten zu sein, in weiter Ferne[102]. Nur in Nieder- und Oberbayern gab es in mehr als der Hälfte der Gemeinden eine gewählte Ortsvorstandschaft, einen Stützpunktleiter oder einen Vertrauensmann. Ein Vergleich der Organisationslisten der Bayernpartei von Februar 1950[103] und der CSU 1947/48[104] ergibt folgendes Bild:

	CSU (1947/48)	Bayernpartei (1950)
Oberbayern	61,1 %	55,0 %
Niederbayern	84,0 %	62,0 %
Oberpfalz	72,8 %	36,0 %
Oberfranken	28,1 %	30,6 %
Mittelfranken	18,1 %	5,4 %
Unterfranken	37,4 %	22,0 %
Schwaben	32,4 %	17,3 %

Dieser Organisationsstand dürfte den Höhepunkt der Bayernpartei beschreiben, wenngleich in einzelnen Bezirksverbänden noch weitere Ortsgemeinschaften gegründet wurden; um so schneller zerfielen jedoch viele schnell eingerichtete Ortsgemeinschaften wieder, die nur von einem Stützpunktleiter „betreut" worden waren[105]. Eine derartige Organisationsuntersuchung wurde von der Landesgeschäftsstelle der Bayernpartei nie mehr unternommen. Denn seit April 1950 begannen die Richtungskämpfe, die für organisatorische Aufgaben kaum noch Zeit ließen. Auch der Landtagswahlkampf litt unter Spaltungserscheinungen, vor allem, da ein Teil der Bundestagsfraktion die Partei verlassen hatte und die Königspartei und andere kleine Parteien als Konkurrenz auftraten. Da die organisationspolitische Arbeit vor allem Falkner vorangetrieben hatte, bedeutete dessen Tod während des Landtagswahlkampfes 1950 einen Einschnitt. Darüber hinaus wurde erst jetzt sichtbar, daß sich die Bayernpartei mit ihrer Organisation und Propaganda finanziell völlig übernommen und tief verschuldet hatte[106].

Ausschüsse

In der Aufbruchphase der bayerischen Bewegung stand der regionale Protest sowohl bei den Führern wie bei den Anhängern ganz im Vordergrund des Interesses. Die Gründungsgruppe war aber realistisch genug, es dabei nicht bewenden zu lassen, sondern Organe zu schaffen, die gruppen- und schichtspezifische Interessen in die Partei integrieren, entsprechende Programmvorschläge entwickeln und damit eine verbesserte Zielgruppenwerbung ermöglichen sollten. Bei den meisten volksparteilich orientierten Bewegungen siedeln entsprechende Organe in einer

problematischen Randzone, weil solche Interessen nicht kontinuierlich mit dem obersten Bewegungsziel zu vermitteln sind und sich in der Organisation häufig gegenseitig neutralisieren. Bei der Bayernpartei sollten sie sich mit wenigen Ausnahmen als Schlag ins Wasser erweisen.
Sie ergänzen insofern das Bild, das sich schon in der Unfähigkeit zur institutionellen Selbstgestaltung und ‚Durchorganisierung' der Bewegung abzeichnete. Die meisten der Bayernpartei-Ausschüsse scheiterten aber bereits im Ansatz, wie der ‚Verband der Heimatvertriebenen'[107], den man wohl nur als das Feigenblatt für den Einheimischen-Protest werten kann. Deshalb erreichten nur wenige überhaupt den Zeitpunkt, an dem die Bayernpartei nach ihrem nur begrenzten Erfolg in den Wahlen 1949/50 in die Parteiphase überging und die nachfolgende Orientierungskrise bereinigt war.
Nach der ersten Landesversammlung 1948 wurden auf Landesebene „Organisations- und Arbeitsausschüsse"[108] sowie „Fachausschüsse" gebildet[109]. Während die Fachausschüsse Beiträge zum Programm zu erarbeiten hatten, sollten die Arbeits- und Organisationsausschüsse vor allem der Mitgliederwerbung dienen, d. h. in bestimmten gesellschaftlichen Zielgruppen Sympathien und Interesse für die Bayernpartei wecken. Diese funktionale Trennung konnte weder von den Vorsitzenden der Fachausschüsse noch von der Landesgeschäftsstelle eingehalten werden. Da die Parteiführung nicht in der Lage war, die Ausschüsse – die eigentlich auf allen Parteiebenen hätten gebildet werden können – in die Parteigremien einzubinden[110], konnten diese ein relatives Eigenleben führen. Allerdings wurden ihre Ergebnisse auch nicht bestimmend für die politische Programmatik der Partei. Über die Mitgliederzahl der verschiedenen Ausschüsse gibt es nur vereinzelte Hinweise, doch man kann davon ausgehen, daß die Teilnehmerzahl sehr gering war[111].
Bevor auf die größeren Ausschüsse eingegangen wird, sollen kurz die schon im Ansatz gescheiterten Unternehmen vorgestellt werden. Der staatspolitische Ausschuß, der zu einem der zentralen Programmausschüsse der Bayernpartei hätte werden können, kam über die Gründungsversammlung nicht hinaus[112]. Offenbar hatte der Vorsitzende Donhauser wenig Zeit[113], obwohl bei den Mitgliedern reges Interesse vorhanden war und verschiedene Entwürfe zur staatlichen Neuorganisation Bayerns eingereicht wurden[114]. Zur Landesausschußsitzung über Programmfragen wurde dann auch kein Entwurf des staatspolitischen Ausschusses vorgelegt, sondern Fischbacher und Donhauser brachten eigene Entwürfe[115] zur künftigen staatlichen Ordnung Bayerns und Deutschlands ein.
Der Zielgruppe Frauen kam in der Bayernpartei kaum eine politische Bedeutung zu. Zwar wurden Frauenvertreterinnen gewählt und Versuche gemacht, Frauenarbeitsgemeinschaften zu organisieren[116], doch über wenige kümmerliche Ansätze, vorwiegend in München[117], kam man nicht hinaus. Die fehlende Vertretung der Frauen innerhalb der Bayernpartei zeigt sich auch bei der Aufstellung der Kandidaten für Landtag und Bundestag, wo nicht einmal die üblichen Proporzfrauen erschienen, weibliche Kandidaten – sofern überhaupt berücksichtigt – mit hinteren Listenplätzen abgespeist wurden[118].
Ende 1949 bildete sich ein Theologenausschuß[119]. Es handelte sich um eine kleine Gruppe von Pfarrern, die sich dafür einsetzten, daß die Kirche sowohl CSU als auch Bayernpartei als christliche Parteien betrachten und es den Geistlichen freistellen solle, sich in einer der beiden Parteien zu betätigen, ohne von seiten der

kirchlichen Behörde Nachteile gewärtigen zu müssen[120]. Bereits ein knappes Jahr nach seiner Gründung scheint der Kontakt zwischen dem Theologenausschuß, sofern er überhaupt noch als Gruppe existierte, und der Parteiführung abgerissen zu sein[121].
Von den eigentlichen Fachausschüssen erarbeitete nur der sozialpolitische Ausschuß ein Programm, das den zuständigen Parteigremien zur Verabschiedung vorgelegt wurde[122], und versuchte durch Vorschläge und Anträge auf die Haltung der Bundestagsfraktion in sozialpolitischen Fragen Einfluß zu nehmen[123]. Auch zur Mitbestimmungsdiskussion hat er sich geäußert[124]. Als einziger von den Ausschüssen hatte dessen Vorsitzender Karl Maerkl Sitz und Stimme in Landesleitung und Landesausschuß. Die Vorsitzenden des Kommunal- und des agrarpolitischen Ausschusses, Lallinger und Fischbacher, waren ohnehin Mitglied der Landesleitung. In der programmatischen Werbebroschüre „Was ist, was will die Bayernpartei?"[125] zu den Landtagswahlen 1950 nahmen sie zur Agrar- und Kommunalpolitik für die Bayernpartei Stellung.
Es ist für die Bayernpartei mit ihrem hohen bäuerlichen Wähleranteil und den Führungspositionen ehemaliger Bauernverbandsfunktionäre besonders charakteristisch, daß es ihr nicht gelang, ein Gremium für eine kontinuierliche agrarpolitische Arbeit[126] zu unterhalten. Auch die „historische Arbeitsgemeinschaft"[127] und der „Verband der Heimatvertriebenen"[128] blieben ohne innerparteilichen Einfluß. Ein Kuriosum unter den Ausschüssen, der außenpolitische Arbeitskreis, erregte lediglich in der Öffentlichkeit einiges Aufsehen. Unter Leitung von Anton Berr[129] verfaßte eine kleine Gruppe von Münchener Mitgliedern der Bayernpartei eine Schrift „Bayern und Europa"[130], die von der Presse veröffentlicht und diskutiert wurde[131]. Sie sollte darüber hinaus auch an führende Staatsmänner Westeuropas, wie Churchill und de Gaulle[132], verschickt werden. Die Parteiführung distanzierte sich von dieser Stellungnahme. Berr, der zum separatistischen Münchner Gründungskern gehörte, erhielt von der Landesleitung Redeverbot[133].

Ärztegruppe
Ende 1948/Anfang 1949 bildete sich eine Ärztegruppe der Bayernpartei, die „die Interessen der bayerischen und Flüchtlingsärzte in sozialer, wirtschaftlicher und beruflicher Hinsicht vertritt"[134], dazu kam eine Untergruppe für Jungärzte. Ihr Ziel war es, „die augenblicklich herrschenden, menschenunwürdigen Zustände zu beseitigen und Vorschläge für einen wirtschaftlich gesunden bayerischen Ärztestand durchzusetzen"[135]. In Wirklichkeit ging es ihr allerdings mehr um die Bevorzugung der einheimischen Ärzte gegenüber Flüchtlingen und Ausländern bei der Niederlassung und der Stellenbesetzung an Kliniken[136]. Es war geplant, in allen Bezirks- und Kreisverbänden der Bayernpartei Ärztegruppen zu bilden; allerdings hatte ein Rundschreiben der Landesleitung mit der Bitte um Nominierung von Ärzten wenig Erfolg[137]. Die Ärztegruppe der Bayernpartei, zumindest ihr Vorstand, verstand sich als berufsständische Interessenvertretung, eine Mitgliedschaft in der Bayernpartei war nicht erforderlich. Seite 1950 gab sie ein eigenes Organ heraus, den „Bayerischen Ärztedienst, Ogan der freien Ärzteverbände Bayerns"[138], der vierzehntägig im Verlag der Bayernpartei erschien. Sie beteiligte sich auch als Oppositionsgruppe an den Wahlen zur Landesärztekammer mit unterschiedlichem Erfolg in den einzelnen Wahlkreisen[139].

Doch bereits Mitte 1950 kamen der Landesleitung Zweifel, ob die Ärztegruppe der Bayernpartei nicht zu radikal sei; man fürchtete, sich innerhalb der Ärzteschaft lächerlich zu machen[140], und wollte den „Ärztedienst" einstellen[141]. Ihr Vorsitzender wehrte sich mit den Argumenten, die Ärztegruppe sei zu einem achtunggebietenden Faktor der ärztlichen Berufspolitik gestaltet worden, habe zahlreiche Versammlungen abgehalten und auch im sozialpolitischen Ausschuß der Bayernpartei an der Erstellung des Programms mitgearbeitet. Den Kreisstellen und der Landesgeschäftsstelle habe man in Hunderten von Gutachten, Eingaben, Gesuchen etc. Hilfe geleistet. Hingegen beklagte er, daß innerhalb der Bayernpartei an die Bonner Fraktion nicht heranzukommen sei, wie auch über die Bayernpartei kein Kontakt mit dem Landtag oder der Staatsregierung zustandegekommen war[142]. In den leitenden Gremien der Bayernpartei gebe es keine Vertretung der Belange der Ärzte, die Arbeit von Landesgeschäftsstelle und Bayernverlag für die Ärztegruppe sei mangelhaft gewesen und alle Versprechungen seien nicht gehalten worden[143]. Schließlich warf er der Landesleitung vor, die Arbeit der Ärztegruppe zu sabotieren und trat Anfang 1951 als Vorsitzender zurück mit der Bitte, seine Gruppe aufzulösen[144]. Seither wurde in der Bayernpartei nichts mehr von einer Ärztegruppe gehört.
Die Ärztegruppe zeigt, welchen Stellenwert die Organisationsausschüsse für die Landesleitung hatten. Sie wurde mit dem Ziel gegründet, möglichst viele Ärzte in die Bayernpartei zu integrieren, um sie – wie Gastwirte und Theologen – als Multiplikatoren zu benutzen. Die Gruppe wurde sogar von der Landesleitung finanziell und mit Publikationsorganen unterstützt. Allerdings entwickelte sich die Ärztegruppe dann relativ selbständig. Ihre Vorschläge konnten nicht an Gremien der Partei wie Landesausschuß oder Fraktion vermittelt werden. Landesleitung und -geschäftsstelle waren organisatorisch völlig überfordert, die Arbeit derartiger Gruppen in die Partei zu integrieren und zur Wirkung zu bringen. Die Ärztegruppe scheint zunächst einige Resonanz bei den Ärzten gefunden zu haben, denn der CSU-Abgeordnete Schefbeck polemisierte gegen diese Gruppierung[145].

Kulturrat

Von den Arbeitsausschüssen war der Kulturrat, als dessen Vorsitzender der Rechtsanwalt Anton Besold fungierte, eine der wichtigsten Gründungen; auch von der Parteiführung wurde ihm einige Bedeutung zugemessen, und er wurde von der Landesgeschäftsstelle finanziell bezuschußt[146]. Der Kulturrat wurde offenbar zum größten Teil von seinem Vorsitzenden konzipiert[147]. Er war nicht so sehr als Unterorganisation einer Partei gedacht, sondern als umfassendes Kulturorgan „des Volksbunds der Altbayern, Franken und Schwaben"[148] bzw. als kulturelles Integrationsinstrument der Bayernpartei. Der Kulturrat sollte sowohl der Aktivierung von Zielgruppen aus einem weitgefaßten kulturellen Bereich im Vorfeld der Partei als auch der Erarbeitung einer Konzeption kulturpolitischer Forderungen, der sie dringend bedurfte, dienen: „Die besten Kräfte der geistigen und kulturellen Schichten unseres Volkes und Raumes, ohne ihnen den Zwang parteipolitischer Bindung aufzulegen, zu sammeln und ihre Impulse über die politischen Instanzen der Partei zu verwirklichen."[149]
In der Konzeption des Kulturrats wurde ein gewisser Anti-Parteien-Effekt in der bürgerlichen Intelligenz der Nachkriegszeit bewußt in Kauf genommen. Zwar war

der Kulturrat nach seiner Satzung die „Zusammenfassung aller Kulturorgane der Partei"[150], gab sich jedoch in seiner Gliederung den Anschein einer halbstaatlichen oder in der Form eines Vereins organisierten Bildungs- und Kulturinstitution. Er bestand aus seinem Präsidium, einem Senat, den Kulturausschüssen der Kreise und aus den Kulturbeauftragten der Bezirke, sowie der Vollversammlung, dem Kulturrat[151]. Allerdings war in der Satzung festgelegt, daß wesentliche Entscheidungen nur von Parteimitgliedern getroffen werden konnten, da alle Führungspositionen an die Mitgliedschaft in der Bayernpartei gekoppelt waren.

Aus den vorliegenden Unterlagen ist zu schließen, daß der Kulturrat nur kurze Zeit – wenn überhaupt – aktiv war. In den kulturpolitischen Diskussionen der Parteigremien auf Landesebene spielt er nie eine Rolle; von seinen geplanten Unterorganisationen auf Kreis- und Bezirksebene findet sich in den Unterlagen der Parteizentrale keine Spur. Auch das kulturpolitische Programm der Bayernpartei wurde weniger vom Kulturrat als von dessen Vorsitzendem Besold erarbeitet. Die Forderungen der Bayernpartei zur Kulturpolitik, die er auf der Landesversammlung 1950 vortrug, waren weitgehend mit seiner Rede zur Gründung des Kulturrats am 25. 11. 1948 in München identisch[152].

Wirtschaftsbeirat

Im organisationspolitischen Konzept für die Bildung von Fachausschüssen verdient der Wirtschaftsbeirat besonderes Interesse. Baumgartner maß der Wirtschaftspolitik und der Erarbeitung eines Wirtschaftsprogramms der Bayernpartei eine hervorragende Bedeutung zu[153]. Wie für die CSU war das Vorbild für den Wirtschaftsbeirat der Bayernpartei das entsprechende Gremium der Bayerischen Volkspartei[154]. Es sollte jedoch seiner berufsständischen Züge entkleidet werden und als Unternehmerorgan dienen[155]. Der Wirtschaftsbeirat der Bayernpartei sollte aus „maßgebendsten Vertretern der bayerischen Wirtschaft" bestehen, seine Aufgabe war, „das noch vorhandene Mißtrauen der Wirtschaftskreise gegenüber der Bayernpartei zu zerstreuen"[156]. Der Wirtschaftsbeirat sollte in der Vorstellung Baumgartners die Bayernpartei „gegenüber der Wirtschaft hoffähig machen"[157] und auch finanziell unterstützen[158]. Man wollte etwa 500 Unternehmer aus ganz Bayern gewinnen; jeder Land- und Stadtkreis sollte deshalb fünf Vertreter im Wirtschaftsbeirat haben. Mitgliedschaft in der Bayernpartei war nicht Voraussetzung[159]. Abgesehen vom erhofften Geld und Prestige blieb die Zielsetzung des Wirtschaftsbeirats unklar. „Dieses unpolitische Gremium soll die Richtlinien unserer Wirtschaftspolitik ausarbeiten und uns außerdem Anregungen geben, um die Interessen der bayerischen Wirtschaft mit Erfolg vertreten und weiter entwickeln zu können."[160] Allerdings bestand der Gründungsausschuß nur aus zehn Vertretern, die den weiteren Ausbau des Wirtschaftsbeirats an die Landesgeschäftsstelle delegierten[161]. Zwar wurden in sämtlichen Kreis- sowie einigen Bezirksverbänden Wirtschaftsbeiräte gegründet[162]; es ist allerdings unbekannt, inwieweit tatsächlich wichtige Vertreter der Wirtschaft teilnahmen. Als problematisch erwies sich vor allem, daß die Bayernpartei kein eigenes Wirtschaftsprogramm vorlegen konnte, sondern dieses von der Wirtschaft erarbeiten lassen wollte[163]. Es fanden wohl verschiedene Treffen mit Wirtschaftsverbänden statt – vor allem solchen der Rohstoffbranche oder sonstiger regionaler Sonderinteressen, wie der Gruppe Steine, Erden oder dem Verband der Limonadenfabriken[164]. Doch war man nicht in der Lage, den Wirtschaftsbeirat so funktionsfähig zu machen, daß ein Programm für die Bayernpartei erarbeitet wurde. Darüber hinaus behielt die Landesleitung offenbar die Entwicklung des Wirtschaftsbeirats nicht in der Hand[165]. Jedenfalls hat der Wirtschaftsbeirat seine Funktion als eine Art Zwischenorganisation zwischen Wirtschaft und Partei nicht erfüllt. Das Wirtschaftsprogramm der Bayernpartei wurde erst 1950 vom stellvertretenden Landesvorsitzenden Hermann Etzel erarbeitet und auf der 3. Landesversammlung vorgetragen. Es war nicht nur ein Niederschlag von Unternehmerinteressen, sondern ein vergleichsweise fortschrittliches und liberales Wirtschaftsprogramm[166]. Ende 1950 hörte der Wirtschaftsbeirat vollends auf zu existieren. Verschiedene Reaktivierungsversuche der Parteiführung 1952 und 1955 blieben ohne Erfolg[167].

2. ‚Wahlagentur‘ und ‚Heimatverein‘

Nachdem in den Wahlen 1949/50 das Ziel der bayerischen Volkserhebung, die Mehrheit des bayerischen Volkes zu repräsentieren, nicht hatte eingelöst werden können, mußte sich die Bayernpartei in der Rolle einer kleineren regionalen Partei einrichten. 1950 wurde dieses Problem zunächst in der Form von Flügelkämpfen bis zur Ausscheidung jener Alternative vorangetrieben, die auf eine schrittweise Reintegration in die CSU hingearbeitet hatte[168]. Mit der Betonung der Eigenständigkeit wurde jedoch die bislang nur dilatorisch behandelte Organisationsfrage akut: an ihr mußte sich entscheiden, ob die Bayernpartei in der Lage war, durch eine intensive Organisation ihre in den vorausgegangenen Wahlen gesammelten Anhängerschaft langfristig an die Partei zu binden und eine aktive Teilnahme und Repräsentation ihrer Interessen zu ermöglichen – oder ob die Parteiführungsschicht nur die Tradition der regionalen Protestbewegung verwalten, d. h. ihr Erbe aufzehren wollte.
Die Perspektiven waren jedoch beim Übergang in die Parteiphase düster: eine ausgebaute Organisation gab es an der Basis nur an einzelnen Orten; der Propagandaapparat mußte infolge Verschuldung in der Bewegungsphase eingeschränkt werden; die alte Satzung wurde suspendiert, und die Auseinandersetzung um ihre Reform zeigte, daß sich die Kräfte, die aus der Bayernpartei eine radikaldemokratische Alternative für das bäuerlich-kleinbürgerliche Traditionsmilieu Altbayerns machen wollten, weder in der Führungsschicht der Partei noch bei den Bezirksverbänden eine Mehrheit bilden konnten. Es zeichnete sich deshalb nach dem plebiszitären Zwischenspiel der Generalversammlungen bereits ab, daß die Führung wiederum – jetzt im verkleinerten Maßstab – die Aufgabe einer Wahlagentur ohne langfristige innerparteiliche Integrationskraft übernehmen würde. Zugleich waren die Versuche zu gruppenspezifischen Nebenorganisationen gescheitert[169] bzw. für die Trägerschichten der Kleinbauern, Gewerbetreibenden und Angestellten erst gar nicht wirksam unternommen worden. Dies deutete darauf hin, daß eine Wendung zur Interessenrepräsentation schwer zu vollziehen gewesen wäre, zumal die Funktionärsschicht noch immer überwiegend dem regionalistischen Parteiziel „Volksbund der Altbayern, Franken und Schwaben"[170] als eigentlichem Organisationsmotiv anhing. Schließlich war die Problematik der Beziehungen zwischen den parlamentarischen Fraktionen und Parteiorganen weder konzeptionell noch organisatorisch vorgeklärt, während sich in der Praxis die Positionen zwischen vollstän-

diger Emanzipation der Abgeordneten von der Parteiloyalität und der Forderung nach einer Art imperativen Mandats seitens der oberbayerischen Radikalen polarisierten[171].

Die Satzung von 1951

Die Parteiführung faßte die Probleme der Parteiphase an, indem sie eine Satzung konzipierte, durch die es leichter wurde, die Partei zentral zu führen. Deshalb wurden auch die radikaldemokratischen Ansprüche des oberbayerischen Satzungsentwurfs beiseite geschoben und im wesentlichen ein Entwurf Besolds[172] zugrundegelegt, der das Problem wesentlich von der Seite des Parteimanagements anging. Der Parteitag wurde als plebiszitäre Plattform zur Selbstdarstellung der Parteiführer belassen; Landesvorstandschaft und Landesausschuß zu einem neuen Landesausschuß vereinigt, jedoch in der Repräsentanz der Kreisdelegierten die regionalen Wahlschwerpunkte stärker berücksichtigt und damit die Machtverhältnisse für Flügelauseinandersetzungen verschoben. Die geschäftsführende Landesleitung wurde mit größerer Selbständigkeit ausgestattet und ihr mit der erweiterten Landesleitung ein Gremium beigegeben, das sie selbst weitgehend steuern konnte. Schließlich wurden die parlamentarischen Fraktionen erstmals durch Verbindungsleute institutionell mit der Parteiführung verbunden.

Landesversammlung

Die Landesversammlung – das „oberste politische Organ der Partei"[173] – setzte sich aus Landesleitung und Landesausschuß[174] sowie den Delegierten der Bezirksverbände zusammen[175]. Unter den 250 bis 300 Delegierten übertraf die Zahl der gewählten die der „geborenen Mitglieder" um ein mehrfaches[176]. Rein rechnerisch hätten die Delegierten der Basis also Entscheidungen treffen können, die vom Willen höherer Parteigremien abwichen. Bis 1958 wurde entsprechend der Satzung jährlich eine Landesversammlung abgehalten, danach jedoch dieser satzungsmäßige Turnus nicht mehr eingehalten. Zu ihren wichtigsten Aufgaben gehörte neben der Wahl der Landesleitung die Beschlußfassung über Programm und Satzung, über die Richtlinien der Politik und den Haushaltsplan der Partei[177].
Das Programm und die Grundsätze der Politik wurden in den Referaten der Parteivorsitzenden auf der Landesversammlung vorgetragen, ohne daß es zu größeren programmatischen Diskussionen gekommen wäre. Die Delegierten der Basis machten nur selten von ihrem Recht Gebrauch, Anträge zur Politik der Bayernpartei oder personalpolitische Vorschläge aus der Versammlung heraus einzubringen. Versuche der Delegierten, eigene Interessen durchzusetzen, scheiterten an der geschickten Versammlungsleitung. Meist blieb es allenfalls bei Unmutsäußerungen wie der Abgabe eines hohen Anteils an ungültigen Stimmen[178].
Im allgemeinen gab der Landesausschuß Empfehlungen in personalpolitischen Fragen, die meist befolgt wurden. Versuche des Kreisverbandes Oberbayern, der noch zusammen mit München am häufigsten initiativ wurde, seinen Kreisvorsitzenden Fischbacher ad hoc als Stellvertreter in die Landesleitung wählen zu lassen, scheiterten[179]. Nur 1952 und 1953, als Baumgartner nicht mehr zum Landesvorsitz kandidierte, stand den Delegierten eine Alternative zur Wahl. Obwohl beide als profilierte Exponenten entgegengesetzter Flügel in der Bayernpartei galten, wurde 1952 Fischbacher mit Mehrheit gewählt, im folgenden Jahr Besold, sein

erneuter Gegenkandidat, wobei die Mehrheiten, die beide erhielten, konstant blieben[180].

Meist war der Parteitag von Landesleitung und Landesausschuß so gut vorbereitet, daß er – abgesehen von Sprechchören wie „Aretin: raus mit dem Verbrecher"[181] oder gewaltigen Ovationen für bestimmte Redner – reibungslos nach dem Plan der Parteiführung ablief. Dabei waren deren Referate oft genug widersprüchlich, doch zollten die Delegierten, selbst bei offensichtlichen Gegensätzen, den Rednern großen Beifall. Z. B. startete Baumgartner 1951 auf der Landesversammlung massive Angriffe gegen die CSU – ihre Propagandamethoden seien die schlimmsten aller Parteien, ihren Generalsekretär nannte er „Lügen-Strauß"[182] –, während der Fraktionsvorsitzende der Bayernpartei im Bundestag, Gebhard Seelos, die Arbeitsgemeinschaft mit der CSU pries[183], vor den verderblichen Folgen eines Bruderkampfes warnte und für eine volle Unterstützung der Regierung Adenauer plädierte: Beifall belohnte beide[184]. Erst als sich die Bayernpartei mit ihrer Oppositionsrolle in Bayern abgefunden hatte, die Kommunalwahlen vorüber waren und keine Rücksicht mehr auf geplante Wahlabkommen genommen werden mußte, durften die Delegierten zu tagespolitischen Problemen Stellung nehmen, aber selbst dann waren die Resolutionen noch fast ausschließlich von Mitgliedern der Landesleitung verfaßt[185].

Zwar ermöglichte die Satzung außerordentliche Landesversammlungen, aber die Parteiführung machte davon keinen Gebrauch, da diese die Landesgeschäftsstelle organisatorisch stark belastet hätten und darüber hinaus die finanzielle Notlage der Partei zur Sparsamkeit zwang[186]. Lediglich nach der Ablehnung der Verfassungsklage gegen die 5-%-Klausel durch das Bundesverfassungsgericht, 1957, berief die Landesleitung eine außerordentliche Landesversammlung, um die Voraussetzungen für eine Beteiligung der Bayernpartei an den Bundestagswahlen 1957 zu klären. Eine Initiative von ‚unten' kam nie zustande, nachdem das Quorum von drei auf fünf Kreisverbände (d. h. $^2/_3$ der Partei) in der neuen Satzung heraufgesetzt worden war[187].

Die Landesversammlung der Bayernpartei hatte ähnlich wie die der CSU vor allem die Funktion eines „Propaganda- und Werbeinstruments"[188]. Man benutzte sie als publikumswirksame Tribüne für volkstümliche Aufmärsche. Denn seit 1951 betonte die Partei ihr Image als Heimatpartei. So bildete die Übergabe des weißblauen Rautenbanners durch den Landesfahnenmeister an den Landesvorsitzenden, der den Treueschwur auf die Parteifahne ablegte[189], einen emotionalen Höhepunkt des Parteitags. Folklore und Fahnenaufzüge – „keine Landesversammlung der Bayernpartei ohne Heimatabend und zünftige Marschmusik"[190] – dienten zugleich der Integration bei innerparteilichen Gegensätzen. Die Delegierten fühlten sich emotional geeint, wenn sie – statt zu politischen Debatten aufgerufen – zu Traditionsparaden formiert wurden. Die Presse berichtete dann vom Parteitag wie vom Schützenfest: „Vorne weg marschierte ein ehemalig königl.-bayr. Tambourmajor in kurzer Wichs, den Trachtenhut unternehmungslustig, etwas nach hinten geschoben. Dann kamen schneidige Trommler und Querpfeifer, die Münchner Blaskapelle Bielmeier und schließlich die schwerseidenen Landesfahnen mit goldenen Fransen. Dahinter in gleichem Schritt und Tritt der Landesvorstand, weitere 24 weiß-blaugerautete Fahnen und Standarten und endlich die eng aufgeschlossene Phalanx, die mehr als 300 Delegierten."[191]

Landesausschuß
Die Kompetenzen des Landesausschusses waren in der neuen Satzung gegenüber der von 1948 gestärkt. Seine wichtigsten Funktionen waren, während des Geschäftsjahres in allen „grundsätzlichen Fragen der Politik, Organisation und Verwaltung" die Landesversammlung zu vertreten und die Kontrolle der Exekutive auszuüben[192]. Vor allem hatte sich jedoch die Zusammensetzung des Landesausschusses gegenüber der ersten Satzung entscheidend verändert. Denn der Wahlerfolg der einzelnen Kreisverbände spielte nunmehr für die Zahl der Delegierten, die einem Kreisverband über ein Mindestquorum von drei hinaus[193] zustand, die entscheidende Rolle. Für je angefangene 4% aller Bayernparteistimmen bei der letzten Landtagswahl erhielt der Kreisverband einen Delegierten[194]. Während der vorläufige Landesausschuß von 1951 ein Übergewicht von Landesleitung und Mandatsträgern aufwies[195], wurde in der endgültigen Satzung dafür Sorge getragen, daß die Zahl der gewählten Delegierten die der geborenen Mitglieder weit überschritt[196]. Die Landtags- und Bundestagsfraktion war mit je zwei Delegierten[197] vertreten, wie auch die Landesleitung[198] Sitz und Stimme im Landesausschuß hatte. In der Praxis sah die Zusammensetzung etwa so aus: 1952 standen 20 Mitgliedern der Landesleitung 64 gewählte Delegierte der Kreisverbände gegenüber[199]; 1953 kamen in den Landesausschuß aus Oberbayern sieben Delegierte, aus Niederbayern fünf, Schwaben vier und den restlichen Kreisverbänden je drei[200]. Dazu die zwei Delegierten der Landtagsfraktion. Diese 30 Delegierten wurden durch 17 Mitglieder der Landesleitung ergänzt.
Mit dieser Umgewichtung im neuen Landesausschuß war er der Machtstruktur der Partei angepaßt und verlor seine Funktion als Hebel innerparteilicher Opposition. Er wurde deshalb tendenziell entpolitisiert, während die Auseinandersetzungen direkt zwischen den Kontrahenten in der Landesleitung ausgetragen werden mußten. Obwohl die Parteiführung im Landesausschuß zahlenmäßig nicht überwog, nahm dieser ihre Vorschläge im allgemeinen an[201]. Die wichtigste politische Funktion, die ihm verblieb, war die eines Vorklärungsorgans für den Parteitag. Vor der Landesversammlung 1952 wurde der Landesvorsitzende praktisch vom Landesausschuß bestimmt; in geheimer Abstimmung zwischen den beiden Kandidaten Fischbacher und Besold erhielt der erste die Mehrheit im Landesausschuß[202]. Auf dessen Empfehlung wurde Fischbacher auch von der Landesversammlung zum Landesvorsitzenden gewählt[203] Nur 1953 konnte sich der Landesausschuß nicht zu einer Empfehlung für einen der beiden Kandiaten durchringen[204].
Fast auf jeder Landesausschuß-Sitzung wurden – meist zu aktuellen politischen Fragen – mehrere Resolutionen gefaßt, die auch in der Presse veröffentlicht wurden. Auf Entscheidungen von weittragender Bedeutung hatte der Landesausschuß allerdings wenig Einfluß. Als vor den Bundestagswahlen 1953 ein Wahlabkommen für München mit der CSU beschlossen wurde, hielt es die Landesleitung nicht einmal für nötig, den Landesausschuß zu konsultieren[205], obwohl es sich dabei um eines der ältesten Grundprobleme der Bayernpartei handelte.
Als die Bayernpartei allerdings in den Wahlen eine Niederlage erlitten hatte und außerdem aufgrund des Wahlabkommens nicht mehr im Bundestag vertreten war, suchte die Landesleitung sich vor der Basis zu legitimieren. Hierzu war der Landesausschuß aber wieder nicht gewichtig genug, sondern man griff erneut auf die Generalversammlung zurück, ohne sie so zu nennen. Jedenfalls lud Besold alle

Funktionäre zu einer Versammlung am 27. September 1953 nach München ein[206]. Auf der Tagesordnung stand allein die Frage, ob die Bayernpartei aufgrund der Wahlniederlage mit der CSU fusionieren sollte. Der Bezirksverband Bamberg und der Kreisverband München hatten den Antrag gestellt, diese Möglichkeit abzulehnen[207]; Lallinger führte dazu aus: „Wir wollen, daß die Funktionäre für die Zukunft bestimmen, ob und welcher Kurs in der Bayernpartei gesteuert wird. Die Landtagsfraktion der Bayernpartei ist nach meiner Auffassung nicht berechtigt, über Fraktionsgemeinschaft und ähnliches Gespräche zu führen. Wichtig ist, daß sich die gesamten Funktionäre hinter das Parteiprogramm von 1946 stellen [und] daß an die Presse gegeben wird, daß die Bayernpartei nie daran denkt, eine Fusion mit der CSU einzugehen."[208]
Allerdings hatte sich auch die Landtagsfraktion unter Führung Baumgartners bereits vorher gegen einen Zusammenschluß mit der CSU ausgesprochen, ebenfalls ohne den Landesausschuß zu befragen. Der Fraktionsvorsitzende Baumgartner begründete diesen Schritt: „Die Fraktion ist der Meinung gewesen, daß sie als erste gleich Stellung nehmen muß, weil kein Gremium zusammengerufen war. Die Fraktion hat sich vollkommen korrekt verhalten."[209] Die Versammlung konnte – wie Fischbacher darlegte[210] – keine bindenden Beschlüsse fassen. Da aber sämtliche anwesenden Bezirksvorsitzenden und Funktionäre der Bayernpartei daraufhin einstimmig „den Willen kundgetan hatten, sich niemals in eine Fusion mit der CSU zu begeben"[211], war diese „Quasi"-Generalversammlung der Auftakt zum Sturz des Landesvorsitzenden Besold.
Nachdem nun die Weichen gestellt waren, wurde auf der Sitzung des Landesausschusses in Nürnberg am 15. 11. 1953 Besold aufgefordert, als Landesvorsitzender zurückzutreten, um Baumgartner Platz zu machen, denn die Delegierten erhofften sich nur noch von diesem eine „Rettung der Bayernpartei"[212]. Im Grunde war dies laut Satzung ein Mißtrauensantrag gegen den Landesvorsitzenden, aber er sollte als freiwilliger Rücktritt Besolds kaschiert werden[213]. Danach wählte der Landesausschuß in Vertretung der Landesversammlung Baumgartner zum neuen Landesvorsitzenden[214]. Dies war gewiß ein ungewöhnlicher Vorgang, aber in der Bayernpartei aufgrund der Satzung möglich[215].
Zwischen August 1954 und Januar 1955 fand keine Tagung des Landesausschusses der Bayernpartei statt[216], obwohl in dieser Phase über die Beteiligung an der Viererkoalition nach den Landtagswahlen entschieden werden mußte. Seine Mitglieder nahmen ihre Ausschaltung widerspruchslos hin, als Geislhöringer – den der Landesausschuß nach dem Parteiaustritt seines Vorsitzenden Benno Graf[217] zu dessen Nachfolger gewählt hatte – betonte, „daß es aus parteipolitischen Gründen notwendig war, den Landesausschuß nicht vor der Regierungsbildung einzuberufen, da zu befürchten war, daß durch diese Sitzung zuviel an die Öffentlichkeit gelangt und der Erfolg somit infragegestellt gewesen wäre."[218]
Der Landesausschuß wurde erst nachträglich über die Vorgänge bei der Koalitionsbildung informiert und mit den Kabinettsmitgliedern bekanntgemacht[219]. Während der Viererkoalition spielte der Landesausschuß ebenfalls nicht die Rolle, die ihm satzungsmäßig zustand. Nachdem Geislhöringer in der Viererkoalition Innenminister geworden war, wurde er 1955 vom Landesausschuß als dessen Vorsitzender und auch als Finanzbevollmächtigter[220] der Partei wiedergewählt, um Eintracht zu demonstrieren. So konnte der Landesausschuß keine Kontrolle über die Partei-

führung ausüben, da die Ämter völlig verquickt waren. Auch die Wahl der Mitglieder der Landesleitung 1955 wurde dem Landesausschuß von der Landesleitung vorgegeben und mit dem Argument schmackhaft gemacht, man müsse Geschlossenheit zeigen. Sie forderte ihn auf, alle drei bisherigen Stellvertreter der Landesversammlung zur Wiederwahl vorzuschlagen. „Wir glauben, daß aus politischen Gründen es von wesentlicher Bedeutung ist, daß die Bayernpartei eine konstante Linie hat. Wir wissen, wenn eine Änderung kommt, so bedeutet das nach außen hin – und wird so ausgelegt – innerhalb der Bayernpartei bestehen Gegensätze. Wir müssen der Meinung der Landesleitung Recht geben und dies nach Möglichkeit vermeiden. Die Opposition lauert darauf, daß sie bei uns wieder einhaken kann."[221] Eine ausführliche Diskussion fand im Landesausschuß erst wieder nach dem Desaster der Bundestagswahlen 1957 und dem Austritt der Bayernpartei aus der Viererkoalition statt. Nachdem aber die CSU nicht bereit war, mit der Bayernpartei eine Koalition zu bilden, kritisierten die bisher so gefügigen Delegierten nun plötzlich, daß der Landesausschuß zu selten einberufen worden sei[222] und sich erwiesen habe, daß nicht der Landesausschuß die Politik bestimme, sondern die Landtagsfraktion[223]. Daraufhin faßte eines der ältesten Mitglieder der Bayernpartei, der Bezirksvorsitzende von Bad Aibling, Gärtner, seine Erfahrung und die Situation des Landesausschusses zutreffend zusammen: „Ich freue mich, daß wir seit acht Jahren das erste Mal eine Landesausschuß-Sitzung haben, wo die Möglichkeit besteht, daß jeder frei und offen sprechen kann. Sonst haben wir immer wieder feststellen müssen, heute haben sie uns wieder sauber dran gekriegt. Und wir haben alles getan, was die Oberen uns vorgeschrieben haben [...] Es ist heute schon einmal ganz kurz gestreift worden, worin ich den grundlegenden Fehler unserer Partei sehe. Wenn einer zu Dir, mein lieber Joseph, gekommen ist und hat vielleicht 1000,– DM bezahlt, dann ist er gleich mit offenen Armen aufgenommen worden. Da ist es z. B. vorgekommen, daß wir einen stellvertr. Landesausschußvorsitzenden hatten, der nicht einmal Mitglied der Partei war. Ich erinnere auch an die früheren Abgeordneten Mergler[224], Schönecker[225] usw. Die Herren waren alle erst 14 Tage bei der Bayernpartei. Wie oft mußten wir draußen einen Wahlkampf führen und etwas decken, was die Landesleitung gemacht hat, was uns mehr geschadet hat, als wir draußen wieder gut machen konnten [...] wir haben keine Disziplin [...] Wir müssen uns endlich einmal anlernen, nicht hintenherum den einen gegen den anderen auszuspielen. Wir müssen gemeinsam an einem Strick ziehen."[226] Als Baumgartner am Ende einer lebhaften Aussprache dem Landesausschuß die Vertrauensfrage stellte, erhielt er durch Handzeichen ein einstimmiges Votum, ohne Gegenstimme und ohne Enthaltung.

Landesleitung

Aus der Untersuchung der Landesversammlung und des Landesausschusses wurde deutlich, daß die Landesleitung das eigentliche Führungsgremium der Partei war und vor allem auch die politische Richtung bestimmte. Sie setzte sich aus dem Landesvorsitzenden und seinen untereinander gleichberechtigten Stellvertretern, den acht Landesleitungsdelegierten der acht Kreisverbände und je einem Delegierten der Fraktionen in Bundestag und Landtag zusammen[227]. Außerdem hatte der Finanzbevollmächtigte und der Generalsekretär Sitz und Stimme in der Landesleitung[228].

Innerhalb der 20 Mitglieder der Landesleitung bildeten der Landesvorsitzende und seine drei Stellvertreter den „Aktionsausschuß der Landesleitung"[229], der an die Beschlüsse der Landesleitung gebunden war, jedoch „im Rahmen dieser Beschlüsse selbständig handeln" konnte[230] Die Mitglieder dieses engeren Führungsgremiums waren alle gleichzeitig Mitglieder der Bundestags- und Landtagsfraktion, insgesamt waren ²/₃ der Mitglieder der Landesleitung auch Abgeordnete. Dies führte zu einer engen Verquickung von parlamentarischer Tätigkeit und Parteiführung, nahm aber andererseits der Parteiorganisation Energie und Selbständigkeit. Ansätze, dieser Ämterhäufung entgegenzuwirken, wurden zwar diskutiert, doch es wurde nichts dagegen unternommen. Erstaunlicherweise faßte die Landesleitung sogar einmal den Beschluß, daß Kreisvorsitzende der Bayernpartei nicht gleichzeitig Abgeordnete sein dürften, zog ihn auf Anregung Baumgartners jedoch kurz vor der Landesversammlung wieder zurück[231].

Die Änderungen in der Parteispitze vollzogen sich selten durch Abwahl auf der Landesversammlung, da sich die Delegierten im allgemeinen den Vorschlägen der Parteiführung fügten; diese zog vielmehr den eleganteren Weg der Suspendierung in ihren eigenen Reihen vor. 1950 war schon der einzige Stellvertreter des Landesvorsitzenden Donhauser suspendiert worden; 1952 trat der stellvertretende Landesvorsitzende Oettingen-Wallerstein zurück; der zweite Stellvertreter Etzel wurde Ende desselben Jahres und nach den Bundestagswahlen 1953 wurde Lallinger von diesem Amt suspendiert. Das Amt des Generalsekretärs, das auf die Person Falkners zugeschnitten war, wurde zwar nach dessen Tod von Anton Besold weitergeführt; nachdem dieser allerdings zum Rücktritt als Landesvorsitzender gezwungen worden war, stellte er auch das Amt des Generalsekretärs zur Verfügung. Der Landesausschuß wählte daraufhin seinen Vorsitzenden Benno Graf zum neuen Generalsekretär in der Hoffnung, wenigstens einen der beiden Abgeordneten der Bayernpartei in der CSU-Bundestagsfraktion stärker an die Bayernpartei binden zu können[232]. Doch schon wenige Wochen später gab es derartige Differenzen, daß die Landesleitung nun auch Graf als Generalsekretär suspendierte; kurz darauf trat er aus der Bayernpartei aus. Seitdem blieb das Amt unbesetzt, da man keinen geeigneten Bewerber finden konnte oder gegen mögliche Aspiranten zu starkes Mißtrauen hegte. 1955 wurde durch eine Satzungsänderung das Amt des Generalsekretärs gestrichen[233]. Noch größere Schwierigkeiten gab es mit der Funktion des Schatzmeisters bzw. Finanzbevollmächtigten: Zwischen 1948 und 1953 wurden zwei Schatzmeister suspendiert und aus der Partei ausgeschlossen; einer legte sein Amt nieder und trat zur CSU über. Seit 1953 wurde August Geislhöringer als Finanzbevollmächtigter jährlich vom Landesausschuß wiedergewählt; seine Tätigkeit wurde erst durch die Anklagen im Spielbanken-Prozeß beendet.

Programm, Grundsätze und Richtlinien der Politik der Bayernpartei wurden fast ausschließlich von der Landesleitung bzw. einer engeren Führungsgruppe bestimmt. Die Zerrissenheit der Partei und die Richtungskämpfe gaben dem Landesvorsitzenden bald eine mächtigere Position, als sie in der Satzung vorgesehen war. Allerdings konnte er nur als Vermittler zwischen den heterogenen Gruppen, die in der Landesleitung vertreten waren, tätig werden und war meist gezwungen, sich der stärksten Fraktion anzuschließen. Dadurch, daß die Flügelkämpfe häufig bis zur Ausschließung des unterlegenen Exponenten geführt wurden, wurde der Landesvorsitzende, soweit er sich keinem Flügel voll anschloß, zum einzigen Garanten der Parteikontinuität. Insofern konnten Traditionsreste der Bewegungsphase in der Bayernpartei nie ganz überwunden werden.

Folklore statt Organisation

Als Besold die Nachfolge Falkners als Generalsekretär antrat, konnte er nur noch die Schulden der Bayernpartei verwalten. Die Reduzierung des Personals der Landesgeschäftstelle wirkte sich empfindlich auf die Parteiarbeit aus, weil der Landesverband keine Hilfestellung für den Ausbau der Organisation mehr geben konnte. Initiativen der Landesleitung zwischen 1951 und 1953 blieben äußerst spärlich. Zwar wurden Anfang 1951 interne Informationsversammlungen in den Kreisverbänden einberufen, doch waren diese von den Bezirksvorsitzenden gefordert worden und kein organisationspolitischer Ansatz der Zentrale[234]. Im wesentlichen konzentrierte sich die Parteiführung auf die Vorbereitung der Wahlen. Aber auch hier fehlte es an einer einheitlichen Führung, die Identität und Image der Bayernpartei hätte stärken können. Zwar stellte die Landesleitung für die Gemeinde- und Kreistagswahl 1952 allgemeine Grundsätze auf: „1. Oberster Grundsatz ist: Die Bayernpartei geht als eigene Partei in den Wahlkampf, 2. als weiterer Grundsatz für das Verhalten der Bayernpartei gilt: antimarxistische Haltung, 3. bei den Kreistagswahlen stellt die Bayernpartei grundsätzlich eigene Listen auf."[235] Sie ermöglichte aber von vornherein Ausnahmen, sofern die „örtlichen Verhältnisse ein gemeinsames Vorgehen der christlichen Parteien erfordern. Dies wird dann gegeben sein, wenn insbesondere ein Zusammengehen der Marxisten mit dem BHE den christlichen Parteien die Führung in der Gemeinde streitig machen könnte[236]." Für den Wahlkampf versandte die Landesgeschäftsstelle dann eine Zusammenstellung „Skandale unserer Gegner"[237] als Rednermaterial an alle Bezirks- und Kreisvorsitzenden; da ihr allerdings der Überblick über die Wahlabmachungen und Listenverbindungen der eigenen Partei auf örtlicher Basis fehlte und sie deshalb selbst nicht wußte, wo die CSU Freund, wo Feind war, wurde der Gebrauch anheimgestellt[238].

Nach dem schlechten Abschneiden bei den Kommunalwahlen erwog die Landesleitung Maßnahmen zur Aktivierung und Neuorganisation der Partei, wie Einführung von Rednerschulungen, Heranziehen junger Parteimitglieder als Funktionäre[239], Aktivierung des Wirtschaftsbeirats[240]. Man stellte sich auch die Frage, ob man in den nächsten Bundestagswahlen mit anderen föderalistischen Parteien gemeinsam in den Wahlkampf gehen sollte[241]. Da die Landesgeschäftstelle jedoch nicht einmal mehr einen Geschäftsstellenleiter besaß, trafen derartige Überlegungen ins Leere; die Landesleitung ließ sie auch schnell wieder zugunsten ihrer Lieblingsthemen – Affären, Flügelkämpfe, Haltung der Bundestagsfraktion – fallen. Auch wöchentliche Sitzungen des Vorsitzenden, seiner Stellvertreter, des Generalsekretärs und des Finanzbevollmächtigten, die der Aktivierung der Partei in allen organisatorischen und politischen Fragen dienen sollten, halfen wenig. Denn die Parteiführung war inzwischen so desillusioniert über die Aussichten der Bayernpartei, daß sie kaum noch organisationspolitische Initiativen entwickelte oder sonst eine aktive Politik betrieb; sie war vollauf ausgelastet, auf Angriffe von außen zu reagieren oder für aktuelle Anlässe – insbesondere die regelmäßigen wie auch verschiedene lokale Nachwahlen – Vorbereitungen zu treffen. Für die Unionsparteien mochte es ausreichen, sich periodisch als Kanzlerwahlverein zu aktivieren; in der Lage der Bayernpartei als kleiner regionaler Opposition ohne prominente Führer eröffnete die Reduktion des Parteiapparats zu einer Wahlagentur aber keine Zukunftsperspektive.

Über das Fehlen eines klaren Programms, das Richtlinien sowohl für die Arbeit der Fraktion als auch der Parteifunktionäre hätte geben können, war man sich in der Parteiführung freilich durchaus im klaren. Man sah sich aber nicht in der Lage, ein solches Programm zu verabschieden, gab es doch nicht einmal eine kontinuierliche und in den einzelnen Wahlkämpfen verbindliche Linie über das Verhältnis zur CSU. Ohne Klärung dieser Identitätsfrage mußte aber jeglicher Kampfgeist in der Organisation erlahmen. Generalsekretär Besold, der seit 1951 immer mehr Einfluß in der Partei gewann, bis er zwei Jahre später als Landesvorsitzender scheiterte, betrieb zielbewußt eine Annäherung an die CSU, besonders an die Adenauersche Politik. Der Kampfgeist der bayerischen Volkserhebung gegen die Bonner Republik degenerierte zur Folklore. Darüber hinaus bemühte er sich um Entgegenkommen beim bayerischen Klerus. Bereits auf der Landesversammlung 1952 wurde eine Adresse an die bayerischen Bischöfe verabschiedet, in der sich die Bayernpartei erneut zu den christlichen Grundsätzen und Forderungen ihres Programms bekannte und betonte, sie sei sowohl im Bundestag wie im Landtag „mit allen Kräften bestrebt, nicht nur die Belange des christlichen, bayerischen Volkes zu vertreten, sondern besonders auf dem Gebiet der Kulturpolitik den christlichen Prinzipien zu ihrem Recht zu verhelfen."[242] Besold mußte deshalb versuchen, der Bayernpartei eine Ersatzidentität außerhalb der aktuellen politischen Auseinandersetzungen zu geben. Während sich innerhalb der Partei selbst auf Bezirksebene heftige Kontroversen um den Beitritt zur Europäischen Verteidigungsgemeinschaft abspielten[243], setzte der Generalsekretär in der Bayernpartei eine entpolitisierende Organisationspolitik durch. Bereits bei der Behandlung der Landesversammlungen von 1952/53 wurden Auswirkungen dieser Konzeption Besolds, die Bayernpartei als Heimatverein zu profilieren, geschildert.

Ende Dezember 1951 billigte der Landesausschuß einen Vorschlag Besolds, daß sich jeder Bezirk eine eigene Fahne schaffen solle[244]. Wenige Monate nach den Kommunalwahlen 1952 organisierte die Bayernpartei dann einen „Bayerischen Heimattag", der als überparteilich firmierte, obwohl er unter dem Protektorat von drei Bayernpartei-Funktionären stand, nämlich Baumgartner, dem Landrat in Erding und dem Abgeordneten Weinhuber. Da dieser Heimattag – Vorbild für weitere Heimattage in den nächsten Jahren – die Bayernpartei durchaus charakterisiert, soll er näher beschrieben werden. Der „Bayerndienst" der Landtagsfraktion widmete ihm eine Sondernummer unter dem Titel: „Oberneuching entrollt die erste bayerische Heimatfahne."[245] Darin wurde berichtet: „8000 Bayern und über 50 Vereine mit Fahnen und Ehrenabordnungen bekannten sich am Sonntag in Oberneuching (Landkreis Erding) zu Bayern, zum ererbten Glauben und zum angestammten Königshaus der Wittelsbacher. Stürmisch wurde Kronprinz Rupprecht, der tief bewegt über die Treuekundgebungen bis in die Sonntagabendstunden den Festlichkeiten beiwohnte, gefeiert."[246]

Zu diesem Traditions- und Heimatfest wurde Oberneuching deshalb gewählt, weil hier unter Tassilo die erste Synode, eine Art Landtag, stattgefunden hatte. Ein Festzelt, Blaskapellenvereine, Feuerwehr-, Trachten-, Plattler- und Jodlergruppen und eine Festkapelle bestimmten den Rahmen. Abordnungen der Bayernpartei-

Bezirksverbände aus ganz Bayern marschierten zu einer Feldmesse, wo die erste Heimatfahne auf einem Feldaltar vor der Oberneuchinger Kirche von einem katholischen Geistlichen geweiht wurde[247]. Den Höhepunkt bildete eine Rede Baumgartners, der hervorhob, daß die Wittelsbacher „niemals auf den Thron verzichtet" hätten und den Kronprinzen am Ende aufforderte: „Fragen Sie nicht die Parteien, Königliche Hoheit, sondern das Volk, was es will."[248] Die Antwort werde sein: „Ein überparteilicher Staatspräsident."[249] Grußworte des Kronprinzen und ein großer Festball beschlossen den Heimattag. Für die Bayernpartei hatte er die Funktion, enttäuschte Monarchisten wieder stärker an sich zu binden. So wurden die Vorsitzenden des Bayerischen Heimat- und Königsbunds „In Treue Fest", die beide Mitglieder der Bayernpartei waren, als Ehrengäste präsentiert. Generalsekretär Besold, der 1946 Mitglied der Königspartei gewesen war, formulierte: „Zum ersten Male seit 1918 nimmt das Volk wieder die weißblaue Fahne in die Hand zum Kampf für die Freiheit und die Selbständigkeit Bayerns."[250] Der Heimattag von Oberneuching bedeute deshalb „den Anschluß an die bayerische Tradition, die 1918 verraten wurde"[251].

Einige Bezirksverbände, die sich eigene Fahnen angeschafft hatten, organisierten ihre eigenen Heimattage und Fahnenweihen. Auch hier waren Feldgottesdienst, Traditionsvereine, Feuerwehr-, Trachten- und Jodlergruppen sowie Blaskapellen unerläßliches Beiwerk[252]. Auch die Überlegungen für den Bundestags-Wahlkampf 1953 gingen in diese Richtung: mehr Wert sollte auf Propaganda gelegt werden, z. B. Aufmärsche, Standkonzerte; auch feierliche Kranzniederlegungen am Grabe von Jörg und Heim sollten zelebriert werden[253]. Symbolhaltige Werbung, die Gefühl und Sinne ansprach, mußte das politische Argument ersetzen. In der Parteiführung hatte man nur die Vorstellung, „daß die Straße erobert werden muß"[254], wie Besold seine Traditionsprozessionen mit mißratener Metaphorik empfahl. Großkundgebungen in den verschiedenen Regierungsbezirken sollten in den größten Sälen veranstaltet werden, wobei die Landesleitung mit Fahnen erscheinen und ein Standkonzert stattfinden müsse[255]. Darüber hinaus wurde dem Generalsekretär Vollmacht erteilt, auf Landesebene einen „Versammlungsdienst" zu gründen, der bei „Versammlungen und Aufmärschen für die Aufrechterhaltung der Ordnung und den Schutz unserer Parteifreunde"[256] sorgen sollte. Die abgeflaute politische Bewegung sollte nun durch folkloristische Betriebsamkeit ersetzt werden; mitten im Bundestagswahlkampf standen nicht etwa Rednerschulungen im Zentrum der Organisationsarbeit[257], sondern die Unterweisung von Fahnenmeistern.

Kurioses war für die Bayernpartei typisch und soll nicht unerwähnt bleiben. Vor Aufmärschen fand unter dem Thema „Was ist ein Träger der weiß-blauen Fahne?"[258] eine eigene Schulung der Fahnenträger durch den Landesfahnenmeister und stellvertretenden Generalsekretär der Partei statt. Als Symbol des bayerischen Staates mußte die weiß-blaue Fahne „sorgsam" behandelt werden[259]. „Die Fahne darf bei Aufmärschen, Versammlungen u. ä. Anlässen *niemals* allein gelassen werden, [...] das Fahnentuch darf niemals in Gegenwart Dritter berührt werden"[260], der neugewählte Landesvorsitzende mußte einen Treue-Eid auf die Fahne schwören. Während des Bundestagswahlkampfs wurden durch eine Fahnenordnung die abgestuften Maße für die Landesfahne, die Kreisfahne, die Bezirksfahne, die Ortsfahne sowie die Tuchqualität, die Wappen und die Fransen festgelegt. Die Parteifreunde hatten sich bei Einzug der Fahnen in eine Parteiversammlung von ihren Sitzen zu erheben, vor dem Landesvorsitzenden bzw. seinem Vertreter aus der Landesleitung war die Fahne zu beugen, beim Lied „Gott mit Dir, du Land der Bayern" zu senken. „Die Fahnen der Bayernpartei sind Feldzeichen"[261]. Sie wurden bei „Feldgottesdiensten"[262] geweiht; darin wie auch in dem „Versammlungsdienst" zeigt sich ein gewisser paramilitärischer Zug, der an Traditions- und Wehrverbände der Weimarer Republik erinnert.

Nach der Wahlniederlage, dem erneuten Übertritt von Abgeordneten zur CSU, endete mit dem Sturz Besolds auch dessen organisationspolitisches Konzept. Baumgartner behielt zwar den bayerischen Heimatkult bei, bemühte sich jedoch um eine Reorganisation des Apparats und der Mitglieder. Aber aus Mangel an Geld, Personal und Zulauf scheiterten alle diese Versuche, die Bayernpartei organisatorisch zu konsolidieren. Im Januar 1954 gab der neue Landesvorsitzende ein Mitteilungsblatt für die Funktionäre „Neueste Nachrichten für die Organisation"[263] heraus, das vor allem politische Informationen und Rednervorlagen für die Funktionäre auf dem Land geben sollte. Es wurde hervorgehoben, daß inzwischen in sämtlichen Regierungsbezirken Kreisversammlungen stattgefunden hätten, die ausgezeichnet besucht worden seien. Damit war aber schwerlich „die Einheit und Schlagkraft der Bayernpartei [...] wieder hergestellt"[264]. Baumgartner forderte die Bezirksvorsitzenden auf, jetzt „den Unterbau der Partei zu stärken, in den Orts- und Bezirksverbänden müssen Aufklärungsversammlungen stattfinden; das Mitteilungsorgan der Bayernpartei ‚Der Bayernruf' muß von jedem Mitglied abonniert werden"[265]. Aber das war nur Zweckoptimismus. Tatsächlich war die Organisation auf dieser Ebene nur in wenigen Orten jemals über Ansätze hinaus gediehen. Und selbst das Grundgerüst war in den fränkischen Gebieten mittlerweile wieder aufgelöst oder eingeschlafen.

Um sich überhaupt noch als selbständige politische Partei erhalten zu können, mußte es das einzige Bestreben der Bayernpartei in den Landtagswahlen 1954 sein, die Fehler der Bundestagswahlen zu vermeiden und ihr Image zu stabilisieren. Immerhin gelang es der Landesleitung, nun einen Beschluß zu fassen, daß für Verhandlungen über die Aufstellung gemeinsamer Kandidaten und Wahlblockbildung auch der Landesvorsitzende seine Zustimmung nur geben durfte, wenn er von der Landesleitung dazu ermächtigt war[266]. Aber die organisatorischen Mängel waren durch Beschlüsse allein nicht zu beheben. Den desolaten Zustand des Landesverbands vor den Landtagswahlen zeigte eine Erklärung Baumgartners, „daß bei diesen Wahlen dem Kreisvorsitzenden die ganze Verantwortung für Organisation, Aufstellung der Kandidaten und Durchführung der Wahlen obliegt, weil kein Generalsekretär und kein Geschäftsführer in der Zentrale vorhanden sei"[267].

Mitte 1955 wurde immerhin im Hinblick auf die Kommunalwahlen des nächsten Jahres wieder ein Landesgeschäftsführer eingestellt, doch konnten die jahrelangen Versäumnisse schwer aufgeholt werden[268]. Nach dreimonatiger Tätigkeit berichtete er vom völligen Fehlen einer Organisation in einigen Kreisverbänden wie Mittel- und Unterfranken. Durch die Reaktivierung einiger Bezirksverbände hoffte er, diese Kreisverbände wenigstens nominell wieder aufbauen zu können[269]. Geislhöringer meinte zwar, für die Wahlen im Frühjahr sei es notwendig, „daß das ganze Land durch Gründung von Bezirksverbänden bis in den allerletzten Ort durch die Partei erfaßt wird"[270], doch als Finanzbevollmächtigter der Partei konnte er für jeden Kreisverband nur 2000 DM zur Errichtung einer Geschäftsstelle zur Verfügung stellen. Trotz dieser geringen Mittel gab es erste Anzeichen für einen Aufwärtstrend in der Organisation; besonders in Schwaben waren sichtbare Erfolge zu verzeichnen[271]. Aber die Bayernpartei war nicht in der Lage, in den Kommunalwahlen 1956 in allen Gemeinden Kandidaten aufzustellen und erlitt eine neue Niederlage.

Obwohl auch die Parteiorganisation der CSU seit 1950 verfallen war – wie Mintzel darlegt –, war sie doch im Vergleich zur Bayernpartei sehr viel aktiver. Während z. B. die Bayernpartei im März 1955 in der Parteiführung beschloß, daß Rundschreiben notwendig und an die Bezirksverbände zu verschicken seien[272], brachte die CSU seit Jahren neben ihren organisatorischen Rundschreiben auch monatlich ein- bis zweimal einen Informations- und Rednerdienst heraus[273]. Während der Viererkoalition wurde fast die ganze Bayernpartei-Führung durch die Regierungstätigkeit in Anspruch genommen, für die Parteiarbeit hatte sie weder Zeit noch Energie[274]. Eine der wenigen Publikationen der Landesgeschäftsstelle der Bayernpartei blieb in dieser Zeit ein Weißbuch im Stil der früheren Weiß-blauen Hefte „Warum Regierung ohne CSU?"[275] Neben solcher Verteidigung unterblieb jegliche politische Grundlagenarbeit. Und alsbald rief der nächste Wahlkampf. Nun war die Bayernpartei bereits gezwungen, sich für die Bundestagswahlen 1957 nach Verbündeten umzusehen, um die 5-%-Klausel zu überspringen. Zwar wurde in der Parteiführung Lallinger als Organisationsleiter bestellt, der den Ausbau der Parteiorganisation auf Landesebene und die Durchführung von Rednereinsätzen vorantreiben sollte[276], auch wurde eine eigene Organisationsabteilung für die Föderalistische Union geschaffen, doch konnten solche Versuche nicht mehr mit den Wahlkampfmaschinen der großen Parteien konkurrieren. Nach dem Schock der erneuten Niederlage und dem Verlust der ‚Regierungsfähigkeit' im Land, die sich schließlich mit der Spielbankenaffäre zum Verlust der wichtigsten Parteiführer zuspitzte, war die Bayernpartei so demoralisiert, daß eine landes- oder bundespolitisch relevante Reorganisation der Partei unmöglich wurde.

3. Jugendorganisationen

Mitte 1948 hatten sich in einigen Bezirksverbänden spontan Jugendgruppen der Bayernpartei gebildet[277]; daraufhin beschloß die Landesleitung der Bayernpartei bereits im August 1948, eine Jugendorganisation für die Altersgruppe zwischen 18 und 30 Jahren zu gründen[278]. Dazu wurde für September eine Jugendtagung des Landesverbandes einberufen[279]; kurz darauf schließlich forderte die Landesvorstandschaft alle Bezirksverbände auf, Jugendgruppen zu initiieren[280]. Diese als Jungbayern-Bund firmierende Jugendorganisation hat – wenn auch erst nach mehrjähriger Anlaufzeit – im Gegensatz zu den anderen Nebenorganisationen und Ausschüssen sich auf Landesebene organisiert und Mitspracherecht in allen Parteigremien verlangt.

Studentengruppe
Weniger erfolgreich waren die Studentengruppen, deren Gründung an allen bayerischen Hochschulen ebenfalls im September 1948 beschlossen wurde[281]. Interne Streitigkeiten und mangelnde Attraktivität verhinderten ihre Ausbreitung. Die

Münchner Studentengruppe suchte die bayerischen Studenten sowie die „echten" Heimatvertriebenen „zur Abwehr gegen die preußischen Eindringlinge" zu mobilisieren; denn an den Münchener Hochschulen würden nur 54,3% Bayern studieren, und zahlreiche bayerische Abiturienten könnten wegen Überfüllung „durch Landfremde nicht zugelassen werden"[282]. Die Studentengruppe veranstaltete Versammlungen, verteilte Flugblätter und trug sich mit dem Plan, zur Werbung für die Bayernpartei auch eine Faschingszeitung herauszugeben und einen Faschingsball zu veranstalten.

Anfang 1949 kam es aber bereits zu ersten Mißhelligkeiten mit der Landesvorstandschaft, die offenbar zwar die Existenz von Studentengruppen wünschte, ihnen aber wenig Selbständigkeit zugestehen wollte. Dem ersten Vorsitzenden der Münchener Gruppe wurde parteischädigendes Verhalten vorgeworfen, da er Bayernpartei-Mitglieder verleumdet habe und eine eigene radikale Studentengruppe habe gründen wollen; er wurde vom Amt suspendiert und für sechs Monate von jeder Parteitätigkeit ausgeschlossen[283]. Der nachfolgende kommissarische Leiter legte bald darauf seinerseits das Amt nieder, da die Prominenz der Bayernpartei durch Nichterscheinen beim Faschingsball dessen Werbeeffekt sabotiert hätte[284]. Während so die Münchener Gruppe infolge interner Streitigkeiten stagnierte, tat sich die Erlanger Gruppe schwer, das Programm der Bayernpartei unter fränkischen Studenten populär zu machen[285]. Etwa Mitte 1949 lösten sich die Hochschulgruppen der Bayernpartei auf und konnten trotz verschiedener Versuche in den Jahren 1953/54 nicht mehr reaktiviert werden[286].

Jungbayern-Bund

Nach der Gründung von Jugendgruppen, Mitte 1948, und den Initiativen der Parteiführung zu deren Zusammenfassung – der Name „Jungbayern-Bund" stammt wahrscheinlich aus dieser Zeit[287] – wurde es um diese Gruppen zunächst still; zumindest hat sich deren Existenz nicht in den Quellen niedergeschlagen. Jedenfalls sind die Aktivitäten des Jungbayern-Bundes beispielsweise im Kreisverband München Stadt und Land zwischen 1948 und 1950 eingeschlafen, denn 1950 kam es dort zu einer Neukonstituierung[288]; und für die zunächst geringe Verbreitung spricht auch, daß seit Ende 1950 der Vorsitzende des Jungbayern-Bund-Kreisverbandes München zugleich als Landesvorsitzender fungierte[289]. Auch haben sich die Führungsgremien der Bayernpartei in dieser Zeit nicht sonderlich um ihre Jugendorganisation gekümmert. Ebenso ging deren Vertretung in den Parteigremien – trotz der Münchener Forderung auf Verankerung in der Parteisatzung[290] – zurück; zunächst saßen die Jugendvertreter der Kreisverbände noch stimmberechtigt in der Landesvorstandschaft, waren aber in den Generalversammlungen nicht mehr vertreten und für den Landesausschuß der Satzung von 1951 nicht mehr vorgesehen.

Ab Mitte 1950 trat der Jungbayern-Bund als Landesorganisation auf; Delegiertenkonferenzen wurden einberufen, ein Landesvorstand gewählt sowie eine Satzung ausgearbeitet und verabschiedet[291]. Der Satzung entsprechend konstituierte sich der Jungbayern-Bund als vereinsrechtlich selbständige Gruppe, die jetzt auch 14- bis 18jährige mit Erlaubnis der Erziehungsberechtigten aufnahm; für diese Altersgruppe wurde „die unbedingte Fernhaltung jeder parteipolitischen Bindung" festgelegt. Als seine Aufgabe definierte der Jungbayern-Bund „das Bestreben, die gesamte bayerische Jugend in kameradschaftlicher Weise zur Pflege bayerischer Sitten und Gebräuche und bayerischer Heimatkunst zusammenzufassen und anzuhalten"[292]. In der ersten Nummer des seit Januar 1952 erscheinenden hektographierten Mitteilungsblattes „Der Jungbayernbrief" wurde gerade der Gemeinschaftsgedanke programmatisch herausgestrichen: der Jungbayern-Bund sei „der gesellschaftliche Anschluß und Zusammenschluß aller jungen bayerischen Menschen"; er wolle, „daß sich die gesamte bayerische Jugend in einer großen Organisation zusammenfindet, kennenlernt und sich gegenseitig in jeder Lebenslage kameradschaftlich hilft und unterstützt"[293]. Der Jungbayern-Bund präsentierte sich entsprechend mehr als Heimat- und Bildungsverein denn als politische oder gar Parteiorganisation. Gemeinsame Theaterbesuche, Führungen, Wanderungen und in großem Maße auch Sport gehörten zum Veranstaltungsrepertoire.

Finanzielle Mittel standen dem Jungbayern-Bund nur in geringem Maße zur Verfügung. Da die Mitgliederzahl nicht allzu hoch war, konnte eine attraktive Organisationsarbeit aus den Beiträgen nicht finanziert werden; und die Bayernpartei gab nur selten kleine Zuschüsse. Auch staatliche Zuschüsse für staatsbürgerliche Seminare, die über den Bundesjugendplan verteilt wurden, erhielt der Jungbayern-Bund nicht, so daß er auf Spenden angewiesen war, die im wesentlichen von Bayernpartei-Funktionären gegeben wurden. Etliche Gönner zeichnete der Jungbayern-Bund mit Funktionen etwa eines Kreispräsidenten oder Landesbeirats aus[294].

Erste Veränderungen in der Beziehung der Bayern-Partei zum Jungbayern-Bund traten wenige Monate nach dem Zusammenschluß von Zentrum und Bayernpartei zur Föderalistischen Union ein. Die Landesversammlung des Jungbayern-Bundes beauftragte ihren Landesbeirat und stellvertretenden Generalsekretär der Bayernpartei, Otto Spachtholz, mit dem Vorsitzenden des Windhorst-Bundes – der Jugendorganisation des Zentrums – Gespräche über die Bildung einer Union aus beiden Verbänden zu führen[295]. Diese Gespräche führten im Juni 1952 zur Gründung einer „Jungen Föderalistischen Union"[296].

Lag in diesem Zusammenschluß bereits eine politische Entscheidung, so mag sich unter dem Einfluß von Otto Spachtholz, vielleicht auch des westdeutschen Partners, in der Führung des Jungbayern-Bundes die Überzeugung verstärkt haben, daß es für den Jungbayern-Bund darauf ankomme, „politischer zu werden und künftig politische Arbeit im Rahmen der Bayernpartei [zu] leisten"[297]. Die Bayernpartei kam dieser Absicht entgegen und erfüllte weitgehend die Forderung des Jungbayern-Bundes nach Vertretung in den Parteigremien. Seit Januar 1953 saßen Delegierte des Jungbayern-Bundes in den Vorständen der Bezirks- und Kreisverbände, in den Ausschüssen und mit vier Delegierten im Landesausschuß[298]. Lediglich in der Landesleitung war der Jungbayern-Bund noch nicht vertreten, doch suchte die Partei ihn über einen Fachausschuß für Jugendfragen zu integrieren; Sitz und Stimme in der Landesleitung erhielt der Bund erst 1954[299]. Allerdings hatten die Jungbayern noch eine Weile Schwierigkeiten, ihre neuen Rechte aus der Satzung gegenüber älteren Parteifunktionären durchzusetzen[300].

Ihre Bereitschaft zum politischen Einsatz bewiesen die Jungbayern als – angesichts der knappen Finanzmittel der Bayernpartei willkommene – Wahlhelfer in der Bundestagswahl 1953[301]. Man wird fragen müssen, ob nicht die Aussicht auf eben diese preiswerte Wahlhilfe die Nachgiebigkeit der Parteileitung im Sommer 1953 befördert hat. Auf der anderen Seite fügte sich der Jungbayern-Bund auch leicht in das folkloristische Bild, das die Bayernpartei in dieser Phase bot. Im neuen Mitteilungsblatt „Junges Bayern" wies er sich auch weiterhin wesentlich als Heimat- und Bildungsverein aus[302]. Seine politische Hilflosigkeit wird durch Baumgartners Empfehlung reflektiert, der Jungbayern-Bund möge doch wenigstens Wilhelm Hoegners „Leitfaden für Staatsbürgerkunde" „in seinen Zirkeln Kapitel für Kapitel zur politischen Schulung" durcharbeiten[303]. Zur Eingliederung in die Partei ließ man eine „Jung-Bayern-Landesfahne" anfertigen und vom Heimatdichter Josef Maria Lutz einen „Jung-Bayern-Fahnenspruch" dichten; anläßlich der ersten Landesversammlung nach der Eingliederung zelebrierte dann die Bayernpartei die feierliche Übergabe der Fahne an den Jungbayern-Bund[304].

In der Phase der Viererkoalition gewann auch der Jungbayern-Bund an politischem Profil und Gewicht. Die zügige Vergrößerung der Organisation – Anfang März 1956 konnte der Landesvorsitzende Rudolf Gütlein von 48 neuen Bezirksverbänden und zahlreichen neuen Ortsgruppen berichten[305] – mag damit zusammenhängen, daß der Jungbayern-Bund die Viererkoalition energisch bejahte, bis hin zu Plänen, eine Arbeitsgemeinschaft mit den Jugendorganisationen der Koalitionspartner einzugehen[306]. Der Austritt der Bayernpartei aus der Koalition veranlaßte die Landesleitung des Jungbayern-Bundes schließlich zu dem Beschluß, diesen Schritt in einem Rundbrief zu mißbilligen und eine „Reorganisation der Parteiführung" zu fordern[307]. Mit dem Zerfall der Bayernpartei – und wohl mehr durch ihn als durch gewonnenes politisches Profil verursacht – konnte der Jungbayern-Bund in der Folgezeit seine Forderungen nach Berücksichtigung bei der Vergabe von Mandatskandidaturen und Parteiämtern nachdrücklicher und erfolgreicher vertreten[308]. Doch war die Bayernpartei kein Vehikel mehr, die Politik Bayerns oder der Bundesrepublik zu beeinflussen.

III. Sozialstruktur

1. Mitglieder

Mitgliedschaft 1946–1955

Sozialstruktur und Entwicklung der Mitgliederzahlen stellen ein entscheidendes Kriterium für den Erfolg einer neu gegründeten Partei dar. Für die bürgerlichen Parteien der Nachkriegszeit erweist sich eine solche Analyse jedoch aufgrund fehlenden oder unzugänglichen Materials als schwierig; in den Untersuchungen gerade über die kleinen Parteien wurde auf eine Analyse der Mitgliederstruktur weitgehend verzichtet oder statt dessen fälschlich von den Wählern oder der Zusammensetzung der Bundestagskandidaten auf die Sozialstruktur der Mitgliedschaft geschlossen[1]. Mitgliederzahlen, die von der Parteiführung veröffentlicht werden, erweisen sich oft als unzutreffend, da sie häufig propagandistischen Zielen dienen[2].

Auch für die Bayernpartei ist eine exakte Strukturanalyse nicht möglich. Eine zentrale Mitgliedskartei wurde in den frühen Jahren nicht geführt[3], parteiinterne

Untersuchungen über die soziale Zusammensetzung der Mitglieder konnten mangels Personal und fehlender finanzieller Mittel nie durchgeführt werden; zudem ist ein derartiges Bedürfnis auch nie geäußert worden[4]. Zu diesen Schwierigkeiten kommt noch hinzu, daß Vergleiche mit anderen Parteien nur mit Vorsicht zu ziehen sind. Parteimitgliedschaft wird bei den einzelnen Parteien unterschiedlich definiert und die Führung der Kartei und die Beitragspflicht der Mitglieder werden nicht einheitlich gehandhabt.

Mitgliederentwicklung – Vergleich zu CSU und SPD
Selbst eine Analyse der Mitgliederfluktuation zwischen CSU und Bayernpartei ist aufgrund fehlender Unterlagen über die CSU nicht möglich. Allerdings weisen die wechselseitigen Abwerbungs- und Absorptionsstrategien von CSU und Bayernpartei-Führung sowie zahlreiche Einzelbeispiele darauf hin, daß ein beachtlicher Mitgliedertausch zwischen beiden Parteien stattgefunden hat. Auch der Verlust der CSU an Mitgliedern zwischen 1947/48 und 1955 – die CSU war von 82 000 auf 35 000 Mitglieder zusammengeschrumpft[5] – läßt Rückschlüsse auf die Mitgliederfluktuation zu. Dabei ist allerdings zu berücksichtigen, daß bei sämtlichen Parteien nach der Währungsreform die Mitgliederzahl abrupt zurückging, erst seit Mitte der 50er Jahre setzte wieder eine mühsame und langsame Aufwärtsentwicklung ein[6].
Die Bayernpartei selbst schätzte ihre Mitgliederzahl in Relation zu anderen Parteien und zu ihrem Anspruch, „die bayerische Volkserhebung" zu sein, sehr niedrig ein und war deshalb in der Veröffentlichung von Mitgliederzahlen zurückhaltend. Publiziert wurden vor allem Zahlen von Parteiveranstaltungen, in denen die

Tabelle 1: Vergleich der Mitgliederbewegung von SPD, CDU und Bayernpartei 1947 und 1949

	1947			1949		
	SPD[a]	CSU[b]	Bayernpartei[c]	SPD[d]	CSU[e]	Bayernpartei[f]
Südbayern (Oberbayern u. Schwaben)	37 034	34 910	k. A.	35 588	k. A.	13 113
Franken (Ober-, Mittel- u. Unterfranken)	61 153	22 312	k. A.	53 645	k. A.	3 300
Niederbayern und Oberpfalz	20 418	24 967	k. A.	13 795	k. A.	9 350
	111 605	82 189	(ca. 1000)	103 028	(ca. 60 000)	25 763

Quellen:
a) Zahlen aus SPD-Jahrbuch 1947, S. 39.
b) Zahlen nach Mintzel, in: Parteiensystem, S. 368.
c) Schätzung für die Jahreswende 1947/48.
d) SPD-Jahrbuch 1948/49, S. 61; zit. nach Behr, Konservatismus, S. 244.
e) Schätzung nach Berberich, CSU, S. 122.
f) Unterlagen der Landesgeschäftsstelle, Stand Okt. 1949.

Mehrheit der Veranstaltungsteilnehmer ihren Beitritt zur Bayernpartei erklärte, oder Beitritte von örtlichen Parteifunktionären oder Mandatsträgern anderer Parteien. Denn im Vergleich zu den Mitgliederzahlen der CSU 1946/47 waren die der Bayernpartei zunächst gering. Die CSU hatte Ende 1947 etwa 82 000, 1950 jedoch nur noch maximal 60 000 und 1955 ca. 35 000 Mitglieder in ganz Bayern; die Bayernpartei dürfte Ende 1947 kaum mehr als 1000 eingeschriebene Mitglieder, die sich auf München und wenige Stadt- und Landkreise in Ober- und Niederbayern verteilten, gehabt haben. Erst nach dem Übertritt Baumgartners und der Zulassung auf Landesebene und einer permanenten Versammlungswelle, die von der Landesleitung organisiert wurde, stiegen die Mitgliedszahlen sprunghaft an: Von etwa 15 000 Ende 1948 auf rd. 25 000 im Februar 1950. Während die Währungsreform für sämtliche Parteien Mitgliederverluste zur Folge hatte, gelang es der Bayernpartei, Mitglieder zu gewinnen. Die SPD verlor etwa 7%/o ihrer Mitglieder in Bayern, die CSU bis 1949/1950 sogar mehr als 25%/o.

Die Führung der Bayernpartei selbst hielt ihre Mitgliederentwicklung jedoch für wenig erfolgreich und glaubte, sich gegenüber der Militärregierung und anderen Parteien nicht genügend als „die bayerische Volksbewegung" ausweisen zu können[7]. Die Entwicklung der Gesamt-Mitgliedschaft zeigt, daß sich die Bayernpartei auch nach 1950 noch relativ stabil halten konnte[8].

Tabelle 2: Gesamtmitgliederentwicklung der Bayernpartei 1948–1955

	31.12.48	Okt. 49	Feb. 50	1952	1953	1954	1955
Oberbayern	5 428	9 313	9 195	8 831	8 750	7 709	6 319
München	1 923	2 800	2 800	k. A.	1 648	1 950	1 950
Niederbayern	3 802	7 300	6 060	7 352	6 784	5 164	4 352
Oberpfalz	1 055	2 050	2 000	3 246	2 700	2 100	922
Oberfranken	1 340	1 700	1 820	1 640	1 700	1 500	1 128
Mittelfranken	200	600	500	k. A.	400	400	252
Unterfranken	685	1 000	1 600	k. A.	1 404	1 000	652
Schwaben	634	1 000	950	1 500	1 100	1 100	947
Bayern	15 060	25 763	24 925	(ca. 26 000)	24 486	20 923	16 523

Quelle:
Unterlagen der Landesgeschäftsstelle. Die Mitgliederakten der Jahre 1948–1950 beruhen auf Angaben der Kreisvorsitzenden; zu den Mitgliederzahlen 1952–1954 siehe Anm. 13; für 1955 lag eine Schätzung der Landesleitung vor.

Aus der Tabelle über die Gesamt-Mitgliederentwicklung der Bayernpartei zwischen 1948 und 1955 geht hervor, daß die Kerngebiete im altbayerischen Raum lagen; im stärker industrialisierten Franken war die Mitgliederzahl gegenüber den überwiegend agrarischen Gebieten Altbayerns verschwindend gering. Doch sind die regionalen Schwerpunkte der Mitgliederverbreitung nicht nur an industrieller versus agrarischer Struktur orientiert, sondern sie stimmen auch mit gegensätzlichen historischen Traditionen in Altbayern (Oberbayern, Niederbayern, Oberpfalz) und

Neubayern (Franken und Schwaben) und den Religionsgrenzen überein. Diese Verteilung läßt auf eine Kontinuität historisch-politischer Tradition von der früheren BVP und vom bayerischen Bauernbund her schließen, die sich jedoch numerisch nicht nachweisen läßt, da entsprechendes Zahlenmaterial fehlt.

Regionale Verteilung
Beim regionalen Vergleich zwischen Altbayern, Franken und Schwaben zeigt sich die Bayernpartei als ausgesprochen altbayerische Partei. Während die CSU, die ebenso etikettiert wird[9], immerhin rd. 40% ihrer Mitglieder in neubayerischen Gebieten aufzuweisen hat, sind bei der Bayernpartei weniger als 20% ihrer Mitglieder außerhalb Altbayerns angesiedelt.

Tabelle 3: Regionale Schwerpunkte der Bayernpartei-Mitglieder im Vergleich zur CSU

	v. H. der Einwohner 1946	BP 1948	BP 1950	BP 1955	CSU 1947/48	CSU 1960
Altbayern	49,2	81,0	82,4	81,9	59,4	56,4
Franken	37,2	14,8	13,7	11,3	27,0	29,9
Schwaben	13,6	4,2	3,9	5,8	13,6	13,7

Trotz Veränderung der absoluten Mitgliederzahlen bei CSU und Bayernpartei bleiben die regionalen Anteile am Gesamtvolumen der Mitglieder erstaunlich konstant. Tendenziell zeigt sich jedoch in der Entwicklung der Bayernpartei von 1948–1955 eine noch stärkere Konzentration in Altbayern, während in fränkischen Gebieten Verluste zu verzeichnen sind. Zwar ändert sich zwischen 1947 und 1960 auch am Nord-Südgefälle der CSU relativ wenig, aber sie expandiert in einem Zeitraum von zwölf Jahren in Franken immerhin um knapp 3% auf Kosten des Mitgliederanteils in Altbayern[10].

Gemeinsamkeiten und Abweichungen von CSU und Bayernpartei in ihren regionalen Schwerpunkten an der Gesamtmitgliedschaft erweisen sich noch deutlicher bei

Tabelle 4: Anteil der Regierungsbezirke an der Gesamtmitgliedschaft von Bayernpartei und CSU[11]

	Bayernpartei 1948	*CSU 1947*
Oberbayern	48,8	29,0
Niederbayern	25,2	14,5
Oberpfalz	7,0	15,9
Oberfranken	9,0	10,0
Mittelfranken	1,3	6,0
Unterfranken	4,5	11,0
Schwaben	4,2	13,6
	100,0	100,0

den einzelnen Regierungsbezirken. Nahezu die Hälfte der Mitglieder der Bayernpartei konzentrierte sich im Regierungsbezirk Oberbayern, ein weiteres Viertel in Niederbayern. In den überwiegend katholischen neubayerischen Regierungsbezirken Unterfranken und Schwaben betrug der Anteil der Bayernpartei jeweils weniger als 5%, ihrer Gesamt-Mitgliedschaft, der der CSU immerhin etwa 10%. Die Tabelle 5 verdeutlicht die regionalen Schwerpunkte der Bayernpartei und der CSU unter dem Aspekt der Einwohner-Mitglieder-Relation.

Tabelle 5: Zahl der Einwohner pro Mitglied bei Bayernpartei und CSU[12]

	Bayernpartei 1948	CSU 1947
Oberbayern	294	76
München	391	260
Niederbayern	285	91
Oberpfalz	841	68
Schwaben	1886	106
Oberfranken	803	130
Mittelfranken	6049	246
Unterfranken	1437	108

Entgegen einer verbreiteten Ansicht, daß Niederbayern die eigentliche Hochburg der Bayernpartei sei, wies Oberbayern sowohl den höchsten Anteil an der Gesamtmitgliedschaft als auch eine fast gleiche Mitgliederdichte wie Niederbayern auf. Entsprechend ihrem Anteil an der Gesamtmitgliedschaft (Tabelle 4) und entsprechend der Mitgliederdichte (Tabelle 5) ergibt sich für die Kreisverbände der Bayernpartei folgendes Stärkeverhältnis: Oberbayern, Niederbayern, München, Oberpfalz, Oberfranken, Unterfranken, Schwaben und Mittelfranken.

Entwicklungsphasen in der Bayernpartei und ausgewählter Gliederungen
Die Jahre 1948 bis 1950 brachten der Bayernpartei einen großen Zuwachs an Mitgliedern, etwa 60% (Tabelle 6). Von Februar 1950 bis Mitte 1952 sind dann zwar in einigen Bezirksverbänden Austritte zu verzeichnen, doch wurden diese regelmäßig durch Beitritte ausgeglichen, z. T. sogar übertroffen[13]. Bis etwa 1952 hielt der größte Teil der Mitglieder der Bayernpartei die Treue, manche nahmen vielleicht auch nicht die Mühe eines offiziellen Parteiaustritts auf sich, sondern distanzierten sich eher durch schwindende Beitragsmoral. Die Mitglieder reagierten damit sehr viel langsamer auf äußere politische Einflüsse und innerparteiliche Krisen als die Wähler[14].

Auch in den Kreisverbänden Ober- und Niederbayern nahmen die Mitgliederzahlen zwischen 1948 und 1950 sprunghaft zu und stiegen dann bis 1952 weiter leicht an. Vergleicht man allerdings beide Kreisverbände in der Phase 1950 bis 1952, fallen einige Unterschiede auf. Während in Oberbayern von den 29 Bezirksverbänden 16 noch zunahmen, 10 aber Mitglieder verloren, wobei die Verluste in Ebersberg, Erding und Freising besonders hoch ausfielen[15], hatte der Kreisverband Niederbayern mit seinen 22 Bezirksverbänden in 16 einen Anstieg der Mitgliederzahlen und nur in 5 Verluste zu verzeichnen.

Spätestens 1953 setzte in allen Kreisverbänden ein kontinuierlicher Mitgliederschwund ein. Lediglich in Niederbayern, Schwaben und München kam es während der Viererkoalition zu einer Gegenbewegung: die Mitgliederzahl in Niederbayern und Schwaben stieg zwischen 1954 und 1955 um rund 10%, in München um 50% (Tabelle 6).

Tabelle 6: Anteil der Kreisverbände an der Gesamtmitgliedschaft / Mitgliederdichte / Zahl der Einwohner pro Mitglied

Kreisverband Oberbayern	Dez. 1948	Febr. 1950	1953	1954	1955
Mitgliederzahl	5428	9195	9750	7709	6319
In v. H. der Gesamtmitgliedschaft	36,0	37,8	37,4	41,0	38,2
bezogen auf Einwohnerzahl des Reg.-Bez.	0,34	0,64	0,54	0,48	0,39
Zahl der Einwohner pro Mitglied	294	154	183	207	252

Kreisverband München	Dez. 1948	Febr. 1950	1953	1954	1955
Mitgliederzahl	1923	2800	1648	1284	1950
In v. H. der Gesamtmitgliedschaft	12,8	11,5	7,0	6,8	11,8
bezogen auf Einwohnerzahl des Reg.-Bez.	0,25	0,38	0,18	0,14	0,20
Zahl der Einwohner pro Mitglied	391	297	539	705	479

Kreisverband Niederbayern	Dez. 1948	Febr. 1950	1953	1954	1955
Mitgliederzahl	3802	6060	6784	5164	4352
In v. H. der Gesamtmitgliedschaft	25,2	24,9	27,7	24,7	26,3
bezogen auf Einwohnerzahl des Reg.-Bez.	0,35	0,56	0,65	0,51	0,43
Zahl der Einwohner pro Mitglied	285	178,4	152,7	197,4	230,7

Kreisverband Oberpfalz	Dez. 1948	Febr. 1950	1953	1954	1955
Mitgliederzahl	1055	2000	2700	2100	922
In v. H. der Gesamtmitgliedschaft	7,0	8,2	11,6	11,2	5,6
bezogen auf Einwohnerzahl des Reg.-Bez.	0,11	0,22	0,30	0,23	0,10
Zahl der Einwohner pro Mitglied	840,6	448,5	329	421,7	954,9

Kreisverband Schwaben	Dez. 1948	Febr. 1950	1953	1954	1955
Mitgliederzahl	634	950	1100	850	947
In v. H. der Gesamtmitgliedschaft	4,2	3,9	4,7	4,5	5,8
bezogen auf Einwohnerzahl des Reg.-Bez.	0,05	0,07	0,08	0,06	0,07
Zahl der Einwohner pro Mitglied	1884	1319	1134	1466	1313

Kreisverband Oberfranken	Dez. 1948	Febr. 1950	1953	1954	1955
Mitgliederzahl	1340	1820	1700	1500	1129
In v. H. der Gesamtmitgliedschaft	9,0	7,5	7,3	8,0	6,8
bezogen auf Einwohnerzahl des Reg.-Bez.	0,12	0,16	0,15	0,13	0,10
Zahl der Einwohner pro Mitglied	803	613	647	729	963

Kreisverband Mittelfranken	Dez. 1948	Febr. 1950	1953	1954	1955
Mitgliederzahl	200	500	400	350	252
In v. H. der Gesamtmitgliedschaft	1,3	2,0	1,7	1,9	1,5
bezogen auf Einwohnerzahl des Reg.-Bez.	0,01	0,03	0,03	0,02	0,01
Zahl der Einwohner pro Mitglied	6049	2568	3252	3724	5192

Kreisverband Unterfranken	Dez. 1948	Febr. 1950	1953	1954	1955
Mitgliederzahl	685	1000	1404	1000	652
In v. H. der Gesamtmitgliedschaft	4,5	4,1	6,0	5,3	3,9
bezogen auf Einwohnerzahl des Reg.-Bez.	0,06	0,09	0,13	0,09	0,06
Zahl der Einwohner pro Mitglied	1437	1038	742	1041	1595

Quelle: Eigene Berechnung anhand des Statistischen Jahrbuchs für Bayern 1952 (Zahlen der Volkszählung 1950) und Unterlagen der Landesgeschäftsstelle.

München

Der Kreisverband München, der Stadt- und Landkreis München umfaßte, fällt insgesamt aus den Trends der Mitgliederbewegung heraus. München ist nicht nur der älteste Kreisverband, sondern er war auch immer am besten organisiert und in der Konzeption seines Kreisvorsitzenden auf das Ziel einer Massen- und Mitgliederpartei ausgerichtet. Für den Kreisverband München ist dank der durchnumerierten Mitgliederkartei die Mitgliederfluktuation relativ genau zu eruieren. Was München (Tabelle 6) hinsichtlich der Mitglieder-Ist-Zahlen von den übrigen Kreisverbänden unterschied, sind die gegenläufigen Entwicklungen 1950 bis 1953 und 1954 bis 1955. Während die übrigen Kreisverbände zwischen 1950 und 1953 ihre Mitgliederzahl entweder steigern oder mindestens halten konnten, verlor München in diesem Zeitraum 41,1% seiner Mitglieder; und während zwischen 1954 und 1955 die meisten Kreisverbände Mitglieder verloren – nur Niederbayern und Schwaben gewannen um 10% hinzu –, wuchs die Mitgliederzahl des Kreisverbands München um 54,2%. Im Dezember 1946 zählte dieser 95 Mitglieder, ein Jahr später ca. 600. 1948 konnte die Münchner Bayernpartei 1500 neue Mitglieder gewinnen – monatlich 100 bis 200 Personen[16]. Danach ließ der Zustrom etwas nach: 1949 kamen noch rund 800 und 1950 rund 400 neue Mitglieder hinzu. Jedoch waren bis Ende 1950 etwa 500 Personen (18%) bereits wieder ausgetreten. Bei immer geringeren Neuzugängen – Mitte 1950 bis Mitte 1951 nur noch 150 Personen – setzten sich Fluktuation und Austritte fort. Bis Ende 1954 hatten rund 4000 Personen der Bayernpartei im Kreisverband München angehört, davon waren nur 31% Mitglied geblieben. Während die ländlichen Kreis- und Bezirksverbände zwar abnahmen, jedoch kaum einen nennenswerten Mitgliederwechsel zu verzeichnen hatten, ähnelte das Verhalten der Mitglieder im Kreisverband München dem der Bayernpartei-Wähler[17].

Mitgliederbewegung von Bayernpartei und CSU in Niederbayern

Die Ähnlichkeit zwischen CSU und Bayernpartei in ihren regionalen Schwerpunkten legt die Frage nahe, inwieweit sich die Parteien auch in der Mitgliedschaft gegenseitig Konkurrenz machten. Die CSU zählte 1947/48 in Niederbayern 11 930 Mitglieder und hatte eine Organisationsdichte von 84% gegenüber 45,9% in Bayern insgesamt[18]. Im Februar 1950 sank ihre Mitgliederzahl auf 6000–7000; 1952 hatte sie in Niederbayern nur noch rund 4300 Mitglieder. Die Bayernpartei war dagegen auf 6000 Mitglieder angewachsen. Es ist anzunehmen, daß ein Teil der Bayernpartei-Mitglieder zwischen 1948 und 1952 von der CSU zur Bayernpartei gewechselt war und ab 1954 wieder zur CSU zurückkehrte, vergleichbar etwa der Wählerfluktuation zwischen beiden Parteien. 1952 hatte die Bayernpartei in 17 von 22 Stadt- und Landkreisen[19] mehr Mitglieder als die CSU, Mitte 1953 nur noch in der Hälfte der entsprechenden Bezirksverbände; bis 1957 konnte die CSU den Vorsprung nicht aufholen, den die Bayernpartei nach 1952 hatte[20]. Erst 1964 hatte die CSU dann wieder ihren Mitgliederstand aus dem Jahre 1947/48 erreicht[21].

Konfession

Unter den sozialstatistischen Merkmalen der Mitgliedschaft fiel bereits aufgrund ihrer regionalen Konzentration auf, daß die Bayernpartei vorwiegend unter der katholischen Bevölkerung Bayerns ihre Mitglieder rekrutieren konnte. Da in den Mitgliedskarten der Partei nie die Religionszugehörigkeit aufgenommen und auch in der einzigen Organisationsanalyse vernachlässigt wurde, sind exakte Angaben zur Religionszugehörigkeit der Bayernpartei-Mitglieder nicht möglich.

Die Tatsache, daß die Bevölkerung Altbayerns überwiegend katholisch ist, läßt aber einen Zusammenhang zwischen Konfessionszugehörigkeit und Mitgliedschaft in der Bayernpartei vermuten; ihn an einem ihrer Kerngebiete, wie etwa Niederbayern, zu untersuchen, würde kein differenziertes Ergebnis erbringen können, da hier auch die agrarischen und handwerklichen Berufe überwiegen. Dagegen ist Oberfranken (Tabelle 7) besser geeignet, denn hier ändern sich die territorial-dynastische Tradition sowie religiöse und sozio-ökonomische Faktoren von Landkreis zu Landkreis. Historisch territoriale Trennungen gehen zurück auf das Bistum Bamberg und die Markgrafschaft Bayreuth, deren alte Gebiete auch mit Religionsgrenzen identisch waren[22]. Ähnlich scharf sind die Grenzen zwischen stark industrialisierten und agrarischen Regionen in Oberfranken. Anhand der Mitgliederstruktur in Oberfranken läßt sich als Trend nachweisen, daß die Bayernpartei bis Anfang 1950 nur in Gebieten mit überwiegend katholischem Bevölkerungsanteil – mit Ausnahme Bayreuths – Bezirksverbände aufbauen konnte[23].

Im allgemeinen korrelieren hohe Organisationsdichte[24] und hohe Mitgliederzahl mit einem überwiegend katholischen Bevölkerungsanteil. Unter den Stadt- und Landkreisen mit vorherrschend evangelischer Bevölkerung konnte die Bayernpartei 1950 nur im Bezirk Bayreuth einen relativ gut organisierten Bezirksverband aufbauen; allerdings war Bayreuth Sitz der Geschäftsstelle von Oberfranken und hatte einen Kreisvorsitzenden, der eine gewisse Anziehungskraft hatte und Ansehen genoß[25].

Die Affinität der Mitglieder zum Katholizismus wird durch die Wahlergebnisse bestätigt. In sämtlichen Wahlkreisen mit überwiegend katholischer Bevölkerung liegt das Bayernpartei-Wahlergebnis über dem oberfränkischen Durchschnitt. Die einzige Ausnahme bildet der Landkreis Kronach, der in den Landtagswahlen 1950 trotz hoher Mitgliederdichte mit 14% unter dem oberfränkischen Durchschnitt der Bayernpartei (19,8%) bleibt. Allerdings übersteigt in den Landkreisen mit guten Wahlergebnissen nicht nur der Anteil der Katholiken an der Bevölkerung, sondern auch derjenige der in der Land- und Forstwirtschaft Beschäftigten und der Heimat-

Tabelle 7: Sozialstruktur (a), Mitgliederzahl (b) und Organisationsdichte (c) der Bayernpartei im Regierungsbezirk Oberfranken 1950

	a				c	
	Wohnbevölkerung am 1.9.1950	kath. Bevölkerungsanteil in v. H. Spalte 1	Wohnbevölkerung in Land- u. Forstwirtsch. in v. H. Spalte 1	Heimatvertriebene in v. H. Spalte 1	Organisationsdichte der BP (15.2.1950) in v. H.	Mitgliederstand der BP (15.2.1950)
Stadtkreise						
1. Bamberg	76 180	76,6	2,5	18,0	55	446
2. Bayreuth	58 800	24,9	2,2	22,0	32	136
3. Coburg	44 929	13,4	1,4	23,8	11	175
4. Forchheim	16 599	75,3	2,9	22,9	−+	−+
5. Hof	61 033	23,0	1,0	23,1	−+	−+
6. Kulmbach	24 193	21,8	3,3	22,8	−+	−+
7. Marktredwitz	15 953	45,3	1,8	24,7	o. A.	o. A.
8. Neustadt/Cob.	12 813	13,3	1,4	18,34	−	−
9. Selb	18 802	68,3	1,7	26,5	7	37
Stadtkreise	329 302	38,8	1,94	21,88	−	−
Landkreise						
1. Bamberg	73 922	6,0	33,7	18,3	−+	−+
2. Bayreuth	50 634	36,5	24,6	26,4	−+	−+
3. Coburg	64 693	17,6	21,0	27,9	−+	−+
4. Ebermannstadt	30 264	64,8	42,8	26,4	−	−
5. Forchheim	43 878	70,4	34,8	26,4	−	80
6. Höchstadt/A. und Herzogenaurach	43 864	68,4	30,6	28,1	−	230
7. Hof	35 009	15,8	16,9	3,5	−	30
8. Kronach	80 590	62,4	16,2	18,6	−	306
9. Kulmbach	39 613	19,1	27,1	27,1	−	29
10. Lichtenfels	55 509	60,1	17,7	22,4	−	152
11. Münchberg	44 929	17,1	14,8	25,4	o. A.	13
12. Naila	39 116	17,3	12,4	24,6	o. A.	o. A.
13. Pegnitz	38 675	54,9	36,1	24,1	100	373
14. Rehau	28 770	24,0	14,8	29,4	o. A.	o. A.
15. Stadtsteinach	22 767	62,6	23,5	25,1	o. A.	o. A.
16. Staffelstein	27 650	74,9	30,4	27,4	−	−
17. Wunsiedel	61 608	25,7	13,7	25,6	−	6
Landkreise	786 831	46,2	23,8	24,2	−	−
Oberfranken	1 076 438	45,6	18,0	24,4	31,3	ca. 1820

+ Organisationsdichte und Mitgliederzahl ist in den jeweiligen Land- bzw. Stadtkreisen enthalten.

Quelle: a) Statistisches Jahrbuch für Bayern 1952, hrsg. vom Bayerischen Statistischen Landesamt München 1952. b) und c) Unterlagen der Landesgeschäftsstelle.

vertriebenen den oberfränkischen Mittelwert, während dies beim Sonderfall Kronach nur für den Faktor der Religionszugehörigkeit gilt. Insgesamt belegt Oberfranken die Tendenz, daß Mitglieder und Wähler der Bayernpartei überwiegend katholisch sind und einem agrarischen Beruf nachgehen; eine Relation zwischen hohem Anteil der Heimatvertriebenen an der Bevölkerung und Bayernpartei-Wahlerfolg – was Protestverhalten gegen Flüchtlinge signalisiert – ist weniger regelmäßig festzustellen[26]. In den Land- und Stadtkreisen aber, die alle drei Indikatoren aufweisen, schneidet die Bayernpartei überdurchschnittlich gut ab.

Anteil weiblicher Mitglieder
Das Verhältnis von männlichen und weiblichen Mitgliedern der Bayernpartei wird entscheidend von ihrer ländlich-kleinstädtischen Basis und von überkommenen bayerisch-katholischen Leitbildern bestimmt. Weder im Bundestag noch im Landtag vertraten Frauen als Abgeordnete die Bayernpartei. In den Stadt- und Landkreiswahlen 1948 waren von den 153 gewählten Mandatsträgern, die in den Stadtkreisen gewählt wurden, nur vier Frauen; der Anteil der Frauen blieb mit 2,6% noch unter dem der CSU mit 6,5%[27].
Eine Aufschlüsselung der Mitgliedschaft im Jahr 1949 zeigt, daß ca. 10% Frauen waren; der Kreisverband München-Stadt, der in dieser Untersuchung nicht eingeschlossen ist, hatte dagegen zwischen 30 und 40%[28] weibliche Mitglieder.

Tabelle 8: Anteil der Frauen an der Gesamtmitgliedschaft[29] 1949 (von 100 Bayernpartei-Mitgliedern waren Frauen):

Oberbayern (ohne München)	12,0 v. H.
Niederbayern	5,0 v. H.
Oberpfalz	6,0 v. H.
Oberfranken[30]	15,8 v. H.
Mittelfranken	19,8 v. H.
Unterfranken	16,1 v. H.
Schwaben	11,6 v. H.
Bayern insgesamt	14,0 v. H.

Der Anteil der Frauen an der Gesamtmitgliedschaft ist noch niedriger als bei der CSU (1947)[31]; dabei entspricht die regionale Verteilung des Frauenanteils – in Franken sind bedeutend mehr Frauen Mitglieder als in Altbayern – der der CSU. Eine genauere Aufschlüsselung für die späteren Jahre liegt nicht vor, doch scheint der Anteil der Frauen eher abzunehmen[32]. Zwar bemühte sich die Parteiführung, durch Bildung von Frauengruppen weibliche Mitglieder zu gewinnen, konnte ihnen jedoch keine den spezifischen Interessen der Frauen entsprechenden Aufgaben stellen; der Erfolg blieb schon deshalb gering.

Berufliche Gliederung und soziale Schichtung
Die marginale Rolle der Frauen innerhalb der Mitgliedschaft gibt der Bayernpartei einen patriarchalischen Charakter und weist auf das bäuerlich-mittelständische Milieu der Partei hin. Angaben über die Sozialstruktur der Mitglieder bei allen

Parteien der Nachkriegszeit, vor allem bei den bürgerlichen Parteien, sind außerordentlich dürftig[33]. Exakte Aufgliederungen nach Schichtzugehörigkeit oder Berufen der Mitglieder fehlen fast durchgängig, deshalb können kaum Vergleichszahlen herangezogen werden.

Für die Bayernpartei läßt sich immerhin ein ungefähres Bild ihrer Mitglieder anhand der Mitgliederlisten von zwölf Bezirksverbänden im Jahre 1954 gewinnen[34]. Diese Bezirksverbände, fünf aus Oberbayern, zwei aus Niederbayern, zwei aus Oberfranken und zwei aus Schwaben stellen zwar keine repräsentative Auswahl dar, sind aber über das ganze Land verteilt und geben damit Anhaltspunkte für die soziale Zusammensetzung der einfachen Mitglieder. Für die Aufbau- und Bewegungsphase in den Jahren 1948/49 ließen sich keine Angaben über die Mitglieder ermitteln. Durch die bereits vollzogenen Austritte zwischen 1950 und 1954 können Verschiebungen in der Sozialstruktur aufgetreten sein. Es ist zu vermuten, daß eher Parteimitglieder, die einer angeseheneren Sozialschicht angehörten, die Partei verließen, um rechtzeitig den Anschluß an die erfolgreichere CSU, besonders nach den Wahlen zum Bundestag 1953, zu finden. Ein weiteres Problem der Tabelle zur Sozialstruktur der Mitgliedschaft (Tabelle 9) besteht darin, daß über eine bloße und manchmal vage Berufsangabe hinaus in den Mitgliederlisten keine Angaben vorhanden sind. Daraus ergibt sich insbesondere die Schwierigkeit, eine präzise Scheidung der einzelnen Untergruppen im Bereich von Handel und Gewerbe durchzuführen. Eine Unterscheidung zwischen selbständigen Handwerkern und Einzelhandels-Kaufleuten sowie den Beschäftigten in diesem Bereich und industriellen Facharbeitern war teilweise unmöglich[35]. Die Zuordnung mußte deshalb aufgrund von Schätzungen vorgenommen werden. Da jedoch zu vermuten ist, daß

Tabelle 9: Sozialstruktur von Bayernpartei-Mitgliedern 1954

	v. H.	v. H.
ohne Angabe		1,7
Selbständige		
selbst. Unternehmer	2,9	
freie Berufe	1,7	
Gewerbe, Handwerk	10,6	
Handel	5,7	
Landwirte	39,8	60,7
Unselbständige		
Höhere Beamte, leitende Angestellte	1,6	
mittl. u. untere Beamte u. Angestellte	11,1	
Gewerbe (unselbständig)	11,1	
Arbeiter (Industrie-, Hilfs-, Landarbeiter)	6,5	
Sonstige[a]	7,3	37,6
		100,0 (N = 1510)

[a] Hausfrauen 4,1
  Rentner 2,1
  Gütler u. ä. 1,1

Quelle: Unterlagen der Landesgeschäftsstelle.

Handwerker, die in kleinstädtischen und ländlichen Kleinbetrieben tätig sind, eher vom handwerklichen Milieu geprägt sind, als von ihrer beruflichen Stellung als Lohnabhängige oder Arbeiter[36], kommt dieser Ungenauigkeit keine große Bedeutung zu. Zudem zeigt die Tabelle zur Berufsstruktur eindeutige Schwergewichte im bäuerlichen und kleingewerblich-mittelständischen Bereich, die nicht nur für das Sample, sondern mit aller Wahrscheinlichkeit – außer für den Stadtverband München – auch für die Gesamt-Mitgliedschaft der Bayernpartei kennzeichnend sind.

Aus der Tabelle geht hervor, daß über 60% der Mitglieder der Bayernpartei Selbständige sind, teils als Unternehmer in Handel und Gewerbe oder Handwerk, teils im freien Beruf oder als selbständige Landwirte. Mit rund 40% stellen die selbständigen Landwirte die stärkste Gruppe unter den Mitgliedern, in Ober- und Niederbayern dürfte der Anteil der Landwirte noch höher liegen. Eine Differenzierung der Landwirte nach der Größe des Betriebes konnte nicht vorgenommen werden, da die Angaben in den Mitglieder-Listen nur die Berufsbezeichnung „Landwirt" oder „Bauer" enthielten[37].

Der zweitstärkste Block, das selbständige Gewerbe, umfaßt vor allem industrielle und handwerkliche Berufe wie Bauberufe, Metallerzeuger und -verarbeiter, Elektriker, holzverarbeitende Berufe, Textilhersteller; häufig vertreten sind auch die Nahrungs- und Genußmittelerzeuger wie Bäcker, Metzger und andere, auch selbständige Gastwirte sind in diese Berufsgruppe eingegliedert worden[38]. Unter den selbständigen Unternehmern, die mit 1,7% vertreten sind, fallen besonders Sägewerksbesitzer, Bauunternehmer und Brauereibesitzer auf; die Großindustrie scheint kaum vertreten zu sein. Die Kategorie der freien Berufe setzt sich vor allem aus Rechtsanwälten, Apothekern und Ärzten zusammen.

Unter die Gruppe der Unselbständigen, die rund 38% der Mitgliedschaft der Bayernpartei ausmachen, wurden alle Dienstleistungsberufe – vom Beamten des höheren Dienstes bis zum kleinen Bundesbahnangestellten oder beamteten Zuchthausaufseher – gerechnet. Bei den mittleren und kleinen Angestellten fällt auf, daß zwei Drittel bei Gemeinden oder dem Staat angestellt waren, während nur ein Drittel in kaufmännischen Berufen arbeitete. Das unselbständige Gewerbe mit 11,1% ist der unsicherste Faktor, denn ein Teil gehört nach Einkommen und Berufsausbildung eher zur Arbeiterschaft als zum Handwerk. Als Arbeiter wurden aufgrund der Schwierigkeit der Einschätzung bei Berufsangaben im ländlich-kleinstädtischen Bereich nur die Personen gezählt, bei denen als Berufsangabe „Industriearbeiter, Arbeiter, Hilfsarbeiter oder landwirtschaftliche Arbeiter" ausgewiesen war. Die Gruppe der Hausfrauen nimmt etwa 4% ein. Außerdem sind Rentner und Invalide, um die sich die Bayernpartei in ihrem Programm bemühte, mit 2% besonders gering vertreten.

Die Landwirte sind 1954 gegenüber ihrem Bevölkerungsanteil in Bayern in der Bayernpartei stark überrepräsentiert, wogegen die Arbeiter, selbst wenn man noch einige Prozent des unselbständigen Gerwerbes hinzurechnet, extrem unterrepräsentiert sind. Der Anteil der Arbeiter an der bayerischen Bevölkerung lag 1950 bei 39%. Unter den 5% weiblichen Mitgliedern der Bayernpartei sind vier Fünftel Hausfrauen, das restliche Prozent setzt sich aus Bäuerinnen, Schneiderinnen, Arbeiterinnen, Kaufmanns- und Bauerntöchtern sowie vereinzelt Gutsbesitzerinnen zusammen.

Untersucht man das vorliegende Material nach dem sozialen Ansehen der Mitglieder der Bayernpartei, so ergibt sich nach dem Schichtungsmodell von Janowitz[39] folgendes Bild:

Tabelle 10: Soziale Schichtung der Bayernpartei

Oberschicht		selbst. Unternehmer	2,9	
Obere Mittelschicht	6,2	höhere Beamte, leitende Angestellte,	1,6	6,2
		freie Berufe	1,7	
Untere Mittelschicht	67,3	selbst. Landwirte	39,8	39,8
		mittl. u. niedere Beamte, Angestellte	11,1	11,1
		Handel und Gewerbe (selbständig)	16,3	Handel u. Gewerbe 27,4
Obere Unterschicht	15,0	unselbst. Handwerker, gelernte Arbeiter	15,0	
Untere Unterschicht	2,6	Arbeiter, Hilfsarbeiter, Landarbeiter	2,6	Arbeiter (Industrie, ungelernt) 6,5
		Sonstige	7,3	7,3

Quelle: Eigene Berechnungen anhand Tabelle 9.

Übergänge zwischen der unteren Mittelschicht und der oberen Unterschicht sind dabei fließend, doch dürfte die untere Mittelschicht mindestens 60% der Mitgliedschaft betragen haben. Die obere Unterschicht und der kleine Anteil der unteren Unterschicht dürften zusammen etwa 15-20 % vertreten haben. Den Schwerpunkt der Mitgliedschaft der Bayernpartei bilden jedenfalls mit 40% die selbständigen Landwirte und der Gesamtbereich Handel und Gewerbe mit rund 27%[40].

Funktionäre
In der dynamischen Phase der Volksbewegung 1948 bis 1950 ergibt sich für die Funktionäre etwa folgendes Bild, das in Tabelle 11 deutlich wird.
Wie bei den einfachen Mitgliedern fallen bei den Ortsgruppen- und Stützpunktleitern zwei Schwerpunkte auf: Landwirte und kaufmännischer/gewerblicher Mittelstand, die mit 42 bzw. 40% sich in etwa entsprechen. Die obere Mittelschicht ist bereits stärker vertreten als bei den Mitgliedern; Angestellte und Beamte im gehobenen und niederen Dienst nehmen ab, gleichbleibend unterrepräsentiert ist die Arbeiterschaft. Bei den Vorsitzenden von Bezirksverbänden zeigt sich ein Trend, der sich in den höheren Parteigliederungen fortsetzt. Während bei den Stützpunktleitern der bäuerliche und handwerkliche Bereich noch 80% einnimmt, schiebt sich die nach dem sozio-ökonomischen Status als obere Mittelschicht definierte Gruppe der leitenden Angestellten, höheren Beamten, freien Berufe und Unternehmer mit nahezu 40% an die Spitze. Nur 12% der mittleren Funktionäre kommen aus dem agrarischen Sektor. Auch mittlere und untere Angestellte und Beamte sind deutlich rückläufig.

Tabelle 11: Soziale Strukturierung der Parteiführung in der Bayernpartei

		Landesleitung 1948 i. v. H.	Landesvorstandschaft 1948 i. v. H.	Kreisverbandsvorsitzende 1948 i. v. H.	Bezirksvorsitzende 1949 i. v. H.	Stützpunktvorsitzende[a] 1949 i. v. H.	Landesleitung 1950 i. v. H.
freie Berufe, höhere Beamte, Unternehmer, leitende Angest.	(I)	70,0	68,5	75,0	39,0	10,0	63,6
selbständige Landwirte[b]	(II)	–	13,6	–	12,0	42,0	9,1
Angestellte, mittlere und niedere Beamte	(III)	30,0	10,6	25,0	13,0	2,0	27,3
Handel und Gewerbe	(IV)	–	–	–	30,0	40,0	–
Arbeiter	(V)	–	7,3	–	6,0	6,0	–
		100	100	100	100	100	100

a) Es fehlen Unterlagen über einige Stützpunkte in Franken, die aber – gemessen an den vorhandenen Unterlagen über Franken – bestenfalls eine geringe Verschiebung von Handel und Gewerbe auf Kosten der Landwirtschaft ergeben dürften.
b) Zahlen über die Wirtschaftsgrößen liegen nicht vor. Man wird aber davon ausgehen können, daß zwei Drittel der bäuerlichen Stützpunktleiter mittlere und kleinere Bauern waren.

Quelle: Eigene Berechnungen nach Unterlagen der Landesgeschäftsstelle.

Die Tendenz, angesehene Parteimitglieder mit Honoratiorenimage in Führungspositionen zu bringen, ist bei der Landesvorstandschaft 1948 signifikant: die Kreisverbandsvorsitzenden nehmen zu 75% Positionen in der sozio-ökonomischen Führungsschicht wahr, 25% gehören noch den mittleren und kleinen Angestellten- und Beamtenkreisen an; in der Landesleitung dagegen bleiben von sieben Mitgliedern nur noch zwei aus der unteren Mittelschicht, die übrigen fünf sind der oberen Mittelschicht zuzurechnen. In der aus elf Personen bestehenden Landesleitung 1948 ist das Bild nur unwesentlich verschoben. Der Honoratiorencharakter der Parteiführung relativiert sich, wenn man nach der sozialen Herkunft ihrer Mitglieder fragt: mindestens vier wuchsen in bescheidenen bäuerlichen Verhältnissen auf. Auch wenn zwei dieser – aus der unteren sozialen Schicht stammenden – Mitglieder der Landesleitung nach dem Studium eine führende Stelle in bäuerlichen und handwerklichen Interessenvertretungen inne hatten, insofern also von Bindungen an die bäuerlichgewerbliche Anhängerschaft gesprochen werden kann, so waren sie durch den sozialen Aufstieg doch ihrer Herkunftsschicht stark entfremdet.

Das altbayerische und katholische Übergewicht, das sich in der allgemeinen Struktur der Mitgliederverbreitung bereits zeigte, ist auch in der Parteiführung von 1948/49 entscheidend. Alle Mitglieder sind katholisch und stammen bis auf zwei oder drei aus Altbayern. Zwei von ihnen wurden in München geboren. Ab 1950 achtete die Parteiführung darauf, daß Franken und Protestanten in der Landesleitung durch einen Vertreter repräsentiert waren; dies änderte die berufliche Zusammensetzung kaum[41].

Mandatsträger

Die Sozialstruktur der Bayernpartei-Fraktion im ersten Bundestag 1949 unterscheidet sich nicht wesentlich von der der Parteiführung; denn bereits bei der Aufstellung bzw. der Placierung der Kandidaten wurde von der Landesleitung der Prestigefaktor stark bewertet. Das erfüllte auch den Wunsch nach Leitbildern der mittelständisch-bäuerlich strukturierten Mitglieder- und Wählerschaft. Hinzu kommt, daß honorige Kandidaten aus der Privatwirtschaft eine Voraussetzung für Wahlkampfspenden durch die bayerische Industrie waren[42]. Der Honoratiorenanstrich war in der Zusammensetzung der 39köpfigen Landtagsfraktion von 1950 weniger ausgeprägt, als in der Bundestagsfraktion mit 17 Mitgliedern; die höhere Zahl bewirkte ein breiteres Spektrum in der Sozialstruktur der Landtagsabgeordneten. In der Auswahl der Bundestagskandidaten hatte allerdings auch die Bayernpartei wie alle bürgerlichen Parteien[43] besonders darauf geachtet, mit bekannten Persönlichkeiten in der ersten Wahl Aufmerksamkeit auf sich zu ziehen. In Landtagswah-

Tabelle 12: Soziale Strukturierung der gewählten Vertreter der Bayernpartei (in v. H.)

	Kreistagsmitglieder 1948a)	Bundestag 1949b)	Landtag 1950c)	Landtag 1958d)
freie Berufe, höhere Beamte, Unternehmer, leitende Angestellte	17,0	82,4	50,0	64,4
Selbständige Landwirte	43,0	11,8	22,0	7,1
Angestellte, mittlere und niedere Beamte	4,0	5,8	18,0	7,1
Handel und Gewerbe	32,0	–	10,0	21,4
Arbeiter	4,0	–	–	–
	100 N = 270	100 N = 17	100 N = 39	100 N = 14

Quelle:
a) 270 Kreistagsmitglieder wurden ausgewertet (Unterlagen der Landesgeschäftsstelle der Bayernpartei).
b) Die Volksvertretung, Handbuch des Deutschen Bundestags, hrsg. von Fritz Sänger, Stuttgart 1949.
c) und d) Amtliches Handbuch des Bayerischen Landtags, hrsg. vom Bayerischen Landtagsamt, München 1951 und 1959.

len und seit 1953 auch auf Bundesebene mußte die Partei in der Auswahl ihrer Kandidaten auch auf mittlere Funktionäre zurückgreifen.
Erst nach der Auflösung der Viererkoalition, als die Landtagsfraktion der Bayernpartei nach den Landtagswahlen 1958 auf 14 Abgeordnete zusammengeschrumpft war, dominierten wieder die „Honoratioren", da nur die Spitzenkandidaten auf der Landesliste einen Sitz erhielten und kein Abgeordneter mehr ein Direktmandat erreichte. Trotzdem überrascht es, daß nur ein Bauer, der noch einen eigenen Hof bewirtschaftete[44], der Bayernpartei-Fraktion angehörte, abgesehen von Baumgartner und Fischbacher, die als Vertreter landwirtschaftlicher Interessen galten.
Nur in den Stadträten und Gemeindeparlamenten entsprach die Zusammensetzung der Mandatsträger auch in etwa der Struktur der Mitglieder: von den 270[45] Kreisräten der Bayernpartei in den Kreistagswahlen am 25. April 1948 waren 43% selbständige Landwirte und 40% in Handel und Gewerbe tätig, zumeist ebenfalls selbständig. Doch ist die Dominanz dieser Berufsgruppen nur bedingt als Charakteristikum der Bayernpartei zu betrachten. Denn die Kreistagsmitglieder in Bayern waren insgesamt durch einen extrem hohen Anteil, mit 75,3%[46], der beruflich Selbständigen aus Land- und Forstwirtschaft und Industrie, Handel und Gewerbe gekennzeichnet. Diese Strukturen haben sich übrigens bis zu den Kommunalwahlen 1956 kaum verändert[47].
Unter den gewählten Gemeinderats- und Kreistagsmitgliedern finden sich nur wenige Frauen. Doch der extrem niedrige Anteil weiblicher Gemeinderäte bei der Bayernpartei, mit zwei von 383, ist wiederum für diese Wahlen in ländlichen Gemeinden durchaus typisch, was sich auch daran ablesen läßt, daß sowohl bei der KPD als auch bei der FDP/LDP jeweils nur vier Frauen bei 199 bzw. 219 Mandatsträgern den Sprung in die Gemeinderäte geschafft hatten[48]. Der Anteil der Frauen liegt bei der Bayernpartei mit 0,52% sogar doppelt so hoch wie bei der CSU, die nur 0,26%[49] Frauen in die Gemeinderäte entsandte. Auch in der Bayernpartei wurden eher Geistliche als Frauen aufgestellt und gewählt[50].
Der öffentliche Dienst, der bei den Kreistagsmitgliedern insgesamt in Bayern nur sehr gering in Erscheinung trat, war auch bei der Bayernpartei entsprechend unterrepräsentiert. Doch gab es lokale Ausnahmen: in einigen Städten Ober- und Niederbayerns bestätigte sich die Erwartung, daß – aufgrund der Wahlpropaganda der Bayernpartei, die sich als Interessenvertreterin der einheimischen Angestellten und Beamten dargestellt hatte – auch diese Gruppen stärker vertreten waren. In Rosenheim, wo Fischbacher seit 1947 agitierte, gehörten vier der elf Stadträte der Bayernpartei dem öffentlichen Dienst[51] an. Als Protestpartei des alteingesessenen Gewerbes und Handwerks und der einheimischen Bürokratie konnte die Bayernpartei in sechs altbayerischen Städten[52] in den Stadtratswahlen am 30. Mai 1948 ihre besten Wahlergebnisse überhaupt erzielen.

Mandatsbewerber
Auf kommunaler Ebene gibt es – wie die folgenden fragmentarischen Daten erkennen lassen – die meisten Parallelen zwischen der Sozialstruktur der Mitglieder und der Kandidaten um Stadtrats-, Kreistags- und Gemeinderatsmandate.
Es zeigt sich, daß bei der Aufstellung der Kandidaten für die Stadtratswahl in Augsburg und die Kreistagswahlen in Erding und Laufen sehr stark die lokalen Strukturen berücksichtigt wurden. Die Wirtschaftsstruktur Augsburgs, außer Mün-

Tabelle 13: Kandidaten bei den Stadt- und Kreistagswahlen 1948.

	Augsburg Stadt	Erding	Laufen
Zahl der Bewerber	30	31	45
(I) freie Berufe, höhere Beamte, leitende Angestellte, Unternehmer	30,2 v. H.	3,3 v. H.	2,2 v. H.
(II) Selbständige Landwirte	3,3 v. H.	58,0 v. H.	73,3 v. H.
(III) Angestellte, mittl. und niedere Beamte	16,6 v. H.	3,2 v. H.	2,2 v. H.
(IV) Handel und Gewerbe	20,2 v. H.	32,2 v. H.	22,3 v. H.
(V) Arbeiter	16,6 v. H.	3,3 v. H.	0,0 v. H.
(VI) Sonstige	14,1 v. H.	0,0 v. H.	0,0 v. H.
	100,0	100,0	100,0

Quelle: Unterlagen der Landesgeschäftsstelle und Nachlaß Fischbacher.

chen die einzige größere Industriestadt südlich der Donau, ist von Zellwoll- und Nähmittelindustrie, großen Kammgarnspinnereien und Stoffdruckereien geprägt. Augsburg hatte damals etwa 170 000 Einwohner[53], 96 355 von ihnen waren 1948 wahlberechtigt[54].
Der für die Bayernpartei außergewöhnlich hohe Prozentsatz der Industriearbeiter von 16,6%[55] und der Anteil von Handel und Gewerbe, der auch einige unselbständige Handwerker enthält, spiegelt die lokalen Strukturen wider. Es kommt aber auch hinzu, daß der Bezirksverband Augsburg, bereits 1946 als Demokratische Union gegründet, innerhalb der Bayernpartei noch 1948-1949 als „linker" Verband verrufen war[56]. Die Kandidaten, die der Oberschicht Gruppe I) mit 30% zugeordnet wurden, zeichnen sich nicht durch Stellungen oder besondere Prominenz im städtischen Leben Augsburgs aus. Die Bayernpartei wurde mit 20% drittstärkste Fraktion und erhielt 9 Sitze im Stadtrat[57] Die CSU war von 50,5% 1946[58] und 22 Sitzen auf 29,9%[59] zurückgefallen und erhielt nur noch 13 Sitze; auch die SPD hatte 6,4% und damit 3 Sitze eingebüßt[60].
Entsprechend der vorwiegend landwirtschaftlichen Struktur der oberbayerischen Landkreise Erding und Laufen dominieren die Landwirte unter den Kandidaten für den Kreistag. In Erding waren sogar Arbeiter aus der Land- und Forstwirtschaft aufgestellt worden. Der Anteil aus Land- und Forstwirtschaft war höher als in Laufen. Doch während der städtische Verband Augsburg auch zwei Hausfrauen nominierte, wurden in Laufen und Erding Frauen nicht berücksichtigt: damit ist schon auf der Ebene der Mandatsbewerber die bereits oben festgestellte Unterrepräsentation der Frauen bei den Mandatsträgern angelegt[61]. Wie in Augsburg erreichte die Bayernpartei auch in Erding ein überdurchschnittliches Wahlergebnis: sie wurde stärkste Fraktion. In Laufen kam es jedoch zu keiner Beteiligung an den Wahlen[62].
Es ist zu vermuten, daß sich innerhalb von fast zehn Jahren die soziale Zusammen-

setzung der Kandidaten wenig geändert hat; darauf deutet die Struktur der Bewerber der Bayernpartei für die Kreistagswahl 1956 in Rosenheim hin.

Tabelle 14: Bewerber zum Kreistag Rosenheim 1956

(I)	freie Berufe, höhere Beamte, leitende Angestellte, Unternehmer	15,6 v. H.
(II)	Selbständige Landwirte	40,0 v. H.
(III)	Angestellte, mittlere und niedere Beamte	8,9 v. H.
(IV)	Handel und Gewerbe	31,1 v. H.
(V)	Arbeiter	0,0 v. H.
(VI)	Sonstige	4,4 v. H.
		100,0
		N = 45

Quelle: Wahlflugblatt der Bayernpartei, Nachlaß Fischbacher.

Dies ist wiederum nicht allein ein hervorstechendes Merkmal der Bayernpartei, sondern ein Indiz für die Beharrlichkeit der traditionellen Strukturen im altbayerischen Raum, wo selbst Veränderungen im sozioökonomischen Bereich wie die Industrialisierung agrarischer Regionen politisch erst sehr viel später zum Tragen kommen. Immerhin wurden 1956 in Rosenheim zwei Frauen (Berufsangaben: Hausfrau und Direktorswitwe) von der Bayernpartei aufgestellt.

Ein genaueres Bild als über die Bewerber auf kommunaler Ebene kann für die Bundestags- und Landtagswahlen erstellt werden, wobei die Kandidaten der Bundestagsfraktion in stärkerem Maße von den Elite- und Prestigevorstellungen der Partei bestimmt wurden. Die Bayernpartei stellte für Bundes- und Landtag 1949 70% ihrer Kandidaten aus der oberen Mittelschicht auf, deren Anteil an der bayerischen Wohnbevölkerung nur 1,6% beträgt. 1953 ist der Prozentsatz bereits auf 52,9% zurückgegangen; dafür sind die Landwirte, die 1949 nur mit knapp 3% vertreten waren, auf 29,4% gestiegen. In der Gruppe der Beamten und Angestellten und im Bereich Handel und Gewerbe fanden weniger starke Verschiebungen statt; Arbeiter wurden in keiner der beiden Wahlen als Kandidaten nominiert. Erst 1953 findet sich eine Frau als Bundestagskandidatin der Bayernpartei.

Auch bei den Landtagswahlen 1950 spielte bei der Aufstellung der Kandidaten die Imagewerbung, „hoffähig zu werden", eine große Rolle. 40% der Bewerber um ein Landtagsmandat gehörten 1950 der oberen Mittelschicht an, 23% waren Bauern und nur 15% Beamte und Angestellte oder waren dem Bereich Handel und Gewerbe zuzuordnen. Zu den Landtagswahlen 1954 und 1958 nimmt der Anteil der oberen Mittelschicht an den Bewerbern kontinuierlich ab, der Prozentsatz der Bauern vergrößert sich entsprechend; auch die Berufsgruppe aus Handel und Gewerbe expandiert etwas, während Bewerber aus der mittleren und unteren Beamtenschicht und Angestellte etwa gleich bleiben.

Bei einer Aufgliederung der Bewerber um ein Mandat für die Landtagswahlen 1958[63] erweist sich die Bayernpartei als eine Partei der Selbständigen: mit 64,5% ihrer Landtagskandidaten in selbständiger Stellung übertrifft sie FDP (46%) wie CSU (41,7%) und liegt weit über dem durchschnittlichen Anteil (39,3%) der Selbständigen an der Gesamtzahl der bayerischen Landtagskandidaten[64]. Zwar

Tabelle 15: Soziale Stellung der Kandidaten für Bundestag und Landtag 1949–1958

	Bundestags-wahlen 1949a)	Bundestags-wahlen 1953b)	Landtags-wahlen 1950c)	Landtags-wahlen 1954d)	Landtags-wahlen 1958e)
Anzahl der Bewerber	37	34	194	180	178
Sozialstruktur	i. v. H.	i. v. H.	i. v. H.	i. v. H.	i. v. H.
freie Berufe, höhere Beamte, Unternehmer, leitende Angestellte	70,3	52,9	40,2	31,1	21,3
Selbständige Landwirte	2,7	29,5	23,2	28,9	32,3
Angestellte, mittlere und niedere Beamte	8,1	5,9	15,5	16,7	17,6
Handel und Gewerbe	16,2	5,9	18,1	22,2	26,5
Arbeiter	0,0	2,9	2,0	1,1	0,6
Sonstige	2,7	2,9	1,0	0,0	1,7
	100	100	100	100	100

Quelle:
a) und b) Unterlagen der Landesgeschäftsstelle.
c) Bekanntgabe der Wahlvorschläge zur Wahl der Abgeordneten des Bayerischen Landtags durch den Landeswahlleiter, in: Bayerischer Staatsanzeiger Nr. 47 vom 23. November 1950.
d) Ebd. Nr. 48 vom 24. November 1954.
e) Ebd. Nr. 45 vom 24. November 1958.

geht der Anteil der Selbständigen unter den Bewerbern der Bayernpartei in den Landtagswahlen 1962 zurück (57%)[65], liegt aber noch immer über dem Landesdurchschnitt (40%)[66] der selbständigen Kandidaten.
In der sozialen Strukturierung der Bewerber zu den Landtagswahlen in den einzelnen Regierungsbezirken zeigen sich auch Unterschiede zwischen Altbayern und Neubayern und mehr agrarischen bzw. industriellen Regierungsbezirken. Eine Längsschnittuntersuchung der Bewerber zu den Landtagswahlen von 1950 bis 1962 (Tabelle 16) ergibt folgendes Bild:
In Oberbayern und Schwaben sind die Berufsgruppen, die der oberen Mittelschicht angehören, am stärksten vertreten (36,5% bzw. 32,0%), die der selbständigen Landwirte jedoch im Vergleich zu den anderen Regierungsbezirken klar unterrepräsentiert mit 20,6% bzw. 23,9%. Noch deutlicher wird die Überrepräsentation

Tabelle 16: Soziale Strukturierung der Landtagskandidaten der Bayernpartei 1950–1962 nach Regierungsbezirken

		Obb.	Ndb.	Opf.	Ofr.	Mfr.	Ufr.	Schw.	Bayern
Unternehmer, freie Berufe höhere Beamte/Ang.	(I)	36,5	29,2	16,5	23,5	26,2	24,0	32,0	28,3
Selbständige Landwirte	(II)	20,7	33,3	29,9	29,4	30,0	33,3	23,9	27,4
niedere u. mittlere Beamte u. Angest.	(III)	19,8	12,5	16,5	22,3	16,2	21,3	20,2	19,2
Handel und Gewerbe	(IV)	21,6	24,0	29,1	21,2	20,0	16,0	23,0	21,9
Arbeiter	(V)	0,5	1,0	0,0	1,2	6,3	2,7	0,0	1,5
Sonstige	(VI)	0,9	0,0	5,0	2,4	1,3	2,7	0,9	1,7
		100	100	100	100	100	100	100	100

Quelle: Eigene Berechnung der Durchschnittswerte der Bewerber der Landtagswahlen 1950, 1954, 1958 und 1962. Angaben für die Landtagswahlen 1950–1958 vgl. Bayerischer Staatsanzeiger, Tabelle 15c–d; für 1962, vgl. Beiträge zur Statistik Bayerns, Heft 237, Wahl zum Bayerischen Landtag am 25. November 1962, München 1963, S. 25 (Übersicht 25).

der oberen Mittelschicht in Oberbayern (Tabelle 16). 1950 waren ihr rund 57% der Kandidaten für ein Landtagsmandat zuzurechnen, 1954 noch 38,3% und 1958 nur mehr 27,5%. Demgegenüber steht ein Anwachsen der selbständigen Landwirte: sie hatten 1950 nur einen Anteil von 13,2% in Oberbayern, 1954 war dieser auf 21,3%, 1958 auf 23,5% angestiegen. Mit der Abnahme von Bewerbern aus lokalen Eliten wuchs in Oberbayern der Bereich Handel und Gewerbe in den Landtagswahlen 1950 bis 1958 an: waren 1950 nur 17% der Bewerber aus Handel und Gewerbe, so steigerte sich dieser Prozentsatz 1954 auf 21,3% und 1958 auf 29,4%. In Niederbayern und in der Oberpfalz waren von Beginn an das bäuerliche und das kleingewerblich-mittelständische Element dominierend.
Dies läßt sich durch die getrennte Untersuchung der Bewerber nach Regierungsbezirken erhärten (Tabelle 17).
Die fränkischen Gebiete verlieren am schnellsten Bewerber der repräsentativen Oberschicht. Immerhin werden in Mittelfranken, entsprechend seiner Sozial- und Wirtschaftsstruktur, Arbeiter, mit mehr als 5%, als Kandidaten aufgestellt. Die Gruppe der mittleren und unteren Beamten und der Angestellten ist in fränkischen Bezirken stärker vertreten als in den altbayerischen Gebieten; dafür sind Kleingewerbe und Mittelstand in Franken schwächer repräsentiert als in Altbayern. In Franken wird das Bürgertum, das in Altbayern auch zur Bayernpartei neigte, von der FDP oder rechten Splittergruppen angezogen. In gewisser Weise hatte die FDP als Alternative zur CSU eine ähnliche Funktion[67] wie die Bayernpartei im katholischen Altbayern und in Teilen Oberfrankens.

Tabelle 17: Soziale Strukturierung der Landtagskandidaten nach Regierungsbezirken 1950–1958

Landtagswahlen 1950 (194 Bewerber)

	Obb.	Ndb.	Opf.	Ofr.	Mfr.	Ufr.	Schw.	Bayern insg.
I	56,6	37,5	42,1	32,0	30,4	30,4	33,3	40,2
II	13,2	37,5	26,3	16,0	30,4	30,4	22,2	22,2
III	13,2	16,7	10,5	28,0	8,7	17,4	14,8	15,6
IV	17,0	8,3	21,1	20,0	17,4	17,4	29,6	18,6
V	–	–	–	4,0	8,7	4,3	–	2,6
VI	–	–	–	–	4,3	–	–	5,0

Landtagswahlen 1954 (280 Bewerber)

	Obb.	Ndb.	Opf.	Ofr.	Mfr.	Ufr.	Schw.	Bayern insg.
I	38,3	36,0	16,7	15,8	29,2	16,7	44,8	31,1
II	21,3	32,0	33,3	31,6	25,0	50,0	24,1	28,9
III	19,1	4,0	16,7	26,3	16,7	11,1	20,7	16,7
IV	21,3	28,0	33,3	26,3	20,8	22,2	10,3	22,2
V	–	–	–	–	8,3	–	–	1,1
VI	–	–	–	–	–	–	–	–

Landtagswahlen 1958 (179 Bewerber)

	Obb.	Ndb.	Opf.	Ofr.	Mfr.	Ufr.	Schw.	Bayern insg.
I	27,5	28,0	5,0	12,5	38,5	21,1	22,2	22,3
II	23,5	36,0	35,0	41,7	30,7	36,8	33,3	32,4
III	19,6	4,0	15,0	25,0	15,4	26,3	18,6	17,9
IV	29,4	32,0	45,0	20,8	15,4	10,5	25,9	26,8
V	–	–	–	–	–	5,3	–	0,6
VI	–	–	–	–	–	–	–	–

Quelle: Vgl. Tabelle 15c–d.

Die Parteiführung konnte also ihr elitäres Repräsentationsverständnis nur in den frühen fünfziger Jahren verwirklichen; in den folgenden Landtagswahlen – dies deutet sich bei den Bewerbern zu den Wahlen 1954 bereits an – läßt sich ein solcher Anspruch auf Honoratiorencharakter, schon aufgrund des geringen Potentials an geeigneten Kandidaten, nur noch auf den vorderen Listenplätzen einlösen. Mitgliederschwund und Nachwuchsmangel führten dazu, daß die Bayernpartei in der Aufstellung ihrer Kandidaten für Landtag und Bundestag im Zuge der sozialen Restauration der Ära Adenauer immer stärker auf ihre kleinbürgerlichen und bäuerlichen Mitglieder zurückgreifen mußte.

Bei der Untersuchung der Altersstruktur der Bewerber der Bayernpartei für Bundes- und Landtag (Tabelle 18) erweist sie sich keineswegs als eine Partei mit überalterten Strukturen.

Im Vergleich zu anderen Parteien[68] zeichnet sich die Bayernpartei in den Landtagswahlen 1950 sogar durch jüngere Kandidaten aus und liegt mit einem Durchschnittsalter ihrer Bewerber von etwas über 48 Jahren nur gering über dem Durchschnittsalter[69] sämtlicher Bewerber um ein Landtagsmandat. Doch steigt bei

Tabelle 18: Altersstruktur der Kandidaten der Bayernpartei für Bundes- und Landtag 1949–1958

	Bundestagswahlen		Landtagswahlen		
	1949	1953	1950	1954	1958
Anzahl der Kandidaten	37	34	194	180	178
geboren	v. H. d. Kandidaten				
vor 1890	16,3	5,9	11,3	8,3	4,5
1890–1899	27,7	38,2	31,4	29,4	23,1
1900–1909	29,7	38,2	26,8	31,1	37,1
1910–1920	18,9	14,8	26,3	15,6	24,1
nach 1920	2,7	0,0	4,1	6,7	11,2
ohne Angabe	2,7	2,9	1,1	8,9	0,0

Quelle: Eigene Berechnungen; vgl. Tabelle 15.

späteren Wahlen der Prozentsatz älterer Jahrgänge an; der Anteil der über Sechzigjährigen wächst vor allem von 1954 auf 1958 beträchtlich an, während die jüngeren Jahrgänge der unter 40jährigen entsprechend immer schwächer vertreten sind. Dieser Trend setzt sich in den Landtagswahlen 1962 deutlich fort[70]. Die Bewerber der Bayernpartei liegen nun mit einem Durchschnittsalter von 53 Jahren mehr als zwei Jahre über dem sämtlicher Bewerber für den Landtag.

In ihrer Bewegungsphase konnte sich die Bayernpartei das Image einer jungen Partei geben, vergleicht man sie mit anderen bürgerlichen Parteien. Doch wurde ihr Funktionärsstamm nicht wie bei diesen kontinuierlich durch Parteinachwuchs abgelöst, sondern stand von Jahr zu Jahr unverändert zur Kandidatur. Deshalb ergibt sich die gegenläufige Tendenz, daß sich die übrigen Parteien immer stärker verjüngen, das Image der Bayernpartei aber immer älter wird.

2. Wähler

Die wesentlichen politischen Erfolge der Bayernpartei wurden vor der Zeit erzielt, in der die Meinungsforschung in der Bundesrepublik Bedeutung für die Analyse des Wahlverhaltens erhielt[71]. Eine historische Wahlforschung kann in der Anbindung von Wahlergebnissen an sozialstrukturelle Daten, an Verhaltensmuster und ideologische Strömungen nie die Genauigkeit der Meinungsbefragung erreichen, insbesondere wenn sie im Rahmen einer Untersuchung unternommen wird, die ein Bild der Verhältnisse auf Landesebene zu zeichnen hat[72]. Eine Präzisierung wäre nur durch intensiven Vergleich der Ergebnisse auf Stimmkreisebene bei weitgehenden Vorkenntnissen der jeweiligen lokalen Traditionen und Verhältnisse zu erzielen. Dieser Ansatz konnte im Rahmen dieser Arbeit nur punktuell zur Veranschaulichung allgemeiner Trends in Form intensiver Fallstudien realisiert werden.

Im folgenden wird deshalb zunächst ein Überblick über die Wahlresultate der Bayernpartei auf Landes- und Regierungsbezirksebene gegeben und dabei speziell auf das umgekehrt proportionale Verhältnis der Wahlerfolge der Bayernpartei und der CSU abgehoben. Hierbei kann es keinem Zweifel unterliegen, daß die Masse der Bayernpartei-Wähler aus der CSU-Wählerschaft 1948 ausscherte[73] und im Verlauf der 50er Jahre in sie zurückkehrte. Es ist aber nicht ohne weiteres möglich, von der Mitgliedschaft der Bayernpartei, ihrer Organisation oder ihrer Parteiideologie auf die Motive der Wählerschaft rückzuschließen. Ein solches Verfahren wäre eher bei einer Mitgliederpartei mit konsistentem Programm fruchtbar. Die bisherigen Untersuchungen haben jedoch gezeigt, daß die größten Wahlerfolge der Bayernpartei 1948–1950 in ihre Bewegungsphase – eine Zeit ohne ausgebaute Organisation bei stärkster innerparteilicher Fluktuation und geringer programmatischer Konkretion – fallen. In der Folge versuchte sich die Bayernpartei zwar als Partei zu konsolidieren, das Abebben ihrer Wählerschaft deutet aber wiederum auf Differenzen zwischen Wähler und Parteiorganisation bzw. -führung hin, deren Aussagen und Organisationstätigkeit die Anhängerschaft immer weniger binden konnten. Insofern ist die Wahlanalyse, soll sie einen selbständigen Beitrag zur Aufhellung der politischen Struktur der Bayernpartei leisten, allein auf statistische Daten angewiesen. Im analytischen Teil dieses Abschnitts wird deshalb versucht, Faktoren der Wahlentscheidung für die Bayernpartei durch Korrelation mit sozialstrukturellen Daten und Wählertraditionen herauszuarbeiten. Da aber im Rahmen dieser Untersuchung keine größeren Rechenoperationen etwa über EDV vorgenommen werden konnten, können solche Beziehungen hier nur wahrscheinlich gemacht, nicht aber mit statistischer Stringenz nachgewiesen werden.

Wählerbewegung
Da bereits an anderer Stelle die Gesamtergebnisse der Beteiligung der Bayernpartei an Bundestags-, Landtags- und Kommunalwahlen genannt worden sind, wird hier sogleich die Bayernpartei-Wählerschaft in den Zusammenhang des Nachkriegsparteiensystems in Bayern gestellt. Während die verwickelteren Verhältnisse auf kommunaler Ebene gesondert betrachtet werden sollten, lohnt vor allem ein Vergleich der Entwicklung bei den Landtags- und Bundestagswahlen.
Bei relativer Stabilität der FDP und der SPD bis 1957/58 wird das Bild von den Veränderungen der CSU-Wählerschaft beherrscht – insbesondere von der annähernden Halbierung zwischen den Landtagswahlen 1946 und 1950. Da die Schwankungen in der Wahlbeteiligung nicht signifikant einer einzelnen Partei zugute gekommen zu sein scheinen, sondern sich auf alle Parteien verteilen, muß die wesentliche Erklärung für die Wählerverluste der CSU bei den kleinen Parteien Bayernpartei, BHE und WAV gesucht werden. Die erheblichen Verluste der WAV und die Spaltung der WAV-Landtagsfraktion[74] in der ersten Legislaturperiode lassen darauf schließen, daß diese Partei den Zerfall der CSU-Basis kaum mitverursacht hat. Auch der BHE hat hierzu nur begrenzt beigetragen, da er etwa die Hälfte seiner Wähler der WAV abgewinnen konnte; dazu konnte der BHE wohl nur einige Neuwähler und rund ein Zehntel der CSU-Wähler von 1946 – Vertriebene, die für die Reichsorientierung Josef Müllers votierten – zu sich herüberziehen. Die übrigen wurden zum Kern der Bayernpartei-Anhängerschaft der Jahre 1949/50.
Von hier bis 1957/58 reicht die zweite Phase, die als der Versuch der Bayernpartei charakterisiert ist, ihre Bewegungspotential als Landespartei zu konsolidieren. Während in diesem Zeitraum die Vertriebenenpartei als Interessenblock bemerkenswert stabil bleibt, gelingt es der CSU auf Anhieb, die bürgerlichen Protestwähler-

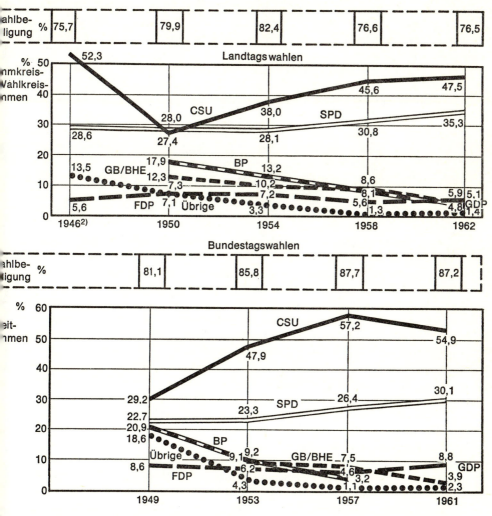

Grafik 1: Wahlbeteiligung und Stimmenanteile der Parteien bei den Landtags- und Bundestagswahlen in Bayern 1946–1962

Quelle: Vgl. Heft 237 der Beiträge zur Statistik Bayerns 1963, Schaubild 14

Parteien, insbesondere die WAV, zur Bedeutungslosigkeit zu verurteilen und deren Wählerschaft zu absorbieren, und zwar in den Landtags- wie Bundestagswahlen. Anders bei der Bayernpartei: die Differenz zwischen der Entwicklung in den Bundestags- und Landtagswahlen läßt hier einen Manövrierspielraum der Landespartei erkennen. Obwohl die CSU im Rahmen der Union auch Merkmale einer Landespartei besitzt, konnte sie als privilegierter Partner in der Kanzlergefolgschaft 1953 die Konkurrentin verdrängen. Es gelang der Bayernpartei auch nicht mehr, dieses Ergebnis durch den Versuch, sich aus dem Bannkreis Adenauers zu

lösen, und durch die Improvisation eines die Landesgrenzen überschreitenden Wahlbündnisses mit dem Zentrum – in der ‚Föderalistischen Union' 1957 – zu revidieren.
Negiert man hypothetisch den bundespolitischen „Band-Waggon-Effekt" zugunsten der Union, der sich auch auf Landesebene bemerkbar machte, zwischen 1950 und 1954, so hätte sie der Bayernpartei wohl nicht einmal die mageren 4,7% abjagen können, in den Bundestagswahlen 1953 11,8% (siehe Grafik 1). Dieser Überlagerungseffekt mit bundespolitischen Faktoren wurde im Scheitern der Vierer-Koalition – nach dem Debakel der Bayernpartei in der Bundestagswahl 1957 – allerdings voll wirksam und verwies auch auf Landesebene alle in regionalen oder gruppenspezifischen Sonderinteressen verhafteten Parteien zunehmend unter die Sperrklausel der Wahlgesetze. Landespolitik muß insofern als ein Verbundsystem verstanden werden, in dem besondere regionale Strukturen Teilabweichungen und Verzögerungen gegenüber der überlagernden Bundesebene erlauben, nicht jedoch eine Sonderentwicklung, die strukturell von der übergeordneten und effektiveren Ebene abweicht. Der Niedergang der Bayernpartei belegt die Integration auch traditioneller Sonderbereiche wie Bayern; mit ihr scheiterte nicht nur eine Landespartei, sondern eine partikular-staatliche Sonderpolitik als solche. Aber dieser Prozeß verlief wesentlich langsamer als das Versanden der Protestbewegungen gegen die Weststaatsgründung.
Die Wählerschaft der Bayernpartei muß grundsätzlich den Merkmalen der CSU-Wählerschaft entsprochen, sich innerhalb dieser aber durch zusätzliche Motive – die variabel und mit der Entwicklung veränderbar waren – abgegrenzt haben. Der plötzliche Wahlerfolg in der Staatsgründungsphase war sicher durch Protest verstärkt, läßt sich aber nicht allein darauf reduzieren, sonst bliebe der nur langsame und kontinuierliche Rückgang auf Landesebene bis 1961 unverständlich. Die relative Parallelität der Entwicklung bei Bayernpartei und BHE deutet auf eine Dialektik zwischen Vertriebenen und Einheimischen in der politischen Meinungsbildung hin; die größere Resistenz des BHE jedoch stützt die Annahme, daß ihre Interessen die Vertriebenen lange Zeit zu Unterprivilegierten stempelten, während die Ressentiments der Einheimischen mit der allgemeinen wirtschaftlichen Erholung zurückgingen. Auch ein Vergleich mit der WAV läßt Rückschlüsse auf die Wählerstruktur der Bayernpartei zu. Die WAV hatte ihre Anhänger vornehmlich aus Schichten rekrutiert, die von der politischen Entwicklung nach dem Zusammenbruch des Nationalsozialismus auch wirtschaftlich negativ betroffen wurden: ehemalige Nationalsozialisten, Berufssoldaten; Schichten, die aber bald integriert wurden und dann der WAV den Rücken kehrten. Demgegenüber dürfte sich die Bayernpartei auf Wählerschichten gestützt haben, in denen langfristige Traditionen der politischen Kultur wirksam wurden, die vor das Dritte Reich zurückweisen. Nach einem kurzen Exkurs zur stärkeren Parteienfluktuation auf kommunaler Ebene soll diesen Hypothesen nachgegangen werden.

Exkurs: Kommunalwahlen und Wahlbündnisse
Bis in die sechziger Jahre hinein gelang es dem Parteiensystem nicht vollständig, die älteren Strukturen der Kommunalpolitik völlig zu zerstören. Andererseits war das frühere Honoratiorensystem nicht mehr so wirksam, daß es ohne Absicherung durch Verbände auskommen konnte. Im Ergebnis gab es hier nicht nur ‚freie

Karten

Karte 1: Bayernpartei in den Kommunalwahlen 1948
Karte 2: Bayernpartei in den Bundestagswahlen 1949
Karte 3: Bayernpartei in den Landtagswahlen 1950
Karte 4: Bayernpartei in den Bundestagswahlen 1953
Karte 5: Bayernpartei in den Landtagswahlen 1954
Karte 6: Föderalistische Union in den Bundestagswahlen 1957

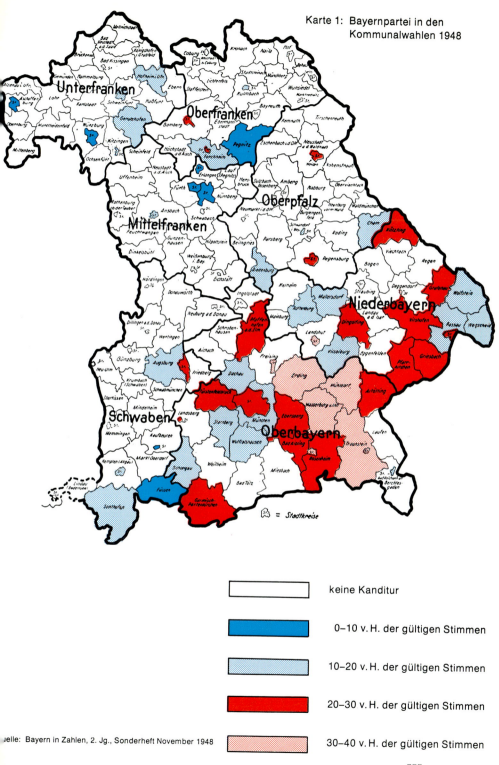

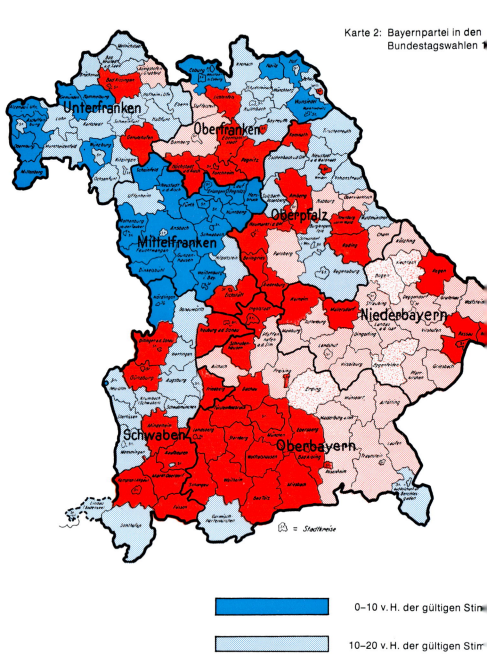

Karte 2: Bayernpartei in den Bundestagswahlen

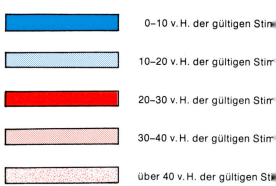

- 0–10 v. H. der gültigen Stim
- 10–20 v. H. der gültigen Stim
- 20–30 v. H. der gültigen Stim
- 30–40 v. H. der gültigen Stim
- über 40 v. H. der gültigen St

Quelle: Beiträge zur Statistik Bayerns, Heft 150

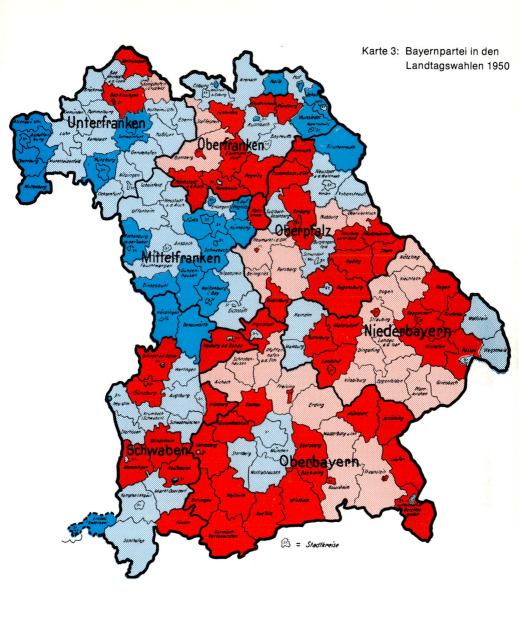

Karte 3: Bayernpartei in den Landtagswahlen 1950

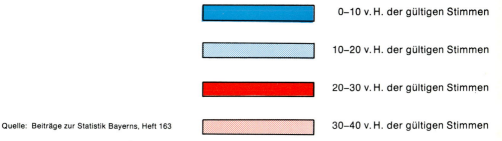

0–10 v. H. der gültigen Stimmen

10–20 v. H. der gültigen Stimmen

20–30 v. H. der gültigen Stimmen

30–40 v. H. der gültigen Stimmen

Quelle: Beiträge zur Statistik Bayerns, Heft 163

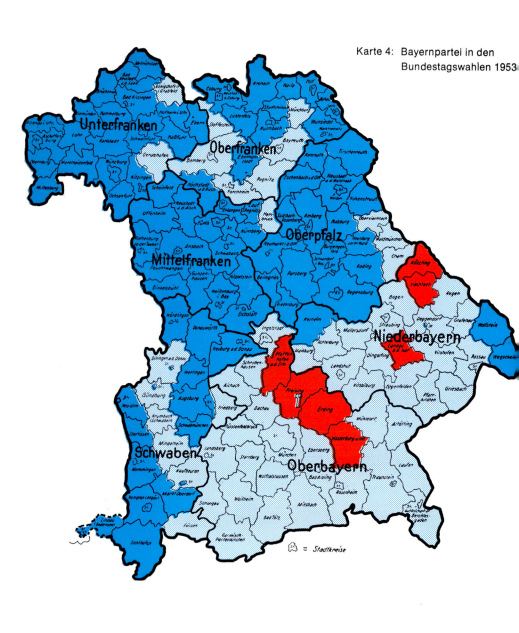

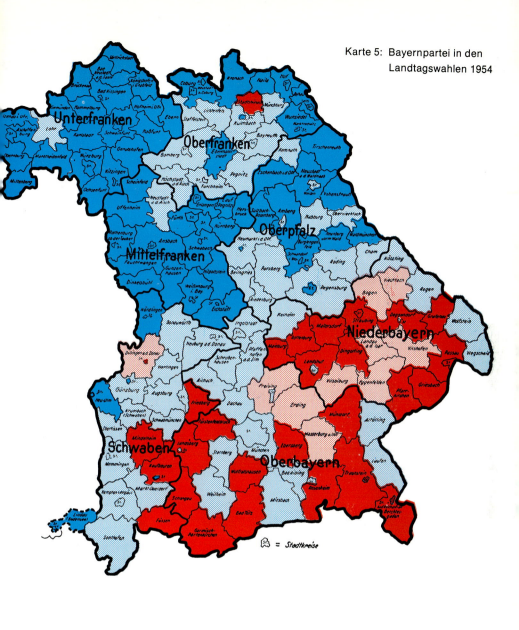

Karte 5: Bayernpartei in den Landtagswahlen 1954

- 0–10 v. H. der gültigen Stimmen
- 10–20 v. H. der gültigen Stimmen
- 20–30 v. H. der gültigen Stimmen
- 30–40 v. H. der gültigen Stimmen

Quelle: Beiträge zur Statistik Bayerns, Heft 201

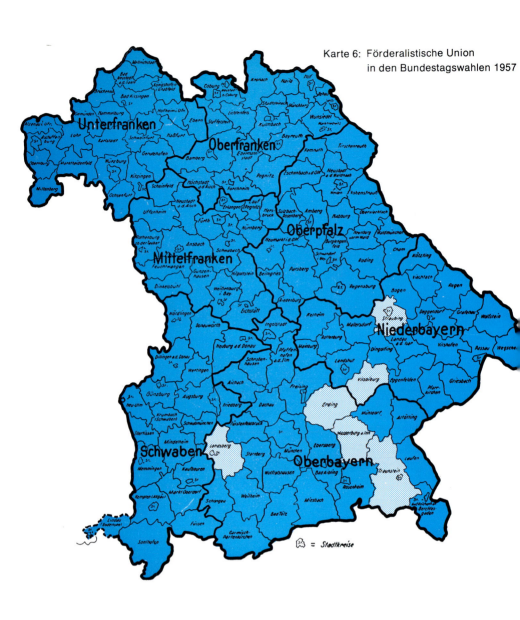

Wählervereinigungen' bzw. Rathausparteien, sondern auch das Verhalten der Lokalorganisationen der Landes- und Bundesparteien hatte bei Kommunalwahlen eine andere Qualität. Dies gilt namentlich, wenn auch nicht ausschließlich, für das bürgerliche Lager, in dem die amerikanischen Bedingungen der Wahlforcierung und Parteienlizenzierung zumindest bei den ländlichen Gemeindewahlen 1946 die örtlichen Honoratiorensysteme bestätigt und parteilose Mandatsträger in großer Zahl hervorgebracht hatten. Auf Land- und Stadtkreisebene hatte die CSU zwar entsprechende Tendenzen alsbald zusammenzufassen gewußt, aber bei der Desintegration des bürgerlich-bäuerlichen Lagers ab 1948 zeigte sich deutlich, daß in Wirklichkeit vorparteiliche Strukturen lediglich mit dem Etikett des Parteisystems versehen waren. Gingen lokale Schlüsselfiguren zur Bayernpartei über oder brachten ein Wahlbündnis zustande, so nahmen sie auch die Wählerschaft mit, unabhängig von der Parteienkonstellation.

Trotz dieser Abweichungen des Wahlgeschehens auf kommunaler Ebene[75] – wobei die Daten nur die Ergebnisse der höher politisierten Land- und Stadtkreise, nicht aber der Landgemeinden spiegeln – sind die Kommunalwahlergebnisse wichtig für die Periodisierung der Wählerumschichtungen in Bayern.

Hier zeigt sich, daß der Zusammenbruch der CSU nicht nur durch die Bewegung des partikularistischen Protests gegen das Grundgesetz erfolgte, sondern auch auf den Wegfall des ‚Lizenzierungsschutzes' durch die Militärregierung und den Zerfall der bürgerlichen Sammlungsbewegung unter dem Druck der ‚Normalisierung'

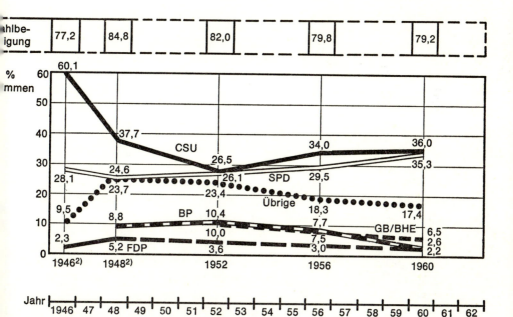

Grafik 2: Wahlbeteiligung und Stimmenanteile der Parteien bei den Kommunalwahlen 1946–1960

1) Wahl in den kreisfreien Städten und Landkreisen
2) ohne Stadt- und Landkreis Lindau (Bodensee)

Quelle: Vgl. Heft 237 der Beiträge zur Statistik Bayerns, 1963, Schaubild 14

1948 zurückzuführen ist. Die Mobilisierung der Vertriebenen durch den Neubürgerbund, eine Reihe nicht parteigebundener Wahlvorschläge und der Umbruch zur Bayernpartei in Süd-Ostbayern[76], wo sie ihre Kandidatenvorschläge konzentriert hatte, addierten sich zu 22,4% Verlusten für die CSU und 3,5% für die SPD (vgl. Grafik 2). Auch 1952 mußte die CSU weitere Verluste hinnehmen. Obwohl völlig desorganisiert, konnte die Bayernpartei durch eine gleichmäßigere Kandidatenaufstellung im ganzen Land nochmals ihren Erfolg steigern; darüber hinaus war sie an zahlreichen Wahlbündnissen beteiligt, so daß der Anteil der ‚Übrigen' trotz des Niedergangs der WAV und der 10% Stimmen für den erstmals auftretenden BHE bei einem knappen Viertel stabil blieb; die Zeche von über 11% (vgl. Grafik 2) mußte wieder die CSU bezahlen. Mit 26,5% hat sie hier ihren absoluten Tiefstand als Partei erreicht und unterschied sich von der SPD nur unwesentlich.

Als drittes Hauptmerkmal dieser Kommunalwahlergebnisse ist die Tatsache anzuführen, daß es der CSU unmöglich war, die Verluste im lokalen Bereich so schnell wieder aufzuholen wie auf Landes- oder gar Bundesebene. Eine Ursache liegt in der künstlichen Forcierung der Parteien in den ersten Nachkriegsjahren, als die Besatzungsmacht lokal wenig verankerte Führungsgruppen privilegierte; ihre Rolle als politische Zugpferde ging später auf die Bundespolitiker über, aber die große parteipolitisch-integrierende Wirkung der Bundespolitik überzog die tatsächlichen Strukturen auf kommunaler Ebene nur wie ein Firniß. Lokale Gruppierungen im Stile älterer Honoratiorenpolitik, zu denen auch die Bayernpartei beitrug, bewahrten ihre Eigenständigkeit und wichen nur sehr langsam. Das bekam neben der CSU allerdings auch die Bayernpartei zu spüren. Das Niveau ihrer Wahlerfolge auf kommunaler Ebene lag tiefer als auf Landes- oder Bundesebene; hier fehlte das Anti-Bonn-Protestmotiv, aber auch – wie bei der CSU – die breite, von Mitgliedern getragene Organisation. Andererseits bewies sie auf diesem niedrigeren Niveau die größte Resistenz, verlor zwischen 1952 und 1956[77] nur 2,7% und sackte erst nach dem inneren Zusammenbruch, der auf das Scheitern der Vierer-Koalition und die Spielbankenaffäre folgte, zur Splittergruppe ab. Zweierlei ist angesichts des plötzlichen Erfolgs seit 1948 und der überaus dürftigen Organisation der Bayernpartei auf Orts- und Kreisebene besonders erklärungsbedürftig: die Parteitreue der Bayernpartei-Wählerschaft im kommunalen Bereich auch über die Mitte der 50er Jahre hinaus und ihre Beteiligung an einer politischen Kultur, die zögernd die Form der modernen bürgerlichen Integrationspartei realisierte, in der sich aber ältere politische Strukturen noch immer als wirksam erwiesen. Daß diese älteren Formationen von der Bundespolitik her – also eher von der Kanzler-Demokratie als von der CSU als Partei – verdrängt wurden, macht ein grafischer Vergleich der addierten Wähleranteile der CSU und der Bayernpartei deutlich.

Die CSU hat das bürgerlich-bäuerliche Wählerpotential in den Bundestagswahlen zunehmend allein ausgeschöpft: mit der Verdrängung der Splittergruppen in der zweiten Bundestagswahl (1953) zog sie fast 80%, in der dritten (1957) über 90% dieses Wählerreservoirs an sich. Auf Landesebene blieben das Gesamtniveau und das der CSU niedriger, während die Bayernpartei als Landespartei relativ profitierte. Auf kommunaler Ebene gelang es dagegen nach 1948 nicht, mehrmals zwei Drittel dieses Wählerpotentials zu aktivieren; jedoch blieb hier der Anteil der Bayernpartei weitgehend stabil. In der weiteren Analyse muß daher auf die Differenzierung zwischen der bundespolitischen Protestbewegung in der Bayernpartei-

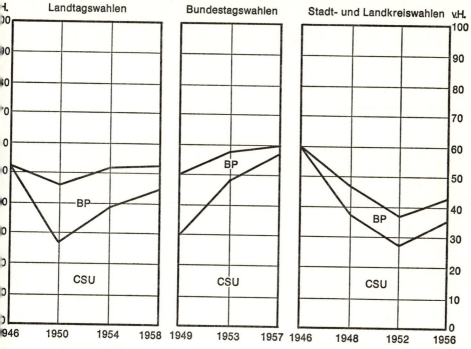

Grafik 3: Einbruch in die CSU-Wählerschaft durch Gründung der Bayernpartei
v.H. der gültigen Stimmen

Quelle: Politische Wahlen — Politische Zahlen, Statistik für Jedermann, hrsg. v. Bayerischen Statistischen Landesamt, München 1960, S. 29

Wählerschaft und ihrem soziokulturellen Kern geachtet werden. Beide Größen können sicher nicht unabhängig voneinander betrachtet werden — das Kernpotential ermöglicht die Mobilisierung, das Erbe der Bewegung stabilisiert den Kern —, aber sie sollten sich durch regionalen und sozialstatistischen Vergleich tendenziell scheiden lassen.

Regionale Schwerpunkte

Die Bayernpartei war zunächst weder eine im ganzen bayerischen Volk einigermaßen gleichmäßig verbreitete Bewegung noch später eine Landespartei, sondern immer eine Exponentin altbayerischer Sonderbedingungen, und in der Parteiphase verstärkte sich dieser Charakter als Vertreterin eines Landesteils. Die drei südbayerischen Regierungsbezirke, in denen in den Bundestagswahlen rund die Hälfte der bayerischen Stimmen (1949: 52,1%; 1953: 52,5%) abgegeben wurden, stellten 1949 zwei Drittel und 1953 sogar 72% der Bayernpartei-Wähler. Die extremste Unterrepräsentation findet sich hingegen im teils protestantischen, teils industriellen Mittelfranken, wo über 14% aller Wähler, aber nur 4,6% für die Bayernpartei votierten. Die CSU hatte demgegenüber von vornherein eine ausgeglichenere regionale Wählerverteilung und konnte diese 1953 der Bevölkerungsverteilung noch weiter annähern.

Tabelle 19: Die regionale Verteilung der Bayernparteiwähler in den Bundestagswahlen 1949 und 1953

	1949			1953		
	gültige Stimmen insges.	BP	CSU	gültige Stimmen insges.	BP	CSU
Oberbayern	26,2	33,8	20,6	27,1	41,7	24,4
Niederbayern	11,8	19,2	10,8	10,7	17,3	11,8
Oberpfalz	10,1	11,0	12,1	9,5	7,2	11,1
Oberfranken	12,6	11,3	10,0	12,3	11,5	9,8
Mittelfranken	14,0	4,6	11,6	14,3	4,6	12,3
Unterfranken	11,2	7,4	17,3	11,4	4,9	13,4
Schwaben	14,1	12,7	17,6	14,7	12,8	17,2
Bayern	100	100	100	100	100	100

Quelle: Beiträge zur Statistik Bayerns, Heft 193, S. 12.

Dieselbe Konzentration der Wähler auf Ober- und Niederbayern und Schwaben ist auch in den Landtagswahlen 1950 und 1954 nachzuweisen. Auch hier bilden Oberpfalz und Oberfranken Zwischenglieder, in denen die Bayernpartei zwar unterrepräsentiert, aber noch deutlich vertreten ist, während Unter- und Mittelfranken ganz abfallen.

Trotz klarer Signifikanz in beiden Phasen der Bayernpartei-Entwicklung zerfallen diese regionalen Hochburgen bei einer entwicklungsgeschichtlichen Betrachtung, wie die Karten (1 und 2) für die Jahre 1948–53 unmittelbar einsichtig machen. Daraus ergibt sich, daß in der Entstehungszeit 1948 und während der Schrumpfung zur Landespartei – hier stellvertretend die Bundestagswahlergebnisse 1953 – über die Hochburgen hinaus von einer landesweiten Wählerschaft eigentlich überhaupt nicht gesprochen werden kann, sondern lediglich von Streustimmen. Demgegenüber erscheinen die Hochburgen in der Bewegungsphase 1949/50 durch einen landesweiten Sockel gestützt, der allerdings im nordwestlichen Viertel Bayerns abbröckelt. Hier wurde also nicht nur das Vorland der Hochburgen mobilisiert, vielmehr wurden zusätzliche, qualitativ andere Wählerschichten erschlossen. Diese Protestwählerschaft konnte allerdings nicht längerfristig gebunden werden.

Daß dieser Zerfallsprozeß nicht nur einen Reflex der bundespolitischen Überlagerung darstellt, dieser Befund vielmehr auch für die Bayernpartei in der landespolitischen Szene gilt, zeigt die folgende Grafik 4, die den Stimmenrückgang der Bayernpartei in den Landtagswahlen zwischen 1950 und 1958 als Verlaufslinien für die einzelnen Regierungsbezirke erkennbar macht. In den südbayerischen Hochburgen bleibt diese Linie für die Legislaturperiode 1950–54 tendenziell stabil und bricht erst 1954 nach hinten hin ab; in den Mobilisierungsgebieten – Oberfranken nimmt hier wieder eine vermittelnde Stellung ein – aber fällt die Linie nach 1950 stark ab und zeigt ab 1954 die Konsolidierung als Splittergruppe an (Oberpfalz, Unterfranken), die sie in Mittelfranken immer geblieben war.

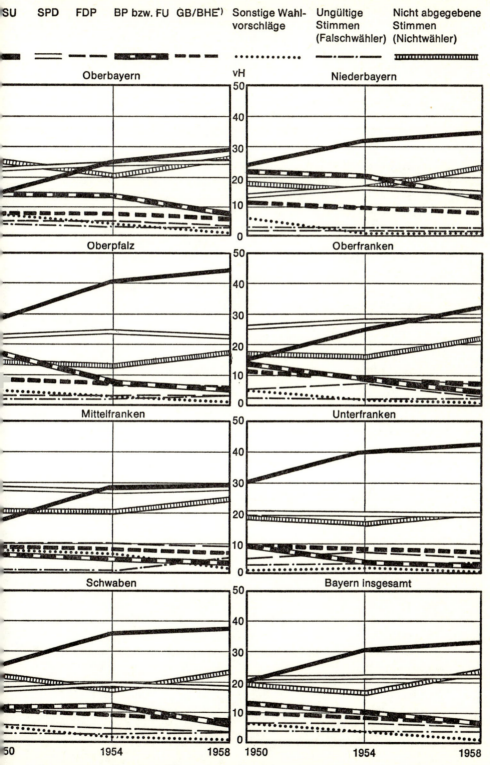

Grafik 4: Entwicklung des Anteils der Wahlvorschläge, der Falschwähler und der Nichtwähler an den zu vergebenden Stimmen in den Regierungsbezirken Bayerns bei den Landtagswahlen von 1950–1958

Quelle: Heft 215 der Beiträge zur Statistik Bayerns, 1960 Analyse des Wählerwillens, Schaubild 4   *) 1950 BHE-DG

Stadt-Land-Verteilung
Die Wählerschaft wohnte weit überwiegend auf dem Lande; das unterscheidet sie zunächst noch nicht von der anderer Parteien in Bayern, da auch die Bevölkerung 1949 zu 70% - bis 1958 auf 65% fallend - in Landkreisen abstimmte. Während SPD, FDP, WAV und KPD ausgesprochene Stadtparteien waren, erreichten zunächst der BHE und die CSU die höchste ländliche Überrepräsentation. Die Bayernpartei begann jedoch in den Kommunalwahlen 1948 mit Erfolgen in Städten und Kleinstädten; bei ihrer geringen Organisation konnte hier offenbar leichter als auf dem flachen Land mit wenigen Einsätzen ein optimaler Mobilisierungserfolg erzielt werden. Neben diesem organisationstechnischen Grund ist jedoch zu vermuten, daß für die extreme städtische Überrepräsentation der Bayernpartei-Protestbewegung (46,7% der Bayernpartei-Wähler gegenüber kaum 29% aller Wähler wohnten 1948 in Stadtkreisen) auch soziale Gründe maßgebend waren. Offenbar fand sich das städtische Kleinbürgertum in dieser Phase am ehesten bereit, der CSU die Gefolgschaft aufzusagen. Dieser Zusammenhang tritt bei einer näheren Betrachtung einiger städtischer Hochburgen noch deutlicher zutage.
In Freising-Stadt erreichte die Bayernpartei 1948 in den Stadtratswahlen 34,5%[78], ohne daß eine nennenswerte Zahl von Mitgliedern vorhanden war. Der Bezirksverband Freising wurde am 23. 2. 1948 gegründet, Lizenzierungsversuche waren seit Dezember 1947 unternommen worden. Der BV Freising-Stadt und -Land hatte am 20. Mai 1948 insgesamt etwa 60 Mitglieder. Ortsverbände gab es noch keine, und an den Kreistagswahlen vom 25. April beteiligte sich der Bezirksverband Freising noch nicht. Um so erstaunlicher ist der Erfolg bei den Stadtratswahlen, zumal der Bezirksverband noch kurz vor diesen Wahlen an den Kreisverband Oberbayern schrieb: „Wir stehen heute 10 Tage vor den Stadtratswahlen. Für diese Wahlen haben wir bis jetzt weder Plakate noch Flugblätter, noch sonstiges Werbematerial bekommen. Im Gegensatz hierzu haben die anderen Parteien schon vor Wochen intensiv die Werbung aufgenommen [...], Flugblätter stehen in unbegrenzten Mengen zur Verfügung."[79]

Tabelle 20: Die Wahlergebnisse in Traunstein-Stadt.

Traunstein-Stadt	BP	CSU	SPD	BHE	WAV	Flüchtlinge
1946a)	-	54,8	23,7	-	9,2	-
1948b)	36,6	22,5	11,8	-	1,9	11,8
1949c)	34,5	21,6	19,6	-	6,5	-
1950d)	22,8	22,3	26,3	11,1	-	-
1952e)	7,0	23,5	19,5	3,5	1,1	37,3 Sonstige*
1953f)	10,9	42,8	18,5	4,5	-	-
1954g)	15,9	28,4	25,6	6,1	-	-
1956h)	7,6	25,3	42,4	3,9	-	-
1957i)	7,0	47,5	24,6	5,2	-	-

* Das hohe Wahlergebnis läßt auf die Existenz einer überparteilichen Wählerverbindung schließen.

Quelle: Beiträge zur Statistik Bayerns: a) Heft 147   d) Heft 182   g) Heft 203
b) Heft 150   e) Heft 193   h) Heft 206
c) Heft 163   f) Heft 201   i) Heft 211

Der Bezirksverband Traunstein-Stadt und -Land, der früher lizenziert wurde und besser organisiert war als Freising, beteiligte sich an Kreistags- und Stadtratswahlen und erhielt in beiden Wahlen insgesamt 31,8%[80]. In den Stadtratswahlen erreichte die Bayernpartei mit 36,6%[81] ihr bestes Ergebnis in einem Stadtkreis, das sie in keiner späteren Wahl wiederholen konnte. Im Längsschnitt zeigt sich hier allerdings wieder die Personenorientierung der Kommunalwahlen und folglich auch eine extreme Parteienfluktuation.

Zumindest im Vergleich zur CSU setzt sich dieser ‚städtische' Trend auch nach der größten Organisationsausdehnung bei der Bundestagswahl 1949 fort, als die Bayernpartei im ganzen Land kandidierte. Zwar erreichte sie nun vor allem ländliche Wähler, im Verhältnis aber war die Unterrepräsentation der städtischen Wähler geringer als bei der CSU. Seit der Landtagswahl 1950 verkehrte sich diese Tendenz: die CSU paßte sich von nun dem Urbanisierungstrend in Bayern an und dehnte ihre städtische Wählerschaft über das normale Wachstum hinaus stärker aus, während die Bayernpartei in ihrer Wählerstruktur gegenüber dem Urbanisierungsprozeß zurückblieb. Dies ist bei den Bundestagswahlergebnissen 1953 (Tabelle 21) deutlich erkennbar; bei den Landtagswahlergebnissen ist dies zwar nicht im gleichen Maße der Fall (die ländliche Überrepräsentation bleibt in Relation zum gesellschaftlichen Strukturwandel konstant), doch wird in den Städten nicht der Wahlerfolg der Bundestagswahlen erreicht.

Tabelle 21: Anteil der Stadt- und Landwähler in den Bundestags- und Landtagswahlen 1949–1958, Vergleich Bayernpartei, CSU, SPD und BHE

	insg.	BP[a]	CSU	SPD	GB/BHE[b]
Bundestagswahl 1949[c]					
Kreisfreie Städte	29,4	24,8	20,7	36,6	–
Landkreise	70,6	75,2	79,3	63,4	–
Bundestagswahl 1953[c]					
kreisfreie Städte	32,3	25,6	27,5	43,0	18,1
Landkreise	67,3	74,4	72,5	57,0	81,9
Bundestagswahl 1957[c]					
kreisfreie Städte	34,1	25,5	29,0	45,6	24,0
Landkreise	65,9	74,5	71,0	54,4	76,0
Landtagswahl 1950[d]					
kreisfreie Städte	30,4	21,1	23,0	41,4	15,9
Landkreise	69,6	78,9	77,0	58,6	84,1
Landtagswahl 1954[d]					
kreisfreie Städte	32,9	24,8	26,4	43,2	21,9
Landkreise	67,1	75,2	73,6	56,8	74,8
Landtagswahl 1958[d]					
kreisfreie Städte	34,3	25,8	28,0	45,9	25,2
Landkreise	65,7	74,2	72,0	54,1	74,8

a) 1957 FU   b) 1950 BHE/DG

Quelle: c) Beiträge zur Statistik Bayerns Heft 206, S. 16   d) Heft 211, S. 25

Demnach läßt sich die Hypothese aufstellen, daß der Aufbruch der Bayernpartei als bundespolitische Protestpartei der Hauptmasse ihrer ländlichen Anhänger einen bedeutenden Anteil städtischer Wähler an die Seite stellte, während die Reorientierung auf die Landespolitik sie auf die ländlichen Distrikte zurückwarf. Tendenziell geriet damit die Bayernpartei in eine Sackgasse, weil sie einerseits vermied, sich in eine landwirtschaftliche Interessenpartei umzuwandeln, andererseits aber mit der Urbanisierung der bayerischen Bevölkerung nicht Schritt halten konnte. Trotz ganz unterschiedlicher Ausgangspunkte bildet sie damit nach 1950 eine deutliche Parallele zum BHE.

Wirtschaftliche Struktur
Den folgenden Tabellen mit Ergebnissen der Landtagswahlen von 1950 ist zu entnehmen, daß sich die Anteile der Bayernpartei an den Wählerstimmen in Gebieten mit hohem landwirtschaftlichen Bevölkerungsanteil umgekehrt proportional verhalten zu den Wählergewinnen in Gebieten mit überwiegend in der Industrie arbeitender Bevölkerung.

Tabelle 22: Stimmen in den Landkreisen mit starker landwirtschaftlicher Durchsetzung (ohne kreisfreie Städte) in den Landtagswahlen 1950

	Land- und forstwirtschaftliche Bevölkerung in v. H. der Wohnbevölkerung	
	25,9–40 v. H.*	über 40 v. H.*
CSU	31,0	33,6
SPD	24,5	16,5
BP	18,7	25,0
BHE/DG	14,8	15,8

* der gültigen Stimmen

Quelle: Beiträge zur Statistik Bayerns, Heft 163, S. 32.

Tabelle 23: Stimmen in den Stadt- und Landkreisen mit überwiegend industrieller Bevölkerung (ohne kreisfreie Städte) in den Landtagswahlen 1950

	Stadtkreise mit einem Anteil von	
	61,1–75 v. H.	über 75 v. H.
CSU	21,4	20,3
SPD	34,1	39,1
BP	15,4	12,4
BHE	13,4	5,6

Quelle: Beiträge zur Statistik Bayerns, Heft 163, S. 33.

Für die weiteren Wahlen, in denen die Bayernpartei Erfolge hatte, liegen entsprechend differenzierende Auszählungen nicht vor. Wenn man jedoch die Berufsdaten von 1950 mit den Trenddaten über die Land-Stadt-Verteilung zusammen betrachtet, so besteht kaum ein Zweifel, daß sich die Bayernpartei – entgegen dem von Schreyer[82] für die fünfziger Jahre gezeigten Industrialisierungsprozeß in Bayern – zunehmend auf die Bauernschaft stützte und damit, ohne die Verwandlung zur bäuerlichen Interessenpartei bewußt zu vollziehen, sich de facto an einen rückläufigen sozialen Faktor band.

Konfession

Die Wahlerfolge der Bayernpartei stehen auch in Bezug zur konfessionellen Zusammensetzung der Wahlkreise. Mit wachsendem Anteil der Katholiken an der Bevölkerung eines Regierungsbezirks wächst auch der Stimmenanteil der Bayernpartei.

Tabelle 24: Konfessionelle Zusammensetzung der Wahlkreise und BP-Wahlergebnisse 1949 und 1950 (Vergleich)

	Konfessionen 1946a)		Bayernpartei-Stimmen in v. H.	
	kath.	evang.	BT-Wahl 1949	LT-Wahl 1950
Obb.	82,0	14,0	26,9	22,0
Ndb.	87,0	12,0	33,9	27,4
Opf.	84,0	15,0	22,7	20,9
Ofr.	44,0	55,0	18,8	17,5
Mfr.	36,0	62,0	6,9	7,8
Ufr.	78,0	20,0	13,7	12,3
Schw.	82,0	16,0	18,8	15,8

Quelle: a) Volkszählung in Bayern vom 29. 10. 1946
Beiträge zur Statistik, Heft 141, S. 82 ff.

Deutlicher noch wird die Korrelation zwischen steigendem Anteil von Katholiken an der Bevölkerung und zunehmendem Wahlerfolg der Bayernpartei an folgender Tabelle:

Tabelle 25: Abstimmungsergebnis und konfessionelle Gliederung der Gemeinden in Bayern

Von 100 der Gemeindeangehörigen sind katholisch:	Landtagswahlen 1954 und 1958			
	BP		CSU	
unter 10	7,2	4,1	28,2	37,5
10 bis unter 20	7,2	3,2	24,7	33,7
20 bis unter 30	7,7	3,7	28,2	35,6
30 bis unter 40	4,6	2,4	27,3	32,8
40 bis unter 50	5,7	2,7	33,5	39,9
50 bis unter 60	4,5	2,5	39,2	43,0
60 bis unter 70	10,0	5,2	38,6	46,3
70 bis unter 80	12,5	7,8	32,8	39,3
80 bis unter 90	16,2	10,4	39,0	46,3
90 und mehr	17,5	11,1	49,5	58,6
	13,2	8,1	38,0	45,3

Quelle: Beiträge zur Statistik Bayerns, Heft 211, S. 27, Übersicht 28.

Tabelle 26: Sozialstruktur und Wahlerfolg der Bayernpartei im Regierungsbezirk Oberfranken

	Sozialstruktur der Stadt- und Landkreise a)				Wahlergebnisse der Bayernpartei b)		
	Wohnbevölkerung am 1.9.1950	kath. Bevölkerungsanteil in v. H. Spalte 1	Wohnbevölkerung in Land- u. Forstwirtschaft in v. H., Sp. 1	Heimatvertriebene in v. H. Spalte 1	Bundestagswahlen 1949	Landtagswahlen 1950	Landtagswahlen 1954
Stadtkreise							
1. Bamberg	76 180	76,6	2,5	18,0	32,1	23,0	16,2
2. Bayreuth	58 800	24,9	2,2	22,0	23,6	19,9	17,3
3. Coburg	44 929	18,4	1,4	23,8	8,6	12,5	3,2
4. Forchheim	16 599	75,3	2,9	22,9	22,6	19,7	19,2
5. Hof	61 033	23,0	1,0	23,1	14,1	9,5	5,7
6. Kulmbach	24 193	21,8	3,3	22,8	11,7	4,8	5,6
7. Marktredwitz	15 953	45,3	1,8	24,7	7,7	4,1	3,5
8. Neustadt/Cob.	12 813	13,3	1,4	18,3	2,5	1,4	1,2
9. Selb	18 802	68,3	1,7	26,5	29,3	14,4	7,4
Stadtkreise	329 302	38,8	1,94	21,8	19,3	14,7	10,5
Landkreise							
Bamberg	78 922	6,0	33,7	18,3	33,9	31,5	19,6
Bayreuth	50 634	36,5	24,6	26,4	15,6	15,0	17,3
Coburg	64 693	17,6	21,0	27,5	3,9	11,6	2,8
Ebermannstadt	30 264	64,8	42,8	26,4	27,3	28,5	9,2
Forchheim	43 878	70,4	34,8	26,4	22,6	24,8	18,8
Höchstadt/A. und Herzogenaurach	43 864	68,4	30,6	28,1	19,8	22,3	14,2
Hof	35 009	15,8	16,9	3,5	9,2	10,2	5,8
Kronach	80 590	62,4	16,2	18,6	19,3	14,0	4,1
Kulmbach	39 613	19,1	27,1	27,1	13,9	19,5	11,7
Lichtenfels	55 509	60,1	17,7	22,4	28,6	23,1	11,3
Münchberg	44 929	17,1	14,8	25,4	13,3	21,2	12,6
Naila	39 116	17,3	12,4	24,6	5,6	8,8	6,8
Pegnitz	38 675	54,9	36,1	24,1	23,6	24,9	14,2
Rehau	28 770	24,0	14,8	29,4	11,7	6,9	5,7
Stadtsteinach	22 767	62,6	23,5	25,1	19,8	21,9	23,7
Staffelstein	27 650	74,9	30,4	27,4	31,4	30,7	17,1
Wunsiedel	61 608	25,7	13,7	25,6	9,9	4,6	3,6
Landkreise	786 831	46,2	23,8	24,2	18,5	18,7	
Oberfranken	1 076 438	45,6	18,0	24,4	18,8	17,5	10,9

Quelle:
a) Statistisches Jahrbuch für Bayern, hrsg. vom Bayerischen Statistischen Landesamt, München 1952.
b) Beiträge zur Statistik Bayerns, Heft 193 und Heft 201.

Mit der wachsenden Dichte des katholischen Milieus (über 60%/o Katholiken) stiegen also die Bayernpartei-Wahlerfolge eindeutig; diese Beziehung war sogar stärker als bei der CSU, die auch in gemischt-konfessionellen Gebieten und im protestantischen Franken immer mindestens ein Viertel der Wählerschaft binden konnte (Tabelle 25). Zunächst überrascht die Tatsache, daß die Bayernpartei bei mehrheitlich protestantischer Bevölkerung höhere Ergebnisse erzielte als bei annähernd gleichen katholischen und protestantischen Bevölkerungsanteilen. Dies ist wohl dadurch zu erklären, daß starke Konfessionsmischung eine Sekundärfolge hoher Industrialisierung bzw. Urbanisierung darstellt, während überwiegend protestantische Gebiet mehr das ländlich-kleinstädtische Milieu repräsentieren, das als günstiger Nährboden der Bayernpartei bereits nachgewiesen wurde.

Insgesamt läßt sich aus der Analyse der verfügbaren sozialstatistischen Daten die enge Verwandtschaft der Bayernpartei-Wähler mit der CSU-Anhängerschaft feststellen. Dabei werden jedoch solche Elemente betont, die innerhalb der CSU-Wählerschaft als rückläufig erscheinen (zunehmende ländlich-landwirtschaftliche, regionale und konfessionelle Einseitigkeit) und die die CSU im Gegensatz zur Bayernpartei zu überwinden verstand. Zugleich zeigt der regionale Trendvergleich unterschiedliche Akzente der Wählerschaft in der Bewegungs- und Parteiphase.

Um die beiden wichtigsten subjektiven Faktoren für Wahlentscheidungen herauszuheben, ist es sinnvoll, von der von Lipset und Rokkan entwickelten Auffassung auszugehen, wonach sich Wahlentscheidungen auf Konflikte und Spannungen

Tabelle 27: Ergebnis der Landtagswahlen 1950, gegliedert nach dem Anteil der Flüchtlinge an der Wohnbevölkerung insgesamt (in v. H. der gültigen Stimmen)

Anteil der Flüchtlinge an der Wohnbevölkerung	CSU	BP	SPD	KPD	WAV	FDP	BHE
in Bayern insgesamt:							
bis 14 %	22,8	10,3	40,6	5,0	4,6	10,5	2,8
14–18 %	28,6	11,8	34,2	2,3	3,7	8,3	8,1
18–22 %	32,4	21,8	22,7	1,5	1,2	5,0	11,4
22–26 %	25,9	19,5	28,4	1,7	2,3	6,6	9,3
über 26 %	28,4	21,6	20,2	0,9	2,7	6,0	12,7
insgesamt	27,4	17,9	28,0	1,9	2,8	7,1	9,3
in Landkreisen:							
bis 14 %	44,0	7,4	31,4	2,1	0,1	6,3	6,8
14–18 %	34,1	12,3	31,6	1,9	1,1	6,6	10,0
18–22 %	34,1	21,7	21,9	1,4	1,0	4,6	11,9
22–26 %	28,1	20,6	26,9	1,4	2,0	5,6	9,7
über 26 %	28,6	21,8	20,0	0,9	2,6	5,9	12,9
insgesamt	30,3	20,3	23,6	1,2	1,9	5,6	11,4

Quelle: Beiträge zur Statistik Bayerns, Heft 163, Übersicht 21, S. 31.

(sogenannte cleavages) in der sozialen Sphäre zurückführen lassen; meist Kombinationen aus konfessionellen, ethnischen, ökonomischen und anderen Elementen[83]. Dabei sind ein aktueller Konfliktstoff – die Vertriebenen – und ein weiter zurückliegender – die Spaltung des katholischen Milieus in Bayern zwischen BVP und BBMB – die wirksamsten, zumal sie auch stark ökonomisch motiviert sind: die Trennung zwischen Groß- und Kleinbauerntum und die Abwehr der als Verpreußung empfundenen ‚importierten Industrialisierung'.

Heimatvertriebene als Wahlfaktor
Betrachtet man das Ergebnis der Landtagswahlen von 1950 gegliedert nach dem Anteil der Flüchtlinge an der Wohnbevölkerung, so ist unübersehbar (Tabelle 27), daß er mit den Wahlerfolgen für die Bayernpartei und den BHE in Zusammenhang steht. Mehr als in den Stadtkreisen korreliert in den Landkreisen ein hoher Anteil von Flüchtlingen mit guten Wahlergebnissen für Bayernpartei und BHE. Die

Graphik 5: Wahlergebnisse von CSU, BP und BHE und Anteil der Flüchtlinge an der Wohnbevölkerung in Landkreisen, Landtagswahl 1950

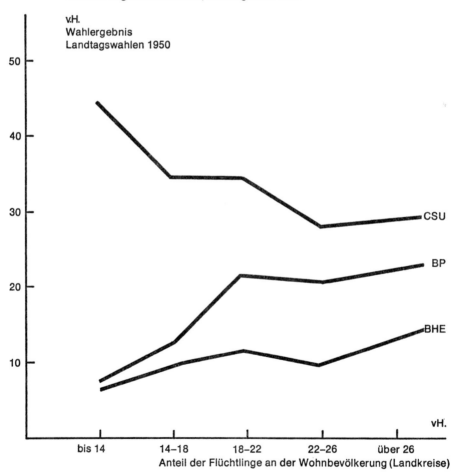

Resultate von CSU und Bayernpartei sind dagegen umgekehrt proportional: in den Landtagswahlen 1950 z. B. erzielte die CSU in Landkreisen mit extrem geringer Flüchtlingsbevölkerung ihren höchsten Stimmenanteil mit 44%, die Bayernpartei mit 7,4% ihren geringsten; wo extrem viele Flüchtlinge wohnten, fiel das Ergebnis umgekehrt aus.

In welchem Ausmaß die Organisation der Flüchtlinge im BHE Ressentiments der Einheimischen verschärft und Reaktionen durch Stimmabgabe für die Bayernpartei provoziert hat, ist im einzelnen nicht mehr nachzuweisen, zumal der BHE in Bayern mit der Deutschen Gemeinschaft eine Wahlverbindung einging[84]. Die Erfahrungen, die in Landtagswahlen in Schleswig-Holstein gemacht wurden, wo das Auftreten des BHE und sein Wahlerfolg zur Gründung einer „Partei der Einheimischen" führte[85], konnten in Bayern nicht bestätigt werden, da sich hier bereits in den Kommunalwahlen 1948 lokale Flüchtlingsgruppen mit eigenen Listen zur Wahl stellten und darüber hinaus 1949 die WAV als Interessenvertreter auch der Flüchtlinge auftrat[86].

Wer allerdings – wie etwa Kaltefleiter[87] – die Wahlentscheidung für die Bayernpartei nur mit der Protesthaltung gegen die wirtschaftliche Integration der Flüchtlinge und der daraus folgenden Unzufriedenheit mit der wirtschaftlichen Situation zu erklären versucht, übersieht andere wesentliche Faktoren des Wahlverhaltens. So macht das Beispiel Oberfrankens deutlich, wie sich hinsichtlich der Flüchtlingsfrage der gesamt-bayerische Trend nach Regionen und Traditionszonen differenziert.

Hier korrelieren nur in knapp der Hälfte der Landkreise hohe Anteile Heimatvertriebener an der Wohnbevölkerung mit überdurchschnittlichen Wahlerfolgen der Bayernpartei (Tabelle 26). Weit mehr erweisen sich die Regionen mit überwiegend katholischer Bevölkerung als Wählerschwerpunkt der Bayernpartei; ein Ergebnis, das ebenso deutlich eine Analogie bildet zur unterschiedlichen Mitgliederdichte[88] wie die Tatsache, daß die Wahlerfolge der Bayernpartei da steigen, wo eine überwiegend katholische Bevölkerung vorherrschend in der Land- und Forstwirtschaft beschäftigt ist. Erst das Zusammentreffen dieser Bevölkerungsstruktur mit erheblichen Anteilen von Flüchtlingen an der Wohnbevölkerung bringt – wieder vergleichbar der Mitgliederdichte – der Bayernpartei überdurchschnittliche Wahlerfolge[89].

In den Wahlen 1948–1950 haben die Abneigung gegen die Heimatvertriebenen und der Protest gegen ihre ‚Einweisung' die Wahloptionen für die Bayernpartei sicherlich erheblich beeinflußt. Konkurrenzangst vor dem Hintergrund allgemeiner ökonomischer Unsicherheit, Konkurrenzneid, verbunden mit der Furcht vor Statusverlust angesichts erfolgreicher wirtschaftlicher Tätigkeit vieler Vertriebener, haben den Protest ebenso motiviert wie das Unbehagen gegenüber „fremden" religiösen, kulturellen und ethnischen Gruppen, das sicher da verstärkt wurde, wo Vertriebene in lokale Beamten- oder Verwaltungspositionen einrückten.

Seit Beginn der fünfziger Jahre wurden die Heimatvertriebenen auch in Bayern zunehmend integriert, wozu ihre eigene – die Industrialisierung Bayerns fördernde – wirtschaftliche Aktivität wesentlich beitrug[90]. Dieser Prozeß blieb nicht ohne Auswirkung auf die Interessenparteien sowohl der Einheimischen wie der Heimatvertriebenen. Er läßt sich am Regierungsbezirk Niederbayern besonders gut verdeutlichen; denn einmal besaß Niederbayern eine relativ homogene Sozialstruktur mit dominierendem katholischen, bäuerlichen und kleingewerblichen Element; zum zweiten war der Anteil der Heimatvertriebenen an der Wohnbevölkerung hier vergleichsweise hoch; und schließlich erzielten Bayernpartei und BHE in den Wahlen 1950 bis 1954 überdurchschnittlich gute Ergebnisse[91]. Die Situation der Landtagswahlen von 1950 (Tabelle 27 und Grafik 5): die Korrespondenz von – auf Niederbayern bezogen – hohem Anteil der Heimatvertriebenen an der Wohnbevölkerung mit entsprechenden Wahlerfolgen für BHE und Bayernpartei wiederholt sich 1954 nicht. 1950 war diese Korrelation in 19 von 26 Wahlkreisen signifikant, 1954 nur noch in 11 von 26.

Eine Untersuchung der Landtagswahlen von 1954 scheint den Schluß nahezulegen, daß ein Sinken des Anteils an Heimatvertriebenen einen jeweils korrespondierenden Stimmenverlust für Bayernpartei und BHE zur Folge hat. Zwischen 1950 und 1954 ging der Anteil der Heimatvertriebenen an der Wohnbevölkerung um rund 4%, zurück, und in den Landtagswahlen 1954 hatten beide Parteien entsprechende Wählereinbußen gegenüber den Landtagswahlen 1950 zu verzeichnen: der BHE verlor 2,7%, die Bayernpartei 3,1%. Auf der anderen Seite jedoch erreichte die Bayernpartei in Niederbayern mit 24,5% gegenüber dem Landesdurchschnitt (13,2%) ein überzeugendes Ergebnis[92]. Schließlich gewann die Bayernpartei in einigen Landkreisen, in denen sich der Vertriebenenanteil vermindert hatte, Stimmen dazu[93]. Man muß aus diesen Ergebnissen folgern, daß die Wahlentscheidungen zugunsten der Bayernpartei in Niederbayern noch von weiteren, über die Ablehnung der Heimatvertriebenen hinausgehenden Motiven beeinflußt wurden.

Die Ansiedelung von Flüchtlingen hatte – verstärkt durch die ausgeprägte Abneigung gegen alles „Preußische" – ein Spannungsklima erzeugt, das traditionelles politisches Verhalten wieder virulent werden ließ. Ähnlich der Zeit um die Jahrhundertwende, in der der Bayerische Bauernbund sich gegen den Integrationsanspruch des Zentrums durchsetzen konnte, hat die Bayernpartei die anfängliche Vormachtstellung der CSU als katholische Integrationspartei – und zwar in den Hochburgen des Bauernbundes in Niederbayern – beseitigen können. Obgleich die Bayernpartei nicht als Nachfolgeorganisation des Bauernbundes agitierte, konnte sie in eben diesen Hochburgen des Bauernbundes bis 1962 die vergleichsweise besten Wahlergebnisse erzielen.

Wählertraditionen

Die Bauernbund-Bewegung in Bayern ist Anfang der 90er Jahre des vorigen Jahrhunderts als Oppositionsbewegung gegen das Zentrum und die von ihm gestützte Wirtschaftspolitik des Reiches entstanden. Sie war die organisatorisch verfaßte Form einer latenten Protesthaltung unter bayerischen Bauern, die sich allgemein gegen Obrigkeiten, sei es staatliche Bürokratie, sei es katholischer Klerus, seit der Reichsgründung insbesondere aber gegen die als preußisch deklarierte Reichspolitik richtete. Dieses in der bayerisch-bäuerlichen Kultur verwurzelte Element des Protests brach in Zeiten politischer und ökonomischer Krisen immer wieder mit widersprüchlichsten Forderungen und Inhalten auf: reaktionären oder revolutionär-sozialistischen, separatistischen oder nationalistischen.

Anfang der 90er Jahre hatten die Agrarkrise und die sinkenden bäuerlichen Einkünfte den Unmut besonders der kleinen und mittleren Bauern wachgerufen. Dem Reich und seiner Wirtschaftspolitik, speziell der Caprivischen Handelspolitik, wurde

die Schuld an der ökonomischen Misere angelastet; der bäuerliche Zorn traf stellvertretend vor allem die Zentrumspartei. 1893 versuchte der „Bund der Landwirte" auch in Bayern Fuß zu fassen; Versammlungen in Niederbayern, in denen nur der Gegensatz zwischen den niederbayerischen Bauern und dem „Bund der Landwirte" sichtbar wurde, gaben aber den Impuls zur Grüdung eines „Bundes der niederbayerischen Landwirte" (bald umbenannt in „Niederbayerischer Bauernbund"), der sich bereits im gleichen Jahr 1893 an den Reichstagswahlen beteiligte und 38 300 Stimmen sowie drei Mandate erlangen konnte[94]. Ebenfals noch 1893 wurde – allerdings im engen Zusammenwirken mit dem „Bund der Landwirte" – der „Fränkische Bauernbund" gegründet. 1894/95 folgte die Gründung von Bünden in Oberbayern und Schwaben. Die unterschiedliche Einstellung der bayerischen Bünde in den nächsten Jahren gegenüber der Politik des vornehmlich ostelbische Großagrarier-Interessen vertretenden „Bundes der Landwirte" war bestimmend dafür, daß es zu keinem dauerhaften Zusammenschluß kam. Ursächlich war die unterschiedliche Agrarstruktur: mehr große Betriebe in Franken, Mischstruktur in Schwaben, dazu in Oberbayern kaum Getreideanbau.
Nach dem Zusammenschluß von 1897 führten vor allem auch Gegensätze über das politische Programm zu erneuter weitgehender Zersplitterung; demokratische Forderungen wie allgemeines und gleiches Wahlrecht, Pressefreiheit, staatliche Schule, die von Nieder- und Oberbayern vertreten wurden, fanden in Franken und Schwaben weniger Resonanz. Eine solche Zersplitterung der Konkurrenz kam dem dem Zentrum nahestehenden „Christlichen Bauernverein" entgegen.
1900 kam es erneut zum Zusammenschluß der Bauernbünde zum „Bayerischen Bauernbund", in dem zunächst das fränkisch-schwäbische konservative Element dominierte; doch blieben die demokratisch egalitären, ja zunehmend sozialrevolutionären Vorstellungen und Wünsche der niederbayerischen und teilweise auch oberbayerischen Bauern virulent. Sie kamen im Laufe des Ersten Weltkrieges zum Tragen. Seit etwa 1913 hatte sich in Niederbayern um Karl Gandorfer der linke Flügel formiert, der die wachsende Erbitterung der kleinen Bauern über die immensen Kriegslasten, die Menschenverluste und den wirtschaftlichen Ruin artikulierte. Gegen Ende des Krieges wurden Gandorfer und seine Anhänger die eigentlichen Führer des Bauernbundes. Der BBMB ging jetzt eine Art Koalition mit der USPD ein, Gandorfer und sein Flügel beteiligten sich am Sturz der Monarchie, organisierten Bauernräte und arbeiteten in der Regierung Eisner mit; Karl Gandorfer wurde auch Vorsitzender des Zentralen Bauernrates. Die in den Wahlen 1919 erzielten Ergebnisse haben die Popularität dieser Politik bestätigt; der Bauernbund konnte seine Stimmenanteile vervielfachen[95]. Auch in den weiteren Stadien der Räte-Republik hat der Bauernbund mit den revolutionären Tendenzen sympathisiert; erst mit der Niederschlagung der Räterepublik konnten die Rechten die Macht im BBMB zurückgewinnen, mußten sich jedoch mit Gandorfers unangefochtener Position in Niederbayern und mit zahlreichen seiner Anhänger in Oberbayern abfinden. Doch konnte diese Linke die Entwicklung des Bauernbundes zur mittelständischen Interessengruppe nicht verhindern (1922 wurde der Name in „Bayerischer Bauern- und Mittelstandsbund" geändert). Zwar blieb der Bauernbund Konkurrenzpartei jetzt der BVP – Versuche Georg Heims, den Bauernbund mit seinen Christlichen Bauernvereinen zu vereinigen, wurden wegen deren Bindung an die BVP vom Bauernbund abgelehnt –, trat aber 1920 als „oppositionelle

Regierungspartei" in die BVP-geführte Regierung Kahr ein und verblieb bis 1930 in sämtlichen bayerischen Regierungen. Die Wähler haben auch diese Politik zunehmend honoriert: in den Reichstagswahlen 1928 erhielt der Bauern- und Mittelstandsbund 11,1% der in Bayern abgegebenen gültigen Stimmen; in den Landtagswahlen 11,5%[96]. Von den 376 000 Stimmen der Reichstagswahl erhielt der BBMB nahezu je ein Drittel in Nieder- und Oberbayern. In Niederbayern, dessen Wahlberechtigte nicht einmal 10% der bayerischen ausmachten, waren das 35,3% der dort abgegebenen gültigen Stimmen[97].

Die Ähnlichkeit mit der Situation der Bayernpartei in Niederbayern ist evident; es wäre zu untersuchen, ob sie sich bis in kleinere politische Einheiten fortsetzt[98]. Der BBMB konnte 1928 in neun Landkreisen Niederbayerns ein überdurchschnittliches Ergebnis (40,3% als Mittelwert) erzielen; in sieben dieser Landkreise überstiegen 1949 auch die Stimmanteile der Bayernpartei ihren niederbayerischen Durchschnitt; und umgekehrt blieben die Bayernpartei 1949 wie der BBMB 1928 in gleichen Landkreisen unter ihrem Mittelwert. Eine erhebliche Ausnahme bildet nur die Tatsache, daß die Bayernpartei auch in den kreisfreien Städten – der BBMB hatte dort nicht einmal 2% der Stimmen für sich mobilisieren können – gute Ergebnisse erzielen und der CSU die Hälfte ihrer Wähler abnehmen konnte. Die Tatsache, daß die Bayernpartei auch in den Städten Straubing und Deggendorf stärkste Partei werden konnte, hat vielleicht auch zur Verbesserung des Ergebnisses in den Landkreisen Straubing und Deggendorf beigetragen; hier war der Bauernbund unter dem Durchschnitt geblieben. Daß die Bayernpartei – anders als der BBMB – auch in den Landkreisen Dingolfing, Vilsbiburg und Viechtach einen überdurchschnittlichen Stimmenanteil gewann, hatte sie mit Sicherheit ihrer dortigen, außergewöhnlich guten Parteiorganisation zu danken.

Die Situation in Oberbayern bestätigt den Befund. BBMB und Bayernpartei erhielten in denselben zwölf Landkreisen – gemessen am jeweiligen oberbayerischen Ergebnis – überproportional viele Stimmen. In Schwaben, der dritten Hochburg des BBMB, ist eine vergleichbare Kontinuität allerdings nicht zu erkennen. Hier hatte 1949 die WAV der Bayernpartei erfolgreich Konkurrenz gemacht. Einen Zusammenhang herzustellen mit der 1954 – nach dem Verfall der WAV – erfolgenden vergleichsweisen Stabilisierung der Bayernpartei, erscheint zu gewagt. Es ist eher bemerkenswert, daß Kontinuitäten insbesondere da vorhanden waren, wo der BBMB seine mehr sozialrevolutionären Anhänger hatte.

Es wäre sicher ebenso falsch, die Bayernpartei in die Rolle einer traditionell sozialrevolutionären Partei zu drängen, wie generell zu behaupten, ehemalige BBMB-Anhänger hätten 1949 Bayernpartei, frühere BVP-Anhänger CSU gewählt. Die Bayernpartei war weder sozialrevolutionär, noch machten landwirtschaftliche Fragen den Schwerpunkt ihres Programms aus. Aber sie vertrat einmal extrem föderalistische bis partikularistische Lösungen für die politische und wirtschaftliche Krisensituation am Ende der 40er Jahre, und sie stand in Konkurrenz zu der mit Integrationsansprüchen an das christliche Lager auftretenden CSU. Wie früher – unter anderen historischen Bedingungen – der BBMB bot sich die Bayernpartei jenem rebellischen Element in der kleinbäuerlichen politischen Kultur Nieder- und Oberbayerns als Mittel des politischen Protestes an: gegen den vermeintlich an aller Misere schuldigen preußischen, gegen den neuen Frankfurter und drohenden Bonner Zentralismus, was die CSU – wenn auch halbherzig – wiederum unterstützte. Die Bayernpartei hatte nicht das Erbe einer politisch inhaltlichen Tradition, sondern eines traditionell rebellischen politischen Verhaltens angetreten.

Es bliebe noch zu fragen, ob sich potenzierende Wechselwirkungen zwischen den beiden Faktoren Bauernbund-Potential und in BHE-Stimmen sich niederschlagender Flüchtlingsanteil an der Wohnbevölkerung am Wahlerfolg der Bayernpartei feststellen lassen. Wo beide Elemente, bezogen auf die Mittelwerte der niederbayerischen Landkreise, nur durchschnittlich auftreten, werden sie offensichtlich von anderen überlagert. Aber in den Landkreisen, in denen beide Faktoren entweder weit überdurchschnittlich (Griesbach, Pfarrkirchen, Landau) oder weit unter dem Durchschnitt (Grafenau, Kelheim, Passau) vorhanden waren, ist die kumulierende Wirkung aufeinander kaum zu übersehen: hier fiel auch das Bayernpartei-Wahlergebnis weit über- oder unterproportional aus.

IV. Finanzierung

Auch für die Bayernpartei gilt die schon von Max Weber getroffene Feststellung, daß die Finanzen das am wenigsten durchsichtige Kapitel des Komplexes Parteien sind[1]. In der Frühzeit der Bundesrepublik ist die Finanzierung der bürgerlichen Parteien offenbar schwer zu durchdringen, so daß für einen adäquaten Vergleich der Finanzierung der Bayernpartei mit anderen kleinen bürgerlichen Parteien nur in geringem Umfang konkretes Zahlenmaterial herangezogen werden konnte; insbesondere für die bayerischen Landesparteien finden sich nur vereinzelt Hinweise zur Finanzierung. Von besonderem Interesse zur Beurteilung der Finanzierung der Bayernpartei wäre ein Vergleich mit der CSU, einerseits weil die soziale Struktur der Mitgliederschaft die größte Ähnlichkeit aufweist, andererseits weil der CSU nicht nur nach der Währungsreform zumindest ansatzweise eine „staatliche Parteifinanzierung"[2] möglich war. Doch leider gehört die Finanzierung zu den bestgehüteten Geheimnissen der CSU[3]. Die Parteiführung dürfte nicht ohne Grund darauf geachtet haben, daß in den Geschäftsberichten und Jahrbüchern dieser Komplex ganz ausgespart blieb. Zwar bildeten die Finanzen auch ein Kampfmittel der rivalisierenden Führungsgruppen innerhalb der CSU[4], doch drang sehr viel weniger an die Öffentlichkeit als bei der Bayernpartei.

Permanente Angriffe der Bayernpartei-Opposition und der CSU in der Presse zwangen die Parteiführung, den Parteigremien des öfteren recht konkrete Auskünfte über die Verteilung der Einnahmen und Ausgaben zu geben. Zudem schlug sich ein häufiger Wechsel der Schatzmeister – von fünf zwischen 1948 und 1953 gewählten oder vorübergehend mit der Wahrnehmung des Amtes betrauten Schatzmeistern[5] wurden vier ausgeschlossen oder gingen zur CSU – in schriftlichen Finanzberichten des jeweils neuen Amtsinhabers nieder. Danach wurde das Amt des Finanzbevollmächtigten der Bayernpartei von August Geislhöringer kontinuierlich wahrgenommen bis dieser 1959 bei Beginn des Spielbankenprozesses sein Amt niederlegen mußte.

Welche Funktion die Finanzierung der Bayernpartei für CDU/CSU und Industrie in der Phase der Rekonsolidierung des Kapitalismus nach der Währungsreform hatte, soll an einigen exemplarischen Beispielen verdeutlicht werden. Um den Zusammenhang zwischen Struktur, Politik und Finanzierung der Bayernpartei transparent zu machen, sind folgende Fragen zu stellen: Wie finanzierte sich die Bayernpartei an der Basis in ihrer Frühzeit, als sie den Anspruch einer „bayerischen Volksbewegung" erhob? Zeigte sich die Umstrukturierung von der „Bewegung" zur Landespartei auch im finanziellen Bereich? Zur Beantwortung dieser Fragen wird besonders die Beitragswilligkeit der Mitglieder und das Verhältnis von Mitgliedsbeiträgen und Spenden, auch auf unterster Parteiebene, zu untersuchen sein. In welcher Form übten die Geldgeber Einfluß auf die Politik der Bayernpartei aus? War die Bayernpartei, wie dies Meyn für die Deutsche Partei beschreibt, „ein willensloses Werkzeug in der Verfügungsgewalt außerhalb der Partei stehenden Kräfte"[6], oder gelang es ihr, eine gewisse politische Unabhängigkeit zu bewahren?

1. Finanzierung und Organisation

Finanzierung unterer Gliederungen
Die Bayernpartei wurde sehr viel stärker als die anderen bayerischen Parteien von der Währungsreform betroffen. Schon zuvor hatte im Gründungsprozeß die Verweigerung ihrer Lizenzierung auf Landesebene durch die US-Militärregierung den Aufbau der Organisation erheblich erschwert. Die örtlichen Parteigründungen waren autonom und nur der Kontrolle der örtlichen Militärregierung unterworfen; sie waren verpflichtet, in ihren Monatsberichten an diese Einnahmen, Ausgaben und Kassenbestand genau anzugeben[7]. Diese finanzielle Unabhängigkeit bedeutete eine Stärkung der regionalen Verbände der Bayernpartei.
Nach der Satzung, welche sich die Bayernpartei im Stadt- und Landkreis München im Jahre 1947, also noch vor Gründung des Landesverbands, gab, betrug der Jahresbeitrag RM 12,–, die Aufnahmegebühr RM 2,–[8]. 90% der Beitragseingänge flossen der Parteiführung im Stadt- und Landkreis München zu, 10% verblieben den Ortsgruppen. Spenden mußten vollständig an die Parteiführung abgeführt werden[9]. Mehr als andere Parteien, die von der Währungsreform in ihrer organisatorischen und finanziellen Entwicklung zurückgeworfen wurden, war die Bayernpartei davon betroffen, da die zentrale Landesorganisation, dank der Zulassungsrestriktionen der Militärregierung erst im Aufbau begriffen war. Die Landesorganisation konnte kaum auf finanzielle Beiträge unterer Parteigliederungen rechnen. Zudem war die in der Satzung des Kreisverbandes München vorgeschriebene zentrale Vereinnahmung der Mitgliederbeiträge und Spenden angesichts der Rivalitäten zwischen den Kreisvorsitzenden von München und Oberbayern, Lallinger und Fischbacher, auf der einen Seite und der Gruppe der CSU-(Schäffer-Hundhammer-Flügel)-Sympathisanten nicht durchführbar. Es gelang nicht einmal, die Höhe des Mitgliedsbeitrages zentral festzulegen. Auf der ersten Landesversammlung in Passau am 19. 6. 1948 wurde im Gegenteil beschlossen, daß die einzelnen Kreisverbände die Höhe der Mitgliedsbeiträge selbst bestimmen könnten[10]. Eine Staffelung der Beiträge nach der Höhe des Einkommens war nicht vorgesehen. Grundsätzlich sollte jedes Mitglied die Höhe seines Beitrags entsprechend seiner Leistungsfähigkeit selbst bestimmen. Als Richtschnur setzte die Landesleitung einen Mindestbeitrag in Höhe von 1,– DM fest[11]. Auch in den später verabschiedeten

Satzungen wurden weder die Höhe der Mitgliederbeiträge noch die Verteilung an die einzelnen Organisationsebenen festgelegt[12].

Zwar beschloß die Landesleitung, daß 60% der Einnahmen aus Mitgliederbeiträgen und Spenden von den Bezirksverbänden abgeführt werden müssen, und zwar je 30% der Mitgliederbeiträge und je 25% der Spenden an Kreis- und Landesverband[13]. Es stellte sich aber bald heraus, daß die Landesleitung keine Einnahmen von den Bezirksverbänden erwarten konnte. Denn die Mitglieder zeigten sich nach der Währungsreform weder beitragswillig noch spendefreudig, und Parteizentrale und Kreisverbände hatten keine Machtmittel, um die Bezirksverbände zur Ablieferung der vereinbarten Beiträge zu zwingen; nur das Benzinkontingent, das den Parteien zugeteilt wurde, konnte von der Landesleitung zentral verteilt werden[14].

Das Zusammenfallen von Lizenzierung und Währungsreform zwang die Parteiführung, sich bereits in der Aufbauphase erheblich zu verschulden. Von Anfang an waren der Landesvorstand und führende Parteifunktionäre vorwiegend auf Spenden, Kreditgeber und Bürgen angewiesen. Die Konsequenzen dieser finanziellen Ausgangslage zeigten sich in den Finanz- und Bestechungsskandalen, in die die Partei in der Folgezeit verwickelt wurde. Denn das Beitragsaufkommen der Mitglieder spielte für die Organisationsarbeit der Landesgeschäftsstelle keine Rolle. Aufgrund der dezentralisierten Kassenführung hatte die Zentrale nicht einmal einen Überblick über die tatsächliche Beitragseinnahmen in den Bezirksverbänden[15]. Legt man einen durchschnittlichen Mitgliederbeitrag von –,50 DM zugrunde, so hätte bei einem Stand von 16 600 Mitgliedern im Oktober 1948 mindestens ein Betrag von je 2700,– DM an Kreisverbände und Landesgeschäftsstelle abgeführt werden müssen. Tatsächlich wurden die Kreisverbände aber von der Zentrale in der Zeit vom 1. 10. 1948 bis 1. 2. 1949 bereits mit insgesamt 6000,– DM bezuschußt[16]. Doch war dies keine Besonderheit der Bayernpartei. Es kann fast als Charakteristikum bürgerlicher Parteien in der frühen Nachkriegszeit und in den ersten Jahren der Bundesrepublik gelten, daß das Beitragsaufkommen zur Finanzierung der laufenden Organisationsarbeit keine Rolle spielte[17].

Oberbayern

Am Beispiel des Kreisverbands Oberbayern soll gezeigt werden, inwieweit wenigstens die Organisationsarbeit auf lokaler Ebene durch die Beiträge und Spenden der Mitglieder getragen werden konnte. Der Kreisverband Oberbayern war neben München der mitgliederstärkste und am besten durchorganisierte Kreisverband. Für die Untersuchung der Frage, inwieweit die Organisationsarbeit der Bayernpartei auf unterer Ebene durch Mitgliederbeiträge und -spenden getragen wurde, eignet er sich besser als die eigentliche Bayernpartei-Hochburg Niederbayern, da er kontinuierlich unter der Führung des integren Kreisvorsitzenden Fischbacher stand und nicht durch permanente Skandale leitender Parteifunktionäre erschüttert wurde[18]. Obwohl der Kreisverband Oberbayern mit etwa 7000 Mitgliedern stärkster Kreisverband war, hatte er im Oktober 1948 etwa 7000,– DM Schulden, weil, wie Fischbacher klagte, „keine Beiträge eingingen und keine Mitgliedsabzeichen gekauft würden"[19]. Für seine Geschäftsstelle mit drei Angestellten hatte der Kreisverband relativ hohe Ausgaben: für Bürokosten, Miete, Gehälter, Vertrieb, Propaganda und Organisation wurden im September 1949 mehr als 3000,– DM auf-

gewendet; dem standen Einnahmen in Höhe von 734,- DM durch Mitgliedsbeiträge und Spenden gegenüber[20]. Demgegenüber war vor der Währungsreform das örtliche Beitrags- und Spendenaufkommen offenbar gut, jedenfalls in Relation zu den geringeren Aufwendungen: nur wenige Bezirksverbände hatten Geschäftsstellen mit nebenamtlichen Mitarbeitern[21], die eine Aufwandsentschädigung erhielten.
Die finanziellen Folgen der Währungsreform für die lokale Ebene spiegeln sich in den Tätigkeitsberichten des Bezirksverbands Erding an die örtliche Militärregierung[22]. Im Bezirksverband Erding wurde die Bayernpartei bei den Kommunalwahlen 1948 stärkste Partei und zählte am 30. Juni 1948 319 Mitglieder[23]. Im selben Monat – die Währungsumstellung erfolgte am 21. Juni – konnte der Bezirksverband noch Spenden in Höhe von 1060,- RM und Aufnahmegebühren von 102,- RM melden und lieferte auch 305,- RM an den Kreisverband Oberbayern ab[24]. Am 1. September betrugen die Aufnahme- und Mitgliedsbeiträge bei 355 Mitgliedern noch 55,- DM, an Spenden gingen 44,50 DM ein[25]. Im allgemeinen sind im Kreisverband Oberbayern kaum Mitglieder nach der Währungsreform ausgetreten, sondern stellten einfach die Beitragszahlung ein, jedoch wurden sie von der Partei zunächst weiter als Mitglieder gezählt.
Eine verbindliche Beitragsregelung konnte offenbar auch vom Kreisverband nicht durchgesetzt werden; 1948 beschlossen die Bezirksversammlungen die Höhe des Mitgliedsbeitrags. In Oberbayern schwankte er zwischen 0,50 DM und 1,- DM[26]. Da der Kreisverband Oberbayern keine eigenen Einnahmen hatte außer Spenden, die auf Kreisebene gesammelt wurden[27], war er auf die Abgaben der Bezirksverbände angewiesen. Allerdings waren Organisationsstand, Mitgliederstärke und Führung der Bezirkskassen auf einem sehr unterschiedlichen Stand[28]. Das einzige Druckmittel, das der Kreisverband gegenüber zahlungswilligen Bezirksverbänden ausspielen konnte, war die Verweigerung des Benzinmarken-Kontingents[29]. Da die Beitragseingänge der Bezirksverbände so gering waren[30], versuchte der Kreisverband sich durch eine Fragebogenaktion im April 1949 einen Überblick über die Beitragswilligkeit der Mitglieder in sämtlichen Bezirksverbänden zu verschaffen. Er ging dabei von einem Pflichtbeitrag von 1,- DM aus, mußte jedoch zu folgendem Ergebnis[31] kommen: Zwischen 5 und 30% der Mitglieder zahlten trotz Zahlungsaufforderung, zwischen 5 und 30% mit Einwilligung des Bezirksverbands wegen wirtschaftlicher Notlage nicht; Beträge von 0,50 DM gingen von rund 50% der Mitglieder ein, höchstens 10 bis 15% zahlten regelmäßig 1,- DM und mehr.
Ein halbes Jahr später machte der Kreisverband von seinem satzungsmäßigen Recht Gebrauch, die Kassen- und Rechnungsführung zu kontrollieren[32], und führte nach den Bundestagswahlen im Oktober 1949 in sämtlichen Bezirksverbänden eine Kassenrevision durch. Aus diesen Berichten wird erneut deutlich, daß Beitragseinnahmen und die Kassenführung erheblich differieren: Bei knapp der Hälfte der untersuchten Bezirksverbände ging über 50% des Beitragssolls ein, die restlichen Bezirksverbände verzeichneten maximal 35% ihrer zu erwartenden Mitgliederbeiträge, in einigen Bezirksverbänden war das Kassieren der Mitgliederbeiträge total vernachlässigt. Für die Berechnung des Mindestbeitragssolls hatte der Kreisverband inzwischen nur noch 0,50 DM als durchschnittlichen Monatsbeitrag pro Mitglied festgelegt[33]. Der KV Oberbayern war jedenfalls nicht in der Lage, seine laufenden Kosten durch Mitgliedsbeiträge der Bezirksverbände zu decken, an eine Abführung von Beiträgen an den Landesverband war daher nicht zu denken.

Auch die Abgeordneten des Kreisverbands waren zu Beiträgen verpflichtet. Die direkt gewählten Bundestagsabgeordneten wurden Ende 1949 aufgefordert, einen Betrag von 100,– DM an den Kreisverband zu überweisen, die Landtagsabgeordneten sollten einen Mindestbeitrag von 30,– DM im Monat aufbringen[34]. Mahnungen und Beschwerden des Kreisverbandsvorsitzenden lassen darauf schließen, daß die Abgeordneten diesen Forderungen in einigen Fällen nur sehr unzulänglich nachgekommen sind[35], zumal sie an den Landesverband monatliche Abgaben zahlen mußten.

Mißt man Erfolg und Interesse an einer politischen Partei an der Bereitschaft ihrer Mitglieder, die Partei regelmäßig zu unterstützen, so zeigt sich für die Bayernpartei seit Anfang 1951 bereits ein erheblicher Rückgang, obwohl sich die wirtschaftliche Situation in der Bundesrepublik insgesamt gebessert hatte.

Da im Kreisverband Oberbayern die mitgliederstärksten Bezirksverbände mit wenigen Ausnahmen Landkreise mit überwiegend agrarischer Struktur waren, war die Bayernpartei von der Mentalität ihrer bäuerlichen Anhänger besonders stark betroffen. Die Ablieferungsforderungen des Frankfurter Witschaftsrats 1947/48 mobilisierten politisches Engagement für die partikularistische Bayernpartei, das sich in einer Unterstützung durch Mitgliedsbeiträge und spontane unregelmäßige Spenden niederschlug. Nach der Liberalisierung des Agrarmarktes in der Bundesrepublik verebbte dieser Protest.

Bezirksverband Traunstein-Land
Am Beispiel des Bezirksverbands Traunstein-Land kann die Beitragswilligkeit der Mitglieder und die Finanzierung auf lokaler Ebene etwas näher beleuchtet werden. Traunstein-Land ist vorwiegend agrarisch strukturiert, litt jedoch unter einem extremen Wanderungsgewinn in der Nachkriegszeit. Seine Einwohnerzahl hatte sich von 51 902 im Jahre 1939 durch Einweisung von norddeutschen Evakuierten während des Krieges, Displaced Persons und vor allem durch den Zustrom der Flüchtlinge auf 95 644 im Jahre 1946 erhöht[36]. Bereits am 3. 8. 1947 wurde bei Traunstein die Bayernpartei aus Protest der Einheimischen gegründet und wenig später von der örtlichen Militärregierung lizenziert; hier entwickelte sich bald einer der mitgliederstärksten und am besten organisierten Bezirksverbände[37]. Agrarische Struktur, bauernbündlerische Tradition und hoher Flüchtlingsanteil, der das Fremdenverkehrsgewerbe beeinträchtigte, ließen die Bayernpartei aus den Kommunalwahlen im Frühjahr 1948 als stärkste Partei[38] hervorgehen. Auch in den Bundestagswahlen 1949 und Landtagswahlen 1950 lag sie mit 36,2 bzw. 32,1%[39] über dem oberbayerischen Durchschnitt. Die Beitragszahlungen und Spenden der Mitglieder des Bezirksverbands Traunstein im Jahre 1949 übertrafen die der übrigen ländlichen Gliederungen bürgerlicher Parteien in Bayern[40]. Allerdings profitierte der Kreisverband Oberbayern von den Mitgliederbeiträgen wenig, da sich Traunstein als einziger Bezirksverband Oberbayerns einen hauptamtlichen Geschäftsführer leistete und entsprechend hohe Ausgaben für die Parteiarbeit hatte[41]. Seit der Währungsreform war ein Rückgang der Mitgliedsbeiträge festzustellen, die der Geschäftsführer auf Zwistigkeiten in der Bezirksvorstandschaft zurückführte[42]. Jedoch lag der eigentliche Grund darin, daß nach drei Jahren von den 1035 Mitgliedern, die der Bezirksverband im Oktober 1949 hatte, noch 700 übrig waren[43] und daß von diesen wiederum nur 400 Mitglieder[44] ihrer Beitragspflicht nachkamen.

Die Ortsverbände und Stützpunkte zahlten nur sporadisch, einige Ortsvereine waren sogar überhaupt nicht mehr bereit, Beiträge zu kassieren. Von 49 Ortsvereinen und Stützpunkten des Bezirksverbands zahlten nur in vier Fällen alle Mitglieder ihren Beitrag, in einigen fand sich kein Kassierer oder der Ortsvorsitzende war amtsmüde; in einem Ortsverein zahlte der Ortsvereinsvorsitzende die Beiträge für sämtliche Mitglieder selbst. Nur vereinzelt haben die Mitglieder aus wirtschaftlicher Notlage nicht gezahlt, „alle übrigen Nichtzahler weigern sich hartnäckig, meistens unter Beschimpfung des Kassierers, ihrer Pflicht nachzukommen, und erklären, an der Bayernpartei kein Interesse mehr zu haben"[45]. Der Bezirksverband war seit 1951 mit den Beitragszahlungen im Rückstand, bis Mitte Mai 1952 waren sie bereits auf 1600,- DM angewachsen[46]. Erst im Juli 1955, als ein neuer Geschäftsführer gewählt worden war, überlegte der Vorstand des Bezirksverbandes die „Neu- und Reorganisation der Partei" einschließlich einer „konsequenten und ordnungsgemäßen Einkassierung der Mitgliederbeiträge"[47]. In den städtischen Bezirksverbänden Oberbayerns war die Beitragsmoral besser, jedoch die Mitgliederzahl geringer.

Für den Verfall des Beitragsaufkommens und der Mitgliederzahl in Traunstein haben sicherlich die Querelen des Bundestagsabgeordneten des Wahlkreises[48] mit Landesleitung und Bundestagsfraktion eine Rolle gespielt. Vor allem bestand für die bäuerliche Bevölkerung keine Notwendigkeit mehr, diese Partei finanziell zu unterstützen, da sich ihre wirtschaftlichen Bedingungen wesentlich gebessert hatten und ein unabhängiges Bayern keine materiellen Vorteile mehr versprach, nachdem die von der VELF angeordneten Pflichtablieferungen weggefallen waren.

Auch das zweite Hauptargument der Bayernpartei, „Interessenvertretung der Einheimischen" zu sein, dürfte auf die Bewohner des Landkreises Traunstein – wenn auch langsamer – an Anziehungskraft verloren haben. Denn 1952 hatte sich die Einwohnerzahl in Traunstein-Land gegenüber 1946, nicht zuletzt durch innerbayerische Wanderungen, um mehr als 14 000 Personen[49] (etwas über 15%) verringert. Darüber hinaus hatte sich in Traunstein wie in sämtlichen Gemeinden Bayerns der Flüchtlingsanteil verringert. Die Beitragsmoral der Mitglieder des Bezirksverbands Traunstein stimmt wohl mit einer Reihe anderer Bezirksverbände Oberbayerns überein. In einigen Bezirksverbänden dürften die Mitglieder sogar noch früher die regelmäßige finanzielle Unterstützung der Partei eingestellt haben.

Finanzielle Abhängigkeit der Kreisverbände

Da schon kurz nach der Währungsreform die Beitragswilligkeit nachließ und deren Erträge auf Kreisebene verbraucht wurden, mußten ab 1948 – mit Ausnahme des einnahmestarken Kreisverbands München – 1948 und 1949 die restlichen Kreisverbände vom Landesverband bezuschußt werden. Allein die Kreisverbände Niederbayern und Oberpfalz erhielten bis Anfang 1949 rund 17 000,- DM vom Landesverband[50]; zusätzlich nahmen die Kreisverbandsvorsitzenden noch privat Kredite für den Aufbau ihrer Kreisverbände auf[51]; nach den Bundestagswahlen 1949 waren die meisten Kreisverbände verschuldet. Von den fränkischen Kreisverbänden konnte sich nur Oberfranken, dessen Vorstand sich um eine stabile Organisation bemühte, zu einem großen Teil aus Mitgliedsbeiträgen und lokalen Spenden finanzieren[52]. Der Kreisverband Mittelfranken war dagegen finanziell und organisatorisch in einem solch desolaten Zustand, daß der Generalsekretär dem

Kreisvorsitzenden den Rücktritt wegen Unfähigkeit nahelegte[53]. 1950 erhielten die Kreisverbände – ausgenommen München – rund 10 000,- DM, in diesem Zuschuß war allerdings auch die Unterstützung für den Landtagswahlkampf enthalten[54]. 1951 konnte der Landesverband die Kreisverbände nicht mehr subventionieren. Erst für den Bundestagswahlkampf 1953 erhielten sie eine geringe Summe von etwa 12 000 DM[55] vom Landesverband. Das Fehlen regelmäßiger Beitragseinnahmen und die Sparmaßnahmen des Landesverbands führten zum Verfall der Kreisverbände. Seit 1953 wandten sich Bezirksverbände zur Begleichung von unbezahlten Rechnungen sogar direkt an die Landesleitung, da die Mehrzahl der Kreisverbände nicht dafür aufkommen konnte[56], so daß 1954 der Finanzbevollmächtigte ein Rundschreiben erließ, daß die Landesleitung auch nicht in der Lage sei, für die Schulden einzelner Bezirksverbände aufzukommen[57]. Selbst Kreisgeschäftsstellen wurden aus finanziellen Gründen aufgelöst oder waren so funktionsunfähig, daß die Parteiführung 1955 einen Zuschuß gewährte, um Kreisgeschäftsstellen[58] neu einzurichten.

Finanzierung des Landesverbands
Infolge der fatalen zeitlichen Verknüpfung von Zulassung auf Landesebene und Währungsreform war die Landesleitung der Bayernpartei gezwungen, den Aufbau des Landesverbands und sämtliche zentralen Organisationsmaßnahmen mit Krediten und Schulden zu finanzieren. Die finanzielle Schwäche, die die CSU in ihre Strategie zur Zerschlagung der Bayernpartei einbezog und die für die Industrie ein Mittel war, um die Bayernpartei zu Wahlbündnissen mit anderen bürgerlichen Parteien zu zwingen, konnte so von den konservativen Kräften als nützliches Instrument bei der Etablierung des „CDU-Staats"[59] eingesetzt werden.
25 000,- RM hatte die Landesgeschäftsführung vor der Währungsreform zusammengebracht, 2000,- DM standen davon nach der Währungsreform zur Verfügung[60]. Erhebliche Spenden waren kurz nach der Währungsumstellung nicht zu erwarten, obwohl führende Parteifunktionäre mit guten Beziehungen „fechten gingen"[61]. Der Landesvorsitzende bemühte sich daher Anfang August 1948 um einen staatlichen Kredit beim Staatsministerium der Finanzen in Höhe von 30 000 DM mit der Begründung, daß die CSU aufgrund des Ergebnisses der Landtagswahlen 1946 einen Kredit von 80 000 DM erhalten habe[62]. Parteien, wie die KPD, die 1946 keine Sitze im Landtag erreichten, erhielten keine Unterstützung. Baumgartner stellte jedoch in seinem Gesuch[63] die Bayernpartei als Sonderfall dar, da diese an den Landtagswahlen noch nicht beteiligt war. Er forderte deshalb als Maßstab der Kreditförderung ihren Wahlerfolg in den Stadt- und Landkreiswahlen 1948 zu berücksichtigen. Da der Antrag erfolglos blieb, wurden bereits Mitte August die gewählten Stadträte der Bayernpartei gebeten, sammeln zu gehen und der Landesgeschäftsstelle mindestens einen Betrag von 100,- DM[64] zu überweisen, denn „während die anderen im Landtag vertretenen politischen Parteien vor allem CSU und SPD, zur Überwindung der auch bei ihnen vorhandenen finanziellen Schwierigkeiten einen Staatskredit in erheblichem Umfang erhalten haben, ist die Bayernpartei auf sich allein angewiesen. Unsere Mitgliedsbeiträge sind noch gering. Spenden aus Wirtschaftskreisen kaum zu erhalten."[65]
Aufgrund der schwierigen finanziellen Ausgangslage der Partei hatten finanzpolitische und damit zusammenhängende organisatorische Probleme den Vorrang vor

programmatischen Diskussionen, weshalb erstere auf Landesausschuß- und Vorstandstagungen 1948 mehr als Dreiviertel der Sitzungszeit einnahmen. Da die anteiligen Mitgliedsbeiträge den Kreisverbänden bis Anfang Januar 1949 gestundet werden sollten, sah der Landesschatzmeister Kredite als primäre Einnahmequelle[66], Beiträge des Wirtschaftsbeirats standen an zweiter Stelle, und schließlich schien die Parteipresse Gewinne zu versprechen. Allerdings blieben Kredite und Spenden bis Ende 1949 die einzige Finanzierungsmöglichkeit, da der Aufbau eines parteieigenen Verlags und die Herausgabe der Parteizeitung – „Bayerische Landeszeitung" – so kostspielig war, daß umgekehrt die Erträge des Wirtschaftsbeirats der Partei in den Verlag flossen[67]. Einen Kredit in Höhe von 100 000,- DM, der der Bayernpartei von einer Bank angeboten wurde, sofern sie drei bis vier Bürgen stellen könne[68], mußte sie daher zu einem großen Teil in Anspruch nehmen, da sich bereits 30 000,- DM Schulden angesammelt hatten[69].

Um dem Landesverband eine feste Einnahmequelle zu sichern, wurden die Landesleitung und der Landesvorsitzende von der Landesvorstandschaft ermächtigt[70], eine parteieigene Verlags- und eine dazugehörige Selbsthilfegenossenschaft zu gründen[71]. Die Herausgabe von Zeitungen und Mitteilungsblättern sowie Herstellung und Vertrieb von Propagandamaterial – wie Plakate, Parteiabzeichen, Schulungsmaterial, weißblaue Hefte, weißblaue Streifen, Bayernpartei-Postkarten, Bayernkalender, Schallplatten (u. a. mit der Bayernhymne „Gott mit Dir, Du Land der Bayern") und andere Projekte – sollten im Verlag zentralisiert werden. Die Kreisverbände München und Oberbayern sollten ihre eigenen Mitteilungsblätter einstellen und auf Druck und Verkauf von Plakaten und Postkarten, die eine wichtige Einnahmequelle des Kreisverbands Oberbayern bildeten, verzichten. Die zentrale Zeitschrift „BAVARIA", die nur in wenigen Nummern erschienen war und in Kreisen der Partei als zu ‚akademisch' galt, sollte durch eine Wochenzeitung ersetzt werden, um breitere Bevölkerungskreise anzusprechen. Als finanzielle Starthilfe für den Verlag war die Gründung der „Bayerischen Selbsthilfegenossenschaft für Wohnungs- und Siedlungsbau, Fremdenverkehr und Verlagswesen GmbH"[72] gedacht. Durch sie sollten Parteibeiträge steuerlich abzugsfähig gemacht werden, denn im Gesetz zur vorläufigen Neuordnung für Steuern vom 22. Juni 1948 wurde bestimmt, „daß Beiträge und Prämien für verschiedene Versicherungen und für Bausparkassen, Aufwendungen für den Ersterwerb von Anteilen an Bau- und Wohnungsbaugenossenschaften (als) Sonderausgaben vom Gesamtbetrag des steuerpflichtigen Einkommens abgezogen werden" konnten[73]. Dementsprechend lautete die satzungsgemäße Aufgabe: „Die Förderung der Genossenschaftsmitglieder auf dem Gebiet des Wohnungs- und Siedlungsbaues und des Fremdenverkehrs und Verlagswesens, allgemeine Interessenwahrnehmung und Beteiligung."[74] Als Vorsitzender des Aufsichtsrates fungierte der Landesvorsitzende der Bayernpartei. Gesellschaftsanteile konnten für 100,- DM erworben werden. Die GmbH existierte nur auf dem Papier, sie setzte sich aus 30 000,- DM Grundkapital und 20 000,- DM Gesellschaftsanteilen zusammen, im Laufe des Jahres 1949 kamen offenbar noch 11 500,- DM in Gesellschaftsanteilen dazu; davon wurden etwa 45 000,- DM im Verlag investiert[75]. Im übrigen blieb die Genossenschaft untätig und ging 1951 in Konkurs[76], nachdem der Verlag, der enttäuschenderweise keinen Gewinn, sondern nur Verluste gebracht hatte, aufgelöst werden mußte.

Der Verlag stellte für die finanzielle Lage der Bayernpartei ein sehr aufwendiges

Unternehmen dar, doch wurde er von der Parteiführung vor allem auch als wichtigstes Instrument zur Agitation und Werbung betrachtet. Allerdings hatte sich die Hoffnung, eine Finanzquelle zum Ersatz der fehlenden Mitgliederbeiträge zu erschließen, nicht erfüllt: „Der Verlag kostet uns im Monat 40 000 DM, 20 000 DM nehmen wir nur ein, nur weil diese Nichtstuer keine Abonnenten werben"[77], klagte der Generalsekretär und Verlagsleiter Ernst Falkner Mitte 1949; selbst im Kreisverband Oberbayern konnte die Mehrzahl der befragten Bezirksverbände keine Angaben über die Verbreitung der parteieigenen Zeitung machen[78]. Ende 1949 brauchte die Zeitung bzw. der „Bayern-Verlag" immer noch einen Zuschuß von 7000,- DM im Monat[79].

Auch von einer landesweiten Organisation von Werbern, die auf Provisionsbasis für die Bayernpartei Spenden sammeln sollten, versprach man sich eine Besserung der Finanzsituation. In einem Rundschreiben der Landesgeschäftsstelle vom Dezember 1948[80] wurde jeder Bezirksverband aufgefordert, einen oder mehrere Werber der Landesgeschäftsstelle zu benennen; diese wurden nicht wie Kassierer von der Mitgliederversammlung gewählt, sondern arbeiteten wie freiberufliche Vertreter. Diese dezentralisierte Kleinspendensammlung bewährte sich kaum: nennenswerte Beträge gingen nicht ein, zumindest wurde nichts an den Landesverband abgeführt, sondern etwaige Eingänge versickerten auf Bezirks- und Kreisebene. Weder die Abonnentenwerbung für die „Bayerische Landeszeitung" noch der Absatz der Verlagsproduktion durch die ‚Werber' erfüllte die Erwartungen der Landesgeschäftsstelle.

Nur der Wirtschaftsbeirat, der seit 1949 ein Informationsblatt, den „Bayerischen Wirtschaftsdienst" herausgab, entwickelte sich zu einer stabilen Einnahmequelle. Die Einnahmen aus dem „Bayerischen Wirtschaftsdienst", eine Form steuerlich abzugsfähiger Spendenüberweisung für Unternehmen, betrugen 1949 etwa 1500,- DM im Monat[81]. Auch Spenden und Wahlspenden an die Partei wurden zu einem beträchtlichen Teil über den Wirtschaftsdienst geleistet.

In Relation zu den geringen Einnahmen der Bayernpartei nach der Währungsreform waren die Kosten für die Unterhaltung der Landesgeschäftsstelle sehr hoch. Ein Haushaltsvoranschlag des Landesgeschäftsführers Falkner sah neben 6000,- DM für Löhne und Gehälter allein für den Titel „Propaganda" einen Betrag von 10 000,- DM vor[82]. Der Landesschatzmeister, Eduard Meier, leitete in vier Monaten, vom 1. Oktober 1948 bis 1. Februar 1949, rund 68 000,- DM, fast ausschließlich Kredite, an Einrichtungen der Bayernpartei weiter[83].

Ein genauer Überblick über Höhe und Verteilung der Auslagen der Partei ist für die Jahre 1948-1950 nicht mehr zu ermitteln. Nach der Währungsreform wurden separate Konten für die Parteivorsitzenden eingerichtet, allein der stellvertretende Landesvorsitzende, Anton Donhauser, soll bis Ende 1949 etwa 45 000,- DM durch Zuwendungen des Schatzmeisters, durch Kreditaufnahmen und Spenden erhalten haben, die sich - wie seine Gegner bei einer späteren Untersuchung behaupteten - „jeder Kontrolle entzogen"[84] hätten. Die rivalisierenden Gruppen in der Partei versuchten verstärkt Zugang und Verfügungsrecht über die Geldquellen und ihre Verteilung zu erhalten. Nachdem der erste Schatzmeister im Frühjahr 1949 seines Amtes enthoben und wenig später auch aus der Partei ausgeschlossen worden war[85], konnte Falkner durch die Übernahme dieses Amtes seine Machtposition als Leiter des Verlages und der Landesgeschäftsstelle noch erheblich stärken. Da die

Bayernpartei für die Bundestagswahlen eine Reihe größerer Spenden für den Wahlkampf erhielt, diese jedoch nicht in entsprechendem Umfang an die Kreisverbände weitergegeben wurden, sondern von Falkner dazu verwandt wurden, den Bayern-Verlag zu finanzieren, wuchs das Mißtrauen gegen ihn. Erst nach den Bundestagswahlen gab Falkner auf Drängen der Landesleitung einen detaillierten Bericht. Bei Übernahme seines Amtes hatte die Partei allein 50 000,- DM Kreditschulden bei Banken, 25 000,- DM an unbezahlten Rechnungen für den Verlag. Am 1. 9. 1949 wurde der Schuldenstand noch auf 60 000,- DM beziffert[86]. Während des Bundestagswahlkampfs in den Monaten Juni, Juli und August erhielt die Bayernpartei auf Landesebene 150 000,- DM an Spenden. Davon stammten 65 000,- DM aus der sozusagen offiziellen Wahlkampfsammlung der Industrie, daneben setzten sich 50 000,- DM aus größeren Beträgen von Unternehmen, die ein Wirtschaftsanwalt vermittelt hatte, oder Sammelaktionen von Wirtschaftsverbänden zusammen; schließlich spendeten bayerische Unternehmen rund 30 000,- DM in größeren Summen[87]. Von diesen Spenden erhielten die Kreisverbände für den Bundestagswahlkampf etwa 10 000,- DM, die Landesgeschäftsstelle etwa 12 000,- DM und der Verlag 107 000,- DM[88].
Der Verlag belieferte im Bundestagswahlkampf nur die Kreisverbände mit Plakaten, Broschüren und Flugblättern[89]. Die Kandidaten zum Bundestag erhielten von der Landesgeschäftsstelle keine finanzielle Hilfe für ihren Wahlkampf. Eine Sonderabgabe für den Bundestagswahlkampf von 1,- DM, zu der die Mitglieder verpflichtet wurden, behielten wohl die Bezirks- und Kreisverbände, ohne einen Anteil an die Landesgeschäftsstelle abzuführen. Die Verwendung der Wahlspenden für den Verlag hingegen war ein Ärgernis für die Mandatsbewerber aus der obersten Parteihierarchie. Obwohl der Verlag den größten Teil der Spenden an die Bayernpartei verbrauchte, steckten in seiner Jahresbilanz 1949[90] immer noch über 30 000,- DM Verlust.
Nach den Bundestagswahlen 1949 wurde die Finanzierung, vor allem der Zugang zu Geldquellen, immer stärker zum internen Kampfmittel der Partei. Auch die Ablösung Falkners durch Konsul Wilhelm Schmidhuber brachte nicht die erhofften Finanzspritzen für die Gesamtpartei, sondern eine gezielte Unterstützung der Donhauser-Gruppe durch Industriegelder. Das Problem der Außensteuerung stellt sich hier besonders differenziert dar und läßt sich durch Quellen beweisen (s. u.).
Da Schmidhuber nach knapp vier Monaten seines Amtes enthoben wurde und Falkner wieder als Schatzmeister fungieren konnte, gelang es ihm weiterhin die desolate finanzielle Lage der Bayernpartei durch Manipulationen zwischen Partei, Verlag und Wirtschaftsbeirat zu verschleiern und drängende Gläubiger geschickt hinzuhalten[91]. Erst nach seinem Tod wurde der volle Umfang der Verschuldung klar; Zahlungsbefehle drohten und Wechsel waren fällig[92]. Trotz Einnahmen in Höhe von mindestens 68 000,- DM[93] im Jahre 1950 beliefen sich die Gesamtverpflichtungen der Landesleitung der Bayernpartei am 1. Dezember auf 136 000,- DM[94], darüber hinaus hatte der Verlag rund 64 000,- DM Schulden[95]. Zur Finanzierung des Landtagswahlkampfes war ein Wahlkredit in Höhe von 24 500,- DM[96] aufgenommen worden, den die künftigen Landtagsabgeordneten der Bayernpartei zurückzahlen mußten. Wahlspenden in Höhe von rund 29 000,- DM wurden wohl anderweitig verwendet, denn die relativ geringen Ausgaben von 27 600,- DM[97] wurden mit dem Kredit finanziert.

Als Besold, Falkners Nachfolger als Generalsekretär, erklärte: „Wir müssen alle Angestellten entlassen"[98], wurde ein Finanzgremium, diesmal Finanzdirektorium genannt, eingesetzt, um einen neuen Plan für die Finanz-, Rechnungs- und Kassenführung auszuarbeiten[99]. Die Mitglieder dieses Finanzdirektoriums, Wilhelm Sturm[100], Franz Weiß[101] und Fürst Oettingen-Wallerstein – alle waren finanzkräftig und erfreuten sich guter Kontakte zu Unternehmern – forderten „außerordentliche Vollmachten" für die Regelung des Schuldenstands und für die künftige Finanzführung, sowohl hinsichtlich der Aufbringung als auch der Verteilung[102], „sowie die Einbeziehung des Generalsekretärs [...], um die Verbindung zur Partei herzustellen"; nur unter diesen Bedingungen seien Finanzdirektorium und Generalsekretär bereit, „die Geschicke der Partei bezüglich ihrer Finanzierung und Sanierung in die Hand zu nehmen"[103]. Vordringlich sei die sofortige Trennung von Partei und Verlag, und zwar entweder durch eine entsprechende Umstellung oder durch die Liquidierung des Verlags, da die Partei die monatlichen Zuschüsse, die in der zweiten Hälfte des Jahres 1950 noch 2000,- DM betrugen[104], nicht mehr verkraften könne. Rigide Sparmaßnahmen betrafen auch die aufwendige Repräsentation der Parteiführung: die separaten Büros des Landesvorsitzenden und der Kreisverbände München und Oberbayern sollten mit der Landesgeschäftsstelle zusammengelegt und das Personal „auf das Notwendigste, evtl. unter Heranziehung ehrenamtlicher Helfer" eingeschränkt werden. Die Spendensammlung, die ziemlich beliebig gehandhabt worden und durch die Werber auf Bezirksebene völlig unübersichtlich war, wurde beim Finanzdirektorium zentralisiert, um „eine klare Übersicht zu gewinnen, das Prestige nach außen zu wahren und um eine bessere Ausnutzung und Lenkung der Gelder"[105] zu erreichen. Der Wirtschaftsdienst sollte ausgebaut und als Verrechnungsstelle für Parteispenden aus dem Verlag herausgelöst werden. Die Bundestagsabgeordneten, die ihrer Abgabenverpflichtung während der innerparteilichen Krise nicht mehr nachgekommen waren, sollten wieder zu monatlichen Zahlungen an das Finanzdirektorium verpflichtet werden; auch war beabsichtigt, die Landtagsabgeordneten heranzuziehen. Die Forderung nach einer Neuregelung der Mitgliederbeiträge schließlich konnte offenbar nicht durchgesetzt werden, denn auch in den folgenden Jahren weisen die Finanzberichte der Landesgeschäftsstelle keine Einnahmen durch Mitgliederbeiträge auf.
In gewisser Weise ist der Versuch, eine straffe Organisation der Finanzierung zu schaffen, ein Einschnitt gegenüber der Gründungs- und Aufbauphase, als man waghalsige finanzielle Transaktionen und eine hohe Verschuldung in der Hoffnung in Kauf genommen hatte, mit Hilfe von Agitation und Propaganda durch parteipolitisches „deficit spending" stärkste Partei in Bayern zu werden. Nachdem dieser Versuch gescheitert war und die Donhauser-Gruppe die Bayernpartei verlassen hatte, versuchte die Parteiführung neben der politischen Konsolidierung auch die chaotischen Finanzverhältnisse in parteiübliche Bahnen zu lenken. Dies war allerdings eine Notwendigkeit zur Erhaltung ihrer politischen Existenz, nachdem die Koalitionsverhandlungen mit der CSU nach den Landtagswahlen 1950 gescheitert waren und die Bayernpartei auch im bayerischen Landtag in die Opposition mußte. Selbst der Landesvorsitzende Baumgartner war Anfang 1951 entschlossen, den Parteivorsitz niederzulegen, um für das Amt des Generalsekretärs im Bauernverband wählbar zu sein[106]. Denn die finanzielle Situation der Bayernpartei war um die Jahreswende 1950/51 katastrophal, feste Einnahmen erhielt sie nur durch

Abgaben der Abgeordneten und vom Wirtschaftsdienst. Baumgartners Vorschlag zur Schuldentilgung, daß neben der Landtags- und Bundestagsfraktion auch die „Bürgermeister, Oberbürgermeister und Landräte monatlich etwa 50,- DM"[107] an den Landesverband zahlen sollten, stieß bei der letzteren Gruppe offenbar auf keine Resonanz. Denn wenige Monate später erklärte sich Baumgartner nur unter der Bedingung bereit, wieder für den Landesvorsitz zu kandidieren, wenn der Landesausschuß beschlösse, daß „alle Mandatsträger der Bayernpartei vom Bundestagsabgeordneten bis zum Gemeinderat zur regelmäßigen Finanzierung der Partei" verpflichtet würden[108].

Das Jahr 1951 bedeutete für das Finanzierungssystem eine entscheidende Wende, die sich auf die politische Struktur und Dynamik der innerparteilichen Entwicklung auswirkte. Bis Oktober 1951 gelang es der Landesleitung bzw. dem Finanzbevollmächtigten, den Schuldenstand des Landesverbands von 148 960,- DM auf 18 668,- DM zu reduzieren[109], gleichzeitig wurden die Ausgaben für die laufende Parteiorganisation durch einschneidende Sparmaßnahmen auf ein Minimum gestrichen. Zwar konnte sich die Parteispitze, der Landesverband, durch Spenden und Abgaben der Mandatsträger finanziell sanieren, doch nahmen die Einkünfte aus Mitgliedsbeiträgen in den unteren Parteigliederungen ab.

Während in früheren Jahren die Schulden bzw. Kredite in die Höhe schnellten und hohe Ausgaben für Propaganda ausgewiesen wurden, standen 1951 rund 138 000,- DM Schuldentilgung durch Nachlässe und Spenden nur etwa 34 000,- DM an Ausgaben für Landesgeschäftsstelle, Zeitung, Landesversammlung u. ä. sowie 15 700,- DM für Nachwahlen in einem Bundestags- und zwei Landtagswahlkreisen gegenüber. Die Einnahmen der Partei bestanden zu 64% aus Spenden oder Erlaß der Schulden, 1,6% aus sächlichen Erträgen; die regelmäßigen Einnahmen von knapp 20% setzten sich aus Beiträgen der Bundes- und Landtagsfraktion und des Wirtschaftsdienstes zusammen. Fehlende Mitgliederbeiträge wurden nicht einmal als Schulden der Kreisverbände an den Landesverband aufgeführt[110].

Die Bayernpartei erhielt in einem Jahr, in dem keine Wahlen stattfanden, mehr Spenden als im Wahljahr zuvor. Zunächst war das Finanzdirektorium aufgefordert worden, mit dem Präsidenten des „Landesausschusses der bayerischen Industrie in Verhandlungen zu treten"[111]. Voraussetzung für eine finanzielle Unterstützung der Bayernpartei von seiten der Wirtschaftsvertreter war jedoch, daß sie „mit Adenauer verhandelt, damit die Bayernpartei mit der CSU ihre Wirtschaftspolitik betreibt"[112]; die Landesleitung beschloß daraufhin auch, Verhandlungen mit Adenauer und der Wirtschaft zu führen. Diese verliefen offenbar nicht sehr erfolgreich, da sich Senator Weiß bereit fand, Besolds Verantwortlichkeit im Finanzbereich zu übernehmen, „wenn die prominenten Leute unserer Partei in den einzelnen Kreisen von Unternehmen zu Unternehmen fahren und sammeln. Ich bin felsenfest davon überzeugt, daß wir auf diese Weise 30 000,- DM hereinbringen"[113]. Insgesamt 66 500,- DM wurden der Bayernpartei offenbar von ihren Gläubigern erlassen. 7600,- DM wurden für Druck-, Organisations-, Gerichtskosten und andere Ausgaben nachgelassen, die restliche beträchtliche Summe von 59 900,- DM für Bank- und langfristige Verbindlichkeiten wurde zu fast zwei Drittel von Fürst Oettingen-Wallerstein, dem stellvertretenden Landesvorsitzenden, übernommen[114]. Oettingen-Wallerstein wurde auch 1951 wieder von der Landesleitung den Delegierten der Landesversammlung als stellvertretender Landesvorsitzender

empfohlen. Wenige Monate später verabschiedete die Landesleitung ein gemäßigtes Programm mit Betonung der privat-kapitalistischen Wirtschaftspolitik als „Hohenalteimer Richtlinien" auf dem Schloß des Fürsten.
Soweit die Buchführung der Parteigeschäftstelle Spenden ausweist, bewegten sich diese zwischen 20,– und 10 000,– DM. Rund 3800,– DM sammelte der offizielle Werber der Partei und Geschäftsführer des Wirtschaftsdienstes, der 25% der Spenden als Provision anstelle eines Gehaltes erhielt. 4000,– DM stammten von Brauereien, 2500,– DM von Mühlenbetrieben; von ungenannten Spendern wurden 15 000,– DM ausgewiesen sowie die Streichung eines Kredits in Höhe von 10 000,– DM bei der Hypotheken- und Wechselbank und kleinere Spenden[115].
Immerhin zeigte sich, daß die Bayernpartei 1951 auf Landesebene Spenden von Mitgliedern und Einzelfirmen in relativ hoher Zahl erhielt. Offensichtlich setzten sich die Spenden im Jahr der Konsolidierung aus zahlreichen kleinen und mittleren Beträgen zusammen, die von der Führungsgruppe in mühsamen Bittgängen gesammelt wurden.
Einschneidende Sparmaßnahmen veränderten den Stellenwert von Organisation und Propaganda, der 1948/49 noch primäre Bedeutung hatte, erheblich. Beispielsweise mußte im Frühjahr 1951 die „Bayerische Landeszeitung" eingestellt werden[116]. Die Ausgaben der neuen Partei-Zeitung „Bayernruf", die seit September 1951 erschien, wurden 1951 mit nur noch 1713,– DM ausgewiesen[117]. Zuwendungen an die verschiedenen Ausschüsse, wie den Kulturrat, den sozial-politischen Ausschuß oder den Jungbayernbund, konnten bereits 1950 nicht mehr geleistet werden.
Desgleichen wurden die laufenden Kosten der Landesgeschäftsstelle 1951 stark eingeschränkt. Während 1949 noch 6000,– DM ausschließlich für Löhne und Gehälter veranschlagt und 1950 noch etwa 4500,– DM für die Aufrechterhaltung der Landesgeschäftsstelle und für den Verlag zusätzlich noch mindestens 2000,– DM ausgegeben wurden, beliefen sich die monatlichen Ausgaben 1951 und 1952 zwischen 2500,– und 3000,– DM monatlich[118]. Hinzu kamen noch die Kosten für Tilgung und Zins von Krediten aus den Jahren 1948/49, die 1950 im Monat 500,– DM[119], 1951 etwa 400,– DM[120] und 1952 noch 300,– DM betrugen[121]. Die Abgaben der Bundes- und Landtagsfraktion, die Einkünfte aus dem Wirtschaftsdienst und sächliche Erträge deckten 1951 in etwa die laufenden Kosten der Landesgeschäftsstelle, darüber hinausgehende Maßnahmen für Organisation, Werbung und Propaganda oder Kosten für die Nachwahlen zum Bundes- und Landtag konnten nicht gedeckt werden.
Ende 1951 hatte die Bayernpartei den größten Teil der Schulden aus der Bewegungsphase abgetragen; im Vergleich zu den anderen kleinen bürgerlichen Parteien ist sie als finanziell saniert zu betrachten. Für Organisations- und Parteiarbeit war jedoch kein Geld vorhanden, so daß dem erlahmenden Interesse der Mitglieder nicht entgegengewirkt werden konnte. „Grass-roots"-Ansätze und Bewegungsanspruch verschwanden völlig, die Landesgeschäftsstelle hielt gerade die laufende Organisation aufrecht, der Landesverband wurde zu einer Art „Wahlagentur".
Für die Kommunalwahlen 1952 erhielt die Landesgeschäftsstelle der Bayernpartei kaum Spenden. Der Schatzmeister berichtete, daß „Besuche bei verschiedenen Industriebetrieben, vor allem Ziegeleien, erfolglos waren, die Gebefreudigkeit sei außerordentlich gesunken. Interesse am Stadtrat herrscht keines, am Landtag gerin-

ges, höchstens noch am Bundestag. Die Wirtschaft hat kein Interesse an einer sogen. christlichen Front, sondern an einer bürgerlichen Partei gleich wie sie heißt."[122]
Mit Ausnahme der Wahlkämpfe blieben seit 1952 die Abgaben der Abgeordneten, die sich durch den Wegfall der Bundestagsfraktionsbeiträge verringerten, die Haupteinnahmequelle der Partei. Vom bayerischen Wirtschaftsdienst konnte die Partei 1953 bis 1958 im Jahr durchschnittlich höchstens 25 000–30 000,- DM erhalten[123]. Seit 1952/53 wird selbst über kleine Beträge um 200,- DM, wie Zuschüsse an Bezirksverbände u. ä., ausführlich in der Landesleitung verhandelt[124]. Auch in den Nachwahlen wurde gespart[125].
Doch als der Schatzmeister der Bayernpartei, Franz Weiß, mitten im Bundestagswahlkampf zur CSU übertrat, hinterließ er ein Guthaben von 2100,- DM. Obwohl die Bayernpartei von Mitte August bis Anfang September einen Betrag von 67 000,- DM als Wahlkampfunterstützung erhielt, beschränkte die Landesgeschäftsstelle ihre Ausgaben für den Wahlkampf auf 62 300,- DM; davon erhielten einige Kreisverbände zusammen 9000,- DM, die Bewerber um ein Bundestagsmandat bekamen aus diesen Wahlspenden keine Unterstützung[126].
Da die laufenden Kosten der Landesgeschäftsstelle fast ausschließlich aus den Abgaben der Abgeordneten bestritten wurden, bedeuteten die nun fehlenden Zuwendungen der Bundestagsfraktion eine weitere Einschränkung der organisatorischen Aufgaben der Landesgeschäftsstelle. 1954 zahlte die Landtagsfraktion monatlich 2000,- DM an die Landesgeschäftsstelle, der Geschäftsführer des Bayerischen Wirtschaftsdienstes brachte im ganzen Jahr 1954 21 000,- DM zusammen[127]. Für die Finanzierung der Landesgeschäftsstelle während der Viererkoalition stehen keine Unterlagen zur Verfügung.

2. Verflechtung von Geld und Politik

Dunkle Kanäle und Affären – Bürgerblockbildung in der frühen Ära Adenauer
So verworren und desolat sich die Parteifinanzen der Bayernpartei nach der bisherigen Darstellung ausnehmen – das von der Organisation her gezeichnete Bild zeigt noch nicht das ganze Ausmaß der Problematik. Mit der Gründung der Bundesrepublik und den Anfängen der Regierung Adenauer mit ihrer hauchdünnen Mehrheit wurde die chronisch verschuldete Bayernpartei in ein Drucksystem einbezogen, das der Bildung bzw. Konsolidierung eines Bürgerblocks[128] durch das – auch finanzielle Werben – um Stimmen oder ganze Parteiflügel diente. Diese Parteifinanzierung geschah über eine Vielzahl dunkler Kanäle, von denen einzelne in Skandalen öffentlich sichtbar wurden. Es handelte sich meist um zwielichtige Geschäfte und Mittelsmänner, und die Skandale und ihre ‚Untersuchung' gerieten wie üblich zu persönlichen Querelen.
Aus diesem Chaos, wo jede Beschuldigung statt einer Klärung weitere Beschuldigungen nach sich zog, sind damals wie heute kaum stichhaltige Beweise zu erbringen. Das Grundmuster der Absichten und Geschäfte wird aber hinreichend klar, so daß im folgenden drei typische Fälle herausgegriffen und – mit Vorbehalt – so dargestellt werden, wie die Zusammenhänge unter einem Schleier von Vertuschungen und persönlichem Streit erkennbar sind.
In allen Fällen ging es im Kern darum, den Donhauser-Flügel in der Bayernpartei

zu stärken, um durch ihn ein Zusammenwirken mit dem rechten Flügel der CSU zu erzielen. Die extrem fluktuierenden Verhältnisse in der Staatsgründungsphase werden deutlich, als die rechten Flügel von CSU und Bayernpartei einander näher schienen als die verschiedenen Gruppierungen innerhalb beider Parteien.

Als Verbindungsmann der Industrie fungierte der Schatzmeister der Bayernpartei, um unter Umgehung der Parteigremien, die Kanzlergefolgschaft zu stabilisieren. Hier zeigt sich zum einen eine personelle Kontinuität der Parteifinanzierung durch die Industrie, daß immer noch Heinrichsbauer[129] – wie seit Ende der Weimarer Republik – die Mittel verteilte. Zum andern bleibt die Praxis erhalten, statt Parteien Personen oder Parteiflügel zu finanzieren; so konnte man leichter Auflagen machen, die Wirksamkeit überprüfen und darüber hinaus mit kleineren Beträgen auskommen.

Schließlich werfen die Verhandlungen des ersten Untersuchungsausschusses der Bundesrepublik – der ‚Spiegelausschuß' – ein Licht auf die Beziehungen zwischen potenten Interessengruppen und unsicheren Existenzen in den Fraktionen: Stimmenkauf im Sachentscheid.

Der Fall Messmer

Da es der Bayernpartei allgemein sowohl an Geld als auch an Beziehungen zu Führungskräften der Wirtschaft fehlte und sie nur bei solchen Wirtschaftszweigen Anklang fand, die in Produktion und Vertrieb auf Bayern beschränkt waren, bemühte sich Baumgartner – über die Gründung des Wirtschaftsbeirats hinaus – das Image der Bayernpartei als partikularistische Partei zu mildern. Im November 1948 beauftragte er den Ministerialrat a. D. Josef Messmer „mit den maßgebenden Herrn der einzelnen Wirtschaftszweige in Bayern in Fühlung zu treten, um sie durch persönliche Aufklärung zu überzeugen, daß wir keine engstirnige Autarkie anstreben, sondern eine wechselseitige Wirkung und volkswirtschaftliche Verflechtung der bayerischen mit den Wirtschaftszweigen anderer Staaten verfolgen"[130]. Gleichzeitig sollte Messmer finanzielle Unterstützung für die Bayernpartei beschaffen. Warum Baumgartner für diese wichtige Aufgabe ausgerechnet auf Messmer, CSU-Mitglied und innerparteilicher Vorkämpfer Schäffers und Hundhammers gegen Josef Müller[131], verfiel, ist unbekannt. Den Verdacht, daß er vom Schäffer-Flügel der CSU auf ihn angesetzt wurde, legt ein Blick auf seine Vergangenheit nahe: 1946 führte er wichtige Verhandlungen, die zum Scheitern Josef Müllers bei der Wahl des Ministerpräsidenten und zur Koalitionsregierung Ehard führten, anschließend trat er als Ministerialrat in das Sonderministerium unter Alfred Loritz (WAV) ein, um dort eine geheime Lagerpolizei aus WAV-Mitgliedern aufzubauen, was zum schnellen Sturz von Loritz beitrug; allerdings mußte auch er auf Druck der Militärregierung entlassen werden[132]. Vielleicht gehörte er aber danach auch zu jenen, die aus eigenem Antrieb Politik über persönliche Kanäle aus dem Hintergrund zwischen den Organisationen machen wollten[133]. In offiziellen Gremien der Bayernpartei scheint er jedenfalls über die Erfolge seiner Tätigkeit nicht berichtet zu haben. Als jedoch Baumgartner und Falkner im Frühjahr 1949 gewahr wurden, daß Messmer den Auftrag Baumgartners dazu benutzte, um eigene politische Vorstellungen zu vertreten und sich für die Donhauser-Gruppe einzusetzen, kam es zum Konflikt. Denn Messmer ließ sich bei seinen Bettelgängen zur Industrie für eine „eigene Konzeption" Geld geben. In einem Referat vor einem Arbeitskreis der bayerischen Industrie am 17. März 1949 erklärte er, daß die CSU kein geeigneter politischer Partner sein könne, da sie unter Führung Müllers sozialistisch und zentralistisch geworden sei und der Hundhammerflügel sich nicht durchsetzen könne. Als einziger Partner unter den politischen Parteien komme die Bayernpartei in Betracht, sofern sie sich zu einer bayerisch-konservativen Partei entwickle und radikale Tendenzen in ihr zurückgedrängt würden; innerhalb der gemäßigten Richtung seien in diesem Sinne bereits Gruppen tätig, sie müßten nur unterstützt werden, um ihre Führungsstellen auszubauen[134].

Baumgartner hatte deshalb Grund zu befürchten, daß in seinem eigenen Auftrag gegen ihn selbst intrigiert wurde und daß Messmer einen Teil der Spenden nach eigenen Motiven an bestimmte Gruppen in der Bayernpartei weitergab. Darauf wurde Messmer untersagt, weiterhin für die Bayernpartei tätig zu sein und Spenden zu kassieren[135]. Ein Parteiausschlußverfahren war in diesem Fall nicht notwendig, da Messmer nie Mitglied der Bayernpartei geworden war. Baumgartner beschuldigte Messmer noch, er habe 5000,- DM Spenden, die für die Partei gegeben worden seien, unterschlagen[136]. An diese Beschuldigung Baumgartners schloß sich eine ganze Serie wechselseitiger Verleumdungsklagen an[137].

Messmer selbst ging es darum, statt Baumgartner, den er bereits zum radikalen Flügel zählte, Donhauser in die Führung zu bringen[138], der die Bayernpartei dann mit Teilen der CSU zu einer starken rechten Partei zusammenführen und damit die sozialen Kräfte in der CSU isolieren sollte.

Der Fall Schmidhuber

Mit den Bundestagswahlen wurde die Bayernpartei für trizonale Wirtschaftsinteressen interessant und erhielt aus den verschiedenen Wahlfonds für die bürgerlichen Parteien Unterstützung. Nachdem jedoch Falkner den größten Teil dieser Spenden für den Verlag verwandt hatte und die Abgeordneten mit ihren Wahlschulden leer ausgegangen waren, konnte Falkner mit dem Argument seiner zusätzlichen Belastung durch sein Bundestagsmandat von Wilhelm Schmidhuber als Schatzmeister abgelöst werden. Damit hatte sich zum ersten Mal ein namhafter Vertreter der bayerischen Wirtschaft für eine Führungsposition angeboten.

Schmidhuber[139], seit 1938 portugiesischer Konsul in Bayern, war Vorstandsmitglied der Bamberger Hofbräu AG und an weiteren Brauereien beteiligt; daneben betrieb er zwei Import-Unternehmen und soll nach 1945 als Vertrauensmann der französischen Industrie gegolten haben[140]. Vor allem war er aber Berater im Reichsverband der Deutschen Industrie von 1924-1932 gewesen und stand seither in Kontakt zu führenden Persönlichkeiten zwischen Industrie und Politik. Die Bayernpartei war Schmidhuber seit der Währungsreform finanziell verpflichtet, denn dieser hatte sich u. a. für einen Kredit von 25 000,- DM, eine beträchtliche Summe nach der Währungsreform, verbürgt und hatte des öfteren Wechselverpflichtungen übernommen. Für Baumgartner und Falkner wurde der neue Schatzmeister bald unbequem, denn er forderte kurz nach seiner Amtsübernahme die Überprüfung der Ausgabenpolitik der Partei und die strikte Trennung von Partei und Verlag[141]. In parteiinternen Auseinandersetzungen um die Verwaltung von Verlag und Landesgeschäftsstelle konnte sich Falkner jedoch zunächst durchsetzen und das Aufgabengebiet des Schatzmeisters begrenzen lassen. Denn es war offensichtlich, daß durch Schmidhuber die Gruppe um Donhauser eine erhebliche Stärkung erfahren hatte, die sich mit Teilen der Bundestagsfraktion immer mehr zu einer internen Opposition entwickelt hatte. Sie zielte vor allem auf die Unterstützung Adenauers und langfristig auf eine Fusion mit der CSU. Da dies die Verdrängung von Baumgartner und Falkner aus ihren Schlüsselfunktionen voraussetzte, kam es bald zum Konflikt.

Allerdings wurde die Machtprobe zwischen Baumgatner und seinen Anhängern einerseits und Schmidhuber und der Opposition andererseits nicht als konzeptionelle Auseinandersetzung geführt, sondern auf der Ebene persönlicher Verdächtigungen und des Parteiverrats. Der Parteivorsitzende zahlte es Schmidhuber auf dessen eigenem Gebiet heim. Als Baumgartner erfuhr, daß geplant war, die „Bayerische Landeszeitung" durch einen Strohmann aufzukaufen, gelang es ihm, Unterlagen in die Hand zu bekommen, um den Ausschluß dieser Gruppe zu betreiben[142]. Über den bereits Mitte 1949 ausgeschlossenen 1. Schatzmeister der Bayernpartei, Eduard Meier, hatte Aretin 100 000,- DM als Darlehen für diesen Zweck zu beschaffen versucht. Dieser wiederum wandte sich an den Vorstand der jüdischen Kultusgemeinde in Schwandorf, Kozminski, der sich als ‚internationaler Generalvertreter' bezeichnete, um Vermittlung. Da dieser über die Absichten der Gruppe unterrichtet wurde, jedoch sich aus nicht genau bestimmbaren Gründen Baumgartner verbunden fühlte, ging er nur zum Schein auf dieses Geschäft ein und informierte den Bayernparteivorsitzenden, der ihn nun seinerseits bat, das Scheingeschäft weiterzuführen. In Wirklichkeit war Kozminski gar nicht in der Lage, ein Darlehen in dieser Höhe zu beschaffen; es gelang ihm jedoch mit Schmidhuber, Aretin und Donhauser einen diesbezüglichen Vertrag abzuschließen: als Gegenleistung sollte Schmidhuber durch Beziehungen im Wirtschaftsministerium Exportlizenzen für den vermeintlichen Geldgeber, der wegen eines Auslandsaufenthaltes bei den Verhandlungen nicht persönlich auftreten konnte, beschaffen. Schmidhuber kam die ganze Angelegenheit nun doch etwas verdächtig vor, und er ließ Kozminski durch ein Detektivbüro beschatten, stellte dessen Kontakte zu Baumgartner fest und zeigte Kozminski bei der Zollfahndungsstelle zunächst einmal an. Baumgartner konnte jedoch mit Hilfe des Zeugen Kozminski erreichen, daß Schmidhuber seines Amtes als Schatzmeister enthoben wurde[143] sowie ein Schiedsverfahren gegen Schmidhuber, Aretin und Donhauser in Gang bringen. Schmidhuber, der nach seiner Suspendierung als Schatzmeister vom Schiedsgericht des Kreisverbands München auch aus der Partei ausgeschlossen wurde, schlug jedoch zurück. Er beschuldigte Falkner, er habe Wahlspenden für die Bayernpartei unterschlagen, der Partei seien nämlich 250 000,- DM[144] aus Sammelfonds von Industrie- und Wirtschaftsverbänden zugeflossen. Zugleich forderte er in einem Rundbrief an die Funktionäre zum Austritt aus der Bayernpartei auf und charakterisierte die Bayernpartei in einer Presseerklärung folgendermaßen:

„1. Die Bayernpartei hat den christlich-konservativen Kurs verlassen.
2. Die Bayernpartei ist sozialistisch.
3. Die Bayernpartei ist neofaschistisch.
4. In der Bayernpartei herrschen SED-Methoden.
5. Die Bayernpartei ist separatistisch.
6. Donhauser und Aretin verkörpern allein die christlich konservative Gruppe in der Bayernpartei."[145]

Da sich Donhauser und Aretin von diesen Erklärungen und von Schmidhuber distanzierten, wurde gegen sie zunächst kein Antrag auf Parteiausschluß gestellt, weil dies wegen ihrer zahlreichen Anhänger eine Spaltung der Partei bedeutet hätte[146].

Spiegelausschuß
Die Finanzpraktiken einzelner Abgeordneter der Bayernpartei als auch der Industrie wurden durch die Untersuchungen des 44. Ausschusses des Bundestags, des sog. ‚Spiegelausschusses', an die Öffentlichkeit gebracht. Der Versuch der Donhauser-Gruppe, die Führung der Bayernpartei zu übernehmen, war gescheitert. Nachdem sich Baumgartner auf der Landesversammlung der Bayernpartei durchgesetzt und durch Einführen der Generalversammlungen seine Position gestärkt hatte, traten wenige Monate vor den Landtagswahlen 1950 Donhauser und drei weitere Bundestagsabgeordnete[147] seines Flügels aus der Bayernpartei aus. Als Donhauser auch noch zur neugegründeten Königspartei überwechselte und die Gefahr bestand, daß er die monarchistischen Anhänger der Bayernpartei für die Königspartei gewinnen würde, sollte nun auch die Parteibasis über dessen Rolle in der Bayernpartei ‚aufgeklärt' werden. Doch zunächst gelang es Donhauser durch eine einstweilige Verfügung gegen die „Bayerische Landeszeitung", die einen Artikel „Donhauser ohne Larve"[148] brachte, die Auslieferung der gesamten Ausgabe zu verhindern. Kurz darauf druckte der „Spiegel" am 27. September 1950 ein Gedächtnisprotokoll Baumgartners über Gespräche mit den Abgeordneten Aumer[149] und Mayrhofer[150] ab: Danach sollen im Zusammenhang der geheimen Abstimmung im Bundestag über die Bundeshauptstadt an Abgeordnete aller Fraktionen insgesamt 2 Millionen DM gezahlt worden sein; etwa 100 Abgeordnete seien mit Beträgen zwischen 1000,- und 20 000,- DM bestochen worden, darunter auch Abgeordnete der Bayernpartei. Donhausers Wahlschulden in Höhe von 15 000,- DM seien von Pferdmenges bezahlt worden[151]. Da der „Spiegel" dieses Gedächtnisprotokoll von dem persönlichen Sekretär Falkners zugespielt erhielt[152], scheint einiges dafür zu sprechen, daß Baumgartner Vorgänge, die längst innerparteilich diskutiert worden waren, nun publik machen wollte, um die Ausgetretenen im bevorstehenden Wahlkampf als Konkurrenten auszuschalten.
Der Untersuchungsausschuß setzte sich aus zehn Mitgliedern der Regierungs- und acht der Oppositionsparteien zusammen, den Vorsitz führte Johannes Semler. Baumgartner bemerkte zu den Untersuchungen: „Der Ausschuß entwickle sich zu einem Kardinalskollegium, das Schäffer und Donhauser heiligsprechen wolle. Die CSU-Abgeordneten, die als Richter fungieren, gehörten selbst zu der Gruppe der Schmierer und Geschmierten."[153] Der Hauptvorwurf der zwei Millionen Bestechungsgelder an Abgeordnete erwies sich zwar als Erfindung eines WAV-Abgeordneten, der dem Bayernpartei-Abgeordneten Eichner „einen Bären aufbinden wollte"[154], und wurde deshalb vom Ausschuß nicht weiterverfolgt. Doch zeigte sich im Laufe der Untersuchungen, in denen die konservative Ausschußmehrheit die finanziellen Verhältnisse und Praktiken der Bayernpartei gründlich unter die Lupe nahm, daß Mitglieder der Bayernpartei aus den Wahlfonds der Industrie gezielt gefördert worden waren, jedoch konnte ein Zusammenhang mit der umstrittenen Hauptstadtentscheidung „weder bewiesen noch widerlegt werden"[155]. Zudem benutzte die ehemalige Bayernpartei-Opposition die Befragungen, um neue Behauptungen aufzustellen: z. B. daß Generalsekretär Falkner Gelder aus Ost-

Berlin bezogen habe u. ä.[156]. Immerhin wurde aktenkundig, daß aus Wahlfonds der Industrie auf Fürsprache Schäffers – ‚aus menschlichen Erwägungen' – Donhausers Wahlschulden bezahlt wurden[157], sowie daß Aumer und Donhauser Beträge in unbekannter Höhe von Heinrichsbauer erhalten hatten, die sie gezielt an einzelne Fraktionsangehörige weitergaben[158]. Gravierend erschien dem Untersuchungsausschuß allerdings nur, wenn solche Gelder nicht glaubhaft für politische Zwecke verwendet wurden[159].

Im zweiten Komplex – der Bestechung des Abgeordneten Aumer durch die Erdölindustrie für sein Votum zugunsten einer Erhöhung des Benzinpreises – wurde der Spiegelausschuß fündiger. Als Mitglied des Unterausschusses für Mineralöl des Bundestags hatte sich Aumer an Vertreter der Erdölindustrie gewandt, um Spenden für die Bayernpartei gebeten und rund 22 000,– DM[160] erhalten. Zwar war, wie der ‚Spender' Theodor Telle sagte, an diese Zuwendung keine Auflage geknüpft worden, aber: „seine Gesellschaft habe gesellschaftliche Interessen in Bayern und Preußen seien dort bekanntlich nicht sehr beliebt. Wenn ausgerechnet eine bayerische Landespartei um Spenden bitte, habe er das nicht abschlagen wollen."[161] Allerdings fiel dem Ausschuß im Falle Aumers auf, daß dieser im Bundestag mehrfach zu Fragen der Erdölindustrie Stellung genommen hatte und daß in einem Fall am gleichen Tag eine Teilzahlung in Höhe von 7500,– DM erfolgt sei[162]. Außerdem hatte er bei der 2. und 3. Beratung des Gesetzes zur Neuordnung der Treibstoffpreise für die Fraktion der Bayernpartei zugunsten eines höheren Treibstoffpreises gesprochen[163]. Auch die übrigen Fraktionsmitglieder hatten zwar für diese Erhöhung gestimmt, doch wurde dies der Bayernpartei insgesamt nicht angelastet, da Baumgartner die Untersuchungen in Gang gebracht hatte.

Außensteuerung durch Industriefinanzierung
Bei der Finanzierung der bürgerlichen Parteien im ersten Bundestagswahlkampf waren die Mittel zunächst noch unorganisiert durch zentrale ad-hoc-Sammelaktionen etwa Pferdmenges' oder des Büros Heinrichsbauer von der Industrie aufgebracht worden. Bei den folgenden Landtagswahlen wurde diese Aufgabe bereits regionalen Organisationen, in Bayern dem „Landesausschuß der Bayerischen Industrie" übertragen.

Wie in anderen Bundesländern hatte die Industrie auch in Bayern recht konkrete Vorstellungen für die Verwendung dieser Wahlhilfe entwickelt. Ihr Landesausschuß schlug in einer der ersten Besprechungen vor, daß eine von der Industrie herausgegebene „antisozialistische Broschüre" in Millionenauflage von den Landesvorsitzenden der drei bürgerlichen Parteien, CSU, Bayernpartei und FDP, unterschrieben werden sollte[164]. Diese lehnten einhellig ab; Baumgartner erklärte sich jedoch bereit, an der Redaktion einer solchen Broschüre mitzuarbeiten und sie bei Wahlveranstaltungen verteilen zu lassen[165].

Darüber hinaus forderte die Industrie bei der Auswahl der Kandidaten ein weitgehendes Mitspracherecht. „Bayernpartei und CSU sollen je sechs, die FDP drei Kandidaten der Wirtschaft an sicherer Stelle für die Landtagswahlen aufstellen"[166], entsprechend sollte dann die Verteilung der finanziellen Mittel, die auf 150 000,– bis 200 000,– DM[167] geschätzt wurden, ‚im Verhältnis 6 : 6 : 3'[168] erfolgen." CSU und Bayernpartei hätten dann etwa 60 000–80 000,– DM, die FDP 30 000–40 000,– DM erhalten.

Zwar wurde der Bayernpartei zugestanden, die Kandidaten selbst zu bestimmen, doch wurden ihr auch personelle Vorschläge gemacht. Da die empfohlenen Kandidaten nicht der Bayernpartei angehörten und die Landesleitung ein derartiges Ansinnen den Kreisverbänden offenbar nicht zumuten mochte, empfahl sie, möglichst sofort eigene Kandidaten aus der Industrie – vorbehaltlich der nachträglichen Zustimmung der Kreisverbände – zu benennen und für eine günstige Plazierung Sorge zu tragen[169]. Für München und Oberbayern, Niederbayern und Schwaben hatte die Verhandlungsdelegation in einem ernsten Kontaktgespräch bereits eine „lose Vereinbarung"[170] getroffen, nämlich die Unterhändler der Bayernpartei als Kandidaten aufzustellen: Fürst Oettingen-Wallerstein, Direktor Karl Kerber und Direktor Dr. Franz Brandt[171]. Falkner bat die Kreisvorsitzenden von Niederbayern, Schwaben, Oberbayern und München umgehend um eine schriftliche Bestätigung, daß sie mit der Nominierung dieser Kandidaten einverstanden seien; die erste ‚Ausschüttung' erfolge nach der Nominierung der Kandidaten.

Doch verzögerte die Industrie wegen der innerparteilichen Führungskämpfe und angesichts des Durchsetzungsvermögens Baumgartners und des radikalen Flügels gegenüber den CSU-Sympathisanten die Auszahlung der zugesagten Unterstützung. Erst auf Nachfrage der Bayernpartei erklärten die Vertreter des Industrie-Landesausschusses, dieser „sei erschrocken über die Beschlüsse der Bayernpartei in Regensburg"[172]. Denn die Bayernpartei hatte auf einer Versammlung der Kreis- und Bezirksvorsitzenden in Regensburg am 9. 7. 1950 nicht nur eine innerparteiliche Untersuchung über Bestechungen von Bayernpartei-Abgeordneten in der Hauptstadtfrage eingeleitet und Donhauser die Kandidaturen zum Landtag und zum 2. Landesvorsitzenden untersagt, sondern auch eine Presseerklärung herausgegeben, daß die Bayernpartei „den bevorstehenden Wahlkampf nach allen Seiten offen führen werde" und „die Herrschaft der CSU-Diktatur"[173] scharf kritisiert. Derartige Stellungnahmen paßten nicht in das Konzept des Landesausschusses der Industrie, der – nach dem Vorbild Schleswig-Holsteins[174], wo CDU, FDP und Deutsche Partei gemeinsam zu den Landtagswahlen am 9. 7. 1950 als Wahlblock kandidierten – einen „antisozialistischen Wahlblock" anstrebte. Denn schließlich waren die Ergebnisse der Landtagswahlen wegen der Mehrheitsverhältnisse im Bundesrat nicht ohne Bedeutung für die Bundespolitik, zumal sich Adenauer hier in sozialpolitischen Fragen nicht auf seinen innerparteilichen Rivalen Karl Arnold als Exponenten der christlichen Sozialausschüsse und Ministerpräsidenten Nordrhein-Westfalens verlassen konnte[175].

Nach dem Scheitern einer antisozialistischen Gemeinschaftspropaganda versuchte die Industrie nun, in all den Stimmkreisen, in denen die SPD in der Mehrheitswahl einen Kandidaten durchgebracht hatte, zumindest Stillhalteabkommen zwischen den drei „bürgerlichen" Parteien zu erreichen. Als Baumgartner beim Industrieausschuß vorstellig wurde, weil die Bayernpartei noch kein Geld erhalten hatte, wurde ihm erklärt, die beiden Landesvorsitzenden Dehler und Ehard hätten bereits eine entsprechende Zusage gemacht[176]. Ob der Industrieausschuß derartige Zusicherungen erhalten hatte oder ob er nur ein Druckmittel gegenüber der Bayernpartei, deren finanzielle Misere bekannt war, benutzte, muß offenbleiben. Die CSU erkläre in der Presse, daß sie kein Wahlbündnis mit anderen Parteien eingehen werde[177]. Gleichwohl brachten diese Bedingungen die Bayernpartei zumindest in arge Bedrängnis, da sie nach den in Regensburg gefaßten Beschlüssen ein Wahlbündnis ablehnen mußte, aber auf die Unternehmer-Spenden dringend angewiesen war. Während der Vorsitzende der Bundestagsfraktion Seelos für ein Wahlabkommen mit der CSU eintrat, meinte Baumgartner, daß dies „die ganze Partei [...] versauen" würde[178].

Die hierauf eingeschlagene hinhaltende Taktik der Bayernpartei führte allerdings nicht zum erwünschten Erfolg, im Gegenteil. Die Industrie erhöhte drei Wochen später ihre Forderungen: Neben einem Stillhalteabkommen in verschiedenen Wahlkreisen wurde nun auch noch verlangt, daß ein von der Bayernpartei im Bundestag gestellter Mißtrauensantrag gegen Bundesfinanzminister Schäffer zurückgezogen werde[179]. Trotz ihrer prekären innerparteilichen Situation – Donhauser war gerade zur Königspartei übergetreten –, versuchte die Bayernpartei diesen Forderungen ausweichend zu begegnen[180]; doch die Gegenstrategie „zuerst zahlen, dann verhandeln"[181] war nicht erfolgreich. Entgegen einer ursprünglichen Zusage der Industrie, daß die Bayernpartei pro Abgeordneten 20 000–30 000,– DM bekommen solle und zu gleichen Teilen beteiligt würde wie die CSU[182], hatte sie Ende September noch immer kein Geld erhalten. Erst auf erneute Vorstellungen Baumgartners hin überbrachten Kerber und Brandt einen Scheck von 10 000,– DM, allerdings „mit genauen Richtlinien über die Verteilung dieses Betrages"[183].

Die Landesleitung nahm diese Bedingungen an und wollte sogar noch einige weitere, bereits aufgestellte industriefreundliche Kandidaten benennen – in der Hoffnung auf eine zusätzliche Kopfprämie[184]. Doch scheint die Bayernpartei über die genannten 10 000,– DM keine nennenswerte Unterstützung vom Verband der Bayerischen Industrie erhalten zu haben[185]. Ihre Wahlkampfausgaben waren mit 27 700,– DM äußerst niedrig[186] und obwohl die eingegangenen Wahlspenden in Höhe von 32 000,– DM[187] von einzelnen Firmen als solche zur Kostendeckung ausgereicht hätten, wurde ein Wahlkredit[188] zu Lasten der künftigen Landtagsabgeordneten aufgenommen.

Insgesamt mißlang im Falle der Bayernpartei dieser erste Versuch der bayerischen Industrie, die bürgerlichen Parteien in einer antisozialdemokratischen Front zusammenzuzwingen und ihr eigene Kandidaten aufzunötigen: die von der Industrie vorgeschlagenen Kandidaten kamen nicht in den Landtag. Freilich blieb auch der Finanzbedarf der Bayernpartei ungestillt und machte sie für weitere Außensteuerungsversuche empfänglich.

Einflußnahme der Förderverbände der Industrie

Kommunalwahlen wurden von den Unternehmern als relativ unbedeutend bewertet; Wahlkampfspenden flossen daher selten zentral, sondern zumeist nur auf lokaler Ebene[189], wo es konkrete Interessen zu vertreten galt. Es war daher eine Ausnahme, wenn es Generalsekretär Besold, der in den Kommunalwahlen 1952 erfolglos zum Oberbürgermeister von München kandidierte, gelang, eine Industriespende von 6000,– DM, die er zur Errichtung eines Kontaktbüros der Bayernpartei in Bonn erhalten hatte[190], größtenteils für den kommunalen Wahlkampf zur Verfügung zu stellen.

Für die Bundestagswahlen 1953 wurden jedoch wieder integrierte Industriespenden nunmehr über sog. Fördergesellschaften organisiert[191]. In Bayern wurde zunächst die „Volkswirtschaftliche Gesellschaft Bayern e. V." gegründet, die den spendenden Unternehmen die Möglichkeit bot, ihre Beiträge steuerlich abzusetzen, während

direkte Spenden an die Parteien damals noch versteuert werden mußten. Erster Vorsitzender der Volkswirtschaftlichen Gesellschaft wurde Prof. Dr. Siegfried Balke (CSU); nach dessen Berufung ins Kabinett Adenauer wurde August Wilhelm Schmidt, Direktor bei der Allianz-Versicherung, zu seinem Nachfolger gewählt. Schmidt war 1945, u. a. auf Empfehlung Baumgartners, als erster Geschäftsführer der Landesgeschäftsstelle der CSU bestellt worden[192]; er hatte sich jedoch nach parteiinternen Differenzen binnen weniger Monate wieder ins Versicherungs- und Bankgeschäft zurückgezogen[193]. Die Bayernpartei erhielt im Bundestagswahlkampf 1953 etwa 67 000,- DM an Wahlkampfspenden, vermutlich von der Volkswirtschaftlichen Gesellschaft[194]. Für die bundesweit operierenden bürgerlichen Parteien wurde selbst nach den Angaben des Geschäftsführers der Förderverbände ein Vielfaches ausgegeben[195]. In diesem Wahlkampf wurden nicht nur die Landesgeschäftsstellen der Parteien unterstützt, sondern es wurde auch auf Wahlkreisebene interveniert. Die Tendenz, nur den aussichtsreichsten Kandidaten im Wahlkampf finanziell zu unterstützen, bedeutete in der Praxis häufig eine Unterstützung der CSU und eine indirekte bürgerliche Einheitsfront durch Einschränkung der Wahlkampfwerbung der kleineren Konkurrenten. Dies geht z. B. aus einem Schreiben des Bezirksvorsitzenden von Fürstenfeldbruck an den Finanzbevollmächtigten der Bayernpartei hervor. Der örtliche Vetrauensmann der Wirtschaft hatte die gesamten Beträge der Volkswirtschaftlichen Gesellschaft an die CSU gegeben, da diese seiner Meinung nach den aussichtsreichsten Kandidaten stellte. Nur bei einer Einigung auf einen gemeinsamen Kandidaten wäre er bereit, auch der Bayernpartei einen Betrag zur Verfügung zu stellen[196].
Die Finanzierung der Bayernpartei durch die Förderverbände der Industrie ist weniger wegen der tatsächlichen Höhe der Zuwendungen bemerkenswert. Vielmehr stehen hier die zähen, oft vergeblichen Bemühungen der Parteiführung im Vordergrund, im Vergleich zu CDU, CSU, FDP, DP und auch BHE überhaupt etwas zu bekommen. Da die finanzielle Not der Bayernpartei bekannt war, wurden ihre Bitten selbst bei relativ kleinen Beträgen mit Forderungen oder Empfehlungen beantwortet, die dem Anspruch auf innerparteiliche Demokratie widersprachen. Als die Bayernpartei nach den Bundestagswahlen 1953 durch ihren neuen Finanzbevollmächtigten Geislhöringer – sein Amtsvorgänger war kurz vor den Bundestagswahlen zur CSU übergetreten – Wahlkampfkosten bei der Volkswirtschaftlichen Gesellschaft anmeldete und ihr daraufhin im Dezember 1953 15 000,- DM bewilligt wurden, zeigten sich die Geldgeber „sehr daran interessiert", daß die Bayernpartei „in ihrer jetzigen Tendenz" in Bayern bestehen bleibe[197]. Gleichzeitig wurden für die Verwendung der 15 000,- DM Richtlinien gegeben: 5000,- DM sollten zur Deckung der Kosten der Landesgeschäftsstelle verwandt werden, während die in der Wahl durchgefallenen Kandidaten keine Zuschüsse mehr bekommen sollten. Wie man die Landesgeschäftsstelle in ihrem bisherigen Umfang erhalten könnte, wurde von der Volkswirtschaftlichen Gesellschaft geprüft[198]. Der aus der Partei ausgetretene Kreisvorsitzende von München, Lallinger, solle nicht mehr in die Partei aufgenommen werden, denn „die Gefahr, die mit der Gründung einer neuen Konkurrenzpartei verbunden sei, erscheine geringer als die Gefahr, daß Lallinger bei Wiedereintritt in die Bayernpartei doch wieder Schwierigkeiten unter Fortsetzung seiner radikalen Tendenzen machen würde"[199].
Die Bayernpartei, die bis Mitte März 1954 erst 10 000,- DM der noch von Balke

zugesagten 15 000,- DM erhalten hatte, wurde, nach einer Erinnerung an ihre Außenstände, beschieden, daß „kein Geld mehr vorhanden sei"[200], weil die Mitglieder der Gesellschaft nach den Bundestagswahlen mit weiteren Beträgen sehr zurückhaltend geworden seien. Auch der Wunsch nach laufenden Zuwendungen zur Aufrechterhaltung der Landesgeschäftsstelle könne vorerst nicht erfüllt werden[201], doch man werde, „wenn wieder Geld in der Kasse sein werde, an die Nachforderungen der Bayernpartei sich in erster Linie erinnern"[202]. Es ist freilich wahrscheinlich, daß der plötzliche Geldmangel ein Druckmittel war, hatte die Bayernpartei doch zwischenzeitlich Lallinger wieder aufgenommen, während der CSU-Sympathisantenflügel um Besold und den früheren Fraktionsvorsitzenden Decker mittlerweile zur CSU übergetreten war.

Nach energischen Mahnungen erhielt die Bayernpartei dann auch die restlichen versprochenen 5000,- DM[203]. Für den Landtagswahlkampf 1954 erreichte die Parteiführung wenigstens, daß die Firmen, die der Bayernpartei im kommenden Wahlkampf eine Unterstützung zukommen lassen wollten, diese Beträge über die Volkswirtschaftliche Gesellschaft – steuerlich abzugsfähig – einzahlen konnten[204]. Solche zweckgebundenen Spenden mußten ohne jeden Abzug von der Volkswirtschaftlichen Gesellschaft an die Bayernpartei weitergeleitet werden. Bereits im Sommer 1954 fürchtete Baumgartner, daß die Bayernpartei – die seit Monaten scharf gegen die CSU Stellung genommen hatte und deren Gespräche mit der SPD über eine mögliche Koalition schon in der Presse kolportiert wurden – kein Geld mehr von der Volkswirtschaftlichen Gesellschaft erhalten werde. In einem Schreiben an ihren Vorsitzenden betonte Baumgartner, daß die Bayernpartei zwar noch keine konkreten Angaben über die Kandidaten machen könne, da diese erst von den Bezirken aufgestellt würden, daß jedoch „bei unserer Fraktion wieder gute Leute aus Industrie, Gewerbe und Landwirtschaft nominiert werden" und „daß die Bayernpartei in ihrer bisherigen positiven Arbeit auch als Oppositionspartei einen klaren und energischen Kampf gegen den Sozialismus und Marxismus geführt hat, dürfte auch in Kreisen der Volkswirtschaftlichen Gesellschaft allmählich bekannt werden"[205]. Baumgartner wollte bei der Vergabe der Industriespenden nach dem Ergebnis der letzten Landtagswahlen beteiligt werden: 42% für die CSU, 11% für die FDP, 27% für die Bayernpartei und 19% für den BHE. Gegen eine weitere ungerechte Bevorzugung der CSU spreche, daß diese „offensichtlich zur kalten Sozialisierung beigetragen und die SPD in einer unmöglichen Weise unterstützt hat"[206]. Zugleich drohte er, die Wirtschaftsunternehmen, die der Bayernpartei angehörten, würden widrigenfalls „durch einen Aufruf an die bayerische Wirtschaft andere Finanzierungswege vorschlagen"[207]. Dieser Aufforderung, sich für die Belange der Bayernpartei einzusetzen, kamen auch einige Mitglieder der Volkswirtschaftlichen Gesellschaft nach: sie erklärten sich bereit, künftig ihre Beträge und Spenden als zweckgebunden zu deklarieren[208]. Aber weder Baumgartners politische Argumentation noch die Fürsprache einiger Mitglieder beeindruckten den Vorstand der Volkswirtschaftlichen Gesellschaft. Hinzu kam, daß der Vorsitzende, A. W. Schmidt, der sich der Bayernpartei gegenüber gewogen gezeigt hatte, zugunsten des FDP-Mitglieds Dr. Otto Eberle, eines fränkischen Managers aus der Elektrobranche, zurückgetreten war. Baumgartner klagte, daß der neue Vorsitzende wegen eines Angriffs auf Adenauer über ihn „hergefallen sei" und deshalb die erste Rate für die Bayernpartei nicht an den Landesvorsitzenden, sondern an Geislhöringer gegangen[209] sei. Und darüber hinaus sollte die Bayernpartei nur 15%, die FDP 30%, die CSU 40% und der BHE 10% der Mittel erhalten[210]. Weitere Versuche der Landesleitung, mit Hilfe persönlicher Beziehungen für die Bayernpartei eine stärkere Berücksichtigung zu erreichen, schlugen fehl. Zwar vermutete Baumgartner, daß Franz Josef Strauß Druck ausgeübt habe[211], die Bayernpartei finanziell auszuhungern, doch wahrscheinlich orientierten sich die regionalen Fördergesellschaften in der Festlegung der Verteilungsquoten einfach am Schlüssel auf Bundesebene[212]. Während die Industrie in den Bundestagswahlen die bürgerlichen Parteien einzeln förderte, da höhere Wahlergebnisse der einzelnen Parteien der Koalition Adenauers eine breite bürgerliche Mehrheit sicherten, drängte sie wie bereits 1950 in den Landtagswahlkämpfen auf die Bildung bürgerlicher Wahlblocks im Sinne einer „antimarxistischen Abwehrfront". Bei der Deutschen Partei entschieden letztlich die Fördergesellschaften, ob die Partei ihren Wahlkampf selbständig bestreiten durfte oder ob sie ein Wahlbündnis einzugehen hatte: Die leeren Kassen veranlaßten 1954 die DP in Schleswig-Holstein, zu den Landtagswahlen einem bürgerlichen Wahlblock beizutreten[213]. Trotz ihrer finanziellen Notlage führte die Bayernpartei jedoch den Landtagswahlkampf selbständig und legte sich auch für die Bildung der Landesregierung nicht fest, sondern hielt sich mit der Parole „keine Regierung ohne Bayernpartei" auch für eine Koalition mit der SPD offen. Kein Wunder, daß sie auch vier Wochen vor der Wahl von der Volkswirtschaftlichen Gesellschaft noch keinerlei Unterstützung erhalten hatte. Selbst sein letztes Rundschreiben an die Wirtschaft mit der Bitte um Spenden sei bisher ohne Erfolg geblieben, klagte Baumgartner treuherzig gegenüber der Presse[214]. Damit diese „Bettelei ein für allemal aufhört"[215], sollten die Wähler mit 10 Pf. im Jahr an der Finanzierung der Parteien beteiligt werden.

Doch Geld kauft nicht nur Macht; Macht zieht auch Geld nach. Als Regierungspartei in der Viererkoalition wurde die Bayernpartei von den industriellen Fördervereinen wieder honoriert. In den Jahren 1956 und 1957 erhielt sie von der „Staatsbürgerlichen Vereinigung e. V." insgesamt 132 000,- DM[216] bis zum Bundestagswahlkampf 1957. Sie wurde jedoch vorwiegend auf Landesebene unterstützt, denn auf Bundesebene hatte sie für industrielle Interessen keinen Wert mehr, zumal sie mit dem Zentrum als ‚Föderalistische Union' auftrat und sogar Wahlabsprachen mit der SPD in Bayern einging[217].

Nachdem der Bundestag beschlossen hatte, auch Beiträge für staatspolitische Zwecke von der Einkommensteuer absetzbar zu machen, hatte die „Staatsbürgerliche Vereinigung e. V." Anfang 1955 die Volkswirtschaftliche Gesellschaft als Finanzierungsinstrument der Unternehmen abgelöst[218]. Vergleichszahlen über die Finanzierung der CSU oder FDP für Bayern fehlen; auf Bundesebene jedoch sollen die CDU 1000,- DM und jede der kleineren Parteien 500,- bis 750,- DM im Monat für jeden der 252 Wahlkreise erhalten haben[219].

Nach dem Zerbrechen der Viererkoalition Anfang Oktober 1957 erfüllte sich die Hoffnung der Bayernpartei nicht, mit der CSU eine Koalitionsregierung zu bilden. Sie mußte mit der SPD in die Opposition gehen und befand sich in einer schweren innerparteilichen Krise. Deshalb stellte die „Staatsbürgerliche Vereinigung e. V." mit dem Monat Oktober 1957 auch ihre Zahlungen an die Bayernpartei ein. Allerdings wurde ihrem Schatzmeister in Aussicht gestellt, daß die Zahlungen sofort wieder aufgenommen würden, wenn sich auf der Landesausschußsitzung Ende

November erwiese, daß die innerparteiliche Krise überwunden sei und die Partei sich wieder stabilisiert habe[220]. Als die Bayernpartei im Januar noch nichts erhalten hatte und auf März 1958 vertröstet wurde, bat Baumgartner in einem Schreiben an sämtliche Vorstandsmitglieder der „Staatsbürgerlichen Vereinigung", „daß die Bayernpartei als demokratische, konservative und christliche Rechtspartei von der Vereinigung nicht erst ab März, sondern möglichst bald wieder unterstützt wird"[221].

Seine allgemeinen Beschwörungen gingen an der Tatsache vorbei, daß die industriellen Gelder um konkreterer Interessen willen flossen. Zwar konnte Baumgartner versichern, daß die Bayernpartei „in der Exekutive und Legislative den Beweis erbracht habe, daß sie für die völlige Aufrechterhaltung der Privatwirtschaft und des Privateigentums"[222] eingetreten und es „leider verhindert worden"[223] sei, daß die Landtagsfraktion nach Auflösung der Viererkoalition in Bayern „geschlossen" in eine bürgerliche Regierung in Bayern eintreten konnte, aber sein ‚rührender' Nachsatz dürfte bei der Industrie eher erneute Befürchtungen hervorgerufen haben: „Besonders bemerken darf ich, daß die Gremien der Bayernpartei vom kleinsten Ortsverband bis zur Landesversammlung, zur Landesleitung und zum Landesvorsitzenden demokratisch durchgewählt sind"[224]. Den Förderern war solche Formaldemokratie allenfalls lästig. Eines der angeschriebenen Vorstandsmitglieder erklärte sich bereit, sich für die Bayernpartei in der ‚Staatsbürgerlichen Vereinigung' zu verwenden, allerdings nur, wenn die Bayernpartei den Oberbürgermeisterkandidaten der CSU in Rosenheim unterstützt, um eine SPD-Mehrheit im dortigen Stadtrat zu verhindern. „Sie würden uns einen großen Gefallen tun, wenn Sie in Rosenheim veranlassen würden, daß die Bayernpartei sich hinter uns stellt"[225], um einen bürgerlichen Wahlblock zu bilden, denn „was in Kulmbach und Erlangen ging, nämlich ein Zusammenschluß der bürgerlichen Parteien, einschließlich Bayernpartei [muß] auch in Rosenheim möglich sein"[226]. Der Vorstand der ‚Staatsbürgerlichen Vereinigung' ließ Baumgartner wissen, die Voraussetzung für eine weitere Zahlung sei noch nicht gegeben, nämlich „daß sich die Lage innerhalb Ihrer Partei sowohl hinsichtlich ihrer inneren Festigkeit, als hinsichtlich des in Zukunft einzuschlagenden Kursus soweit stabilisiert hat, daß Unklarheiten, Mißverständnisse und Überraschungen mit größtmöglicher Sicherheit ausgeschlossen sind. Allgemein gehaltene rhetorische Proklamationen der Parteiführung werden diesen Standpunkt unserer Freunde auch in Zukunft kaum verändern können."[227]

Die Bayernpartei-Führung klammerte sich sogar noch an diesen Strohhalm. In der Hoffnung, daß die ‚Staatsbürgerliche Vereinigung' die Landesversammlung der Bayernpartei tatsächlich als Indikator für die Partei-Stabilität werten würde, hatte die Landesleitung nochmals um Unterstützung gebeten: die Bayernpartei sei seit ihrem Bestehen für die Interessen der Privatwirtschaft und des Privateigentums mit Entschiedenheit eingetreten, was in den bei der Landesversammlung zur Genehmigung vorgelegten Richtlinien wieder besonders betont sei[228] Da sich 1958 die Einnahmen der Fördergesellschaften merklich verringerten[229] und die Unionsparteien die absolute Mehrheit errungen hatten, die kleineren Parteien damit überflüssig waren, erhielten sie alle keine Unterstützung mehr. Am wenigsten konnte das die Bayernpartei erwarten, die jahrelang um Industriegelder gebettelt hatte, jedoch die Auflagen der Geldgeber zu umgehen suchte.

TEIL C ENTWICKLUNGEN

I. Aufstieg als ‚bayerische Volksbewegung' gegen die Gründung einer Bundesrepublik

1. Außen- und innenpolitische Faktoren

Als die Bayernpartei im Januar 1948 zum ersten Mal mit einer Großkundgebung an die Öffentlichkeit trat, waren die Weichen für die künftige Entwicklung Deutschlands bereits gestellt. Schon auf der 1947 von Hans Ehard nach München einberufenen Ministerpräsidentenkonferenz hatte sich von Bayern her „zu einer Zeit, da von anderer Seite die ‚Parlamentarisierung' der überregionalen Körperschaften verstärkt angestrebt wurde, ein föderalistisches Gegengewicht aufgebaut, das alsbald den Wunsch nach eigenen Institutionen anmeldete"[1]. Diese staatenbündischen Versuche waren aber mit der Bildung des Bizonen-Wirtschaftsrates im Juni 1947 zum Scheitern verurteilt[2]. Vor allem gegen ihn richtete sich bayerische Kritik. Die Interessenvertreter der bayerischen Landwirtschaft sahen die heimischen Belange nicht ausreichend gewahrt und behaupteten, daß der Wirtschaftsrat Bayern überhöhte Ablieferungsverpflichtungen abverlange. Mit Agitation gegen die „Frankfurter Kartoffelgenerale"[3] und preußische Beamte im Zweizonen-Wirtschaftsministerium trat auch Lallinger bei der ersten Veranstaltung in München auf; der Übertritt Josef Baumgartners sicherte der Bayernpartei eine Leitfigur bayerischen Protests gegen Frankfurt.

Spätestens nach Abschluß der ersten Phase der Londoner Sechs-Mächte-Konferenz im März 1948[4] war auch für die Bayernpartei-Führung einsichtig, daß ein westdeutscher Staat konstituiert werden sollte. Nicht vorauszusehen war allerdings, in welch kurzer Zeitspanne diese Entwicklung ablaufen würde. Am Ende der Londoner Sechs-Mächte-Konferenz wurden am 7. Juni in einem Kommuniqué die Ministerpräsidenten der elf westdeutschen Länder ermächtigt, eine verfassunggebende Versammlung einzuberufen[5]. Daraufhin forderte die Bayernpartei auf ihrer ersten Landesversammlung am 19. Juni 1948, daß die bayerische Vertretung für diese verfassunggebende Versammlung vom bayerischen Volke gewählt und die Verfassung direkt durch das bayerische Volk ratifiziert werden müsse[6].
In den Frankfurter Dokumenten, welche die drei Militärgouverneure am 1. Juli den Ministerpräsidenten der westdeutschen Länder als Ergebnis der Londoner Gespräche übergaben, wurde bestimmt, daß diese Verfassung den Militärgouverneuren zur Genehmigung vorzulegen sei, bevor sie in den Ländern durch Volksabstimmung ratifiziert werde. Sofern dann zwei Drittel der Länder die Verfassung mit Stimmenmehrheit akzeptierten, trete sie in Kraft, und die vorgesehenen Institutionen würden errichtet[7].
Gegen diese Anordnung verwahrte sich die Bayernpartei: „Die Bayernpartei sieht in dem Dokument I der Londoner Empfehlungen den Willen der Besatzungsmacht, eine föderalistische Lösung der deutschen Frage herbeizuführen. Den Grundsätzen des Föderalismus und dem Selbstbestimmungsrecht der Völker widerspricht es

aber, wenn eine Verfassung durch eine Majorisierung einzelner deutscher Staaten erzwungen werden soll. Die Bayernpartei wünscht Klarstellung, daß sowohl der Zusammenschluß deutscher Staaten wie eine Verfassung Gegenstand eines freien Staatsvertrags sein müssen. Die Bayernpartei fordert die Wiederherstellung des bayerischen Staatsgebiet mit den Grenzen des Jahres 1933, wobei dem pfälzischen Volk Gelegenheit zu geben ist, über seine Zugehörigkeit zu Bayern selbst zu entscheiden. Nach dem Ergebnis der bayerischen Gemeindewahlen besitzt die derzeitige bayerische Regierung und der bayerische Landtag nicht mehr das moralische Recht noch die Autorität, noch im Namen des bayerischen Volkes in Schicksal entscheidenden Fragen der staatlichen Zukunft Bayerns zu sprechen und zu handeln."[8]

In einer gemeinsamen, auf einer Tagung in Koblenz gefaßten Stellungnahme vom 9. Juli verwarfen die Ministerpräsidenten der westdeutschen Länder den Gedanken, eine Nationalversammlung einzuberufen und eine Verfassung zu schaffen; statt dessen empfahlen sie, einen „Parlamentarischen Rat" einzusetzen, der von den Landtagen beschickt werden und der ein „Grundgesetz" und ein Wahlgesetz verabschieden solle, damit eine einheitliche Verwaltung der Besatzungszonen diesseits des Eisernen Vorhangs möglich würde[9]. Auch solle das Grundgesetz nicht durch eine Volksabstimmung ratifiziert werden, um nicht das volle Gewicht einer Verfassung zu erhalten.

Am 26. Juli beriefen die Ministerpräsidenten den sogenannten Verfassungskonvent, um eine Vorlage der Regelungen für den Parlamentarischen Rat zu erstellen. Ehard sah eine Möglichkeit, den föderalistischen Vorstellungen Bayerns größeres Gewicht zu verleihen, und lud den Verfassungskonvent ein, in Herrenchiemsee zu tagen. Es war wohl eine Geste an das Gastland, wenn der Staatssekretär in der bayerischen Staatskanzlei, Anton Pfeiffer, der schon in der Weimarer Republik als Generalsekretär der BVP mit föderalistischen Denkschriften hervorgetreten war, zum Vorsitzenden gewählt wurde; der bayerische Einfluß auf den Gang der Verhandlungen aber war damit vergrößert. Der Bayernpartei war die Herreninsel historisch geheiligter Boden und Mahnmal bayerischer Freiheit; sei doch hier Tassilo III. „wegen seines Kampfes für die bayerische Freiheit"[10] inhaftiert gewesen. Mit historischen Simplifizierungen zog Baumgartner gegen die drohende Entwicklung zu Felde. „Wir sehen in der Geschichte, daß wir seit 1871 über 1918/19, über die Weimarer Verfassung hinweg und dann seit Hitler 1933 und seit 1945 wieder in Frankfurt einen Zentralismus erleben, der den Tod der deutschen Staaten und Länder bedeutet. Deshalb ist die Bayernpartei aus historischen Erwägungen heraus gegen den Bundesstaat und gegen den Einheitsstaat."[11] Doch hatte die Bayernpartei auf den Gang der Ereignisse keinen parlamentarischen Einfluß; sie konnte nur durch Massenversammlungen und Demonstrationen gegen den Verfassungskonvent protestieren. Da aber auch die bayerische Staatsregierung möglichst viele föderalistische Grundsätze in die Verfassungsentwürfe einzubringen versuchte, womit sie außerhalb Bayerns in den Ruf eines extremen Förderalismus geriet, war die Bayernpartei gezwungen, sie mit radikalen Forderungen zu übertreffen, um ihre Anhänger zu halten. Als außerparlamentarische Opposition mußte sie sich auf organisierten Protest konzentrieren, um – wenn möglich – noch eine Landtagsauflösung zu erzwingen.

Für die Beschickung des Parlamentarischen Rats forderte die Bayernpartei aufgrund des Ergebnisses der Kommunalwahlen vier Vertreter. Sie wurden ihr allerdings nicht zugestanden; der bayerische Landtag verabschiedete ein Gesetz über den Parlamentarischen Rat und wählte die 13 Abgeordneten nur aus CSU, SPD und FDP. Baumgartner blieb lediglich, in einer dramatisch-theatralischen Rede sich auf Josef Edmund Jörg und Georg Heim berufend, vor den Gefahren des Unterganges des Freistaates Bayern zu warnen. Neues Ziel der Bayernpartei – wie Baumgartner erklärte – war nun, die absolute Mehrheit der bayerischen Abgeordneten in einem westdeutschen Parlament zu erlangen; denn nur darin lag eine Chance, den Beitritt Bayerns zu einem künftigen deutschen Bundesstaat gerade noch abzulehnen[12].

Als nach dem Zusammentritt des Parlamentarischen Rates die Grundgesetzentwürfe bekannt wurden, erkannte die Bayernpartei-Führung, in welche Schwierigkeiten die Partei im Zuge der Entwicklung geraten war. Die Entwürfe waren so zentralistisch ausgefallen, daß man in der Bayernpartei überzeugt war, weiteste Kreise Bayerns und der CSU würden „auf alle Fälle zu einer Ablehnung der Bonner Verfassung kommen [...]"[13]. Die Bayernpartei aber, aus dem Zwang der Umstände in außerparlamentarischer Opposition, hätte am Zustandekommen einer Ablehnung keinen Anteil, andere würden sich mit ihren Federn schmücken. Man erkannte die eigene schwache Position, weil die Bayernpartei ihre Agitation ganz auf *ein* Ziel konzentrierte, das – wie es schien – nun von der im Landtag vertretenen Konkurrenz-Partei okkupiert wurde. Anton Donhauser sprach auf der ersten Sitzung der Landesvorstandschaft in Kissingen im Oktober 1948 die Befürchtung aus, „daß das Grundgesetz einer Volksbewegung ein dynamisches ist, und daß eine dynamische Partei, die zwei Jahre anstehen und noch dazu erleben muß, daß ihr durch die Bonner Beschlüsse die wichtigsten Rosinen aus dem Kuchen gepickt werden, erledigt ist, weil dann der ganze psychologische Effekt verpufft"[14]. Man war in Kissingen darin einig, daß die Bayernpartei um jeden Preis in den Landtag kommen müsse. Angesichts ihres guten Abschneidens in den Stadtratswahlen rechnete sich die Bayernpartei-Führung für die Landtagswahlen zu Recht ein gutes Ergebnis aus; doch waren die nächsten Landtagswahlen erst 1950 fällig, und es konnte kein Zweifel bestehen, daß die wesentlichen Entscheidungen über einen westdeutschen Staat in der Zwischenzeit gefallen sein würden.

Nun hatte die SPD aufgrund des Ergebnisses der Kommunalwahlen eine Interpellation im Landtag eingebracht, wonach die CSU-Regierung zurücktreten solle, da sie nicht mehr das Vertrauen der Mehrheit des bayerischen Volkes besitze; von Knoeringen sagte, „das Anwachsen der Bayernpartei sei ein Beweis für die Spaltung der CSU"[15]. Auch die Bayernpartei-Führung hatte ihrerseits einen Volksentscheid propagiert; nicht zuletzt, um das Image einer dynamischen Volksbewegung zu unterstreichen. Die Interpellation der SPD hat wohl zeitweilig die Hoffnung auf einen Volksentscheid genährt. In Kissingen kam die Landesleitung aber zu der Einsicht, daß die notwendigen Unterschriften zur Einleitung eines Volksbegehrens kaum zusammenzubringen seien und daß die finanzielle Belastung für die Partei zu groß wäre[16]. Auch war eine Unterstützung durch andere Parteien sehr fraglich. So blieb nur, entweder eine Regierungskrise herbeizuführen oder doch zumindest der Bayernpartei zu einer Landtagsfraktion zu verhelfen: man wollte Abgeordnete anderer Parteien abwerben, wobei vor allem der Kreisverband Oberbayern der CSU in Frage kam; aber auch einige SPD-Abgeordnete glaubte man gewinnen zu können[17]. Private Besprechungen waren bereits geführt worden,

jedoch ohne Erfolg[18]. Jedenfalls hoffte man zeitweilig, 20 bis 30 Abgeordnete zu einem Parteiwechsel bewegen zu können. Sogleich brachen aber innerparteiliche Differenzen auf. Nicht zu Unrecht fürchtete der Vorsitzende des Kreisverbandes Oberbayern, daß seine Hausmacht in der Bayernpartei von CSU-Abgeordneten, denen man ein Mandat versprechen müsse, überschwemmt werde; daß diese „dann als Bayernpartei-Abgeordnete wieder aufmarschieren und daß unsere alten Kämpfer – ich gebrauche jetzt das Wort absichtlich – die Kämpfer der Bayernpartei, in die Ecke gestellt" würden[19]. In Fischbachers Augen drohte die Gefahr, daß die Bayernpartei im Bewußtsein der Wähler zu einer zweiten CSU oder zu einer Wiederauflage der BVP werde. Denn die zentrale Figur in diesem Kalkül war noch immer Fritz Schäffer, von dessen Übertritt sich zahlreiche Funktionäre einen „Rutsch innerhalb der CSU"[20] zur Bayernpartei hin erhofften. Immerhin einigte man sich aber darauf, daß „die Landesleitung [ermächtigt werde], die Verhandlungen mit Abgeordneten anderer Parteien zu führen"[21].
Um in den Augen der bayerischen Bevölkerung, vor allem auch der Militärregierung, das Parteiimage einer über ganz Bayern verbreiteten Massenbewegung zu wahren, suchte die Parteiführung die tatsächlichen Mitgliederzahlen geheimzuhalten und nach außen zu übertreiben, denn „16 000 Mitglieder ist natürlich nicht viel, und es würde uns schaden, wenn dieser Mitgliederstand bekannt würde"[22], erklärte Falkner. Nach der Aufbruchsphase Mitte 1948 mußte die Bayernpartei im Zuge der Grundgesetzberatungen und ihrer Konkurrenz zur CSU zunehmend Positionen beziehen. In dieser Konkretisierungsphase wurde die Unfähigkeit, sich als Organisation programmatisch zu konsolidieren, deutlich.

2. Programm und Praxis

Die Gründer der Bayernpartei, Lallinger und Fischbacher, und die „Mitglieder der ersten Stunde" hatten schon den Eintritt Baumgartners und den damit verbundenen Zuwachs an CSU- und ehemaligen BVP-Mitgliedern nicht ohne Mißtrauen gesehen. Im Laufe des Jahres 1949 erfolgten bereits die ersten Austritte radikal-separatistischer Gründungsmitglieder. Mit Recht mußte Fischbacher fürchten, daß die ursprüngliche Linie der Partei unter dem Ansturm neuer Mitglieder verwässert würde. Zwar hoffte er, einer solchen Entwicklung durch die Verpflichtung sämtlicher führenden Mitglieder, „daß das ursprüngliche Programm der Bayernpartei nie geändert werden dürfe", vorzubeugen; doch verkannte er, daß das unpräzise, manifestähnliche Programm zu viele Interpretationsmöglichkeiten offenließ. Seine Definition, daß die Bayernpartei „keine Partei mit monarchistischen Tendenzen, noch eine ausgesprochene Rechtspartei, noch eine einseitig klerikale Partei, noch eine Anti-Müller-Partei [sei], sondern [...] einzig und allein eine Bayernpartei [...]"[23], traf aber genau die Motive, die die verschiedenen Gruppen zum Beitritt veranlaßt hatten. Das Mißtrauen wurde bestätigt, denn Lallinger mußte seine Parteiarbeit bald auf den Stadt- und Landkreis München beschränken[24], und er wurde wie Fischbacher nicht zum stellvertretenden Landesvorsitzenden gewählt. Ein konkretes politisches Programm vermochte sich diese Partei einander widerstrebender Gruppen nicht zu geben. Allerdings entstammten die politischen Vorstellungen, welche die verschiedenen Gruppierungen vertraten, einer gemeinsamen

– vor allem altbayerischen – politischen Kultur und wurden im einzelnen auch in anderen bayerischen Parteien, vor allem der CSU, vertreten. Hinter der Fassade der ‚bayerischen Volksbewegung' setzten sich persönliche Rivalitäten fort und zeichneten sich unterschiedliche programmatische Orientierungen ab. Sowohl die widersprüchlichen Interpretationen des Programms auf Partei- und Wahlversammlungen als die innerparteilichen Machtkämpfe, als auch die Tatsache, daß die verschiedenen Flügel aus unterschiedlichen Finanzquellen gespeist wurden, hatten dabei Gewicht. Wenn im Programm „als oberstes Ziel die geistige und sittliche Erneuerung des bayerischen Volkes nach den Grundsätzen der Wahrheit, Gerechtigkeit und Liebe"[25] genannt wurde, so spiegelt sich darin die geistige Situation einer „posttotalitären"[26] Zeit, in der die Abkehr vom Nationalsozialismus zur Flucht in die Moral wurde. Vor allem in solchen Gemeinplätzen bestand die innerparteiliche Integration. Über ihren zentralen Programmpunkt, die staatspolitischen Forderungen, vermochte die Bayernpartei jedoch keinen Konsens in ihren Reihen zu erzielen. Einig war man darin, daß Bayern *frei* sein müsse, doch wie frei Bayern und wie ein freies Bayern im Innern politisch und sozial verfaßt sein sollte, darüber gingen die Auffassungen weit auseinander.

Man stimmte dagegen darin überein, daß eine europäische Staatengemeinschaft geschaffen werden müßte; denn dieses sehr fernliegende außenpolitische Ziel, auf dessen Realisierung weder Bayern noch Deutschland unmittelbaren Einfluß hatten, bot die Möglichkeit, mit einem „selbständigen Staat Bayerns" die deutsche Nation zu überspringen. Durch die „Flucht nach Europa"[27] konnte Bayern dazu der politischen Verantwortung für eine gesamtdeutsche Vergangenheit entgehen. Schon bei der ersten großen Kundgebung der Bayernpartei in München, im Januar 1948, beanspruchte Lallinger, daß sie als erste Partei „nach dem Zusammenbruch des Hitlerreiches auf ihre Fahnen die Schaffung der ‚Vereinigten Staaten von Europa' gesetzt hat"[28].

Die Hoffnung auf Europa war 1945 weit verbreitet. Etliche westeuropäische Politiker, vor allem aber auch deutsche Emigranten[29], sahen in einer politischen Vereinigung Europas die einzig sinnvolle politische Entwicklung. Von den deutschen „Europäern der ersten Stunde" wurde Europa allerdings vielfach deswegen propagiert, um die Sanktionen zu unterlaufen, die Deutschland nach nationalsozialistischem Terror und Krieg zu erwarten hatte; auch schien Europa ein politischer Richtpunkt in der allgemeinen Orientierungslosigkeit. Für Anhänger bayerischer Eigenstaatlichkeit bot eine europäische Einigung die Chance, einem deutschen Nationalstaat zu entgehen. Bereits 1947/48 orientierte sich die Bayernpartei politisch am „demokratischen Westen", zeigte deutlich antikommunistische Tendenzen und wandte sich auch gegen den „Linksrutsch", der anfänglich in vielen Parteien, auch Bayerns, sichtbar wurde. Zwei typische Beispiele dieser Einstellung, die vor allem auch hinsichtlich der Semantik charakteristisch sind, seien angeführt: „Bayern ist entschlossen, auf seiten der wirklich demokratisch denkenden Kräfte Europas an der politisch demokratischen Schlacht um Bayern und Europa teilzunehmen. Die Bayernpartei ist ein Sammelbecken aller Bayern und ein Stauwehr gegen die dunkle Faust der Internationale"[30], formulierte Lallinger, und entsprechend prägte Baumgartner die Formel „Europa wird föderalistisch leben oder asiatisch sterben"[31].

Mit wenigen Ausnahmen, etwa Ulrich Noack[32], waren die Föderalisten sehr früh

am Westen orientiert. Sie können als Vertreter des aus der Tradition einzelstaatlicher Herrschaft gewachsenen und meist dynastisch geprägten Föderalismus gelten. Es ist symptomatisch, daß man sich des Bismarckgegners Konstantin Frantz erinnerte, dessen Gedanken – ähnlich wie nach dem Ersten Weltkrieg – nach dem Zusammenbruch des Dritten Reiches in zahllosen Neuausgaben seiner Publikationen eine Renaissance erfuhren[33]. Auch die bayerische Variante des Föderalismus ist von dem Willen zur Erhaltung der bayerischen Staatlichkeit bestimmt; so folgte nicht nur die Politik der bayerischen Staatsregierung in der Weimarer Republik föderalistischen Erwägungen[34], auch die bayerischen Bischöfe huldigten durch Ablehnung gesamtdeutscher Bischofskonferenzen (teilweise noch 1933) einem auch kirchenrechtlichen Föderalismus, weil sie fürchteten, durch kirchenrechtliche Zentralisierung die etatistische zu erleichtern[35]. Sichtbaren Ausdruck fand der bayerische etatistische Föderalismus in den Beratungen der Bayerischen Verfassunggebenden Versammlung 1946, die ihn in der bayerischen Verfassung verankerte: „Bayern wird einem künftigen deutschen demokratischen Bundesstaat beitreten, er soll auf einem freiwilligen Zusammenschluß der deutschen Einzelstaaten beruhen."[36]
In den ersten Nachkriegsjahren wurde, wenn nicht gegen Bayern überhaupt, so doch gegen die bayerischen Föderalisten von unitarischer Seite der Vorwurf des Separatismus erhoben[37]. Im Artikel 178 kodifizierte die Bayerische Verfassung unzweideutig, daß das Deutsche Reich nicht mehr existiert[38]. Selbst wenn man dieser Absage an den deutschen Staat keine partikularistischen Motive unterstellt und annimmt, daß die Mehrheit der bayerischen Konstituante „sich vielmehr aus föderalistischen Erwägungen vor einer Möglichkeit der Majorisierung durch zentralistische Kräfte sichern" wollte[39], weil sie damit rechnete, daß eine plebiszitäre Entscheidung des ganzen deutschen Volkes oder eine zentrale Konstituante – wie in Weimar – über die Wünsche Bayern hinweggehen würde, so ist doch die Möglichkeit offengehalten, einem Gesamtstaat dann nicht beizutreten, wenn seine Verfassung den föderalistischen Vorstellungen dieser bayerischen Politiker nicht entsprechen würde. Daß Artikel 178 so interpretiert werden kann, zeigt die Reaktion der amerikanischen Militärregierung, die in einem Schreiben vom 25. Oktober 1946, in dem sie die Bayerische Verfassung genehmigte, den Vorbehalt machte, „daß sie einem ‚Separatismus' Bayerns ihre Zustimmung nicht gebe und daß die Vertreter Bayerns nicht das Recht hätten, die Teilnahme an einem deutschen Gesamtstaat abzulehnen. Dem bayerischen Staat [wurde] dadurch die Bedingung auferlegt, sich an der Neugründung des Gesamtstaates zu beteiligen."[40]
Sicher war in Bayern, das ja als einziges größeres Land seine staatliche Identität über den Zusammenbruch rettete, die Auffassung besonders weit verbreitet, daß das Deutsche Reich aufgehört habe zu bestehen; doch hing man dieser Diskontinuitätsthese auch anderenorts an[41]. Aus der Sicht der vorherrschenden Kontinuitätstheorie konnten bayerische Politiker und besonders die Bayernpartei als partikularistisch oder gar separatistisch gelten. Unter Berufung auf Artikel 178 der Bayerischen Verfassung und die Diskontinuitätstheorie jedoch nannte sich die Bayernpartei föderalistisch.
Parteioffiziell lehnte sie ein zentrifugales Föderalismusverständnis mit der Begründung ab, daß es kein Zentrum mehr gebe. Der Föderalismus der Bayernpartei war vielmehr zentripetal: der bayerische Staat solle die außenpolitische Entscheidung fällen können, einem noch nicht existenten Zusammenschluß von Ländern und

Staaten der westlichen Besatzungszonen beizutreten. In Baumgartners Worten: „Wir wollen ein freies, selbständiges Bayern, das sich freiwillig entscheidet, unter welchen Bedingungen es sich einem deutschen Bunde anschließt."[42]
Die parteioffizielle Auslegung wurde jedoch nicht von allen Mitgliedern und Gruppierungen der Partei akzeptiert; gerade auf staatspolitischem Gebiet wurden von zahlreichen Funktionären sehr verschiedene Auffassungen vertreten. Einig war man sich nur darüber, daß das Deutsche Reich de jure und de facto zu bestehen aufgehört habe, daß man sich aber beim Aufbau eines neuen deutschen Vaterlandes beteiligen wolle; über dessen Gestaltung gingen die Meinungen allerdings weit auseinander. Hinter dem offiziellen Bekenntnis zum Föderalismus verbarg sich ein Meinungsspektrum, das vom Partikularismus bis zum offenen Separatismus reichte.
Die Separatisten machten in der Bayernpartei nur eine Minderheit aus; die meisten von ihnen verließen die Bayernpartei bei ihrem Einzug in den ersten Bundestag. Ihre weitgehendste Forderung ging dahin, auch Franken – da protestantisch und damit preußisch – von Bayern loszulösen und einen bayerischen Staat allein aus den altbayerischen Gebieten zu gründen; dieser sollte sich nach ihren Vorstellungen eher einem Donaustaat anschließen als einem deutschen Reich. Die Gruppe war sich ihres Separatismus sehr bewußt und vertrat ihn auch in der Öffentlichkeit gegen die von der Parteileitung propagierte gemäßigt föderalistische Haltung. Exponent dieser Richtung war Anton Berr, der als Sprecher des außenpolitischen Arbeitskreises[43] der Bayernpartei auftrat, nach Baumgartners Eintritt aber zunehmend in den Hintergrund gedrängt wurde[44]. 1948 verfaßte er ein Memorandum, das er an führende Politiker wie Truman, Churchill, Robert Schuman richten wollte. Der politischen Tradition Bayerns folgend versuchten Berr und seine Anhänger auch eine Annäherung an Frankreich; vor allem in de Gaulle erhofften sie sich einen Verbündeten.
Erst wenn es Bayern gelungen sei, schrieb Berr im April 1948 an de Gaulle, die achtzigjährige deutsche Herrschaft restlos abzuschütteln, die innere katastrophale Verpreußung zu überwinden und die Souveränität auf allen Gebieten des politischen, wirtschaftlichen und kulturellen Lebens zurückzugewinnen, werde Europa reif für den Zusammenschluß seiner einzelnen Länder. Frankreich falle dabei die führende Rolle zu. Als Kristallisationskern müsse es die einzelnen Länder Europas an sich binden. Bayern aber sei wohl berufen, eine Brücke nach Österreich zu schlagen. „Als erstes muß durch die Zusammenarbeit zwischen Frankreich und Bayern eine völlig neue politisch-geistige Einheit zu den europäischen Fragen geschaffen werden, d. h. die großpreußische Staatsidee, die selbst die Köpfe vieler nichtdeutscher Politiker in Form von Begriffen wie deutsche Einheit, Wirtschaftseinheit usw. nun wie eine fixe Idee beherrscht und lähmt, aus dem Weg geschaffen werden [...] Das Ziel Bayerns ist ein vereinigtes Europa unter der Führung Frankreichs. Es wäre naiv anzunehmen, daß Bayern mit seinen Autonomiebestrebungen gleichzeitig eine Umgehung seiner Wiedergutmachungspflicht versucht. Soweit die Wiedergutmachungspflicht davon überhaupt berührt wird, muß natürlich über sie die Sicherung der Friedenspolitik gestellt werden."[45]
Aufgrund von Presseveröffentlichungen wurde die Bayernpartei auch verdächtigt, finanzielle Unterstützung von Frankreich zu bekommen. Obgleich Berr später den Bayerischen Heimat- und Königsbund wiedergründete, verstand er sich doch mehr als Republikaner denn als Monarchist. Ihm war mehr um die Wiederher-

stellung der Souveränität Bayerns als um die Wiedereinsetzung des Hauses Wittelsbach zu tun; und es war folgerichtig, wenn er „Eisner als einen unserer unglücklichen Vorläufer"[46] bezeichnete.
Zahlreicher als die extremen Separatisten versammelten sich in der Bayernpartei allerdings weiß-blaue Monarchisten, die extrem föderalistischen Vorstellungen anhingen. Sie wollten, daß sich ein souveränes Königreich Bayern einem deutschen Bund anschließe, der ihm allerdings die Sonderrechte wieder zugestehen müsse, die es im Kaiserreich genoß. Die unterschiedlichen Auffassungen über eine künftige staatsrechtliche Gestaltung Deutschlands zeigen zwei Entwürfe, die von den Exponenten der einflußreichsten Gruppen verfaßt wurden. Jakob Fischbacher legte dem Landesausschuß im Januar 1949 den partikularistischen Entwurf einer ‚Bundessatzung' zur Beschlußfassung vor, der auf den ‚Deutschen Bund' der Zollvereinszeit zurückgriff. Fischbacher zielte nicht einmal auf den Zusammenschluß der deutschsprachigen Länder, denn Artikel 21 seines Entwurfs einer Bundessatzung bestimmte ohne Nationalklausel verfahrensmäßig, daß sich jeder völkerrechtlich anerkannte Staat durch einfache Erklärung, jeder andere Staat mit Zustimmung von zwei Dritteln der Bundesdelegierten diesem Bund anschließen könne[47]. Der Bund ist nur als „Koordinationsorgan" ohne regierende Befugnisse zu verstehen. Seine bewußt schwache Konstruktion zeigt sich an den Organen: Bundessekretär, Bundeskanzlei, Bundesgericht und Bundesversammlung, wobei letztere nicht gewählt, sondern von jedem der Mitgliedsstaaten mit je einem Delegierten beschickt werden sollte. Ein Staatsoberhaupt mit auch nur repräsentativer Funktion wurde nicht vorgesehen, und – sehr charakteristisch – der Begriff der politischen Partei tauchte in diesem Entwurf auf zwölf Druckseiten kein einziges Mal auf. Der Austritt eines Mitgliedstaates war nach einjähriger Kündigung möglich. Im Falle des Bundesnotstandes (§ 15), der den Bundessekretär berechtigt, auch eine abgelehnte Vorlage für verbindlich zu erklären, sofern mehr als zwei Drittel der Bundesdelegierten zustimmten (§ 16), „hat jeder Mitgliedstaat das Recht, binnen 1 Woche nach der rechtsgültigen Verbindlichkeitserklärung seinen Austritt ohne Kündigungsfrist zu erklären"[48], allerdings mußte er auf eine Rückzahlung der von ihm geleisteten Beiträge verzichten. Eine radikal staatenbündische Konstruktion, wie sie auch von Hermann Etzel gefordert wurde, ist hier mit Bauernschläue verwirklicht; sie orientierte sich nicht an realpolitischen Erfordernissen, sondern an historischen Vorbildern, wurden doch als Staatenbund nur die Schweiz von 1815–1848, die USA von 1778–1787, der Rheinbund und der Deutsche Bund von 1816–1866 anerkannt[49].
Vor allem war Fischbachers Konzept gegen einen Entwurf gerichtet[50], den Anton Donhauser, Anton Besold und Anton Freiherr von Aretin ausgearbeitet hatten[51] und der ebenfalls staatenbündisch ausgerichtet war. Er lehnte sich formal an den Entwurf des Parlamentarischen Rats an, war jedoch ebensosehr simplifiziert wie inhaltlich modifiziert. Immerhin war er auf das westliche Deutschland beschränkt und stand nicht jedem beliebigen Staat zum Beitritt offen. Zwar sah er auch die Institution eines Bundespräsidenten als Sprecher der Mitgliedstaaten und als Vertretung des Bundes nach außen vor, dieser war jedoch vom Bundesrat aus den deutschen Staatsoberhäuptern für ein Jahr zu wählen. Selbstverständlich sollten alle Hoheitsrechte – Gebiets-, Verfassungs-, Verwaltungs-, Finanz- und Vertragshoheit – den Mitgliedstaaten verbleiben, was einzig die Wahrung der Staatlichkeit

Bayerns garantieren konnte. Der Entwurf schlug zwei Kammern, Bundesrat und Bundestag, vor, die jedoch nur indirekt gewählt werden sollten, da man von direkten Wahlen eine zentralisierende Wirkung befürchtete. Der Bundesrat setzte sich aus je zwei bevollmächtigten Vertretern der Mitgliedstaaten, der Bundestag aus Parlamentsabgeordneten zusammen, „die zu diesem Zweck nach dem Stärkeverhältnis der einzelnen Parteien und proportional zu den Einwohnerzahlen entsandt werden" – und zwar nur für jeweils ein Jahr, um Zentralisierungstendenzen vorzubeugen. Im Gegensatz zum Parlamentarischen Rat forderte der Entwurf, daß für die Rechtskraft von Gesetzen ein „übereinstimmender Entschluß beider Kammern" vorliegen müsse. Dabei wurde dem Bundesrat eine stärkere Stellung zugebilligt als dem Bundestag: „alle Vorlagen müssen vor ihrer Behandlung im Bundestag vom Bundesrat verabschiedet sein (unbeschadet des Initiativrechtes des Bundestags)." Auch sollte der Bundesrat in den Angelegenheiten der Vorranggesetzgebung mit Stimmenmehrheit, in denen der Gemeinschaftsgesetzgebung einstimmig entscheiden. „Verweigert der Bundestag seine Zustimmung, so geht die Vorlage zur nochmaligen Behandlung an den Bundesrat zurück." Die gesamte Exekutive wurde den Mitgliedstaaten zugewiesen, wenngleich immerhin Bundesämter als geschäftsführende Organe, doch ohne Weisungsrechte eingeplant waren.
Die Beschlüsse des Parlamentarischen Rats fanden allerdings vor den Augen der Weiß-Blauen in der CSU und auch des Sozialdemokraten Wilhelm Hoegner ebensowenig Gnade wie bei der Bayernpartei. Nicht einmal die Weimarer Verfassung hätte – nach Hoegners Überzeugung – „so viele Möglichkeiten geboten, die Länder zu ohnmächtigen Gebilden herabzubilden, wie es die bisherigen Bonner Beschlüsse tun"[52]. Insbesondere der Bundesrat sei „minderen Rechts", da nicht zu einem der Volksvertretung gleichwertigen Organ ausgestaltet: denn er sei auf bloßen Einspruch beschränkt, wie in der Weimarer Verfassung, und könne von einer Zweidrittelmehrheit des Bundestags überstimmt werden. Hoegner legte mehr Gewicht auf Bund als auf Staat; widerspreche es doch dem Wesen eines Bundes, daß „ein Gesetz, durch das der bundesstaatliche Aufbau wesentlich verändert wird, vom Bundesrat der Zustimmung von nur drei Viertel der Stimmen bedarf, [...] denn jeder Bund ist ein Vertrag, der nur mit Zustimmung aller Beteiligten geändert werden kann". Ein besonderer Stein des Anstoßes war für Hoegner auch, daß dem Bund in der Steuer- und Finanzgesetzgebung die Vorhand zukommen sollte; denn er konstatierte: „Länder ohne genügende eigene Steuerquellen und ohne eigene Finanzverwaltung [haben] kein Rückgrat, sie humpeln an den Krücken des Bundes einher." Wie die Bayernpartei und Teile der CSU fürchtete er auch für die Eigenständigkeit der bayerischen Verwaltung, sofern durch einfache Bundesgesetze neue Bundesbehörden oder neue, der unmittelbaren Bundesaufsicht unterstehende Körperschaften des öffentlichen Rechts geschaffen werden könnten. „Gegen den Willen Bayerns" ließe sich dann „die bayerische Verwaltung auf vielen Gebieten schachmatt setzen oder durch Schaffung neuer Weisungsrechte praktisch dem Bund unterstellen". Der Entwurf Fischbachers hatte, um dieser Gefahr vorzubeugen, die originelle Lösung bereit, Bundesbehörden nur auf Zeit einzusetzen und sie spätestens drei Monate nach Beendigung ihrer Aufgaben wieder aufzulösen. Wenn Hoegner an dieser Stelle ausführlicher zu Wort kam, dann als Indiz für die weite Verbreitung föderalistischer Ideen in der politischen Kultur Bayerns mit fließenden Übergängen zu Partikularismus und Separatismus.

Waren die in der Bayernpartei vertretenen Konzepte für die Gestaltung eines deutschen Bundesstaates oder Staatenbundes schon nicht zur Deckung zu bringen, so traf dies noch mehr auf die Vorstellungen zu, die von der inneren Verfassung Bayerns handelten. Hinter der Forderung nach einem Staatspräsidenten für Bayern standen nicht nur die Bayernpartei, sondern auch Anhänger Hundhammers und Schäffers in der CSU und einzelne wie Hoegner betont bayerische Sozialdemokraten, die die Niederlage in der Verfassunggebenden Versammlung nicht verwunden hatten. Die Auffassungen über Stellung und Funktion dieses Staatspräsidenten waren jedoch unter den Bayernparteilern verschwommen und widersprüchlich. In den politischen Grundsätzen[53] des Keisverbandes Oberbayern wurde dem Staatspräsidenten eine sehr starke Stellung zuerkannt. So sollte er „vom bayerischen Volk direkt in geheimer Wahl auf fünf Jahre"[54] bestellt werden und das Recht auf Vorschlag des Ministerpräsidenten erhalten; er sollte den Volksentscheid über Gesetzesbeschlüsse beider Kammern einleiten können: Parlament und Parteien wurden hier konsequent entmachtet. Auch Lallinger wollte im Staatspräsidenten den starken Mann, den Garanten für „Ruhe und Ordnung"[55] in Bayern. Was an Meinungsäußerungen darüber hinaus überliefert ist, bleibt schwankend und wohl bewußt unscharf; denn das Problem Staatspräsident barg gefährlichen Sprengstoff in sich. Hier liefen die Fronten nicht zwischen Separatisten und Föderalisten, sondern zwischen Monarchisten und Republikanern. Eine Zeitlang hielt man diese Frage hintan mit dem Hinweis, daß sie erst nach der Errichtung eines selbständigen Staates Bayern aktuell würde. Als jedoch etliche Mitglieder um Anton Berr austraten und sich zum Bayerischen Heimat- und Königsbund zusammenschlossen, der Weimarer Heimat- und Königsbund von ehemaligen Mitgliedern reaktiviert wurde, und als Professor Lebsche vor den Landtagswahlen 1950 noch die Königspartei wiedergründete[56], suchte man eine Kompromißformel und sprach von der Einführung eines Staatsoberhaupts, „wodurch die Frage König oder Staatspräsident offengelassen und der Entscheidung des bayerischen Volkes vorbehalten ist"[57] Mehr Präzision konnte sich die Bayernpartei allerdings nicht leisten, denn vor allem in fränkischen Gebieten hätte sich die Entscheidung für die Wiedereinführung der Monarchie ungünstig ausgewirkt[58].
Wie die Institution eines Staatspräsidenten verstand man auch die bayerische Staatsangehörigkeit als spezifischen Ausdruck bayerischer Staatlichkeit. In der Bayerischen Verfassung war die bayerische Staatsangehörigkeit bereits verankert worden[59], so daß sich die Bayernpartei nur noch um die „richtigen" gesetzlichen Ausführungsbestimmungen zu bemühen hatte. Über die Voraussetzungen und Bedingungen, die der bayerische Staatsbürger erfüllen sollte, kursierten unterschiedliche und zum Teil sonderbare Auffassungen[60]. Lallinger hatte die hintersinnige Absicht, die sich mit den Bemühungen um die Ausführungsgesetze verband, schon bei der ersten öffentlichen Kundgebung formuliert: „Nur wer bayerischer Staatsangehöriger ist, kann im Staat die vollen Staatsbürgerrechte ausüben. Wenn man uns die Schaffung eines bayerischen Staatsangehörigkeitsgesetzes genehmigt, dann werden wir dafür Sorge tragen, daß die heutige Unsicherheit in Bayern bald ihr Ende findet. Wir werden vor allem dafür sorgen, daß die evakuierten Norddeutschen so schnell wie möglich auf legalem Wege in ihre Heimat zurückgeführt werden."[61]
Selbst ein für die Verhältnisse in der Bayernpartei gemäßigter Entwurf von

Aretins sieht vor: „Die bayerische Staatsangehörigkeit besitzt, wer am 1.1.1934 die bayerische Staatsangehörigkeit besessen hat."[62] Nichtbayern können danach erst nach fünfjährigem Aufenthalt in Bayern und unter strengen Bedingungen, wie guten wirtschaftlichen Verhältnissen und eigener Wohnung, eingebürgert werden. Daß diese Gedankengänge mit der Bayerischen Verfassung kollidierten, störte die Bayernpartei nicht, zumal in der Verfassunggebenden Versammlung solche Forderungen aufgestellt worden waren.
Die Bayernpartei trennte die Nichtbayern in Evakuierte, politische Flüchtlinge und Heimatvertriebene[63]. Nur letzteren wurde das Recht auf Einbürgerung zugestanden. Bereits der Vorbereitende Landesausschuß gab eine Stellungnahme ab, daß „aus den Kreisen der Flüchtlinge selbst [...] die Anregung gekommen [sei], sudetendeutsche, schlesische und ostpreußische Landsmannschaften innerhalb der Bayernpartei zu gründen"[64], eine Initiative, die bald wieder aufgegeben wurde[65]. Als in den Bundestagswahlen nur wenige Vertriebene die Bayernpartei wählten[66], beschloß die Parteiführung, daß man sich nur noch um die Sudetendeutschen bemühen wolle[67], die als Stammes- und Blutsverwandte der Bayern betrachtet wurden[68].
Auch klare agrar-, wirtschafts- und sozialpolitische Konzeptionen fehlten bis zu den Bundestagswahlen von 1949, erst ein halbes Jahr nach den Wahlen trat dann die Partei mit einem sozialpolitischen Programmentwurf, der vom sozialpolitischen Ausschuß erarbeitet worden war, an die Öffentlichkeit[69]. Er wies jedoch nur vage eine Richtung. Die „Lösung der sozialen Frage" sollte nach dem Grundsatz ‚leben und leben lassen' unter praktischer Auswertung der Erkenntnisse der christlichen Soziallehre erfolgen. Wirtschaftspolitisch bekannte er sich „zum Schutz des Privateigentums und zum Prinzip der privaten Initiativen im Wirtschaftsleben". Erhaltung und Förderung eines gesunden bayerischen Bauern- und Handwerkerstandes sowie des bayerischen Gewerbes und der Beamten sind hervorgehoben und erweisen den Charakter der Bayernpartei als Partei des Mittelstandes. Deshalb gelang es ihr auch nie, in der Arbeiterschaft Fuß zu fassen, obgleich sie deren soziale Hebung und Gleichstellung forderte. Die finanzielle Situation nach der Währungsreform und die Abhängigkeit von Spenden zwang auch die Bayernpartei, sich nach allen finanziell potenten Seiten offenzuhalten. So waren schon in der Führungsspitze verschiedenste Interessen vertreten. Großgrundbesitz sowie Mittel- und Kleinbauern standen gegen den kaufmännischen und gewerblichen Mittelstand. Programmatisch konnte die Bayernpartei daher nichts als gesellschaftliche Harmonielehren vortragen: „Das große Miteinander aller Stände ist der tiefe Sinn der Bayernpartei."[70] Die Einrichtung einer „Ständekammer zur Sicherung einer gesunden Volkswirtschaft"[71] erschien daher dringende Notwendigkeit. Daß die ständestaatliche Konzeption auch einen Reflex ihrer Furcht darstellte vor einer Politisierung der Arbeiterschaft, vor Gewerkschaften und Mitbestimmung der Arbeitnehmer, muß nicht betont werden. Es charakterisiert jedoch die Spannungen in der Bayernpartei, daß selbst unter den Vertretern des Mittelstandes verschiedene Auffassungen darüber herrschten, inwieweit die Gegensätze zwischen arm und reich als naturgegeben und gottgewollt hinzunehmen seien[72].
Es mag auf den ersten Blick erstaunlich anmuten, daß auch gegenüber den Kirchen und zur christlichen Weltanschauung sehr verschiedenartige Positionen in der Bayernpartei vertreten wurden. An programmatischen Leerformeln, daß sich die

Bayernpartei zur christlichen Weltanschauung bekenne, die Grundlage der Staatsführung sein müsse[73], nahm niemand Anstoß. Auch die theoretische Distanzierung von den Methoden der CSU, ihre Christlichkeit parteipolitisch auszumünzen, konnte so lange allgemeine Zustimmung finden, als die Praktizierung gleicher Methoden dadurch nicht behindert wurde. Auf der ersten Landesversammlung 1948 hatte Anton Besold dazu ausgeführt: „Wir unterscheiden uns aber von der CSU auf parteipolitischem Gebiet im wesentlichsten. Wir machen das Christentum nicht zum Aushängeschild unserer Politik. Wir wollen das Christentum aus der Gefahr der unmittelbaren schnöden Parteipolitik herausreißen." Wenn er jedoch nahezu im gleichen Atemzug Bayern mit dem Christentum identifizierte[74], mußte er auf den Widerstand der in der Tradition des Bayerischen Bauernbundes stehenden liberalen Fraktion treffen. Das Ziel, eine „großchristliche bayerische Volkspartei" zu schaffen, wie es von *den* Bayernparteilern erstrebt wurde, die aus den christlichen Bauernvereinen und der BVP kamen, konnte von ihren alten Antipoden kaum gutgeheißen werden. Verständlich, daß die Bayernpartei sich in dieser Frage nicht zu präzisen Positionen zusammenraufen konnte. Ähnlichen Schwierigkeiten sah sich die Partei aber auch in ihren Beziehungen zu den Kirchen gegenüber. Da ihre Hochburgen im katholischen Altbayern lagen, war die Parteiführung um gute Kontakte zu Würdenträgern der katholischen Kirche bestrebt. So versprach Baumgartner nach seiner Wahl zum Landesvorsitzenden in einem persönlichen Schreiben an alle katholischen Bischöfe Bayerns, daß er „als gläubiger Katholik seine Arbeit nach den Grundsätzen unserer katholischen Kirche einstellen werde"[75], und versicherte – an das Unbehagen gegenüber der interkonfessionellen Konzeption Müllers für die CSU appellierend – „soweit die Bayernpartei als Landespartei auch auf den evangelischen Volksteil Rücksicht zu nehmen hat, ist es mein vornehmstes Bestreben, ausgesprochen intolerante Männer der Protestanten auszuschalten, damit sich nicht das gleiche wiederholt wie bei einer Partei, bei der der stellvertretende Landesvorsitzende katholikenfeindlich und intolerant eingestellt ist."[76]

Und er bat weiter, daß die Kirche „dem Klerus uneingeschränkte Freiheit in seiner Haltung Bayern gegenüber"[77] gewähren möge, daß sich Geistliche für die Bayernpartei in der Öffentlichkeit engagieren dürften. Als Baumgartner schließlich auch eine Audienz beim Papst erhielt, bedeutete dies einen wichtigen Zuwachs an Prestige im katholischen Bayern[78]. Er war aber zu sehr Wahltaktiker, um zu übersehen, daß allzu große Hinneigung zur katholischen Kirche, gar in Hundhammerschen Dimensionen, die Bayernpartei um ihre Chancen in fränkischen Gebieten bringen könnte[79]. Entsprechend bemühte er sich, Beziehungen auch zur protestantischen Kirche anzuknüpfen[80]. Den schon genannten Kreisen der Bayernpartei, die unter christlich nur katholisch zu verstehen vermochten und Hundhammers Vorstellungswelt nicht sehr fern standen, mißfiel diese Praxis ebensosehr wie die liberalen Tendenzen. Merkwürdig ist, wie sich auch die Fronten der staatsrechtlichen Auseinandersetzung weltanschaulich abstützten. Dabei darf man nicht wie in der CSU eine Gleichung aufmachen, je klerikaler desto partikularistischer, im Gegenteil. Abgesehen von einer Minderheit katholischer Kreuzzügler, die in der Reformation die Ursache aller Weltübel erkannten, Protestantismus, Preußentum und Nationalsozialismus in eins setzten, wurde die radikal separatistische Front von mehr liberalen, zumindest antiklerikalen, Katholiken getragen, in deren Reihen

doch auch wieder ständestaatliche Verfassungsvorstellungen umgingen. Demgegenüber vertraten kirchen- und CSU-nahe Katholiken mit ihren fränkisch-protestantischen Antipoden föderalistische Auffassungen. Die Diskussionsebene läßt sich an einer Auseinandersetzung im Landesausschuß veranschaulichen, die die Atmosphäre in der Bayernpartei gut widerspiegelt:
„Besold: Ich möchte ehrlich sprechen. Ich muß mich von inneren Gewissenskonflikten befreien. Die christliche Richtung in der Bayernpartei ist in Gefahr.
Lallinger: Dann geh halt raus.
Dr. Baumgartner: Weil ich den Fischbacher nicht abgesägt habe, darum bist Du nicht auf meiner Seite. Es gibt in der Bayernpartei zwei Lager, nur weil zwei Leute sich einbilden, sie seien allein christlich.
Knott: Dr. Baumgartner ist uns christlich genug.
Besold: Man hat gegen Staatsrat Schäffer schändlich gehandelt. Pöhner und Kettner haben ihn beleidigt und ihm in der Wohnung des Dr. Baumgartner erklärt, er wäre für den millionenfachen Mord verantwortlich [...]
Lallinger: Zu den Vorwürfen, die eben von Gassner, von Aretin bezüglich des unchristlichen Elements in der Bayernpartei (Austritt aus der Kirche usw.) erhoben wurden, erkläre ich, die Sache ist längst bereinigt, und im Himmel ist mehr Freude über einen Sünder, der Buße tut, als über tausend Gerechte."[81]
Diese Vermischung von Katholizismus, staatspolitischen Vorstellungen und individuellen Machtansprüchen, wie sie in dieser Kontroverse zwischen dem ‚christlich-konservativen' Besold und dem ‚liberalen Partikularisten' Lallinger anklingt, kehrte von Sommer 1948 bis zum Bundestagswahlkampf in den innerparteilichen Auseinandersetzungen um eine Aufnahme Schäffers in die Bayernpartei immer wieder.

3. Weißblaue Querverbindungen – zur Rolle Fritz Schäffers

Eine zentrale Rolle in den Kulissen der bayerischen Politik spielte weiterhin Fritz Schäffer. Seine Versuche, in die Bayernpartei einzutreten, die Stellung der rivalisierenden Gruppen innerhalb der Bayernpartei zu seinem Beitritt und die von Pressegerüchten begleiteten innerparteilichen Diskussionen machen die Gegensätze innerhalb der Bayernpartei und die Methoden, sie auszutragen, exemplarisch deutlich. Seit Frühjahr – nach dem Scheitern der ‚Rebellion' der CSU-Oberbayern gegen den Landesvorsitzenden Josef Müller[82] – war Schäffer mit Vertretern der Bayernpartei im Gespräch; dabei wurde auch ein Übertritt zur Bayernpartei erwogen[83]. Doch als der Antrag der CSU-Oberfranken, ein Ausschlußverfahren gegen Fritz Schäffer einzuleiten, vom Landesausschuß der CSU am 17./18. Juli 1948 angenommen wurde[84], mußte sich die Bayernparteiführung mit den Bedingungen und Konsequenzen eines Parteiwechsels Schäffers ernsthaft auseinandersetzen. Denn Schäffer wollte vor Abschluß seines Schiedsgerichtsverfahrens mit seinen Anhängern in die Bayernpartei eintreten oder eine neue Partei gründen[85]. Fischbacher und Lallinger fürchteten die Verstärkung der christlich-konservativen Front, was ihren Einfluß in der Partei erheblich schwächen mußte. Fischbacher sah sich darüber hinaus in der Gefahr, den Vorsitz im Kreisverband Oberbayern zu verlieren, da Schäffer eine Neuwahl des Vorsitzenden als Gegenleistung für den kollek-

tiven Übertritt seines CSU-Kreisverbandes gefordert hatte[86]. In der Landesleitung der Bayernpartei kam denn auch über den „Fall Schäffer" kein Beschluß zustande, und die Entscheidung wurde an den Landesausschuß verwiesen[87].
In der Landesausschußsitzung in Bamberg opponierten Fischbacher und Lallinger heftig gegen Schäffers Eintritt in die Bayernpartei. Von seinem Standpunkt zu Recht begründete Fischbacher seine Ablehnung damit, daß sich die Bayernpartei zur alten BVP wandeln werde. Außerdem trage Schäffer die Schuld, daß Bayern 1945 nicht unabhängig wurde – wobei Fischbacher unterstellte, Patton habe Schäffer ein konkretes Angebot zur Wiedererrichtung eines unabhängigen Bayern gemacht –, „nur weil leider [bei Schäffer] die Kurzsichtigkeit bestand und weil auf dessen Seite ein Chauvinismus groß geworden war, der geglaubt hat, Bayern an die Stelle Preußens zu setzen und von Bayern aus Deutschland regieren zu können"[88].
Fischbacher und Lallinger fanden im Landesausschuß jedoch nur geringen Widerhall. Die Mehrheit der Mitglieder erhoffte von Schäffers Beitritt die Gewinnung der Beamtenschaft, neue Finanzierungsquellen, Sympathien der katholischen Kirche und damit auch ein Ansteigen der Mitgliederzahlen; vor allem aber waren Übertritte von CSU-Abgeordneten der verschiedenen parlamentarischen Institutionen zu erwarten, was der Bayernpartei schon zu diesem Zeitpunkt eine stärkere parlamentarische Vertretung im Landtag beschert hätte[89]. So sprach sich die Mehrheit der Mitglieder des Landesausschusses *für* den Beitritt Schäffers aus; und die Landesleitung wurde beauftragt, alle erforderlichen Schritte einzuleiten, allerdings unter Bedingungen, die eine Konzession an Fischbacher und Lallinger darstellten. Schäffer und seine Anhänger sollten jeweils einzeln in die Bayernpartei eintreten, Neuwahlen im Kreisverband Oberbayern sollten nicht stattfinden – und Schäffer sollte ein verbindliches Bekenntnis zum Programm der Bayernpartei abgeben[90]. Der in der Bayernpartei übliche politische Stil läßt sich nun daran exemplifizieren, wie der Auftrag an die Landesleitung, Übertrittsverhandlungen mit Schäffer zu führen, realisiert wurde.
Durch den Beschluß des Landesausschusses der Bayernpartei konnte Schäffer annehmen, bei den Übertrittsverhandlungen günstige Bedingungen zu erreichen. Noch vor der Entscheidung des Landesschiedsgerichts der CSU erklärte er auf einer Bezirksversammlung der CSU-Oberbayern am 14. September 1948 seinen Austritt[91], am gleichen Tag verhandelte er mit der Bayernpartei. Schäffer erschien in Begleitung von Ludwig Huber, damals Vorstandsmitglied der Jungen Union München; für die Bayernpartei nahmen Baumgartner, Falkner, Lallinger und Fischbacher sowie Karl Maerkl und Anton Besold teil. Fischbacher brachte noch zwei oberbayerische Bayernparteiler mit[92], die dem separatistischen Gründungskern angehörten. Diese kritisierten nun Schäffers Politik vor 1933; seine deutschnationale und zentralistische Politik habe Bayern zu einer abhängigen Provinz herabgedrückt, und durch seine Rolle 1933 sei er für den millionenfachen Mord der NS-Zeit mitverantwortlich. Baumgartner, der – entgegen eigener Bekundungen – wohl kein großes Interesse an einem Konkurrenten in der Bayernparteiführung hatte, duldete die Beteiligung der ungeladenen Gäste[93]. Kein Wunder, daß der Verlauf des Gesprächs nicht den Erwartungen Schäffers entsprach; die offiziellen Verhandlungen über seinen Beitritt waren damit abgeschlossen. Innerhalb der Bayernpartei stritt man sich noch heftig über die Behandlung des ‚Falls Schäffer'[94].
Als Parteiloser versuchte sich nun Schäffer in der Rolle eines überparteilichen Inte-

grators einer föderalistisch-partikularistischen Front. Dabei kam ihm zugute, daß sein alter politischer Mitstreiter Anton Pfeiffer mittlerweile die CDU/CSU-Fraktion im Parlamentarischen Rat leitete und ihn mit intimen Informationen über den dortigen Verhandlungsstand versorgen konnte. Als Schäffer Anfang Dezember den Eindruck hatte, daß die Finanzhoheit den Ländern genommen worden sei, schrieb er sofort an Baumgartner und forderte ihn auf, auf Ministerpräsident Ehard Druck auszuüben: „Wenn er nicht eine Erklärung abgebe, daß er empfehlen werde, zu dem Bonner Entwurf nein zu sagen, dann müßte die Bayernpartei die ‚Agitation auf Volksentscheidung und Volksabstimmmung' eröffnen."[95] Baumgartner war aber inzwischen bereits bei Ehard gewesen und hatte – wie er der Landesleitung berichtete[96] – den Eindruck gewonnen, daß auch dieser über die Entwicklung im Parlamentarischen Rat enttäuscht sei. Etzel schlug vor, „daß die Bayernpartei ungesäumt direkte Verbindungen mit General de Gaulle bzw. dem französischen Militärgouverneur in Deutschland, General König"[97] aufnehmen solle. Die Landesleitung folgte diesem Vorschlag in der Form, daß sie sich an alle drei Militärgouverneure wandte und erklärte: „Die Bayernpartei hat diesen ungewöhnlichen Schritt zur Wahrung der unveräußerlichen und unverzichtbaren Lebensrechte des bayerischen Volkes unternommen, weil die Vertreter Bayerns in Bonn sich zur Vertretung dieser Interessen weder als fähig noch als willens erwiesen haben und die derzeitige bayerische Regierung nach den Ergebnissen der letzten Wahlen nicht mehr berufen ist, für das bayerische Volk zu sprechen und zu handeln."[98]

Nach der ersten Lesung im Parlamentarischen Rat befürwortete Schäffer, sich auf eine Volksabstimmung gegen den sich abzeichnenden Entwurf des Gundgesetzes vorzubereiten. Mit Baumgartner war diese Initiative wohl abgesprochen[99], da die Bayernpartei den Volksentscheid propagierte und die „Bonner Verfassung zu Fall bringen"[100] wollte. Mitte Dezember lud Schäffer einen Kreis von Personen, „deren Liebe und Treue dem bayerischen Staatsgedanken gehört", zum ersten Mal ein, „um in dieser Stunde gemeinsam an die bayerische Bevölkerung die Mahnung zu richten, über alle parteipolitischen Schranken hinweg sich zu einer gemeinsamen Front zusammenzufinden"[101]. Neben Baumgartner, Hundhammer und Hoegner[102] hatte Schäffer noch einige Monarchisten wie Rupprechts Hofmarschall von Redwitz[103], Max Lebsche und Friedrich Lent[104], den Mitbegründer des Bayerischen Bauernverbands Anton Fehr[105] und Rattenhuber[106] versammelt. Über den Verlauf dieser Gespräche ist nichts bekannt, die Intentionen des Kreises werden jedoch an den politischen Äußerungen der Teilnehmer in den nächsten Monaten sichtbar. Bereits Ende Januar drängte Schäffer, einen „Schritt in die Öffentlichkeit" zu tun, da er befürchtete, daß es bei den bevorstehenden interfraktionellen Besprechungen zu Kompromissen zu Lasten der Eigenständigkeit der Länder kommen könne, und diese seien „schädlicher" als „nackter unverhüllter Zentralismus"[107]. Dies zerschlug sich jedoch an Hundhammer, der dies wohl für verfrüht hielt und außerdem von innerparteilichen Auseinandersetzungen in Anspruch genommen[108] war.

In der Zwischenzeit setzten Ehard und Pfeiffer ihre Bemühungen um eine föderalistische Prägung des Grundgesetzes fort[109], allerdings wurde die Agitation in der Öffentlichkeit gegen das Gundgesetz vorwiegend von der Bayernpartei bestritten. Gegenüber dem Zusammenwirken auf der Rechten ist vor allem hervorzuheben, daß sich auch Hoegner an diesem Widerstand gegen das Grundgesetz beteiligte und dabei Positionen vertrat, die von denen der Bayernpartei in Stil und Argument kaum zu unterscheiden waren: „Nicht einmal die Weimarer Verfassung hat so viele Möglichkeiten geboten, die Länder zu ohnmächtigen Gebilden herabzudrücken wie es die bisherigen Bonner Beschlüsse tun", und er warnte – ganz im Stil der BVP, – „jede freiwillige Unterwerfung Bayerns unter ein unbefriedigendes Grundgesetz müßte wieder zu einer Reichsverdrossenheit führen, die von Übel wäre und die von keinem bayerischen Politiker gewünscht werden kann."[110]

Die Bayernpartei lehnte das Grundgesetz kompromißlos ab. Nachdem sie von den Besatzungsmächten keine Unterstützung bayerischer Eigenstaatlichkeit mehr erwarten konnte, erklärte Falkner Anfang März, daß auch ein von den Besatzungsmächten gebilligter Entwurf von der Bayernpartei abgelehnt werde[111]. Und Baumgartner setzte sich auf der Tagung der ‚Europäischen Union der Föderalisten' am 9./10. April in Paris für die Eigenstaatlichkeit der deutschen Länder ein[112]. Nachdem sich die großen Parteien Ende April geeinigt hatten, die CSU sich aber wieder zu distanzieren suchte[113], warf Baumgartner der CDU/CSU vor, sich „für einen neuen deutschen Zentralismus entgegen aller geschichtlichen Erfahrung entschieden" zu haben, und er forderte nicht nur die Auflösung des Bayerischen Landtags, sondern auch „den sofortigen Rückzug der bayerischen Volksvertreter aus Bonn"[114]. Am folgenden Wochenende äußerte sich Hundhammer auf einem Treffen der monarchistischen Widerstandskämpfer separatistischer als die Bayernpartei. Er forderte einen Volksentscheid und fügte hinzu, falls in Bayern die Bundesverfassung abgelehnt werde, müsse der Bund eben ohne Bayern entstehen, denn schließlich gehörten auch die Länder der sowjetisch-besetzten Zone und Berlin dem künftigen Bund nicht an[115]. Baumgartner hingegen griff die Frage der Wiedereinführung der Monarchie in Bayern auf – ohne freilich die Bayernpartei darauf festzulegen – und erklärte eine Volksabstimmung über die Staatsform Bayerns für wünschenswert[116]. Auch Kronprinz Rupprecht und Max Lebsche beteiligten sich an der Diskussion mit der Behauptung, daß bei „einer wirklich freien Abstimmung 70% der Bevölkerung für eine Wiedereinführung der Monarchie" stimmen würden[117]. Merkl stellte dies als „eines der größten Täuschungsmanöver der bayerischen Politik"[118] dar, das von einigen CSU-Politikern inszeniert wurde, um gegenüber ihren Wählern die Agitation der Bayernpartei zu unterlaufen. Kronprinz Rupprecht „zeigte sich von dieser unerwarteten Wendung des Streits über den Föderalismus zum Monarchismus"[119] amüsiert und geschmeichelt. Baumgartner hingegen wurde durch „diesen geschickten Schachzug Hundhammers" in eine Lage manövriert, die nur ein „sehr schlauer Politiker meistern konnte"[120], deshalb sei Baumgartner „nun ganz für die Monarchie" eingetreten[121]. Bei genauerer Kenntnis der Vorgänge erweist sich Merkls taktische Interpretation als unzutreffend. Unter Führung Schäffers war eine solche Initiative seit Ende 1948 intendiert und zwischen Hundhammer, Baumgartner und den Monarchisten abgesprochen. Es ist deshalb zu vermuten, daß die Verknüpfung des Entscheids über das Grundgesetz mit der Frage der Wiedereinführung der Monarchie die Ablehnung der Verfassung – im Falle einer Volksabstimmung – popularisieren sollte. Der föderalistischen Dynamik wurde durch Ehards Kompromißformel, daß die CSU-Fraktion das Grundgesetz im Bayerischen Landtag ablehne, seine Verbindlichkeit jedoch anerkenne, der Wind aus den Segeln genommen. Es bleibt jedoch festzuhalten, daß der rechte CSU-Flügel wie die Bayernpartei zu den Kräften gehörten, die die Verfassungsordnung der Bundesrepublik nicht nur in einem taktischen Sinn ablehnten. Innerhalb der Bayernpartei schwelte die Frage eines Beitritts Schäffers weiter. Als die Vorbereitungen für den Bundestagswahlkampf in den politischen Parteien getroffen wurden, wollte Schäffer für die Bayernpartei kandidieren; der Bezirksverband Laufen wollte ihn als Wahlkreisbewerber nominieren[122]. Dies löste jedoch in der Bayernpartei – außer bei Donhauser und Aretin, die seinen Wert als klerikales Zugpferd hervorhoben – stürmische Ablehnung aus. Die Mehrheit bezweifelte seine „Leuchtkraft" für die Masse der CSU-Wähler und fürchtete, mit ihm eine CSU-Gruppe integrieren zu müssen, „die uns zersetzen würde". Etzel kritisierte, daß Schäffer den Bundesstaat und nicht den Staatenbund vertrete, „seit über einem Jahr sich als Zauderer erwiesen, gleichzeitig an drei bis vier Stricken gezogen und eine Zwielichthaltung eingenommen habe [...] Die Bayernpartei ist am stärksten allein"[123]. Nachdem Baumgartner ihm mitgeteilt hatte, daß er sich unzweideutig bekennen müsse, um aufgenommen zu werden[124], griff Schäffer auf ein Angebot der Passauer CSU[125] zurück und ließ sich dort in den Bundestag wählen. Angesichts Schäffers Rolle zwischen Bayernpartei und CSU und der Vorgeschichte seines Mandats spricht seine sofortige Ernennung zum Bundesfinanzminister für die Integrationskraft Adenauerscher Politik. Weißblaue Querverbindungen bestimmten aber auch in den folgenden Jahren die Auseinandersetzungen zwischen Bayernpartei und CSU um gemeinsame Bezugsgruppen.

II. Zersplitterungstendenzen – Die Bayernpartei von den Bundestagswahlen 1949 bis zur Bildung der Viererkoalition

Der Einzug in den Bundestag bereitete der Bayernpartei besondere Schwierigkeiten. Sie war als Volksbewegung gegen das Grundgesetz angetreten, um die Entstehung eines westdeutschen Teilstaats zu verhindern; nun stand sie vor dem Dilemma, für die Mitarbeit im Bundestag eine Politik zu entwickeln, die sowohl ihren staatspolitischen Zielvorstellungen als auch der Existenz der Bundesrepublik Rechnung trug. Das Protestpotential, das sich 1948 und 1949 durch die Bayernpartei Ausdruck verschafft hatte, mußte langfristig stabilisiert und organisatorisch erfaßt werden. Die Stilisierung als bayerische Volkserhebung mit überparteilichem stammesmäßigem Anspruch genügte nach den Bundestagswahlen nicht mehr, die Bayernpartei mußte sich zur politischen Partei normalisieren. Langfristig konnte mit Parolen wie „Bayern den Bayern", die 1948 Signalwirkung hatten, oder mit der Forderung nach einem unabhängigen Bayern keine Politik mehr gemacht werden. Vorrangig war also das Parteiprogramm zu präzisieren, insbesondere die Existenz der Bundesrepublik in die staatspolitischen Vorstellungen des Parteiprogramms einzubeziehen und entsprechende politische Strategien für das Verhalten im Bundestag zu entwickeln.

Der Bundestag bedeutete für die Bayernpartei eine Plattform, sich politisch stärker zu profilieren, denn im bayerischen Landtag war sie noch immer nur durch Baumgartner und einige von der CSU übergetretene Abgeordnete repräsentiert. Zwar war sie im Bundestag durch ihre Spitzenfunktionäre vertreten, doch wurden in der Partei alsbald Befürchtungen laut, daß die politische Arbeit in Bayern dadurch vernachlässigt würde, insbesondere angesichts der bevorstehenden Landtagswahlen im Herbst 1950. Baumgartners Vorstellung war, im Bundestag „eine konstruktive Opposition einzuschlagen. Dort wo es sich um Zentralisierungssachen handelt, stur sein"[1]. Für die künftige Politik der Bayernpartei fand Baumgartner eine umfassende Parole, hinter der sämtliche Gegensätze innerhalb der Partei verschwinden sollten: „In Bonn ist die Bayernpartei die Wacht am Rhein und in Bayern das föderalistische und bayerische Gewissen für jede zukünftige Regierung."[2] Allerdings ließen sich die ideologischen Gegensätze zwischen föderalistischen und partikularistischen Vorstellungen nicht so leicht konsolidieren, zumal sie zum Teil mit ganz handfesten individuellen Machtansprüchen Hand in Hand gingen. Die innerparteilichen Widersprüche traten kurz nach den Bundestagswahlen verschärft hervor und erreichten einen Höhepunkt mit der Krise um Schatzmeister Schmidhuber und mit der Affäre um die Bestechung von Bayernpartei-Abgeordneten. Der Ausbau der Parteiorganisation, der unmittelbar nach der Wahl stark vorangetrieben worden war, litt im Laufe des Jahres 1950 unter den permanenten Streitigkeiten innerhalb der Parteiführung, die sich auch auf mittlerer und unterer Organisationsebene auswirkten. Diese heterogenen innerparteilichen Gruppen konnten von den Gegnern der Bayernpartei als Hebel benutzt werden, um sie zu sprengen und ihre Stabilisierung als Partei zu verhindern. Denn die Bayernpartei stand immer in dem Zwiespalt, einerseits auch im Bundestag sich oppositionell zur CSU zu verhalten, auf der anderen Seite aber war sie durch ihre antisozialistische Prägung gezwungen, in wichtigen Fragen mit der CDU/CSU zu stimmen. Für die Regierung war diese Komponente in kritischen Situationen eine wichtige Hilfe.

Bereits bei der Bildung der Koalitionsregierung aus CDU/CSU, FPD, BHE und DP waren Überlegungen im Gange, die Bayernpartei in die Regierung aufzunehmen und Baumgartner das Landwirtschaftsministerium zu übertragen[3]. In der Folge wurden jedoch von Fall zu Fall Lösungen gesucht, die – wie das Beispiel der Bundeshauptstadtfrage zeigt – Adenauer zu Mehrheiten verhalfen und zugleich die Bayernpartei innerlich zerrütteten. Die Abhängigkeit der Bayernpartei von Geldgebern zwang die Parteiführung immer wieder, politische Zugeständnisse in Richtung einer Anpassung an die Bundesregierung zu machen; außerdem war sie dadurch des öfteren behindert, parteidisziplinäre Maßnahmen zu ergreifen. Auf Druck der Wirtschaftsverbände ließ die Bayernpartei z. B. ihren Mißtrauensantrag gegen Schäffer wieder fallen[4]. Den Umarmungstaktiken von CDU und CSU, die weitgehend die Politik der Bayernpartei zwischen 1950 und 1953 bestimmten, vermochte sie sich erst mit dem Eintritt in die Viererkoalition zu entwinden.

Damit wird der Blick auf die Landesebene zurückgelenkt, auf der die Integrationstechnik der Bayernpartei, sich als bayerische Volksbewegung gegen preußische Zentralisten und ihre Steigbügelhalter darzustellen, nicht verfangen konnte. Während die CSU-Flügel um Hundhammer und Schäffer in der Bayernpartei ein durchaus wünschenswertes Instrument im innerparteilichen Kampf gegen Josef Müller erblickt hatten, änderte sich deren Einschätzung nach der Abwahl Müllers und der Bildung der Regierung Adenauers entscheidend. Die Bayernpartei wurde nun als Spaltpilz in der christlichen Front bzw. im Bürgerblock betrachtet, deren Anhängerschaft beschleunigt in die CSU zu reintegrieren war. Eine wichtige Rolle spielte dabei der Klerus, der sich seit 1949/50 wieder aktiver in die bayerische Politik einschaltete.

Kurz nach den Bundestagswahlen steckte Baumgartner das nächste Ziel der Bayernpartei ab: „Im Jahre 1950 müssen wir die stärkste Partei in Bayern werden, dann können wir für Bayern sehr viel erreichen. Wenn es uns nicht gelingt, war unsere ganze Arbeit umsonst. Dadurch, daß wir die maßgebenden Leute der Bayernpartei in Bonn gehabt haben, konnten wir zeigen, und haben gezeigt, daß wir nicht die Lederhosenpartei sind, für die man uns angesehen hat. Ab 1. 1. [1950] muß das Schwergewicht der Arbeit von Bonn nach Bayern verlagert werden, auch wenn einmal ein paar Ausschüsse nicht besucht werden können."[5]

Zwar gab sich Baumgartner nicht mehr der Illusion hin, 51% der Wählerstimmen zu erreichen, wie man es noch vor den Bundestagswahlen gehofft hatte. Doch auch das eben angegebene Ziel wurde durch die innerparteilichen Gegensätze und abweichende Strategien einzelner Führungsfunktionäre, die sehr viel mehr zur CSU tendierten bzw. Wahlbündnisse mit der CSU eingehen wollten, weitgehend blockiert. Die politische Szene in Bayern wird nach 1950 vor allem durch das Fingerhakeln zwischen CSU und Bayernpartei geprägt. Zudem setzte sich die Zersplitterung im rechten Spektrum des Parteiensystems zunächst durch eine Reihe von Neugründungen kleiner Parteien fort. Diese zentrifugalen Kräfte und die Versuche der CSU, die kleineren Konkurrenten zu schlucken, führten nicht zu einer offenen politischen Auseinandersetzung vor den Wählern, sondern produzierten eine korrupte Atmosphäre in den Führungsgruppen.

Ein wichtiges Element dieser Szenerie waren wechselseitige Untersuchungsausschüsse, Verleumdungs- und Beleidigungsklagen und entsprechende Briefwechsel, sowie Abwerbungsversuche relativ angesehener Parteifunktionäre. Deshalb müssen weniger politische Konzeptionen als die Art des Politikmachens und des Machtkampfs innerhalb eines Staates wie Bayern Ziel dieser Untersuchung sein.

1. Bayernpartei und CSU – Verflechtungen und Gegensätze

Auch nach der Wahl von Hans Ehard zum Landesvorsitzenden der CSU schwelten die internen Gegensätze zwischen dem Müller- und dem Hundhammer-Flügel jedoch weiter. Als Abgeordneter der CSU für Passau wurde Schäffer sowohl zum stellvertretenden Fraktionsvorsitzenden der CDU/CSU als auch von der CSU-Landesgruppe, die sich innerhalb der CDU/CSU-Fraktion gebildet hatte, als Obmann gewählt[6]. Zwar löste ihn später – nach seiner Berufung zum Bundesfinanzminister – Müllers junger Mann, Franz Josef Strauß[7], ab, aber sein Erfolg zeigt die Stärke seiner Position innerhalb der CDU/CSU-Bundestagsfraktion.

Baumgartner war sich wohl bereits 1948 darüber klar, welche Funktion er für die CSU-Rechte hatte. An Josef Müller schrieb er auf dessen Vorhaltungen hin: „Staatsrat Schäffer hat in letzter Zeit mehr als mir lieb ist meine Person in die zwischen ihm und Dir stehenden Auseinandersetzungen hineingezogen. Ich wünsche das nicht und habe das auch ausdrücklich untersagt."[8] Baumgartner lag wenig daran, die alte BVP, wie Schäffer es sich vorstellte, wiederherzustellen, denn bereits

1946 lehnte er Schäffer und dessen Konzeption als „reaktionär" ab. Aber innerhalb der Bayernpartei korrespondierte der Donhauser-Flügel mit der CSU-Rechten. Das wurde oben schon am Fall Messmer im Rahmen finanzieller Einflußnahmen gezeigt. Donhauser selbst betonte im Bundestag: „[...] daß mich und meinen engeren politischen Freundeskreis niemals etwas getrennt hat von der politischen Plattform des Herrn Bundesfinanzministers [...] Jeder Mann in Bayern – auch meine schärfsten parteipolitischen und weltanschaulichen Gegner – weiß, daß ich auf dem gleichen staatsrechtlichen und christlichen Fundament stand und stehe wie der Bundesfinanzminister. Das Entscheidende aber ist, daß ich eine konsequente Politik vom ersten Tage an betrieben habe, nachdem ich in das bayerische politische Leben überhaupt eingetreten bin. Ich habe vom ersten Tage an versucht, dem ein Ende zu machen, was nicht zuletzt gerade von Ihrer Seite aus versucht worden ist, nämlich der Spaltung der christlich-bürgerlichen Welt in Bayern."[9]
Andererseits versuchte auch Baumgartner Funktionäre und Abgeordnete der CSU für die Bayernpartei zu gewinnen. Daß solche Tendenzen mit Mißtrauen verfolgt wurden, ist selbstverständlich.
Rivalitäten und Verflechtungen zwischen der Bayernpartei und CSU werden an den verschiedenen Gerüchten deutlich, die nach den Bundestagswahlen in den Zeitungen auftauchten, vor allem, daß CDU/CSU und FDP sowohl die Bayernpartei als auch die DP in ihre Koalitionsgespräche einbeziehen wollten, um eine möglichst breite Grundlage im Parlament zu finden, da diese vier Parteien gemeinsam über 225 von insgesamt 402 Sitzen verfügen würden[10]. Von seiten der CSU wurden solche Spekulationen energisch zurückgewiesen[11]. Allerdings hatte sich die Bayernpartei vor den Bundestagswahlen festgelegt: „Wir haben uns überlegt, ob wir uns überhaupt an den Wahlen zum Bundestag beteiligen sollen, da wir die Verfassung von Bonn und ihre Rechtsverbindlichkeit für Bayern nicht anerkennen, also in Bonn nur Oppositionspartei sein und uns niemals an einer deutschen Bundesregierung beteiligen können."[12]
Obwohl diese ablehnende Haltung der Bayernpartei auf der Landesausschußsitzung am 24. 8. 1949 noch einmal bestätigt wurde, versuchte Adenauer offenbar, auch die Bayernpartei für seine Politik zu gewinnen[13]. Nachdem sich bereits CDU/CSU, FDP und DP weitgehend über die Besetzung des künftigen Kabinetts geeinigt hatten, stellte am Vorabend der Kanzlerwahl die FDP neue Forderungen. „In dieser Situation wurde der Vorsitzende der Bayernpartei, Baumgartner, nach Bonn gebeten. Adenauer versicherte sich seiner Unterstützung bei der Kanzlerwahl."[14]
Es hätte durchaus im Interesse Adenauers gelegen, die Basis der von ihm angestrebten Koalition zu verbreitern, zumal mitten in den ersten Koalitions-Vorverhandlungen Adenauers Intentionen durch die Wahl seines innerparteilichen Gegners Arnold zum Präsidenten des Bundesrats durchkreuzt wurden[15]. Das verärgerte nicht nur die CSU und Ehard, dem diese Funktion von der CDU/CSU-Fraktion ursprünglich zugedacht war, sondern lieferte auch der Bayernpartei Munition gegen die CDU und ihre mangelnde föderalistische Ausrichtung.
Sollte ein Gespräch zwischen Adenauer und Baumgartner mit dem angegebenen Ziel tatsächlich stattgefunden haben[16], so bleibt sein Erfolg immer noch offen. Die Fraktion der Bayernpartei hatte beschlossen, sich bei der Wahl des Bundeskanzlers der Stimme zu enthalten[17]. Zwar wird behauptet, daß etwa die Hälfte der Bayernpartei-Abgeordneten für Adenauer gestimmt hätten[18], offen zugegeben hat

dies aber nur ein Abgeordneter, der frühere Bauernbündler Wartner[19]. Schon bei den ersten Entscheidungen im Bundestag wurde das Dilemma der Bayernpartei offenbar. Denn einerseits wollte sie als Opposition auftreten, andererseits nicht mit den sozialistischen Parteien stimmen. Im Landesausschuß der Bayernpartei, wo über diese Fragen der künftigen Haltung der Fraktion debattiert wurde, gingen die Meinungen in diesem Punkt auseinander[20].

Als es in der Bundesversammlung um den Entscheid zwischen Heuss und Schumacher als Kandidaten für das Amt des Bundespräsidenten ging, wollten sich offenbar beim ersten Wahlgang die Abgeordneten der Bayernpartei durch Stimmenthaltung aus der Affäre ziehen, mußten im zweiten aber dann dem liberalen Kandidaten ihre Stimme geben. Die Trennung zur CSU war nicht unüberwindlich, zumal sie auch Schäffer nach der Wahl nicht mehr opportun gewesen zu sein scheint. In einem Gespräch mit dem Fraktionsvorsitzenden Seelos u. a. sagte er auch nach der Regierungsbildung, die Bayernpartei könne durch Baumgartner im Kabinett vertreten sein, wenn sie sich der Koalition anschließe[21].

Baumgartners Haltung zur künftigen Bundesregierung war offenbar zwischen seinen Interessen als Bayernpartei-Vorsitzender, als ehemaliges CSU-Mitglied mit einem bestimmten Freundeskreis und als Vertreter der Bauern gespalten. An Niklas[22] schrieb er nur wenige Tage vor dessen Berufung zum Bundesminister für Ernährung, Landwirtschaft und Forsten: „Eines allerdings finde ich sehr bedauerlich, daß die bayerische CSU nicht eine eigene Fraktion gebildet hat, weil sie dann mit der Bayernpartei und mit der DP buchstäblich besonders in den agrarpolitischen Fragen das Zünglein an der Waage gewesen wäre."[23] Außerdem erhoffe er sich eine Zusammenarbeit mit Schäffer in föderalistischen Fragen, sofern dieser sich in seiner Fraktion durchsetzen könne.

Bereits vor der Bundestagswahl hatte die Bayernpartei angekündigt, daß sie „je stärker sie aus den kommenden Wahlen hervorgeht mit desto größerer Berechtigung die Forderung nach Auflösung des bayerischen Landtags erheben würde"[24]. Das geschah zunächst auch[25]. Die SPD sprach ebenfalls von einem Mißtrauensvotum gegen Ehard. Allerdings war dieser begreiflicherweise nicht bereit, zurückzutreten und dadurch Neuwahlen zu ermöglichen. Äußerungen Hundhammers nährten Gerüchte, wonach ein Plan bestehe, eine Koalitionsregierung zwischen Bayernpartei und CSU zu bilden, so behauptete jedenfalls August Hausleiter, und verwies auf eine angeblich längst getroffene Verabredung zwischen Hundhammer, Schäffer und Donhauser. Baumgartner habe seine „Duldung" der Regierung Adenauer von Voraussetzungen abhängig gemacht, die dahin gedeutet wurden, daß die Bayernpartei eine Beteiligung an der bayerischen Regierung fordern werde, um dann in Bonn eine „verhaltene Rolle" zu spielen[26]. Für den Fall einer Absage seien „radikale Schritte geplant, die sich der Unterstützung von Persönlichkeiten des rechten CSU-Flügels bereits gewiß seien"[27]. Allerdings waren solche Spekulationen eher typisch für die innerparteiliche Situation in der CSU und für die jeweiligen Flügelkombinationen zwischen Bayernpartei und CSU als für die politische Realität. Da eine Auflösung des Landtags ohne den Rücktritt Ehards nicht möglich war, wäre nur der Weg eines Volksbegehrens geblieben. Bereits eine Woche nach den Bundestagswahlen schloß sich der Landesausschuß jedoch der Meinung Baumgartners an, weder auf eine Auflösung des Landtags hinzuarbeiten noch weiterhin zu versuchen, von der CSU an der Regierung beteiligt zu werden[28].

In den nächsten Monaten wurde das Verhältnis zwischen Bayernpartei und CSU vor allem durch Gerüchte, die von verschiedenen Gruppen beider Parteien in die Presse lanciert wurden, geprägt[29]. Spekulationen über eine Auflösung des Landtags oder eine Beteiligung der Bayernpartei an der Regierung rissen nicht ab. Die Dezimierung der CSU in den Bundestagswahlen zwang sie, aufgrund der bevorstehenden Landtagswahlen und der bundespolitischen Situation ein intensives „Liebeswerben" um die Bayernpartei zu beginnen. Dabei war gerade der Kreis um Hundhammer bemüht, die Gegensätze abzubauen. So sprach sich Prälat Meixner, der Vorsitzende des kulturpolitischen Ausschusses der CSU, für die Beendigung der „Spaltung der christlichen Front aus, da keine ernsthaften Gegensätze zwischen CSU und Bayernpartei bestünden" und „überdies in der letzten Zeit in der CSU die betont bayerischen und föderalistischen Kräfte wieder stark in den Vordergrund getreten seien"[30].

Außerdem gab es Anlaß zu Befürchtungen, daß auch Abgeordnete der CSU zur Bayernpartei überlaufen würden. Allerdings wurde gleich der erste Abgeordnete der CSU, der nach den Bundestagswahlen zur Bayernpartei übertreten wollte, Max Allwein, vom zuständigen Bezirksverband der Bayernpartei in Bad Tölz abgelehnt. Gegen dessen heftige Proteste beschloß zwar die Landesleitung, den CSU-Abgeordneten aufzunehmen, „damit andere auch kommen können"[31], aber er sollte der einzige bleiben.

Dagegen suchte Schäffer auf Bundesebene permanent Kontakte mit Bayernpartei-Abgeordneten und hatte damit – wie sich bei der Abstimmung über den Sitz der Bundeshauptstadt[32] zeigte – mehr Erfolg. Obwohl sich Baumgartner auf eine Oppositionsrolle im Landtag festgelegt hatte und den Landtagswahlkampf gegen die CSU ausrichten wollte, bemühte sich Schäffer laufend um ihn[33]. Dessen ablehnende Haltung gegenüber allen Annäherungsversuchen, Integrationsbemühungen und -angeboten zu einer Art Stillhalteabkommen löste in den nächsten Monaten einen ‚Dschungelkrieg' zwischen CSU und Bayernpartei aus, der mit dem Ausschluß Schmidhubers und dem Austritt Donhausers endete. Nachdem Baumgartner auf Schäffers „endgültiges" Angebot zu einer Aussprache[34] und Versöhnung offenbar nicht in der erwarteten Form reagiert hatte, wandelte sich auch die öffentliche Agitation. Am 23.1.1950 konnte die „Süddeutsche Zeitung" berichten, daß Hundhammer sich gegen eine Annäherung an die Bayernpartei ausgesprochen und sachliche Bedenken gegen verschiedene prominente Persönlichkeiten der Bayernpartei wie Lallinger und Falkner[35] geäußert habe. Etwa 14 Tage später folgte eine Kontroverse zwischen Schäffer und Baumgartner in der Presse über die Bundeshauptstadtfrage, worin Schäffer die Parteiführung angriff, zugleich die Einheit der bayerischen Politiker postulierte und Mißtrauen in die Reihen der Bayernpartei zu tragen versuchte[36]. Kurz darauf wurden Erklärungen Schäffers veröffentlicht, der sich für eine Vereinigung von Bayernpartei und CSU als „Bayerische Volkspartei" ausgesprochen hatte[37].

Die andere Variante der CSU-Integrationstaktik – nur noch um einen Teil der Bayernpartei zu werben[38] – vertrat Strauß, der sich für eine große christliche Sammelpartei aussprach: „Die CSU hält ihre Tor für alle Kräfte, die sich zu einem christlichen Bayern in einem deutschen Bundesstaat und zur Gemeinschaft beider Konfessionen in einer christlichen Front bekennen, weit offen."[39] Er trat deshalb Spekulationen über einen Zusammenschluß durch die Führung beider Parteien entgegen. Zweifellos war auch Ehard nicht geneigt, eventuellen Wünschen Hundhammers, Schäffers oder auch Adenauers nachzugeben und sich mit der Bayernpartei zu verbinden bzw. diese in die Landesregierung aufzunehmen.

In den nächsten Monaten war die Bayernpartei weitgehend damit beschäftigt, ihre internen Krisen zu lösen: Baumgartner mußte darum kämpfen, sich als Landesvorsitzender gegenüber der Bayernpartei-Oppositon durchzusetzen[40]. In den Landtagswahlkampf ging sie mit Stoßrichtung gegen die CSU. Versuche der bayerischen Industrie zur Bildung eines bürgerlichen Wahlblocks scheiterten am Widerstand sämtlicher Parteien[41]. Darüber hinaus bereitete die Gründung der Königspartei[42] der Bayernpartei mehr Schwierigkeiten als der CSU, die der Königspartei ein Wahlabkommen in Aussicht stellte[43]. Während die Bayernpartei einen Mißtrauensantrag gegen Schäffer stellte, lieferten auf der anderen Seite die Untersuchungen des Spiegel-Ausschusses[44] der CSU genügend Material gegen die Bayernpartei. Aber der unabhängige Kurs der Bayernpartei-Führung kam beim Wähler nicht schlecht an. Obwohl die CSU im Wahlkampf die Unterstützung der katholischen Kirche hatte und Bayernpartei und SPD auf Plakaten als Zerstörerinnen der Kirche brandmarkte, schnitt die Bayernpartei bei den Landtagswahlen relativ gut ab.

Die Situation hatte sich 1950 in Bayern gegenüber den Landtagswahlen 1946 völlig geändert: Die SPD wurde stärkste Partei, knapp folgte die CSU – die allerdings durch die Sitzverteilung vorn lag[45] – und an dritter Stelle die Bayernpartei. Das Wahlergebnis erschwerte eine Regierungsbildung, denn es standen sich die CSU mit 64 Abgeordneten und die SPD mit 63 Abgeordneten gegenüber; die Bayernpartei hatte 39 Abgeordnete, die FDP 12 und die Wahlgemeinschaft BHE/DG 20 bzw. 6 Mandate[46]. Die Regierungskoalition Ehards mit SPD und BHE sollte bis zur Bildung der Viererkoalition einen Zankapfel zwischen Bayernpartei und CSU darstellen; selbst der Bundestagswahlkampf 1953 wurde davon noch überschattet. Baumgartner setzte sich am 11. 3. 1953 gegen angebliche Behauptungen des Generalsekretärs der CSU, Brunner, zur Wehr, „daß Dr. Baumgartner eine historische Schuld auf sich geladen habe, als er die CSU zwang, ihre Kräfte gegen die Bayernpartei zu richten, statt gegen den ‚wahren Feind' SPD"[47]. Ähnlich behauptete Schäffer auf einer Kundgebung in Straubing am 29. März 1953, daß in Bayern eine andere Regierung zustande gekommen wäre, wenn „Dr. Josef Baumgartner in der entscheidenden Stunde nicht so saudumm daher geredet hätte"[48]. Andererseits wurde es nun eines der Standardargumente der Bayernpartei, daß sich die CSU mit den Marxisten verbündet und die christliche Front gesprengt habe. Bei allen Annäherungsversuchen der CSU machte die Bayernpartei einen Regierungswechsel zugunsten einer Koalition der ‚christlichen Parteien' zur Vorbedingung.

Die parteiinterne Lage der Bayernpartei war nach den Landtagswahlen alles andere als rosig. Zwar hatte sie ihre Krise mit dem Austritt der innerparteilichen Opposition weitgehend überwunden, doch wurde ihr Ansehen aufgrund der laufenden Enthüllungen durch den ‚Spiegelausschuß' über Bestechungen von Bayernpartei-Abgeordneten sehr geschädigt. Sie hatte bei den Wählern noch relativ gut abgeschnitten, aber frühere Wunschträume, eine Vorrangstellung in Bayern zu gewinnen, dürften endgültig zerstoben sein, zumal sie in ihren Hochburgen Ober- und Niederbayern beträchtlich zurückgegangen war. Insbesondere das Ausmaß der Verschuldung, das erst nach den Landtagswahlen und dem Tod des Generalsekretärs in vollem Umfang aufgedeckt wurde, wird wohl dazu beigetragen haben, daß Parteiführung und Fraktion der Bayernpartei eine Koalition mit der CSU weit attraktiver erschien als die Aussicht auf eine mehrjährige Opposition.

Die Landtagsfraktion der Bayernpartei konstituierte sich am 5. 12. 1950 und wählte mit 28 von 35 abgegebenen Stimmen Baumgartner zum Fraktionsvorsitzenden. Er wurde auch mit der Führung der Koalitionsgespräche beauftragt, als weitere Vertreter wurden Besold, Etzel und Fischbacher benannt[49]. In dieser Sitzung sprach sich die Mehrheit der Fraktion für eine kleine Koalition aus[50]. Nachdem bereits Koalitionsverhandlungen mit der SPD geführt worden waren, die der Landesvorsitzende der SPD, Waldemar v. Knoeringen, allerdings als enttäuschend bezeichnete[51], fanden am 7. 12. die Koalitionsbesprechungen zwischen CSU und Bayernpartei statt. Offenbar kam bereits hier eine weitgehende Einigung zwischen CSU und Bayernpartei zustande[52], zumal sich die Bayernpartei nicht mehr auf ihre staatspolitischen Forderungen wie Staatspräsident, Staatsbürgergesetz und Revision des Grundgesetzes versteifte. Von Ehard war freilich bekannt, daß er wenig Neigung hatte, mit der Bayernpartei eine Regierung zu bilden[53]. Aber Kontakte mit der CSU fanden auf verschiedenen Ebenen statt. Baumgartner konferierte mit Hundhammer über eine Koalitionsbildung; außerdem fand eine Besprechung Ehards und Schwends mit Fürst Oettingen-Wallerstein statt. Dabei beklagte sich Ehard über die Wahlkampfführung der Bayernpartei, fragte jedoch, ob sie koalitionsbereit wäre. Oettingen bejahte unter bestimmten Voraussetzungen[54]. Offenbar klappte das Zusammenspiel zwischen dem Hundhammer-Flügel der CSU und der Bayernpartei sehr gut, denn bereits Anfang Dezember war deutlich, daß die Mehrheit der CSU eine kleine Koalition unter Ehard bevorzugen würde und die FDP als weiteren Koalitionspartner gewinnen wollte[55].

Knoeringen gab daraufhin eine Warnung an „die CSU" und erklärte, „daß die SPD als stärkste Wählerpartei des Landes ihren Anspruch auf volle Mitarbeit bei der Regierungsbildung erhebt und auf den Forderungen ihres Landeswahlprogramms besteht"[56]. Aber die unabdingbare Forderung der SPD, daß das Kultusministerium nicht mehr mit Hundhammer besetzt werde, hatte die CSU-Fraktion gerade einer kleinen Koalition um einiges näher gebracht. Ehard scheint allerdings noch immer versucht zu haben, eine große Koalition zustandezubringen. In einer Abstimmung in der Fraktionssitzung der CSU vom 12. 12. sprachen sich 56 Abgeordnete für eine kleine Koalition aus. „Da einige Abgeordnete fehlen, sind die Befürworter einer großen Koalition in hoffnungsloser Minderheit."[57] Um die Chancen für seine eigenen Vorstellungen abzutasten, führte Ehard darüber hinaus jedoch ein Meinungsbild herbei, wie die Fraktion zu der Möglichkeit „Große Koalition plus Dr. Hundhammer" stehe[58]. Dabei ergab sich nur eine knappe Mehrheit gegen die SPD-Koalition, obwohl Hundhammer noch vor der Abstimmung erklärt hatte, „daß für viele die Frage einer Koalition von der Vorfrage der Besetzung des Kultus- und des Innenministeriums abhängig sei. Für sich und eine große Zahl seiner Freunde sei die Besetzung des Kultusministeriums selbst in den Koalitionsverhandlungen kein diskutabler Punkt. Viele seiner Freunde würden u. U. nur dann für die SPD stimmen, wenn das Kultusministerium der CSU verbleibt. Er selbst werde unbedingt und in jedem Falle gegen eine SPD-Koalition stimmen."[59] Josef Müller bekräftigte, er unterstütze noch immer eine SPD-Koalition, doch wäre er bereit, „für ein CSU-Kultusministerium einzutreten"[60].

Für die bürgerliche Koalition plädierte Hundhammer mit den Argumenten: „Die eigenen Leute würden Vorwürfe erheben, wenn nunmehr mit der SPD eine Koalition eingegangen würde. Der Vorwurf, daß die CSU zuerst die Kirchen habe sprechen lassen und nach der Wahl auf die andere Seite übergewechselt habe, wäre da nicht unberechtigt. Eine große Koalition sei eine Gefährdung der christlichen Kulturpolitik und die Bayernpartei, die hier auf demselben Standpunkt stehe, würde man im Falle des Zusammengehens mit der SPD beiseite stoßen. Dazu komme, daß sich auf dem wirtschaftlichen Sektor CSU, BP und FDP weitgehend einig seien. Mit dem Innenministerium wolle die SPD die Führung der praktischen Macht in die Hand bekommen. Zugleich wird eine solche Koalition auch bedeuten, daß in Bonn das Schwergewicht sich in Richtung der SPD neige."[61] Zusätzlich verlas Hundhammer eine Reihe von Stellungnahmen, z. B. von katholischen Männervereinen und ähnlichen Organisationen, die sich für eine kleine Koalition aussprachen. Hundhammer betonte, daß der Graben zwischen Bayernpartei und CSU überbrückt werden müsse, denn sonst würde die radikale Gruppe in der Bayernpartei gestärkt, und dies würde sich zugunsten der SPD auswirken. Als weiteres Argument für die kleine Koalition, die ihm natürlich auch das Kultusministerium erhalten hätte, führte er an, daß nicht zu übersehen sei, „daß in der Bayernpartei viele seien, die wieder zurück wollten und eine Regierungszusammenarbeit ebne den Weg dazu"[62].

Ankermüller, als Kandidat für das Innenressort ebenso persönlich betroffen, wandte sich ebenfalls mit offenherzigen Argumenten gegen eine Beteiligung der SPD: „Die bisherige Debatte habe gezeigt, daß der Zusammenhalt zwischen der CSU auf dem Spiele stehe, dies würden auch die einzelnen Probeabstimmungen zeigen, die für die CSU typisch seien [...] Ein CSU-Staatssekretär im Innenministerium könne sich gegen einen roten Innenminister nicht durchsetzen. Nicht der Ministerpräsident, sondern derjenige, der die Polizei in der Hand habe, habe die Macht. Bei einem SPD-Innenminister würden die Baumittel, nicht etwa Caritas usw., sondern die roten Bauorganisationen erhalten. Es sei ihm gelungen, in die innere Verwaltung 80 % CSU-Leute zu setzen. Was wäre mit diesen unter einem roten Innenminister? [...] Ich komme nicht als Hilfe für die Zerschlagung einer christlichen Front in Frage und werde auch im Landtag zu einer SPD-Koalition nein sagen."[63]

Auch die Möglichkeit einer Koalition CSU/BP und SPD wurde kurz gestreift, wenngleich sich Müller scharf dagegen aussprach. Er argumentierte im Gegensatz zu Hundhammer, daß eine Aufnahme der Bayernpartei in eine Koalitionsregierung die Bayernpartei stärken würde; nachdem Teile der Bayernpartei gegen eine Koalition seien, werde diese auch in der Regierung gegen die CSU arbeiten. Er setzte sich noch einmal für die große Koalition ein, denn Gesetze über den Lastenausgleich und die Flüchtlinge konnten kaum ohne SPD durchgeführt werden. „Ich werde nicht mitmachen, wenn man versucht, eine rein bürgerliche Front aufzustellen."[64] In dieser Lage konnte Ehard nur daran gelegen sein, die Koalitionsverhandlungen mit der Bayernpartei zu erschweren, um doch noch eine große Koalition durchzusetzen. Er hatte bereits zu Beginn der Diskussion in der CSU erklärt, daß die Basis CSU, Bayernpartei, FDP zu klein sei, wenn nicht der BHE zugezogen werde. Darin wurde er von einflußreichen Mitgliedern der Fraktion wie Schlögl und Seidel unterstützt. Einig war man sich in der Fraktion nur in der

Meinung, daß auch „die schlechteste Konstellation besser wäre als eine Neuwahl"[65], denn man war sich in der CSU nicht sicher, ob man nicht nochmals Stimmen an die Bayernpartei verlieren würde. Jedenfalls wurde Ehard von der Fraktion ein größerer Verhandlungsspielraum gegeben, um auch mit dem BHE Koalitionsverhandlungen zu führen. Dies gab ihm die Möglichkeit, Bayernpartei und BHE gegeneinander auszuspielen. Als Interessenvertreter von Flüchtlingen bzw. Einheimischen konnte weder dem BHE noch der Bayernpartei an einer gemeinsamen Koalition gelegen sein. Ehard lud nun Baumgartner und Oberländer für den 14. 12. zu Koalitionsgesprächen ein[66]. Jedenfalls gerieten Baumgartner und der BHE schon in der Bundestagsdebatte am 12. 12. 1950 über die Frage des Flüchtlingsausgleichs aneinander. „Man könnte sagen, Herr Kollege Dr. Baumgartner, daß Sie und Ihre Partei dafür gewesen wären, den Heimatvertriebenen das aktive und insbesondere das passive Wahlrecht abzuerkennen und sie auch politisch rechtlos zu machen."[67] Von diesem Angriff eine BHE-Abgeordneten ließ sich Baumgartner zu dem Zwischenruf provozieren: „Das gibt es ja in keinem Kulturstaat der Welt, daß Leute mitwählen, die nicht hingehören! (– starke Entrüstung und Rufe von der SPD: Pfui!' – Glocke des Präsidenten!)"[68]
Zwar berichtigte Baumgartner nach einem Ordnungsruf, daß seine Bemerkung so aufzufassen sei, „daß in Bayern das Wahlergebnis nach einem gerechten Flüchtlingsausgleich ganz anders ausgesehen hätte"[69]. Dabei muß offenbleiben, ob es sich um einen Temperamentsausbruch handelte oder ob der Bayernpartei-Vorsitzende seinen Informanten vom rechten CSU-Flügel geglaubt hatte, daß eine risikoreiche Regierungsbildung ohne BHE und SPD in der CSU schon gut vorbereitet sei.
Der BHE nahm die Bemerkung Baumgartners zum Anlaß, zu erklären, daß er mit der Bayernpartei keine Regierung bilden würde. Ehard bot sich nun die Möglichkeit, entgegen den Intentionen Hundhammers, die Bildung einer großen Koalition durchzusetzen. Das brachte er in der Fraktionssitzung vom 14. 12. unmißverständlich zum Ausdruck. Daraufhin stimmte in einer geheimen Abstimmung die überwiegende Mehrheit der CSU-Abgeordneten für eine große Koalition[70]. Einen Tag später erhielt Ehard freie Hand für die Führung der letzten Koalitionsverhandlungen mit der SPD[71]. Auch auf der Landesausschußsitzung der CSU am selben Tag gelang es Hundhammer und Schäffer nicht, eine Mehrheit für eine kleine Koalition zu gewinnen, als es Ehard auf eine Machtprobe ankommen ließ. Am 18. 12. wurde nach 18tägigen Verhandlungen die Koalition mit SPD und BHE gebildet. Während die Bayernpartei in den nächsten Jahren nun die „unchristliche Koalition" angriff, konterte die CSU, daß die Bildung einer kleinen Koalition nur am „Verhalten der Führung der Bayernpartei" gescheitert sei[72].
Innerhalb der CSU machten sich nach der Regierungsbildung die alten innerparteilichen Kämpfe wieder stärker bemerkbar. Hundhammer mußte sich mit dem Fraktionsvorsitz begnügen, bezeichnete auch in öffentlichen Erklärungen „die Zerreißung der bayerischen und christlichen Front als ein ungeheures Unglück" und betonte, daß auf eine „Wiedervereinigung der getrennten Lager"[73] hingearbeitet werden müsse. Fritz Schäffer stieß mit Hinweisen nach, wie „daß die bayerische Regierungskoalition nicht unauflöslich sei"[74].
Auch die Bayernpartei fand sich in einer schwierigen Situation, da sie aufgrund ihrer inneren Gruppeninteressen und ihrer unterschiedlichen Haltung in Bund und

Land keine klare Linie nach außen verfolgen konnte. Kontaktgespräche mit Adenauer wurden vom partikularistischen Flügel mißtrauisch verfolgt. Darüber hinaus war Baumgartner bereit, als Landesvorsitzender zurückzutreten, um Generalsekretär des Bauernverbands zu werden. Zwar wurde dieses Angebot an Baumgartner von den Kreisen um Fischbacher als „Lockvogel-Angebot" der CSU abgetan, um die „Bayernpartei zu zerstören"; aber damit verlor es nicht an Reiz für Baumgartner. Hatte schon die Gründung königstreuer Organisationen die Bayernpartei in Schwierigkeiten gebracht, so stellte sich das ganze Problem der Beziehungen zur CSU erneut, nachdem die „Bayerische Volksaktion" im Januar 1951, wenige Wochen nach der Regierungsbildung gegründet worden war.
Als offizieller Gründer trat Rechtsanwalt Dr. Dr. Josef Held auf, Mitherausgeber des Regensburger Tagesanzeiger und ein Neffe des ehemaligen Ministerpräsidenten. Sein Blatt galt als ein Sprachrohr des Hundhammer-Flügels und der katholischen Kirche. Aus dieser Richtung wollte Held nun eine politische Plattform machen[75]. An Baumgartner schrieb er am 12. 1. 1951: „Sie wissen, daß sowohl ich wie meine Zeitung voll und ganz für einen christlichen bayer. Kurs in Bayern und eine Verständigung im christl.-konservativen Lager eintreten. Diesem Ziele soll auch die in Vorbereitung befindliche ‚bayer. Volksaktion' dienen. Wir halten es unbedingt für notwendig, daß schon jetzt auf lange Sicht gewisse Vorbereitungen bezügl. der Kommunalwahlen getroffen werden, damit in den Kreisen und Städten der SPD der Weg zum Wahlsieg verlegt wird, in denen die SPD sonst aufgrund der Aufsplitterung des christl. Lagers die Mehrheit erhalten würde."[76] Die „Bayerische Volksaktion" sei „keine neue Partei, sondern eine Arbeits- u. Gesinnungsgemeinschaft christl. konservativer Kräfte."[77]
Schäffer und Hundhammer galten als die eigentlichen Initiatoren der Volksaktion[78]. Der Bundesfinanzminister begrüßte sie alsbald als Versuch, „in Anlehnung an die Empfehlungen des Passauer Katholikentags die Sammlung aller christlich-bürgerlichen Parteien"[79] für die kommenden Gemeinde- und Kreistagswahlen zu fördern. Diese Herausforderung stellte die Bayernpartei erneut vor ihr Dilemma: einerseits konnte sie sich dem Appell nicht entziehen, wenn sie nicht ihre Agitation gegen die große Koalition unglaubwürdig machen wollte[80], auf der anderen Seite befürchtete Baumgartner eine Zersplitterung der Bayernpartei. Deshalb erklärte er zunächst, die Bayernpartei stelle schon die Sammlung der christlichen und bayerischen Kräfte dar, unzufriedene Mitglieder der CSU sollten sich der Bayernpartei anschließen und nicht durch Neugründung die Vereinsmeierei und Zersplitterung verstärken[81]. Allerdings war der Kreisverband Niederbayern der Bayernpartei schon einer Einladung zur Gründung der „Bayerischen Volksaktion" gefolgt und sein Kreisvorsitzender sogar in den geschäftsführenden Ausschuß gewählt worden[82]. In der Parteiführung der Bayernpartei herrschte die Auffassung, daß man der Volksaktion keine Bedeutung zukommen lassen solle und auch Vorbereitungen für Gemeinde- und Kreistagswahlen nicht über die Volksaktion machen solle. Da zwei Vertreter der Bayernpartei bereits in den Ausschuß der Volksaktion gewählt waren, erwies sich der Rückzug jedoch als schwierig. Denn die Bayernpartei mußte um ihre Funktionäre auf den unteren Ebenen fürchten, Vertrauensleute der Volksaktion suchten sie nämlich zum Eintritt zu bewegen, um damit die Parteiführung zu unterlaufen[83]. Obendrein hatte sich die Volksaktion zum Mißfallen Baumgartners in ihrem Aufruf nicht gegen die CSU-SPD-Koalition ausgesprochen[84].

Im Endeffekt konnte sich die Bayernpartei dem Sog dieses Bündnisangebots nicht entziehen, so daß es wieder zu einem Zusammenspiel zwischen dem Kreisverband der CSU Oberbayern und dem Landesausschuß der Bayernpartei kam, die gerade zur gleichen Zeit in München tagten. Hundhammer wurde mit 60 von 65 Stimmen als 1. Vorsitzender bestätigt. In einem Beschluß über „die Zusammenfassung der christlichen und föderalistisch gesinnten Kräfte aller Schichten und Stände"[85], den die oberbayerische CSU einstimmig annahm, wurden die führenden Persönlichkeiten und Gremien der Union aufgefordert, diesem Ziel im Hinblick auf die kommenden Gemeindewahlen rechtzeitig die notwendige Aufmerksamkeit zu schenken.

Der Landesausschuß der Bayernpartei faßte eine ähnliche Entschließung, daß „die Verständigung und Zusammenfassung aller christlichen und nicht marxistischen Kräfte des bayerischen Volkes"[86] das Gebot der Stunde sei, und beauftragte die Landesleitung, Gespräche zur Erreichung dieser Ziele zu führen. Baumgartner bezeichnete diesen Beschluß als „eine Wende in der bayerischen Politik"[87]. Auch Hundhammer hatte die Resolution seiner Organisation der Presse gegenüber vertreten und vermochte sie innerhalb der CSU so durchzusetzen, daß sie der Landesausschuß der CSU übernahm[88]. Allerdings wollte sich die CSU-Landesleitung aus dem Wahlbündnis heraushalten und die Initiative vor allem den örtlichen Funktionären und den Bezirksvorsitzenden überlassen. Ehard ließ an der Fortsetzung der Koalition mit der SPD nicht rütteln. Die Strategie zielte also eindeutig darauf, die Bayernpartei in die CSU zu reintegrieren. Die Gemeindewahlen, formulierte Ehard, sollten erproben, wieweit die Aussichten einer praktischen Zusammenarbeit zwischen CSU und Bayernpartei gediehen seien[89].

Auch auf Bundesebene bahnten sich Kontakte zwischen CSU und Bayernpartei über einen Bierabend an, zu dem Horlacher und Solleder von der CSU die Fraktion der Bayernpartei eingeladen hatten. Wenige Tage später gründeten Bayernpartei, CSU und CDU eine Arbeitsgemeinschaft[90]. Allerdings war ein Teil der Landesleitung der Bayernpartei nicht gerade begeistert von dieser Arbeitsgemeinschaft und warf der Bundestagsfraktion eigenmächtiges Handeln vor[91], denn „ein gesundes Mißtrauen ist die erste Voraussetzung mit der CSU"[92].

Diese Risse im Bündnis sollten bei der ersten Bewährungsprobe gleich zu seiner Sprengung führen, als es nämlich um die Aufstellung der Nachwahl-Kandidaten für das Landtagsmandat in Oberndorf-Füssen und für das Bundestagsmandat Donauwörth ging. In der Bayernpartei herrschten wieder die bekannten zwei Positionen: Die eine, daß es das Hauptziel sein müsse, einen Sieg eines SPD-Kandidaten zu verhindern, die andere, daß die Bayernpartei selbständig kandidieren bzw. daß die CSU einen Bayernpartei-Kandidaten unterstützen müsse und, „wenn sie unseren Kandidaten nicht schlucken"[93], selbständig in den Wahlkampf gehen solle[94].

Die Bayernpartei pochte auf ihr Anrecht, daß die CSU nun Bayernparteikandidaten unterstützen müsse, nachdem ihre Mithilfe bei der Nachwahl in Kulmbach zugunsten Semlers an diese Bedingung geknüpft gewesen sei. Die CSU konnte sich nicht erinnern und siegte in beiden Fällen gegen den Kandidaten der Bayernpartei, wenn diese auch einen gewissen Aufschwung verbuchte[95]. Beide Parteien kehrten zu gegenseitigen Vorwürfen über unfaire Wahlkampfführung zurück. Auch das Zusammenspiel zwischen Hundhammer und der Bayernpartei wurde beendet, als dieser bei seiner Kandidatur zum Präsidenten des bayerischen Landtags im ersten Wahlgang eine peinliche Niederlage erlitt. Zwar stimmte ein großer Teil der Koalition nicht für Hundhammer, doch konnte dieser den Freunden von der Opposition nicht verzeihen, daß sie ihm die Peinlichkeit eines 2. Wahlgangs nicht ersparten. Die Bayernpartei wandte sich jedoch scharf gegen die Vorwürfe der CSU über „Verrat an der föderalistischen und christlichen Front": „Man möge jetzt nicht und nie von der Bayernpartei verlangen, daß sie christlicher sei als die CSU, d. h. die CSU möge sich abgewöhnen, in der Bayernpartei einen 14. Nothelfer immer nur dann zu sehen, wenn sie am Ende ihres Lateins ist oder wenn sie mit ihren Koalitionspartnern nicht mehr weiter kommt. Da möge sie sich vielmehr daran erinnern, daß sie es war, die dieses unnatürliche Bündnis eingegangen ist und daß sie daraus die Folgerungen zu ziehen hat und nicht wir."[96]

Auf der Landesversammlung der CSU am 23. Juni 1951 revidierte die CSU ihr Verhältnis zur Bayernpartei. Sie beschloß, „ihrer Sammlungsidee nun unter Ausschaltung der Bayernpartei-Führung durch unmittelbare Ansprache an die Bayernpartei-Wähler zum Erfolg verhelfen"[97]. Bereits wenige Tage vor dem offiziellen Beschluß der CSU hatte Fischbacher erklärt, daß er bei den kommenden Gemeindewahlen die gemeinsame Aufstellung von Kandidaten durch CSU und Bayernpartei grundsätzlich ablehne und daß die Bayernpartei jetzt ihren „eigenen Weg gehen" werde[98]. Zwei Tage nach der Landesversammlung der CSU legte Baumgartner den Vorsitz der Bayernpartei aus ,beruflichen' Gründen nieder[99]. Zwar wirkten weiterhin Ableger der ‚Bayerischen Volksaktion" oder eine aktivierte katholische Aktion für einen Zusammenschluß von Bayernpartei und CSU, doch wurde durch die Bildung der Föderalistischen Union aus Bayernpartei und Zentrum die Phase der Annäherungsversuche der CSU endgültig beendet.

In gewisser Weise hatte sich nach der Regierungsbildung Ehards mit der SPD und der Zurücksetzung Hundhammers die Konstellation von 1946 wiederholt, als Josef Müller das Amt des Staatspräsidenten in der Bayerischen Verfassung verhindert hatte und der Hundhammer-Schäffer-Flügel die Bayernpartei als Druckmittel zu benutzen versuchte, um seine Position innerhalb der CSU zu stärken. Da die Bayernpartei zwischen Selbstbehauptung als eigenständige Partei und Annäherung an die CSU innerlich zerrissen war, mußte die Parteiführung beständig die strategischen Gegensätze durch taktisches Lavieren in den Hintergrund drängen. Die Spannung setzte sich auch in der Bundestagsfraktion fort, in der der Führer der einen Gruppe, Seelos, für die Unterstützung Adenauers plädierte[100], wogegen der stellvertretende Landesvorsitzende Etzel, Verfechter einer konsequenten Opposition gegenüber der CDU, sich immer stärker isolierte und schließlich aus der Bayernpartei ausschied[101]. Das Fingerhakeln, das sich gegenseitig Austricksen und das Spiel hinter den Kulissen zwischen CSU und Bayernpartei im Prozeß der Annäherung zwischen der Koalitionsbildung 1950 und der Landesversammlung der CSU im Juni 1951 brachte für die CSU immerhin eine Konsolidierung, indem sie auch den Hundhammer-Flügel wieder zu integrieren vermochte. Die Bayernpartei, die sich der Umarmung durch die CSU nur sehr schwer völlig zu entziehen vermochte, da sie auch eine christliche und föderalistische Front postulieren mußte, war nun gezwungen, sich wieder stärker als Opposition und eigenständige Partei darzustellen. Diese Ebene verselbständigter Taktik blieb das Grundmuster der parteipolitischen Auseinandersetzung: ein lebhafter Briefwechsel zwischen CSU und

Bayernpartei über Verleumdungen, Richtigstellungen usw. charakterisiert das besondere Verhältnis zwischen diesen beiden christlich-bayerischen Parteien.
Während die Bayernpartei im bayerischen Landtag sich in der Oppositionsrolle übte, andererseits sich aber im Land als eine Art Heimatbund zu profilieren versuchte, gewann sie für die CSU angesichts der bevorstehenden Wahlen zum 2. Deutschen Bundestag wieder Interesse. Adenauer drängte auf die Zusammenführung des Wählerpotentials beider Parteien für die Kanzlergefolgschaft[102]. Damit war natürlich der Widerspruch zwischen den Koalitionen in Bonn und München angesprochen, der auch innerhalb der CDU/CSU zu Auseinandersetzungen führte. Immerhin widmete der ‚Informations- und Rednerdienst' der CSU dem Verhältnis Adenauers zu Ehard einen fünfseitigen Artikel[103]. Zwar mußte man eine Bonner Einflußnahme in dieser Frage zugestehen, verdeckte ihre Probleme aber unter einem Gegenangriff: „Die Behauptung der Bayernpartei, daß ihre Parole ‚für Adenauer gegen Ehard' die Unterstützung des Bundeskanzlers oder des Bundeskanzleramts findet, ist erlogen. Die Bayernpartei will mit dieser Wahlparole Verwirrung in der CSU stiften. Sie gibt mit dieser Wahlparole gleichzeitig zu, daß sie eine doppelzüngige Politik treibt. In der bayerischen Politik beschimpft und bekämpft sie die CSU, die sie in Bonn zu unterstützen vorgibt."[104]
Es ist jedoch anzunehmen, daß die CDU-Fraktion nicht ganz ohne Einfluß auf die bayerischen Verhältnisse war; denn bereits nach den ersten Meldungen über Querverbindungen zwischen CSU und Bayernpartei wurden diese von CDU-Seite begrüßt: beide Parteien könnten die absolute Mehrheit der Stimmen in Bayern erzielen, zumal die Bayernpartei dem deutsch-alliierten Vertragswerk zustimme und auch der Regierungspolitik Adenauers positiv gegenüberstehe[105]. Gespräche über ein Wahlbündnis zwischen CSU und Bayernpartei, die bereits unter Fischbacher eingeleitet wurden[106], konnten unter dem neuen Landesvorsitzenden Besold weiter fortgesetzt werden, da dieser sich immer für eine Unterstützung Adenauers ausgesprochen hatte. Auch die Bayernpartei konnte sich davon versprechen, an der Anziehungskraft der Kanzlerfigur teilzuhaben, zunächst allerdings – um nicht ganz das Gesicht zu verlieren – unter dem Motto „Gegen Ehard aber mit Adenauer".
Hinzu kam der Druck der Förderverbände der Industrie auf die bürgerlichen Parteien, gegen entsprechende finanzielle Wahlkampfunterstützung eine „antimarxistische" Front zu bilden[107]. Mitte April trat die Bayernpartei mit einer Entschließung der Landesleitung, Bundestags- und Landtagsfraktion an die Öffentlichkeit: „Wir fordern alle nicht marxistischen demokratischen Parteien auf, durch Zusammenarbeit bei den Bundestagswahlen wirksame Wege zur Ausschaltung der marxistischen Gefahr zu suchen."[108]
Die Gespräche zwischen CSU und Bayernpartei fanden nach den bereits ausführlich dargestellten Mustern halböffentlichen Fingerhakelns statt. Auch hinderten die angeblichen Interessen, ein Wahlbündnis einzugehen, beide Parteien nicht daran, gegenseitige Abwerbungsstrategien zu betreiben. So konnte 1953 kurz vor den Bundestagswahlen die Bayernpartei auf ihrer Landesversammlung den Vorsitzenden des Haushaltsausschusses der CSU, Lacherbauer, als Neuerwerbung feiern; dafür trat der Finanzbevollmächtigte der Bayernpartei, Senator Weiß, wenige Tage vor dem Münchner Wahlabkommen zur CSU über. Für die CDU/CSU bedeutete das Wahlabkommen den Gewinn von zwei Bayernpartei-Abgeordneten für die Bundestagsfraktion und löste im CSU-nahen Teil der Bayernpartei Torschlußpanik aus:

die CSU-Landtagsfraktion erhielt nach dem Rücktritt Besolds Zuwachs von sechs Abgeordneten der Bayernpartei; auch der ehemalige Vorsitzende der Bundestagsfraktion, Decker, und Besold selbst traten 1954 zur CSU über. Allerdings bewirkte dieser Absorptionsprozeß durch die CSU auch eine veränderte Stellung der Bayernpartei zur CSU, denn der Aderlaß von CSU-Sympathisanten und -Opportunisten stärkte die liberalen Kräfte in der Bayernpartei und bildete eine Voraussetzung zum Zustandekommen der Viererkoalition.

2. Bayernpartei und katholische Kirche

Die katholische Kirche gewann nach 1945 – besonders durch die Privilegierung seitens der Besatzungsmacht – eine außergewöhnlich starke Stellung, die durch die CDU/CSU politisch abgestützt wurde. In katholischen Traditionsgebieten wie in Altbayern und im katholischen Franken war dieser Einfluß für CSU und Bayernpartei unmittelbar wahlentscheidend[109].

In der Haltung der katholischen Kirche zur Bayernpartei lassen sich zwei Phasen feststellen. Während nach der Gründung der Bayernpartei – mitbedingt durch die Flügelkämpfe in der CSU – der Klerus der Bayernpartei ein gewisses Wohlwollen entgegenbrachte, setzte spätestens nach den Bundestagswahlen 1949 ein Umschwung ein. Dabei traten zunächst die Organisationen des politischen Katholizismus wie Männervereine, Kolpingverein und katholische Aktion hervor und drängten auf eine Wiedervereinigung der beiden Parteien, um die ‚Spaltung der christlichen Front' zu überwinden. Vor allem beschuldigten sie die Bayernpartei, die Vormachtstellung des Katholizismus zugunsten liberaler und linker Parteien gebrochen zu haben; gegenüber dieser machtpolitischen Argumentation blieben religiöse oder kirchliche Vorbehalte sekundär. Dies machte die Bayernpartei-Führung in ihren Beziehungen zur Kirche weitgehend hilflos, da sie im katholischen Milieu ihre soziale Basis hatte, von der Kirche aber nicht in ihrem politischen Verhalten, sondern in ihrer Existenz in Frage gestellt wurde.

Trotz gewisser antiklerikaler Akzente der Gründungsgruppe der Bayernpartei, brachte der niedere Klerus zu Anfang der Parole ‚Bayern den Bayern' Sympathien entgegen. Neben der Ablehnung protestantischer Evakuierter und Flüchtlinge spielte dabei vor allem eine weitverbreitete monarchistische Haltung des Klerus mit. Nicht nur Kardinal Faulhaber, dem die Weimarer Republik einst „Meineid und Hochverrat"[110] bedeutet hatte, sondern auch ein Teil der Bischöfe[111] und des Klerus war monarchistisch eingestellt und erhoffte von der Bayernpartei eine stärkere Förderung monarchistischer Zielsetzungen. Außerdem stand bei einem Teil des altbayerischen Klerus das interkonfessionelle Konzept Josef Müllers dem Wunsch nach einer Wiederherstellung der BVP, die vom Hundhammer-Schäffer-Pfeiffer-Flügel vertreten wurde, entgegen[112].

Ein weiterer Grund für das anfängliche Wohlwollen des Klerus für die Bayernpartei dürfte auch darin bestanden haben, daß es als Druckmittel gegen die CSU einsetzbar war. Die Verhandlungen des Parlamentarischen Rats[113] entsprachen in Fragen des Elternrechts, der Bekenntnisschule, der Geltung der Konkordate, selbst in der Feiertagsregelung[114] keineswegs voll den kirchlichen Wünschen. Katholische Geistliche kritisierten die mangelnde Standfestigkeit von CSU-Abgeordneten bei der Ausarbeitung des Grundgesetzes und drohten der CSU-Fraktion im Parlamentarischen Rat, wenn sie nicht „absolute Grundsatztreue" wahre, sich der „Bayernpartei oder der Nichtwählerpartei"[115] anzuschließen.

Im Sommer 1949 veränderte sich jedoch die kirchliche Interessenlage. Denn in den bevorstehenden Bundestagswahlen ging es für die katholische Kirche nur noch um die Gewährleistung einer bürgerlichen Mehrheit im Bundestag und in den für die Kulturpolitik zuständigen Ländern. In persönlichen Briefen des Bischofs von Passau an die Landesvorsitzenden der Bayernpartei und CSU kommt die „größte Besorgnis um den Fortbestand einer christlich-orientierten Staatsführung in Bayern"[116] zum Ausdruck. Die bayerischen Bischöfe befürchteten, daß ein Wahlkampf zwischen CSU und Bayernpartei die linken Parteien siegen lassen würde. Die Landesvorsitzenden sollten sich in ihren Parteien dafür einsetzen, daß „jegliche gegenseitige Bekämpfung" unterbleibt und „schon bei der Wahl in irgendeiner Form ein Zusammengehen der beiden Parteien herbeigeführt wird"[117].

Die Haltung der katholischen Kirche gegenüber der Bayernpartei wurde seit den Bundestagswahlen 1949 nur noch von dem Ziel „Einigung der christlichen Front"[118], also der Zusammenführung von CSU und Bayernpartei für die bevorstehenden Landtagswahlen, und zwar in der Form einer Reintegration der Bayernpartei in die CSU, beherrscht. Zwar übte die Kirche in ihren offiziellen Verlautbarungen Zurückhaltung, doch die Rede des Vorsitzenden des kulturpolitischen Ausschusses der CSU, Prälat Meixner, vor dem Klerusverband im Oktober 1949 „Bruderstreit in Bayern"[119] hatte Signalwirkung. Da (nach der Abwahl Josef Müllers) ein Wandel in der CSU eingetreten sei, die nun ein „klares föderalistisches Staatsprogramm" habe, gäbe es keine Unterschiede zwischen Bayernpartei und CSU, die „eine weitere Spaltung der christlichen Front"[120] rechtfertigten.

Als im Frühjahr 1950 die zunehmenden Auseinandersetzungen zwischen CSU und Bayernpartei einen sozialdemokratischen Sieg ankündigten, wurden die bayerischen Bischöfe aktiv. Der Bischof von Passau schrieb am 20. März 1950 an Baumgartner: „Ich möchte Ihnen auch nicht verhehlen, daß auch die Konferenz der bayerischen Bischöfe in Freising, zwar nicht in ihrem offiziellen Teil, aber in einer privaten Aussprache über die Lage, dieser Besorgnis Ausdruck verliehen hat. Nicht in dem Sinne, als denke man an eine öffentliche Kundgebung. Aber man weiß, daß Sie mir persönlich näher stehen, und meint, es könnte etwas dazu tun, um den ärgerniserregenden Kampf der beiden christlichen Parteien zu verhüten. Auch von anderer Seite ist schon versucht worden, mich einzuschalten."[121]

Baumgartner fühlte sich in die Defensive gedrängt und konterte auf solche Vorhaltungen, er sei von Besorgnis über die Entwicklung der CSU erfüllt, die „sich völlig ins Schlepptau der mehr links eingestellten CDU begeben"[122] habe. Wie „die Gründung der Bayerischen Volkspartei gegen das links stehende Zentrum", so sei die Gründung der Bayernpartei eine Folge aus „zahlreichen Momenten durch die Haltlosigkeit der CSU"[123]. Er äußerte sein Befremden, daß „mehr im katholischen wie im evangelischen Lager diese unsere Haltung (Unterstützung der kirchlichen Interessen, Abstimmungen im Bundestag und Landtag) nicht voll anerkannt wird und daß man scheinbar zweierlei Katholiken kennt, die Katholiken von der CSU und die Katholiken von der Bayernpartei, die die schlechteren sein sollen"[124]. Nach einem getrennten Wahlkampf stellte Baumgartner jedoch eine gemeinsame Koalitionsbildung in Aussicht.

Freilich wurde aber seinem besonderen Wunsch, daß die Bischöfe im kommenden Wahlkampf eine Empfehlung geben sollten, „wonach die katholischen Christen eine der christlichen Parteien (CSU oder Bayernpartei) zu wählen haben"[125], nicht Rechnung getragen. Im Gegenteil wirkte offenbar ein großer Teil des mittleren und niederen Klerus im Landtagswahlkampf für die CSU. Nach den Wahlen schalteten sich auch die Laienorganisationen der katholischen Kirche, wie der ‚Landesverband der katholischen Männervereine und Casinos' und andere, ein und versuchten, mit Resolutionen die Koalitionsverhandlungen zu beeinflussen[126]. In diesem Zusammenhang wird auch die Funktion der „Bayerischen Volksaktion" für den Hundhammer-Flügel der CSU und den Klerus verdeutlicht.
So legte das Klerusblatt eine Liste zum Beitritt in die „Bayerische Volksaktion" bei, um mit dem Appell möglichst viele „Bekenner", „Männer und Frauen, Jungmänner und Jungfrauen, besonders unsere Verbände in Stadt und Land, sind aufgerufen", zur Eintragung in den Listen zu veranlassen. Gleichsam zur Rechtfertigung dieser politischen Stellungnahme wird Pius XII. zitiert, der „zur Sammlung der christlichen Kräfte aufgerufen" habe und „soweit gewesen sei wegen dieser Wahlpropaganda [...] Vorwürfe und Schmähungen auf sich zu nehmen"[127].
Nach dem Scheitern der Bemühungen, die Bayernpartei in die CSU zurückzuführen, wurde der Fehlschlag der Politik einer Zusammenführung der christlichen Front vor allem der Bayernpartei angelastet. Während 1948 das Engagement von Geistlichen für die Bayernpartei immerhin in vielen Fällen toleriert worden war, intervenierte seit Mitte 1951 die Kirchenführung[128]. Offenbar war der Druck so stark, daß selbst der Bischof von Passau in einem Schreiben an Baumgartner, der ihn um eine Besprechung ersucht hatte, um strengste Geheimhaltung bat, da er bereits in dem Ruf stehe, die Bayernpartei zu begünstigen: „noch vor wenigen Wochen mußte ich mir das von einem prominenten Vertreter der CSU vorwerfen lassen"[129].
Unter diesen Umständen konnte die Bayernpartei im katholischen Klerus kaum neue Mitglieder gewinnen; selbst der Theologenausschuß der Bayernpartei, dem 1950 noch etwa 25 Geistliche angehörten, war Ende 1951 bereits relativ bedeutungslos. Während in der Praxis nur das Engagement von Geistlichen für die Bayernpartei, nicht aber für die CSU kritisiert wurde[130], wusch die Kirchenleitung bei Anfragen und Beschwerden von seiten der Bayernpartei ihre Hände in Unschuld: „Wir haben im Hinblick auf die gegebenen Verhältnisse den Geistlichen im allgemeinen Zurückhaltung in der partei-politischen Betätigung ohne Rücksicht auf die Partei nahegelegt. Wo uns bekannt geworden ist, daß Geistliche unserer Diözese Parteiversammlungen geleitet oder bei solchen als Hauptredner aufgetreten sind, haben wir diesen Priestern dann unsere Mißbilligung ausgesprochen. Wir haben das getan, um nach Möglichkeit zu verhindern, daß die tief bedauerliche politische Spaltung im christlichen Lager, die sich zum größten Schaden der Stoßkraft der christlichen Front entwickelt hat, nicht noch unglückseiger sich auswirke."[131]
Um einiges deftiger zeigt sich das katholische Milieu in der Reaktion des niederen Klerus. Z. B. schreibt der Stadtpfarrer von Starnberg an die Bayernpartei: „Was ist Ihre Partei, für die Sie den teuren Namen ‚Bayrisch' mißbrauchen anders als ein Sprengkörper, der die Christlich-Konservativen Kräfte unseres Landes zersplittert und zum Gespötte der Gegner macht, die von allen Seiten furchtbar drohen. Wie viele links stehende Abgeordnete sind in unseren Parlamenten durch Ihre Schuld!

[...] Erst recht wird ein jeder wirkliche Bayer Ihre Partei bekämpfen müssen als Kraft, die nur Böses will und nur Böses schafft."[132]
Deutlich zeigt sich die schlechte Position der Bayernpartei gegenüber der Kirche daran, daß sie vor verschiedenen Wahlen sich gezwungen sah, in direkten Bittbriefen[133] an die Pfarreien um Anerkennung und Unterstützung als christliche Partei zu werben, wodurch sie sich freilich nicht die Sympathie der kirchlichen Hierarchie zurückgewonnen haben dürfte. Die Bayernparteiführung betonte, daß sie in allen kulturpolitischen Fragen in Landtag, Bundestag und Stadtparlamenten eindeutig gezeigt habe, „daß sie sich voll und ganz hinter die Forderungen der katholischen und evangelischen Bischöfe stellt"[134] und daß sie jederzeit bereit sei, die christliche Front wiederherzustellen, sofern die CSU ihre „jetzige unmögliche Koalition mit der SPD"[135] aufgäbe.
Auch eine Adresse an die bayerischen Bischöfe, die von der Landesversammlung der Bayernpartei 1952 einstimmig verabschiedet wurde, änderte nichts an der Haltung der Kirche. Darin bedauerte die Bayernpartei die „Stellungnahmen gegen die Bayernpartei vor Wahlen von den Kanzeln herab"[136], betonte die Notwendigkeit einer verständnisvollen Zusammenarbeit von Klerus und Partei und bat um einen kirchlichen Berater in kulturpolitischen und sozialen Fragen für die Parteiführung. Der Bischof von Passau begründete die Einstellung der Kirche offen: „Ohne der Stellungnahme des bayerischen Episkopates als solchen vorgreifen zu wollen und ohne auf Einzelheiten einzugehen, möchte ich nur bemerken, daß der tiefere Grund der beklagten Haltung m. E. der Unwille über die Spaltung der ursprünglich einheitlichen christlichen Front ist, *die durch das Auftreten der Bayernpartei verursacht wurde.*"[137]
Weihbischof Neuhäusler ließ eine Zusammenstellung erarbeiten, wo sich die Bayernpartei „kirchenfeindlich mit der SPD betätigt habe"[138]. Auch Nachweise, daß die Bayernpartei in der Mehrzahl aller Gemeinden Bayerns mit der CSU koaliert habe, änderten die grundsätzliche Abwehr der Kirche nicht. Darüber hinaus gab es allerdings Einmischungen, z. B. in die Aufstellung von Bayernpartei-Funktionären; etwa wurde der Vorsitzende des kulturpolitischen Ausschusses der Bayernpartei von einem Domkapitular als „liberal" eingestuft und Baumgartner „vor Enttäuschungen gewarnt"[139], da dieser Kandidat für die Simultanschule eingetreten sei.
In umgekehrter Richtung waren religiöse Argumente allerdings ganz fruchtlos. In einem Rundschreiben des Landesvorsitzenden der Bayernpartei im Bundestags-Wahlkampf 1953 an sämtliche bischöflichen Ordinariate in Bayern wurde die Bitte um eine gewisse Zurückhaltung in der besonderen Förderung der CSU mit dem Hinweis eingeführt: „Wir wissen, daß mehrere Regierungsmitglieder keiner Kirche angehören. Können es die bischöflichen Ordinariate verantworten, unter solchen Umständen die CSU als Regierungspartei bei den Bundestagswahlen einseitig zu fördern?"[140]
Völlig unbeeindruckt antwortete das erzbischöfliche Ordinariat des Erzbistums München und Freising mit realpolitischem Zahlensinn und im Hinblick auf die Landtagswahlen 1954: „Die gegenwärtige bayerische Regierungskoalition ist verursacht und verschuldet durch die Spaltung der christlichen Front in Bayern, die bei den letzten Landtagswahlen dazu geführt hat, daß *14* Stimmkreismandate an die Sozialdemokratische Partei verloren gegangen sind. In allen diesen 14 Kreisen hatten CSU plus Bayernpartei plus Königspartei jeweils zusammen mehr Stimmen

als der Sozialdemokrat, der nur infolge der Zersplitterung der christlichen Front das Mandat erhielt [...] und möchten dringend wünschen, daß noch in letzter Stunde eine Einigung wenigstens in allen jenen Stimmbezirken zustande kommt, die sonst wie bei der Landtagswahl an die Gegner verloren gehen."[141]

3. Bayernpartei und monarchistische Organisationen

Auch die monarchistischen Gruppierungen gehörten zu dem zwischen Bayernpartei und CSU umstrittenen Potential der altbayerischen politischen Kultur. Die monarchistische Strömung ist jedoch nicht leicht faßbar, da sie sich nach dem Verbot der Bayerischen Königspartei zunächst in einem Latenzzustand befand und einige ihrer Protagonisten politische Wirksamkeit in beiden Parteien suchten, andere jedoch – wie Erwein von Aretin und Max Lebsche – im Hintergrund blieben. Die Wiedergründung der monarchistischen Organisationen ist jedoch nicht in erster Linie auf eine Initiative der früheren Führer, sondern auf eine separatistische Abspaltung der Bayernpartei unter monarchistischem Vorzeichen zurückzuführen.

Nachdem zunächst Vorbesprechungen für eine Wiedergründung des „Bayerischen Heimat- und Königbundes" mit den früheren Funktionären[142] gescheitert waren, gründete am 10. Dezember 1949 Anton Berr, der sich mit seinen separatistischen Vorstellungen in der Bayernpartei nicht durchsetzen konnte, mit zehn Gründungsmitgliedern – vorwiegend Bayernpartei-Mitglieder –[143], den Bayerischen Königsbund (BKB) und übernahm den Vorsitz. Zum Präsidenten wurde in Abwesenheit Rudolf Kanzler[144] gewählt, dem es auf die Zusammenführung des Hundhammer-Flügels der CSU und der Bayernpartei[145] ankam. Da ihm als Präsidenten aber keine Vollmachten, sondern nur Repräsentationspflichten zugedacht waren, trat er noch im selben Monat wieder aus dem BKB aus[146], zumal sich auch das Haus Wittelsbach von ihm distanziert hatte[147].

Berr hatte ein Kurzprogramm des BKB verfaßt, das zwar mit einer Treueerklärung zum bayerischen König begann[148], aber im Kern mit der Forderung nach Wiederherstellung eines souveränen Königreichs Bayern einen separatistischen Ansatz verfolgte, der sowohl vom Haus Wittelsbach als auch von einem großen Teil des alten BHKB um Erwein von Aretin abgelehnt wurde. Rupprecht bzw. sein Hofmarschallamt verlangte Berrs Rücktritt, da er allzu sehr „politisch abgestempelt"[149] sei und „als ein die deutsche Aufgabe Bayerns ableugnender Separatist"[150] gelte. Denn so begründete von Redwitz die Ablehnung weiter: „Der Vorsitzende eines Königsbunds in Bayern kann aber nicht in einer politischen Richtung festgelegt sein, die der Tradition und der Einstellung des Königshauses und seines Oberhauptes entgegensteht. Ihr Hervortreten in der Bayernpartei, die Umstände des Ausscheidens aus der Bayernpartei, Ihr in der Presse veröffentliches ‚außenpolitisches Memorandum', Ihre jüngste Äußerung über die Bildung einer bayerischen Exilregierung im Ausland lassen es S. K. H. dem Kronprinzen als unzweckmäßig erscheinen, daß Sie an führender Stelle in einem Bayerischen Heimat- und Königsbund tätig sind und hervortreten."[151]

Als Berr jedoch nicht zurücktrat, ließ das Haus Wittelsbach seine Interessen durch bewährte Funktionäre des früheren Weimarer Heimat- und Königbundes vertreten. Bereits Anfang Januar kündigte Erwein von Aretin die Neugründung des

BHKB[152] aufgrund alter Mitgliedslisten an. Auch in der Bayernpartei, die zunächst auf die Gründung Berrs gelassen reagiert hatte[153], fand man Interesse an einer Reaktivierung des BHKB[154]. Zwischen den beiden Königsbünden setzten nun Rivalitäten ein, die sich zunächst vor allem auf den okkupierten Namen bezogen[155]. Der frühere BHKB mußte sich nun, als er am 26. Februar 1950 auf einer niederbayerischen Kreisversammlung gegründet wurde, den Namen „Bayerischer Heimat- und Königsbund in Treue fest e. V." zulegen[156]. In einer Resolution beschloß er, er wolle „die historische Aufgabe Bayerns erfüllen, unter dem angestammten demokratischen Volkskönigtum treuester deutscher Gliedstaat zu sein"[157]. Es folgten unterschiedliche Einigungsbestrebungen[158], Aus- und Übertritte[159], die Gründung eines Landesverbands Anfang Juli[160] und kurz darauf auch die einer neuen Königspartei durch Lebsche[161]. Damit war für die Bayernpartei eine neue Lage und eine aktuelle Gefahr entstanden.

Die Bayernpartei stand damals auf dem Höhepunkt der Krise um Donhauser, und aufgrund der Verflechtungen im bayerisch-konservativen Spektrum war nicht auszuschließen, daß die Königspartei als Absprung für den föderalistisch-monarchistischen Flügel der Bayernpartei geplant war und darüber hinaus als Zwischenstation auf dem Weg zur Einigung zwischen Teilen der Bayernpartei und CSU dienen sollte. Zwar war der Bayernpartei über Fürst Oettingen-Wallerstein vom Haus Wittelsbach versichert worden, daß es sich lediglich um eine Vorsichtsmaßnahme gegen eine Neugründung durch andere Kreise handle[162], doch beschloß die Landesleitung, daß Baumgartner gegen die politische Betätigung der Königspartei direkt beim Kronprinzen intervenieren solle[163], zumal die Königspartei angekündigt hatte, für die Landtagswahlen eigene Kandidaten aufzustellen, wo sie nicht monarchistisch gesinnte Kandidaten anderer Parteien unterstützen könne. Baumgartner und Falkner dachten offenbar an ein Stillhalteabkommen mit der Königspartei, für das sie die Änderung des Parteiprogramms im monarchistischen Sinn anboten: statt für einen Staaspräsidenten wollte sich die Bayernpartei nun für ein „Staatsoberhaupt" einsetzen[164]. Welche Bedeutung die Bayernpartei der Königspartei zumaß, zeigt sich darin, daß auf der Landesversammlung am 5./6. August 1950 tatsächlich diese Programmänderung angenommen und Oettingen-Wallerstein als monarchistisches Symbol[165] zum stellvertretenden Landesvorsitzenden gewählt wurde.

Doch bereits wenige Wochen später wechselten die ersten Mitglieder zur Königspartei über[166]. Die Landesleitung schickte Oettingen-Wallerstein zu Lebsche und Kronprinz Rupprecht, um einem Übertritt Donhausers vorzubeugen[167]. Allerdings war dieser nicht mehr zu verhindern, weitere Mitglieder folgten ihm, wie der ehemalige Kreisvorsitzende von Schwaben Ferdinand Kerber, der Vorsitzende des Bezirksverbands Kaufbeuren Treuheit und der zweite Vorsitzende des Bezirksverbands Memmingen, Pfarrer Seiler[168]. In einem Aufruf erklärte die Königspartei Schwabens:

„Viele bayerische Heimatkräfte sind zu uns gestoßen. Die alte und die ewig junge Heimat- und Königsidee marschiert! Sie ist die unvermeidliche Reaktion im besten Sinn des Wortes auf

1) das moralische und politische Versagen der sogenannten ‚Bayernpartei',
2) den Linkskurs der Baumgartnerpartei [...]"[169].

Bis Anfang Oktober 1950 hatte die Königspartei in den Regierungsbezirken Oberbayern, Schwaben, Oberpfalz und Niederbayern Kreisverbände gebildet; in Niederbayern, als dem stärksten monarchistischen Verband, konnte jedoch die Bayernpartei den Kreisvorsitzenden des Königsbundes ‚in Treue fest' als Landtagskandidaten bei der Stange halten[170].

Die Königspartei erwies sich als eine neue Variante der Versuche zur Formierung der bayerischen Rechten. Donhauser erklärte vor seinem Eintritt in die Königspartei, daß er für die Schaffung einer bürgerlich-christlichen Einheitsfront in Bayern eintreten werde[171]. Im Landtagswahlkampf 1950 bekriegten sich Bayernpartei und Königspartei, lokale Wahlbündnisse fanden vor allem zwischen CSU und Königspartei statt. Allerdings konnte die Königspartei nicht mehr als 0,8% der Stimmen in Bayern erreichen, während sich die Bayernpartei relativ gut behauptete[172]. Doch während der Koalitionsverhandlungen zwischen CSU und Bayernpartei schalteten sich die Monarchisten erneut ein und mahnten zur „politischen Einigung des christlichen Volkes in Bayern". Franz Fackler[173], monarchistischer Widerständler und dem Hundhammer-Schäffer-Flügel der CSU zuzurechnen, lud zu einer solchen Versöhnungsveranstaltung CSU, Bayernpartei und Königspartei ein, denn „man müßte die widerstrebenden Politiker zwingen, eine einheitliche christliche Front in Bayern zu bilden [...] Derjenige, der angesichts der bolschewistischen Gefahr noch weiter mithelfe, die trennenden Gräben zu vertiefen, ist nicht ganz normal oder ein freiwilliger Helfer der 5. Kolonne."[174]

In der Folge wurde es zwar um die Königspartei ruhig, aber daneben bestanden noch zwei Königsbünde[175], deren Funktion – ungeachtet ihrer Querelen – vor allem in der Organisierung von Heimatfesten und Geburtstagsfeiern zu Ehren Rupprechts[176] bestand, an deren soziokultureller Ausstrahlung die Bayernpartei nicht vorübergehen konnte. Wie bereits dargestellt, trat nunmehr auch die Bayernpartei in eine Phase der Selbstdarstellung als Heimatpartei ein, wobei sie nach Möglichkeit auch den Kronprätendenten mit einspannte. Daß in ihr aber die Einführung der Monarchie nur eine zweitrangige politische Rolle spielte, war ein Anlaß beständiger Klagen ihres monarchistischen Flügels[177]. Als sich Oettingen und Besold 1952 öffentlich zur Monarchie bekannten, gab es Schwierigkeiten mit dem republikanischen Flügel, so daß ihre Stellungnahmen als ‚persönliche' qualifiziert werden mußten[178]. Baumgartner versuchte einen Mittelweg zu steuern und wurde Mitglied des ‚Bayerischen Heimat- und Königsbundes in Treue fest'. Allerdings verlor die monarchistische Frage in den folgenden Jahren an Bedeutung, zumal sich das monarchistische Wählerpotential weder verjüngte noch Zuwachs erhielt.

4. Bayernpartei und Bayerischer Bauernverband

Angesichts ihrer sozialen Basis war für die Bayernpartei der Bauernverband die wichtigste wirtschaftliche Bezugsgruppe, die sie aber weitgehend mit der CSU teilte. Der Bayerische Bauernverband (BBV) ist in mancher Beziehung eine Extremisierung von in der Nachkriegszeit allgemein wirksamen Trends. In kaum einem Bereich hat die Monopolisierung und Verflechtung von Interessenorganisationen mit der Staatsbürokratie im nationalsozialistischen Regime so stark nachgewirkt wie bei der Gründung des BBV[179] als einer öffentlich-rechtlichen Einheitsorganisation, die zugleich einen Teil der staatlichen Ernährungsverwaltung[180] übernahm und in ihrem Gründungsaufruf ihr Genossenschaftswesen unter die Parole eines Sozialismus der Tat[181] stellte. Für die Überwindung der früheren Zersplitterung bäuerlicher Berufsorganisationen[182], das Ziel der ‚Bauerneinigung'[183] Georg Heims, das sich in der Weimarer Republik nicht verwirklichen ließ, war Organisation und Finanzierung des Reichsnährstandes eine wichtige Voraussetzung. Obwohl Überparteilichkeit und Unabhängigkeit von Parteien[184] als wichtigster Grundsatz galten, gehörten ein Großteil der Gründungsmitglieder des BBV derselben politischen Richtung an[185]. Ihre Stellung wurde in der Folge durch die Verschränkung mit der staatlichen Organisation[186] noch stärker und war in gewisser Weise abgelöst von den parteipolitischen Orientierungen der bäuerlichen Basis, der gegenüber der BBV auch finanziell weitgehend autark war[187]. Nachdem die Militärregierung anfänglich die berufsständische Tendenz des BBV hingenommen hatte, weil sie sich davon Vorteile bei der Ernteerfassung und der Kontrolle der Belieferungsquoten versprochen haben dürfte, griff sie 1946 ein und verlangte, daß die Funktionen eines privatrechtlichen Interessenverbandes und einer öffentlich-rechtlichen Landwirtschaftskammer getrennt würden[188]. Auch Baumgartner war als BBV-Mitgründer und ‚sein' Landwirtschaftsminister[189] im Kabinett Hoegner der berufsständischen Tendenz seiner CSU-Kollegen entgegengetreten[190]. Zwar konnte die Militärregierung ihr Gebot formal durchsetzen, in der Praxis blieben die beiden Aufgabenbereiche jedoch funktional und personell verquickt und wurden schließlich – nach Beendigung der alliierten Restriktionen – von der CSU-Regierung (der BBV-Generalsekretär wurde im Februar 1948 zum Landwirtschaftsminister ernannt) auch wieder in ihrer Verschmelzung anerkannt[191]. Auf der anderen Seite war das Selbstverständnis der Führer des BBV primär verbandsbezogen und erst als Verbandsvertreter engagierten sie sich auch in der Parteipolitik, vor allem der CSU. Selbst Hundhammer, als früherer Generalsekretär des Christlichen Bauernvereins, widmete seine Kräfte erst dann der Partei, nachdem sein Verbandsposten bei seiner Rückkehr aus der Kriegsgefangenschaft bereits besetzt war und nicht mehr für ihn freigemacht wurde[192]. Wenn also nicht so sehr von politischer Seite her Interessen organisiert wurden, sondern von traditionellen Interessenvertretern ein Einheitsverband gebildet und von hier aus Vertreter in die Parteipolitik entsandt wurden, so gab dies auch bei der Auseinandersetzung zwischen CSU und Bayernpartei, trotz des Kampfes um die bäuerlichen Wähler, die Möglichkeit, im BBV eine neutrale Instanz des Zusammenwirkens oder doch zumindest eine gemeinsame vorpolitische Standesorganisation zu sehen. Manchmal erwies sich die Kameraderie der Weimarer Bauernführer stärker als die Parteipolitik. Deshalb zeichnen sich die Beziehungen der Bayernpartei und insbesondere Baumgartners zum BBV vor allem durch Zweideutigkeit aus: daß der Parteivorsitzende lange Zeit den Posten eines BBV-Generalsekretärs vorgezogen hätte, läßt die Frage offen, ob er dadurch eine strategische Position für die Durchsetzung seiner parteipolitischen Überzeugung gewinnen wollte oder ob es der Rückzug auf eine Position gewesen wäre, der gegenüber der Parteivorsitz nur als zeitweilige parteipolitische Umsetzung primärer bäuerlicher Interessen anzusehen gewesen wäre.

Als stellvertretender Generalsekretär des Christlichen Bauernvereins, als Gründungsmitglied des BBV und als Minister hatte Baumgartner beste Beziehungen zu den führenden Funktionären, denn viele seiner früheren Kollegen hatten auch jetzt wieder einflußreiche Positionen. Die Bedeutung des BBV als Basis für CSU und Bayernpartei, die beide ihr Wählerpotential auf dem Lande hatten[193], wird aus den Mitgliederzahlen des BBV deutlich: im Juni 1949 hatte der Bauernverband insgesamt 322 830 Mitglieder, etwa ³/₄ der bäuerlichen Betriebe waren im Bauernverband erfaßt[194].

Die Erfolge der Bayernpartei bei den Bauern, etwa beim Vilshofener Aschermittwoch oder bei Bauernmärkten, stellten – dank der Popularität Baumgartners –, eine latente Bedrohung für den Bauernverband dar. Sowohl für den überparteilichen Charakter der ‚Bauerneinigung' als auch für die Vorherrschaft von CSU-Vertretern in seiner Führung hätte es eine Gefährdung bedeutet, wenn sich die Bayernpartei auf die Rolle einer Bauernpartei – in der Tradition des BBMB – konzentriert hätte. Auch der agrarpolitische Ausschuß unter Leitung Fischbachers war nicht als Spaltpilz für den Bauernverband geplant, wenngleich sich Fischbacher bemühte, die „Obmänner und Bezirksobmänner" des Bauernverbandes, die ihm bei seiner Entlassung „einstimmig das Vertrauen"[195] ausgesprochen hatten, in Oberbayern für die Bayernpartei zu gewinnen. Sogar einer der wichtigsten Industrievertreter in der Bayernpartei, Wilhelm Schmidhuber, drängte Fischbacher, den „Einbruch in den Bauernverband"[196] baldmöglichst in die Hand zu nehmen, rechtzeitig Vorbereitungen für die Wahlen zu treffen, um mit Unterstützung der altbayerischen Bauernverbandsmitglieder" „die jetzt maßgeblichen Leiter desselben abzuhängen", denn der Bauernverband sei „zur Zeit absolut sturmreif". Er fügte hinzu: „ohne breite Stütze der Bauern- und Handwerksorganisationen sehe ich für die Partei kein genügend starkes Fundament für die Zukunft"[197]. Auf unteren Ebenen konnte die Bayernpartei offenbar mehrfach in die Organisation des Bauernverbandes eindringen. Die Hauptstützen lagen wiederum in Südbayern: in Niederbayern dürfte etwa die Hälfte der Obleute auf Orts- und Landkreisebene der Bayernpartei angehört haben, in der Frühzeit lag die Zahl sicher noch höher; in Oberbayern waren 1951 von etwa 27 Bezirksvorsitzenden des Bauernverbands rund 10 bei der Bayernpartei[198]. Die Führungsfunktionen und der Verbandsapparat wurden weiter von der CSU beherrscht, nur in Oberbayern gelang es der Bayernpartei, in Xaver Ernst 1952 wenigstens einen „Präsidenten" zu stellen, von Feury (CSU) mußte sich mit dem Stellvertreterposten zufriedengeben[199]. Der Bauernverband konnte es sich nicht leisten, einen profilierten Agrarpolitiker wie Baumgartner, auch als Parteichef der Konkurrenzpartei, auf Dauer außerhalb des Verbands zu lassen; ein Jahr nach seinem Austritt aus der CSU wurde er Mitglied des Wirtschafts- und Rechtsausschusses, erst im Oktober 1949 wurde er mit 50 von 69 Stimmen in den erweiterten Vorstand gewählt[200].

Doch nun achtete die CSU auf die Wahrung der in der Satzung festgelegten parteipolitischen Neutralität, vor allem wenn Baumgartner bei Bauernverbands-Veranstaltungen referierte[201]. Nach der Bildung der großen Koalition wurde Baumgartner aber das wichtigste Amt im Apparat des Bauernverbands, das Generalsekretariat angeboten, da der kommissarische Verwalter Neppig aus gesundheitlichen Gründen zurücktreten wollte[202]. Baumgartner erklärte sich in vertraulichen Vorgesprächen bereit, sich „offen zur Wahl zu stellen"[203] und den Parteivorsitz niederzulegen. Darüber hinaus bemühte er sich intensiv um eine Unterstützung seiner Kandidatur bei Vorstandsmitgliedern des Bauernverbands. Als der Sohn seines früheren Staatssekretärs Adam Sühler[204] angeblich ankündigte, im Falle

einer Wahl Baumgartners „machen wir einen fränkischen Bauernverband"[205] auf, umwarb der Kandidat den Vater: „Nur die tiefe Sorge um unseren Bauernstand und um die Einheit unseres Verbandes hat mich veranlaßt, seit drei Jahren in meinen eigenen Reihen zu verhüten, daß ein eigener Verband gegründet wurde, und ich habe, wie Neppig weiß, auch verhütet, daß die Freunde des Vereins Dr. Heims einen eigenen Laden aufziehen konnten."[206]
Offenbar war vorgesehen, im Falle einer Wahl das politische Gleichgewicht durch eine Berufung bzw. Wahl Hundhammers in den Vorstand wiederherzustellen[207]. Eine eigene Kandidatur hatte Hundhammer, der bei der Koalitionsbildung leer ausgegangen war, Baumgartner gegenüber großherzig abgelehnt[208]. Er wurde einige Zeit später Landtagspräsident.
Als Baumgartner der Landesleitung am 3. 2. 1951 seinen Entschluß, für den Bauernverband zu kandidieren, mitteilte – in der gleichen Sitzung standen die „Bayerische Volksaktion" und die desolate Finanzlage auf der Tagesordnung –, wurde er bedrängt, im Interesse der Bayernpartei nicht zu kandidieren, vor allem wegen der öffentlichen Wirkung. Es könnte der Eindruck entstehen, „Baumgartner glaubt selbst nicht mehr an die Bayernpartei", „er will auf die Brücke treten, um den Weg zur CSU leichter zu finden", befürchtete Etzel. Auch Geislhöringer warnte, „was sie jetzt Baumgartner anbieten, ist nur eine Lockung, um uns zu schaden. Man wird dann immer mehr Forderungen an ihn stellen", und Schatzmeister Weiß, der 1953 selbst zur CSU wechselte, sah als nächste Bedingung, daß „Baumgartner den Fraktionsvorsitz niederlegen" solle. Auf Lallingers Argument, „Baumgartner, Du mußt Dir die charakterlichen Folgen überlegen; man wird sagen, Du gehst nach dem Geld", konnte Baumgartner nur entgegnen „Ich muß doch auch einen Beruf haben. Ihr dürft mich in meiner beruflichen Entwicklung nicht hindern. Keiner kann sagen ich sei Opportunist gewesen [...] Ich kann finanziell nicht mehr [...] Der Bauernverband ist jetzt viel unpolitischer als früher, weil es ja zwei Parteien gibt."[209]
Als nach diesen beschwörenden Stimmen auch noch der Vorstand des Bauernverbands eine Art Bewährung von Baumgartner verlangte und ihm kein langfristiges Vertragsverhältnis anbot[210], zog Baumgartner seine Kandidatur zurück[211]. Das Generalsekretariat blieb unbesetzt, mangels geeigneter Kandidaten und weil man offenbar Baumgartner die Stelle offenhalten wollte, sofern er sich durch die entsprechende parteipolitische Zurückhaltung bewähren würde.
Als auf der Landesversammlung des BBV am 30. 6. 1952 neben den Neuwahlen der Vorstandschaft auch die Wahl des Generalsekretärs auf der Tagesordnung stand, hatte man sich offenbar im Vorstand größtenteils gegen Baumgartner festgelegt[212]. Valentin Fröhlich[213] sprach die Meinung des Vorstands besonders deutlich aus, wenn er Baumgartner auf dessen Bitte um Unterstützung vorhielt: „Du kannst im Augenblick kein Generalsekretär werden. Du hast in der Vergangenheit zu stark gesündigt. Du hast, was das Schlimmste ist in meinen Augen, die christlich-bürgerliche Einigung zerspalten. Du hast bis in die jüngste Zeit hinein Dummheiten gemacht. Ich will nur daran erinnern, wie Du dem bereits am Boden liegenden Minister Dr. Müller, der bestimmt nicht mein Freund ist, noch einen Eselstritt versetzen zu müssen geglaubt hast. Du hast Dich in dem vergangenen Jahr, das für Dich das Jahr der Bewährung hätte sein sollen, nicht bewährt. Du kannst nicht so kalkulieren, daß man Dir zuerst den Posten eines Generalsekretärs gibt und

hintennach verzichtest Du auf Deine Parteiämter. Du mußt zuerst verzichten und durch den Verzicht gewinnst Du möglicherweise erst das Vertrauen, das Du jetzt bei den meisten der Bauern nicht genießt."[214]
Trotz eines Gegenkandidaten, Andreas Haisch, Landtagsabgeordneter der CSU und Kreisdirektor des BBV Schwaben, sowie unsicherer Mehrheitsverhältnisse stellte sich Baumgartner zur Wahl und erklärte vor der Landesversammlung, er habe nie „irgendwie und irgendwann die politische Neutralität des Verbandes verletzt, und er sei auch bereit im Falle seiner Wahl, den Landesvorsitz der Bayernpartei niederzulegen und sich aus dem politischen Leben zurückzuziehen"[215]. Daß Baumgartner 43 und Haisch 38 Stimmen im ersten Wahlgang bekamen[216], spiegelte sicher nicht nur die entsprechende parteipolitische Zusammensetzung wider, sondern entsprach auch der Differenziertheit der Loyalitäten und der faktischen Ausgangsposition. Indessen hatte keiner der Kandidaten die erforderliche Mehrheit, so daß der BBV die Besetzung des Generalsekretariats wiederum auf seine nächste Landesversammlung vertagte. Baumgartners Versuch, sich mit Hilfe der Delegierten und persönlicher Beziehungen gegenüber dem Präsidium durchzusetzen, war fehlgeschlagen. Um sich für die Position des Generalsekretärs entsprechend den Anforderungen des BBV zu qualifizieren, legte er wenige Wochen später den Parteivorsitz nieder.
In der CSU mehrten sich jedoch die Stimmen, die dem rechten Flügel und seiner Einigungspolitik samt den dafür notwendigen Zugeständnissen entgegentraten. Franz Josef Strauß machte sich auf der Landesversammlung der CSU zu ihrem Sprecher: „Ich möchte in diesem Falle auch ganz klar sagen, daß die Frage, ob ein Landesvorsitzender einer Oppositionspartei, die bisher viele Gesetze des Anstandes in Verhandlungen mit uns nicht eingehalten hat, Generalsekretär des politisch einflußreichsten Verbandes in Bayern wird, eines Verbandes, dessen Mitglieder das Großkontingent unserer Wähler darstellen, das ist eine große politische Frage."[217]
Trotz dieser Provokationen schlug die Bayernpartei zwar gegen Strauß zurück, mahnte jedoch ihre Mitglieder zur Verbandstreue: „Bayerische Bauern! Einzelne unverantwortliche Elemente, darunter vor allem der CSU-Generalsekretär Strauß, haben in der letzten Zeit den Versuch unternommen, den Bayerischen Bauernverband zu politisieren und zu terrorisieren. Der Bayerische Bauernverband hat sich, seiner Verantwortung bewußt, in dankenswerter Weise von diesem Versuch distanziert und seine strikte Neutralität betont. Die Landesversammlung der Bayernpartei bittet die bäuerlichen Mitglieder der Bayernpartei, sich von weiteren Provokateuren der CSU nicht irre leiten zu lassen. Bleibt bis auf weiteres dem bayerischen Bauernverband als Eurer Berufsorganisation treu und beweist durch Eure neutrale Haltung im Verband, daß Ihr gewillt seid, die Einheit Eures Berufsstandes zum Segen des Bauernstandes und zum Segen unseres ganzen Volkes zu wahren."[218]
Da Baumgartner mit seinem Rücktritt vom Parteivorsitz eine wichtige Vorleistung für die nächste Runde um das BBV-Generalsekretariat erbracht hatte, hoffte die Bayernpartei offenbar, einen der ihren in diese Schlüsselstellung zu bringen, mochte Baumgartner selbst auch mehr von alten Loyalitäten und seinen beruflichen und agrarpolitischen Interessen bestimmt sein.
Der FDP-Repräsentant im Präsidium des BBV, Georg Frühwald, den Baumgartner um Unterstützung in dieser Kontroverse gegen den CSU-Generalsekretär bat, schrieb kühl zurück, für ihn sei diese Stellungnahme von Strauß keineswegs neu:

„Die CSU hat allen Grund, den Bayerischen Bauernverband als die Schutztruppe der CSU zu betrachten, solange die verantwortliche Leitung des Verbandes damit einverstanden ist, daß die führenden Angestellten des Verbandes es als selbstverständlich, ja als einen Rechtsanspruch betrachten, als Kandidaten und Mandatsträger der CSU in Bayern zu fungieren."[219]

Und Frühwald fügte hinzu, auch Baumgartner sei dieser Entwicklung im BBV nicht hinreichend entgegengetreten. Auf Proteste Baumgartners verwahrte sich zwar auch das Präsidium des BBV dagegen, daß sich Parteien in seine Belange einmischten. Aber Rothermel, der erste Präsident des Bauernverbands, schrieb an Baumgartner, der BBV habe „keine Möglichkeit, zu verhindern, daß Nicht-Mitglieder Auffassungen über den Bayerischen Bauernverband wiedergeben, die mit dessen Grundsätzen und seiner tatsächlichen Arbeit im Widerspruch stehen; doch wird er streng darauf bedacht sein, daß sich politische Parteien nicht in seine Angelegenheiten einmischen."[220]

Schon vor der nächsten BBV-Landesversammlung warf das Problem des Generalsekretariats in der Diskussion um das sogenannte Landwirtschaftsabgabengesetz seine Schatten voraus. Der BBV war bisher durch eine Verlängerung der Reichsnährstandsumlage finanziert worden und drohte, als diese Regelung 1952 auslief, völlig in die finanzielle Abhängigkeit von der Regierung zu geraten[221]. Aber als die Bayernpartei bei der Bundestagswahl 1953 Stimmen- und Mandatsverluste hatte hinnehmen müssen und die CSU nun annehmen konnte, auch ohne christliche Front wieder die bestimmende Macht zu werden, setzte der Vorstand des BBV kurzfristig die Generalsekretariatsfrage von der Tagesordnung der Landesversammlung ab, obwohl Baumgartner auch seine sonstigen politischen Funktionen niederzulegen angeboten hatte, und würdigte ihn vollends mit dem Angebot eines Referentenpostens (Agrarpolitik) herab. Erst jetzt zog Baumgartner seine Kandidatur zurück und erklärte vor der Presse, es handle sich um einen „wohl durchdachten Trick der CSU, ihn mundtot zu machen"[222].

Wenige Wochen später übernahm er wieder den Landesvorsitz der Bayernpartei. Der BBV zog sich mit einer Erweiterung des Präsidiums um Hundhammer und Baumgartner aus der Affäre[223]. Sowohl das Amt des Generalsekretärs wie auch die Bayernpartei hatten durch das jahrelange Tauziehen um die Schaltstelle bäuerlicher Politik in Bayern Schaden genommen. Gleichwohl blieb Baumgartners Loyalität mit seinen alten Verbandskollegen erhalten[224], die Erfahrung persönlicher Demütigung durch die CSU dürfte ihn jedoch für die Entscheidung des nächsten Jahres, mit der SPD zu koalieren, vorbereitet haben.

III. Scheitern der Bayernpartei an der Viererkoalition

Die Entwicklung des Verhältnisses zwischen CSU und Bayernpartei nach den Landtagswahlen 1950 schuf wesentliche Voraussetzungen in der Bayernpartei für eine Koalition mit der SPD und anderen programmatisch entgegengesetzten Parteien. Auch die Förderverbände der Industrie hatten ihre finanziellen Zuwendungen an die Bayernpartei von deren Bereitschaft, die Politik der CDU/CSU im Bundestag und bayerischen Landtag zu unterstützen, abhängig gemacht. Da sich diese Haltung im Bundestagswahlkampf 1953 für die Bayernpartei nicht ausgezahlt hatte, setzte innerhalb der Bayernpartei ein Umorientierungsprozeß ein. Schließlich wirkten die Absorptionsstrategien der CSU dahin, daß die liberalen und antiklerikalen Kräfte in der Bayernpartei gestärkt wurden, was zur Folge hatte, daß Anfang des Jahres 1954 führende Funktionäre wie Anton Besold, Hugo Decker, Franz Lippert[1] und im Sommer noch Hans Eisenmann[2] zur CSU übertraten. Dazu hatte sich die Parteispitze entgegen dem Wunsch der bayerischen Industrie für die Wiederaufnahme des Lallinger-Flügels eingesetzt und nicht zuletzt damit die Austritte provoziert[3].

Im Frühjahr 1954 hatten sich Baumgartner und andere Mitglieder der Parteiführung dafür ausgesprochen, daß sich die Bayernpartei für Wahlbündnisse in den Landtagswahlen 1954 und für die anschließende Regierungsbildung „nach allen Seiten offen"[4] halten müsse. Auf der 7. Landesversammlung am 3. Juli 1954 in Straubing legte die Bayernpartei ihr Regierungsprogramm vor, das gleichzeitig die Verhandlungsbedingungen für eine künftige Koalitionsregierung darstellte[5]. Baumgartner brachte das politische Ziel in seiner Rede auf den Nenner „Keine bayerische Regierung mehr ohne Bayernpartei"[6] und deutete an, daß sich die Bayernpartei „in der Wahl ihrer Koalitionspartner unter Umständen gleiche Freiheit nähme, wie dies einst Ministerpräsident Ehard bei der Regierungsbildung getan habe"[7].

Die wachsende Bereitschaft der Bayernpartei, sich an einer Regierung ohne CSU zu beteiligen, wurde schon im Wahlkampf erkennbar. SPD, BHE, FDP und Bayernpartei führten den Wahlkampf gegeneinander bemerkenswert zurückhaltend. Das war selbst in Niederbayern der Fall, wo doch für Bayernpartei und BHE die größten Chancen bestanden, die 10%-Hürde des bayerischen Wahlgesetzes zu überwinden[8]. Baumgartner ging so weit, SPD, FDP und BHE in einer Pressekonferenz ausdrücklich zu loben, „weil sie ihren Wahlkampf gegen die Bayernpartei absolut fair führten. Den unanständigsten Wahlkampf führt wie immer die CSU"[9]. Ein Indiz für die Richtungsänderung in der Bayernpartei kann auch darin erblickt werden, daß ihr Landesvorsitzender Stellungnahmen im Wahlkampf mit Zitaten von August Bebel einleitete, statt – früheren Gepflogenheiten entsprechend – aus den Kirchenvätern, den katholischen Föderalisten oder Konstantin Frantz zu schöpfen[10].

1. Bildung und Ziele der Viererkoalition

Koalitionsverhandlungen

Das Ergebnis der Landtagswahlen vom 28. November 1954 – die CSU erhielt 83, die SPD 61, Bayernpartei 28, GB/BHE 19 und die FDP 13 Sitze – ließ folgende Koalitionen zu: Eine große Koalition zwischen CSU und SPD – mit oder ohne Beteiligung des BHE; eine kleine Koalition aus CSU und Bayernpartei, wiederum mit oher ohne BHE; und schließlich eine Koalition aus SPD, Bayernpartei, BHE und FDP. Für die Bildung einer Koalition gegen die stärkste Partei boten Versuche in Hessen ein „Vorbild", wo CDU und BHE versuchten, gegen die SPD eine Regierungskoalition zu bilden[11].

Da in der CSU eine starke Gruppe aus kulturpolitischen Gründen offenbar nicht mehr geneigt war, die Koalition mit der SPD fortzusetzen – das Lehrerbildungsgesetz z. B. hätte nicht entsprechend den Wünschen von CSU und Klerus durchgesetzt werden können –, bemühte sich nun der Landesvorsitzende der SPD, v. Knoeringen, die Bayernpartei sowie BHE und FDP für eine Koalition gegen die CSU zu gewinnen[12].

Eine solche Viererkoalition brachte der SPD so viele Vorteile, daß sie – vor allem in personeller Hinsicht – den potentiellen Partnern unverhältnismäßig großzügige Angebote machen konnte. Sie vermochte sich als eine die Regierung führende Partei zu profilieren, gewann größeren Einfluß im Bundesrat und vergrößerte damit ihr Gewicht gegen die Politik Adenauers; und schließlich konnte in Bayern eine kultur- und schulpolitische Gesetzgebung in ihrem Sinne begonnen werden. Für v. Knoeringen, der die Koalitionsbildung mit der Kurzformel „Licht über Bayern"[13] charakterisierte, mag dabei auch eine langfristige Strategie eine Rolle gespielt haben, daß nämlich durch eine liberalere Bildungspolitik und durch mehr politische Aufklärung ein Prozeß politischer Umorientierung in Bayern in Gang zu setzen wäre, der sich prospektiv zu Gunsten der Sozialdemokratie auswirken würde.

BHE und FDP fiel die Zustimmung zu einer Koalition mit der SPD nicht sehr schwer. So erleichterte die starke Verflechtung von katholischem Klerus und CSU in kulturpolitischen Fragen der FDP, die vier Jahre lang die kulturpolitische Opposition im bayerischen Landtag alleine bestritten hatte, die Zusammenarbeit mit der SPD, trotz der Gegensätze auf wirtschaftspolitischem Gebiet. Und der BHE hatte aus seinem Interesse nie ein Hehl gemacht, sich in jedem Fall an der Regierung zu beteiligen, um möglichst viel für seine Mitglieder und Wähler erreichen zu können. Für ihn bedeutete nur die eigene Bundespartei, da sie die Regierung Adenauers mittrug, ein gewisses Problem. Doch konnte sich der bayerische BHE gegen den nach München angereisten Theodor Oberländer durchsetzen; er beschloß den Eintritt in die Koalition mit der SPD.

Weitaus schwieriger als für BHE und FDP war für die Bayernpartei der Entschluß zum Koalitionsbeitritt; denn die heterogene Zusammensetzung ihrer Mitglieder, Wähler und Funktionäre brachte vor allem die Gefahr mit sich, entweder auseinanderzufallen oder mindestens einige Spitzenfunktionäre oder Abgeordnete zu verlieren[14]. Was der CDU in Hessen nicht gelang[15], gegen die stärkste Partei eine Koalitionsregierung zu bilden, wurde durch den Beschluß der Bayernpartei in Bayern ermöglicht: am 10. Dezember unterzeichneten die beteiligten Parteien die Koalitionsvereinbarung.

In der CSU bewirkte die Verweisung in die Opposition einen Schock, der heftige innere Auseinandersetzungen zur Folge hatte. Man suchte die Ursache des Desasters in der Verhandlungsführung durch den Landesvorsitzenden Ehard. Er habe die Verhandlungen „arrogant"[16] geführt und sei der Bayernpartei nicht genügend entgegengekommen; Parteifunktionäre hätten so an ihren Ministersesseln geklebt, daß die Regierungsbildung verschlafen worden sei[17]. Obgleich sich Ehard bemühte, die Vorwürfe zurückzuweisen, stellte er den Landesvorsitz zur Verfügung[18].

Die Bayernpartei geriet mit ihrer Entscheidung für die Viererkoalition insofern in eine schwierige Lage, als sie in der vergangenen Legislaturperiode die CSU wegen ihrer Koalition mit der SPD ständig angegriffen hatte. In der ersten gemeinsamen Kundgebung der Parteien der Viererkoalition am 16. Dezember bemühte sich

Baumgartner fast ausschließlich darum, die Gründe für den Beitritt der Bayernpartei darzulegen und zu verteidigen; besonders heftig bestritt er die Behauptung der CSU, die Koalitionsverhandlungen mit der Bayernpartei seien deshalb gescheitert, weil diese keine sachlichen Verhandlungen geführt, sondern nur um Ministerposten gefeilscht habe[19]. Man verwies dagegen auf die rüden Methoden, mit denen die CSU gegen die Bayernpartei zu Felde gezogen sei: sie habe die Bayernpartei als „kommunistisch" hingestellt; Franz Josef Strauß habe ihre Mitglieder als „Partisanen Dr. Baumgartners und Trachten- oder Lederhosen-Föderalisten" verspottet; die katholischen Abgeordneten seien von Hundhammer zum Austritt aufgefordert worden; und der Generalsekretär der CSU, Brunner, habe schließlich erklärt, die Bayernpartei sei überflüssig, die letzten Widerstandsnester müßten ausgeräuchert werden[20]. Während die Bayernpartei für ihre Entscheidung in Anspruch nahm, 62% der bayerischen Bevölkerung hätten gegen die CSU[21] und damit letztlich für die Vierer-Koalition gestimmt, warf die CSU der Bayernpartei Verrat am Wählerwillen vor, da sie ihre künftigen Koalitionsabsichten vor der Wahl verschwiegen habe[22]. Der angebliche Betrug der Bayernpartei – von der CSU „irrtümlich für eine Bruderpartei gehalten"[23] – diente der CSU als eines der wichtigsten Agitationsargumente gegen die Bayernpartei, das auch im Landtagswahlkampf 1958 wieder hervorgeholt[24] wurde. Die nach 1950 von der Bayernpartei an der CSU wegen der Koalition mit der SPD geübte Kritik schlug nun voll auf sie zurück. Durch den von ihr herbeigeführten Machtwechsel machte sich die Bayernpartei die CSU zum unversöhnlichen Gegner. Zur Darlegung ihrer Ansichten vom wirklichen Ablauf der Koalitionsverhandlungen gaben CSU und Bayernpartei eigene Rednerdienste und Weißbücher heraus[25]. Mitte 1955 veröffentlichte die Bayernpartei in ihrer Reihe ‚Weiß-blaue Hefte' eine Broschüre: „Warum Regierung ohne CSU? Die Bayernpartei zur Regierungsbildung im Dezember 1954. Ein Beitrag zur geschichtlichen Wahrheit"[26]. Der Behauptung der CSU, die Bayernpartei habe sich möglicherweise schon vor dem Wahltag oder spätestens am 6. 12. schriftlich verpflichtet, mit der SPD eine Koalition zu bilden, hielt die Bayernpartei hier entgegen: „Erst als ihr klargeworden sei, daß es der CSU um ‚die Kapitulation der Bayernpartei zu tun war'[27], sei sie mit den drei anderen Parteien in Verhandlung getreten; dabei seien die Verhandlungen mit der CSU durch die Äußerung Ehards in der Wahlnacht, ‚daß nur Teile der Bayernpartei für eine Regierungsbildung in Frage kämen'[28], schwer vorbelastet worden."
Da die CSU wiederum stärkste Partei geworden war und 83 Landtagsmandate gegenüber 65 im Jahre 1950 gewonnen hatte, schien ihre führende Rolle gesichert; auch die CDU und Adenauer erwarteten als Folge des Wahlergebnisses für die Bundestagskoalition eine sichere Stimme Bayerns im Bundesrat. Wenige Tage nach den Wahlen, am 30. November 1954, lud Hans Ehard als Landesvorsitzender der stärksten Partei Vertreter zunächst der Bayernpartei, dann der SPD (Waldemar v. Knoeringen und Wilhelm Hoegner)[29] zu Besprechungen in die Staatskanzlei ein; anschließend wurde der BHE mit dem geschäftsführenden Vorsitzenden Willy Guthsmuths[30] zugezogen. Den Landesvorsitzenden der FDP, Otto Bezold, empfing Ehard am 1. Dezember.
Zunächst schien weiterhin eine Koalition zwischen CSU, Bayernpartei und BHE am aussichtsreichsten[31], da offensichtlich eine Fortsetzung der großen Koalition weder von seiten der CSU noch der SPD angestrebt wurde[32]. Der sozialdemokra-

tische Pressedienst bemerkte dazu, daß eine Koalition zwischen CSU und SPD – abgesehen davon, daß sie dem Wunsch breitester CSU-Kreise nicht entspräche – auch deswegen kaum möglich sei, weil sich die SPD nicht an die Wand drücken lassen dürfe; sie könne aus der Opposition heraus „wahrscheinlich erfolgreicher ihre kultur-politischen Ziele verfolgen"[33]. Den offiziellen Gesprächen am Anfang der ersten Dezemberwoche folgte eine Phase der inoffiziellen Kontakte. Insbesondere SPD und FDP, vertreten durch Knoeringen und Bezold, wurden initiativ und sondierten die Möglichkeiten einer Koalition: Gespräche, an denen spätestens in der zweiten Wochenhälfte auch Baumgartner beteiligt wurde[34]. Knoeringen begründete seine Politik u. a. damit, daß sich laut einer Umfrage 63 % der Bevölkerung für die Gemeinschaftsschule und damit gegen die Kulturpolitik der CSU ausgesprochen hätten[35].
Baumgartner hatte – laut CSU – in seinem Gespräch mit Ehard am 30. 11. 1954 die Forderungen der Bayernpartei bekanntgegeben: zwei Ministerien (darunter das Landwirtschaftsministerium), die Position des stellvertretenden Ministerpräsidenten und zwei Staatssekretäre[36]. Auch soll Baumgartner völlige Koalitionsbereitschaft gezeigt und in einem weiteren Gespräch am 2. 12. 1954 bekräftigt haben[37]. Die Bayernpartei dagegen hob hervor, vor allem habe Ehard in dieser Unterredung die CSU-Forderungen in Bezug auf Außenpolitik, Kulturpolitik, konfessionelle Lehrerbildung und zum Verhältnis Bayern-Bund unterstrichen. Auch seien die Schwierigkeiten einer Freigabe des Landwirtschaftsministeriums durch Schlögl deutlich geworden. Horlacher habe Baumgartner erklärt, daß die Bayernpartei zu Gunsten der CSU auf das Landwirtschaftsministerium verzichten müsse[38].
Das Wochenende 3./5. 12. war angefüllt mit Sitzungen der verschiedenen Parteigremien. Die SPD faßte auf ihrer Landesausschußsitzung am 5. 12. den endgültigen Beschluß, mit der CSU keine Regierung zu bilden, sondern mit FDP, BHE und Bayernpartei zusammen eine Koalitionsbildung zu versuchen, wenn es der CSU nicht gelingen sollte, Koalitionspartner unter diesen Parteien zu finden[39]. Da die CSU in der Frage der Kulturpolitik jetzt „faktisch die Unterwerfung"[40] forderte, ersuchte der SPD-Landesausschuß die neue SPD-Landtagsfraktion, ihre Verhandlungen entsprechend diesen Richtlinien zu führen.
An der gemeinsamen Sitzung von Landesvorstand und Landtagsfraktion der FDP, die gleichfalls am 5. 12. stattfand, nahm auch der Bundesvorsitzende der FDP, Thomas Dehler[41], teil. Zwar beschloß die FDP, sich nicht vorzeitig festzulegen, und beauftragte eine Kommission, „alle Möglichkeiten zu sondieren"[42], doch war überraschend und wohl richtungweisend, daß Dehler sich nicht für eine bayerische Regierung nach Bonner Muster aussprach, sondern Vorbehalte dagegen äußerte[43]. Die Kommission traf dann auch noch am gleichen Tage zu einer Besprechung mit dem Landesvorsitzenden der SPD, von Knoeringen, zusammen. Knoeringen hatte hier wohl schon die Bereitschaft der SPD zu erheblichen Zugeständnissen an die kleinen Parteien bei der Verteilung der Kabinettssitze durchblicken lassen, nämlich daß die SPD in einem solchen Kabinett „in der Minderheit bleiben"[44] wolle. Am Montag, den 6. 12. konstituierten sich die Fraktionen von CSU, SPD und BHE; die FDP-Fraktion hatte sich bereits am Vortage gebildet[45]. In der CSU waren alle diese Gespräche und Sondierungen über die Bildung einer Viererkoalition wohl nicht ernst genommen worden[46], so beschloß die Fraktion am 6. 12. bei nur einer

Gegenstimme, „aufgrund des eindeutigen Wahlergebnisses eine kleine Koalition mit der Bayernpartei anzustreben"[47].

Die SPD-Fraktion billigte die vom Landesausschuß am Vortage gefaßte Entschließung, bei Koalitionsverhandlungen auf ihren kulturpolitischen Forderungen zu bestehen; gleichgültig, ob sie aufgrund dessen an einer Regierung beteiligt sein werde oder in die Opposition gehen müsse. Die SPD wolle sich jedoch in Verhandlungen auch weiter „nach allen Seiten hin" offenhalten[48], erklärte Knoeringen; allerdings wohl deshalb, weil BHE und Bayernpartei noch nicht zu dem Angebot der SPD Stellung genommen hatten und weil vor allem Hoegner wieder Neigung zur Bildung einer großen Koalition gezeigt haben soll[49].

Der BHE traf in dieser ersten Fraktionssitzung noch keine Entscheidung darüber, ob er eine Koalition mit der CSU oder der SPD vorziehe. Zwar war die Fraktion über Pressemeldungen verärgert, wonach Oberländer nach München kommen werde, um der „radikalen Fraktion den Kopf zu waschen"[50], doch hielt man es für taktisch klüger, die Entscheidung noch aufzuschieben und die Meinung von Landesvorstand und Landesausschuß zu hören, zu deren Sitzung auch Oberländer erwartet wurde. Doch kristallisierte sich bereits in der Diskussion der Standpunkt heraus, daß man als Fraktion souverän entscheiden und nicht auf „Bonner Trampelpfaden" hinterher marschieren"[51] wolle. Für den bayerischen BHE gehe es vor allem darum, sich in der Exekutive zu profilieren, um die 10%-Klausel des Landeswahlgesetzes in den nächsten Landtagswahlen zu überspringen oder die Klausel mit Hilfe einer Koalition abzuschaffen.

Die Bayernpartei hatte sich im Juli, bei ihrer Landesversammlung in Straubing, auf die Devise „keine Regierung ohne Bayernpartei" einigen können, womit der Parteiführung taktischer Spielraum belassen war. Aufgrund der Erfahrungen bei der Regierungsbildung 1950 legte es Baumgartner jetzt vor allem darauf an, diesmal nicht von Parteifreunden ausgespielt zu werden. Koalitionsverhandlungen führte Baumgartner fast ausschließlich selbst. Zu seinen taktischen Mitteln gehörte eine restriktive Informationspolitik, der entsprechend eine Sitzung der Landesleitung erst am 6. 12. stattfand, als sich sämtliche anderen Fraktionen bereits konstituiert und die künftige Regierungsbildung diskutiert hatten. Die Landtagsfraktion konstituierte sich sogar erst einen Tag später am 7. 12.; denn Baumgartner war sich darüber im klaren, daß Einzelgespräche und Einzelaktionen mit anderen Parteien nur verhindert werden konnten, wenn die Mitglieder der Bayernpartei-Fraktion möglichst wenig informiert würden[52]. Am 6. 12. berichtete Baumgartner der Landesleitung über seine Sondierungsgespräche[53]. Noch in der gleichen Nacht fand eine weitere geheime Besprechung zwischen Baumgartner und Lacherbauer als Vertreter der Bayernpartei und Knoeringen/Hoegner als Unterhändler der SPD statt[54]. Das Ergebnis wurde bereits „als ein Entwurf einer Koalitionsvereinbarung zwischen SPD und Bayernpartei"[55] schriftlich fixiert.

Dieses Gespräch bildete einen zentralen Punkt in den Auseinandersetzungen zwischen CSU und Bayernpartei. Während die CSU behauptete, Baumgartner habe in dieser Nacht ein „Stillhalteabkommen schriftlich unterzeichnet und sich gebunden, mit der SPD und nicht mehr mit der CSU zu verhandeln"[56], und folglich Ehard im Gespräch am 7. 12. nicht die Wahrheit gesagt, als er sich zu weiteren Verhandlungen mit der CSU bereit erklärte, hielt die Bayernpartei dagegen: „SPD und Bayernpartei verpflichteten sich schriftlich, sich gegenseitig über alle Angebote der

CSU zu informieren."[57] Die Beschuldigungen der CSU, die Bayernpartei habe sich in der Nacht vom 6. zum 7. 12. zur Koalition mit der SPD verpflichtet, seien demnach falsch.
In der Fraktionssitzung der Bayernpartei am 7. 12. 1954 waren die Befürworter einer Koalition mit der CSU deutlich in der Minderheit: Sie begründeten ihre Position mit dem Auftrag der Bayernpartei-Wähler, „die es nie verstehen würden, wenn wir mit den Roten eine Koalition eingingen"[58]; Voraussetzung sei allerdings, daß die CSU der Bayernpartei in der Frage der Ministerien – sie forderten das Innen- und das Landwirtschaftsministerium – entgegenkommen würde. Die Befürworter einer Koalition mit der SPD argumentierten vor allem negativ: sie lehnten ein Zusammengehen mit der CSU ab wegen der Querelen seit den Bundestagswahlen 1953; dazu befürchteten sie „eine tödliche Umarmung"[59] durch die CSU, da die Bayernpartei gerade bei diesen Bundestagswahlen, als Besold die politischen Gegensätze zwischen Bayernpartei und CSU bewußt verwischte, ihre größten Verluste erlitt. Auch sahen sie eine Chance, die Bayernpartei als christliche Partei zu profilieren, „zu der jetzt auch einmal der Klerus zu kommen hat"[60].
In der Mittagspause suchte Baumgartner noch einmal Ehard und Hundhammer auf und informierte sie über die Widerstände in der Bayernpartei-Fraktion und die Mindestforderungen für eine Koalition mit der CSU. In der Fraktionssitzung am Nachmittag berichtete er dann, daß sich Hundhammer und Ehard zwar in der Fraktion dafür „stark machen werden, um uns eventuell drei Staatssekretäre zusprechen zu können"[61], doch sei aus der ganzen „Art ersichtlich, daß wir auf keinen Fall zwei Minister bekommen"[62]; auf das Amt des stellvertretenden Ministerpräsidenten erhebe dazu Hundhammer selbst Anspruch. Immerhin hatte Baumgartner für den 8. 12. einen neuen Verhandlungstermin vereinbart.
Die Fraktion der Bayernpartei war nun in der schwierigen Lage, Verhandlungen mit der CSU für den nächsten Tag zugesagt zu haben, obgleich ein großer Teil der Fraktion befürchtete, daß die Bayernpartei doch wiederum von der Regierungsbildung ausgeschaltet würde, und selbst die Befürworter einer Regierungsbildung mit der CSU in deren bisherigem Angebot „eine Beleidigung"[63] sahen. Daraufhin sandte man erneut eine Kommission in die Staatskanzlei, die ein definitives Koalitionsangebot der CSU einholen sollte. Um die gleiche Zeit verhandelte Baumgartner nochmals mit Knoeringen. Die Kommission der Bayernpartei tauchte überraschend in der Staatskanzlei auf (laut CSU mit der Frage: was bekommen wir?) und präzisierte ihre Forderung nach dem Landwirtschaftsministerium, verbunden mit dem stellvertretenden Ministerpräsidenten, dem Innenministerium und zwei Staatssekretären, erhielt jedoch keine bindenden Zusagen[64]. Baumgartner dagegen konnte nochmals das großzügige Angebot der SPD auf den Tisch legen, wies aber darauf hin, daß die SPD „heute noch"[65] Bescheid haben wollte, ob die Bayernpartei grundsätzlich bereit sei, in Koalitionsverhandlungen einzutreten. Daraufhin fiel mit 19 gegen 5 Stimmen bei zwei Enthaltungen die Entscheidung zugunsten einer Koalition mit der SPD[66]. Die Fraktion beauftragte eine vierköpfige Verhandlungskommission, „abschließende Maßnahmen mit den anderen Parteien zum Zwecke einer Koalitionsbildung zu führen, und am Schluß die Ratifikation vorzunehmen"[67]. Lediglich ein Abgeordneter trat deshalb zur CSU-Fraktion über; wohl ein Erfolg von Baumgartners Appell, „jetzt stark zu sein und zur Partei zu stehen, [...] auch bei der CSU habe vor vier Jahren keiner daran gedacht, die

Partei zu verlassen als sie damals ohne Not die Koalition mit der SPD schloß."[68]
In der Fraktionssitzung des BHE am 7. 12. entwickelte sich ebenfalls bereits eine deutliche Tendenz, mit SPD, FDP und Bayernpartei zu koalieren. Die Fraktion war über die Situation in der Koalition mit CSU und SPD unzufrieden und rechnete sich in einer Vierer-Koalition ein stärkeres politisches Gewicht aus[69]. Auch waren Ressentiments gegen „den politischen Katholizismus"[70] nicht zu übersehen. Noch am Abend erschien Baumgartner in der Fraktion des BHE und informierte sie über den Beschluß der Bayernpartei. Nach Diskussion dieser neuen Lage sandte die Fraktion zwei Vertreter zu Besprechungen mit SPD, FDP und Bayernpartei. Diese erklärten, der BHE habe zwar noch keinen Beschluß gefaßt, sei jedoch „grundsätzlich zum Abschluß einer solchen Koalition bereit"[71]. In den nun folgenden Vorgesprächen übten Hoegner wie Baumgartner noch dadurch Druck auf den BHE aus, daß sie mit, dem BHE höchst unangenehmen, Neuwahlen drohten, falls die Viererkoalition nicht zustande käme[72]. Die CSU – von dieser Entwicklung überrascht – versuchte nun am 8. 12. einen Gegenzug: durch Entgegenkommen in personellen und kulturpolitischen Fragen wollte sie BHE und FDP aus dem Viererblock herausbrechen und doch noch für eine Koalition gewinnen. Vor allem hoffte Ehard wohl auch, daß Oberländer in der für den 9. 12. vorgesehenen gemeinsamen Sitzung von Landesausschuß und Fraktion, in der eigentlich der Beschluß über die Koalitionsfrage gefaßt werden sollte, seinen Einfluß im Sinne eines Zusammengehens mit der CSU ausüben würde. Doch die BHE-Fraktion wartete diese Sitzung erst gar nicht ab[73]. Kurz nach Beendigung der Vorgespräche entschied sie noch am 8. 12., in Verhandlungen über eine Koalitionsbildung einzutreten[74]. Kurz vorher war auch noch Bezold bei der BHE-Fraktion erschienen, um klarzustellen, daß die FDP lediglich auf Wunsch der CSU nochmals die Einladung zu Gesprächen angenommen, aber Ehard deutlich erklärt habe, daß es sich „nur noch um formale Gespräche handeln könnte"[75]. Die Voraussetzungen zu Koalitionsverhandlungen zwischen SPD, FDP, BHE und Bayernpartei waren damit gegeben; noch am 8. 12. wurden sie aufgenommen. Versuche von CSU und Industrie[76], den Viererblock noch auseinanderzubringen, blieben erfolglos. Die Anwendung der bislang bewährten Methode, den Parteien einzeln Angebote zu machen und sie dann gegeneinander auszuspielen, erbrachte diesmal nur den ‚Erfolg', daß die vier Parteien ein förmliches Abkommen schlossen, Verhandlungen mit anderen Parteien den Vertragspartnern bekanntzugeben[77]. Und weder Ehards persönlicher Besuch bei der BHE-Fraktion, wo er sich nur die endgültige Absage holen konnte[78], noch öffentliche Diffamierungen als „liberal-marxistische Koalition", die „eine ungeheure Mißachtung des Wählerwillens"[79] darstelle, oder als ein an „widernatürliche Unzucht grenzenden Vorgang"[80] (Ludwig Erhard), konnten die Koalitionsverhandlungen stören. Bereits am 10. 12. wurden sie erfolgreich abgeschlossen und die Ergebnisse in einer Koalitionsvereinbarung schriftlich niedergelegt, am 14. 12. wurde Wilhelm Hoegner vom bayerischen Landtag mit 112 von 197 Stimmen zum Ministerpräsidenten gewählt[81] und seine Kabinettsliste gebilligt.

Bayernpartei und Ziele der Viererkoalition
Der auf Unterwerfung der kleinen Parteien – insbesondere der Bayernpartei – zielende Führungsanspruch der CSU und ihre Intoleranz in kulturpolitischen Fragen machten Bayernpartei, BHE und FDP willig zur Koalition mit der SPD[82].

Dazu hat Knoeringens taktisches Geschick, vor allem seine Zurückhaltung in Personalfragen, den bürgerlichen Parteien die Bildung einer Regierung mit den Sozialdemokraten erleichtert[83]. Neben dem Amt des Ministerpräsidenten (Wilhelm Hoegner) fielen nur das Justiz- und das Finanzministerium sowie die Staatssekretärsposten im Innen- und im Arbeitsministerium an die SPD. Der BHE übernahm das Staatsministerium für Arbeit und soziale Fürsorge sowie die Staatssekretärsämter im Landwirtschafts- und Wirtschaftsministerium; die FDP besetzte – Voraussetzung für ihre Teilnahme an der Viererkoalition – das Ministerium für Wirtschaft und Verkehr und stellte den leitenden Staatssekretär in der Staatskanzlei. Der Landesvorsitzende der Bayernpartei wurde Staatsminister für Ernährung, Landwirtschaft und Forsten und Stellvertreter des Ministerpräsidenten; das Staatsministerium des Innern und die Staatssekretärsposten im Finanz- und Justizministerium gingen ebenfalls an die Bayernpartei; auch wurde ihr das Vorschlagsrecht für die Besetzung des Kultusministeriums eingeräumt, das von einer parteilosen Persönlichkeit besetzt werden sollte[84].

Die Grundsätze der Regierungskoalition wurden in einer bindenden Koalitionsvereinbarung niedergelegt[85]. Hinsichtlich der Ziele und Aufgaben einigte man sich auf die grundsätzliche Formel, „eine fortschrittliche, tolerante, soziale und volksverbundene Politik nach den Grundsätzen der christlichen abendländischen Kultur durchzuführen"[86]. Erster Schwerpunkt der politischen Arbeit – ein besonderer Wunsch Knoeringens – sollte die Kulturpolitik sein; hierbei vor allem die Organisierung der Lehrerbildung, die – gemäß dem Vorschlag der Arbeitsgemeinschaft der bayerischen Lehrer- und Erzieherverbände – zukünftig Universitäten oder gleichwertigen wissenschaftlichen Hochschulen übertragen werden sollte; ein Gesetz darüber sollte als eines der ersten im Landtag zur Abstimmung kommen.

Weiter einigte man sich auf „tolerante und loyale Durchführung der Verfassungsbestimmungen über Schule und Erziehung". Das Schulorganisationsgesetz sollte verbessert, die Schulreform beschleunigt in Angriff genommen und vor allem die Zwergschule allmählich abgebaut werden. Die Forderung nach „Angleichung der Typen der höheren Lehranstalten im ganzen Bundesgebiet" entsprach wohl einem besonderen Wunsch der FDP, dem sich die Bayernpartei – trotz ihres kulturpolitischen Föderalismus – nicht widersetzte. Neben der Einführung staatsbürgerlicher und demokratischer Erziehung an allen Unterrichtsanstalten wurde dafür auch „die Pflege des Heimatgedanken und des Kulturgutes der abgetrennten Ostgebiete" ausdrücklich postuliert. Weiter sollten ein Landesschulbeirat (eine Forderung der SPD) eingerichtet, die Erwachsenenbildung verbessert und das Rundfunkgesetz neu gefaßt werden.

Befürchtungen der kleinen Parteien, daß aufgrund der Richtlinienkompetenz des Ministerpräsidenten und des ihm allein zustehenden Vertretungsrechts nach außen[87] Bayern im Bundesrat ausschließlich SPD-Bundespolitik betreiben könnte, wurden durch die Vereinbarung beseitigt, daß die Haltung der bayerischen Staatsregierung im Bundesrat durch „Mehrheitsbeschluß des Kabinetts bestimmt wird"[88]. Die bundespolitischen Grundlinien beschränkten sich auf das Festhalten am bundesstaatlichen Charakter der Bundesrepublik und den Vorsatz, dafür Sorge zu tragen, daß Bayern weder eine Benachteiligung durch den Bund noch eine Verschiebung der Zuständigkeiten zwischen Bund und Ländern zu Ungunsten der Länder akzeptieren werde.

Zur Wirtschaftspolitik wurden acht Punkte festgelegt. Dabei wurde an erster Stelle „die Aufrechterhaltung des Privateigentums und der Privatwirtschaft" betont; „keine unnötige Einmischung der öffentlichen Hand in die private Wirtschaft" werde stattfinden. Es folgten: Fortsetzung der Industrialisierung Bayerns unter besonderer Berücksichtigung der notleidenden Gebiete und die beschleunigte Durchführung eines Grenzhilfeprogramms; stärkere Förderung des Handwerks und des gewerblichen Mittelstandes; Belebung des Fremdenverkehrs; Vereinfachung der Kreditvergabe; Ausbau der Verkehrswege, bessere Erschließung der Bodenschätze und schließlich „die Aufstellung von klaren Richtlinien zur Raumordnung und engste Zusammenarbeit des Wirtschafts-, Finanz- und Arbeitsministeriums zur Durchführung der Landesentwicklung". Besonders hervorgehoben wurde „die Förderung der Landwirtschaft als wichtigste Grundlage der Volkswirtschaft". Dabei wurden die Bekämpfung der Landflucht durch Hilfsmaßnahmen für den bäuerlichen Nachwuchs, die Förderung genossenschaftlicher Selbsthilfe zur Technisierung, sowie Flurbereinigung und der Ausbau der Fachschulausbildung als vordringlich angesehen.

Im Bereich der Sozialpolitik sollten alle wesentlichen Aufgaben organisatorisch in einem Ministerium zusammengefaßt werden. Sachliche Schwerpunkt waren die Verbesserung der Lebenshaltung der sozial schwachen Schichten, die Fortführung des sozialen Wohnungsbaus, eine innerbayerische Umsiedlung, die Auflösung der Flüchtlingslager, der innerdeutsche Flüchtlingsausgleich und die gerechte Berücksichtigung aller Kriegsgeschädigten[89].

Im Bereich der Finanzpolitik lag die Betonung auf der Beseitigung des Defizits im Staatshaushalt, auf sparsamer Ausgabenwirtschaft und dem Abbau überflüssiger Staatsausgaben; dem sollte auch eine Verwaltungsvereinfachung durch Verlagerung von Zuständigkeiten auf mittlere und untere Behörden dienen. Darüber hinaus wollte man die Unabhängigkeit des Rechnungshofes stärken und seine Einwendungen und Vorschläge gewissenhafter prüfen.

Zur Koordination der vier Koalitionsfraktionen und ihrer politischen Forderungen im Landtag wurde ein sogenannter „ständiger Koalitionsausschuß mit Sekretariat zur Behandlung aller innenpolitischen Fragen"[90] eingerichtet – ein Novum in der bayerischen Politik. Der Ausschuß gab sich eine eigene Geschäftsordnung. Er setzte sich zusammen aus den vier Vorsitzenden der Fraktionen oder deren Stellvertretern, je einem Kabinettsmitglied der vier Parteien und dessen Stellvertretern sowie weiteren Mitgliedern der Fraktionen, insbesondere wenn es um „Spezialprobleme geht"[91]. Der Vorsitz sollte turnusmäßig zwischen den Fraktionen wechseln; zunächst übernahm ihn Waldemar v. Knoeringen, die Bayernpartei stellte in Georg Lacherbauer den Stellvertreter. Der Koalitionsausschuß tagte wöchentlich und betätigte sich vor allem als Schlichter bei Differenzen zwischen einzelnen Fraktionen, bei Nichteinhaltung der Koalitionsvereinbarungen oder in solchen Fällen, wo Gruppen innerhalb der Fraktionen von der Gesamtpolitik der Regierungskoalition abwichen.

Als der Bayernpartei-Fraktion die Koalitionsvereinbarung zur Abstimmung vorgelegt wurde[92], zeigte sie sich sowohl mit ihrem Anteil an den Kabinettssitzen als auch mit den sachlichen Vereinbarungen über die künftige Politik offenbar vollauf zufrieden. Gerade die beträchtliche Anzahl von Kabinettssitzen war für sie ein ausschlaggebender Faktor wegen des starken Prestigewerts. Der Öffentlichkeit, den Wählern und Mitgliedern gegenüber mußte aber das Gewicht auf der Verwirklichung der programmatischen Forderungen in den Koalitionsvereinbarungen liegen[93]. Allerdings zeigt ein Vergleich des Straubinger Programms mit den Koalitionsvereinbarungen auch die Konzessionen, die die Bayernpartei machen mußte. In vielen Fragen sind die Vereinbarungen so allgemein gehalten, daß sie in groben Zügen mit dem Straubinger Programm übereinstimmten. Doch mußten gerade die Spezifika der Bayernpartei: Interessenvertretung der Einheimischen und betont föderalistischen Politik „entschärft werden". Die „verstärkte und maximale Einflußnahme Bayerns auf die Politik des Bundes über den Bundesrat"[94] im Bayernpartei-Programm schrumpfte in den Koalitionsvereinbarungen auf die Formulierung: „Verhinderung jeder Benachteiligung Bayerns durch den Bund"[95]. Gerade im Hinblick auf die Interessenvertretung der Einheimischen werden Konzessionen an den BHE deutlich. Forderte die Bayernpartei umfassende Hilfsmaßnahmen zur „Seßhaftmachung bayerischer Jungbauern"[96], so vereinbarte die Koalition „staatliche Hilfsmaßnahmen für Seßhaftmachung des bäuerlichen Nachwuchses und der vertriebenen Landwirte"[97]; in der schon genannten „Aufklärungs"-Broschüre der Bayernpartei ist allerdings kurzerhand die Einbeziehung der vertriebenen Landwirte aus dem Text entfernt[98]. Die Formulierung „Aufrechterhaltung des Privateigentums und der Privatwirtschaft" war wiederum eine Konzession an FDP und nicht zuletzt Bayernpartei, deren Straubinger Programm die Forderung nach „Verwirklichung des Grundsatzes des Privateigentums und der Privatwirtschaft"[99] enthielt. Etwas von dem (anfänglichen) Mißtrauen zwischen den Koalitionspartnern läßt ein Zusatzprotokoll zur Koalitionsvereinbarung erkennen, in dem die Bayernpartei erklären mußte, „daß sie nicht daran denkt, einen wilden Bajuwarismus zu betreiben"[100].

2. Die Bayernpartei im Kabinett Hoegner

Insgesamt gelang es der Viererkoalition[101] nicht, ihr anfangs gestecktes Ziel einer veränderten politischen Weichenstellung in Bayern zu realisieren, wenngleich in den verschiedenen Ministerien zahlreiche Gesetze entworfen und Verwaltungsakte getätigt wurden[102]. Das kulturpolitische Hauptziel der Viererkoalition, die Reform der Lehrerbildung, wurde zwar sofort in Angriff genommen und ein Gesetzentwurf am 28. 1. 1955 dem Landtag zugeleitet, aber die katholische Kirche war nicht bereit, diesen Gesetzentwurf zu akzeptieren. Sie forderte die Einhaltung des Konkordats, was allerdings auch von den Regierungsparteien bei Regierungsantritt zugesagt worden war. Die Kirche wollte – im Gegensatz zur bayerischen Staatsregierung – unter Ausbildungseinrichtungen für katholische Volksschullehrer eigene Anstalten für katholische Studenten verstanden wissen, so daß der Konflikt zwischen der Staatsregierung und dem Heiligen Stuhl zum Streit um juristische Auslegungen wurde. Das Lehrerbildungsgesetz wurde dennoch im Juli 1955 von der Mehrheit des Landtages gegen die Stimmen der CSU und trotz Protesterklärungen der bayerischen Bischöfe (2. 5. 1955) verabschiedet. Da der Heilige Stuhl das Gesetz als „keineswegs den Vereinbarungen [...] des Konkordats über Lehrerbildung [...]" entsprechend ansah, es ihm „keine Grundlage für eventuelle Verhandlungen" bot[103], wurde die weitere Behandlung ausgesetzt, da Hoegner es seiner-

seits ablehnte, ein Gesetz gegen die Wünsche der katholischen Kirche zu verabschieden[104]. Auch die beabsichtigte Reform des Schulwesens wurde nur in Detailfragen verwirklicht; aus dem Komplex Schule hatte man Ende 1956 – sieht man vom Landesbeirat für die Schulen ab – keine der 1954 vereinbarten Aufgaben voll erfüllt. Im Bereich der politischen Bildung wurde, auch als Modell für die Bundesrepublik, das Gesetz über die „Akademie für politische Bildung" – ein Lieblingsprojekt von Knoeringens – verabschiedet[105].
Ein Mißerfolg war der Viererkoalition auch in der Pfalzfrage beschieden. Die Rückführung der Pfalz, die nach dem Zusammenbruch 1945 durch ein Dekret des französischen Militärgouverneurs, General Koenig, vom 30. 8. 1946 von Bayern abgetrennt und in das neu gebildete Land Rheinland-Pfalz eingegliedert worden war, stellte ein hervorragendes politisches Ziel des Altbayern Hoegner und ebenso der Bayernpartei dar. Auch die früheren CSU-Regierungen hatten die Beziehungen zur „Bayerischen Pfalz" gepflegt; der bayerische Landtag hatte einen eigenen Pfalz-Ausschuß konstituiert. 1950 richtete die Staatsregierung ein eigenes Pfalzreferat in der Staatskanzlei ein[106]. Ein Volksbegehren in der Pfalz für den Anschluß an Bayern vom 24. 4. 1956 scheiterte allerdings; es erreichte nicht einmal die erforderlichen 10%[107].
Baumgartner engagierte sich für seine Aufgaben im Staatsministerium für Ernährung, Landwirtschaft und Forsten voll; er bemühte sich erfolgreich um die Verabschiedung einer Reihe von Gesetzen und Maßnahmen zur Förderung der bayerischen Landwirtschaft und verstand es, bei den Haushaltsverhandlungen erhebliche Mittel für sein Ministerium und die Landwirtschaft durchzusetzen[108]. Sofern Baumgartner als Gegenleistung für seine Unterstützung[109] des CSU-Kandidaten von Feury[110] als Präsidenten des BBV einen kooperativen Partner erwartet haben sollte, wurden seine Erwartungen nicht erfüllt. Sein Verhältnis zum BBV blieb ambivalent. Der Versuch, die Kompetenzen des BBV durch die Gründung von Landesbauernkammern[111] einzugrenzen, wie auch eine Realisierung früherer Vorstellungen zur Dreigliederung der bayerischen Landwirtschaft[112], erwiesen sich als nicht durchführbar[113]. Doch verstand es Baumgartner, als „Politiker mit Machtinstinkt"[114], in der Viererkoalition sich selbst und die Bayernpartei zu profilieren.
Im Gegensatz dazu lieferte der Innenminister, August Geislhöringer[115], durch unbedachte Äußerungen reichlich Angriffsfläche, und die CSU forderte sogar seinen Rücktritt[116]. Als Geislhöringer etwa zwei Wochen nach dem Urteil des Bundesverfassungsgerichts ausgerechnet dem „Neuen Deutschland" in einem Interview erklärte, „er hätte, wenn es nach ihm gegangen wäre, die KPD nicht verboten [...] die Sicherheit des Bonner Staates [sei] durch die KPD nicht gefährdet gewesen [...] der größte Zentralist [sei] Adenauer [...]"[117], gab es nicht nur in Bayern Ärger.
In sein Ressort fiel auch die Vergabe von Spielbank-Konzessionen, Anlaß zur Einsetzung eines Untersuchungsausschusses im Landtag, bekannt als „Spielbankenausschuß" und Voraussetzung für den umstrittenen Spielbankenprozeß. Wenngleich die Bayernpartei den Koalitionsausschuß überzeugen konnte, daß für die Vergabe von Konzessionen keine Bestechungsgelder genommen wurden[118], bedeutete der Spielbankenausschuß doch eine Belastung für die Koalition, nicht zuletzt infolge seiner langen Dauer von Oktober 1955 bis nach den Kommunalwahlen 1956.

Darüber hinaus schadete er im Kommunalwahlkampf mit Sicherheit der Bayernpartei, Wählerverluste der kleinen Koalitionspartner gefährdeten wiederum die Stabilität der Koalition.

Eine Kuriosität in der Viererkoalition bedeutete das Zusammenspannen von BHE und Bayernpartei; zwischen beiden kam es, da gelegentliche Ausfälle der Bayernpartei gegen Preußen, Flüchtlinge und BHE unvermeidbar waren, immer wieder zu Spannungen, die allerdings meist im Koalitionsausschuß beigelegt werden konnten. Jedoch fühlte sich der BHE kontinuierlich vom bajuwarischen Ministerpräsidenten Hoegner gegenüber der Bayernpartei benachteiligt[119]. Viele typische Gesetzesinitiativen der Bayernpartei-Fraktion stießen auf wenig Gegenliebe bei den Koalitionspartnern[120]. So wurde der Gesetzentwurf für ein bayerisches Staatsangehörigkeitsgesetz – außerhalb Bayerns auch Bayernpaß genannt –, für das die Bayernpartei seit ihrer Gründung konsequent eintrat, vom BHE abgelehnt; im Koalitionsausschuß konnte keine Einigkeit erzielt werden, so daß den Parteien das Abstimmungsverhalten freigestellt werden mußte[121].

Ebenso mißtrauisch wie der BHE ein bayerisches Staatsangehörigkeitsgesetz betrachtete, verhielt sich die Bayernpartei gegenüber einer Landesplanung, wie sie vom BHE in der Koalition konsequent gefordert wurde. Geislhöringer versuchte – vielleicht um seiner Partei eine Zustimmung zu erleichtern – die Zuständigkeit für die Landesplanung seinem Ressort einzuverleiben; Geislhöringers Wunsch scheiterte – jedoch diesmal an der FDP –, und das Gesetz blieb unrealisiert[122].

Insgesamt aber bemühten sich die Parteiführung der Bayernpartei und der Vorstand der Landtagsfraktion um Fraktionsdisziplin und darum, sowohl die Koalitionsvereinbarungen einzuhalten als auch die Initiativen der Regierung zu unterstützen. Doch trotz dauernder Mahnungen sprangen immer wieder einmal einige Bayernpartei-Abgeordnete ab und stimmten in der einen oder anderen Frage mit der CSU[123].

3. Zersetzung der Viererkoalition und die Isolation der Bayernpartei

Zweifellos hatte sich die Bayernpartei durch den Beitritt zur Viererkoalition in eine besonders schwierige Situation gebracht. In weit größerem Maße als BHE oder FDP hatte die Bayernpartei eine politische Kehrtwendung vollzogen. Da sie jedoch aufgrund ihres Mitglieder- und Wählerprofils eine vorwiegend handwerklich-mittelständische, bäuerliche und vor allem katholische Partei war, fiel es besonders schwer, diese Umorientierung ihren Mitgliedern und Wählern verständlich zu machen. Um so leichter war es für die CSU, Unsicherheit unter den Bayernpartei-Anhängern zu verbreiten, zumal sie die volle Unterstützung von Bauernverband, katholischem Klerus und Kirche hatte.

In der katholischen Presse und von der Kanzel wurde die Koalition heftig kritisiert[124]. Auf welches Niveau der Kampf von Teilen des niederen Klerus für die CSU herabsteigen konnte, läßt sich an einem – vermutlich allerdings extremen – Beispiel ablesen, über das sich Baumgartner bei der Kirchenbehörde beschwerte. In den Kommunalwahlen 1956 hatte der katholische Dekan von Ebrach/Ofr. ein Flugblatt verbreitet, in dem es hieß: „Am 18. März geht es nicht nur darum, daß Ihr wackere und christliche Männer als Gemeinde- und Kreisvertreter wählt, son-

dern darum, daß Ihr mit vereinten Kräften den Generalangriff auf die *christliche Front, auf die Adenauerfront* abschlagt. Seit der schmählichen Weißwurstiade nach den Wahlen 1954 bedroht eine politische Wurstvergiftung sondergleichen das deutsche Schicksal [...] Überall dieselben Metzger und Giftköche, Parteien, die sich sonst gar nicht schmecken konnten, haben in einer gemeinsamen politischen Zweckhaut zusammengeschworen, einzig und allein, um die verhaßten Schwarzen zu entrechten [...] Meine weißen Haare irren sich nicht. Meine weißen Haare belügen nicht. Fast zwei Menschenalter hab ich wach und mitkämpfend die politische Entwicklung mitgemacht und die tarnenden Wursthäute durchschaut. [...] Drum auf zum Kampf für Wahrheit, Freiheit und Recht! Gebt Eure Stimmen in Gemeinde und Kreis der CSU! Sie hat sich voll bewährt [...]"[125]
Das erzbischöfliche Ordinariat aber antwortete dem Staatsminister kühl mit der Bitte „um gütigsten Aufschluß darüber, welche Stellen des in Frage kommenden Aufrufes den strafrechtlichen Tatbestand einer Beleidigung, und zwar der Bayerischen Staatsregierung erfüllen"[126]. Der früher zumindest gegenüber Pfarrern, die für die Bayernpartei eingetreten waren, übliche Hinweis, daß die Kirche ihre Geistlichen zu parteipolitischer Zurückhaltung mahne, fehlte; er war aber nicht vergessen. Immerhin war es vor diesem Hintergrund um so peinlicher für das Passauer Ordinariat, als die Bayernpartei für eines ihrer Heimatfeste einen Geistlichen zur Segnung der Parteifahne gewonnen hatte. Diese kirchliche Weihe einer Parteifahne wurde sofort entschieden dementiert und gegen den Versuch protestiert, „daß hier die Religion zu parteipolitischer Propaganda mißbraucht wird und dies ausgerechnet von Kreisen, die gerne anderen Parteien, wenn sie sich um die Durchsetzung christlicher Grundsätze im öffentlichen Leben bemühen, Mißbrauch der Religion vorwerfen"[127].
Die CSU forcierte die Angriffe auf die Bayernpartei wo immer sie konnte, nicht nur weil sie den Sturz in die Opposition, der ihr eine der größten innerparteilichen Krisen[128] beschert hatte, schwer verkraften konnte, sondern auch wegen der Rückwirkung auf die ‚Außenpolitik', denn die Regierung Adenauer hatte durch die Bildung der Viererkoalition im Bundestag an Boden verloren. Der Kanzler bemühte sich deshalb auch um die Bayernpartei[129]. Hatte man zunächst in der CSU der Viererkoalition wenig Chancen gegeben, eine volle Legislaturperiode durchzustehen – wohl nicht zuletzt weil man sich eine größere Übertrittsbewegung von der Bayernpartei zur CSU erhoffte –, so mußte man sich bald mit der Stabilisierung dieses „Karnevalsscherzes"[130] abfinden.
Um so wütendere Angriffe richtete die CSU gegen die „Verräter"-Partei[131], in der man – wohl zu Recht – das schwächste Glied der Koalition sah. Sie suchte nun vor allem den christlich-konservativen Charakter der Bayernpartei, mindestens ihrer führenden Politiker, in Frage zu stellen und diesen darüber hinaus korrupte Praktiken anzuhängen. Da sich die dunklen Kanäle der Parteifinanzierung hierzu am besten eignen, bot vor allem die Konzessionsvergabe bei der umstrittenen Einrichtung von Spielbanken in Bayern eine hervorragende Gelegenheit.

Spielbanken-Untersuchungsausschuß
Bereits 1950 war in der 2. Legislaturperiode des Bayerischen Landtags ein Antrag auf Zulassung von Spielbanken in Bayern gestellt und vor allem wegen moralischer Bedenken großer Teile der CSU- und der SPD-Fraktion abgelehnt worden. Bereits

damals hatte sich die Bayernpartei für die Konzessionierung von Spielbanken eingesetzt. Nach der Bildung der Viererkoalition witterten die an der Einrichtung von Spielbanken interessierten Unternehmer offenbar ihre Chance; ihre Lobby wandte sich besonders an einzelne Bayernpartei-Abgeordnete[132]. Zu den Befürwortern von Spielbanken-Konzessionierungen gehörte Geislhöringer, der sich dann auch als Innenminister dafür engagierte[133].
Innerhalb der Koalition waren die Meinungen nicht nur darüber geteilt, ob überhaupt Spielbanken zugelassen werden sollten, sondern auch darüber, ob dazu gesetzliche Grundlagen geschaffen werden müßten oder der Verordnungsweg ausreiche. Geislhöringer vertrat die Meinung, daß vom rechtlichen Standpunkt aus das Staatsministerium des Innern „jederzeit berechtigt sei, eine Konzession zu erteilen"[134], Ministerpräsident Hoegner, obgleich Gegner von Spielbanken[135], war ebenfalls der Auffassung, daß „der Innenminister [...] gemäß der Verfassung die politische Verantwortung für die Spielbanken gegenüber dem Landtag allein tragen"[136] müsse, hatte aber gegen eine Debatte und Meinungsbildung im Landtag nichts einzuwenden. Dort waren die Chancen einer positiven Bewertung allerdings gering, denn selbst von der Koalition wollte allein die Bayernpartei-Fraktion geschlossen zustimmen. Nur im Kabinett trat eine Mehrheit für die Einrichtung von Spielbanken ein. Schließlich wurde im Sinne der Rechtsauffassung von Geislhöringer und Hoegner verfahren; das Innenministerium vergab Konzessionen in eigener Verantwortung.
Die CSU nahm einen Artikel in der bayerischen Boulevardpresse, in dem Unkorrektheiten bei der Vergabe von Konzessionen für Spielbanken unter anderem im Innenministerium behauptet wurden, zum Anlaß[137], die Bayernpartei zu attackieren. Am 6. 10. 1955 verdächtigte die CSU Geislhöringer und Baumgartner, finanzielle Zuwendungen im Zusammenhang mit der Konzessionsvergabe erhalten zu haben, und forderte einen Untersuchungsausschuß, der am 27. 10. eingesetzt wurde[138]. Baumgartner konterte in einer Presseerklärung: „Ich halte diesen, wenn auch nur in Frageform gestellten Vorwurf gegen ein amtierendes Regierungs-Mitglied für so ungeheuerlich, daß ich die Fraktion der Bayernpartei ersuchte, sofort die Bildung des Ehrenbeirats im Bayerischen Landtag (nach der neuen Geschäftsordnung) und die Eröffnung eines ehrengerichtlichen Verfahrens gegen den CSU-Abgeordneten Hanauer zu fordern."[139]
Der Landtag wählte Martin Hirsch, SPD, zum Vorsitzenden und Franz Lippert, CSU, zum Stellvertreter. Die Sitzungen des Ausschusses zogen sich bis nach den Kommunalwahlen (18. 3. 1956) hin. Offensichtlich versuchten die CSU-Mitglieder, den Ausschuß wahlpolitisch auszunutzen. Hanauer behauptete etwa wenige Tage vor der Kommunalwahl, die Bayernpartei habe aus den Erträgen der Spielbank Bad Reichenhall 29 000 DM erhalten[140], was der Münchner Importkaufmann Karl Freisehner, der diese 29 000 DM an die Münchener Kreisgeschäftsstelle der Bayernpartei abgeliefert haben sollte, „von A bis Z erlogen"[141] nannte. Die Koalitionsregierung konnte sich nur durch Strafanträge wehren, wie zum Beispiel gegen den Bundestags-Vizepräsidenten Jäger (CSU), der auf einer Landestagung der Jungen Union Geislhöringer als „Staatsminister zur Errichtung von Spielbanken und zur Förderung der Korruption"[142] bezeichnet hatte.
In der Fraktionssitzung am 12. 3. 1956[143] versicherten auf Befragen sämtliche Mitglieder, daß sie in der Spielbankenaffäre weder für sich noch für die Partei

Geld erhalten hätten. Daraufhin forderte der Fraktionsvorsitzende der Bayernpartei den Koalitionsausschuß auf, gegen die CSU schärfer vorzugehen. Der Koalitionsausschuß nahm die Untersuchungen jedoch ziemlich gelassen auf und vertrat mehrheitlich die Meinung, daß „die Koalition nichts zu befürchten"[144] habe. Die Bayernpartei konnte sich auch mit ihrer Forderung, daß beim Landtagspräsidenten ein Verfahren gegen Hanauer eingeleitet werden müsse, nicht durchsetzen[145], obgleich auch in der BHE-Fraktion die Auffassung vorherrschte, daß es „der CSU bei ihren Angriffen nur darum ginge, diese Koalition nicht für Jahre bestehen zu lassen"[146]. Kurze Zeit erwog man in der Bayernpartei noch die Möglichkeit, die eigenen Mitglieder aus dem Ausschuß zurückzuziehen, um ihn „auffliegen zu lassen"[147], ließ den Gedanken – zum Vorteil der Bayernpartei – aber wieder fallen; denn die Ergebnisse, zu denen der Ausschuß kam, waren für die Bayernpartei günstig. Die Beschuldigungen konnten nicht nachgewiesen werden; auch Hanauers Behauptung, die Bayernpartei habe Bestechungsgelder erhalten, blieb unbewiesen[148]. Wohl aber kam in der letzten öffentlichen Sitzung an den Tag, daß der CSU-Abgeordnete Franz Michel, entgegen früheren Aussagen, an den 1951/52 geführten Spielbankenverhandlungen aktiv beteiligt war[149]. Michel hatte von Interessenten auch einen Scheck über 50 000 DM für die CSU erhalten, den er aber – nachdem die Abstimmung im Landtag über die Konzessionierung von Spielbanken negativ ausgefallen war – zerrissen hatte[150]. Damit war dieser Angriff der CSU auf die Viererkoalition abgeschlagen[151].

Unter der Überschrift „Hornberger Spielbank" kommentierte Müller-Meiningen jr. ironisch das Ergebnis des Spielbankenprozesses: „Das hat sich der Abgeordnete Hanauer von der CSU bestimmt nicht träumen lassen, daß er als einzige Ausbeute der mit gewaltigen Schlachtrufen eingeleiteten hochnotpeinlichen Spielbankenuntersuchung am Ende außer einem Beleidigungsprozeß und einer einstweiligen Verfügung nur den Skalp seines eigenen Parteigefährten Franz Michel in der Hand halten würde."[152]

Abwerbungsversuche der CSU
Das Ergebnis der Kommunalwahlen wurde von der Koalition durchaus positiv bewertet; der CSU sei es nicht gelungen, „einen parteipolitischen Erdrutsch in Gang zu bringen"[153]. Allerdings hatte die Bayernpartei immerhin solche Verluste erlitten, daß Hoegner es für nötig erachtete, die Bayernpartei politisch und organisatorisch zu stützen und abzufangen[154]. Nach den Kommunalwahlen setzte die Abwerbungsstrategie der CSU voll ein. Sie richtete sich allerdings nicht nur auf die Bayernpartei; auch mit BHE-Mitgliedern wurden immer wieder Gespräche geführt[155].

Immerhin beschloß die BHE-Fraktion nach den Kommunalwahlen, „die Koalitionstreue des BHE soll nicht zu sehr herausgestellt werden, weder schwarz noch rot"[156]. Dabei mußte man im BHE fürchten, daß die CSU die Bayernpartei doch noch aus der Koalition herausbrechen und mit ihr zusammengehen könnte. Dem BHE war aber wenig am vorzeitigen Ende der Koalition gelegen, noch weniger allerdings an einer Regierungsbildung ohne ihn. So verfolgte man die Entwicklung in der Bayernpartei mit Mißtrauen und glaubte Ende Juni feststellen zu müssen: „Die Bayernpartei macht immer stärkere Annäherungen an die CSU, und wir würden durch unsere eigene Starrheit ausgespielt werden."[157]

Dem waren Mitte April Auseinandersetzungen in der unterfränkischen Bayernpartei vorausgegangen; der Bezirksvorsitzende und Bayernpartei-Stadtrat in Würzburg, Anton Riegl, und etliche Parteifreunde traten mit der Begründung, daß „die Bayernpartei in Franken von München so gut wie nicht unterstützt"[158] werde, aus und formierten zunächst einen Fränkischen Block. Inwieweit hinter diesen Austritten Absprachen mit der CSU steckten, läßt sich nicht mehr feststellen. Um die gleiche Zeit näherte sich die CSU einigen Abgeordneten der Bayernpartei mit Angeboten für die Bundestagswahlen 1957[159]. Mit sechs Mandaten, also sechs sicheren Wahlkreisen, suchte sie die Bayernpartei zum Austritt aus der Koalition zu veranlassen. Am 25. April hielt die Bayernpartei eigens zu der Frage der anhaltenden Bestrebungen der CSU, „die Koalition zu sprengen"[160], eine Fraktionssitzung ab. Am Ende der Diskussion faßte die Fraktion den Beschluß, „daß an der jetzigen Koalition unter allen Umständen festgehalten werden muß. Wir haben unser Wort gegeben und zu diesem haben wir zu stehen, sonst verlieren wir jeden politischen Kredit. Wenn es der CSU Ernst ist, dann hat sie ja jederzeit im Hinblick auf die kommenden Bundestagswahlen in der Hand, die 5%-Klausel auf Bundesebene zu ändern."[161]

Der SPD-Bundestagsabgeordnete Georg Kahn-Ackermann kommentierte die Vorgänge in der Münchner Abendzeitung: „Heute plötzlich, weil Dr. Adenauer eine Änderung des politischen Klimas in Bayern wünscht und der CSU das lange Sitzen auf den Oppositionsbänken überaus sauer ankommt, bietet man den gestern noch als Halunken verschmähten Männern warme Plätzchen in der Gesindekammer der CSU an. 6 Bundestagsmandate, Einstellung des politischen Kampfes, Anerkennung der politischen Existenzberechtigung der Bayernpartei, Aufhebung des Kirchenbanns, Ministersessel und andere Gaben wurden einer Reihe von Bayernparteilern für den Sturz der Münchner Koalition im Auftrag der CSU aus bundesministerlichem Mund offeriert. Übrigens hinter dem Rücken des Parteivorsitzenden Baumgartner und des Fraktionsvorsitzenden Lacherbauer."[162]

Zweifellos war die Bayernpartei von allen vier Koalitionsparteien in den Bundestagswahlen 1957 am meisten gefährdet, da sie kaum 5% der Stimmen erreichen konnte, weil sie als Landespartei nur in Bayern kandidierte. Für SPD und Koalition bedeutete dies eine Gefahr, da die Verlockung, Geschäfte über Direktmandate zu Lasten der Koalition zu machen, doch recht groß war. Hoegner hatte – als Präsident des Bundesrates – bereits versucht, die 5%-Klausel im Bundeswahlgesetz zu Fall zu bringen[163], und die Bayernpartei plante ihrerseits, Klage beim Bundesverfassungsgericht zu erheben[164]. Baumgartner und die Bayernpartei-Führung suchten im Blick auf ihre Wähler in der Folgezeit einen politischen Kurs zwischen SPD und CSU zu steuern, der auf „eine starke politische Mitte"[165] zielte, sich aber von der Bundespolitik der CDU/CSU schärfer distanzierte als von der Politik der SPD. In zahlreichen Kreisverbandsversammlungen, insbesondere in Schwaben und Niederbayern, äußerte sich Baumgartner in diesem Sinne[166].

Zur Rettung der Koalition beschloß nun der Landesausschuß der SPD – auf Drängen Knoeringens und sicher auch Hoegners –, Wahlhilfe für die Bayernpartei zu erwägen, und beauftragte von Knoeringen mit den Besprechungen. Man erklärte sich bereit, der Bayernpartei drei Direktmandate der SPD zu überlassen[167]. Auch die Bayernpartei setzte einen Verhandlungsausschuß ein mit dem Auftrag, „ausschließlich mit den Koalitionsparteien zu verhandeln und nicht mit der CSU"[168].

Als ruchbar wurde, daß die Bayernpartei Wahlbündnisse mit der SPD einzugehen beabsichtigte, trat überraschend die gesamte Bayernpartei-Fraktion im Passauer Stadtrat zur CSU über, mit der sie allerdings schon seit den Kommunalwahlen eine Arbeitsgemeinschaft bildete[169]. Der Bayernkurier sah darin eine „Revolte in der Wählerschaft der Bayernpartei, weil die Anhänger der Bayernpartei die Adenauerhetze"[170] ablehnten.

Für den 28. 7. 1956 war eine Landesausschußsitzung der Bayernpartei nach Neuburg/D. einberufen worden, die über die künftige Strategie der Partei und ihre Politik in den Bundestagswahlen entscheiden sollte. In den Tagen vorher umwarben die anderen Parteien die Bayernpartei mit einer Mischung aus Lockung und Drohung. Die CSU-nahe Presse berichtete groß aufgemacht von Übertritten weiterer Bayernpartei-Mandatsträger zur CSU oder drohte, indem sie angebliche Meinungen der Bayernpartei-Basis z. B. folgendermaßen artikulierte: „In Niederbayern verschärfte Krise der Bayernpartei – bäuerliche Kreise befürchten Abhängigkeitsverhältnis der Bayernpartei von der SPD"[171]. Wütend schrieb Baumgartner an den Rand dieses Artikels: „CSU = Dreck; üble Abwerbungsmethoden"[172]. Aber auch die Ankündigung der CSU, im Falle von Wahlvereinbarungen der Bayernpartei mit der SPD werde sie der Bayernpartei den „bisher schärfsten Wahlkampf"[173] liefern, hinderte Baumgartner nicht, ein Wahlbündnis mit der CSU noch vor der Landesausschußsitzung der Bayernpartei öffentlich abzulehnen: „Ich kann mich doch nicht mit jemandem verbünden, der mich mit dem Rosenkranz aufhängen und mit dem Geldsack erschlagen will."[174]

Auf der Landesausschußsitzung lavierte die Parteiführung wieder zwischen links und rechts. Indem sie ihren Charakter als christlich-konservative Landes- und Heimatpartei besonders herausstrich, suchte sie das beabsichtigte Wahlbündnis mit den Koalitionsparteien zum rein technischen herunterzuspielen. Der Betonung der Selbständigkeit in der politischen Mitte, der Kampfbereitschaft für den christlich-bayerischen Föderalismus, der Loyalität gegenüber Kirchen- und Kirchenverträgen[175] folgte dann doch ein Bekenntnis zur Viererkoalition. Baumgartner behauptete, „die Bayernpartei kämpft wie ein Löwe für die Belange der Viererkoalition", während die CSU „wie ein wildgewordener Esel" nicht in der Lage sei, Opposition zu treiben, und „um sich schlage". Während die Viererkoalition bewiesen habe, daß auch ohne CSU regiert werden kann, habe die CSU „als Opposition versagt"[176]. Es gelang Baumgartner, die Delegierten mit diesen Formulierungen zu Beifallsstürmen hinzureißen.

Wahlbündnisse zu den Bundestagswahlen 1957
Je näher das Jahr der Bundestagswahl und damit die Drohung der 5%-Klausel heranrückte, desto schwieriger wurde die innerparteiliche Situation der Bayernpartei, desto mehr betrieb sie „Wettermandl-Politik"[177]. Das Werben um die Partei verstärkte sich ebenso wie die Bemühungen der CSU, einzelne Bayernparteiler zum Übertritt zu bewegen, Austritte aus der Bayernpartei wurden von Kirche und CSU nahestehenden Zeitungen hochgespielt[178]. Gerüchte gingen um, daß die CSU für den Fall des Parteiwechsels Geld anbiete. Ein Abgeordneter berichtete in der Fraktion, ihm seien von einem Agenten der CSU „15 000 DM und eine monatliche Zuwendung von 300 DM angeboten worden"[179]. Zugleich versuchte die CSU, die Parteiführung der Bayernpartei auseinanderzudividieren; einerseits die

bösen Liberalen und auf der anderen Seite der gutwillige Baumgartner, der sich in der Parteiführung nicht habe durchsetzen können, der vielmehr auf den „liberalen Kurs Dr. Lacherbauers und Lallingers abgedrängt worden"[180] sei.
Obwohl sich der Landesausschuß der Bayernpartei gegen ein Wahlbündnis mit der CSU ausgesprochen hatte, wurden informelle Kontakte weiter gepflegt. So konnte Baumgartner nur bestrebt sein, die auseinanderstrebenden Kräfte innerhalb der Bayernpartei zusammenzuhalten und sich selbst einen möglichst großen Spielraum für Verhandlungen mit anderen Parteien zu erhalten[181]. Aus dem Konflikt, entweder durch die Bindung an die SPD Mitglieder und Wähler zu verlieren oder durch ein Wahlabkommen mit der CSU „ausgeschmiert" und langfristig aufgesogen zu werden[182], suchte die Parteiführung zunächst einen Ausweg durch Klage beim Bundesverfassungsgericht gegen die 5%-Klausel. Mit dem Hinweis darauf gelang es der Parteiführung auch auf der Landesversammlung der Bayernpartei am 6./7. Oktober 1956 in Kempten die Diskussion von Wahlabkommen zu verhindern. Sie konnte auf Festlegungen zunächst verzichten und erklären, daß die Bayernpartei – falls das Karlsruher Urteil für sie negativ ausfalle – in einen „Notstand"[183] gerate; welche Politik dann notwendig werde, sei völlig offen; selbst ein Wahlabkommen mit der CSU könne dann nicht völlig ausgeschlossen werden.
Die Bayernpartei und die Gesamtdeutsche Volkspartei (GVP) erhoben die Klage gemeinsam. Für die GVP forderte ihr Vorsitzender, Gustav Heinemann, den umstrittenen Paragraphen für nichtig zu erklären, denn er verstoße gegen die „Gleichheit des Wahlrechts und die Freiheit der Parteienbildung"[184]. Im Namen der Bayernpartei plädierte Baumgartner für die Abschaffung, um „die Unterdrückung einer Landespartei zu vermeiden"[185]; nur die Landeslisten solcher Parteien sollten unberücksichtigt bleiben, die in keinem Land 5% der Stimmen erhalten würden. Deutsche Partei und BHE, die ebenfalls für ihren Einzug in den nächsten Bundestag fürchteten, beantragten eine Abschwächung der 5%-Klausel des Bundeswahlgesetzes noch im Dezember 1956 im Bundestag. Nur solche Parteien, die in zwei Bundesländern 5% der gültigen Zweitstimmen oder im ganzen Bundesgebiet drei Direkt-Mandate erhalten würden, sollten auch Mandate über die Landeslisten erhalten. Die Situation der Bayernpartei hätte sich durch diese Veränderung allerdings nicht gebessert. Die SPD-Fraktion brachte daraufhin einen eigenen Antrag ein, da sie argwöhnte, DP und BHE wollten damit lediglich der CSU helfen, die Bayernpartei bei den nächsten Bundestagswahlen auszuschalten[186]. Am 23. Januar 1957 verkündete das Bundesverfassungsgericht sein Urteil, wonach die Sperrklausel im Wahlgesetz nicht gegen das Grundgesetz verstoße, weshalb die Klagen von Bayernpartei und GVP gegen Art. 8 des Bundeswahlgesetzes abzuweisen seien[187]. Auch wenn die Fraktionsvorsitzenden der Koalition erklärten, das Urteil habe auf den Bestand der Koalition keine Auswirkung[188], so wurde deren Brüchigkeit doch bald offenbar.
Für den Föderalisten Hoegner bedeutete der Spruch des Bundesverfassungsgerichts „eine verlorene Schlacht für den Föderalismus"[189], da das Bundesverfassungsgericht in der Urteilsbegründung festgestellt hatte, daß im Wahlgesetz zum Bundestag als unitarischem Verfassungsorgan föderative Gesichtspunkt nicht berücksichtigt zu werden bräuchten. Die Bayernpartei nannte das Urteil eine „politische Entscheidung"[190] und eine Verweigerung rechtlicher Ansprüche der drittstärksten Partei im zweitgrößten Bundesland Bayern[191]. Baumgartner legte dementsprechend größ-

197

ten Wert darauf, daß bei der „Erörterung über die Hilfe für die Bayernpartei [in der Viererkoalition] nicht von Hilfe, sondern davon gesprochen werden soll, daß der Bayernpartei zu ihrem Recht verholfen werden muß"[192].
Die folgenden Wochen und Monate waren von heftigem Tauziehen innerhalb und außerhalb der Bayernpartei gekennzeichnet. Die Landesleitung der Bayernpartei begann sich bald nach dem Karlsruher Urteil auf Bundesebene nach Unterstützung umzusehen. Verhandelte man auf der einen Seite mit der Deutschen Partei über Möglichkeiten, ein Wahlabkommen zu schließen[193], ließ man auf der anderen Seite Bundeskanzler Adenauer über einen Mittelsmann wissen, daß im Falle der Abhilfe bei der 5%-Klausel eine eventuelle Bayernpartei-Vertretung im Bundestag bei der Kanzlerwahl den Kandidaten der CSU wählen werde[194]. Auch Adenauer schien nicht völlig abgeneigt. In einem mehrstündigen Gespräch mit der CSU-Parteiführung am 27. 1. wurde auch diskutiert, ob die Union ihre Haltung zur 5%-Klausel überprüfen könne[195]. Jedoch waren die Beziehungen zwischen CSU und Bayernpartei in München wieder frostig, denn Baumgartner hatte einen Tag zuvor auf einer Pressekonferenz für die Bayernpartei erklärt, „wir wählen uns doch nicht unseren Henker selber"[196]. Dennoch umriß Seidel auf einer Pressekonferenz am 30. 1. die Bedingungen für eine Unterstützung der kleinen Parteien: „Wenn die CSU den kleinen Parteien zum Einzug in den Bundestag verhelfen soll, dann braucht sie die Sicherheit, daß sie nicht am Wahltag einem Kanzler Ollenhauer ihre Stimme geben."[197]
Baumgartner setzte aber inzwischen ganz auf ein Wahlabkommen mit der Deutschen Partei; im Bayerischen Rundfunk begründete er diese Absicht und bekräftigte zugleich – obwohl von der CSU die Koalitionslösung nicht mehr gefordert wurde – die Koalitionstreue der Bayernpartei[198]. Trotz großer Bereitschaft der DP und ihres Vorsitzenden, Heinrich Hellwege, kam das Wahlbündnis nicht zustande; denn Hellwege geriet deswegen einerseits unter den Druck Adenauers und der CDU, die negative Auswirkungen auf die Bonner Koalition androhten, und andererseits unter Druck Viktor-Emmanuel Preuskers, damals Bundesminister im Kabinett Adenauer[199] und Vorsitzender der Freien Volkspartei (FVP), die in Fraktionsgemeinschaft mit der Deutschen Partei an der Bonner Regierung beteiligt war. Da für die Deutsche Partei diese Verbindung wichtiger und ein Wahlbündnis mit der CDU aussichtsreicher war, zog Hellwege zurück[200].
Aber auch in der Bayernpartei hätte die einhellige Zustimmung für ein Wahlbündnis mit der Deutschen Partei gefehlt. Baumgartner und die Landesleitung hatten die Fraktion bewußt uninformiert gehalten, um sie vor vollendete Tatsachen zu stellen und um Individualstrategen einzelner Abgeordneter zu verhindern. Am 24. Januar hatte Baumgartner die Fraktion aufgefordert, „hundertprozentiges Vertrauen in die Landesleitung zu haben. Die Landesleitung wird die Dinge nun weiter beraten, sie wird sich darüber einig werden müssen, welche Gremien der Parteien nun eingeladen werden und es muß jetzt jedes Wort und jeder Satz überlegt werden. Die Landesleitung hat sich in keiner Weise festgelegt."[201]
Dann blieb die Fraktion bis 6. Februar ausgeschaltet, eine Taktik, die der Abgeordnete Schweiger glossierte: „Vor 14 Tagen sind wir hier zum Befehlsempfang angetreten. Seither mußten wir nur aus den Zeitungen entnehmen, was geschehen ist."[202] Jeweils eine Mehrheit der Fraktion sprach sich gegen ein Wahlbündnis mit der SPD und für Absprachen mit der CSU aus[203].

Während aber die fränkischen Abgeordneten für ein Wahlabkommen mit der Deutschen Partei eintraten, da sie in Franken Erfolgschancen sahen, wandten sich die oberbayerischen Abgeordneten insbesondere deswegen strikt dagegen, weil die Bayernpartei auf der Liste der Deutschen Partei kandidieren müßte, daß aber bei den oberbayerischen Wählern kein Verständnis für eine „Namensänderung vorhanden sei"[204]. Jakob Fischbacher erinnerte daran, daß die Bayernpartei „in ausgesprochener Opposition gegen das Großpreußentum und den Zentralismus"[205] gestanden sei; „lieber gehe ich als Bayernparteiler in Ehren unter, als daß ich als Deutsch-Parteiler meine Stimme abgebe"[206]. Die Deutsche Partei sei heute keine Rechtspartei, sondern eine großpreußische Partei geworden. Teile der Fraktion tendierten dazu, sich entweder nicht an der Wahl zu beteiligen oder „allein zu gehen und in Ehren unterzugehen"[207].

Da die CSU für eine Unterstützung im Wahlkampf von der Bayernpartei nicht mehr den Austritt aus der Koalition forderte, führte die Bayernpartei jetzt mit Wissen der Koalition, die regelmäßig informiert wurde, Verhandlungen mit der CSU[208]. Ende März wurden die Gespräche allerdings ergebnislos abgebrochen. Gerüchte, daß inzwischen Seidel mit Hoegner über die Bildung einer großen Koalition verhandelte, wurden von Hoegner zurückgewiesen[209].

Mitte April wurde die SPD über die nordrhein-westfälische Szene noch einmal in Sachen Wahlunterstützung für die Bayernpartei aktiv. In Nordrhein-Westfalen suchte die SPD nach Wegen, ihrem Koalitionspartner Zentrum für die Bundestagswahl ein oder zwei Mandate zu sichern unter der Voraussetzung, daß sich Zentrum und Bayernpartei auf eine Zusammenarbeit einigen könnten[210]. Da die Bayernpartei bereits im 1. Deutschen Bundestag mit dem Zentrum als „Föderalistische Union" eine Fraktionsgemeinschaft gebildet hatte, griff sie diese Möglichkeit auf; die Mehrheit der Fraktion entschied sich für ein Zusammengehen mit dem Zentrum[211]. Am 12. 6. 1957 kam es zum Zusammenschluß beider Parteien, die sich als Föderalistische Union (FU) in allen Bundesländern zur Wahl stellen wollten[212]. In einer Presseerklärung begründeten die Partner ihren Schritt damit, daß die CSU/CDU „den christlichen Wähler in die Zwangsentscheidung für eine bestimmte Partei" bringen wolle, die FU fühle sich daher verpflichtet, den Wähler „aus diesem Versuch der Vergewaltigung zu befreien, indem sie ihm eine echte Wahlentscheidung ermöglicht"[213]. Die FU hatte sich auf folgende programmatische Ziele geeinigt[214]:

- Tatkräftige Durchsetzung christlicher und föderativer Grundsätze im Staats-, Wirtschafts- und Sozialleben.
- Gemeinsame überparteiliche, sich nicht einseitig an bestimmte Mächtegruppen bindende Wiedervereinigungspolitik, da Adenauers Politik der Stärke Schiffbruch erlitten habe.
- Ablehnung der allgemeinen Wehrpflicht, da „modernste Verteidigung durch ein Berufsheer auf freiwilliger Basis" erfolge. Keine Ausrüstung dieses Heeres mit Atomwaffen auf deutschem Gebiet.
- Grundsätzliche Änderung der staatlichen Steuer- und Finanzpolitik, um die Bildung von Ersparnissen und Eigentum für alle Volksschichten, insbesondere mit kleinen und mittleren Einkommen, zu ermöglichen.
- Erfüllung der Versprechen, die die Bundesregierung bäuerlichen und mittelständischen Betrieben gegeben habe.

- Durchführung der Sozialreform; die Härten der Rentenreform sollen sofort beseitigt und eine Elternrente eingeführt werden.

Die Willensbildung über das Zusammengehen mit dem Zentrum hat offenbar nur in der Landesleitung und der Landtagsfraktion stattgefunden; nicht einmal der Landesausschuß wurde in dieser Frage bemüht. Die Entscheidung hatte in der Partei nicht volle Zustimmung gefunden, denn es kamen Anfang Juli Gerüchte auf, daß sechs Abgeordnete aus der Bayernpartei austreten wollten[215]. Dazu trugen aber auch die Gegensätze zwischen Teilen der Fraktion und dem Kreisverband München bei, sowie der Streit in der Fraktion zwischen dem Vorsitzenden Lacherbauer nebst Anhängern und einer Gruppe um den Abgeordneten Schweiger; die Fraktionstätigkeit wurde dadurch weitgehend gelähmt[216]. Erst seit der Wahl Fischbachers zum Fraktionsvorsitzenden am 19. 6. 1957[217] stabilisierte sich die Fraktion wieder.

Der Festigung sollte auch dienen, daß der Fraktionsvorsitzende Fischbacher – aufgrund der Austrittsgerüchte – jeden einzelnen Abgeordneten öffentlich nach Austrittsabsichten befragte: „Ich frage Dich auf Ehr' und Gewissen und von Mann zu Mann, hast Du die Absicht, innerhalb dieser Legislaturperiode von der Fraktion oder Partei auszutreten?"[218] Sämtliche 27 Mitglieder der Fraktion versicherten daraufhin ehrenwörtlich, daß sie nicht austreten wollten, zwei allerdings schränkten die Versicherung auf die Zeit bis zu den Bundestagswahlen ein[219]. Die Bayernpartei ist wohl mit einem gewissen Optimismus in die Bundestagswahl 1957 gegangen, denn SPD und FDP hatten in den Wahlkreisen München-Land, Traunstein, Altötting und Pfarrkirchen auf die Aufstellung eigener Kandidaten verzichtet und ihren Wählern empfohlen, die Erststimme dem Kandidaten der FU zu geben[220]. Das Wahlergebnis jedoch war für die Bayernpartei (FU) niederschmetternd, denn in allen Wahlkreisen wurden die CSU-Bewerber gewählt[221]. Während die Niederlage der Bayernpartei zu heftigen innerparteilichen Auseinandersetzungen führte, die mit dem Austritt der Bayernpartei aus der Viererkoalition endeten, wurde die CSU durch ihren Sieg angespornt, die Demontage der bayerischen Regierung beschleunigt herbeizuführen: „Die CSU wird darum kämpfen, daß die Bundesrepublik nicht mehr lange von Bayern aus gefährdet und gestört werden kann."[222]

Austritt aus der Viererkoalition

Das Zerbrechen der Viererkoalition geht wesentlich zu Lasten von BHE und Bayernpartei. Schon bei der Bildung der Viererkoalition galt es als *die* Sensation, daß zwei programmatisch und strukturell so gegensätzliche Parteien miteinander koalierten. Entsprechend wurden die meisten Unstimmigkeiten im Koalitionsausschuß von Bayernpartei und BHE verursacht. Der BHE argwöhnte insbesondere immer, daß der Erzföderalist Hoegner die Bayernpartei bevorzuge und dem umstrittenen Innenminister, Geislhöringer, immer die Stange halte, während sich die Bayernpartei vor allem durch aufreizende Äußerungen beispielsweise der Art hervortat, daß man endlich einmal wieder zeigen müsse, „wer die Herren im Lande sind"[223].

Die SPD sprach sich nach den Bundestagswahlen klar für die Fortsetzung der Koalition aus und lehnte alle Gespräche mit der CSU über die Bildung einer großen Koalition ab. In der ersten Sitzung des Koalitionsausschusses nach den Bundestagswahlen am 30. 9. 1957 versicherten auch die anderen Parteien ihre Koalitionstreue; allerdings erklärte der BHE, daß endgültige Entscheidungen noch gefällt werden müßten, aber „im Prinzip stehe man zur Koalition"[224]. Aber wenn auch Baumgartner erklärte, daß die Bayernpartei „treu zur Koalition stehen wird. Schwierigkeiten mit einzelnen Personen wird man lösen"[225], so führte die Bayernpartei, wenn auch inoffiziell, doch längst Gespräche mit der CSU über eine Regierungsumbildung. Bereits in der Nacht nach den Bundestagswahlen hatten Mitglieder der CSU Kontakt mit dem Bayernpartei-Abgeordneten Martin Schweiger aufgenommen, der für seine Opposition gegen die Fraktionsführung und sein Eintreten für ein Wahlabkommen mit der CSU bekannt war. Schweiger erklärte in der Fraktionssitzung am 18. 9. 1957, daß die CSU, bzw. seine Verhandlungspartner, ihm „bindende Zusagen gegeben" hätten, daß eine Regierung „nur mit der Bayernpartei gebildet wird"[226]. Die CSU sei willens, die gleichen Ämter zuzugestehen, die die Bayernpartei in der Viererkoalition inne hatte, ja wäre „notfalls sogar bereit"[227], sechs Kabinettsposten an die Bayernpartei zu geben. Außerdem werde die CSU in den Koalitionsvereinbarungen zusagen, daß sie der Bayernpartei für die Landtagswahlen 1958 in Niederbayern und Schwaben sichere Wahlkreise geben werde[228]. Als sich etwa zehn bis zwölf Abgeordnete für eine Koalition mit der CSU aussprachen, wurde Schweiger zugestanden, mit der CSU weiter zu verhandeln, wobei allerdings Baumgartner darauf hinwies, daß diese Verhandlungen inoffiziell und kein Auftrag der Fraktion seien[229]. Einig – wenigstens nach außen – war man sich nur darüber, daß die Fraktion geschlossen bleiben müsse. Fischbacher und der größere Teil der Fraktion setzten sich für eine Fortsetzung der Koalition ein: „Wenn wir", äußerte Fischbacher, „noch eine Position haben, dann ist es die, daß wir bis heute nicht ehrlos und nicht treulos geworden sind, wenn auch einzelne Abgeordnete abgesprungen sind. Ich bin weiterhin der Überzeugung, wenn wir hier nach der anderen Richtung eine Änderung vornehmen wollten, sind wir für die Zukunft erledigt."[230]

Und er folgerte, daß es keine andere Möglichkeit gäbe, als die Koalition, „wie wir sie geschaffen haben", beizubehalten und dabei zu berücksichtigen, daß 80% des Programms der Bayernpartei in die Koalitionsvereinbarung eingegangen seien[231]. Am 27. 9. legten Vertreter von CSU, Bayernpartei und BHE einen Vorvertrag für eine künftige Koalitionsregierung schriftlich nieder[232]. Für die Bayernpartei unterzeichneten der Staatssekretär Eilles und Schweiger, für die CSU die Landtagsabgeordneten Fürst Fugger-Glött und Schedl, für den BHE Wagner und Lindenblatt[233]. Jetzt neigte die Mehrheit der Bayernpartei-Fraktion – trotz der Bedenken einzelner Abgeordneter hinsichtlich der Ehrlichkeit der CSU – dazu, aus der Viererkoalition auszutreten, unter der Bedingung allerdings, daß Baumgartner wieder Landwirtschaftsminister werde[234]. Aber Baumgartner und Fischbacher warnten vor einer unter Zeitdruck stehenden und übereilten Entscheidung. Daraufhin gab die Bayernpartei-Fraktion vor der Presse die Erklärung ab: „Die Landtagsfraktion sah in ihrer heutigen Sitzung keine Veranlassung, aus der jetzigen Regierung auszuscheiden. Sie wird jedoch ihre künftige Politik einer eingehenden Prüfung unterziehen."[235] Am 3. 10. legte der Fraktionsvorstand die Richtlinien für die Bildung einer Koalition und für die weiteren Verhandlungen mit der CSU fest:
– Die Bayernpartei bleibt selbständige, unabhängige Partei,
– die Benennung der Kabinettsmitglieder ist Angelegenheit der Fraktion, die sie zu stellen hat,

- die Bayernpartei erhält das Landwirtschafts- und Innenministerium und zwei Staatssekretärsposten, davon einen in der Staatskanzlei,
- die Besetzung wichtiger Positionen hat im Einvernehmen mit den Koalitionspartnern zu erfolgen,
- Beendigung der Verleumdungen, daß die Bayernpartei nach links tendiere und nicht christlich sei,
- Verpflichtung der Koalitionsparteien, bis zu den Landtagswahlen 1958 keine Mitglieder der Koalitionspartner in ihren Fraktionen aufzunehmen,
- keine Angriffe wegen der bisherigen Koalitionszugehörigkeit.[236]

In den Verhandlungen nahmen die CSU-Vertreter diese Punkte an, doch machten sie gegen die Mitgliedschaft Baumgartners im Kabinett Bedenken geltend. Für die Bayernpartei-Unterhändler war dies aber eine conditio sine qua non. So mußte einige Tage später, am 5. Oktober, ein weiteres Gespräch geführt werden, an dem seitens der CSU Seidel und Fugger-Glött, seitens der Bayernpartei Fischbacher und Schweiger teilnahmen[237]. Später hat die CSU als Grund für das Scheitern der Koalitionsverhandlungen angegeben, daß Baumgartner an diesem Gespräch nicht teilgenommen habe, weswegen die Koalitionsvereinbarung nicht habe abgeschlossen werden können[238]. Es muß offen bleiben, ob Baumgartner durch sein Fernbleiben die Koalitionsbildung tatsächlich verhindert hat. Ebenso ist nicht zu klären, ob Baumgartner, der noch am Tag zuvor Hoegner von den Schwierigkeiten in der Bayernpartei für die Aufrechterhaltung der Koalition berichtet und versprochen hatte, sich für eine Umstimmung der Fraktion einzusetzen, das Zustandekommen verhindern *wollte*, zumal die CSU gegen seine Person besonders kritisch eingestellt war. In der Fraktionssitzung der Bayernpartei zwei Tage später stimmte die Hälfte der Fraktion für den Verbleib in der Viererkoalition, die andere Hälfte für den Austritt (11 : 11)[239]. Am Vormittag des 8. 10. einigte sich die Bayernpartei-Fraktion hinhaltend darauf, die Entscheidung über die Regierungskrise im Landtag zu suchen, selbst aber keinen Mißtrauenantrag gegen Hoegner zu stellen, weil dies Sache der CSU sei[240]. Am Nachmittag des gleichen Tages erklärten die BHE-Vertreter im Koalitionsausschuß, der BHE habe den Austritt aus der Koalition beschlossen; sie begründeten diese Entscheidung mit der unklaren Haltung der Bayernpartei, beeilten sich aber wohl, den nächsten Regierungszug nicht zu versäumen. Kurze Zeit später drängte Seidel in einer Besprechung mit Hoegner zum sofortigen Rücktritt[241], während fast gleichzeitig die CSU-Abgeordneten Eberhard und Schedl mit Baumgartner und Fischbacher konferierten[242]. Die CSU-Unterhändler versicherten den Bayernpartei-Vertretern, daß die CSU mit der Bayernpartei sofort eine Regierung bilden werde, wenn die Minister der Bayernpartei noch am gleichen Tage zurückträten. Um den Anschluß an die neuzubildende CSU-Regierung nicht zu verpassen und aufgrund der nochmaligen telefonischen Zusage Schedls, daß „die Heranziehung der Bayernpartei zur Regierungsbildung gesichert sei"[243], beeilten sich die Bayernpartei-Kabinettsmitglieder, am selben Abend – ohne Konsultation der Fraktion – ihren Rücktritt zu erklären[244]. Sie vergaben damit ihren letzten Trumpf, denn erst mit diesem Schritt verlor die Koalition die Mehrheit. Ministerpräsident Hoegner erklärte noch in derselben Nacht, dem 8. Oktober, dem Landtagspräsidenten seinen Rücktritt[245].

Die CSU konnte sich nun der lästigen Bayernpartei entledigen und dabei auch für die Koalitionsverhandlungen 1954 Rache nehmen. In den folgenden offiziellen

Koalitionsverhandlungen wischten ihre Unterhändler den Vorvertrag vom Tisch, der ja von der Bayernpartei nicht endgültig abgeschlossen worden sei[246], und setzten sie davon in Kenntnis, daß die CSU auf jeden Fall den BHE in die Koalition hineinnehmen werde, dessen Landesvorsitzender den Vorvertrag unterzeichnet habe[247]. Ehe noch die Bayernparteiführung sich mit der neuen Lage vertraut gemacht hatte, war die neue Koalition aus CSU, BHE und FDP gebildet. Die Bayernpartei hatte sich durch Opportunismus und Uneinigkeit in die Isolation manövrieren lassen.

Erst in der Isolation und Opposition raffte sich die Bayernparteiführung auf, innerparteiliche Willensbildung zu fördern; politische Richtlinien für die Landtagswahlen wurden erarbeitet und vom Landesausschuß 1958 verabschiedet. In den Landtagswahlen 1958 konnte die Bayernpartei nur noch in ihrem Stammgebiet Niederbayern die 10%-Klausel des bayerischen Wahlgesetzes überwinden; mit einer dezimierten Fraktion von vierzehn Abgeordneten zog sie wieder in den bayerischen Landtag ein, ohne jedoch von der CSU an der Regierung beteiligt zu werden.

Kurz nach den Landtagswahlen wurden die Untersuchungen des Spielbankenausschusses des bayerischen Landtages (1955) zum Anlaß genommen, um gegen die beiden führenden Politiker der Bayernpartei ein Gerichtsverfahren in Gang zu setzen. Baumgartner, noch immer Chefideologe und charismatische Führungsfigur, und Geislhöringer, Finanzbevollmächtigter und Vorsitzender des Landesausschusses, konnten als die führenden und für die CSU gefährlichsten Köpfe der Bayernpartei gelten. Ihre – noch immer umstrittene – Verurteilung zu hohen Freiheitsstrafen führte zur Vernichtung ihrer bürgerlichen und politischen Existenz. Die Kriminalisierung gerade dieser beiden Mitglieder der Parteiführung schadete der Bayernpartei nicht nur in der Öffentlichkeit, sondern auch bei Mitgliedern und Anhängern. Die Ausschaltung Baumgartners und Geislhöringers bedeutete zugleich eine Veränderung des politischen Kurses der Bayernpartei. Unter Führung des neuen Landesvorsitzenden Josef Panholzer geriet sie immer mehr in den Sog der CSU. Mit bedingungslosem CSU-Koalitionskurs beteiligte sich die Partei ohne Wahlhilfe an der Landtagswahl 1962, bei der sie nur noch in Niederbayern mit 10,3% knapp die Sperrklausel überwinden konnte; mit nur einem Staatssekretär war sie im ersten Kabinett Goppel vertreten[248].

Abschließend soll noch versucht werden, Aufstieg und Scheitern der Bayernpartei in die Entwicklung und Struktur des Parteiensystems der Bundesrepublik einzuordnen. Die Faktoren, die für das Verschwinden der kleinen Parteien im westdeutschen Parteiensystem ausschlaggebend waren, haben auch den Zerfallsprozeß der Bayernpartei geprägt. Als Merkmal des Parteiensystems bis 1953 wurde die Zweiteilung in eine weltanschaulich geprägte Grundstruktur aus den vier klassischen Lizenzparteien und – im bürgerlichen und bäuerlichen Bereich – in eine relativ starke regionale Substruktur aus nahezu allen anderen Parteien herausgearbeitet[249]. Dieses regionale Subsystem wurde bereits in den Wahlen zum zweiten Deutschen Bundestag 1953 geschwächt, in den Bundestagswahlen 1957 dann nahezu ganz aufgerieben. Selbst die Parteien der Vertriebenen und des Rechtsradikalismus, die sich erst nach Aufhebung des alliierten Lizenzzwangs konstituieren konnten und die vor allem auf Landesebene zu einer Zersplitterung des Parteiensystems beigetragen hatten, fielen dem Sog der großen Parteien zum Opfer. Die Veränderung des Mehrparteiensystems zugunsten eines Zweieinhalb-Parteiensystems – ein Konzentrationsprozeß, der sich vor allem für die Unionsparteien positiv auswirkte – kann auf mehrere Ursachen zurückgeführt werden.

– Die Parteistruktur der CDU/CSU, die sich ohne direkte historische Kontinuität flexibler halten konnte und sich als Plattform für zahlreiche vorwiegend industrielle, mittelständische und agrarische Interessen anbot; sie konnte ihre organisatorische Benachteiligung gegenüber der Mitgliederpartei SPD als Regierungspartei und mit Unterstützung durch Interessengruppen in finanzieller, organisatorischer und politisch-propagandistischer Hinsicht nicht nur ausgleichen, sondern zu ihrem Vorteil einsetzen.

– Die Popularität und Anziehungskraft Adenauers, die sich als „Kanzlereffekt" im Gefälle zwischen Bundestags- und Landtagswahlergebnissen niederschlug.

– Die Erfolge der Regierung Adenauer für die außenpolitische Entwicklung der Bundesrepublik und vor allem der wirtschaftliche Aufschwung.

Diese Faktoren trugen auch – wie für die anderen kleinen nicht-etablierten Parteien – zum Scheitern der Bayernpartei bei. Darüber hinaus sind aber noch einige Sonderbedingungen des bayerischen Parteiensystems und der sozioökonomischen Struktur Bayerns einzubeziehen. In der CSU hatte die Bayernpartei eben mehr als einen Landesverband der CDU zum Gegner, denn durch ihren Sonderstatus in den Unionsparteien konnte sie flexibel auf eine partikularistische Konkurrenz reagieren. Aufgrund ihrer politischen Traditionen und ihrer Funktionäre aus der BVP war sie in hohem Maße in der Lage, die Rolle einer extrem föderalistischen Landespartei in Bayern zu spielen. Die Bayernpartei war nicht einmal eine echte Oppositionspartei, sondern nur eine Konkurrenzpartei. Flügelkämpfe und Verflechtungen von Teilen der Bayernpartei mit Teilen der CSU bildeten ein starkes Hindernis für eine eigenständige Politik.

Die Gründe, die in der Aufbruchsphase der Bayernpartei den Zustrom der Wähler, vor allem der Einheimischen, entscheidend herbeiführten, waren die Antiflüchtlings- und die Antipreußenhaltung. Der wirtschaftliche Aufschwung und die Integration der Heimatvertriebenen schwächten auch das einheimische Protestpotential und damit die Bayernpartei. Die Stabilisierung und Konsolidierung der Bundesrepublik trugen dazu bei, daß Forderungen nach einem selbständigen Bayern auch in Altbayern auf immer geringere Resonanz stießen. Der Industrialisierungsprozeß Bayerns wirkte sich für die Bayernpartei besonders negativ aus, da sie an rückläufige soziale Gruppen gebunden war.

Der fehlende innerparteiliche Willensbildungsprozeß in politischen Grundsatzfragen und die bloße Reaktion und fortwährende opportunistische Anpassung einer oligarchischen Führungsgruppe an die aktuelle Tagespolitik bildeten nicht zuletzt die Ursache, daß es der Bayernpartei nicht gelang, langfristige politische Perspektiven und damit auch ein attraktives Profil zu entwickeln.

Anmerkungen

TEIL A VORAUSSETZUNGEN

[1] Dazu Varain, Parteien und Verbände; Jäckel (Hrsg.), Die Schleswig-Frage seit 1945. Zur Tradition solcher Bestrebungen vgl. Heberle, Landbevölkerung und Nationalsozialismus; Stoltenberg, Politische Strömungen im schleswig-holsteinischen Landvolk 1918 bis 1933.
[2] Im Rheinland hatte sich nach 1945 die separatistische „Rheinische Volkspartei" gebildet, die 1948 mit der Bayernpartei Verbindung aufnahm.
[3] Dazu Schwarz, Vom Reich zur Bundesrepublik, S. 780. Der Schwäbisch-Alemannische Heimatbund wurde von Dr. Dietrich, Bürgermeister von Singen, 1946 gegründet. Er stand seit 1947 mit separatistischen Gruppierungen der Bayernpartei in Verbindung. Zur Programmatik siehe Otto Feger, Schwäbisch-Alemannische Demokratie, Aufruf und Programm, Konstanz 1946.
[4] Zur Gründung der Welfenpartei und zur Entstehung der Niedersächsischen Landespartei, der späteren Deutschen Partei, siehe Hermann Meyn, Die Deutsche Partei, Düsseldorf 1965.
[5] Vgl. Karl Bosl, 150 Jahre Bayerische Verfassung, hrsg. vom Schulträger des Franken-Landschulheimes, Schloß Garbach u. a. 1968.
[6] Die oppositionellen Rechten unter der Führung von Jörg Ruland zählte nach 1869 in der bayerischen Abgeordnetenkammer nur zwischen 12 und 14 Vertreter.
[7] Vgl. Schwend, Bayern zwischen Monarchie und Diktatur, S. 13 ff.
[8] Zu den gesellschaftlichen und wirtschaftlichen Bedingungen der Gründung der Patriotenpartei siehe Möckl, Die Struktur der CSU, S. 721 und ders., Die Prinzregentenzeit; Nipperdey, Die Organisation der deutschen Parteien vor 1918, S. 266.
[9] Spindler, Handbuch der bayerischen Geschichte, IV, 1, S. 299.
[10] Hundhammer, Geschichte des Bayerischen Bauernbundes, S. 12 ff.; Bergsträsser, Politische Parteien, S. 261; Handbuch der bürgerlichen Parteien in Deutschland, Bd. I, S. 67 ff.
[11] Bachem, Zentrumspartei, Bd. 8, S. 30 ff.
[12] Thränhardt, Wahlen, S. 93, bezeichnet ihn für die Revolutionszeit als „bäuerliche Klassenpartei".
[13] Rupprecht an Hertling am 17. 6. 1917 (Sendtner, Rupprecht von Wittelsbach, S. 346). Ausführlich dazu: Albrecht, Landtag und Regierung in Bayern; Ay, Die Entstehung einer Revolution.
[14] Z. B. Zimmermann, Bayern und das Reich 1919–23, S. 13 f. und Nawiasky, Bayerisches Verfassungsrecht, S. 7.
[15] Deuerlein, Freistaat Bayern zwischen Räterepublik und Hitlerputsch, S. 5. Zur Revolution in Bayern vor allem: Mitchell, Revolution in Bayern; Bosl (Hrsg.), Bayern im Umbruch.
[16] Vgl. Schwend, Bayern zwischen Monarchie und Diktatur, S. 50. Nach Sendtner, Rupprecht von Wittelsbach, S. 420, habe Heim in Eisner zunächst einen Bundesgenossen seiner eigenen föderalistischen Pläne gesehen. Zu den föderalistischen Vorstellungen Eisners siehe Wiesemann, Kurt Eisner. Studie zu einer politischen Biographie, in: Bosl (Hrsg.), Bayern im Umbruch, S. 413 ff.
[17] Zu den Gründungsmitgliedern gehörten außer Heim u. a. noch Schlittenbauer und Jakob Fischbacher, der später die Bayernpartei mitbegründete.
[18] Bergsträsser, Parteien, S. 249; Schwend, Bayern zwischen Monarchie und Diktatur, S. 59 ff.; Schönhoven, BVP, S. 18 ff.; Die bürgerlichen Parteien in Deutschland, Bd. I, S. 80 ff.; Fenske, Konservatismus, S. 63 ff.
[19] Fenske, Konservatismus; Speckner, Die Ordnungszelle Bayern.
[20] Text des Aufrufs bei Gengler, Die deutschen Monarchisten 1919–1925, S. 97 ff. Zum

Zu S. 13–15

Gründungsprogramm siehe Fenske, Konservatismus, S. 123. Vgl. auch Benz (Hrsg.), Politik in Bayern, S. 43.

[21] Oberbayern, Oberpfalz, Niederbayern, Mittelfranken, Unterfranken, Nürnberg, Schwabach, Rheinpfalz. Zur Organisation siehe Gengler, Die deutschen Monarchisten, S. 121.

[22] E. von Aretin, Krone und Ketten, S. 11; K. O. von Aretin, Die bayerische Regierung, S. 207. Die Zahlenangabe Erwin von Aretins, der Bund sei mit 300 000 Mitgliedern zur stärksten politischen Organisation Bayerns angewachsen, ist wohl übertrieben.

[23] Dazu Schwend, Bayern zwischen Monarchie und Diktatur, S. 203.

[24] Ebd., S. 333.

[25] Schulz, Zwischen Demokratie und Diktatur, S. 453 ff., S. 38 ff. und S. 120 ff.; Benz, Süddeutschland in der Weimarer Republik; Keßler, Heinrich Held als Parlamentarier.

[26] Schwend, Bayern zwischen Monarchie und Diktatur, S. 276; Wiesemann, Machtübernahme, S. 29 ff.

[27] Dazu Niethammer, Entnazifizierung, S. 80 ff.

[28] Ausführliche Darstellung mit Quellen (Liste der Verhafteten, Verteidigungsrede Harniers) bei Donohoe, Hitler's Conservative Opponents, S. 268 ff. Die Organisation besaß 125 Mitglieder (vor 1900 geboren: 74, nach 1900: 41, nach 1910: 10). Mehr als zwei Drittel waren Arbeiter und Bauern, dazu einige Angestellte, vier Beamte, sieben Geistliche, einige Freiberufliche, Selbständige und Künstler. Nur Freiherr von Harnier, der führende Kopf der Widerstandsgruppe (1903–1945) und zwei bis drei weitere Mitglieder gehörten dem niederen Adel an. Vgl. auch Bretschneider, Widerstand, S. 135 ff.

[29] Das von Seelos und Hipp verfaßte Bayerische Memorandum wurde maschinenschriftlich an die Untergruppen der bayerischen Heimatbewegung verteilt. Vertrauensmänner waren in vielen Städten im südlichen Bayern, die ihrerseits den Kreis ihrer Anhänger ständig erweiterten. Solche Kreise bestanden in München, Neuburg, Eichstätt, Mühldorf, Pfarrkirchen, Schrobenhausen, Wolfratshausen, Murnau, Tegernsee, Garmisch-Partenkirchen, Markt Oberdorf, Immenstadt und anderen Orten. Siehe dazu Donohoe, Hitler's Conservative Opponents, S. 207 ff.

[30] Zur Freiheitsaktion Bayern gehörten militärische Einheiten wie die Dolmetscherkompanie VII, Teile der Grenadierersatzbataillone 19 und 61 und eine Kompanie der Panzerjägerersatzabteilung 7, Freising. Zu den Führern gehörten u. a. Oberleutnant Gerngroß, Anfang 1942 Chef der Dolmetscherkompanie im Wehrkreis VII, Major Braun und Dr. Ottheinrich Leiling. – Aufruf des Gauleiters an die Bevölkerung des Gaues München, Oberbayern, Flugblatt (Archiv Gerngroß).

[31] Von der Heimatbewegung fanden sich Seutter von Loetzen, von Chrambach und Heinrich Weiß in der Bayernpartei, Fackler und Stürmann in der CSU. Dem Deisenhofener Kreis unter Führung von Gerngroß gehörten u. a. Knott, der der Bayernpartei beitrat, Prof. Lent, Falkner, später Generalsekretär der Bayernpartei, und Hauptmann Hieber, später der einzige BP-Bürgermeister in München, an. Exakte Listen aller Beteiligten, die eine politische Kontinuität erkennen ließen, fehlen. Vgl. Bretschneider, Widerstand, S. 219; Niethammer, Entnazifizierung, S. 80 ff.

[32] Mit Ausnahme des Kreises Lindau und der bayerischen Rheinpfalz, die in der französischen Besatzungszone lagen.

[33] Äußerung Anton Pfeiffers, 1945 Leiter der Staatskanzlei, zit. nach Niethammer, Amerikanische Besatzungsmacht, S. 187. Schäffer äußerte gegenüber einem Vetreter von RMG auf die Frage, welche Stellung Bayern der früheren deutschen Reichsgewalt gegenüber einnehmen solle: „Bayern hat in den Tagen des deutschen Glücks dem Deutschen Reich angehört und will auch in den Tagen des deutschen Unglücks dem deutschen Gedanken die Treue wahren. An eine Trennung vom Reich denkt in Bayern kein ernst zu nehmender Mensch!" Historisch-Politische Schriftenreihe des Neuen Presseclubs München „Die Bayerische Ministerpräsidenten der Nachkriegszeit" (1945–63) Heft 1, Fritz Schäffer, München o. J.

[34] Niethammer, Entnazifizierung, S. 220.

[35] Niethammer, Amerikanische Besatzungsmacht, S. 198 ff.; Latour/Vogelsang, Okkupation und Wiederaufbau, S. 91 f.

[36] Niethammer, Amerikanische Besatzungsmacht, S. 206.

[37] Latour/Vogelsang, Okkupation und Wiederaufbau, S. 91 f.
[38] USFET – United States Forces European Theater.
[39] Historical Reports der OMG Bavaria, 1946 (IfZ-Archiv).
[40] Vor allem München, Augsburg, Nürnberg, Fürth, Schweinfurt. Zur Entwicklung der bayerischen Industrie siehe Alfred Kuhlo, Geschichte der bayerischen Industrie, München 1926.
[41] Klaus Schreyer, Bayern – ein Industriestaat, S. 37 f.; Gesch, Die bayerische Wirtschaft, S. 7 ff.
[42] Dazu insgesamt Schreyer, Bayern – ein Industriestaat.
[43] Amtliches Zahlenmaterial zum Flüchtlingsproblem in Bayern, im Auftrag des Staatskommissars Wolfgang Jaenicke bearb. von Martin Kornrumpf, hrsg. vom Bayerischen Staatsministerium des Innern. Als Manuskript gedruckt für den Dienstgebrauch, München Oktober 1946, S. 6 (Mat. Georg Fischer, IfZ); Schoenberg, Germans from the East, S. 22 ff.; siehe auch Bayern-Atlas, bearb. von Martin Kornrumpf, München 1948.
[44] Amtliches Zahlenmaterial zum Flüchtlingsproblem, S. 6.
[45] Ergebnis der Volkszählung vom 29. 10. 1946. Ende 1947 waren es noch 292 500 Evakuierte; vgl. Statistisches Jahrbuch für Bayern 1947, 23. Jg., hrsg. vom Bayerischen Statistischen Landesamt, München 1948, S. 21. In Amtliches Zahlenmaterial zum Flüchtlingsproblem, S. 6, wird für Anfang Oktober 1946 die Zahl von 319 000 Evakuierten genannt.
[46] 139 803 Ausländer und 287 056 Displaced Persons; vgl. Amtliches Zahlenmaterial zum Flüchtlingsproblem, S. 6; Ende 1947 betrug die Zahl der Ausländer noch 137 000. Vgl. Statistisches Jahrbuch 1947, S. 21.
[47] 2 202 830 Zugezogene bei einer Gesamtwohnbevölkerung von 8 789 650; vgl. Statistisches Jahrbuch 1947, S. 21.
[48] Die Zahl der Flüchtlinge betrug im Oktober 1946 (Volkszählung) 1 670 000 Personen (Ende 1947: 1 823 700) und gliederte sich nach folgenden Herkunftsländer auf: Schlesien (19,4%); Ostpreußen, Ostpommern, Brandenburg (4,7%); Tschechoslowakei (39,7%); sowie Jugoslawien, Rumänien, Polen, Österreich, Ungarn, und Sowjetunion; vgl. Statistisches Jahrbuch 1947, S. 21.
[49] Von den Evakuierten kamen 4,9% (der Gesamtwohnbevölkerung) aus der britischen Zone, 4,7 aus der sowjetischen Zone, 4,6 aus Berlin, 3,1% aus der US-Zone (ohne Bayern), 1,7% aus der französischen Zone und 0,7 ohne Angaben, vgl. Statistisches Jahrbuch 1947, S. 21.
[50] Dabei handelt es sich um Ausländer nichtdeutscher Muttersprache (ohne UNRRA-Lager), die in Privatquartieren untergebracht waren.
[51] In Schleswig-Holstein betrug der Anteil 33,0, in Niedersachsen 27,2%. Siehe dazu Franz Neumann, Der Block der Heimatvertriebenen und Entrechteten 1950–60. Ein Beitrag zur Geschichte und Struktur einer politischen Interessenpartei, Meisenheim am Glan 1968, S. 46.
[52] Amtliches Zahlenmaterial zum Flüchtlingsproblem, S. 6.
[53] Schreyer, Bayern – ein Industriestaat, S. 243.
[54] Dazu au Dorn, Inspektionsreisen, S. 129 f.
[55] Vgl. Schreyer, Bayern – ein Industriestaat, S. 245.
[56] Der Hauptausschuß für das Flüchtlingswesen wurde im Juli 1946 im Auftrag der amerikanischen Militärregierung von der Staatsregierung gebildet. Dazu Schreyer, Bayern – ein Industriestaat, S. 249.
[57] Vgl. Schreyer, Bayern – ein Industriestaat, S. 245; siehe auch Seidel, Die Ansiedlung der Flüchtlinge in Bayern, in: Ders., Zeitprobleme, S. 136 ff.
[58] Siehe dazu Die Vertriebenen in Bayern, Ihre berufliche und soziale Eingliederung bis Anfang 1950, in: Beiträge zur Statistik Bayerns, Heft 151, S. 13.
[59] Niethammer, Besatzungsmacht, S. 186 f. In der Verfassunggebenden Landesversammlung stellte Hoegner einen Zusatzantrag zu Art. 7. Die Ausübung der staatsbürgerlichen Rechte (Teilnahme an Wahlen, Volksbegehren, Volksentscheid) „kann von der Dauer eines Aufenthalts bis zu höchstens einem Jahr abhängig gemacht werden". Stenographische Berichte über die Verhandlungen des Verfassungsausschusses der Bayerischen Verfassunggebenden Landesversammlung, 2. Sitzung vom 18. 7. 1946, Bd. I, S. 51.

Zu S. 17–20

[60] Die Flüchtlinge sollten nach Auffassung der Militärregierung in die lizenzierten Parteien integriert werden. Dazu Scammon, Political Parties, in: Litchfield (Hrsg.), Governing Postwar Germany, S. 477.

[61] Niethammer, Entnazifizierung, S. 164 f., 180 f., 262 f.

[62] In einer Reihe von Briefen und Beitrittserklärungen an die Landesgeschäftsstelle der Bayernpartei wurden Klagen dieser Art erhoben und lokale Beispiele genannt (Unterlagen im Archiv der Bayernpartei).

[63] 1. 7. 1946: 1 235 939,
1. 7. 1947: 1 762 884,
1. 7. 1948: 1 864 479,
1. 7. 1949: 1 913 687,
1. 7. 1950: 1 935 504.
Statistisches Jahrbuch für Bayern 1952, S. 27.

[64] Rednerdienst der CSU, verantwortlich Dr. Josef Müller, Anfang 1946 (Nachlaß Baumgartner, IfZ-Archiv).

[65] Zur WAV siehe Bauer, WAV, S. 483 ff.; Jenke, Verschwörung von rechts?

[66] Zum ersten Mal beteiligte sich der BHE in Schleswig-Holstein an den Landtagswahlen am 9. 7. 1950 und konnte mit 23,4% der Stimmen einen überraschend großen Erfolg erzielen. Dieser Erfolg mobilisierte die Einheimischen: bereits zu den Kommunalwahlen 1951 bildeten sich Wählergemeinschaften wie die Schleswig-Holsteinische Wählervereinigung. Siehe Neumann, BHE, S. 34, 40.

[67] Sendtner, Rupprecht von Wittelsbach, S. 689.

[68] Konstantin von Bayern, Ohne Macht und Herrlichkeit, S. 197 ff., nennt einen Gaston Oulman. Daß Konstantin von Bayern jedoch bei einer Reihe der dargestellten Ereignisse auf die Existenz mitwirkender Hintermänner fixiert ist, entwertet seine Behauptung erheblich.

[69] Sendtner, Ruppecht von Wittelsbach, S. 683.

[70] Zu den Gründungsmitgliedern zählten: Prof. Max Lebsche; Dr. Kammermeier, Zahnarzt; W. Hemmeter, Rechtsanwalt; Dr. Anton Besold, Rechtsanwalt, später Generalsekretär der Bayernpartei; Fürst Öttingen zu Wallerstein, später Mitglied der Bayernpartei; Freiherr von Pechmann, Major a. D.; Ritzinger, Rechtsanwalt; Dr. Martin Riedmayr, Polizeioberstleutnant a. D.

[71] Konstantin von Bayern, Ohne Macht und Herrlichkeit, S. 199.

[72] Interview mit Kronprinz Ruppecht in der Neuen Zeitung, 31. 1. 1946.

[73] Memorandum vom 6. 3. 1945, abgedruckt bei Sendtner, Ruppecht von Wittelsbach, S. 673 ff.

[74] Vgl. Brief Ruppechts an Graf Holstein, abgedruckt bei Sendtner, Ruppecht von Wittelsbach, S. 682. Stichtag für die Wahlberechtigung sollte der 1. 8. 1914 sein.

[75] Grundsätze und Ziele der Bayerischen Heimat- und Königspartei, vorgetragen von Prof. Dr. Max Lebsche am 28. April 1946 im Prinzregententheater, als Manuskript gedruckt, München o. J.

[76] Programm der BHKP/IfZ-Archiv, Nachlaß Baumgartner.

[77] Ebd.

[78] Ebd.

[79] Dorn, Inspektionsreisen, S. 68.

[80] Latour/Vogelsang, Okkupation und Wiederaufbau, S. 108.

[81] Zur Einschätzung der monarchistischen Bewegung siehe Dorn, Inspektionsreisen, S. 69.

[82] Nach eigener Angabe nach 1918 Abgeordneter der USPD. Nach kurzer Mitgliedschaft in der KPD Eintritt in die SPD, ab 1928 Landtagsabgeordneter der SPD. Hoegner holte Aenderl 1946 nach Bayern zurück. Er übernahm die Redaktion der „Mittelbayerischen Zeitung" in Regensburg. Siehe dazu Vorwort in Aenderl, Bayern.

[83] In London gehörte Aenderl der Deutschen Sektion der „International Christian Democratic Union", einer Emigrantenorganisation des politischen Katholizismus, an (Röder, Exilgruppen in Großbritannien, S. 81). Den Bavarian Circle, eine Vereinigung in London lebender Bayern, gründete er zusammen mit Kurt K. Doberer (ebd., S. 159). Doberer veröffentlichte 1944 in London eine Schrift „The United States of Germany" (deutsch:

Die Vereinigten Staaten von Deutschland, München 1947), die von bayerischen Föderalisten beachtet und auch in der Bayernpartei diskutiert wurde.
[84] Aenderl, Bayern, S. 34.
[85] Hoegner, Außenseiter, S. 166.
[86] Ebd., S. 169 ff.
[87] Ebd., S. 166.
[88] Ebd.
[89] Ebd., S. 169 und 171.
[90] Ebd., S. 168.
[91] Mit diesem Katalog hatte sich Hoegner weitgehend die Reichsreformvorstellungen der BVP zu eigen gemacht.
[92] Von dem späteren Landesvorsitzenden der Bayernpartei, Josef Panholzer, Rechtsanwalt Dr. Otto Leibrecht, dem ehemaligen bayerischen Landtagsabgeordneten Franz Bögler-Pfalz und von Freiherr von Godin (Hoegner, Außenseiter, S. 185).
[93] Ebd.
[94] Ebd.
[95] Ebd., S. 189.
[96] Kaden, Einheit oder Freiheit, S. 122 und 174 f. Schumacher hatte zu dieser Konferenz im Laufe des August eingeladen. Es ist anzunehmen, daß der Münchener Vertreter schon vor dem Zeitpunkt bestimmt war, zu dem Hoegner das Ministerpräsidentenamt übernahm (28. 9. 1945).
[97] Vgl. Kaden, Einheit oder Freiheit, S. 122.
[98] Zu den Spannungen zwischen dem Landesverband Bayern und der Parteizentrale in Hannover vgl. Behr, Konservatismus, S. 103 ff. Zu den Spannungen zwischen Hoegner und Schumacher siehe Edinger, Kurt Schumacher, S. 128 ff. Der Landesverband Bayern wurde von Schumacher nicht anerkannt. Vgl. dazu Hoegner, Außenseiter, S. 228; Kaden, Einheit oder Freiheit, S. 96 f. und 296 ff. Siehe dazu auch Ollenhauers Brief an Stampfer vom 16. 3. 1946 in: Matthias (Hrsg.), Mit dem Gesicht nach Deutschland, S. 717.
[99] Franz Fendt, Hans Gentner, Albert Roßhaupter und Josef Seifried (Hoegner, Außenseiter, S. 254).
[100] Protokoll der Gründungsversammlung der CSU in München (Nachlaß Baumgartner). An dieser Gründungsversammlung, zu der Karl Scharnagl eingeladen hatte, nahmen etwa 120 Personen teil. Es wurde u. a. ein Ausschuß bestimmt, der die Vorbereitungen für die Konstituierung des Bezirksverbands der CSU in München treffen und die Verhandlungen für eine Zulassung bei der Militärregierung führen sollte. Über diese Frage der personellen Zusammensetzung dieses Gremiums kam es bereits zu einem Konflikt zwischen Müller und Schäffer, der nur mühsam überbrückt werden konnte.
[101] Mintzel, CSU (Diss.), S. 83.
[102] Stegerwald, seit Sommer 1945 Regierungspräsident in Unterfranken, spielte jedoch bereits im November 1945 keine bestimmende Rolle mehr im Gründungsprozeß der CSU; siehe dazu Mintzel, CSU (Diss.), S. 91.
[103] Alois Hundhammer, geb. am 25. 2. 1900 als Sohn eines Bauern in Moos, Oberbayern. Studium der Philosophie, Geschichte und Rechtswissenschaften in München und Budapest; Doktor der Philosophie und Doktor der Staatswissenschaften. 1923–1927 Referent bei der Kreisbauernkammer Oberbayern, 1927–1933 stellvertretender Generalsekretär des Bayerischen Christlichen Bauernvereins und Mitglied der Landtagsfraktion der BVP. Er avancierte noch 1933 zum Generalsekretär und kam im gleichen Jahr für eine kurze Zeit ins KZ Dachau. Danach eröffnete er einen Schuhreparaturbetrieb. 1946 Vorsitzender des Bezirksverbandes Oberbayern und Fraktionsvorsitzender der CSU im bayerischen Landtag; seit Dezember 1946 Staatsminister für Unterricht und Kultus.
[104] Michael Horlacher, geb. am 18. 1. 1888 in Pottenstein, Oberfranken; Studium von Jura und Volkswirtschaft; 1920–1933 Direktor der Bayerischen Landesbauernkammer; Mitglied der BVP; 1933 aus politischen Gründen in den Ruhestand versetzt; 1944 KZ Dachau; 1945 Staatskommissar für landwirtschaftliches Genossenschaftswesen; Direktor des bayerischen Raiffeisen-Verbandes (Amtliches Handbuch des Bayerischen Landtags, München 1948, S. 90).

Zu S. 22–24

¹⁰⁵ Alois Schlögl, geb. am 4. 4. 1893 in Pleinting, Kreis Vilshofen, bäuerlicher Abstammung; juristisches und staatswissenschaftliches Studium, Promotion zum Dr. rer. pol. Seit 1925 Direktor des niederbayerischen Bauernvereins, seit 1932 MdL für die BVP; nach 1933 betriebswirtschaftliche Kanzlei; 1945 Mitbegründer und Generalsekretär des „Bayerischen Bauernverbands", nach Baumgartners Rücktritt wurde er Staatsminister für Ernährung, Landwirtschaft und Forsten (Amtliches Handbuch des Bayerischen Landtags, München 1949, S. 163).

¹⁰⁶ Josef Baumgartner, geb. am 16. 11. 1904 in Sulzemoos, Oberbayern als Sohn eines Kleinbauern; 1917–1921 Besuch der Lateinschule des Benediktinerklosters Scheyern, 1921–1925 humanistisches Gymnasium Freising; 1925–1929 Studium der Philosophie, Geschichte und Nationalökonomie in München, 1928 Diplom-Volkswirt, 1929 Dr. rer. pol.; 1929 Volontär beim Oberbayerischen Christlichen Bauernverein; 1929–1933 Stellvertretender Generalsekretär des Bayerischen Bauernvereins; Mitglied der Bayerischen Volkspartei; 1933 wurde er Angestellter beim Allianz-Versicherungskonzern; 1942 wegen Vergehens gegen das Heimtückegesetz in Haft; 1942–1945 bei der Wahrmacht; 1945 Personalreferent beim Amt für Ernährung und Landwirtschaft in München; 1945 Mitgründer der CSU; vom 5. 10. 1945–12. 12. 1947 bayerischer Landwirtschaftsminister; Abgeordneter der CSU im Bayerischen Landtag 1946–1948; seit Januar 1948 Lehrauftrag für Agrarpolitik an der Landwirtschaftlichen Hochschule in Weihenstephan (Amtliche Handbücher des Bayerischen Landtags, 1948, 1951, 1955, 1959; Munzinger Archiv; Lohmeier, Josef Baumgartner).

¹⁰⁷ Zur Gründung des BBV siehe Haushofer, Der Bayerische Bauer; Schlögl, Bauernverband; Schreyer, Bayern – ein Industriestaat, S. 142 ff.

¹⁰⁸ Dies kommt deutlich in einer Rede Horlachers bei einer CSU-Versammlung in Miesbach am 19. 3. 1946 zum Ausdruck, wo er ausführte, „daß wir keine engherzige konfessionelle Bindung in der Politik brauchen können. Wir sind den Kirchen beider Konfessionen dankbar, daß sie den Geistlichen gesagt haben, sie sollen sich in das unmittelbare politische Leben nicht mehr einmischen. Die Bayerische Volkspartei hat auch daran gedacht, eine große Sammelpartei zu bilden, ist aber aus den engherzigen konfessionellen Bindungen nicht herausgekommen. Wir müssen einen klaren Trennungsstrich ziehen zwischen Politik und Kirche" (Nachlaß Baumgartner, IfZ-Archiv).

¹⁰⁹ Siehe Mintzel, CSU, (Diss.), S. 90 ff.

¹¹⁰ Mit 71 gegen 29 Stimmen bei einer Enthaltung (Berberich, CSU, S. 51).

¹¹¹ Hoegner, Außenseiter, S. 253 f.

¹¹² Aktennotiz vom 17. 7. 1947 über ein Gespräch mit dem Abgeordneten Schäfer, Ingolstadt (Archiv Josef Müller, Kopie im Besitz der Verf.).

¹¹³ In einem Brief an Müller vom 26. 1. 1948 (Nachlaß Baumgartner, IfZ-Archiv; Berberich, CSU, S. 215) erklärte Baumgartner: „Wenn auch in verschiedenen Fragen unsere Ansichten über die Methoden, uns für unser Land Bayern einzusetzen, auseinandergehen, so bist Du mit mir sicher der Überzeugung, daß dies kein Grund ist, nun einen persönlichen Kampf gegeneinander zu führen. Ich lehne dies ab und werde auch in der Bayernpartei keinen persönlichen Kampf gegen Dich bei Deiner außerordentlichen Arbeitsüberlastung dulden."

¹¹⁴ Süd-Ost-Kurier vom 3. 3. 1948, S. 2.

¹¹⁵ Aktennotiz über die Besprechung zwischen Müller, Horlacher und Baumgartner vom 27. 1. 1948 (Nachlaß Baumgartner, IfZ-Archiv) und Darstellung Müllers auf der Landesausschußsitzung der CSU am 28. 2. 1948 in Regensburg in Süd-Ost-Kurier vom 3. 3. 1948.

¹¹⁶ Mintzel, CSU (Diss.), S. 225.

¹¹⁷ Brief Schäffers an Baumgartner vom 9. 2. 1948 (Nachlaß Baumgartner, IfZ-Archiv): „da ich noch in dieser Woche entscheidende Entschlüsse fassen muß und nicht länger warten kann".

¹¹⁸ Mintzel, CSU (Diss.), S. 225 ff.; Berberich, CSU, S. 84 ff.

¹¹⁹ SZ vom 17. 2. 1948.

¹²⁰ Vgl. Mintzel, CSU (Diss.), S. 225 ff.; Möckl, Die Struktur der CSU, S. 744.

¹²¹ Süd-Ost-Kurier vom 3. 3. 1948, S. 2.

¹²² Ebd.

[123] Berberich, CSU, S. 86.
[124] Der Aufruf zur Wahl zeigt die Tradition dieses Bundes: „Am 28. April 1946 scharen sich Bauern und Mittelstand um die wiedererstandene Fahne, getreu der Tradition des Bayerischen Bauern- und Mittelstandsbunds" (Flugblatt, Nachlaß Baumgartner, IfZ-Archiv).
[125] Daß die Gründung von Bauernorganisationen und -bünden im Sinne Hoegners war, geht hervor aus „Memo on interview with Ministerpräsident Hoegner, subject Bavarian Farmers Association", 22. 3. 1946 (Abschrift ebd.; Brief Josef Kroneders, Wolnzach, Leiter des Ernährungsamts Pfaffenhofen und Vorsitzender des CSU-Bezirksverbands, an Baumgartner vom 22. 5. 1946: „Wir haben aber gehört, daß der Landrat Vetter, der in der Zwischenzeit zum Ministerialrat befördert wurde und im Innenministerium seine Tätigkeit bereits aufgenommen hat, dahin arbeitet, daß die unpolitische Gruppe des Bayerischen Bauern- und Mittelstandsbunds zur Partei, vermutlich für ganz Bayern, von der Militärregierung genehmigt werden soll" (Ebd.).
[126] Brief Baumgartners an Kroneder vom 9. 5. 1946: „Es kann sich hier (beim BBM) nur um ehrgeizige Menschen handeln, die bei der CSU nicht rechtzeitig eingeschaltet wurden. Ausgerechnet in Pfaffenhofen muß der Bauern- und Mittelstandsbund wieder aufleben. Dies ist ein unmöglicher Zustand. Es müssen sofort Verhandlungen mit den Kandidaten aufgenommen werden, daß sie in der Union mitarbeiten. Wenn dies nicht möglich ist, ist hier die Keimzelle für den Bayerischen Bauernbund für ganz Bayern gegeben." (Ebd.)
[127] Der Bayerische Bauernverband wurde bereits im Oktober 1945 als überparteiliche Standesorganisation gegründet und von der Militärregierung genehmigt. Dafür, daß der Bayerische Bauernverband weitgehend von der CSU beherrscht war, spricht die Tatsache, daß Funktionäre des Bayerischen Bauernverbandes häufig auch in der CSU in Parteiämtern zu finden waren. (Brief an Baumgartner vom 13. 3. 1946, ebd.)
[128] Flugblatt ohne Datum, Ende 1945: „Zusammenschluß aller antifaschistischen Bauern zur Vertretung ihrer wirtschaftlichen und sozialen Interessen. Die Mitglieder unterliegen keinem parteipolitischen oder religiösen Zwang." (Ebd.)
[129] Aus einem Rundschreiben an die Anhänger und Mitglieder der Bayerischen Bauernpartei zu den Landtagswahlen 1946. Parteigründer war Dr. Alfred Klein, Volkswirt und Landwirt, Partenstein, Spessart. (Ebd.)
[130] Flugblatt vom 8. 2. 1946, Auflage 3000. (Ebd.)
[131] Brief Kleins an Baumgartner vom 15. 12. 1946. (Ebd.)
[132] Brief Kleins an Baumgartner vom 9. 2. 1948 (ebd.): „Ich freue mich, nachdem ich zugleich mit der Überführung meiner Bauernpartei die Organisation in Unterfranken übernommen habe, wozu ich meine BBP-Stützpunkte bestens verwenden kann, daß auch Sie sich nach DENA das fränkische Gebiet sich besonders angelegen sein lassen wollen ... daß Bauerngemeinden mit ehedem 120 CSU-Mitgliedern heute nur noch 16 CSU-Mitglieder zählen und die übrigen zur Bayernpartei übergetreten sind, so wird Ihnen der *revolutionäre Schwung* dieser *Bayern- und Volksbewegung* offenkundig."
[133] Ludwig Volkholz, 1913 in Niederbayern geboren, Revierförster, Landtags- und Bundestagsabgeordneter für die Bayernpartei, nach Skandalaffären und Strafverfahren zeitweise ausgeschlossen; 1968 zum zweiten Landesvorsitzenden der Bayernpartei gewählt.
[134] Karl Utz, Justizbeamter, erster Landesgeschäftsstellenleiter der Bayernpartei, Bürgermeister von Rischenhart bei Rosenheim.
[135] Bei den Bundestagswahlen 1949 erhielt die Bayernpartei 32,1%/o (CSU 30,6%/o). 1946 hatte die CSU bei den Landtagswahlen 65,1%/o erhalten. Bei den Landtagswahlen 1950 sank sie auf 32,1%/o, während die Bayernpartei 33,5%/o erreichen konnte. Die Entwicklung in Kötzting lief gegen den allgemeinen Trend, daß die Bayernpartei seit den Bundestagswahlen an Wählerstimmen verloren hat. Die Wahlbeteiligung stieg in Kötzting von 63,5%/o (1946) auf 75,5%/o (1949) und 79,7%/o (1950). Vgl. Analyse des Wählerwillens, Ergebnisse der bayerischen Landtags- und Bundestagswahlen in den kreisfreien Städten und Landkreisen seit 1946, Beiträge zur Statistik Bayerns, Heft 219, München 1950.
[136] Jakob Fischbacher, als Bauernsohn am 28. 5. 1886 in Toetzham, Landkreis Wasserburg, geboren; Besuch des humanistischen Gymnasiums in Wasserburg und Freising; 1906–1913 Studium der Rechts- und Staatswissenschaften, Geschichte und Philosophie in Erlangen

Zu S. 26–27

und München, Promotion zum Dr. phil.; anschließend beim Christlichen Bauernverein Oberbayern tätig; 1914–1917 Kriegsteilnehmer; 1921–1934 Direktor des Christlichen Bauernvereins Oberbayern; Seit 1934 für eine Schweizer Versicherung tätig; wegen antinazistischer Gesinnung gemaßregelt; 1945–1947 Kreisdirektor des Bayerischen Bauernverbands, Bezirk Oberbayern; 1948–1961 Kreisvorsitzender der Bayernpartei Oberbayern; Mitglied des Landtags 1950–1962; 1952/53 Landesvorsitzender der Bayernpartei; 1950–1953 2. Vizepräsident des Bayerischen Landtags; 1957–1960 Fraktionsvorsitzender der Landtagsfraktion; am 16. 2. 1972 in Rosenheim gestorben.

[137] Fischbacher hatte nach seinen Angaben zwischen 1934 und 1945 ungefähr 1000 Gesinnungsfreunde gesammelt. Die Zahlen sind nicht nachprüfbar. Allerdings spricht der hohe Mitgliederzuwachs, den Fischbacher der Bayernpartei brachte, für eine beträchtliche Anhängerschaft. Eine feste Organisation hat Fischbacher seiner Bewegung nicht gegeben. (Mündliche Auskunft Fischbachers.)

[138] Mündliche Auskunft Fischbachers.

[139] Schriftliche Richtigstellung der Pressemeldungen im Rosenheimer Volksblatt vom 9. 4. 1947 und von Radio München (Nachlaß Fischbacher).

[140] Ebd.

[141] Ebd.

[142] Rede am 3. 2. 1947 in Wasserburg. (Ebd.)

[143] Fischbacher berichtigte die Pressedarstellung seiner Rede: „Ich habe am 3. 2. 1947 in Wasserburg folgendes ausgeführt, bezüglich der sittlichen Erneuerung unseres Volkes: Auch die Moral des Dorfes ist versaut durch die nazistischen Einflüsse, besonders aber durch die KdF und die Evakuierten, die halb oder ganz nackt im Sommer in Wald- und Wiesenrändern lagen und für den schwerarbeitenden Bauern nur die Bezeichnung ‚doofer Bauer' hatten. Das Bedauerlichste aber ist, daß bayerische Bauernburschen auf die geschminkten Weibsen mit lackierten Fingernägeln und wasserstoffoxydierten Haaren hereinfallen und solche sich sogar zu Bäuerinnen gewählt haben. Das halte ich für einen Verrat am Stande und, wenn ich so sagen darf, für Blutschande." (Ebd.)

[144] Baumgartner versuchte, Fischbacher zu entschuldigen: „Fischbacher habe nicht von Blutschande, sondern von einer ‚bluatigen Schande' gesprochen. Das sei doch etwas ganz anderes." (IfZ-Archiv, ED 120, Bd. 364.)

[145] In bayerischer Mundart: große Schande.

[146] Was ist, was will die Bayernpartei?, S. 47.

[147] Ludwig Max Lallinger, geb. am 30. 9. 1908 in Reißing, Landkreis Straubing, lebte zunächst in Reißing und Höchstätt/Inn bei Rosenheim; trat 1926 in den Dienst der Bayerischen Landpolizei; durch den Besuch von Polizeischulen erwarb er die mittlere Reife, absolvierte sechs Semester Verwaltungsakademie und wurde 1938 bei der Kriminalpolizei verbeamtet; 1945 war er bei der politischen Abteilung der Kriminalpolizei München bedienstet und wurde im Herbst 1945 Ministerpräsident Hoegner als Leibwächter „von der Militärregierung zugeordnet" (Hoegner, Außenseiter, S. 207; Handbuch des Bayerischen Landtags, 4. Wahlperiode 1958, München 1959).

[148] Z. B. Franz Josef Strauß in der 148. Sitzung des Deutschen Bundestages vom 7. 6. 1951; Verhandlungen des I. Deutschen Bundestages, Bd. 8, S. 5940. Vgl. Die Gegenwart vom 1. 4. 1950, S. 3: Für die Urheberschaft Hoegners spreche, daß er „vielleicht die CSU sprengen und zugleich gegen seine eigene Partei, die SPD, eine betont *bayerische Gruppierung* ins Leben rufen wollte". Ähnlich Junius (Hermann Proebst) in der SZ vom 10. 10. 1953: Als Lallinger, „ein ansonsten politisch unbeschriebener Polizeikommissar, plötzlich in die Arena sprang, um die von ihm gegründete Bayernpartei lizenzieren zu lassen, erwies sich sein Programm als so republikanisch, linksliberal und antiklerikal, daß sein betontes Bayerntum viel eher in die Richtung des föderalistisch gesinnten Sozialdemokraten (Hoegner) wies als in die Nähe der vorwiegend christlich-konservativen CSU". In diesem Sinn äußerte sich auch Josef Müller auf einer Tagung der Akademie für Politische Bildung, Tutzing, im April 1967.

[149] Lallinger wies u. a. auf der Landesversammlung der Bayernpartei in Ingolstadt 1966 diese Spekulationen zurück (hektographiertes Manuskript, Archiv Lallinger); ebenso Hoegner, Außenseiter, S. 227.

[150] Schreiben des vorläufigen Landesvorsitzenden Dr. Michael P. Reitmair an die Militär-

regierung vom 10. 9. 1945 (IfZ-Archiv, Fh 11/Bd. 16). Biographische Angaben zu Reitmair waren nicht zu ermitteln; in einem Protokoll über eine Sitzung der Demokratischen Union vom 17. 4. 1946 wird erwähnt, daß Reitmair entweder aus der SPD ausgeschlossen worden oder ausgetreten sei.

[151] Ebd.

[152] Zu der Sitzung waren neun Mitglieder erschienen. Zum Parteivorsitzenden wurde Michael Reitmair, zum Kassier Georg Pregler und zum Stadtkreisvorsitzenden von München Anton Kandetzki gewählt. Nach innerparteilichen Streitigkeiten und wechselseitigen Ausschlußanträgen haben die Genannten die Parteigruppierung im Laufe des Jahres 1946 wieder verlassen; Niederschrift der Sitzung vom 19. 11. 1945. (Ebd.) Die am 30. 11. 1945 erfolgte Lizenzierung wird in einem Schreiben der Militärregierung vom 25. 2. 1947 bestätigt (Unterlagen Lallinger, Kopie im Besitz der Verf.).

[153] Schreiben der Militärregierung Stadt- und Landkreis Augsburg an Frh. von Zedlitz vom 11. 2. 1946 (IfZ-Archiv, Fh 11/Bd. 16).

[154] Schreiben der Militärregierung Landkreis Pfarrkirchen vom 3. 3. 1947 an die Bayernpartei (Kopie im Besitz der Verf.).

[155] Nachlaß Fischbacher, Ordner Schongau.

[156] Diese Ortsvereine bestanden im allgemeinen nur aus dem Vorsitzenden, eventuell dessen Ehefrau, und zwei bis drei Freunden, Bekannten oder Nachbarn.

[157] Niederschriften über die Versammlungen der Stadtbezirksvorsitzenden vom 13. 4. und 17. 4. 1946 (IfZ-Archiv, Fh 11/Bd. 16).

[158] Brief Lallingers an die Militärregierung München vom 17. 6. 1946 (ebd.). Lallinger wird in der Sitzung der Demokratischen Union vom 23. 3. 1946 zum ersten Mal als Stadtbezirksvorsitzender erwähnt. (Niederschrift ebd.)

[159] Brief Lallingers an die Militärregierung München vom 17. 6. 1946. (Ebd.) Angesichts der geringen Zahl aktiver Mitglieder bedeutete Aktivität die Übernahme der Position eines Stadtbezirksvorsitzenden. In diesen Monaten übernahm eine Person den Vorsitz in mehreren Stadtbezirken.

[160] Wahl des Kleinen Ausschusses als Leitungsorgan der Stadtbezirksvorsitzenden; Niederschrift der Sitzung vom 23. 3. 1946. (Ebd.)

[161] Sitzung vom 17. 4. 1946. (Ebd.)

[162] Niederschrift über die Versammlung der Stadtbezirksvorsitzenden am 7. 6. 1946 (ebd.); Lallinger wurde mit fünf von acht Stimmen gewählt.

[163] Niederschrift vom 7. 7. 1946 über die Besprechung vom 21. 6. 1946 (ebd.). Lallinger wurde diesmal mit zehn von zwölf stimmberechtigten Mitgliedern gewählt. Als Kassier wurde Karl Lehner, als Parteisekretär Alois Maier gewählt. Lehner und Maier wurden 1948 für die Bayernpartei in den Münchener Stadtrat gewählt.

[164] Sitzung der Stadtbezirksvorsitzenden vom 23. 3. 1947. (Ebd.)

[165] Sitzung vom 23. 4. 1946. (Ebd.) In der Sitzung vom 4. 5. 1946 berichtete Lallinger, daß die Umbenennung in „Bayerische Landespartei" erst nach der Zulassung auf Landesebene genehmigt werden würde; Niederschrift über die Sitzung der Stadtbezirksvorsitzenden vom 4. 5. 1946 (ebd.) und Niederschrift über die Sitzung vom 31. 5. 1946 (ebd.). Offenbar war auch der Wahlvorschlag der Münchener Demokratischen Union für die Gemeindewahl am 26. 5. 1946 von der Militärregierung nicht genehmigt worden. Die Demokratische Union hatte zehn Kandidaten aufgestellt, die in etwa auch der Sozialstruktur der aktiven Mitglieder in München – soweit die Berufe in den Anwesenheitslisten erwähnt wurden – entsprachen. Die Kandidaten hatten folgende Berufe: Monteur, kaufmännischer Angestellter, Kriminalkommissar, Bankbeamter, Kaufmann, Makler, Fuhrunternehmer, Schneidermeister, Kontrollmeister, Geschäftsinhaber.

[166] Niederschrift über die Sitzung vom 31. 5. 1946 (ebd.).

[167] Niederschrift über die Versammlung vom 14. 7. 1946 (ebd.). München war mit 7 Delegierten, Augsburg und Pfarrkirchen mit je 5 Delegierten vertreten. Diese wählten die vorläufige Landesvorstandschaft: Lallinger wurde mit 16 der 17 Stimmen zum Landesvorsitzenden, Franz Schenkermaier aus Pfarrkirchen mit einer von 17 Stimmen (!) zu seinem Stellvertreter gewählt. Kassier wurde Josef Liebl, Makler aus München, Sekretär Freiherr Dieter von Zedlitz, Schriftsteller aus Augsburg, Beisitzer Graf von Seyssel D'Aix aus Augsburg und Josef Maier aus Eggenfelden.

Zu S. 28

[168] Niederschrift über die Mitgliederversammlung der Bayerischen Demokratischen Union vom 12. 10. 1946 (ebd.). Lallinger schrieb nach dieser Ablehnung an Adolf Bauer in Vilshofen: „Ich und meine Freunde werden nun mit größerer Energie arbeiten, um dereinst die Landeszulassung zu erreichen. Ich stehe auf dem Standpunkt, daß jede große Sache erst entsprechend durchgekämpft werden muß. Lenin und Stalin, Lunartschky (!) und Trotzky sind für ihre Partei in die Verbannung gegangen. Sie haben ihre Ideale hochgehalten, und ihre Beharrlichkeit in die Zielsetzung führte sie zum Erfolg. Mahatma Gandhi kämpft seit 30 Jahren für die Unabhängigkeit Indiens. Ich sehe nicht ein, aus welchen Gründen wir Bayern einen schlechten Willen für die Zukunft entfalten sollen. Im Kampf um die Heimat sind wir zu allem bereit. Mit treubayerischem Gruß!" (Brief vom 10. 10. 1946, Archiv Lallinger, Kopie im Besitz der Verf.). In ähnlichem Sinne hatte sich Lallinger auch in der Versammlung vom 12. 10. 1946 geäußert.

[169] Latour/Vogelsang, Okkupation und Wiederaufbau, S. 108.

[170] Historical Reports OMG Bavaria, September 1946; vgl. auch SZ vom 4. 10. 1946.

[171] In der Niederschrift über die Versammlung vom 12. 10. 1946 ist der Zusammenhang zwischen Umbenennung und Weiterexistenz noch sehr verklausuliert formuliert, in der Niederschrift über die Versammlung vom 26. 10. 1946 heißt es dann eindeutig: „Herr Baron von Zedlitz bittet um das Wort... Augsburg müsse aufgelöst werden." (IfZ-Archiv, Fh 11/Bd. 16.)

[172] Niederschrift über die Sitzung vom 26. 10. 1946. (Ebd.) In dieser Sitzung wurde bereits über die weißblaue Raute als Parteiabzeichen diskutiert, öffentliche Kundgebungen in Aussicht genommen und vorgeschlagen, die bayerische Bevölkerung mit Plakaten zur Ablehnung der bayerischen Verfassung aufzurufen, da diese keinen Staatspräsidenten vorsehe. Vgl. auch den Gründungsbericht in der öffentlichen Mitgliederversammlung vom 11. 1. 1947. (Ebd.)

[173] Auf den Namen „Bayerische Landespartei" hatte man sich offenbar so sehr festgelegt, daß noch vor der Genehmigung entsprechende Briefköpfe angeschafft wurden, die noch im Laufe des Jahres 1947 – wohl auch um Papier zu sparen – verwendet wurden.

[174] Als Parteiprogramm wurde das Programm der Demokratischen Union übernommen, das bis auf wenige Punkte nur sehr allgemeine Forderungen beinhaltete.

[175] Lallinger führte vor einer Mitgliederversammlung vom 11. 1. 1947 aus: „die am 16. 11. 1946 (!) von der amerikanischen Militärregierung von München lizenzierte ‚Bayernpartei' ist aus der ‚Demokratischen Union' *hervorgegangen*" (Hervorhebung von der Verf.), Niederschrift über die Mitgliederversammlung vom 11. 1. 1947, ebd. Im Rundschreiben des Kreisverbands München für Mitglieder und Bürgen der Bayernpartei (verantwortlich Anton Putz, Vorsitzender des Presseausschusses) vom 1. 9. 1947 wurde in einem Abriß über die Geschichte der Bayernpartei der Entstehungsprozeß noch korrekt beschrieben: „Das Ende August 1946 an die amerikanische Militärregierung für Bayern eingereichte Gesuch auf Landeszulassung der ‚Bayerischen Landespartei' wurde durch die amerikanische Militärregierung für Bayern abgelehnt, nachdem das eingereichte Parteiprogramm auf einen vollkommen selbständigen Bayerischen Staat hinzielte und zur damaligen Zeit eine derartige Richtung durch die USA nicht gestattet wurde. Nach Ablehnung dieses Gesuchs wurde in einer Mitgliederversammlung vom 28. 10. 1946 die Umbenennung der ‚Bayerischen Demokratischen Union' in ‚Bayernpartei' beschlossen. Dieser Beschluß wurde am 30. 11. 1946 durch die amerikanische Militärregierung von München anerkannt. Die Umbenennung der Gruppe des Stadt- und Landkreises Pfarrkirchen/Simbach erfolgte einige Tage später." (Archiv Lallinger, Kopie im Besitz der Verf.)
In der Phase der „Volksbewegung" nach dem Eintritt Baumgartners wurde die Vorgeschichte unterschlagen und die Legende von der neuen Partei auch publizistisch verbreitet: „Im Straubinger Hof in München traf sich am 28. Oktober 1946 der Polizeibeamte, Ludwig Max Lallinger, mit einigen Freunden zur Gründung der Bayernpartei. Wenige Tage später kündeten weißblaue Rautenplakate in München die politische Tätigkeit einer neuen Partei an, der Bayernpartei." Diese Beschreibung (Was ist, was will die Bayernpartei, München 1950, S. 47) liegt im allgemeinen der Sekundärliteratur zur Bayernpartei zugrunde; siehe z. B. Flechtheim (Hrsg.), Dokumente I, S. 33 und Bauer, Bayernpartei, S. 468.

In den späteren Jubiläumsfeiern zur Gründung der Bayernpartei wurden Lallingers Verdienste als Gründer der Bayernpartei immer besonders hervorgehoben. Zum zehnjährigen Bestehen der Bayernpartei beschreibt „Der Bayernruf" (Mitteilungsblatt der Bayernpartei, 6. Jg., Nr. 21 vom 2.11.1956, S. 1) den Gründungsvorgang folgendermaßen: „Die amerikanische Militärregierung... verbot auch bald die im Frühjahr 1946 in München ins Leben gerufene ‚Bayerische Demokratische Union'... Trotz dieses Rückschlags gründete am 28. Oktober 1946 Ludwig Max Lallinger mit einer Schar Unentwegter" usw. Auf diese Beschreibung stützt sich auch Vogt, Bayernpartei, S. 26.
[176] Politische Grundsätze der Bayernpartei, I. Teil, Staatspolitische Grundsätze vorgelegt von J. Kettner und H. Pöhner. Dieser Arbeitsentwurf war nur für Beratungen innerhalb der Bayernpartei bestimmt. Schriftenreihe der Bayernpartei, Heft 1, hrsg. vom Kreisverband Oberbayern.
[177] Einer dieser Separatisten „emigrierte" nach Österreich, da für ihn der Eintritt Baumgartners das Ende der Bayernpartei und die Annahme des Grundgesetzes das Ende Bayerns bedeuteten (Gespräch mit H. Herndl, August 1967). Zu dieser Gruppe sind zu rechnen: der Diplom-Physiker Pöhner, Geschäftsführer des Kreisverbands Oberbayern bis 1953, der Apotheker Max Paur und der Dentist J. Kettner.
[178] Anton Besold, geb. am 13.1.1904 in Weßling (Oberbayern) als Sohn eines Oberlehrers; Ludwigs-Gymnasium in München; Studium der Rechte in München, Promotion in Erlangen; 1930 Assessorexamen; seit 1930 Rechtsanwalt in München; 1941–1945 Kriegsteilnehmer, zuletzt Leutnant. 1948–1949 BP-Stadtrat in München; 1950–1953 Generalsekretär, anschließend Landesvorsitzender der Bayernpartei; am 15.1.1954 ausgetreten. Juni 1955 Eintritt in die CSU, 1955–1961 Mitglied der Landesvorstandschaft der CSU, stellvertretender Bezirksvorsitzender der CSU in München, seit 1965 Mitglied des Landesausschusses der CSU; Mitglied des Bundestages von 1949–1953 für die Bayernpartei und 1957–1969 für die CSU (Amtliches Handbuch des Deutschen Bundestages, 5. Wahlperiode, Darmstadt 1965).
[179] Maerkl gehörte zunächst der Königspartei an; später Stadtrat für die Bayernpartei in München.
[180] Kettner, Zahnarzt, gehörte zunächst der Königspartei an, bevor er zur Bayernpartei übertrat.
[181] Knott versuchte nach 1945, in Rosenheim eine bayerische Heimatbewegung ins Leben zu rufen; 1947 trat er der Bayernpartei bei; 1948 wurde er Landrat in Rosenheim; 1954 Übertritt zur CSU.
[182] Sitzungsprotokoll über die erweiterte Ausschußsitzung vom 26.1.1948 (IfZ-Archiv, Nachlaß Baumgartner).
[183] Sitzungsprotokoll vom 29.1.1948. (Ebd.)

TEIL B STRUKTUREN

I. Entwicklung der Bayernpartei vom Eintritt Baumgartners bis zur Viererkoalition

[1] In den 37 Landkreisen, wo sich die Bayernpartei in den Gemeindewahlen beteiligte, erhielt sie durchschnittlich 21,1%, in den 26 Stadtkreisen erreichte sie 17,3%.
[2] In den Städten Freising, Rosenheim, Traunstein, Deggendorf, Landshut und Passau und in den Landkreisen Erding, Mühldorf, Traunstein und Wasserburg.
[3] In München erhielt die Bayernpartei 24%, die SPD 27,5%.
[4] Baumgartner erhielt 245 von 309 Stimmen der Delegierten der Landesversammlung. Vgl. Protokoll der Landesversammlung der Bayernpartei, IfZ-Archiv, Fh 11/Bd. 1. Die Protokolle der Landesversammlung werden künftig zitiert: Prot. LV.
[5] Baumgartner, Donhauser und Falkner waren vorher Mitglieder der CSU, Anton Besold der Königspartei (bis zu deren Verbot); die übrigen Mitglieder, Lallinger, Fischbacher, Etzel und Kuen (Schwaben), gehörten nach 1945 keiner anderen Partei an.
[6] Etzel in einem Brief an Schäffer vom 2.6.1948; Unterlagen Etzel, Kopie im Besitz der Verf.; in einem Artikel in der Parteizeitung schrieb Etzel: „Die Bayernbewegung ist ein Elementarvorgang. Sie wurde nicht gemacht, sie entsprang als Reaktion gegen Ungebühr,

Zu S. 32–34

als Folgerung aus empfangener Lehre und als Durchbruch verschüttet gewesener Kräfte." Bayerische Landeszeitung, Jg. 1, Nr. 3 vom 28. 1. 1949.

[7] Vgl. Prot. LV vom 18./19. 6. 1948. IfZ-Archiv, Fh 11/Bd. 1.

[8] Bericht Falkners auf der Sitzung des vorläufigen Landesausschusses, des sog. Siebener-Ausschusses, vom 3. 3. 1948. Protokoll im Archiv der Landesgeschäftsstelle der Bayernpartei, Kopie im Besitz der Verf.

[9] Brief Baumgartners an Falkner vom 26. 5. 1948. IfZ-Archiv, Nachlaß Baumgartner.

[10] Siehe Protokoll der Landesvorstandschaft der Bayernpartei vom 3./4. Oktober 1948, IfZ-Archiv, Fh 11/Bd. 2, 3. Die Protokolle der Landesvorstandschaft werden künftig zitiert: Prot. LVorst.

[11] Zur „Freien Parlamentarischen Vereinigung" schlossen sich am 15. 3. 1949 die Abgeordneten Dr. Baumgartner, Scharf (vormals CSU), Dr. Ziegler (fraktionslos), Dr. Rief und Röhlig (beide vormals WAV) zusammen. Durch weitere WAV-Abgeordnete erhöhte sich später die Mitgliederzahl auf 10; das Ausscheiden mehrerer WAV-Abgeordneter beendete am 9. 11. 1949 den Fraktionsstatus. Der Beitritt des aus der CSU ausgeschiedenen Abgeordneten Allwein am 30. 11. 1949 ermöglichte wieder eine Neubildung. Am 17. 1. 1950 schlossen sich die Fraktion der „Deutschen Partei für Freiheit und Recht" (eine Abspaltung der Fraktion der WAV) und die „Freie Parlamentarische Vereinigung" zur „Freien Fraktionsgemeinschaft" zusammen, da der Geschäftsordnungsausschuß des Bayerischen Landtags die Fraktionsstärke auf 10 erhöht hatte. Diese existierte, ohne parlamentarische Bedeutung zu erlangen, bis zum Ende der 1. Legislaturperiode des Bayerischen Landtags. Nur die Abgeordneten Scharf, Allwein und Ziegler waren Mitglieder der Bayernpartei geworden.

[12] Es handelte sich um den Abgeordneten Wartner, einen ehemaligen Bauernbündler; Bayernruf, 3. Jg., Nr. 12 vom 20. 6. 1953.

[13] Siehe dazu Teil C IV: Finanzierung.

[14] Dr. Wilhelm Schmidhuber, geb. 23. 11. 1898 in München, seit 1924 bayerischer Konsul in Nicaragua, Portugal und Mexiko (1924–1932), Berater am Reichsverband der Deutschen Industrie, Vorstandsmitglied u. a. der Hofbräu AG Bamberg. Seit 1948 unterstützte er die Bayernpartei mit Spenden, bürgte für Kredite und wurde Ende 1949 zum Schatzmeister gewählt.

[15] Dr. Hermann Etzel, geb. 21. 6. 1882 in Eisenfeld/Altötting, Jurist, 1930–1934 (zwangspensioniert) Syndicus der Handwerkskammer München und Oberbayern, 1945 publizistische Tätigkeit und Gründung des Orchesters der Bamberger Symphoniker. April 1948 Eintritt in die Bayernpartei, von der Landesversammlung 1948 als Mitglied der Landesleitung gewählt, 1949–1952 stellvertretender Landesvorsitzender, MdB 1949–1953, MdL 1950–1951. Angaben nach: Handbuch des Deutschen Bundestags, Stuttgart 1952. Siehe auch „Der Theoretiker der Partei", in: Bayerische Landeszeitung, Jg. 1, Nr. 5 vom 11. 2. 1949, S. 10. Nach seinem Austritt war Etzel u. a. Mitbegründer des „Deutschen Klubs 1954" und Mitherausgeber der „Blätter für Deutsche und Internationale Politik".

[16] Eugen Fürst zu Oettingen-Wallerstein, geb. 22. 3. 1885 in Prag, juristisches Studium, 1909–1938 diplomatischer Dienst, Mitglied des Bayerischen Heimat- und Königsbund, 1923–1930 Leiter der Hof- und Vermögensverwaltung des Kronprinzen Rupprecht von Bayern und Verwaltungsratsvorsitzender des Wittelsbacher Ausgleichsfonds, 1930 Übernahme des Familienstammgutes Wallerstein, 1930–1933 Vorsitzender des Verbands Größerer Grundbesitz in Bayern und des Verbands Bayerischer Waldbesitzer, im 2. Weltkrieg in der Militärverwaltung in Frankreich von 1941 bis zu seiner Abberufung aus politischen Gründen 1942. Seit 1945 Vorsitzender des Verbands Größerer Grundbesitz in Bayern und der Vereinigung des Adels in Bayern, Aufsichtsrat der Bayerischen Vereinsbank und der Bayerischen Landwirtschaftsbank; 1949 Bundestagskandidat der Bayernpartei im Wahlkreis Donauwörth, von der Landesversammlung am 5./6. 8. 1950 zum stellvertretenden Landesvorsitzenden gewählt, Dezember 1950 Mitglied des Finanzausschusses der Bayernpartei, am 8. 1. 1951 für Baumgartner in den Bundestag nachgerückt, stellte sich 1952 nicht mehr zur Wiederwahl als stellvertretender Landesvorsitzender, 1. 9. 1952 Niederlegung des Bundestagsmandats und später Austritt aus der Bayernpartei.

[17] Dr. Gebhard Seelos, geb. 13. 3. 1901 in München, Jurist, diplomatischer Dienst, 1943–

Zu S. 34–38

1945 Dolmetscher, Aktivität im bayerischen Widerstand, Staatsrat, Bevollmächtigter Bayerns im Stuttgarter Länderrat und im Frankfurter Exekutivrat, 1.7. 1949 Amtsenthebung, Juni 1949 Eintritt in die Bayernpartei, 1949–25. 9. 1951 MdB, anschließend Rückkehr in den diplomatischen Dienst. Angaben nach: Handbuch des Deutschen Bundestags, Stuttgart 1952.

[18] Dr. Hugo Decker, geb. 15. 7. 1899 in Bernau/Obb., Dipl.-Ing., Vorsitzender des Bezirksverbands der Bayernpartei bis 1949, 1949–1953 MdB, Delegierter für den Europarat, Parlamentarischer Geschäftsführer der Bayernpartei-Fraktion, seit September 1951 Fraktionsvorsitzender der Bayernpartei, Januar 1954 Übertritt zur CSU. Angaben aus: Handbuch des Deutschen Bundestags, Stuttgart 1952, und Bayernruf, 3. Jg., Nr. 16/17 vom 23. 8. 1953.

[19] Die Bundestagsfraktionen der Bayernpartei und des Zentrums schlossen sich am 22. 12. 1951 zusammen. Gleichberechtigte Vorsitzende wurden Decker und Helene Wessel. Siehe Bayernruf 2. Jg., Nr. 1 vom 1. 1. 1952.

[20] Aufgrund des bayerischen Wahlgesetzes vom 27. 9. 1950, nach dem 51% der Abgeordneten nach der Verhältniswahl und 49% nach der Persönlichkeitswahl gewählt werden sollten, erhielt die CSU in Schwaben zwei Direktmandate mehr als ihr nach dem Ergebnis der Zweitstimmen zugestanden hätten. Diese beiden Mandate gingen zu Lasten der SPD und der Bayernpartei. Vgl. Beiträge zur Statistik Bayerns, Heft 163: Wahl zum Bayerischen Landtag am 26. November 1950. München 1951, S. 5 f. und 9 f.

[21] SZ Nr. 75 vom 2. 4. 1952.

[22] Dazu Georg Bantele, Präsidentenwahl im Bayerischen Landtag, in: Bayern-Dienst, Informationen der Bayernpartei, Jg. 1, Nr. 11 vom 7. 7. 1951.

[23] Beschluß des Landesausschusses der Bayernpartei vom 9. 12. 1951; vgl. Bayernruf, 1. Jg. Nr. 8 vom 15. 12. 1951.

[24] IfZ-Archiv, Nachlaß Baumgartner. Prot. der Landesleitung (künftig zitiert: LL) vom 23. 6. 1951 und Prot. des Landesausschusses der Bayernpartei (künftig zitiert: LA) vom 6. 7. 1951.

[25] Prot. LV vom 7./8. 7. 1951; ebd.

[26] Prot. LV vom 23. 8. 1952; IfZ-Archiv, Nachlaß Baumgartner.

[27] Ebd. und Bericht in Bayernruf, Jg. 2, Nr. 17 vom 1. 9. 1952.

[28] Ebd.

[29] Da Falkner am 27. 10. 1950 tödlich verunglückte, wurde Anton Besold am 2. 12. 1950 von der Landesleitung „bis auf weiteres" zum Generalsekretär bestellt. Prot. LL vom 2. 12. 1950; IfZ-Archiv, Nachlaß Baumgartner.

[30] Siehen unten, S. 175 ff.

[31] Bayernruf, 3. Jg., Nr. 11 vom 8. 6. 1953, S. 7.

[32] Ebd. S. 5.

[33] SZ vom 28. 9. 1953.

[34] Prot. der Generalversammlung vom 27. 9. 1953, IfZ-Archiv, Nachlaß Baumgartner, und SZ vom 28. 9. 1953.

[35] SZ vom 2. 10. 1953 und Nr. 228 vom 3./4. 10. 1953.

[36] Bayernruf 3. Jg., Nr. 20/21 vom 2. 11. 1953. Die Mehrheit des Kreisverbands München sprach jedoch in einer außerordentlichen Versammlung am 4. 10. Lallinger das Vertrauen aus und mißbilligte die Politik des Landesvorsitzenden Besold. Auch der Jungbayernbund drohte in einer Tagung am 4.10.1953 mit seinem Austritt aus der Bayernpartei. Vgl. SZ vom 5. 10. 1953. Die Landesleitung erreichte hingegen durch eine einstweilige Verfügung des Landgerichts München, daß der Kreisverband München unter der Führung Lallingers nicht weiter den Namen Bayernpartei führen durfte. Bayernruf, 3. Jg., Nr. 20/21 vom 2. 11. 1953.

[37] Bayernruf, 2. Jg., Nr. 22/23 vom 24. 11. 1952.

[38] Bayernpartei ist notwendig! Die 7. Landesversammlung der Bayernpartei in Straubing im Zeichen von Heimat, Freiheit und Recht. Hrsg. von der Landesgeschäftsstelle der Bayernpartei, München 1954.

[39] Konrad Frühwald, geb. 11. 1. 1920 in Rossbach, Ldkr. Neustadt/Aisch, entstammte einer protestantischen Bauernfamilie, nach 1945 Landwirt und Bezirksobmann im Bayerischen

Zu S. 38–40

Bauernverband, seit 26. 11. 1950 MdL, seit 1952 stellvertr. Landrat von Neustadt/Aisch. Angaben aus: Handbuch des Bayerischen Landtags, 3. Wahlperiode, München o. J.

[40] Dr. Carljörg Lacherbauer, geb. 23. 6. 1902 in München, Jurist, 1929–1945 Gerichtsassessor, Staatsanwalt und Amtsgerichtsrat, 1945 Gründungsmitglied der CSU, 1946 Mitglied der Verfassunggebenden Landesversammlung, Dezember 1945 rechtskundiger Bürgermeister der Stadt München und Mitglied des Stadtrats, seit 1. 12. 1946 MdL, Juli 1947 Staatssekretär im Bayerischen Staatsministerium der Justiz, Rücktritt Dezember 1948, Tätigkeit als Notar, Vorsitzender des Haushaltsausschusses im 2. Bayerischen Landtag für die Fraktion der CSU, nach seinem Übertritt in die Bayernpartei Ende Mai 1954 (siehe dazu Bayernruf 3. Jg., Nr. 11 vom 8. 6. 1953) stellvertretender Fraktionsvorsitzender der Bayernpartei, 1954–1956 stellvertretender Landesvorsitzender, Dezember 1955 bis Juni 1957 Fraktionsvorsitzender. Angaben nach: Handbuch des Bayerischen Landtags, 3. Wahlperiode, München o. J.

[41] Dr. August Geislhöringer, geb. 22. 8. 1886 in München, Jurist, 1913–1915 Staatsdienst, anschließend Rechtsanwalt in Nürnberg, 1924–1952 Justitiar und später Abteilungsdirektor der Lech-Elektrizitätswerke AG Augsburg, seit Juli 1950 Vorsitzender des Bayernpartei-Kreisverbands Schwaben, seit 1950 MdL, 1952 und 1953 stellvertretender Landesvorsitzender, 1953 Finanzbevollmächtigter, 1954 Vorsitzender des Landesausschusses. Angaben nach: Handbuch des Bayerischen Landtags, 3. Wahlperiode, München o. J.

[42] Dr. Joseph Panholzer, geb. 21. 3. 1895 in Weilheim/Obb., Rechtsanwalt, Vorstand des „Friedensbundes deutscher Katholiken", Inhaftierung im KZ Dachau, 1939 Emigration nach Frankreich, seit 1946 Rechtsanwalt und Generalbevollmächtigter der Benediktiner-Abtei Ettal, Rechtsberater des französischen Generalkonsulats und der Landesärztekammer, 1959–1962 Landesvorsitzender der Bayernpartei, 1966 Übertritt zur Bayerischen Staatspartei. Angaben nach: Handbuch des Bayerischen Landtags, 4. Wahlperiode, München 1959, und Bayernruf 4. Jg., Nr. 24 vom 22. 12. 1954.

[43] Kurt Eilles, geb. 1913 in München, Rechtsanwalt, parteipolitische Aktivität in der Bayernpartei bis zu seiner Berufung als Staatssekretär. Nach Bayernruf 4. Jg., Nr. 24 vom 22. 12. 1954 eines der ältesten Mitglieder der Bayernpartei und Prozeßbevollmächtigter für die Partei, vor allem auch für den Landesvorsitzenden Baumgartner.

[44] Siehe Bayernruf 5. Jg., Nr. 20/21 vom 15. 10. 1955.

[45] Mintzel, CSU (PVS), S. 224.

[46] Ebd., S. 221.

[47] Z. B. traten in Passau vier Stadträte zur CSU über (SZ vom 22. 7. 1956); die dreiköpfige Fraktion der Bayernpartei im Kreistag von Schrobenhausen schloß sich der CSU-Fraktion an (Münchner Merkur vom 12./13. 5. 1956); die CSU-Landesleitung gab den Übertritt von vier Kreisräten der Bayernpartei im Landkreis Wolfstein und von zwei Stadträten der Bayernpartei aus Freyung bekannt (Münchner Merkur vom 27. 7. 1956).

[48] Bayernpartei und Zentrum gründeten im Juni 1957 in Frankfurt die Föderalistische Union, der sich ferner die Deutsch-Hannoversche Partei und die Schleswig-Holsteinische Partei anschlossen. Auf der Bundesdelegiertenversammlung am 6. Juli in Frankfurt wurde Baumgartner zum Bundesvorsitzenden gewählt. In Bayern erhielt die Föderalistische Union trotz Wahlhilfe durch die SPD nur noch 3,2% der gültigen Stimmen. 1958 löste sie sich wieder auf.

II. Verbandsstruktur und Organisationspolitik

[1] Siehe dazu den Bericht der Süddeutschen Zeitung vom 14. 2. 1948, S. 2: „Der Aschermittwoch ist in Vilshofen seit Jahren als ‚weißblauer Tag' ein Bauernfeiertag, an dem ein großer Viehmarkt abgehalten wird. Das benutzten einige politische Parteien, nun am selben Tag Kundgebungen abzuhalten, so CSU, SPD und die Bayernpartei; letztere zweifellos mit dem größten Erfolg. Der Saal, in dem die Bayernpartei tagte, mußte eine halbe Stunde vorher geschlossen werden, und nach Schätzung Unparteiischer waren 4000 Leute erschienen, von denen nur 2000 im Saal Platz finden konnten. Der Rest

stand im Freien und verstopfte die Straße Passau–Deggendorf, so daß der Verkehr zeitweise stillstand. Auf der Kundgebung sprach Exminister Dr. Baumgartner zum ersten Male als Vorsitzender der Bayernpartei und forderte eine ‚bayerische Volkserhebung gegen Frankfurt für ein selbständiges Bayern'." Seither wurden regelmäßig zu Bauernmärkten Kundgebungen der Bayernpartei abgehalten. In Rundschreiben der Landesgeschäftsstelle wurden die Termine und Orte der größeren Bauernmärkte in ganz Bayern den Funktionären (Landesleitung, Kreisverbände und Bezirksverbände) mitgeteilt; vgl. z. B. Schreiben der Landesgeschäftsstelle vom 30. 8. 1949. IfZ-Archiv, Nachlaß Baumgartner.

² Siehen unten S. 63. In der CSU dagegen gewann das Amt des Landesgeschäftsführers, der 1956 auch offiziell wieder zum Generalsekretär aufgewertet wurde, immer mehr an Bedeutung. Siehe dazu Mintzel, CSU (PVS), S. 224, Anm. 63 und ders., CSU (Diss.), S. 276.

³ Siehe: „Satzungen des Stadt- und Landkreises München" der Bayernpartei von 1946/47; diese Satzung beruht – mit einigen Veränderungen – auf der Satzung der Demokratischen Union. Siehe Archiv IfZ, Fh 14–16.

⁴ Vgl. § 6, 9 und 10, ebd.

⁵ Siehe dazu „Satzung von 1948 der Bayernpartei". IfZ-Archiv, Nachlaß Baumgartner.

⁶ Beispielsweise wurde im April einem Antrag auf Lizenzierung auf Landesebene eine Satzung beigefügt, die in 19 Artikeln im wesentlichen die Satzung des Münchener Verbands beinhaltete (Archiv Lallinger, Kopie im Bes. d. Verf.).

⁷ Auf der 1. Landesversammlung am 18. 6. 1948 (vgl. Prot. LV IfZ-Archiv, Fh 11/Bd. 1 Bl. 117) wurden nur die Zusammensetzung der Landesleitung, des Landesausschusses und der Landesvorstandschaft diskutiert, da die Mehrheit der Delegierten wegen der Währungsreform für eine Verkürzung der Landesversammlung eingetreten war und die weiteren Punkte samt den Anträgen der Bezirksverbände an den Landesausschuß verwiesen werden mußten. Dr. Hermann Etzel berücksichtigte in der Überarbeitung des Aretinschen Entwurfes die Beschlüsse der 1. Landesversammlung, des 1. konstituierenden Landesausschusses vom 21./22. August und der 1. konstituierenden Landesvorstandschaft am 3./4. Oktober 1948. Vgl. auch Brief Etzels an Baumgartner mit der überarbeiteten Satzung, die statt der ursprünglichen 107 Paragraphen auf 78 gestrafft wurde. IfZ-Archiv, Nachlaß Baumgartner.

⁸ Vgl. das entsprechende Schreiben im Nachlaß Baumgartner.

⁹ Vorsitzender: „Meine Herren! Lassen Sie mich noch einen Satz als Landesvorsitzender sagen [...] Eigentlich ist es so: wenn wir es so genau nehmen wie es in den Satzungen steht, kann die Landesleitung, und kann ich als Landesvorsitzender überhaupt nichts mehr unternehmen. Ich kann nicht auf den Lokus gehen ohne Genehmigung, ich kann überhaupt nichts tun [...]"
von Aretin: „Wir haben gestern feierlich erklärt, Ihnen soviel Vollmacht zu geben, daß Sie mehr als auf den Lokus gehen können."
Vorsitzender: „Das muß ich erst sehen!"
Vgl. Prot. LA vom 21./22. August 1948, Archiv der Landesgeschäftsstelle.

¹⁰ Vgl. Satzungsentwurf Aretins vom Mai 1948, der an die Bezirksverbände vor der 1. Landesversammlung verschickt wurde. IfZ-Archiv, Nachlaß Baumgartner.

¹¹ Vgl. dazu Satzung der CSU von 1946, ebd.

¹² Ebd. § 15 berufsständische Beiräte auf Ortsebene; § 26 auf Stadt- und Landkreisebene; § 38 auf Regierungsbezirksebene (Bezirksständerat) und § 52 der berufsständische Rat der Landesvorstandschaft auf Landesebene.

¹³ Bei der Bayernpartei waren diese nur im Landesverband vorgesehen. Satzung der Bayernpartei von 1948, § 33. IfZ-Archiv, Nachlaß Baumgartner.

¹⁴ Ebd. § 70.

¹⁵ Vgl. dazu Mintzel, CSU (Diss.), S. 110 ff.; bereits 1946 stellte Aretin – in Anlehnung an einen Vorschlag Hundhammers – folgenden Antrag: „Die Landesversammlung wählt einen 1., 2. und einen 3. Landesvorsitzenden auf die Dauer eines Jahres, die die stammliche und konfessionelle Struktur unseres Volkes repräsentieren sollen." Ebd., S. 112.

¹⁶ Schon der Beitritt Fischbachers 1947 führte zu Spannungen mit der Münchener Gruppe

Zu S. 43–46

um Lallinger. Bereits Ende 1947 mußte ein Vermittlungsausschuß der zerstrittenen Flügel eingesetzt werden. Protokoll der Bezirksversammlung München Stadt und Land am 10. 1. 1948. IfZ-Archiv, Fh 11/Bd. 16.

[17] Auf der 1. Landesversammlung 1948 wurde das Dreierkollegium von den Delegierten noch zugunsten eines Landesvorsitzenden und eines Stellvertreters abgelehnt, auf der Landesversammlung 1949 wurde es dann in die Satzung aufgenommen. Prot. LV vom 19./20. 6. 1948 und vom 18./19. 6. 1949. IfZ-Archiv, Fh 11/Bd. 1, 4.

[18] Ebd.

[19] Die Bezeichnungen der Bayernpartei für ihre Gliederungen – Kreisverband entspricht Regierungsbezirk, Bezirksverband einem Stadt- oder Landkreis – wurden in dieser Arbeit beibehalten.

[20] Zur Satzungsdiskussion in der CSU vgl. Mintzel, CSU (Diss.), S. 126 ff.

[21] Satzung von 1948. IfZ-Archiv, Nachlaß Baumgartner.

[22] Ebd.

[23] Ebd. § 36.

[24] Ebd.

[25] Ebd. § 26.

[26] Die Schiedsordnung der Bayernpartei wurde erst von der 2. Landesversammlung verabschiedet. Prot. LV vom 18./19. 6. 1949. IfZ-Archiv, Nachlaß Baumgartner.

[27] Prot. LA vom 10. 5. 1950. IfZ-Archiv, Nachlaß Baumgartner.

[28] Die Landesversammlung bestand aus der Landesvorstandschaft und je zwei Delegierten der Bezirksverbände. Vgl. § 34 der Satzung von 1948. IfZ-Archiv, Nachlaß Baumgartner.

[29] Ebd. § 37.

[30] Ebd. § 40.

[31] Ebd. § 37 und § 40.

[32] Entwurf Aretins vom Mai 1948. IfZ-Archiv, Nachlaß Baumgartner. Vgl. auch Diskussion auf der 1. und 2. Landesversammlung, Prot. LV vom 19./20. 6. 1948 und 18./19. 6. 1949, IfZ-Archiv, Fh 11/Bd. 1, 4.

[33] Prot. LV vom 18./19. 6. 1949, IfZ-Archiv, Fh 11/Bd. 4.

[34] Ebd.

[35] Prot. LV vom 5./6. 8. 1950. IfZ-Archiv, Nachlaß Baumgartner.
Der satzungsändernde Antrag für die Zusammensetzung der Landesleitung:
„Die Landesleitung besteht aus
1) dem Landesvorsitzenden
2) 3 gleichberechtigten Stellvertretern
3) den 8 Kreisvorsitzenden.
Die stellvertretenden Landesvorsitzenden sind den drei bayerischen Stämmen zu entnehmen.
Dieser Antrag wurde von der Landesversammlung mit überwältigender Mehrheit angenommen." Prot. LV, 5./6. August 1950, ebd.

[36] Vgl. Prot. LV vom 2./3. Oktober 1948. IfZ-Archiv, Fh 11/Bd. 2, 3.

[37] Die Landesvorstandschaft tagte am 26. 3. 1949, 27. 7. 1949, 23. 9. 1949. Prot. LV, Archiv IfZ, Nachlaß Baumgatner.

[38] Prot. LA vom 7. 4. 1950; ebd.

[39] Ebd.

[40] Ebd.

[41] Ebd.

[42] Ebd.

[43] Zur künftigen Form des Landesausschusses machte Falkner im Auftrag der Landesleitung folgenden Vorschlag: „Die Landesleitung bittet die Landesversammlung um Zustimmung, daß eine Generalversammlung aller Bezirksvorsitzenden Beschluß fassen kann oder diese Satzung genehmigen kann, also die von der Landesleitung erarbeitete neue Satzung, die sich im wesentlichen mit dem Problem des Landesausschusses und der Landesvorstandschaft befassen wird.
Ich darf Ihnen daher folgenden Beschluß zur Genehmigung vorschlagen:

1. Die folgenden Organe der Parteien
   a) Landesvorstandschaft
   b) Landesausschuß
   werden mit sofortiger Wirkung aufgehoben.
2. Die §§ 37, 38, 39, 40, 41, 42 und 43 treten außer Kraft.
3. Die Landesleitung wird beauftragt, die Satzung der Aufhebung dieser beiden Organe anzupassen.
4. Die Befugnisse des Landesausschusses gehen vorläufig auf eine Generalversammlung über
   a) aus der Landesleitung
   b) aus den ersten Vorsitzenden der Bezirksverbände oder deren Stellvertreter.
5. Die Landesleitung ist darüber hinaus ermächtigt, sämtliche satzungsändernden Anträge zu verabschieden. Auch dieser Beschluß bedarf der Zustimmung durch die Generalversammlung."
Vorstehender Beschluß wurde gegen 2 Enthaltungen angenommen. Prot. LV vom 5./6. August 1950, IfZ-Archiv, Nachlaß Baumgartner.

[44] Beschlüsse der Tagung der Kreis- und Bezirksvorsitzenden in Regensburg vom 9.7. 1950. IfZ-Archiv, Nachlaß Baumgartner.
[45] Ebd.
[46] Ebd.
[47] Verzeichnis der Delegierten der Bezirks- bzw. Kreisverbände zur Generalmitgliederversammlung am 9.7.1950. (Archiv der Landesgeschäftsstelle, Kopie im Besitz der Verf.)
[48] Ebd.
[49] Vgl. Prot. der Generalversammlung der Bezirksvorsitzenden am 18. Februar 1951 in Nürnberg. IfZ-Archiv, Nachlaß Baumgartner.
[50] Satzungsentwurf des Kreisverbands Oberbayern vom 12.2.1951, ebd.
[51] Prot. der Generalversammlung der Bezirksvorsitzenden der Bayernpartei am 18.2.1951, ebd.
[52] Satzungsentwurf des Kreisverbands Oberbayern vom 12.2.1951, § 56, S. 20, ebd.
[53] § 1 des Satzungsentwurfs von Oberbayern lautet: „Die Bayernpartei ist eine politische Partei. Ihr Sitz ist München. Sie ist ein eingetragener Verein. Ihr Zweck ist die Wahrnehmung der Interessen des bayerischen Volkes nach dem Grundsatz ‚Bayern den Bayern', insbesondere die Verwirklichung ihres Parteiprogramms.
Die Hauptpunkte des Programms sind:
1. Schaffung eines selbständigen bayerischen Staates, der sich freiwillig einem deutschen Staatenbund anschließt.
2. Schaffung eines bayerischen Staatsangehörigkeits-Gesetzes.
3. Schaffung der verfassungsmäßigen Grundlagen zur Berufung eines bayerischen Staatspräsidenten.
4. Einrichtung einer zweiten Kammer auf berufsständischer Grundlage als gesetzgebende Körperschaft zur Lösung der sozialen Fragen.
5. Grundlage des öffentlichen und privaten Lebens sind die Zehn Gebote Gottes und das Naturrecht.
6. Einhaltung des Konkordates und der Verträge mit der evangelischen Kirche.
7. Mitarbeit zur Verwirklichung eines abendländischen Bundes der europäischen Staaten." Ebd.
[54] Ebd. § 46 und § 28.
[55] Protokoll über die Generalmitgliederversammlung der Bezirksvorsitzenden der Bayernpartei vom 18.2.1951, IfZ-Archiv, Nachlaß Baumgartner.
[56] Ebd., S. 2.
[57] Ebd. und Prot. LA vom 31.3.1951, Archiv der Landesgeschäftsstelle, Kopie im Besitz der Verf.
[58] Dieses satzungsgebende Gremium sollte auf Antrag Besolds aus je zwei Vertretern der einzelnen Kreisverbände zusammengesetzt sein. Ebd.
[59] Rundschreiben der Bayernpartei, Stadt- und Landkreis München vom 1. September 1947; Nachlaß Fischbacher, Kopie im Besitz der Verf.
[60] Diese Gruppe der „Republikaner" beobachtete mit Mißtrauen, wenn ehemalige Mit-

Zu S. 48–50

glieder des Bayerischen Heimat- und Königsbundes oder der 1946 verbotenen Königspartei Gründungsversammlungen der Bayernpartei einberiefen und Führungsfunktionen einzunehmen versuchten, wie beispielsweise in Erlangen und Forchheim. Bericht Herndl von Ende 1947. (Unterlagen der Landesgeschäftsstelle, Kopie im Besitz der Verf.)

[61] Ebd.

[62] Schon in der Frühphase schlug sich diese Heterogenität in heftigen Streitereien und Gruppenkämpfen nieder: bereits im Herbst 1947 war das Mißtrauen der Münchener Gründungsgruppe um Lallinger gegenüber Fischbacher, Aretin und Donhauser so groß, daß um die Jahreswende 47/48 ein „Überbrückungsausschuß" gebildet werden mußte, der nach erfolglosen Vermittlungsversuchen kurz nach dem Übertritt Baumgartners aufgelöst wurde. IfZ-Archiv, Fh 11/Bd. 16.

[63] Brief Baumgartners an Falkner vom 26. Mai 1948. IfZ-Archiv, Nachlaß Baumgartner.

[64] „Wir haben eine Niederlage erlitten", sagte Generalsekretär Falkner auf der Landesausschußsitzung. Prot. LA vom 24. 8. 1949; ebd.

[65] Brief Baumgartners an Falkner vom 30. 12. 1949. IfZ-Archiv, Nachlaß Baumgartner.

[66] Bericht Falkners auf der Sitzung des „Siebener-Ausschusses vom 3. 3. 1948. Unterlagen der Landesgeschäftsstelle, Kopie im Besitz der Verf.

[67] Selbst Fischbacher, dessen Kreisverband relativ gut organisiert war, klagte wie schwierig es sei, Organisationseinheiten unterhalb der Landkreisebene einzurichten. Prot. LVorst. vom 2./3. Oktober 1948, IfZ-Archiv, Fh 11/Bd. 2, 3. Der Vorsitzende des Kreisverbands Oberfranken, Georg Bantele schrieb in einem Erfahrungsbericht über den Wahlkampf 1949: „Die Bezirksverbände standen teilweise nur auf dem Papier, Ortsverbände und Vertrauensmänner konnten etliche erst in den Wahlwochen gewonnen werden [...]". Brief an Baumgartner vom 29. 10. 1949, IfZ-Archiv, Nachlaß Baumgartner. Zur Beitragsmoral siehe Kap. Finanzierung.

[68] Rundschreiben Nr. 11 der Landesgeschäftsstelle vom 5. Oktober 1949; IfZ-Archiv, Nachlaß Baumgartner. Vertraulicher Organisationsbericht des Landesgeschäftsführers vom 15. 2. 1950, ebd.

[69] Rundschreiben Baumgartners an die Bezirksvorsitzenden vom 1. September 1948. IfZ-Archiv, Nachlaß Baumgartner.

[70] Ebd.

[71] Prot. LA vom 22./23. August 1948. Archiv der Landesgeschäftsstelle der Bayernpartei.

[72] Ebd. Rundschreiben Baumgartners an die Bezirksverbandsvorsitzenden vom 1. September 1948. IfZ-Archiv, Nachlaß Baumgartner.

[73] Ebd.

[74] Von Febr. 1948 bis Dez. 1948 versandte die Landesgeschäftsstelle 27 Rundschreiben; sie waren an die Bezirksverbände, die die notwendigen Informationen an die unteren Gliederungen weiterleiten sollten. Die Kreisverbandsvorsitzenden legten Wert darauf, daß die Kontakte zu den Bezirksverbänden nicht direkt über den Landesgeschäftsführer liefen. Dieses Mißtrauen gegen eine zentrale Organisation, das auch von persönlichen Konflikten getragen wurde, wirkte sich hemmend auf den Ausbau der Gesamtpartei aus. IfZ-Archiv, Nachlaß Baumgartner.

[75] Schreiben des Landesgeschäftsführers vom 4. November 1948 an die Bezirksverbände Rosenheim Stadt und Land. Diese Schulungstagungen sollten vom Kreisvorsitzenden und vom Landesgeschäftsstellenleiter geleitet werden. Eine Reihe solcher Tagungen wurde Ende 1948/Anfang 1949 durchgeführt, doch fehlte es an geschulten Fachkräften. Die Landesgeschäftsstellen konnten solche Initiativen, auf Bezirksverbandsebene Schulungen durchzuführen, um die Basis zu aktivieren, nicht mehr leisten, zumal auch die Flügelkämpfe solche Ansätze zunichte machten. Ende 1948 brachte die Landesgeschäftsstelle dann einen Rednerdienst und einen politischen Informationsdienst für ihre Funktionäre heraus, der jedoch nur sporadisch erschien. Ebd.

[76] Offenbar blieben auch diese überregionalen Schulungstagungen auf eine zentrale Veranstaltung beschränkt: im August 1948 fand eine zweitägige Rednerschulung, eine eintägige kommunalpolitische Schulung sowie eine Organisationstagung der Kreisverbandsvorsitzenden mit den Kreisgeschäftsstellenleitern statt. Ebd.

[77] Prot. LVorst. vom 3./4. Oktober 1948, IfZ-Archiv, Fh 11/Bd. 2, 3.

[78] Siehe Kap. Finanzierung.

[79] Die erste Ausgabe der „Bayerischen Landeszeitung" erschien im Januar 1949 in einer Auflage von 65 000. Zum Chefredakteur wurde Max Kolmsperger bestellt.
[80] Seit 20. April 1948 erschien das Bayernpartei-Mitteilungsblatt (Lizenzträger und Schriftleiter war Dr. Rupert Sigl, der von der Redaktion des „Neuen Abendlandes" übergewechselt war). Die 4. Ausgabe vom Juli/August 1948 erschien dann unter dem Titel „Bavaria" Nachrichtenblatt der Bayernpartei bis Dezember 1948. Der Plan, dieses zu einer Zeitschrift mit „kulturellem Niveau" auszubauen, wurde von der Parteiführung bald fallengelassen.
[81] Die Kreisverbandsvorsitzenden Lallinger und Fischbacher opponierten zwar gegen diesen Vorschlag, doch ohne Erfolg. Prot. LVorst. v. 2./3. Oktober 1948, IfZ-Archiv, Fh 11/Bd. 2, 3. Der Kreisverband München mußte sein Mitteilungsblatt „der Bayer", das nur in einer Ausgabe im September 1948 erschienen war, einstellen. Die Redaktion lag bei Gottfried Hausner, Organisations- und Propagandaleiter des Kreisverbands München der BP und bei Prof. Dr. Anton Berr, der durch seine separatistische Politik mit der Landesleitung in Konflikt geraten war.
[82] Rundschreiben I vom 3. 1. 1949 der Landesgeschäftsstelle. IfZ-Archiv, Nachlaß Baumgartner.
[83] Im Rundschreiben 5 vom 18. 3. 1949 schrieb der Landesvorsitzende: „Zu meinem größten Bedauern muß ich feststellen, daß nicht einmal 1/3 unserer Mitglieder die Bayerische Landeszeitung bestellt haben [...] Ich bitte die Herren Bezirksvorsitzenden in kommenden Mitgliederversammlungen festzustellen, wer unsere Zeitung noch nicht abonniert hat und zu veranlassen, daß die Bestellungen sofort aufgegeben werden. Mit der Zeitung steht und fällt die Bayernpartei." Der geringe Erfolg wird aus dem Rundschreiben 7/49 vom 4. 7. 1949 des Generalsekretärs deutlich: „Der Herr Landesvorsitzende hat sich in diesen Tagen in einem persönlichen Brief an alle Ortsvorsitzenden und Vertrauensleute der Bayernpartei gewandt mit dem dringenden Ersuchen, den Vertrieb von wenigstens 10 Exemplaren der Bayerischen Landeszeitung zu übernehmen. Der Erfolg war kläglich. *Es haben Ortsvorsitzende die Entgegennahme des Briefes des Landesvorsitzenden verweigert.* Andere haben ohne Begründung die Annahme der Zeitungen abgelehnt [...]". Ebd.
[84] Rundschreiben I/49 vom 3. 1. 1949 der Landesgeschäftsstelle. Ebd.
[85] Der Kreisverband Oberbayern nahm im Oktober 1949 bei sämtlichen oberbayerischen Bezirksverbänden eine Überprüfung der Geschäftsstelle vor. Protokolle im Nachlaß Fischbacher.
[86] Jeder Bezirksverband erhielt zunächst eine Sendung von 50 Exemplaren, die an Mitglieder und Sympathisanten verkauft werden sollten. Rundschreiben 7/49 vom 3. 7. 1949 der Landesgeschäftsstelle. IfZ-Archiv, Nachlaß Baumgartner.
[87] Weiß-blaue Hefte, Folge 5, Hrsg. Verlag der Bayernpartei München, München 1949. Sie erschienen in eine Auflage von 15 000. Die Hefte sollten monatlich erscheinen.
[88] Sonderrundschreiben Wahlkampf vom 30. 7. 1949 der Landesgeschäftsstelle. IfZ-Archiv, Nachlaß Baumgartner.
[89] Die Bayerische Landeszeitung druckte unter anderem auch einen historischen Fortsetzungsbericht über den bayerischen (konservativen) Widerstand gegen den Nationalsozialismus ab: „Gestapo jagt Schmied von Kochel".
[90] Sonderrundschreiben Wahlkampf vom 30. 7. 1949 der Landesgeschäftsstelle. IfZ-Archiv, Nachlaß Baumgartner.
[91] Ebd.
[92] Dazu die Propagandaanweisung der Landesgeschäftsstelle: „Ein besonders billiges und wirksames Propagandamittel sind die Klebemarken [...] In den Tagen vor der Wahl wollen wir ganz Bayern mit Klebemarken überfluten. Straßenbahnhaltestellen, Lichtmasten, Wegsäulen, Wartesäle, Eisenbahnwagen, Omnibusse, Gasthäuser, Behördenschalter usw. sind die besten Ziele für Klebemarken. Selbst wenn sie wieder entfernt werden (was gar nicht so leicht ist, da sie festkleben), können sie ihre Wirkung tun." (Rundschreiben Nr. 7/49 vom 4. 7. 1949. Ebd.
[93] Sonderrundschreiben Wahlkampf vom 30. 7. 1949. Ebd.
[94] Rundschreiben I/49 vom 3. 1. 1949 der Landesgeschäftsstelle. Ebd.
[95] Prot. LVorst. vom 3./4. Oktober 1948. IfZ-Archiv, Fh 11/Br. 2, 3.

Zu S. 51–53

⁹⁶ Man wollte „den Amerikanern und dem Ausland zeigen, daß wir noch da sind und uns gegen zentralistische Vergewaltigung, die man mit uns vorhat, zur Wehr setzen. Das geht eben nur, wie unter Togliatti in Rom [...]". Teilnehmer für eine solche Demonstration sollten aus allen Regierungsbezirken mit Bussen nach München transportiert werden und Tracht tragen. Der Demonstrationszug – zahlreiche weiß-blaue Fahnen und Blechkapellen waren vorgesehen – sollte dann vom Königsplatz zur Staatskanzlei marschieren. Ebd.

⁹⁷ Prot. LV v. 18./19. 6. 1949, IfZ-Archiv, Nachlaß Baumgartner. Und 1949 forderte dann Besold in einem Referat zur Kulturpolitik der BP: „Wir fordern daher die Revolutionierung der Politik durch die Kultur. Insofern wir auf nichts anderes bedacht sind, als den Menschen vor der Vernichtung durch Totalitarismus oder Zentralismus zu retten, sind wir konservativ; soweit wir damit gegen die heute herrschenden und uns bedrohenden Mächte stehen, sind wir revolutionär. Wir bekennen uns entschieden zu diesem revolutionären Konservatismus und allen seinen Folgerungen." Was ist, was will die Bayernpartei, hrsg. vom Bayern-Verlag, München 1950, S. 380. Siehe auch Mitteilungsblatt der Bayernpartei, 1. Jg., Nr. 2 vom 20. 5. 1948, S. 2. Die Bayernpartei will eine Geistesbewegung, eine „Revolution" gegen den von oben diktierten Einheitsstaat, gegen die nationalistische Deutschtümelei.

⁹⁸ „Die SPD hat bei der letzten Wahl in jedem Dorf einen Stützpunkt, soweit muß es bei uns auch kommen", forderte Falkner. Prot. LA vom 24. 8. 1949. IfZ-Archiv, Nachlaß Baumgartner.

⁹⁹ Ebd.

¹⁰⁰ Vgl. Rundschreiben Nr. 15 vom 3. 9. 1949 der Landesgeschäftsstelle. Obwohl die Landesgeschäftsstelle vorgedruckte Formblätter versandte, reagierten die Bezirksverbände nur sehr spärlich. Am 5. 10. hatten 93 der Bezirksverbände die geforderten Angaben noch nicht an die Landesgeschäftsstelle zurückgeschickt. Rundschreiben Nr. 16/49. Ebd.

¹⁰¹ Die Bezirksverbände erhielten für die Errichtung einer Ortsgemeinschaft 10 Punkte, für einen Stützpunkt 5 Punkte gutgeschrieben. Auch das Abonnement der Bayerischen Landeszeitung wurde bewertet: Ortsverbände und Stützpunkt mit mindestens 10 Abonnenten erhielten zusätzliche Punkte, für je 10 weitere Abonnenten wurden 5 Punkte angerechnet. Aufgrund der Auswertung der erreichten Punktzahl wurde von der Landesgeschäftsstelle eine Rangfolge der aktivsten Bezirksverbände innerhalb der Kreisverbände aufgestellt und in einem monatlichen Organisationsbericht an die Bezirksverbände verteilt. In Oberbayern hatte z. B. Aichach mit 590 Punkten die erste Stelle, Bad Reichenhall stand mit 50 Punkten an letzter Stelle. Allerdings hatten von 26 Bezirksverbänden nur 12 die Fragebogen beantwortet. Rundschreiben der Landesgeschäftsstelle vom 29. 11. 1949. Ebd.

¹⁰² Zusammenfassender Organisationsbericht der Landesgeschäftsstelle vom 15. Februar 1950. Ebd.

¹⁰³ Ebd.

¹⁰⁴ Zahlen aus Mintzel, CSU (Diss.), S. 130.

¹⁰⁵ Dies zeigte sich zunächst nicht in Austrittserklärungen, sondern wurde eher an der Unwilligkeit, Mitgliederbeiträge zu zahlen, deutlich. Siehe dazu Kap. Finanzierung.

¹⁰⁶ Siehe Kap. Finanzierung.

¹⁰⁷ Die Landesvorstandschaft beschloß zwar die Gründung eines „Verbands der Heimatvertriebenen in der Bayernpartei" und beauftragte einen Prof. Maurus, einen Sudetendeutschen, mit den Gründungsvorbereitungen, lehnte jedoch dessen programmatische und organisatorische Vorschläge ab. Prot. LVorst. vom 2./3. 10. 1948, IfZ-Archiv, Nachlaß Baumgartner.

¹⁰⁸ Die Arbeits- und Organisationsausschüsse waren in der Satzung von 1948 der BP als Organe des Landesverbands angeführt (§ 33), über Funktion und Aufgaben dieser Ausschüsse wird in der Satzung nichts ausgesagt.

¹⁰⁹ Satzung von 1948, §§ 70 und 71. IfZ-Archiv, Nachlaß Baumgartner.

¹¹⁰ In der Satzung war nur festgelegt, daß die Vorsitzenden und ihre Stellvertreter auch Mitglieder der Bayernpartei sein mußten. Die Vorsitzenden von Fachausschüssen auf Landesebene wurden vom Landesausschuß gewählt (§ 70 der Satzung von 1948); mit dieser Funktion war nicht die Zugehörigkeit zu einem Führungsgremium des Landes-

verbands verbunden. Dafür, daß Fachausschüsse der Bezirksebene Vorlagen für entsprechende Ausschüsse auf Kreis- oder Landesebene gemacht haben, finden sich in den Unterlagen der Landesgeschäftsstelle keine Belege.

[111] Dies geht aus den Anwesenheitslisten der Ausschüsse auf Landesebene hervor (Unterlagen der Landesgeschäftsstelle der BP).

[112] Die Gründungsversammlung fand am 25. 10. 1948 in München statt. Donhauser war mit der Leitung beauftragt. Prot. LVorst. v. 2./3. 10. 1948. IfZ-Archiv, Nachlaß Baumgartner.

[113] Brief Falkners vom 10. 12. 1948. Ebd.

[114] Z. B. wurde in einem Manuskript die „Neutralisierung Bayerns" gefordert; ein anderer Entwurf („Programmatisches zur Baierischen Staatspolitik") wollte eine Neugliederung Bayerns nach Schweizer Vorbild schaffen: „Größte Selbständigkeit fordern wir für die Landschaften (Kantone), welche als Eidgenossenschaft einen ewigen baierischen Bund beschwören und die baierische Eidgenossenschaft konstituieren [. . .] Föderalistisches Prinzip nach Konstantin Frantz [...] Die Schweiz und Österreich sollten die Patenschaft für eine Reeducation übernehmen [...]". Die Bildung einer Alpenföderation war das angestrebte Ziel. Unterlagen der Landesgeschäftsstelle der BP, Ordner 4a–d.

[115] „Grundgedanken zu einer staatenbündischen Ordnung im westdeutschen Raum" von Anton Donhauser, Dr. Anton Besold und Anton Freiherr von Aretin vom 7. 1. 1949 und „Entwurf einer Bundessatzung" von Dr. Jakob Fischbacher. Prot. LA vom 8. 1. 1949. IfZ-Archiv, Nachlaß Baumgartner.

[116] Nur 1948/49 ist eine Landesfrauenvertreterin belegt: Anny Reichardt, Lehrerin aus Fürth, wirbt in der Bayerischen Landeszeitung für eine Frauenorganisation unter dem bezeichnenden Namen „Weißblaue Kränzel": „In allen Städten Bayerns, großen wie kleinen, sollen solche Kränzeln gegründet werden. In ihnen soll alles, was bayerisch ist, eine Heimstatt und Pflege finden [...] Es muß dahin kommen, daß in jedem Laden, auf jedem Hausflur, in jedem Büro und an jeder Arbeitsstätte, wo Frauen tätig sind, nur gut von der Bayernpartei gesprochen wird [...] Wir Frauen vom Weißblauen Kränzel wollen uns angelegen sein lassen, überall, wohin wir nur kommen, eine heimatliche Atmosphäre zu schaffen [...]". Bayerische Landeszeitung Jg. 1, Nr. 7 vom 25. 2. 1949. Über eine Resonanz auf diesen Vorschlag bei den weiblichen Mitgliedern der BP finden sich in den Quellen keine Hinweise.

[117] Die Münchener Frauengruppe gab 1948/49 wenige Nummern eines eigenen Mitgliederblattes heraus: Weißblaue Randglossen. In den folgenden Jahren scheint sie sich auf die Veranstaltung von Weihnachtsfeiern beschränkt zu haben. Im übrigen existierte nur Ende 1952 in Oberbayern ein Frauenausschuß. Zur Gewinnung weiblicher Wähler in den Bundestagswahlen 1953 plante der Kreisverband darüber hinaus die Bildung von Frauenarbeitsgemeinschaften in den Bezirksverbänden. Bayernruf 3. Jg., Nr. 1 vom 15. 1. und Nr. 12 vom 20. 6. 1953.

[118] Maria Theresa Putz, BP-Mitglied des Kreisverbands München, außerdem Vorsitzende der „Arbeitsgemeinschaft für den Frauenfriedenstag", wollte 1952 für den Stadtrat in München kandidieren. Da sie jedoch auf die 21. Stelle der Liste placiert wurde, lehnte sie die Kandidatur ab. (Schreiben an den KV München vom 1. 3. 1952). Bei dieser Placierung spielte allerdings eine Rolle, daß Baumgartner (Brief vom 1. 2. 1952) die Frauenbewegung für eine kommunistische Tarnorganisation hielt; auch die Stadtratsfraktion stand dieser Organisation mißtrauisch gegenüber. Frau Putz schrieb am 1. 3. 1952 über ihre Absichten an Baumgartner: „Sie haben leider – trotz des Zusammenschlusses mit der Wessel-Partei und gelegentlicher publizistischer Äußerungen, die Chance, die Sie den Parteien SPD und CSU voraushatten, nicht begriffen. Meine Bestrebungen der BP neue Kräfte zuzuführen, wurden nicht nur ignoriert, sondern fast noch feindlich behandelt." IfZ-Archiv, Nachlaß Baumgartner.

[119] Sieben Geistliche, die Mitglieder der BP waren, gründeten am 12. 12. 1949 den Theologenausschuß. Das erste hektographierte Mitteilungsblatt vom 11. 7. 1950 war nur für Mitglieder des Theologischen Ausschusses und Geistliche bestimmt, die „entweder der BP angehören oder ihr freundlich gegenüberstehen." Unterlagen der Landesgeschäftsstelle der BP.

[120] Besold wurde beauftragt, „beim Ordinariat in München und Bamberg vorstellig zu

Zu S. 54

werden, daß die höheren kirchlichen Stellen eine Anerkennung dahingehend aussprechen, daß die CSU und die BP, beide vorbehaltlos als christliche Parteien anerkannt werden." Notiz an Besold vom 12. 12. 1949. Ebd.

121 Seit Oktober 1950 sind keine Unterlagen mehr vorhanden. Ebd. und IfZ-Archiv, Nachlaß Baumgartner.

122 Zur Gründungsversammlung eines sozialpolitischen Arbeitskreises lud die Landesgeschäftsstelle für den 2. Dezember 1948 ein; doch erst auf Drängen Falkners wurde dann am 28. 10. 1949 die 1. Sitzung durchgeführt. Der Arbeitskreis sollte einen Entwurf für ein sozialpolitisches Programm der Bayernpartei erarbeiten. Mitglieder des Ausschusses übernahmen Sachgebiete (Sozialversicherung, Kriegsopferfürsorge, Jugendfürsorge, Wohnungsbau, Arbeitsrecht, Gesundheitswesen, etc.) und erarbeiteten „Sozialpolitische Grundsätze der Bayernpartei", die vom Landesausschuß am 21. 1. 1950 einstimmig verabschiedet und an alle Gliederungen der Partei weitergegeben wurden. IfZ-Archiv, Nachlaß Baumgartner.

123 Vorschläge und Eingaben der Mitglieder des sozialpolitischen Ausschusses an die Bundestagsabgeordneten der BP wurden von diesen wenig beachtet. Der Vorsitzende des sozialpolitischen Ausschusses, an den Bundestagsabgeordneten der BP wurden von diesen wenig beachtet. Der Vorsitzende des sozialpolitischen Ausschusses, Maerkl, rückte Ende 1952 in den Bundestag nach. Zur Aktivierung der Partei in sozialpolitischen Fragen versandte er nochmals die sozialpolitischen Grundsätze von 1950 an die Mitglieder der Landesleitung mit der Bitte um Anregungen und Vorschläge. Ebd.

124 Die Resolution zum Mitbestimmungsrecht, die am 21. 5. 1950 vom Landesausschuß zusammen mit dem sozialpolitischen Programm verabschiedet worden war, rief ausschließlich die Zustimmung der Arbeitgeberverbände hervor, insbesondere da sie die Mitbestimmung der Arbeitnehmer ablehnte. Der Vorsitzende des sozialpolitischen Arbeitskreises fürchtete jedoch um die Arbeiterwähler und bat den Vorsitzenden der Bundestagsfraktion der BP, darauf hinzuwirken, daß sich die Bundestagsfraktion bei Abstimmungen und Anträgen zur Mitbestimmung an den ursprünglichen Entwurf des Ausschusses halten möge. Dieser war allerdings vom Landesausschuß als zu sozialistisch abgelehnt worden. Brief Maerkls an Seelos vom 24. 7. 1950; IfZ-Archiv, Nachlaß Baumgartner.

125 Was ist, was will die Bayernpartei? Hrsg. vom Bayern-Verlag, München 1950.

126 Der Versuch, auf Landesebene einen agrarpolitischen Ausschuß zu gründen, blieb in den Anfängen stecken. Auch der Agrarausschuß des Kreisverbands Oberbayern war wohl nur sporadisch aktiv: Tagungen sind für 1952/53 (Bayerische Landeszeitung Jg. 3, Nr. 1 vom 15. 1. 1953) und eine Neugründung für 1956 (Protokoll vom 9. 6. 1956, Unterlagen der Landesgeschäftsstelle) belegt.

127 Die Landesleitung beschloß am 22. 3. 1949 die Bildung einer Historischen Arbeitsgemeinschaft (Prot. LL dieser Sitzung, IfZ-Archiv, Nachlaß Baumgartner). Diese wurde von Dr. Benno Graf, Studienrat, geleitet und hatte etwa 30 Mitglieder. Sichtbares Ergebnis des Arbeitskreises waren historische Merkblätter für Redner der Bayernpartei (z. B. Folge 4, „Bayern und Bismarcks Weg von 1866–1871"). Unterlagen der Landesgeschäftsstelle der BP.

128 1948 wurden die Bezirks- und Kreisverbandsvorsitzenden aufgefordert, „geeignete Vertrauensmänner" aus allen Landkreisen, die Mitglied der BP oder ihr nahestehend sein sollten, für den „Verband der Heimatvertriebenen in der Bayernpartei" zu melden. (Rundschreiben Nr. XXV der Landesgeschäftsstelle vom 9. 10. 1948, IfZ-Archiv, Nachlaß Baumgartner). Für die Tätigkeit dieses Verbands finden sich keine Belege. In den Bundestagswahlen 1949 wählten die Heimatvertriebenen nur selten die BP. Im August 1949 schlug Baumgartner vor, die Partei solle sich nur noch um die Sudetendeutschen bemühen. (Prot. LA vom 23. 8. 1949; ebd.). Auch ein weiterer Versuch, 1950 einen Neubürgerbund in der BP zu gründen (Rundschreiben Nr. 2 der Landesgeschäftsstelle vom 18. 3. 1950, ebd.), gewann keine Bedeutung, zumal sich die Flüchtlinge dem neugegründeten BHE zuwandten.

129 Dr. Anton Berr, geb. am 30. 12. 1900, Professor an der landwirtschaftlichen Hochschule Weihenstephan, trat im Oktober 1947 der BP bei.

130 Zum Inhalt dieser Stellungnahme siehe S. 144.

[131] Sogar in der Nationalzeitung vom 28. 7. 1948.
[132] Berr beschränkte sich dann darauf, es nur an de Gaulle zu senden. Brief vom 19. 3. 1948; Unterlagen Berr. Kopie im Besitz der Verf.
[133] Prot. LL vom 10. 7. 1948; IfZ-Archiv, Nachlaß Baumgartner.
[134] Entwurf für ein Rundschreiben an „heimattreue bayerische Ärzte" zur Mitgliederwerbung von Ende 1948. IfZ-Archiv, Nachlaß Baumgartner.
[135] Ebd.
[136] Die Ärztegruppe der BP Erlangen z. B. bat in einem Brief vom 11. Oktober 1949 den Landesvorsitzenden der BP um Unterstützung, da die bayerischen Ärzte in den Erlanger Universitätskliniken benachteiligt würden: „In der Medizinischen Klinik, der Kinderklinik und der Nervenklinik wird eine bewußt antibayerische Personalpolitik getrieben. So ist es z. B. möglich geworden, daß von ca. 10 Planassistentenstellen der Medizinischen Klinik nur eine an einen bayerischen Kollegen vergeben ist. Die anderen Assistenten entstammen Gegenden wie Sachsen, Berlin oder sind großenteils Flüchtlinge aus Gebieten, für die Bayern als Ansiedlungsgebiet nicht zuständig ist."
[137] Rundschreiben der Landesgeschäftsstelle vom 12. 12. 1949 und 27. 1. 1950. Ebd.
[138] Bayerischer Ärztedienst, Organ der freien Ärzteverbände Bayerns, hrsg. vom Bayernverlag erschien vierzehntägig; die Höhe der Auflage ist nicht mehr feststellbar. Bis Juni 1950 erschienen 12 Folgen, danach wurde er eingestellt. Ebd.
[139] Bei der Wahl der Abgeordneten zur Bayerischen Ärztekammer trat die Ärztegruppe der BP mit einer eigenen Liste gegen die Liste der Vorstandschaft der Landesärztekammer auf. Die Liste erhielt in München, Mittel- und Oberfranken insgesamt 113 Stimmen. Da es sich um Persönlichkeitswahlen (Mehrheitswahl) handelte, entfielen auf die Liste der BP-Ärztegruppe allerdings nicht die dem prozentualen Anteil entsprechenden Sitze in den Ärztegremien. Dazu Bayerischer Ärztedienst, Folge 12 vom 7. 6. 1950. IfZ-Archiv, Nachlaß Baumgartner.
[140] Aktenvermerk Baumgartners für Falkner vom 1. Mai 1950: „Anläßlich verschiedener Versammlungen, wie z. B. in Naburg und Ingolstadt wurde mir von Parteifreunden die Ärzte sind, mitgeteilt, daß die Ärztegruppe der Bayernpartei der radikalste Flügel in der ganzen Bayernpartei ist und als kleinste Gruppe vollkommen abwegige Ansichten vertrete, die nie durchzusetzen sind." Baumgartner gab zu überlegen, eine neue Ärzteorganisation aufzubauen, denn „wir können es uns nicht leisten, unsere Ärztegruppe mit Leuten aufzuziehen, mit denen wir ausgelacht und nicht ernst genommen werden bei der ganzen Ärzteschaft." Ebd.
[141] Dr. Gustav Berthold (Facharzt für Fußkranke/Beinleiden/Vorsitzende der BP-Ärztegruppe) wies Baumgartner auf die negativen Folgen hin, die eine Einstellung des Ärztedienstes mit sich brächte. Brief an Baumgartner vom 28. 6. 1950; ebd.
[142] Ebd.
[143] Ebd.
[144] Notiz Baumgartners an Besold vom 14. Januar 1951.
[145] Berthold erwiderte in einem Brief v. 1. 3. 1950 an Schefbeck (CSU-MdL) auf dessen Vorwurf, daß die „Bayernpartei auch bei der Ärzteschaft versuche, parteipolitisch neutrale Berufsorganisationen innerlich auszuhöhlen und sie faktisch zu Untergliederungen der Bayernpartei zu machen". „Nicht parteipolitische Instinkte waren es, Herr Abgeordneter, die diese oppositionellen Ärztekräfte zusammengeführt haben, sondern das Versagen der von Ihnen anscheinend protegierten ‚parteipolitisch neutralen Berufsorganisation' – gemeint ist die bayerische Landesärztekammer – die in einer sterilen demokratischen Berufshierarchie mit autoritären und totalitären Methoden erstarrt ist." IfZ-Archiv, Nachlaß Baumgartner; veröffentlicht in: Bayer. Ärztedienst Folge 7, 1. Jg., 22. März 1950.
[146] Siehe Teil C IV: Finanzierung.
[147] Auf der Tagung der Landesvorstandschaft am 2./3. 10. 1948 legte Besold ausführlich Ziele und Aufbau des Kulturrats dar. Prot. LVorst. IfZ-Archiv, Nachlaß Baumgartner.
[148] Ebd.
[149] Satzung des Kulturrats; ebd.
[150] Ebd.
[151] Ebd.

Zu S. 56–57

¹⁵² Referat auf der Gründungsversammlung, IfZ-Archiv, Nachlaß Baumgartner; Referat auf der Landesversammlung 1950, abgedruckt in: Was ist, was will die Bayernpartei? München 1950.

¹⁵³ Prot. LA vom 21./22. 8. 1948. IfZ-Archiv, Nachlaß Baumgartner.

¹⁵⁴ In der Gründungssitzung des Wirtschaftsbeirats der BP am 20. 8. 1948 wies Baumgartner u. a. darauf hin, daß der Wirtschaftsbeirat der früheren BVP auch mitgeholfen habe, diese zu finanzieren. Prot. dieser Sitzung; ebd. Zum Wirtschaftsbeirat der BVP siehe Schönhoven, BVP, S. 67 ff. Der Wirtschaftsbeirat der CSU wurde am 14. 6. 1948 gegründet, ein wirtschaftspolitischer Ausschuß existierte seit 1947. Siehe Mintzel, CSU (Diss.), S. 212.

¹⁵⁵ Im Rundschreiben der Landesgeschäftsstelle heißt es: „Die Herren Bezirksvorsitzenden werden gebeten, namentliche Meldungen, der ihnen geeignet erscheinenden Persönlichkeiten mitzuteilen. Als Mitglieder in den Wirtschaftsbeirat kommen nur prominente Herren der Wirtschaft, Industrielle, Kaufleute und Unternehmer usw. in Frage." IfZ-Archiv, Nachlaß Baumgartner.

¹⁵⁶ Ebd.

¹⁵⁷ Prot. der Gründungssitzung vom 20. 8. 1948; ebd.

¹⁵⁸ Ebd.

¹⁵⁹ Rundschreiben der Landesgeschäftsstelle vom 6. 8. 1948. IfZ-Archiv, Nachlaß Baumgartner.

¹⁶⁰ Persönliches Einladungsschreiben Baumgartners vom 14. 8. 1948 zur 1. Sitzung des Wirtschaftsbeirats. Ebd.

¹⁶¹ Zu den Gründungsmitgliedern gehörten neben Baumgartner einige Unternehmer; außerdem A. W. Schmidt, Direktor einer bayerischen Versicherungsbank und erster Landesgeschäftsführer der CSU sowie ein Prof. Rauch, Präsident der Oberfinanzdirektion und ehemaliges Mitglied der BVP. Prot. der Gründungssitzung vom 20. 8. 1948; ebd.

¹⁶² An Unterlagen über die Aktivitäten des Wirtschaftsbeirats sind nur Gründungsprotokolle aus Kreisverbänden und Vorschläge der Kreisverbandsvorsitzenden vorhanden. Nur der Wirtschaftsbeirat München hat regelmäßige Tagungen durchgeführt. Gründungen von Wirtschaftsbeiräten in Bezirksverbänden sind lediglich für Passau und Bamberg belegt. Ebd.

¹⁶³ Der kommissarische Vorsitzende des Wirtschaftsbeirats von Schwaben und der Bezirksverbandsvorsitzende von Augsburg forderten von der Landesleitung „eine klare politische Stellungnahme und den Umriß eines produktiven Wirtschaftsprogramms", andernfalls könne in Schwaben keine Teilnahme von Vertretern der Industrie erwartet werden. Brief an Falkner vom 22. November 1948. Noch zu Beginn des Jahres 1949 kamen Klagen, daß sich die Landesleitung nicht um den Wirtschaftsbeirat kümmere. Ebd.

¹⁶⁴ Beispielsweise stellten Limonadenfabrikanten 1949 folgende Forderung an die BP: „Beschränkung der Gewerbefreiheit, damit nicht immer wieder neue Waschküchenbetriebe landfremder Elemente zugelassen werden." Ebd.

¹⁶⁵ Baumgartner hatte in einem Schreiben vom 23. 11. 1948 (ebd.) den – auf Druck der Militärregierung entlassenen – Ministerialrat im Sonderministerium, Messmer, beauftragt, „mit den maßgeblichen Herren der einzelnen Wirtschaftskreise in Bayern in Fühlung zu treten, um sie durch persönliche Aufklärung zu überzeugen, daß wir keine engstirnige Autarkie anstreben, sondern eine wechselseitige Wirkung und volkswirtschaftliche Verflechtung der bayerischen Wirtschaft mit den Wirtschaftskreisen anderer Staaten verfolgen." Messmer benutzte diese Funktion dazu, eigene Vorstellungen als Wirtschaftsprogramm der BP zu verbreiten und auf eine Verbindung zwischen CSU und Teilen der BP hinzuarbeiten. Siehe Teil C IV: Finanzierung.

¹⁶⁶ Abgedruckt in Bayerische Landeszeitung Nr. 32 vom 12. 8. 1950.

¹⁶⁷ Im Herbst 1952 stellte der Finanzbevollmächtigte der BP den Antrag, einen Wirtschaftsausschuß zu gründen. Zwar wurden daraufhin Einladungen zur Gründung einer „Gesellschaft für Bayerische Wirtschaftspolitik" verschickt, jedoch ist der Arbeitskreis nicht zustandegekommen. Im Herbst 1955 wurde dann ein neuer Versuch unternommen. Er gedieh bis zur Gründung des „Bayerischen Wirtschaftskreises", der sich auch schon eine Satzung gab. Nach einigen Veranstaltungen schlief der Arbeitskreis allerdings ein. IfZ-Archiv, Nachlaß Baumgartner.

168 Dazu insgesamt Teil C: Entwicklungen.
169 Siehe Teil B II, 1.
170 Z. B. Was ist, was will die Bayernpartei? München 1950 und Referat Besolds auf der 6. Landesversammlung; (Prot. LV vom 30./31. 5. 1953, IfZ-Archiv, Nachlaß Baumgartner).
171 Vgl. Satzungsentwurf des Kreisverbands Oberbayern vom 12. 2. 1951, § 56: „Die Fraktionsmitglieder des Landtages und Bundestages entscheiden im allgemeinen frei nach ihrem Gewissen im Rahmen des Parteiprogramms. In besonderen Fällen können sie Weisungen durch die Landesvorstandschaft oder durch die Landesleitung erhalten. Weisungen der Landesvorstandschaft gehen vor. Wird eine solche Weisung nicht befolgt, so kann der Abgeordnete aus der Partei ausgeschlossen werden." Dies galt auch für die Mandatsträger der BP im kommunalen Bereich. § 57; ebd.
172 Die endgültige Fassung wurde von einer Satzungskommission, der Vertreter sämtlicher Kreisverbände angehörten, überarbeitet und der Landesversammlung am 23. 6. 1951 übersandt.
173 Vgl. Satzung vom 7. 9. 1951. Dokumente zur parteipolitischen Entwicklung, hrsg. v. Flechtheim, Bd. 1, S. 402–420. § 44.
174 Ebd. § 43.
175 Ebd. und § 27.
176 Die Zahl der Delegierten eines Bezirksverbands hing von der Höhe der Mitgliederzahl ab: bis zu 100 Mitglieder ein Delegierter, bis zu 200 Mitgliedern zwei Delegierte und für weitere 200 Mitglieder ein zusätzlicher Delegierter. Ebd. § 27.
177 Ebd. § 44.
178 Schon die Lektüre einiger Protokolle der Landesversammlung läßt diese Tatsache deutlich werden.
179 So auf den Landesversammlungen 1951 und 1954.
180 Auf der Landesversammlung 1952 wurde Fischbacher mit 164 Stimmen zum Landesvorsitzenden gewählt (Bayernruf Nr. 17 vom 1. 9. 1952); Besold erhielt 133 Stimmen. 1953 unterlag Fischbacher (137) Besold (186). SZ Nr. 123 vom 1. 6. 1953.
181 SZ vom 9. 7. 1951.
182 Bericht des Südostkuriers vom 10. 7. 1951. Andererseits betonte auch Baumgartner: „[...] es ist nicht unsere Absicht, den anständigen Elementen der CSU die Tür zuzuschlagen [...]"; gemeint war vor allem Hundhammer; SZ vom 9. 7. 1951.
183 Ebd.
184 Ebd.
185 Die auf der Landesversammlung 1953 verabschiedeten Resolutionen waren sämtlich von der Landesleitung ausgearbeitet worden; Anträge von Kreis- oder Bezirksverbänden – soweit überhaupt solche eingebracht wurden – wurden aus Zeitgründen erst gar nicht diskutiert.
186 Auf der Landesversammlung 1955 waren über einen Antrag des Kreisverbands München, die allgemeine Wehrpflicht für die Bundesrepublik abzulehnen und statt dessen eine Freiwilligenarmee mit landschaftlicher Gliederung zu fordern, heftige Auseinandersetzungen entstanden. Der Landesvorsitzende konnte eine für die BP heikle Situation, die ein Votum zugunsten des Münchener Antrags mit sich gebracht hätte, nur durch die Zusage vermeiden, noch im Laufe des Jahres eine außerordentliche Landesversammlung zum Thema Wehrpflicht einzuberufen. Jedoch berief die Landesleitung lediglich den Landesausschuß zu dieser Frage.
187 Satzung vom 9. 7. 1951. Dokumente zur parteipolitischen Entwicklung, hrsg. v. Flechtheim, Bd. 1. S. 402–420, § 45.
188 Vgl. dazu Mintzel, CSU (Diss.), S. 472 ff.
189 SZ vom 2. 6. 1953.
190 Ebd.
191 Münchner Merkur vom 2. 6. 1952.
192 Satzung vom 9. 7. 1951. Dokumente zur parteipolitischen Entwicklung, hrsg. v. Flechtheim, Bd. 1, S. 402–420, § 47.
193 Ebd. § 40.
194 Ebd.

Zu S. 60–62

[195] Nämlich 14 Mitglieder der Landesleitung, drei Vertreter der Bundestagsfraktion, 8 der Landtagsfraktion, 8 Vertreter der Bürgermeister, Landräte und kommunalen Mandatsträger. Prot. LA vom 31. 3. 1951. IfZ-Archiv, Nachlaß Baumgartner.

[196] Satzung vom 9. 7. 1951. Dokumente zur parteipolitischen Entwicklung, hrsg. v. Flechtheim, Bd. 1, S. 402–420, §§ 40 und 46.

[197] Ebd. § 46, 2.

[198] Ebd.

[199] Aufzeichnungen über die Zusammensetzung des Landesausschusses vom 10. 8. 1952. IfZ-Archiv, Nachlaß Baumgartner.

[200] Ebd.

[201] Siehe Protokolle der Landesausschuß-Sitzungen; ebd.

[202] Prot. LA vom 10. 8. 1952; ebd.

[203] Ergebnisprotokoll der 5. LV der BP vom 23. 8. 1952; ebd.

[204] Prot. LA vom 29. 5. 1953; ebd.

[205] Prot. LL vom 3. 8. 1953; ebd.

[206] Nicht nur die Wahlniederlage in den Bundestagswahlen, vor allem auch die Aufforderung der CSU-Führung, die Bayernpartei solle ihre Selbständigkeit aufgeben und sich in die CSU integrieren, hatte erhebliche Unruhe in der Bayernpartei ausgelöst. Vgl. SZ vom 14. 9. 1953.

[207] Niederschrift über die Tagung der Bezirksvorsitzenden der BP am 27. 9. 1953. IfZ-Archiv, Nachlaß Baumgartner.

[208] Ebd.

[209] Ebd.

[210] Ebd.

[211] Ebd.

[212] Prot. LA vom 15. 11. 1953.

[213] Besold sollte sein Amt Baumgartner zur Verfügung stellen und weiterhin als stellvertretender Landesvorsitzender fungieren. Erst nach einigem Zögern stimmte Besold zu und wurde mit 24 von 40 gültigen Stimmen zum Stellvertreter gewählt; ebd.

[214] Baumgartner erhielt 33 von 40 abgegebenen gültigen Stimmen; ebd.

[215] Nach der Satzung (§ 47) konnte der Landesausschuß nach dem vorzeitigen Ausscheiden des Amtsinhabers einen neuen Landesvorsitzenden wählen. Jedoch mußte die Neuwahl laut Satzung auf der Tagesordnung verzeichnet sein und eine Einladung den Mitgliedern 14 Tage vor der Sitzung zugestellt werden. Da dies im vorliegenden Fall nicht geschehen war, beantragte der Vorsitzende des Landesausschusses, dieser möge auf sein Recht zur Wahlanfechtung vorsorglich verzichten. Gegen diesen Antrag erhob sich kein Widerspruch, worauf man die Wahl durchführte. Ebd.

[216] Auch von November 1953 bis August 1954 tagte der Landesausschuß nicht; die Satzung von 1951 sah allerdings – im Gegensatz zur 1. Satzung von 1948 – auch keine regelmäßigen Treffen vor. Der Landesausschuß war lediglich auf Wunsch des Landesvorsitzenden, der Landesleitung, von 10 Mitgliedern des Landesausschusses oder von 5 Kreisvorsitzenden einzuberufen. Siehe Dokumente zur parteipolitischen Entwicklung, hrsg. v. Flechtheim, Bd. 1, S. 402–420, § 48.

[217] Erst neun Monate nach der Wahl Grafs zum Generalsekretär (23. 11. 1953) und seinem zwei Wochen später erfolgten Parteiaustritt und gleichzeitigem Ausschluß wurde der Landesausschuß einberufen und zum Nachfolger Geislhöringer, obwohl als Finanzbevollmächtigter Mitglied der Parteiführung, gewählt. Unter solchen Umständen wurde der Landesausschuß immer stärker Instrument der Parteiführung, die allein durch Nichteinberufung dieses Gremiums ungehindert agieren konnte.

[218] Prot. LA vom 29. 1. 1955. IfZ-Archiv, Nachlaß Baumgartner.

[219] Ebd.

[220] Prot. LA vom 31. 7. 1955. Unterlagen der Landesgeschäftsstelle, Kopie im Besitz d. Verf.

[221] Prot. LA vom 7. 10. 1955; ebd.

[222] In diesem Sinne äußerten sich eine ganze Reihe der Mitglieder. Prot. LA vom 23. 11. 1957. Unterlagen der Landesgeschäftsstelle, Kopie im Besitz d. Verf.

[223] So Graf (Freising): „[...] die Fehler, die gemacht worden sind, gehen nicht zurück auf die Zeit der Bundestagswahl, sondern auf einen früheren Zeitpunkt. Auf den Zeitpunkt,

zu dem die Landesleitung in Verbindung mit der Landtagsfraktion sich dazu entschlossen hat, nicht mehr satzungsgemäß zu handeln. § 47 Abs. 1 der Satzung der BP besagt, die Politik der Partei bestimmt der Landesausschuß. Wer hat aber die Politik bestimmt, klar und eindeutig die Landesleitung mit der Fraktion." Ebd.
[224] Emil Mergler, geb. 1897 in Sulzheim/Unterfranken, Bauer, kandidierte 1950 für die Bayernpartei und wurde in den Landtag gewählt. Kurz nach dem Rücktritt Besolds trat er — zusammen mit 5 weiteren Landtagsabgeordneten der Bayernpartei — zur CSU über. Vgl. SZ vom 17. 11. 1953.
[225] Dr. Ludwig Schönecker, Rechtsanwalt in Ansbach, gehörte zu den 6 Landtagsabgeordneten, die zur CSU übertraten.
[226] Prot. LA vom 23. 11. 1957. IfZ-Archiv, Nachlaß Baumgartner.
[227] Satzung 9. 7. 1951. Dokumente zur parteipolitischen Entwicklung, hrsg. v. Flechtheim, Bd. 1, S. 402–420, § 49.
[228] Ebd. § 53 und 54.
[229] Ebd. § 52.
[230] Ebd.
[231] Prot. LL vom 3. 7. 1952 und 24. 8. 1952. IfZ-Archiv, Nachlaß Baumgartner.
[232] Prot. LA vom 15. 11. 1953, ebd.
[233] Es sollte nur ein Landesgeschäftsführer bestellt werden, allerdings erst wenn die Finanzlage es zuließ. Prot. LA vom 29. 1. 1955, ebd.
[234] Rundschreiben Nr. 1 vom 20. 2. 1951 der Landesgeschäftsstelle der BP; IfZ-Archiv; Nachlaß Baumgartner.
[235] Rundschreiben Nr. 9 vom 28. 11. 1951 der Landesgeschäftsstelle der BP, S. 1; ebd.
[236] Ebd., S. 2.
[237] Rundschreiben der Landesgeschäftsstelle der BP vom 4. 3. 1952; ebd.
[238] Rundschreiben der Landesgeschäftsstelle der BP vom 11. 3. 1952; ebd.
[239] Rundschreiben der Landesgeschäftsstelle der BP vom 28. 4. 1952; ebd.
[240] Prot. LL vom 2. 5. 1952; ebd.
[241] Ebd.
[242] Prot. LV vom 23. 8. 1952; Prot. LL vom 22. 8. 1952; ebd.
[243] Z. B. die oberbayerischen Bezirksverbände Traunstein und Reichenhall Oktober 1952. Ordner Bezirksverbände im Nachlaß Fischbacher. Die Delegierten des Jungbayernbundes sprachen sich auf ihrer Landeskonferenz 1951 gegen eine westdeutsche Wiederaufrüstung aus. SZ vom 10. 10. 1951.
[244] Prot. LA vom 9. 12. 1951; ebd.
[245] Bayerndienst. Informationen und Nachrichten der Bayernpartei. Herausgeber: Presseausschuß der BP-Fraktion München, 2. Jg. vom 15. 7. 1952.
[246] Ebd.
[247] Bayernruf 2. Jg., Nr. 15 vom 1. 8. 1952.
[248] Bayerndienst 2. Jg. vom 15. 7. 1952.
[249] Ebd.
[250] Ebd.
[251] Ebd.
[252] Unterlagen der Landesgeschäftsstelle und Prot. LL vom 9. 2. 1953. IfZ-Archiv, Nachlaß Baumgartner.
[253] Prot. LL vom 3. 1. 1953; ebd.
[254] Prot. LL vom 12. 1. 1953; ebd.
[255] In jedem Regierungsbezirk waren drei solcher Aufmärsche geplant; ebd.
[256] Ebd.
[257] In den Protokollen der Landesleitungssitzungen von Januar bis zu den Bundestagswahlen 1953 finden sich keine Hinweise für solche Planungen; vorrangig waren Finanzierung, Wahlabkommen, Kontakte zur bayerischen Wirtschaft und Kundgebungen der beschriebenen Art.
[258] Für die Fahnenträger gab es eigene Unterweisungen. Der Landesfahnenmeister sprach zunächst über das Thema: „Was ist ein Träger der weiß-blauen Fahne?". Aufgabe des stellvertretenden Generalsekretärs war es anschließend, die Fahnenordnung zu verlesen. Prot. LL vom 12. 1. 1953; ebd.

Zu S. 66–69

259 Eine 5 Seiten umfassende Fahnenordnung enthielt detaillierte Anweisungen; ebd.
260 Ebd.
261 Ebd.
262 Ebd.
263 Die erste Ausgabe erschien am 27. 1. 1954. Zweck dieser Kurzmitteilungen, die „in keiner Weise den Bayernruf ersetzen sollten, war die Information der Mitglieder über die „neuesten Zusammenhänge". Sie sollten als Rednerskizzen und Verteidigungsmaterial dienen. Dies war zu diesem Zeitpunkt dringend notwendig, da Lalllinger und der Kreisverband München wieder in die Bayernpartei aufgenommen wurden und Besold und Decker austraten und weitere Austritte befürchtet wurden.
264 Neueste Nachrichten für die Organisation Nr. 2/54 vom 25. 3. 1954. Unterlagen der Landesgeschäftsstelle der BP.
265 Ebd.
266 Prot. LL vom 10. 3. 1954; IfZ-Archiv, Nachlaß Baumgartner.
267 Prot. L vom 7. 4. 1954; ebd.
268 Aufgrund der Zusage des Finanzbevollmächtigten Geislhöringer beschloß die Landesleitung am 16. 3. 1955 (Prot. LL, ebd.) einen Landesgeschäftsführer einzustellen. Seit Mitte 1955 wurde dann Karl Nottheger Vorsitzender des BP-Bezirksverbands Altötting, Geflügelzüchter, eingestellt.
269 Bericht Nottheger, Prot. LL vom 12. 9. 1955; ebd.
270 Schreiben Geislhöringers an den Vorsitzenden des Kreisverbands Oberbayern Jakob Fischbacher vom 1. 8. 1955; Nachlaß Fischbacher.
271 Der Vorsitzende des Kreisverbands Schwaben, Plöckl, berichtete auf der Sitzung der Landesleitung vom 12. 9. 1955, daß in Schwaben eine Reihe neuer Mitglieder gewonnen werden konnten; außerdem sei ein eigenes Nachrichtenblatt für die Mitglieder des Kreisverbands geplant. Prot. LL vom 12. 9. 1955. IfZ-Archiv, Nachlaß Baumgartner.
272 Prot. LL vom 12. 3. 1955; ebd.
273 Siehe Christlich-Soziale Union, Informations- und Rednerdienst, München, Jg. 1951 ff.
274 U. a. schrieb der Vorsitzende des Kreisverbands Schwaben Plöckl am 26. 4. 1956 an Baumgatner: „[...] nachdem Du seit 2 Jahren an keiner Kreisausschußsitzung mehr teilgenommen hast, diesmal dringend zu kommen." IfZ-Archiv, Nachlaß Baumgartner.
275 Warum Regierung ohne CSU? Die Bayernpartei zur Regierungsbildung im Dezember 1954. Ein Beitrag zur geschichtlichen Wahrheit. Herausgegeben von der Landesleitung der Bayernpartei. München o. J. [1955].
276 Lallinger hatte bereits für den Kommunalwahlkampf Redner-Richtlinien verfaßt, seit 1. 6. 1956 war er für die Organisation auf Landesebene zuständig.
277 Z. B. in München-Pasing und Bamberg.
278 Prot. LL vom 3. 8. 1948. IfZ-Archiv, Nachlaß Baumgartner.
279 Rundschreiben der Landesgeschäftsstelle vom 8. 9. 1948 an Landesleitung, Kreisverbände und Jugendvertreter. Ebd.
280 Prot. LVorst. vom 2./3. 9. 1948. Ebd.
281 Ebd.
282 Plakat der Studentengruppe (o. D. ca. Ende 1948).
283 Urteil des Schiedsgerichts der BP vom 23. 3. 1949. Unterlagen der Landesgeschäftsstelle der BP.
284 Brief des kommiss. Vorsitzenden der Studentengruppe München der BP an Baumgartner vom 1. März 1949: „Nachdem die verantwortlichen Stellen durch ‚sabotierendes' Verhalten ihr Desinteresse an der Studentengruppe bekundet haben, wird sich ein Teil der Studentengruppe der bayerischen Studentenverbindung ‚Raetia' anschließen." IfZ-Archiv, Nachlaß Baumgartner.
285 Am 13. 4. 1949 schrieb der Vorsitzende der Erlanger Studentengruppe an Baumgartner, er möge bei einem künftigen Vortrag in Erlangen sehr gemäßigt auftreten; sein letzter Auftritt vor der Studentengruppe habe den Chancen, studentische Neumitglieder zu gewinnen, eher geschadet. Ebd.
286 Ein Aufruf „Wer meldet sich zur BP-Hochschulgruppe?" in der Parteizeitung „Bayernruf" v. 20. 7. 1953 fand offenbar keinen Widerhall. Auch die Aufforderung Baumgart-

Zu S. 69–71

ners an den Vorsitzenden des Jungbayern-Bundes, sich „um die Jungakademiker" zu kümmern, führte zu keinen sichtbaren Erfolgen. Brief vom 28. 5. 1954. Ebd.

[287] Das geht aus einem Schreiben des Schriftführers des Jungbayern-Bundes Dr. Hanns Schröder v. 20. 2. 1954 an eine Gruppierung „Jung-Bayern eV" in Würzburg hervor. Unterlagen der Landesgeschäftsstelle der BP.

[288] Die Vorstandschaft des Jungbayern-Bundes München Stadt und Land hatte sich am 8. 9. 1950 neu konstituiert. Brief Baumgartners vom 9. 9. 1950. IfZ-Archiv Nachlaß Baumgartner.

[289] Dies geht aus einem Brief des Münchner Vorsitzenden Hans Diefenbeck v. 29. 12. 1950 an Baumgartner hervor. Ebd.

[290] Notiz Baumgartners für Falkner v. 15. 9. 1950. Ebd.

[291] Erste Landesdelegiertentagung am 23./24. 6. 1950. Am 28. 5. 1951 wurde Raimund Pritzl zum ersten Landesvorsitzenden gewählt. Schreiben des Landesverbandes des Jungbayern-Bundes v. 7. 6. 1951. IfZ-Archiv Nachlaß Baumgartner.

[292] Landessatzung des Jungbayern-Bundes o. D. (Juni 1951). Ebd.

[293] Vgl. „Der Jungbayern-Brief" 1. Jg., Folge 1 v. 1. 1. 1952, S. 2 f., ebd. Dort heißt es weiter: „Der Jungbayern-Bund soll die Organisation sein, die dem jungen Menschen an die Hand geht mit den vielen Dingen, die zur Entwicklung und Reifung der Persönlichkeit erforderlich sind: mit Heimatabenden zur Pflege kameradschaftlicher Gesellligkeit, mit praktischen Vorträgen und Kursen (etwa über arbeitsrechtliche und staatsbürgerliche Fragen, Stenographie, Maschinenschreiben, Fremdsprachen) mit Sportriegen, Wanderungen und Führungen. Unser Ideal soll die Heimat sein: sie wollen wir kennenlernen durch Wanderungen und Fahrten, und unsere Liebe zur Heimat wird durch die bewußte Freude über die Schönheiten unserer Heimat vertieft."

[294] Nur in folgenden Orten existierten Gruppen des Jungbayern-Bundes: Bamberg, Wiesenthau b. Forchheim, Heilbronn, Brückenau, Selb, Augsburg, Ingolstadt, Landshut, Leonberg, Furth im Wald, Regensburg, Traunstein, Wasserburg, Mühldorf, Bad Gsprait b. Grafing, München-Pasing, München-Aubing, Aufhamm b. Bad Reichenhall, Füssen, Oberdorf. Laut Rundschreiben 2/51 des Landessekretärs des Jungbayern-Bundes v. Juni/Juli 1951 betrug der Mitgliedsbeitrag 0,50 DM. Nach § 33, Abs. 2 der Landessatzung mußten davon 25% an Bezirks-, Kreis- und Landesverband abgegeben werden. IfZ-Archiv, Nachlaß Baumgartner. Zur Frage Spenden und staatliche Zuschüsse vgl. Bayernruf v. 15. 11. 1952.

[295] Landesversammlung des Jungbayern-Bundes am 18. 5. 1952; O. Spachtholz wurde die Vollmacht erteilt, solche Gespräche zu führen. Jungbayern-Brief 1. Jg., Nr. 31, 1. 6. 1952.

[296] Vgl. Bayerndienst Nr. 27 v. 4. 7. 1952. Rechtsanwalt Otto Spachtholz und der Bundesvorsitzende des Windthorst-Bundes Gerd Ribbeheger (MdB) gründeten am 29. 6. in München eine „Junge Föderalistische Union".

[297] Beschluß der Landesleitung des Jungbayern-Bundes v. 2. 8. 1952. Auch zitiert im Referat des stellv. Generalsekretärs der Bayernpartei auf deren Landesversammlung in Rosenheim am 23. 8. 1952. Prot. LV, IfZ-Archiv, Nachlaß Baumgartner.

[298] Vgl. den Bericht in: Bayernruf v. 1. 2. 1953.

[299] Vgl. Prot. LA v. 8. 8. 1954. IfZ-Archiv, Nachlaß Baumgartner.

[300] Schreiben des 1. Kreisvorsitzenden von Schwaben und stellv. Landesvorsitzenden A. Rumbucher v. 27. 7. 1953 an Baumgartner: „Ein Teil der Parteifunktionäre in Schwaben [gehört] schon immer zu den eifrigsten Gegnern des JBB insbesondere einer Vertretung des JBB in Parteiorganen [...]". Ebd.

[301] Siehe auch den Wahlaufruf des Jungbayern-Bundes in: Bayernruf v. 23. 8. 1953.

[302] Junges Bayern, Zweimonatszeitschrift für die Bayerische Jugend. Jg. 1, Folge 1, November 1953. Auch der „Bayernruf" der BP berichtet nur über Freizeitunternehmungen des JBB. Z. B. Bayernruf v. 14. 8. 1953 und v. 3. 8. 1954.

[303] Baumgartner in einem Brief an den Jungbayern-Bund vom 23. 11. 1953. IfZ-Archiv, Nachlaß Baumgartner.

[304] Bayernruf v. 20. 6. 1953
Jung-Bayern-Fahnenspruch
von Josef Maria Lutz

Zu S. 71–72

„Bayernjugend, die Fahne
halte mit starker Hand,
wie voreinst der Ahne,
daß sie freudig mahne
über'm Bayernland.

Bayernjugend, die Treue
halte mit wachem Fleiß.
Deines Banners Bläue
wecke und erneure
Tugend, klar und weiß!

Bayernjugend, nun trage
Zukunft in jeden Gau.
Schau, schaffe, wage,
und im Herzen trage
Liebe zu Weiß und Blau!"

305 Bericht über die Jahresversammlung des JBB im Bayernruf v. 7. 3. 1956.
306 Ebd.
307 Beschluß der Landesleitung des JBB v. 2. 11. 1957. IfZ-Archiv, Nachlaß Baumgartner.
308 Z. B. Schreiben des Kreisvorsitzenden des Jungbayern-Bundes München Hans Stadler v. 9. 10. 1958 an den Kreisvorsitzenden v. Oberbayern Fischbacher mit der Forderung, dem Landesvorsitzenden des JBB Rudolf Gütlein einen „Spitzenplatz auf der Bezirkstagsliste einzuräumen". „Die Kandidatur unseres Freundes Gütlein ist aber jetzt zu einem Gradmesser geworden für uns im Jungbayernbund, ob man in der BP bereit ist, die junge Generation zu berücksichtigen." Ebd.

III. Sozialstruktur

1 Besonders problematisch erscheint, daß z. B. für die Deutsche Partei nur die Bundestagskandidaten zum Wahlkampf 1953 herangezogen wurden und daraus auf die Sozialstruktur der Mitgliederschaft geschlossen wird: „Die Untersuchungen über die Wahlkreis-Kandidaten können wohl als repräsentativ für die Mitgliedschaft angenommen werden." Meyn, DP, S. 110, Anm. 4.
2 Dazu für den BHE: Neumann, BHE, S. 286.
3 Auch nach Gründung des Landesverbands wurde auf eine zentrale Mitgliedskartei verzichtet; nach Auskunft Lallingers hatte der Generalsekretär Falkner aufgrund der Erfahrungen mit dem Nationalsozialismus Bedenken gegen die Einrichtung einer zentralen Kartei. Die Karteien der Bezirksverbände sind unvollständig, da in den meisten Fällen gerade Angaben zu den Mitgliedern der Frühzeit fehlen bzw. nach erfolgtem Austritt aussortiert wurden.
4 Hinweise auf die Sozialstruktur sind in den Diskussionen der Landesleitung und Landesausschuß-Sitzungen eher zufällig. In Kolbermoor haben z. B. sehr viele Arbeiter die Bayernpartei anstelle der SPD gewählt; in Erding haben die Heimatvertriebenen 1950 stark für die Bayernpartei gestimmt, während in Garmisch-Partenkirchen die Bayernpartei von den Flüchtlingen keine Unterstützung erfahren habe; der Bezirksvorsitzende forderte deshalb, daß die Werbung von Mitgliedern unter den Heimatvertriebenen aufgegeben werden soll.
5 Dazu Zahlen bei Mintzel, PVS, S. 215, und Mintzel, Die CSU in Bayern, in: Dittberner/Ebbighausen, Parteiensystem, Tabelle. S. 368. Von 1948 bis 1955 liegen für die CSU keine genauen Mitgliederzahlen vor, offenbar hatte auch die Landesleitung jeglichen Überblick verloren. Zum Beispiel konnte nach der Währungsreform der CSU-Landesvorsitzende auf der CSU-Landesausschußsitzung am 18. und 19. 12. 1948 in Forchheim keine Mitgliederzahl nennen, sondern nur berichten, „daß die Militärregierung an der starken Diskrepanz zwischen der angenommenen Mitgliederzahl und den tatsächlichen Beitragsleistungen Anstoß genommen hätte" (Berberich, CSU, S. 122). Nach Schätzungen soll die Zahl der beitragswilligen und beitragsleistenden Mitglieder etwa 60 000

betragen haben, „beim Führungswechsel im Mai 1949 dürfte die Zahl wieder um ein paar tausend gestiegen sein und sich seitdem fortlaufend nach oben entwickelt haben." (Vgl. Berberich, CSU, S. 122.)

[6] Dazu Kaack, Parteiensystem, S. 493: „Bis 1948 stiegen die Mitglieder sprunghaft an, um unmittelbar nach der Währungsreform plötzlich zu fallen. Daran schloß sich bis Mitte der fünfziger Jahre eine ständige Abwärtsentwicklung oder zumindest eine Stagnation an. Erst ab 1963/64 konnten größere Gewinne gebucht werden."

[7] So äußerte Falkner auf der Landesvorstandschaftsitzung in Kissingen am 3./4. Oktober 1948: „16 000 Mitglieder sind nicht sehr viel, es würde uns schaden, wenn es bekannt würde." (Protokoll, S. 71, Archiv der Landesgeschäftsstelle der Bayernpartei.)

[8] Da die Mitgliederzahlen auf den Angaben des Bezirksverbandsvorsitzenden an die Landesgeschäftsstelle beruhten, ist nicht immer gewährleistet, daß es sich bei den angegebenen Zahlen auch um beitragszahlende Mitglieder handelt, zumal die Kontrollmöglichkeiten der Landesgeschäftsstelle gering waren. Ausführlich dazu Teil C IV: Finanzierung.

[9] Vgl. Mintzel, CSU (Diss.), S. 179 ff.

[10] Dazu Mintzel, in: Dittberner/Ebbighausen, Parteiensystem, S. 370 f. Auch in der Phase der Reorganisierung seit 1955 gelang es nicht, sofort die konfessionellen Strukturen zu überwinden.

[11] Die Zahlen wurden anhand von Unterlagen der Landesgeschäftsstelle der Bayernpartei errechnet; für die CSU vgl. die absoluten Zahlen bei Mintzel, CSU (PVS), S. 215.

[12] Ebd.

[13] Die Zahlen beziehen sich auf die Mitgliederzahlen, die die einzelnen Bezirksverbände in den Jahren 1952 und 1953 sowie 1954 an die Landesgeschäftsstelle meldeten, um bei der Landesversammlung mit einem ihrem Mitgliederstand entsprechenden Delegiertenschlüssel berücksichtigt zu werden. Nur in seltenen Fällen machten die Bezirksverbände auch Angaben, wie viele der Mitglieder Beitrag zahlten (nach Unterlagen der Landesgeschäftsstelle).

[14] Maurice Duverger (Parteien, S. 114) hat eine andersartige Entwicklung für die sozialistischen Parteien festgestellt, deren Mitglieder schneller auf parteiinterne Krisen reagieren.

[15] Mitgliederentwicklung im Bezirksverband Erding:

15. 5. 1948	250 Mitglieder
1. 6. 1948	268
1. 7. 1948	319
1. 8. 1948	347
31. 1. 1949	463
Mitte 1950	655
Mitte 1952	470

Der Bezirksverband Freising hatte am 31. 1. 1949 122 Mitglieder, im Mai 1949 169 Mitglieder, im März 1950 meldete der Bezirksverband bereits 33 Austritte (Unterlagen: Nachlaß Fischbacher).

[16] Die Währungsreform hatte dem Zulauf der Bayernpartei wenig Abbruch getan: am 20. 4. 1948 hatte die Bayernpartei im Kreisverband München 1194 Mitglieder, am 28. 6. 1948 1551 Mitglieder; ähnliches zeigte sich auch in Erding oder Traunstein.

[17] Die Gründe liegen nicht nur in besserer Information und schnellerer Reaktion einer großstädtischen Bevölkerung in politischen Fragen und in ihrer stärkeren Mobilität, sondern auch in der präziseren Führung der Mitgliedskartei.

[18] Mintzel, CSU (Diss.), S. 172 und 130.

[19] Stadt- und Landkreise wurden als ein Verband gezählt, sofern bei der Bayernpartei keine getrennten Bezirksverbände für den Stadt- und Landkreis ausgewiesen sind.

[20] Mitgliederzahlen der CSU-Niederbayern (Archiv des Zentralinstituts für sozialwissenschaftliche Forschung, FU Berlin).

[21] Vgl. Mintzel, CSU (Diss.), Tabelle 26A, S. 387.

[22] Dazu Mintzel, CSU (Diss.), S. 58 f.

[23] So z. B. Forchheim, Höchstadt, Bamberg, Lichtenfels, Kronach, Pegnitz, Staffelstein. In den Organisationsberichten wird von oberfränkischen Bezirksverbänden auch auf

Zu S. 79–82

die Schwierigkeiten hingewiesen, in evangelischen Ortschaften einen Ortsverband zu gründen.

[24] Die Organisationsdichte errechnet sich aus der Zahl der von der Bayernpartei durch einen Ortsverband oder Stützpunkt erfaßten politischen Gemeinden im Landkreis. Die Zahlen beruhen auf einer Organisationsanalyse, die von der Landesgeschäftsstelle der Bayernpartei Anfang 1950 durchgeführt wurde.

[25] Die Organisationsdichte lag mit 32% über dem oberfränkischen Durchschnitt, die Mitgliederzahl betrug im Februar 1950 136. Der Kreisvorsitzende von Oberfranken, Bantele, Oberst a. D., wurde 1950 in den Landtag und in den Kommunalwahlen 1952 zum Bürgermeister der Stadt Bayreuth gewählt. Eine weitere Ausnahme war Münchberg. Trotz eines überwiegenden evangelischen Bevölkerungsanteils und eines unterdurchschnittlichen Anteils an Beschäftigten in der Land- und Forstwirtschaft und an Heimatvertriebenen lag das Wahlergebnis der Bayernpartei 1950 in Münchberg über dem oberfränkischen Durchschnitt.

[26] Z. B. erhielt die Bayernpartei in den Landtagswahlen 1950 in Rehau, obwohl Rehau einen sehr hohen Flüchtlingsanteil aufwies, dafür aber überwiegend evangelisch und stark industrialisiert ist, nur 6,8%.

[27] Vgl. Beiträge zur Statistik Bayerns, Heft 147. Die Wahlen in den Gemeinden und Kreisen Bayerns 1946 und 1948, S. 11. Bei den Landtagswahlen 1950 waren unter den Bewerbern sämtliche Parteien nur 5,62% Frauen (von 1316 Bewerbern 74 Frauen). Von den 74 Bewerberinnen stellte die Bayernpartei 2, die CSU 7, SPD 11, FDP 17. Von 204 Abgeordneten des Bayerischen Landtags waren nur 7 weiblich: die CSU war mit 1, die SPD mit 4, FDP mit 1 und der BHE/DG ebenfalls mit einer Abgeordneten vetreten. Vgl. Heft 163 der Beiträge zur Statistik Bayerns, Wahl zum Bayerischen Landtag am 26. November 1950, S. 7.

[28] Die Zahlen für München werden von Ludwig M. Lallinger mit 39,7% angegeben.

[29] Die Zahlen entstammen einer Aufschlüsselung eines großen Teils der Bezirksverbände von 1949; die Unterlagen wurden von Dr. Jakob Fischbacher zur Verfügung gestellt.

[30] Darunter Höchstadt an der Aisch mit 86 Frauen von 144 Mitgliedern insgesamt. Der Frauenanteil von 60% stellt eine Ausnahme für die Bayernpartei dar und muß auf lokale Besonderheiten zurückgeführt werden. 1954 hat Höchstadt/Aisch nur noch 34 Frauen bei 210 Mitgliedern insgesamt.

[31] Zahlen bei Mintzel, CSU (Diss.), Tabelle 18, S. 188. Die Vergleichszahlen zur Bayernpartei bei Mintzel, aus Unger, Die bayerische Bewegung (Magisterarbeit 1969), sind durch die hier angegebenen Zahlen überholt.

[32] 1954 liegt der Anteil der Frauen nur noch bei 5–6% der Gesamtmitglieder. Vogt, Bayernpartei, S. 76, gibt den Anteil der Frauen für das Jahr 1968 mit 12% an.

[33] Weder Mauch, FDP, noch Berberich, CSU, oder Mintzel bieten vergleichbare Angaben zur Sozialstruktur; selbst für die SPD fehlt das Material für eine Mitgliederanalyse, dazu Behr, Konservatismus, S. 145.

[34] Folgende 12 Bezirksverbände leisteten der Aufforderung der Landesgeschäftsstelle 1954 Folge und schickten für die Zuordnung des Delegiertenschlüssels für die Landesversammlung ihre Mitgliederlisten ein. Um die in Tabelle 9 angegebenen sozialstatistischen Daten für 1954 hinsichtlich einer Verallgemeinerung auf die Gesamtmitgliedschaft einschätzen zu können, wurden die Mitgliederbewegungen in den einzelnen Verbänden angegeben.

	1948	1949	1950	1952	1953	1954
Berchtesgaden	–	–	27	222	214	–
Bad Reichenhall	67	–	70	–	27	22
Freising-Stadt	–	–	–	–	68	52
Dachau –						
Stadt und Land	109	–	–	–	219	135
Wasserburg	297	–	–	–	253	202
Straubing-Stadt	165	266	313	409	442	119
Straubing-Land		4 w				273

Zu S. 82–84

	1948	1949	1950	1952	1953	1954
Memmingen-Stadt	90	95	98	105	102	33
Memmingen-Land		8 w				67
Bayreuth-Stadt	120	95	136	137	136	124
Bayreuth-Land		8 w				50
Höchstadt-Aisch	85	144	230	224	300?	219
		86 w				

w = weiblich

Quelle: Unterlagen der Landesgeschäftsstelle.

[35] Schlossermeister, Elektromeister und alle mit -meister versehenen Berufsangaben wurden unter das selbständige Handwerk gerechnet, alle anderen unter das unselbständige, wie Schlosser, Schmied. Allerdings ist bei Angaben wie Schmied, Küfner oder Sattler etc. nicht klar, ob es sich um Selbständige oder um in einem Kleinbetrieb Beschäftigte handelt. Auch der Anteil an Facharbeitern dieser Gruppe konnte deshalb nicht ermittelt werden und steckt in der Berufsgruppe Handel und Gewerbe, sofern nicht die Berufsangabe das Mitglied eindeutig als Industriearbeiter ausweist.

[36] Arbeitnehmer aus dem gewerblichen Sektor im kleinstädtisch-ländlichen Bereich waren auch kaum an Großorganisationen wie Gewerkschaften gebunden. Vgl. dazu auch die Untersuchung Liepelts (NPD, S. 267 f.).

[37] Auch eine Differenzierung nach Bauern und Landwirten war nicht möglich, obwohl die Bauern im landläufigen Sinn in Bayern mehr als größere Bauern einzustufen sind, da der Begriff in den einzelnen Bezirksverbänden unterschiedlich gehandhabt wurde und außerdem nicht feststellbar war, ob es sich um eine Selbsteinstufung oder um eine Fremdeinstufung durch den Kassier oder Bezirksverbandsvorsitzenden handelte. In einigen der Mitgliederlisten wird zwischen Bauer und Landwirt unterschieden, ohne daß die Kriterien für die Unterscheidung nachprüfbar oder auch nur abzuschätzen sind. Gutsbesitzer wurden nicht unter die Gruppe der Landwirte, sondern unter die Rubrik Unternehmer gerechnet. Austragsbauern wurden unter Landwirte genommen; Gütler und Häusler (Kleinbauern bzw. Pächter), die dem Geigerschen Begriff der Proletaroiden zuzurechnen wären, unter Sonstige. Auch die Berufsangaben Bauerntochter oder Bauerssohn wurde unter Sonstige aufgenommen. Nach der Volkszählung von 1950 waren 29,5 % der Erwerbspersonen in der Landwirtschaft tätig, davon waren 27 % selbständig (Statistisches Jahrbuch für Bayern 1952, S. 74 f.). Die vorherrschende Betriebsgröße ist der mittelbäuerliche Betrieb mit 5–20 ha, auf den allein 45 % aller Betriebe und 35 % der gesamten Wirtschaftsfläche fallen. Die Kleinstbetriebe, die im Bundesgebiet nahezu ein Drittel an den landwirtschaftlichen Betrieben ausmachen, sind in Bayern weit seltener, sie betragen nur etwa ein Fünftel der gesamten Betriebe in Bayern. Vgl. ebd.

[38] Technische Berufe wie Techniker wurden zum Teil unter die mittleren Angestellten, Ingenieure unter die Gruppe der leitenden Angestellten aufgenommen.

[39] Das Modell von Morris M. Janowitz (in: David V. Glass und René König, Hrsg.: Soziale Schichtung und soziale Mobilität, Sonderheft 5 der KZfSS, Köln/Opladen 1961) wurde deshalb übernommen, weil die vorhandenen Daten darin am besten einzuordnen sind und damit wenigstens ein ungefährer Überblick über die Schichtung gegeben werden kann. Die Verwendung der Modelle von Erwin K. Scheuch (Sozialprestige und soziale Schichtung, ebd.) und Moore/Kleining (Das Bild der sozialen Wirklichkeit, in: KZfSS, Heft 3, 1959) und „Das soziale Selbstbild der Gesellschaftsschichten in Deutschland" (in: KZfSS, Heft 1, 1960) würde – weil komplizierter und aufgrund der fehlenden Informationen zu den Berufsangaben – eher zur Verfälschung führen. Auch bei einer Anwendung der Dahrendorfschen Weiterentwicklung des Geigerschen Ansatzes (Theodor Geiger, Die soziale Schichtung des deutschen Volkes, Stuttgart 1932) sind bestimmte Gruppen aus dem Material nicht zu extrahieren. Vgl. Dahrendorf, Gesellschaft und Demokratie, S. 92.

[40] Da gerade innerhalb der Gruppe Handel und Gewerbe unselbständige Handwerker und selbständige Handwerker und Gewerbetreibende aufgrund der Berufsangaben sehr

Zu S. 84–88

schwer voneinander zu scheiden sind, und da für die Strukturbestimmung der Bayernpartei diese Gruppe insgesamt ein wichtiges sektoriales Moment darstellt, wird künftig der Gesamtbereich Handel und Gewerbe in eine Kategorie gefaßt. Die Arbeiter umfassen vor allem Industriearbeiter, angelernte Arbeiter, Hilfsarbeiter und Landarbeiter.

[41] Die Vertreter Frankens in der geschäftsführenden Landesleitung 1948–1958: Dr. Hermann Etzel, Direktor der Handwerkskammer Oberbayern a. D. (bis 1934), seit 1948 Mitglied der Landesleitung, 1949–1952 stellvertretender Landesvorsitzender; Georg Bantele, Oberst a. D., Schuldienst, seit 1950 MdL und 1952 Bürgermeister in Bayreuth für die Bayernpartei, stellvertretender Landesvorsitzender 1952–1954; Konrad Frühwald, Bauer, 1954–1957; Simon Nüssel, Landwirt, seit 1957 stellvertretender Landesvorsitzender.

[42] Siehe dazu ausführlich Teil C IV: Finanzierung.

[43] Zur Überrepräsentation von Akademikern seit 1949 siehe Kaack, Parteiensystem, S. 652 und Kirchheimer, German Bundestag, S. 590–601. Insgesamt: Loewenberg, Parlamentarismus, S. 93–105 und S. 115–165.

[44] Simon Weinhuber, geb. am 26. 3. 1918, als Sohn eines Bauern in München, landwirtschaftliche Ausbildung; nach seiner Rückkehr aus dem 2. Weltkrieg, 1945, übernahm er den elterlichen Betrieb. Gleichzeitig wurde er 1. Vorsitzender der Molkereigenossenschaft Erding. Er baute den Bezirksverband Erding der Bayernpartei zu einem der mitgliederstärksten und aktivsten in Oberbayern aus. 1950 bis 1966 MdL; seit 1952 stellvertretender Landrat in Erding, später Landrat. Weinhuber hatte auch in verschiedenen Gremien und Ausschüssen von Partei und Fraktion Ämter und Funktionen inne. (Angaben u. a. aus: Handbuch des Bayerischen Landtags, 5. Wahlperiode, hrsg. vom Landtagsamt, München 1963.)

[45] In den Unterlagen der Landesgeschäftsstelle waren die Angaben zu 270 Kreisräten vorhanden, diese wurden ausgewertet. Insgesamt wurden in Bayern von den Wahlvorschlägen der Bayernpartei zu den Kreistagswahlen am 25. April 1948 309 in die Kreistage gewählt: in Oberbayern 174, in Niederbayern 95, in der Oberpfalz 11, in Oberfranken 8, in Unterfranken 6 und in Schwaben 15; vgl. Heft 147 der Beiträge zur Statistik Bayerns, S. 46 und 47.

[46] Ebd., S. 14.

[47] In den Kommunalwahlen 1952 betrug der Anteil der Selbständigen noch 74,4 %. Vgl. Beiträge zur Statistik Bayerns, Heft 182, Die Kommunalwahlen in Bayern am 30. März 1952, S. 34.

[48] Vgl. Beiträge zur Statistik Bayerns, Heft 147, S. 11.

[49] Zum Vergleich: bei der CSU waren von 7878 Gemeinderäten 21 Frauen; ebd.

[50] Unter den 270 Kreistagsmitgliedern, die 1948 gewählt worden waren, befanden sich eine Ärztin und zwei Geistliche. Auch Berufsbezeichnungen wie Direktorswitwe sind anzutreffen, hinter der häufigeren Bezeichnung Hausfrau verbergen sich meist Frauen der Mittelschicht (Unterlagen der Landesgeschäftsstelle).

[51] Unterlagen aus dem Nachlaß Fischbacher (Kopie im Besitz d. Verf.). Aus dem Öffentlichen Dienst waren vertreten: je ein Oberregierungsrat, Amtmann, Marktinspektor, Postbetriebsassistent. Dazu fünf Stadträte aus dem selbständigen Handwerk und Gewerbe: Friseurmeister, Gärtnereibesitzer, Kaufmann, Metzgermeister, Metzgermeister und Landwirt als Zweitangabe. Außerdem noch ein Facharbeiter (Schreiner) und ein Landwirt.

[52] In Freising, Rosenheim und Traunstein (Obb). und in Deggendorf, Landshut und Passau (Ndb.).

[53] Augsburg hatte nach der Volkszählung 1946 160 055 und nach der Volkszählung von 1950 185 183 Einwohner, vgl. Beiträge zur Statistik Bayerns, Heft 192, Historisches Gemeindeverzeichnis, München 1953, S. 219.

[54] Vgl. Beiträge zur Statistik Bayerns, Heft 147, S. 35.

[55] Die Berufsbezeichnungen waren: Fräser, Eisendreher, Monteur, Dreher, Radiomechaniker.

[56] Unterlagen der Landesgeschäftsstelle.

[57] Beiträge zur Statistik Bayerns, Heft 147, S. 38.

[58] Ebd., S. 34.

⁵⁹ Ebd., S. 37, Tabelle III.
⁶⁰ Ebd., S. 34, Tabelle I und S. 37, Tabelle III.
⁶¹ Unter den 14,1% Sonstigen von Tabelle 16 waren 2 Hausfrauen und 1 Schwerkriegsbeschädigter.
⁶² Gründe dafür, warum sich der Bezirksverband Laufen dann 1948 doch nicht an den Wahlen beteiligte, gehen aus den Unterlagen nicht hervor.
⁶³ Vgl. Beiträge zur Statistik Bayerns, Heft 211, Wahl zum Bayerischen Landtag 1958, Übersicht S. 8.
⁶⁴ Ebd.
⁶⁵ Vgl. Beiträge zur Statistik Bayerns, Heft 237, Wahl zum Bayerischen Landtag am 25. November 1962, Übersicht 14, S. 25. Von den selbständigen Berufen der Bewerber der Bayernpartei sind: Landwirte 27,4%, Kaufleute und Gewerbetreibende 27,4%, Handwerker 16,2%
⁶⁶ Berufliche Gliederung der Bewerber der Bayernpartei für die Landtagswahlen 1958 und 1962

	1958		1962	
	insg. v. H. der Wahlkreisvorschläge	Anteil der Bayernpartei	insges. v. H. der Wahlkreisvorschläge	Anteil der Bayernpartei
Öffentl. Dienst (einschl. Minister a. D. u. a.)	24,9	16,5	24,8	20,1
hauptberufliche Partei- und Verbandsangestellte	0,3	0,0	2,7	0,0
Selbständige Berufe (mit freien Berufen)	39,3	65,4	40,0	57,0
Arbeitnehmer (Redakteure, Angest. und Arbeiter ohne öffentl. Dienst)	27,1	11,5	22,9	15,7
Pensionisten und Rentner	5,8	4,9	6,4	5,0
Hausfrauen	1,9	0,6	2,2	2,2
ohne Angaben	0,7	1,1	–	–

Quelle: Beiträge zur Statistik Bayerns, Heft 211, S. 8, und Heft 237, S. 25.

⁶⁷ Vgl. Thränhardt, Wahlen, S. 316.
⁶⁸ Durchschnittsalter der männlichen Bewerber (Anteil der weiblichen Bewerber an der Gesamtzahl der Bewerber 5,6%):

Bayernpartei   48,6 (Frauen 45,5)
Königspartei   51,0 (Frauen 52,3)
CSU   50,3 (Frauen 52,7)
FDP   49,7 (Frauen 44,9)
SPD   48,4 (Frauen 41,7)

vgl. Beiträge zur Statistik Bayerns, Heft 163, S. 8, Schaubild 2.
⁶⁹ Durchschnittsalter der männlichen Bewerber 47,3, der weiblichen Bewerber 45,1, ebd.
⁷⁰ Siehe dazu Beiträge zur Statistik Bayerns, Heft 237, Übersicht 11, S. 24.
⁷¹ Weder im Jahrbuch der öffentlichen Meinung 1947–55, hrsg. von Elisabeth und Erich Peter Neumann, Allensbach 1956, noch in Elisabeth Noelle, Auskunft über die Parteien, Ergebnisse der Umfrage-Forschung in Deutschland, Allensbach 1955, sind brauchbare Auskünfte über die Bayernpartei zu finden.

Zu S. 93–109

⁷² Auch die Untersuchung der UNESCO erweist sich – obwohl auch die BP einbezogen wurde – als nicht ergiebig. Da die Befragung bundesweit durchgeführt wurde, konnte die BP in ihrer regionalen Begrenztheit nicht berücksichtigt werden. Das Ergebnis dieser UNESCO-Institute Survey von 1953 ist für die Bayernpartei entsprechend verzerrt: 3% Arbeiter, 3% Geschäftsleute, 3% Handwerker, je 9% Landwirte und Landarbeiter, kein Angehöriger freier Berufe wählten die BP. Vgl. dazu: Linz, Cleavage and Consensus, Tabelle 1, S.   . Das statistische Bundesamt hat in Zusammenarbeit mit den statistischen Landesämtern für die Bundestagswahl 1953 Sondererhebungen durchgeführt. Bayern und Rheinland-Pfalz führten jedoch diese Erhebungen nicht in der vorgesehenen Weise durch, so daß auch hier vergleichbares Material zur Bayernpartei fehlt. Vgl. dazu v. d. Heydte und Sacherl, Soziologie der deutschen Parteien, S. 229.

⁷³ Siehe auch Berberich, CSU, S. 90 f.

⁷⁴ Dazu Bauer, WAV, S. 484 und 490 ff.

⁷⁵ Nach dem bayerischen Gemeindewahlgesetz waren Wahlverbindungen auf lokaler Ebene zulässig (vgl. dazu die Beiträge Heft 182, Die Kommunalwahlen in Bayern am 30. März 1952, S. 14). Deshalb sind die Stadt- und Landkreiswahlen nach 1948 nur mit einem gewissen Vorbehalt heranzuziehen, weil sämtliche Parteien Wahlverbindungen auf lokaler Ebene eingegangen waren. Die Bayernpartei koalierte häufig mit der CSU; vereinzelt beteiligte sie sich auch an „bürgerlichen Blocks" aus CSU, FDP und überparteilichen Wählergruppierungen, die eine SPD-Mehrheit verhindern sollten. Darüber hinaus ist zu berücksichtigen, daß die Bayernpartei – in weitaus größerem Ausmaß auch in den Kommunalwahlen 1948 – in der Stadtkreiswahl in 13 Stadtkreisen, bei der Landkreiswahl in 50 Landkreisen keine Wahlvorschläge eingereicht hatte. Nur noch in 9 Land- und Stadtkreisen konnte die BP 1952 Mehrheiten erzielen: in 5 Landkreisen Oberbayerns (Erding, Mühldorf, Wasserburg, Rosenheim, Pfaffenhofen), in 2 Landkreisen Niederbayerns (Viechtach und Pfarrkirchen) und in 3 Städten (Rosenheim, Straubing und Passau) konnte sie den 1. Bürgermeister stellen.

⁷⁶

	Stadtkreiswahlen		
	CSU 1946	CSU 1948	BP 1948ᵃ
Oberbayern	45,9	19,1	23,7
Niederbayern	59,3	24,8	21,8
Oberpfalz	64,3	33,6	19,6

a) In Ingolstadt (Obb.), in Straubing (Ndb.) und in Amberg (Opf.) beteiligte sich die BP nicht.

⁷⁷ Dabei ist zu berücksichtigen, daß sich die BP in den Kommunalwahlen vom 18. März 1956 an gemeinsamen Wahlvorschlägen beteiligt hatte. Insgesamt war sie 121 Wahlbündnisse eingegangen: davon 13 mit der CSU, 21 mit der SPD, 25 mit der FDP und selbst mit dem GB/BHE in 22 Fällen sowie mit 24 überparteilichen Wahlvorschlägen. Gemeinsame Listen zwischen CSU und Bayernpartei erzielten meist beachtliche Erfolge, da die Spaltung des christlich-konservativen Lagers damit überwunden schien; doch kamen diese Stimmengewinne im allgemeinen der CSU als der stärkeren Partnerin zugute. Vgl. dazu Beiträge zur Statistik Bayerns, Heft 203, S. 18 f.

⁷⁸ Vgl. Beiträge zur Statistik Bayerns, Heft 147, Die Wahlen in den Gemeinden und Kreisen Bayerns 1946 und 1948, Tabelle I, S. 37 f. Die weiteren Angaben zum Bezirksverband Freising stammen aus dem Nachlaß Fischbacher, Ordner Freising.

⁷⁹ Brief des Vorsitzenden des Bezirksverbandes Freising an den Kreisverband Oberbayern vom 20. Mai 1948, Nachlaß Fischbacher.

⁸⁰ Vgl. Beiträge zur Statistik Bayerns, Heft 163, Wahl zum Bayerischen Landtag am 16. November 1950, Tabelle IV.

⁸¹ Vgl. Beiträge zur Statistik Bayerns, Heft 174, Tabelle III, S. 37 f.

⁸² Siehe dazu Schreyer, Bayern – ein Industriestaat.

⁸³ Siehe dazu Lipset und Rokkan (Hrsg.), Party Systems, S. 1–65.

⁸⁴ Die Deutsche Gemeinschaft, eine rechtsstehende Gruppierung, der August Haußleiter (bis zu seinem Austritt 1949 stellvertr. Landesvorsitzender der CSU) angehörte, konnte nur durch das Wahlbündnis mit dem BHE Erfolge erzielen. Ähnlich der WAV zerfiel

ihre Landtagsfraktion nach kurzer Zeit. Vgl. dazu Tränhardt, Wahlen, S. 285 f. Die Zahlen aus Tabelle 27 (aus Beiträge zur Statistik Bayerns, Heft 163) beziehen sich offenbar nur auf den BHE.

[85] Vgl. Varain, Parteien und Verbände, S. 59.

[86] Der Neubürgerbund unter Führung Günter Goetzendorfs ging eine Verschmelzung mit der WAV ein. Dazu Kaltefleiter, Wirtschaft und Politik, S. 126 und Neumann, BHE, S. 46 ff. In den Landtagswahlen 1950 hat der BHE den größten Teil der WAV-Wähler unter den Vertriebenen gewonnen.

	WAV BT-W. 1949	WAV LT-W. 1950	BHE LT-W. 1950
Oberbayern	14,7	4,0	10,2
Niederbayern	19,5	1,7	15,3
Oberpfalz	11,0	1,6	10,8
Oberfranken	12,0	1,4	13,9
Mittelfranken	15,7	4,7	10,0
Unterfranken	12,3	–	13,4
Schwaben	14,7	4,0	14,3
Bayern insgesamt	14,4	2,8	12,3

[87] Kaltefleiter, Wirtschaft und Politik, S. 131.

[88] Vgl. Teil B III, 1.

[89] Auf die Auswirkungen, die Ämterbesetzungen im kommunalen Bereich mit evakuierten und Heimatvertriebenen auf das Wahlverhalten hatten, kann hier mangels ausreichender Unterlagen nur verwiesen werden.

[90] Siehe dazu: Edding, Lemberg (Hrsg.), Die Vertriebenen in Westdeutschland, insbesondere Bd. I, S. 61–145. Spiethoff, Untersuchungen zum bayerischen Flüchtlingsproblem, Beiträge zur Statistik Bayerns, Heft 151, Die Vertriebenen in Bayern. Ihre berufliche und soziale Eingliederung bis Anfang 1950, S. 27 ff.

[91]

Niederbayern	BP	BHE	Bayern insgesamt	BP	BHE
1950	27,4	15,3		17,9	12,3
1953	14,9	11,1		9,2	8,2
1954	24,5	12,6		13,2	10,2
1957	5,8	8,8		2,8	7,8
1958	18,0	–		8,1	

[92] Für den BHE lagen die Ergebnisse ähnlich: 12,6% im Landesdurchschnitt; Korrespondenz in 15 von 26 Fällen; allerdings lagen die Stimmverluste mit 2,3% über dem Landesdurchschnitt (2,0%).

[93] Vilshofen, Rottenburg, Vilsbiburg, Mainburg.

[94] Für die folgende Darstellung des Bauernbundes vgl. Hundhammer, Geschichte des Bayerischen Bauernbundes und Artikel Bayerischer Bauernbund, in: Handbuch der bürgerlichen Parteien in Deutschland, Bd. I, S. 67 ff.

[95] Wahlen zur Nationalversammlung: 275 100 Stimmen (Reichstagswahl 1912: 47 800 Stimmen); in Niederbayern erhielt der BBMB 30,8% der Stimmen, die BVP 38,4% (1912: BBMB 23,3%, das Zentrum 60,4%). In den Landtagswahlen 1919 erhielt der BBMB 312 400 Stimmen, das waren 9,3% der abgegebenen gültigen Stimmen.

[96] Thränhardt, Wahlen, S. 349 und 351.

[97] Der BBMB konnte im Durchschnitt der Landkreise (ohne kreisfreie Städte, dort nur 1,7%) sogar 40,3% der abgegebenen gültigen Stimmen gewinnen. Die BVP erhielt in Niederbayern 37,2%. Oberbayern: BBMB 12,2%; BVP 32,2%. Schwaben: BBMB 23,8%; BVP 32,9%.

[98] Zum Vergleich werden die Reichstagswahl 1928 und die Bundestagswahl von 1949 genommen. Da die Bayernpartei 1949 den Scheitelpunkt ihrer Wirksamkeit und ihres Erfolges erreicht hatte, liegt es nahe, die BT-Wahl von 1949 (nicht eine spätere Landtagswahl) als einen Vergleichswert heranzuziehen. Für den BBMB wurde entsprechend auf eine Reichstagswahl mit besonders guten Ergebnissen zurückgegriffen.

Zu S. 113–116
IV. Finanzierung

1 Weber, Wirtschaft und Gesellschaft, S. 68.
2 Zum Vergleich der staatlichen Parteifinanzierung vgl. Varain, Parteien und Verbände, S. 210 f. Allerdings rechnet Varain nicht nur Staatskredite, sondern auch die Abgaben der Abgeordneten zur staatlichen Parteifinanzierung.
3 Auch in der umfangreichen Darstellung der CSU von Mintzel finden sich für die Zeit von der Gründung bis 1956 kaum konkrete Zahlen.
4 So warf Hundhammer dem Landesvorsitzenden Müller auf der Landesversammlung der CSU am 27. und 29. Mai 1949 in Straubing vor, das Parteiorgan habe mehr als 125 000,- DM, die Landesgeschäftsstelle 85 000,- DM Schulden. Vgl. Berberich, CSU, S. 97 f.
5 Schatzmeister (seit Juli 1951 Finanzbevollmächtigter) der BP: 1. Dr. Eduard Meier, Rechtsanwalt, Vorsitzender des Kreisverbands Oberpfalz, Okt. 1948 bis Mai 1949, 2. Dr. Ernst Falkner, Landesgeschäftsführer, anschließend bis Dez. 1949, 3. Dr. Wilhelm Schmidhuber anschließend bis April 1950, 4. Dr. Ernst Falkner anschließend bis Nov. 1950, 5. Dr. Anton Besold, Generalsekretär und Komm. Schatzmeister, Dez. 1950 bis Febr. 1951, 6. Dr. Franz Weiß, Steuerbevollmächtigter, anschließend bis Mitte 1953, 7. Besold (Komm.) anschließend, 8. Geislhöringer 30. 9. 1953 bis 1959.
6 Meyn, Deutsche Partei, S. 159.
7 Latour/Vogelsang, Okkupation und Wiederaufbau, S. 106 f.
8 Vgl. Satzung des Stadt- und Landkreises München der Bayernpartei von 1946/1947, § 5, Unterlagen der Landesgeschäftsstelle.
9 Ebd.
10 Prot. LV vom 18./19. 8. 1948, IfZ-Archiv, Nachlaß Baumgartner.
11 Prot. LL vom 24. 7. 1948, ebd.
12 Vgl. Satzungen von 1948 (IfZ-Archiv, Nachlaß Baumgartner) und 1951 (Dokumente zur parteipolitischen Entwicklung, hrsg. v. Flechtheim, Bd. 1, S. 402–420).
13 Prot. LL vom 24. 7. 1948, IfZ-Archiv, Nachlaß Baumgartner.
14 Ebd. und mehrere Rundschreiben der Landesgeschäftsstelle der Bayernpartei 1948, sowie Briefwechsel der Bezirks- und Kreisverbände, die Erhöhung des Benzinkontingents fordern. IfZ-Archiv, Nachlaß Baumgartner.
15 Dies geht aus den Protokollen der Sitzungen der LL, insbesondere aus den Diskussionen über die Finanzlage hervor; in Finanzberichten werden nur die Zuschüsse der Landesgeschäftsstelle an die Kreisverbände, niemals Einnahmen aus den Abführungen der Kreisverbände ausgewiesen, denn bereits auf der Ebene des Kreisverbands versickerten die Beitragsabführungen der Bezirksverbände.
16 Prot. LL vom 10. 3. 1949, IfZ-Archiv, Nachlaß Baumgartner.
17 Varain, Parteien und Verbände, S. 205.
18 Vor allem Anton von Aretin, der nach parteiinternen Kämpfen und aufgrund von Wechselschulden und Anzeigen wegen unlauteren Geschäftsgebarens als Kreisvorsitzender 1952 zurücktreten mußte.
19 Prot. LV vom 3./4. 10. 1948; IfZ-Archiv, Fh 11/Bd. 2, 3.
20 Ebd.
21 Vorwiegend in Ober- und Niederbayern; in Mittelfranken gab es nur eine Geschäftsstelle für den Regierungsbezirk.
22 Unterlagen der Geschäftsstelle Kreisverband Oberbayern, Nachlaß Fischbacher, Ordner Erding.
23 Bericht des Bezirksverbands Erding an den Kreisverband Oberbayern Juni 1948, ebd.
24 Ebd.
25 Monatsbericht des Bezirksverbands Erding an die amerikanische Militärregierung vom 1. 9. 1948, ebd.
26 Der Bezirksverband Erding z. B. versandte ein Rundschreiben an alle Ortsvorsitzenden, Kassiere und Vertrauensleute der Bayernpartei, daß im gesamten Bezirksverband die Aufnahmegebühr 1,- DM und der Monatsbeitrag 0,50 DM betrage. Beschluß der Bezirksversammlung vom 8. 7. 1948, ebd.
27 Der Kreisvorsitzende Fischbacher bemühte sich, u. a. vom „Verein der Münchner Braue-

reien" eine finanzielle Unterstützung zu erhalten und betonte: „Es sei eine Selbstverständlichkeit, daß die Bayernpartei sich für die Belange der bayerischen Industrie und vor allem der typisch bayerischen Brauindustrie einsetzen wird." Brief vom 2. 12. 1948, ebd.

[28] Z. B. führte der Bezirksverband Garmisch-Partenkirchen in der Zeit von August bis Dezember 1948 723,- DM an den Kreisverband Oberbayern ab, der Bezirksverband Erding dagegen nur 399,- DM bei einem weit höheren Mitgliederstand. Der Bezirksverband Rosenheim verweigerte jegliche Zahlung von Mitgliedsbeiträgen an den Kreisverband aufgrund der schlechten finanziellen Lage im Bezirksverband. Ebd.

[29] Briefwechsel der Geschäftsstelle des Kreisverbands Oberbayern mit den oberbayerischen Bezirksverbänden. Ebd.

[30] Das Beitragsaufkommen der Mitglieder differierte in den einzelnen Bezirksverbänden erheblich: so zahlten in Pfaffenhofen 83%, in Traunstein nur 1%, in Schongau 9% der Gesamtmitgliedschaft 1,- DM im Monat. Monatsbeiträge von 0,50 DM zahlten in Erding 50%, in Schongau 60% und in Traunstein 60% der Gesamtmitgliedschaft des Bezirksverbands.

[31] Von den ca. 27 Bezirksverbänden des Kreisverbands Oberbayern konnten die Kassenberichte von 20 Bezirksverbänden ausgewertet werden (Nachlaß Fischbacher).

[32] Art. 68 der Satzung der Bayernpartei von 1948: „Alle Einnahmen und Ausgaben sind ordnungsgemäß zu verbuchen. Die Kassen- und Rechnungsführung der Ortsgemeinschaften erfolgt im Namen und Auftrag des Bezirksverbandes. Die Kreisverbände sind berechtigt, jederzeit in die Geschäftsbücher und Geschäftspapiere der unterstellten Bezirksverbände Einsicht zu nehmen. Das gleiche Recht steht dem Landesverband gegenüber den Bezirks- und Kreisverbänden zu."

[33] Auswertung der Revisionsberichte der Kassenprüfung (Nachlaß Fischbacher).

[34] Schreiben Fischbachers an Hugo Decker (MdB der BP des Wahlkreises Oberbayern) vom 17. 2. 1950. Nachlaß Fischbacher und Schreiben Fischbachers an die Landtagsabgeordneten des Kreisverbands Oberbayern vom 4. 9. 1951. Ebd.

[35] Schreiben Fischbachers an Decker vom 30. 1. 1952 und an Max Klotz vom 2. 5. 1955. Ebd.

[36] Bei der Volkszählung 1950 war die Einwohnerzahl Traunsteins bereits auf 82 543 zurückgegangen, vgl. Beiträge zur Statistik Bayerns, München 1953, Heft 192, S. 42 f.

[37] Bereits 1945 wurde in Traunstein eine „Aktionsgemeinschaft der antifaschistischen Bauern Bayerns" unter dem Namen „Demokratische Bauernvereinigung Bayerns Kreis Traunstein" gegründet.

[38] In Traunstein Stadt und Land erhielt die Bayernpartei in den Kommunalwahlen 1948 31,8%. Vgl. Beiträge zur Statistik Bayerns, München 1951, Heft 163, Tabelle IV, S. 64 f.

[39] In den Bundestagswahlen 1953 erhielt sie noch 18,7, in den Landtagswahlen 1954 noch 24,0%. Vgl. Beiträge zur Statistik Bayerns, Heft 219, Analyse des Wählerwillens, München 1960.

[40] Protokoll über die am 18. 7. 1950 vorgenommene Geschäfts- und Kassenrevision der Geschäftsstelle des Bezirksverbandes Traunstein – Stadt und Land, Nachlaß Fischbacher, Ordner Traunstein.

[41] Protokoll über die Betriebs- und Kassenrevision der Geschäftsführung des Kreisverbandes Oberbayern im Bezirksverband Traunstein vom 17. 5. 1952, ebd.

[42] Brief des Bezirksgeschäftsführers, Lorenz Henze, an den Geschäftsführer des Kreisverbands Oberbayern vom 5. 12. 1951, ebd.

[43] Berichte des Bezirksverbands Traunstein an den Kreisverband Oberbayern 1949 und 1951, ebd.

[44] Ebd.

[45] Bericht des Prüfers des Kreisverbands Oberbayern über die Betriebs- und Kassenrevision im Bezirksverband Traunstein am 17. 5. 1952, ebd.

[46] Ebd.

[47] Brief des Bezirksverbandsvoristzenden Hans Woppmann an Fischbacher vom 10. Juli 1953, ebd.

[48] Der Abgeordnete Sepp Parzinger hatte gegen die Wiederbewaffnung und die EVG-Verträge im Bundestag gestimmt. Nach längerem Streit mit der Parteiführung und

Zu S. 118–120

nach Ausschlußverfahren erzwang die Parteibasis (Bezirksverbände Traunstein und Reichenhall), daß die Parteiführung einer erneuten Kandidatur Parzingers für den 2. Bundestag zustimmte.

49 Statistisches Jahrbuch für Bayern 1955, München 1955.
50 Bericht des Schatzmeisters, Prot. LVorst. vom 26. 3. 1949, IfZ-Archiv, Nachlaß Baumgartner.
51 Der Kreisverbandsvorsitzende von Niederbayern, Anton von Aretin, hatte seine finanziellen Verpflichtungen, die er 1948 und 1949 für den organisatorischen Aufbau seines Kreisverbandes eingegangen war, Mitte der fünfziger Jahre noch immer nicht ganz beglichen. Da er u. a. auch Schulden bei dem ehemaligen Landesschatzmeister der Bayernpartei, Konsul Dr. Wilhelm Schmidhuber, hatte, gelang es nur durch die Vermittlung Josef Panholzers, politische Pressionen auf die Bayernpartei von seiten des 1950 ausgeschlossenen Schatzmeisters zu vermeiden.
52 Prot. LVorst. vom 23. 10. 1949, ebd.
53 Ebd.
54 Bilanz des Schatzmeisters vom 31. 12. 1950, IfZ-Archiv, Nachlaß Baumgartner.
55 Finanzbericht über den Bundestagswahlkampf, o. D. (Okt.) 1953; ebd.
56 Rundschreiben des Finanzbevollmächtigten Geislhöringer an die Kreis- und Bezirksverbände vom 15. 6. 1954. Ebd.
57 So z. B. die Bezirksverbände Passau (Schreiben vom 8. 12. 1953), Straubing (Schreiben vom 14. 2. 1954) oder Regen (20. 3. 1954). Der Bezirksverbandsvorsitzende von Grafenau bat am 21. 2. 1954, die Schulden der Bundestagswahlen 1953 in Höhe von 256,– DM zu übernehmen, da „die Gläubiger dauernd darum fordern" und deshalb habe er „nicht das Herz, die Bezirksversammlung abzuhalten". Ebd.
58 Schreiben des Landesgeschäftsführers Nottheger an die Kreisverbände vom 16. 9. 1955, ebd.
59 Dazu Gert Schäfer und Carl Nedelmann (Hrsg.): Der CDU-Staat. Studien zur Verfassungswirklichkeit der Bundesrepublik, München 1967.
60 Falkner in seinem Finanzbericht. Prot. LA vom 21. und 22. 8. 1948. IfZ-Archiv, Nachlaß Baumgartner.
61 Ebd.
62 Schreiben Baumgartners an das Bayerische Staatsministerium der Finanzen vom 6. 8. 1948, ebd.
63 Ebd.
64 Brief Baumgartners an Besold, BP-Stadtrat in München, vom 19. 8. 1948, ebd.
65 Ebd.
66 Prot. LVorst. vom 3./4. 10. 1948, IfZ-Archiv, Fh 11/Bd. 2 und 3.
67 Dies geht aus der Bilanz der „Bayerischen Landeszeitung", dem Parteiorgan der Bayernpartei, für das Jahr 1949 hervor. IfZ-Archiv, Nachlaß Baumgartner.
68 Bericht des Landesschatzmeisters, Prot. LVorst. vom 26. 3. 1949, IfZ-Archiv, Nachlaß Baumgartner.
69 Ebd.
70 Ebd.
71 Prot. LVorst. vom 3./4. 10. 1948, IfZ-Archiv, Fh 11/Bd. 2 und 3.
72 Ebd. und Unterlagen im Nachlaß Baumgartner und im Archiv der Landesgeschäftsstelle.
73 Vgl. dazu Huster u. a., Determinanten der westdeutschen Restauration 1945–1949, S. 103. Inwieweit die Bayernpartei-Führung diese finanziellen Möglichkeiten richtig sah und durch die Selbsthilfegenossenschaft ausnutzen wollte, geht aus den Unterlagen nicht eindeutig hervor.
74 Satzung der Selbsthilfegenossenschaft, IfZ-Archiv, Nachlaß Baumgartner.
75 Bilanz der bayerischen Selbsthilfegenossenschaft vom 31. Dezember 1949, sowie Briefe von Interessenten, aus denen hervorgeht, daß Mitglieder der Bayernpartei durchaus bereit waren, Gesellschaftsanteile von 100,– bis ca. 3000,– DM zu erwerben; ebd.
76 Der Konkurs der bayerischen Selbsthilfegenossenschaft erfolgte kurz nach dem Zusammenbruch des Verlags. Dies geht aus einem Brief des Landesgeschäftsführers der Bayernpartei, Nottheger, vom 25. 3. 1957 an Gläubiger hervor, die über den Verbleib ihrer Anteile Auskunft verlangten; ebd.

⁷⁷ So Falkner auf der Tagung des Landesausschusses am 29. 5. 1949, Prot. LA vom 29. 5. 1949, ebd.

⁷⁸ Bei der Kassenrevision des Kreisverbandes Oberbayern 1949 konnten die wenigsten Bezirksverbände konkrete Angaben über den Bezug der „Bayerischen Landeszeitung" durch ihre Mitglieder geben. Nur der Bezirksverband Erding meldete 361 Postabonnenten und bestellte wöchentlich 100 bis 200 Stück, die im freien Verkauf abgesetzt wurden. Unterlagen Kreisverband Oberbayern, Nachlaß Fischbacher.

⁷⁹ Prot. LA vom 26. 11. 1949, IfZ-Archiv, Nachlaß Baumgartner.

⁸⁰ Rundschreiben Nr. XXVIII vom 1. 12. 1948. Mit Hilfe von Spendenblöcken sollte innerhalb der Bezirksverbände gesammelt werden. 10% der gesammelten Beträge erhielten die Werber als Provision. Für ein Vierteljahresabonnement der „Bayerischen Landeszeitung" erhielten sie 1,- DM. Neben der Anzeigenwerbung sollten auch Weißblaue Hefte für 1,- DM (mit 30% Provision) an Mitglieder und Sympathisanten verkauft werden. Bayernabzeichen, die für 2,- DM verkauft werden sollten, erbrachten 0,50 DM Provision. Bis zum 15. Januar wurden 15 solcher Werber von den Bezirksverbänden an die Landesgeschäftsstelle gemeldet; ebd.

⁸¹ Abrechnungen des Geschäftsführers Franz Meyer mit der Landesgeschäftsstelle. Ebd.

⁸² Prot. LVorst. vom 2./3. 10. 1948, IfZ-Archiv, Fh 11/Bd. 2, 3.

⁸³ Von diesem Betrag erhielten:

die Landesgeschäftsstelle	DM 25 000,-
Verlag und Redaktion	10 500,-
Zentralbüro des Landesvorsitzenden	5 500,-
die Kreisverbände	21 000,-
(davon Oberpfalz und Niederbayern 17 000,- DM)	
der Kulturbeirat	3 200,-
der Wirtschaftsbeirat	2 200,-

Prot. LVorst. vom 29. 3. 1949, IfZ-Archiv, Nachlaß Baumgartner.

⁸⁴ Niederschrift über die Sitzung vom 5. 6. 1950 des Finanzausschusses der Bayernpartei, der von der Landesleitung eingesetzt wurde, als die katastrophale Lage der Bayernpartei sichtbar wurde, und Stellungnahme des Finanzausschusses der Bayernpartei zum Bericht der Münchner Revisions- und Treuhand AG, die während der Flügelkämpfe von Baumgartner eingesetzt wurde, um die Rechnungslegung Donhausers zu überprüfen; ebd.

⁸⁵ Der Schatzmeister konnte in seinem Rechenschaftsbericht auf der Tagung der Landesvorstandschaft über einen Betrag von ca. 1600,- DM keinen Verwendungszweck angeben, daraufhin wurde ein dreiköpfiger Finanzausschuß zur Überprüfung der Finanzverhältnisse eingesetzt; in der gleichen Sitzung brachte Falkner – ohne Angabe von Gründen – schwerste Bedenken gegen ein weiteres Verbleiben Meiers als Schatzmeister vor. Prot. LVorst. vom 29. 3. 1949, ebd. Über die konkreten Vorwürfe, die zu seiner Amtsenthebung als Schatzmeister und kurz darauf auch als Vorsitzender des Kreisverbandes Oberpfalz führten, sind keine Unterlagen vorhanden. Gelegentlich wird ihm Zusammenarbeit mit Josef Müller gegen die Bayernpartei unterstellt. Schon Kontakte zu Eduard Meier galten künftig als Parteiverrat.

⁸⁶ Schriftlicher Finanzbericht Falkners zur Vorlage bei der Landesleitung ohne Datum (September 1949), IfZ-Archiv, Nachlaß Baumgartner.

⁸⁷ Ebd.

⁸⁸ Ebd.

⁸⁹ Vom Verlag wurden ca. 225 000 Plakate (z. B. „Schmied von Kochel-Plakat", Löwenplakate, Kinderplakate: „Vater, Mutter, wählt Bayernpartei", „Bayernpartei, die Partei des kleinen Mannes", „Wer die Heimat liebt" u. ä.) sowie 200 000 weißblaue Klebestreifen und 45 000 Flugblätter an die Kreisverbände als Wahlkampfmaterial kostenlos versandt, die allerdings dem Verlag bezahlt werden mußten.

⁹⁰ Verlust und Gewinnabrechnung des Bayern-Verlags vom 1. 1. 1949–31. 12. 1949:

Zu S. 122–123

Ausgaben	
Druckkosten	DM 277 422,31
Wareneinkauf	38 673,45
Löhne, Gehälter	75 890,97
Honorare	55 701,69
Büromaterial	4 486,–
Post- und Zeitungsgebühren	33 074,42
	DM 505 248,84
Erlöse	
aus Zeitungsverkauf, Inserate	DM 325 454,18
Spenden	114 942,15
Zuweisungen der Partei	33 222,90
sonstige Erlöse	238,–
Verlust	31 391,61
	DM 505 248,84

[91] Prot. LL vom 3. 2. 1951; IfZ-Archiv, Nachlaß Baumgartner.
[92] Aufstellung über die Gesamtverpflichtungen der Bayernpartei vom 1. 12. 1950 und Prot. LL vom 3. 2. 1951, ebd.
[93] Finanzbericht 1950, ebd.

Die Einnahmen 1950 setzen sich zusammen aus:

Spenden	
Kleine Beträge	DM 2 510,–
Bundestagsfraktion und Landesvorsitzender	11 300,–
Dr. Brandt	1 855,–
Spinnerei Neunhof	4 000,–
Ungenannt	11 657,–
	DM 31 322,–
Wahlspenden	
Großgrundbesitzerverband	DM 8 000,–
Zementwerk	3 500,–
Landesverband der Bauinnungen	3 000,–
Bayer. Baugewerbeverband	3 000,–
Industrieverband Rosenheim	1 200,–
3 Landtagskandidaten der BP	3 800,–
3 Rechtsanwälte	4 000,–
Spendensammlung durch Werber Meyer	2 000,–
Sonstige kleinere Spenden	794,–
	DM 29 294,–
Sächliche Erträge	
Verkauf von Siegelmarken und Bayernabzeichen	107,50
Erlös der Landesversammlung	584,–
Zinsen aus DM-Anlagekonto	4,44
Vermittlungsprovision	DM 6 650,–
	DM 7 345,94

[94] Aufstellung über die Verpflichtungen der BP für die Landesleitung vom 1. 12. 1950, IfZ-Archiv, Nachlaß Baumgartner.
[95] Prot. LL vom 2. 12. 1950, ebd.
[96] Finanzbericht des Generalsekretärs 1950, ebd.
[97] Bilanz der Landesgeschäftsstelle der BP vom 31. 12. 1950, ebd.
[98] Prot. LL vom 2. 12. 1950, ebd.
[99] Ebd.
[100] Dr. Wilhelm Sturm, geb. 1889, Bankdirektor in Bamberg, MdL 1950–54.
[101] Dr. Franz Weiß, geb. 1900, Steuerberater in München, MdL 1950–54, Übertritt zur CSU Sommer 1953; Mitglied des Bayerischen Senats.

[102] Bericht des Finanzdirektoriums vom 16. 12. 1950, IfZ-Archiv, Nachlaß Baumgartner.
[103] Ebd.
[104] Prot. LL vom 2. 12. 1950, ebd.
[105] Die Sammler für die Partei sollten künftig vom Finanzdirektorium eingesetzt werden, die Kreisvorsitzenden in Sammelaktionen mit einbezogen werden. Bericht des Finanzdirektoriums vom 16. 12. 1950, ebd.
[106] Prot. LL vom 3. 2. 1951, IfZ-Archiv, Nachlaß Baumgartner.
[107] Prot. LL vom 30. 1. 1951, ebd.
[108] Prot. LL vom 6. 7. 1951, ebd.
[109] Der Finanzbericht des Schatzmeisters weist für die Zeit zwischen dem 1. 1. 1951 und 31. 10. 1951 folgende Beträge als „Leistungen" und „Erträge" aus:

Leistungen vom 1. 1. 51–31. 10. 51		
Schuldentilgung		DM 137 792,42
Kosten der Landesgeschäftsstelle		32 199,31
Kosten des „Bayernrufs"		1 713,03
Landesversammlung 1951		1 086,48
Kosten der Nachwahlen		15 699,42
Bundestagsnachwahlen Donauwörth	DM 3 412,16	
Landtagsnachwahl Füssen	5 245,59	
Landtagsnachwahl Lichtenfels	7 041,67	
Sonstige Leistungen		95,17
		DM 188 585,83
Erträge		
Kassenstand am 1. 1. 51		DM 216,10
Spenden und Nachlässe		103 432,88
Bundestagsfraktion		8 260,–
Landtagsfraktion		16 310,–
Wirtschaftsdienst		4 864,53
Einzahlung der Landtagsabgeordneten zur Abdeckung des Wahlkredits		17 250,–*
Zahlung des Bayernverlags		699,70
Kauf von Karten, Druckschriften u. ä.		585,–
Verkauf von Zeitungen		1 143,–
Sonstige Erträge		37,85
		DM 152 799,06

* Es handelt sich um die Rückzahlung des Wahlkredits zu den Landtagswahlen 1950.

[110] Zwar funktionierte auch in der CSU die Beitragszahlung der unteren Gliederungen an den Landesverband nicht gut, doch wurde diese immerhin als Soll der Kreisverbände gegenüber dem Landesverband betrachtet. 1950 waren z. B. die Bezirksverbände der CSU beim Landesverband mit 48 000,– DM in der Beitragsabführung im Rückstand. SZ vom 19. 6. 1950.
[111] Prot. LL vom 3. 1. 1951, IfZ-Archiv, Nachlaß Baumgartner.
[112] Prot. LL vom 3. 1. 1951, ebd. Der Kreisvorsitzende von München, Lallinger, war davon überzeugt, „daß nichts dabei herauskommt. Jeder müsse eben fechten gehen." Er verpflichtete sich, durch Spendensammeln sofort 4000,– DM aufzubringen.
[113] Prot. LL vom 3. 2. 1951, ebd. In der gleichen Sitzung erließ Fürst Oettingen-Wallerstein der Partei 35 605,– DM an Krediten, eine weitere Bürgschaft von 5000,– DM verlängerte er.
[114] Finanzbericht des Finanzbevollmächtigten Weiß vom 31. 10. 1951; ebd.
[115] Aufstellung der Spenden für das Jahr 1951, ebd.
[116] Prot. LL vom 4. 5. 1951, ebd.
[117] In diesem Betrag sind neben den Druckkosten in Höhe von 1500,– DM auch die Portokosten eingeschlossen. Während die Bayerische Landeszeitung 1950 noch 6000 Postabonnenten hatte, betrug die Auflage des Bayernrufs 1953 nur noch 1500 Exemplare. Die Druckkosten für 4 Seiten betrugen 1953 ca. 350,– DM monatlich; 1958 wurde für den Druck 600,– DM zweimonatlich ausgegeben.

Zu S. 125–127

[118] Auf Anforderung der Landtagsfraktion wurden im Oktober 1951 die laufenden Ausgaben der Landesgeschäftsstelle zusammengestellt: für Gehälter wurden 15 000,– DM, für Bürokosten (einschl. Miete, Büromaterial und -organisation, Nebenkosten) 890,– DM ausgegeben. Die durchschnittlichen Ausgaben der Landesgeschäftsstelle (vom 1. 1.–31. 10. 52) setzten sich zusammen aus:
1712,– DM für Gehälter
450,– DM Miete einschl. Nebenkosten
210,– DM Porto und Fernsprechgebühren
220,– DM Büromaterial und allgemeine Druckkosten
100,– DM Büroeinrichtung.
Hinzu kamen die Druck- und Versandkosten für die Parteizeitung „Bayernruf" mit rund 750,– DM. Intensive Parteiarbeit mit unteren Gliederungen oder propagandistische Sonderaktionen waren mit diesem Aufwand kaum möglich, nur der Landesverband konnte funktionsfähig gehalten werden. Zusammenstellung für die Landtagsfraktion 1951. IfZ-Archiv, Nachlaß Baumgartner.

[119] Finanzbericht 1950, ebd.

[120] Aufstellung über die monatlichen Ausgaben der Landesgeschäftsstelle 1951 für die Landtagsfraktion vom 16. 10. 1951, ebd.

[121] Aufstellung über die durchschnittlichen monatlichen Ausgaben der Landesgeschäftsstelle vom 1. 1.–31. 10. 1952, ebd.

[122] Prot. LL vom 2. 5. 1952; ebd.

[123] Abrechnungsunterlagen des Bayerischen Wirtschaftsdienstes. IfZ-Archiv, Nachlaß Baumgartner.

[124] Prot. LL 1952–1955; ebd.

[125] Für die Landtagsnachwahl in Neuburg 1952 zahlte die Landesgeschäftsstelle ca. 1500,– DM; zunächst stellte sie nur 250,– DM zur Verfügung, der Mandatsbewerber gab 200,– DM aus. 1951 wurden für die Nachwahlen zum Bundestag in Donauwörth (27. 5. 51) und zum Landtag in Füssen (17. 6. 51) und Lichtenfels (23. 9. 51) noch insgesamt 15 700,– DM ausgegeben.

[126] Finanzbericht o. D. (Okt. 1953); ebd.

[127] Abrechnung des Geschäftsführers des Bayerischen Wirtschaftsdienstes 1954. IfZ-Archiv, Nachlaß Baumgartner.

[128] Auch dem linken CDU-Flügel wurde mißtraut; deshalb bemühte man sich um eine Erweiterung der Regierungsmehrheit, die in sozialen Fragen sich auch gegen die christlichen Sozialausschüsse behaupten könnte.

[129] August Heinrichsbauer war am Ende der Weimarer Republik Herausgeber und Schriftleiter des Rheinisch-Westfälischen Wirtschaftsdienstes und fungierte als Mittelsmann zwischen Industrie und Nationalsozialisten (dazu: Hallgarten, Hitler, Reichswehr und Industrie; Winkler, Unternehmerverbände, S. 346). Nach dem Zusammenbruch des Dritten Reiches verfaßte Heinrichsbauer eine Schrift „Schwerindustrie und Politik", in der er die Rolle der Industrie während des Nationalsozialismus beschönigte. Als er 1950 vor dem Spiegel-Ausschuß über seine Tätigkeit als Vermittler von finanziellen Zuwendungen an Abgeordnete und Parteien befragt wurde, gab er als Beruf ‚Syndikus' bzw. Angestellter eines Konsortiums von Unternehmungen der Industrie an. „Die Herren dieses Konsortiums sind größtenteils Personen, die ich persönlich seit 25 oder 30 Jahren kenne. Ich stehe zu ihnen in einem ausgesprochenen persönlichen Vertrauensverhältnis." Der Spiegel vom 18. 10. 1950, S. 5.

[130] Brief Baumgartners an J. Messmer vom 23. 11. 1948, IfZ-Archiv, Nachlaß Baumgartner.

[131] Dazu Berberich, CSU, S. 191 ff.

[132] Dazu Niethammer, Entnazifizierung, S. 463 f. und 466; siehe auch Der Spiegel vom 13. 12. 1950, S. 5.

[133] Auch Ende 1949 versuchte sich Messmer in dieser Weise zu betätigen und auf eigene Initiative Abgeordnete der WAV und Bayernpartei zu gewinnen, die bei entscheidenden Abstimmungen mit den Regierungsparteien stimmen sollten, da Messmer befürchtete, daß der Arnold-Flügel der CDU mit den Oppositionsparteien stimmen könnte. Siehe Spiegel vom 13. 12. 1950 und SZ vom 15. 12. 1950.

[134] Hektographiertes Exemplar der Rede vom 17. 3. 1949. IfZ-Archiv, Nachlaß Baumgartner.
[135] Prot. LL vom 23. 5. 1949 und 8. 6. 1949, ebd.
[136] Messmer konnte jedoch nachweisen, daß er diesen Betrag für die Durchführung seiner „eigenen Konzeption" erhalten habe, und versuchte die Aufhebung der Immunität Baumgartners zu erreichen. Dies wurde jedoch vom Geschäftsordnungsausschuß des Bayerischen Landtags abgelehnt. Zu diesem Vorgang führte der SPD-Abgeordnete Hille aus: „Aber was dieser Familienstreit aufgedeckt hat, ist doch folgendes: Der Herr Messmer, der gar nicht Mitglied der Bayernpartei ist, hat von der bayerischen Industrie den Antrag erhalten, den sogenannten rechten Flügel, als den nicht ganz so radikalen Flügel, der Bayernpartei mit Geld zum Zwecke einer ‚Konzeption' zu versorgen. (Abg. Dr. Hoegner: ‚Konzeption ist gut.') Hinter dieser Absicht steckt gar nichts anderes – das ist mir authentisch mitgeteilt worden – als die Absicht, zu verhindern, daß die bayerische Industrie durch einen zu radikalen Kurs der Bayernpartei in mehrfacher Hinsicht geschädigt wird, und zwar hinsichtlich des Abschlusses von Geschäften mit nichtbayerischen Firmen, wie auch in ihrem Ansehen überhaupt. Die Industrie – auch die bayerische und die urbayerische – ist auf einmal sehr hellhörig geworden [...]" Verhandlungen des 1. Bay. Landtags, 179. Sitzung vom 8. 9. 1950, S. 936.
[137] So stellte z. B. Baumgartner mit folgender Begründung Strafantrag gegen Messmer: „Der Landtagsabgeordnete Josef Krempl aus Schwandorf hat mir mit Schreiben vom 29. 1. 50 mitgeteilt, daß der in Betreff genannte J. E. Messmer in Gegenwart von fünf Leuten die Hand zum Schwur erhoben und dabei erklärt habe, er könne beeiden, daß ich von Herrn Dr. Philipp Auerbach 10 000,– zum Wahlkampf erhalten habe. Die Behauptung ist frei erfunden und in der Absicht geschehen, mich zu diskriminieren." Schreiben Baumgartners vom 8. 2. 1950 an die Staatsanwaltschaft München I. IfZ-Archiv, Nachlaß Baumgartner.
[138] Messmer, der wegen der Bemerkungen des SPD-Abgeordneten Hille (s. Anm. 136) eigens im Presseclub München eine Pressekonferenz am 19. 9. 1950 abhielt, soll u. a. geäußert haben: Wenn die Industrie ihm Folge geleistet hätte (das bedeutet wohl größere Finanzierungshilfen gegeben hätte), wäre Donhauser nicht gezwungen gewesen, mit seiner Gruppe auszutreten, sondern hätte innerhalb der Bayernpartei die Führung erhalten. Vorgang zum Antrag auf Aufhebung der Immunität des Landtagsabgeordneten Staatsminister a. D. Baumgartner (o. D.); ebd.
[139] Biographische Angaben aus: Der Spiegel vom 4. 5. 1950, S. 11 und Who's Who in Germany, München 1956, S. 1023.
[140] So ein Artikel der „Freien Tribüne" vom 23. 9. 1950.
[141] Prot. LL vom 20. 1. 1950, IfZ-Archiv, Nachlaß Baumgartner.
[142] Für das folgende: Prot. LL vom 3. 4. 1950, in dieser Sitzung wurde auch Kozminski gehört; siehe auch Der Spiegel vom 20. 12. 1950.
[143] Prot. LL vom 3. 4. 1950 und Antrag an das Schiedsgericht der BP vom 4. 4. 1950. IfZ-Archiv, Nachlaß Baumgartner.
[144] SZ vom 12. 5. 1950, S. 2.
[145] Prot. LA vom 7. 5. 1950. IfZ-Archiv, Nachlaß Baumgartner.
[146] Der Kreisverband Niederbayern hatte auf einer Kreisversammlung am 30. 6. 1950 Aretin und Donhauser weiterhin gestützt.
[147] Es waren die Abgeordneten Elimar Freiherr von Fürstenberg, Wilhelm Rahm und Hermann Aumer.
[148] Nach Unterlagen Baumgartners. IfZ-Archiv, Nachlaß Baumgartner.
[149] Hermann Aumer, geb. 30. 4. 1915 in München, Realgymnasium, in kaufmännischen Bereichen, im Bankfach und Wirtschaftsunternehmen tätig; 1945–46 Staatskommissar für Wiedergutmachungsfragen; nach Amtsenthebung als Buchhändler tätig. Mitglied der SPD, 1947 Übertritt zur BP.
[150] Mayerhofer Georg, geb. 4. 3. 1894 in Freyung; seit 1920 Fabrikant landwirtschaftlicher Maschinen; Vorsitzender des BV Mühldorf der BP.
[151] Der Spiegel vom 27. 9. 1950, S. 5–7.
[152] SZ vom 15. 11. 1950, S. 2. Der Sekretär Falkners wurde von der Landesleitung ent-

Zu S. 130–132

lassen, da er die Protokolle lediglich in der Absicht sich zu bereichern an den Spiegel gegeben hätte.

[153] Der Spiegel vom 1. 11. 1950.

[154] Bericht des Untersuchungsausschusses (44. Ausschuß), Drucksache Nr. 2274, Verhandlungen des Deutschen Bundestags, Bd. 11, S. 5.

[155] Vorsitzender Semler: „Ist an Sie persönlich jemand seinerzeit herangetreten mit dem Angebot, für Bonn zu stimmen und dagegen Geld zu kriegen?" Zeuge Frhr. v. Aretin: „So plump nicht!" Spiegel v. 18. 10. 1950, Abdruck des Protokolls der 3. Sitzung des ,Spiegel-Ausschusses'.
Vernehmung des Zeugen Abg. Fink, BP: Zeuge Dr. Fink: „Da kommt Donhauser und sagt mir – wir haben über die Bonn-Frankfurt-Sache gesprochen, kurz und gut, ob ich wisse, daß eventuell bei einer Abstimmung für Bonn die Betreffenden nach der Abstimmung Geld bekommen könnten [...] ja, wieso, woher soll denn dieses Geld stammen? Und da ist so andeutungsweise gefallen: Ja, über Schäffer, über Schäffer [...]". Vgl. Spiegel vom 18. 10. 1950, S. 10. Abdruck des Protokolls der 4. Sitzung des Spiegelausschusses.
Ebenso beeidigte Besold eine ähnliche Bemerkung Donhausers „Stimme für Bonn, da gibt es Geld", ebd., S. 8.
Auf Befragen äußerte Schäffer: „Also ich weiß nicht, wie Fink dazu gekommen ist, zu sagen, daß das Geld – also ein Geld für Bonn-Frankfurt – hab ich nie gesehen[...]". Ebd. S. 11.

[156] SZ vom 17. 11. 1950, S. 2.

[157] Schäffer vor dem Spiegelausschuß, 10. Sitzung am 26. 10. Spiegel vom 1. Nov. 1950, zu Donhausers Wahlschulden: „es Pflicht zunächst der Partei gewesen, für die er kandidiert hatte, aus den Mitteln, die ihm zugeflossen waren, ihn abzudecken. Nachdem dies nicht geschehen war, habe ich es *menschlich als selbstverständlich* betrachtet, wenn ich sozusagen ein gutes Wort einlegen kann, zu sagen, ich halte es für anständig, wenn in einem Wahlfonds noch etwas vorhanden ist, diese Wahlschulden nachträglich zu übernehmen." Zumal Schäffer wünschte, daß Donhauser in der Bayernpartei bliebe und ihm gesagt haben will: „bleiben Sie in der BP! Denn es ist mir lieber, es ist in der BP ein Kreis, der dahin wirkt, daß ein späteres Zusammengehen möglich ist [...]". Spiegelausschußprotokoll 10. Sitzung vom 26. 10. 1950. Vgl. Spiegel vom 1. 11. 1950.

[158] Aumer, der im Zusammenhang mit den Verhandlungen mit Heinrichsbauer und Schäffer erhebliche Beträge erhielt, weigerte sich zwar über die Höhe und den Zeitpunkt der Auszahlung Auskunft zu geben, doch konnten ihm 12 850,– DM nachgewiesen werden. Davon gab er an von Artein 9900,– DM, an von Fürstenberg und Volkholz je 975,– DM; auch der Abg. Mayerhofer erhielt 1000,– DM. Bericht des Untersuchungsausschusses, S. 9.

[159] Ebd., S. 23.

[160] Ebd., S. 15.

[161] Der Spiegel vom 18. 10. 1950, siehe auch SZ vom 11. 10. 1950, S. 1.

[162] Bericht des Untersuchungsausschusses, S. 15.

[163] Ebd., S. 16.

[164] Prot. LL vom 26. 6. 1950 und vertrauliches Schreiben Falkners an die Kreisvorsitzenden vom 11. 7. 1950; IfZ-Archiv, Nachlaß Baumgartner.

[165] Schreiben vom 11. 7. 1950, ebd.

[166] Ebd.

[167] Prot. LL vom 26. 6. 1950, ebd.

[168] Schreiben vom 11. 7. 1950, ebd.

[169] Ebd.

[170] Ebd.

[171] Keiner der drei vorgeschlagenen Kandidaten kam über die Liste der Bayernpartei in den Bayerischen Landtag. Fürst Oettingen rückte Anfang 1951 für Baumgartner in den Bundestag nach; Dr. Franz Xaver Anton Brandt trat nach der Gründung des Landesverbands Bayern der Deutschen Partei zu dieser über und übernahm das Amt des Schatzmeisters.

[172] Bericht Baumgartners über seine Gespräche mit Dr. Bender und Bungartz, den Ver-

tretern des Landesausschusses der Bayerischen Industrie in der Landesleitung der Bayernpartei, Prot. LL vom 4. 8. 1950. IfZ-Archiv, Nachlaß Baumgartner.
[173] Protokoll der Tagung der Kreis- und Bezirksvorsitzenden vom 9. 7. 1950, ebd. Folgende Presseerklärung wurde veröffentlicht: „Die Versammlung beschloß einstimmig, den bevorstehenden Landtagswahlkampf unabhängig nach allen Seiten zu führen. Sie stellte fest, daß die CSU-Regierung und der CSU-Landtag sich als unfähig oder nicht willens erwiesen haben, die Probleme des bayerischen Staates und die Lebensinteressen des bayerischen Volkes nachdrücklich und nachhaltig zu lösen und zu wahren. Unter der Herrschaft der CSU-Diktatur hat Bayern immer mehr an staatlichem Gewicht, an staatlicher Unabhängigkeit und Selbständigkeit verloren. In ihrer Politik hat sie unverzichtbare föderalistische Grundsätze, in ihrer Kampfesweise unveräußerliche Prinzipien der christlichen Sittenlehre verletzt und preisgegeben [...] Mit einer derartigen Partei wie der CSU irgendwie gemeinsame Sache zu machen, widerspricht der Würde und Ehre der Bayernpartei und den Lebensinteressen des bayerischen Volkes [...]".
[174] Siehe Varain, Parteien und Verbände, S. 207.
[175] Dazu Heidenheimer, Adenauer and the CDU.
[176] Prot. LL vom 4. 8. 1950; IfZ-Archiv, Nachlaß Baumgartner.
[177] Ebd.
[178] Ebd.
[179] Prot. LL vom 28. 8. 1950, ebd.
[180] Die gesamte Landesleitung war gegen eine Rücknahme des Mißtrauensantrags gegen Schäffer. Da eine solche Entscheidung „einzig und allein die Sache der Fraktion sei", erklärte sie gegenüber der Industrie, sie sei bereit, der Bundestagsfraktion diese Forderung zu unterbreiten. Ebd.
[181] Diesen Vorschlag machte Falkner. In der gleichen Sitzung behauptete von Aretin, daß die beiden anderen Parteien (CSU und FDP) bereits je 20 000,- DM erhalten hätten. Ebd.
[182] So berichtete es der Verbindungsmann der Bayernpartei, Karl Kerber. Prot. LL vom 25. 9. 1950, ebd.
[183] Ebd.
[184] Folgende Landtagsbewerber wurden als „Industrielle" angeführt:
Dr. Jodleder, Spinnerei, Ofr.
Dr. Wilhelm Sturm, Bankdirektor, Ofr.
Gutmann, Brauereibesitzer, Mfr.
Dr. Franz Weiß, Senator und Steuerberater, München.
Richard Gegenwarth, Sägewerksbesitzer, Ufr.
Dr. August Geislhöringer, Justitiar, Schw.
[185] Auch eine Verbuchung einer solchen angenommenen Spende erscheint 1950 unwahrscheinlich, da die Landesgeschäftsstelle allein über 130 000,- DM Schulden hatte und der Verlag bereits kurz vor der Liquidation stand.
[186] An Unkosten für den Wahlkampf 1950 weist die Bilanz der Partei einen Betrag von 27 660,12 DM für Wahlpropaganda aus, der sich aus folgenden Posten zusammensetzt:

a) Weißblaue Streifen DM 13 613,20
b) Zeitungsmehrdruck
(BLZ-Auflage bis 50 000 Stück;
es handelt sich um Kosten, die über die
vereinbarte Druckpauschale hinausgingen) 6 447,—
c) Zuschüsse an Kreisverbände 3 500,—
d) Druck von Flugblättern 2 400,—
e) Porto und Versandkosten 1 122,32
f) Schallplatten 227,60
g) Plakatentwurf 200,—
h) Kosten für Lichtwerbung 150,—
DM 27 660,12

[187] Der aufgenommene Wahlkredit in Höhe von 24 000,- DM mußte von den Landtagsabgeordneten in Beträgen von 1000,- bzw. 2000,- DM bis 31. 12. 1950 zurückgezahlt

Zu S. 133–136

werden. Allerdings war eine Reihe von Abgeordneten noch im März 1953 im Rückstand, und von den inzwischen zur CSU übergetretenen BP-Abgeordneten war ohnehin nichts mehr einzutreiben.

188 Zusammensetzung der Wahlspenden:

Großgrundbesitzerverband	DM 8 000,—
Portlandwerke Kiefersfelden	3 500,—
Landesverband Bauinnungen	3 000,—
Bayer. Baugewerbeverband	3 000,—
Industrieverband Rosenheim	12 000,—
Sammlung durch Weber	
Spenden an Bay. Wirtschaftsdienst	2 001,—
sonstige Eingänge	
(u. a. 3 Rechtsanwälte 3000,— und je 500,—)	4 794,—

189 Anläßlich der Kommunalwahlen 1952 berichtet der Finanzbevollmächtigte der BP Dr. Hans Weiß, daß die Gebefreudigkeit der Industrie außerordentlich gesunken sei. Prot. LL v. 2. 5. 1952, IfZ-Archiv, Nachlaß Baumgartner.
190 Allerdings forderte Besold einen Teil dieser Wahlkampfausgaben von der Partei zurück. Ebd.
191 Adenauer und Pferdmenges hatten im Frühjahr 1952 Wirtschaftsführer und Schatzmeister der bürgerlichen Parteien zur Gründung angeregt. Vgl. dazu Braunthal, The Federation of German Industry in Politics, S. 13, und Flechtheim, Politische Entwicklung und Finanzierung der CDU, S. 182.
192 Bis zum Rücktritt Schmidts als Vorsitzender der Volkswirtschaftlichen Gesellschaft im Herbst 1954 hatte Baumgartner zu diesem einen guten persönlichen Kontakt.
193 Mintzel, CSU (Diss.), S. 153 f.
194 Im Finanzbericht vom 10. 9. 1953 setzen sich diese aus 20 000,–, 40 000,– und 7000,– DM zusammen, für den Wahlkampf wurden davon ca. 63 000,– DM ausgegeben. Die Volkswirtschaftliche Gesellschaft hatte vor dem Bundestagswahlkampf offenbar Kostenvoranschläge über die Wahlkampfausgaben gefordert, die Bayernpartei hatte 36 000,– DM veranschlagt. IfZ-Archiv, Nachlaß Baumgartner.
195 Braunthal, The Federation of German Industry in Politics, S. 117; Interview mit Stein, in: Der Spiegel vom 4. 11. 1959, S. 22.
196 Brief Roman Lampls an Franz Weiß vom 11. 6. 1953. IfZ-Archiv, Nachlaß Baumgartner.
197 Aktennotiz Geislhöringers über eine Besprechung mit A. W. Schmidt, Vorstand der Volkswirtschaftlichen Gesellschaft, vom 7. 12. 1953. Ebd.
198 Ebd.
199 Ebd.
200 Aktennotiz Geislhöringers über eine Besprechung mit dem Vorstand der Volkswirtschaftlichen Gesellschaft vom 12. 3. 1954. Ebd.
201 Ebd.
202 Ebd.
203 Brief des Geschäftsführers der Volkswirtschaftlichen Gesellschaft, Zimmermann, an Geislhöringer vom 18. 3. 1954. Ebd.
204 Brief Geislhöringers an A. W. Schmidt vom 15. 3. 1954.
205 Brief Baumgartners an A. W. Schmidt vom 17. 7. 1954. Ebd.
206 Ebd.
207 Ebd.
208 U. a. Otto Meyer für die M.A.N., der Baumgartner auch für die Haltung der BP während des Streiks in der bayerischen Metallindustrie dankt. Brief vom 14. 8. 1954. Ebd.
209 Brief Baumgartners an Erich Schmidt, Nürnberg, Kreisvorsitzender der BP-Mittelfranken vom 4. 9. 1954. Ebd.
210 Ebd.
211 Brief Baumgartners an Geislhöringer vom 12. 9. 1954. Ebd.
212 So wurden zu den Bundestagswahlen 1953 die Deutsche Partei (DP/FVP) und der

BHE mit 13 bzw. 4,8%, die CDU und FDP mit 53 bzw. 29,2% beteiligt. Siehe Der Spiegel vom 4. 11. 1959, S. 22 ff.
[213] Meyn, Deutsche Partei, S. 160.
[214] SZ vom 23./24. 10. 1954, S. 2.
[215] Ebd.
[216] Brief des Vorstands der Bayerischen Staatsbürgerlichen Vereinigung, Eberle, an Baumgartner vom 25. 1. 1958. Ebd.
[217] Kleinere Beträge wurden direkt an einige Kandidaten gegeben: Der Kreisvorsitzende von Niederbayern erhielt 5000,– DM von der Staatsbürgerlichen Vereinigung für den Bundestagswahlkampf. Brief Geislhöringers an Engel v. 28. 8. 1957. Ebd.
[218] Dazu: Dübber, Parteifinanzierung, S. 30 f.; Flechtheim, Politische Entwicklung und Finanzierung der CDU, S. 186 f.; Heidenheimer, German Party Finance, CDU, S. 381.
[219] Der Spiegel vom 4. 11. 1959, S. 22; Braunthal, The Federation of German Industry in Politics, S. 22.
[220] Dies geht aus einem Brief Baumgartners an die Volkswirtschaftliche Gesellschaft (gemeint ist die Staatsbürgerliche Vereinigung!) vom 17. 1. 1958 hervor. IfZ-Archiv, Nachlaß Baumgartner.
[221] Ebd.
[222] Ebd.
[223] Ebd.
[224] Ebd.
[225] Brief des Inhabers der Klepper-Werke Rosenheim, Hans Klepper, an Baumgartner vom 22. 1. 1958. Ebd.
[226] Ebd.
[227] Brief des Vorstands der Staatsbürgerlichen Vereinigung, Eberle, an Baumgartner vom 25. 1. 1958.
[228] Brief Geislhöringers an die Staatsbürgerliche Vereinigung vom 30. 4. 1958. Ebd.
[229] Dazu Braunthal, The Federation of German Industry in Politics, S. 122.

TEIL C ENTWICKLUNGEN

I. Aufstieg als ‚Bayerische Volksbewegung' gegen die Gründung einer Bundesrepublik

[1] Vogelsang, Das geteilte Deutschland, S. 74.
[2] Dazu Foelz-Schroeter, Föderalistische Politik.
[3] Ludwig Max Lallinger, Rede des Gründers der Bayernpartei L. M. Lallinger bei Eröffnungskundgebung am 18. 1. 1948 vormittags 10 Uhr im Zirkus Krone München. Weilheim 1948.
[4] Vogelsang, Das geteilte Deutschland, S. 81.
[5] Ebd., S. 83.
[6] Hermann Aumer in einer Rede auf der 1. Landesversammlung 1948; auch die Finanz-, Steuer-, Justiz-, Polizei- und Kulturhoheit sollte den Ländern verbleiben. Prot. LV vom 19. 6. 1948, IfZ-Archiv, Nachlaß Baumgartner.
[7] Merkl, Die Entstehung der Bundesrepublik, S. 62.
[8] Stellungnahme der Bayernpartei, die auf der 1. Sitzung der Landesleitung 1948 abgegeben wurde. Prot. LL vom 10. 7. 1948, IfZ-Archiv, Nachlaß Baumgartner.
[9] Vogelsang, Das geteilte Deutschland, S. 87; Merkl, Die Entstehung der Bundesrepublik, S. 65.
[10] Prot. LA vom 22./23. 8. 1948. IfZ-Archiv, Nachlaß Baumgartner.
[11] Ebd.
[12] Prot. LA vom 23./24. 8. 1948, IfZ-Archiv, Nachlaß Baumgartner.
[13] Prot. LVorst. vom 2./3. 10. 1948, IfZ-Archiv, Fh 1/Bd. 2, 3.
[14] Prot. LVorst. vom 2./3. 10. 1948, ebd.
[15] SZ vom 12. 6. 1948.
[16] Stellungnahmen Baumgartners, von Aretins, Donhausers und Etzels, Prot. LVorst. v. 2./3. 10. 1948. IfZ-Archiv, Fh 11/Bd. 2, 3.

Zu S. 140–144

[17] Der Kreisverband München setzte sich für Verhandlungen mit der SPD ein.
[18] Baumgartner führte dazu vor der Landesvorstandschaft in Kissingen aus: „Hoegner, der mit mir von der Regierungszeit per Du ist, hat mit mir an die 30mal gesprochen. Er sagte: ‚Du mußt verstehen, ich bin jetzt 40 Jahre bei meiner Partei. Ich bin ganz auf Deiner Seite, die Bayernpartei ist das Richtige.' Er [Hoegner] geht aber nicht heraus und meint: ‚Ich kann Euch mehr dienen, wenn ich bei der SPD bleibe.' Hundhammer ist der einzige, für den ich noch eventuell Verständnis habe. Er fühlt in sich eine Sendung und glaubt, wenn er nicht mehr Kultusminister sei, würde das und das in Bayern nicht mehr richtig gemacht [...]". Prot. LVorst. vom 2. 3. 1948, Ebd. Auch einige Staatssekretäre sollen damals Sympathien für die Bayernpartei gezeigt haben: z. B. Schwalber, Geiger und Pfeiffer. Es waren aber auch Gerüchte im Umlauf über Koalitionsverhandlungen zwischen CSU und SPD mit dem Ziel, Bayernpartei und KPD aus dem Landtag herauszuhalten; CSU und SPD dementierten jedoch. Siehe SZ vom 16. 10. 1948.
[19] Prot. LVorst. v. 2./3. 10. 1948. IfZ-Archiv, Fh 11/Bd. 2, 3.
[20] So Anton Besold. Ebd.
[21] Ebd.
[22] Ebd.
[23] Sitzungsprotokoll des vorläufigen Landesausschusses vom 13. 2. 1948. Archiv der Landesgeschäftsstelle der BP.
[24] Protokoll über die Sitzung des vorläufigen Landesausschusses vom 3. 3. 1948. Ebd.
[25] Punkt 1 des Programms.
[26] Narr, CDU-SPD.
[27] Vgl. Freund, Flucht nach Europa.
[28] Lallinger, Rede des Gründers der Bayernpartei, Weilheim 1948.
[29] Z. B. Karl Doberer, The United States of Germany, London 1944, deutsch: München 1947.
[30] Lallinger, Rede des Gründers.
[31] Titel einer Rede Baumgartners, Prot. LA vom 20. 1. 1950.
[32] Dazu Berberich, CSU.
[33] Zur Verbreitung der Frantzschen Gedankengänge siehe: Steltzer, 60 Jahre Zeitgenosse; Ehard, Freiheit und Föderalismus (aus der Grundsatzrede auf dem CSU-Parteitag in Eichstätt 30. 7. 1947). Ders. Die europäische Lage.
[34] Dazu Schwend, Bayern zwischen Monarchie und Diktatur, sowie Habel, Verfassungsrecht und Verfassungswirklichkeit.
[35] Dazu Volk, Bayerischer Episkopat.
[36] Art. 178 der Bayerischen Verfassung vom 2. 12. 1946.
[37] So Kurt Schumacher in Rosenheim 1949. Siehe Hoegner, Außenseiter, S. 310.
[38] Vgl. Schuster, Deutschlands staatliche Existenz, S. 4.
[39] Ebd.
[40] Nawiaski-Leusser, Die Verfassung des Freistaates Bayern (Handkommentar), S. 259.
[41] Sie wurde vor allem von mehreren namhaften Staatsrechtlern, wie Hans Kelsen und Hans Nawiaski – letzterer hatte an der Ausarbeitung der bayerischen Verfassung hervorragenden Anteil – vertreten. Da jedoch die politische Entwicklung in den westlichen Besatzungszonen einen anderen Verlauf nahm, die Bewahrung der Einheit Deutschlands erstrebt wurde, fügte sich die Mehrheit dieser Staatsrechtler bald den Politikern und bemühte sich um den Nachweis der Kontinuität.
[42] Rede Baumgartners „Freies Bayern oder preußische Provinz?" vom 4. 12. 1948, Weißblaue Hefte, Folge 1, München 1949, S. 3.
[43] Siehe Teil B, II: Strukturen, Bewegung und Interessen.
[44] Berr versuchte mit französischer Unterstützung eine Heimatzeitung aufzubauen. Der Plan wurde jedoch aufgegeben, da die französische Unterstützung ausblieb. Unterlagen Material Berr.
[45] Schreiben Berrs an de Gaulle vom 29. 4. 1948; unter dem Titel „Bayern und Europa" vom sogenannten „Außenpolitischen Arbeitskreis der Bayernpartei" herausgegeben. Die Parteiführung distanzierte sich sehr bald von diesem Schreiben. Unterlagen Berr. Kopie im Besitz d. Verf.

⁴⁶ Brief Berrs vom 3. 5. 1948. Unterlagen Berr. Kopie im Besitz d. Verf.
⁴⁷ Entwurf einer Bundessatzung von Dr. Jakob Fischbacher, vorgelegt dem am 9. 1. 1949 in Nürnberg tagenden Landesausschuß; gleichzeitig Landesleitung, Landesvorstandschaft, Kreis- und Bezirksverbänden, Landesdelegierten und staatspolitischem Ausschuß mit der Bitte um Stellungnahme überreicht. Kopie im Besitz d. Verf.
⁴⁸ Ebd.
⁴⁹ Hermann Etzel, Preußen – Deutschlands Feind (2. Teil). Weiß-blaue Hefte, Folge 3/72, S. 6.
⁵⁰ Entwurf einer Bundessatzung, S. 3.
⁵¹ „Grundgedanken zu einer staatsbündischen Ordnung im westdeutschen Raum", dem Landesausschuß der Bayernpartei in Nürnberg am 8. 1. 1949 vorgelegt von Anton Donhauser, stellvertretender Landesvorsitzender der Partei, Anton Besold und Anton Frhr. von Aretin. Auch die folgenden Zitate. Kopie im Besitz d. Verf.
⁵² Hoegner, Föderalismus, in: SZ vom 26. 2. 1949. Vgl. auch für die folgenden Zitate.
⁵³ Politische Grundsätze der Bayernpartei. I. Teil: Staatspolitische Grundsätze. Arbeitsentwurf vorgelegt von J. Kettner und H. Pöhner. Schriftenreihe der Bayernpartei Heft 1. Herausgegeben vom KV Oberbayern der Bayernpartei. Diese 64 Seiten starke Broschüre (o. O. u. J.) wurde etwa Mitte 1948 gedruckt. Weitere Hefte in der Schriftenreihe Oberbayerns erschienen nicht mehr, da die Landesvorstandschaft (Prot. LVorst. v. 2./3. 10. 1948) eine Zentralisierung der Publikationen durch den Landesverband beschlossen hatte.
⁵⁴ Ebd.
⁵⁵ Rede des Gründers v. 19. 1. 1948.
⁵⁶ Siehe S. 173.
⁵⁷ So begründete Falkner die Programmänderung. Vgl. Was ist, was will die Bayernpartei?, Sonderheft der Weiß-blauen Hefte (1950), S. 17.
⁵⁸ So schreibt der Kreisvorsitzende von Oberfranken, Bantele, an Baumgartner und stellt in Bezug auf das schlechte Wahlergebnis bei den Bundestagswahlen 1949 fest: „Die Propagierung des Monarchischen zur Unzeit hat uns in Oberfranken viele Stimmen gekostet." Brief vom 18. 10. 1949. IfZ-Archiv Nachlaß Baumgatner.
⁵⁹ Zu diesem Artikel der Bayerischen Verfassung stellte die Militärregierung im Schreiben vom 25. 10. 1946 fest: „Der Gebrauch des Ausdrucks ‚bayerischer Staatsangehöriger' werde daher nur anerkannt, wenn damit ein Staatsangehöriger Bayerns gemeint sei, der damit auch Angehöriger Deutschlands sei [...]". Hoegner, Lehrbuch des bayerischen Verfassungsrechts, S. 21.
⁶⁰ So wurde auf der 1. Landesversammlung u. a. gefordert, nur wenn die Familie 100 Jahre in Bayern ansässig sei, könne von bayerischen Staatsbürgern gesprochen werden. Prot. LV v. 19. 6. 1948. IfZ-Archiv, Nachlaß Baumgartner.
⁶¹ Rede des Gründers vom 18. 1. 1948.
⁶² Gesetzentwurf Aretins, Kopie in Besitz d. Verf.
⁶³ In einem hektographierten Schreiben des Vorbereitenden Landesausschusses vom 30. 3. 1948, „Bayernpartei und Flüchtlinge" wird „zwischen den wirklich Heimatvertriebenen und denen [unterschieden], die aus durchsichtigen Gründen sich zu Hunderttausenden breitmachen und es verstehen, sich wirtschaftliche und politische Schlüsselstellungen zu sichern." Sowie Prot. LV v. 19. 6. 1948 und Prot. LVorst. v. 2./3. 10. 1948. IfZ-Archiv, Nachlaß Baumgartner.
⁶⁴ Ebd.; siehe Teil B II. 1: Bewegung und Interessen.
⁶⁵ Rundschreiben Nr. XXII der Landesgeschäftsstelle. Danach beschloß die Landesleitung bereits am 7. 8. 1948, von der Bildung von Landsmannschaften Abstand zu nehmen. IfZ-Archiv, Nachlaß Baumgartner.
⁶⁶ Lediglich die Heimatvertriebenen im Kreis Erding hätten größtenteils Bayernpartei gewählt. Prot. LA v. 4. 8. 1949. Ebd.
⁶⁷ Ebd.
⁶⁸ Prot. LVorst. v. 2./3. 10. 1948. Ebd.
⁶⁹ Prot. LA v. 8./9. 1. 1950 und „Was ist, was will die Bayernpartei?, S. 40 f.
⁷⁰ Flugblatt zu den Landtagswahlen 1950, für das Anton Besold verantwortlich zeichnete. Unterlagen der Landesgeschäftsstelle.

Zu S. 148–152

[71] Siehe Programm Punkt 8.
[72] In der programmatischen Broschüre „Was ist, was will die Bayernpartei?" vertraten verschiedene Vorstandsmitglieder unterschiedliche Auffassungen. In seinem Beitrag „Unser agrarpolitisches Programm" schreibt Fischbacher: „Wir halten fest an der sittlichen Institution des Privateigentums, das begründet ist im Naturrecht und im göttlichen Recht" (S. 24). Dagegen Hermann Etzel in: „Wirtschaftspolitik": „Der krasse Gegensatz zwischen Arm und Reich, Großbesitzern und Habenichtsen, schwelgerischem Luxus der einen und Hunger und Kärglichkeit der anderen ist keine kosmische Notwendigkeit. Eine solche Prädestinationslehre weisen die Massen, denen die Sehnsucht nach irdischem Glück eingeboren ist, zurück." (S. 19).
[73] Siehe Programm, Punkt 3.
[74] Weiter führte er in seinem Referat über Kulturpolitik noch aus: „Im bayerischen Volk kann ein Kulturleben nur erwachsen, wo wahres Christentum bestehen kann. Bayerntum und Christentum ist eins." Prot. LV vom 19. 8. 1948. IfZ-Archiv, Fh 11/Bd. 1.
[75] Gleichlautende Briefe Baumgartners an die katholischen Bischöfe vom 19. 8. 1948. IfZ-Archiv, Nachlaß Baumgartner.
[76] Ebd.
[77] Ebd.
[78] Dazu Bericht der SZ über Baumgartners Besuch in Rom: Baumgartner versicherte dem Papst, daß sich die Bayernpartei auf christlicher Grundlage bewege und daß die Gründung der Bayernpartei aus den gleichen Gründen notwendig gewesen sei, wie 1918 die Trennung der BVP vom Zentrum. SZ vom 5. 10. 1948.
[79] In einem Brief des Kreisvorsitzenden von Oberfranken, Bantele, an Baumgartner vom 18. 10. 1949 heißt es: „Die Furcht der Protestanten vor Altbayern und dem Katholizismus, Angst, daß das katholisch-klerikale Element vorherrschend ist. Vor allem Gerüchte zur Liaison mit Hundhammer hat uns viele Stimmen bei den Wählern gekostet." IfZ-Archiv, Nachlaß Baumgartner.
[80] Nach seiner Wahl zum Landesvorsitzenden hatte Baumgartner auch dem evangelischen Landesbischof Meiser geschrieben. Brief Baumgartners an Meiser vom 19. 8. 1948. Ebd. Siehe auch die Stellungnahme in der Bayerischen Landeszeitung vom 25. 11. 1950 ‚Protestantismus und Bayernpartei'.
[81] Prot. LA vom 29. 5. 1949. IfZ-Archiv, Nachlaß Baumgartner.
[82] Dazu Mintzel, CSU (Diss.), S. 225 ff.
[83] Seit Anfang März fanden immer wieder Besprechungen mit der BP-Führung statt. Baumgartner an Günter Goetzendorff, Brief v. 17. 10. 1952. Unterlagen der BP-Landesgeschäftsstelle (Kopie im Besitz d. Verf.).
[84] Mintzel, CSU (Diss.), S. 231 f.
[85] Prot. LL vom 7. 8. 1948. IfZ-Archiv, Nachlaß Baumgartner.
[86] Prot. LA vom 24. 8. 1948. Ebd.
[87] Prot. LL vom 8. 8. 1948. Ebd.
[88] Prot. LA vom 24. 8. 1948. Ebd.
[89] Ebd.
[90] Ebd.
[91] Vgl. Mintzel, CSU (Diss.), S. 233.
[92] Es waren H. Pöhner und Josef Kettner.
[93] Prot. LV vom 2./3. 10. 1948. IfZ-Archiv, Nachlaß Baumgartner und Darstellung Baumgartners gegenüber G. Goetzendorff. Brief vom 17. 10. 1952. Unterlagen der BP-Landesgeschäftsstelle (Kopie im Besitz d. Verf.).
[94] Vgl. Prot. LV vom 2./3. 10. 1948 und Prot. LA vom 29. 5. 1949. Ebd.
[95] Brief Schäffers an Baumgartner vom 4. 12. 1948. Ebd.
[96] Prot. LL vom 6. 12. 1948. Ebd.
[97] Ebd.
[98] Ebd. Von einer positiven Reaktion der Militärgouverneure auf die Vorstellungen der BP wurde nichts bekannt. Versuche Baumgartners, mit Clay ins Gespräch zu kommen (SZ vom 13. 1. 1949), hatten auch nicht den gewünschten Erfolg, im Gegenteil. Clay, dem die Verfassungsentwürfe Donhausers und Fischbachers zur Kenntnis gekommen waren, lehnte diese als separatistisch ab. (Vgl. SZ vom 22. 3. 1949.)

⁹⁹ Bereits im November 1948 schrieb Baumgartner an Fischbacher, daß es darum gehe, eine breite Front von Lebsche bis Hoegner zu aktivieren. Brief an Fischbacher vom 21. 11. 1948. Nachlaß Fischbacher.
¹⁰⁰ Prot. LL vom 8. 2. 1949. IfZ-Archiv, Nachlaß Baumgartner.
¹⁰¹ Brief Schäffers an Baumgartner vom 15. 12. 1948. Ebd.
¹⁰² Hoegner selbst will an diesen Besprechungen nicht teilgenommen haben (mündl. Information Hoegners vom 18. 8. 1973). Er wurde jedoch auch zu den späteren Zusammenkünften von Schäffer eingeladen. (Sammlung Hoegner, IfZ-Archiv). Baumgartner berichtet, daß an diesen Besprechungen neben Hundhammer, von Redwitz, Lent, Lebsche und Fehr auch Hoegner teilgenommen habe. Brief Baumgartners an Kolmsperger vom 3. 11. 1949. Unterlagen der BP-Landesgeschäftsstelle.
¹⁰³ Freiherr von Redwitz war „Hofmarschall S.K.H. Kronprinz Rupprecht".
¹⁰⁴ Friedrich Lent (geb. 1882), o. ö. Professor der Rechtswissenschaft an der Universität Erlangen, war Vorsitzender des BHKB-Erlangen und MdL und MdR für die DNVP in der Weimarer Republik; 1945 beteiligte er sich an der Freiheitsaktion Bayern. 1948 griff der mit einem Aufsatz „Deutscher Föderalismus" (München 1948) in die Föderalismus-Diskussion ein.
¹⁰⁵ Anton Fehr (1881–1954), BBMB, Hochschulprofessor, Reichs- und Staatsminister für Landwirtschaft; Hospitant der NSDAP-Fraktion im RT 1933, 1944 verhaftet. Er gehörte zu den Gründungsmitgliedern des Bayerischen Bauernverbands und war Präsident des Deutschen Verbandes der Milchwirtschaft.
¹⁰⁶ Ernst Rattenhuber (1887–1951), Landwirt, Gutsbesitzer und Krongutverwalter, Monarchist. 1945 Leiter des Landesamtes für Ernährung und Landwirtschaft, Staatssekretär im Kabinett Schäffer 1945, später bayerischer Vertreter beim Bund.
¹⁰⁷ Schreiben Schäffers an Hundhammer vom 25. 1. 1949, das er Baumgartner zur Kenntnis gab.
¹⁰⁸ Vgl. SZ vom 27. 1. 1949. In den folgenden Monaten verlor Josef Müller jedoch immer mehr an Unterstützung. Es wurde sogar vermutet, daß Hundhammer beabsichtige aus der CSU auszutreten, jedoch nicht zur Bayernpartei überwechseln, sondern eine neue Partei unter der Bezeichnung „Bayerische Union" oder „Neue Bayerische Volkspartei" gründen wolle, da ihm die Lallinger-Gruppe zu radikal sei, die altbayerische CSU und die gemäßigte Richtung der Bayernpartei könne sich dann vereinigen.
¹⁰⁹ Dazu Merkl, Die Entstehung der Bundesrepublik, S. 158.
¹¹⁰ Vgl. SZ vom 26. 2. 1949.
¹¹¹ SZ vom 23. 3. 1949.
¹¹² SZ vom 14. 4. 1949. Baumgartner hielt dort ein Referat: „Der deutsche und der europäische Föderalismus", dessen Inhalt von der Landesleitung vorher gebilligt wurde. Prot. LL vom 6. 4. 1949. IfZ-Archiv, Nachlaß Baumgartner.
¹¹³ Dazu Merkl, Die Entstehung der Bundesrepublik, S. 169.
¹¹⁴ SZ vom 28. 4. 1949.
¹¹⁵ SZ vom 3. 5. 1949.
¹¹⁶ Ebd. Siehe Interview Baumgartners zur Frage der Wiedereinführung der Monarchie in: Der Tagesspiegel vom 6. 5. 1949.
¹¹⁷ SZ vom 5. 5. 1949.
¹¹⁸ Merkl, Die Entstehung der Bundesrepublik, S. 170.
¹¹⁹ Ebd., S. 171.
¹²⁰ Ebd., S. 172.
¹²¹ Ebd.
¹²² Prot. LL vom 30. 6. 1949. IfZ-Archiv, Nachlaß Baumgartner. Wahrscheinlich strebte Schäffer in Laufen ein Wahlbündnis zwischen CSU und Bayernpartei an, denn gleichzeitig setzte sich Ludwig Huber, inzwischen stellvertretender Bezirksvorsitzender der CSU Oberbayern, für Wahlbündnisse in solchen Wahlkreisen ein, in denen durch Zersplitterung der Wähler die SPD gewinnen könnte. SZ vom 28. 6. 1949.
¹²³ Sämtliche Zitate aus Prot. LL vom 30. 6. 1949. IfZ-Archiv, Nachlaß Baumgartner.
¹²⁴ Brief Baumgartners an Schäffer vom 1. 7. 1949. Außerdem wies er auf den Beschluß der LL hin, „keine Wahlverabredungen mit anderen Parteien zu treffen".
¹²⁵ Prot. LL vom 30. 6. 1949. IfZ-Archiv, Nachlaß Baumgartner.

Zu S. 155–158

II. Zersplitterungstendenzen – Die Bayernpartei von den Bundestagswahlen 1949 bis zur Bildung der Viererkoalition

[1] Prot. LL vom 24. 8. 1949, IfZ-Archiv, Nachlaß Baumgartner.
[2] Ebd.
[3] Vgl. SZ vom 17./18. 9. 1949.
[4] Baumgartner schreibt in einem Brief an Niklas, die Industrie habe ihn aufgefordert, den Mißtrauensantrag gegen den Finanzminister besser gegen den Minister für ELF zu richten (!). Brief an Niklas vom 29. 10. 1950. IfZ-Archiv, Nachlaß Baumgartner.
[5] Prot. LL vom 30. 12. 1949. Ebd.
[6] Vgl. Deuerlein, CDU/CSU, S. 117.
[7] Ebd., S. 118 f.
[8] Brief Baumgartners an Josef Müller vom 27. 2. 1948. IfZ-Archiv, Nachlaß Baumgartner.
[9] Deutscher Bundestag, Verhandlungen, 1. Wahlperiode, 148. Sitzung am 7. Juni 1951, S. 5934.
[10] Vgl. Alt, Prozeß der ersten Regierungsbildung, S. 89.
[11] Ebd.
[12] Erklärung Falkners vor der Bundestagswahl 1949. Vgl. SZ vom 9. 8. 1949.
[13] Alt, Prozeß der ersten Regierungsbildung, S. 90.
[14] Dazu ausführlich ebd., S. 130.
[15] Ebd., S. 118.
[16] Ebd., S. 130.
[17] Fraktionsprotokolle der Bayernpartei sind nicht mehr vorhanden; der Beschluß geht aus Diskussionen in LL und LA hervor.
[18] Alt, Prozeß der ersten Regierungsbildung, S. 132.
[19] Mündliche Information von L. M. Lallinger. Der Fraktionsvorsitzende Gebhard Seelos berichtet, Wartner habe sich ihm wenig später mit der Bemerkung offenbart: „Seelos, mich druckt's Gewissen" (Mündliche Information Seelos).
[20] Die Meinungen im Landesausschuß der Bayernpartei waren in dieser Frage gespalten. Etzel z. B. sprach sich für Enthaltung aus. Das Dilemma der BP kommt in folgender Stellungnahme zum Ausdruck: „Wie ist es, wenn es auf die Stimmen der BP ankommt, wenn ein marxistischer Bundespräsident gewählt werden soll. In diesem Fall müßten wir aus der Opposition heraustreten und einem bürgerlichen Bundespräsidenten die Stimme geben." Seelos äußerte: „Abgabe von weißen Stimmzetteln, wie wir eben verhindern können, daß ein Links-Präsident zum Zuge kommt." (Prot. LA vom 24. 8. 1949. IfZ-Archiv, Nachlaß Baumgartner.
[21] Brief Schäffers an Baumgartner vom 3. 1. 1950 auf dessen Schreiben vom 16. 12. 1949. Von einem CSU-Abgeordneten war in Versammlungen erklärt worden, „Baumgartner habe sich um den Landwirtschaftsminister" beworben und Schäffer als Informant genannt. Baumgartner stellte daraufhin Schäffer zur Rede: „Die Behauptung, ich hätte mich um den Bundesministerposten beworben ist genauso eine Lüge wie die ständig wiederholte Behauptung der CSU, ich hätte mich seinerzeit um den Posten von Schlange-Schöningen beworben. Lügen werden nicht wahr dadurch, daß sie von einer christlichen Partei ausgesprochen, und ständig wiederholt werden." Schäffer erklärte daraufhin, daß er in einem Gespräch mit Gebhard Seelos, kurz nach der Regierungsbildung, nur geäußert habe, daß im Falle einer Beteiligung der Bayernpartei an der Regierungskoalition „für einen Kabinettssitz nur Baumgartner" in Frage komme. IfZ-Archiv, Nachlaß Baumgartner.
[22] Staatsrat Prof. Dr. Wilhelm Niklas war ständiger Stellvertreter des Direktors der Verwaltung für Ernährung, Landwirtschaft und Forsten des Vereinigten Wirtschaftsgebiets, er wurde von Adenauer zum Minister für ELF am 20. 9. 1949 ernannt.
[23] Brief Baumgartners an Niklas vom 20. 9. 1949. IfZ-Archiv, Nachlaß Baumgartner.
[24] Äußerung Falkners in SZ vom 9. 12. 1949.
[25] Vgl. SZ vom 18. 8. 1949. Siehe auch „Bayern nach den Wahlen" in Die Gegenwart, 4. Jg., Nr. 17, vom 1. 9. 1949, S. 3.
[26] Ebd. Falkner dementierte nur dahingehend, daß solche Vorschläge von offizieller

Zu S. 158–159

Regierungsseite nicht gemacht worden seien, die BP könne keine Ministerposten annehmen ohne vorherige Landtagsauflösung.

[27] Ebd.

[28] „Wer ohne mein Wissen oder der Landesleitung oder eines anderen maßgebenden Gremiums mit der CSU verhandelt ist ein Parteiverräter", äußerte Baumgartner. Prot. LA vom 24. 8. 1949. IfZ-Archiv, Nachlaß Baumgartner.

[29] So erklärte z. B. Baumgartner der SZ, „daß der stellvertretende Ministerpräsident Dr. Josef Müller nach zuverlässigen Informationen die Absicht habe, die Auflösung des Landtags zu betreiben und in einer der nächsten Sitzungen einen entsprechenden Antrag stellen will." Der Justizminister soll ferner die Absicht haben, den Ministerpräsidenten Dr. Ehard „auszuschalten". SZ vom 1./2. 10. 1949.

[30] Prälat Meixner in einer Rede vor dem Bayerischen Klerus, die auch im Klerusblatt veröffentlicht wurde: „Wir sollten immer und überall für die Einigung und Einigkeit der christlichen Front wirken, immer wieder die großen, beiden Parteien gemeinsamen Gedanken einer christlichen Staats- und Kulturpolitik herausstellen." Klerusblatt Nr. 1929, vom 1. 10. 1949, S. 214/215.

[31] Prot. LL vom 30. 12. 1949. IfZ-Archiv, Nachlaß Baumgartner.

[32] Siehe Teil B IV: Finanzierung.

[33] Da Baumgartner auf briefliche Aufforderungen zu einer freundschaftlichen Aussprache über die Unstimmigkeiten nicht reagierte, suchte Schäffer den Kontakt zusätzlich u. a. über den Vorsitzenden der Bayernpartei-Fraktion, Gebhard Seelos, herzustellen. Brief Seelos' an Baumgartner vom 28. 1. 1950, Unterlagen der Landesgeschäftsstelle der BP (Kopie im Bes. d. Verf.). Während Baumgartner höchst distanziert an den „Herrn Bundesminister" schreibt, redet Schäffer Baumgartner betont mit „Lieber Freund!" an und beschwert sich über „unsachliche, unwahrhaftige und rein persönliche Angriffe" in der Bayerischen Landeszeitung. Brief Schäffers an Baumgartner vom 19. 1. 1950. IfZ-Archiv, Nachlaß Baumgartner.

[34] Brief Seelos' an Baumgartner vom 28. 1. 1949. Ebd. Schäffer „bat mich in der heutigen Plenarsitzung, Dir mitzuteilen, daß er größten Wert auf eine baldige Aussprache lege. Er habe Dich wiederholt vergeblich dazu aufgefordert [...] Sofern eine Aussprache nicht baldigst zustandekommt, sehe er sich gezwungen, eine entsprechend scharfe Gegenerklärung zu geben."

[35] SZ vom 23. 1. 1950: „Hundhammer werde der CSU die Stange halten", auch Müller und Horlacher hätten ihre Pläne zur Gründung einer neuen Arbeiter- und Bauernpartei endgültig begraben. Allerdings hatte Baumgartner auf der Landesausschußsitzung der BP eine scharfe Opposition gegenüber der Bundesregierung und die Eröffnung des Wahlkampfs angekündigt. Prot. LA vom 21./22. 1. 1950. IfZ-Archiv, Nachlaß Baumgartner.

[36] Baumgartner hatte behauptet, daß die Beibehaltung Bonns als Sitz der Bundesregierung dem westdeutschen Steuerzahler 1/2 Milliarde koste. Schäffer wies in einer Presseerklärung diesen Vorwurf als unrichtig zurück und behauptete darüber hinaus, daß „die CSU aus Ersparnisgründen für die Beibehaltung Bonns als Regierungssitz eingetreten" sei. Mit ihr „übrigens mehr als die Hälfte der Abgeordneten der BP im Bundestag" (SZ vom 9. 2. 1950). Baumgartners Kampfeshaltung sei unwürdig für eine Partei, die vorgebe, bayerische Interessen zu vertreten, außerdem werde dem Ansehen Bayerns im Bund schwerste Schädigung durch die unwahren Verdächtigungen bayerischer Politiker untereinander zugefügt.

[37] Daraufhin wandte sich Baumgartner wiederum in scharfer Form gegen eine Vereinigung von BP und CSU und verwies auf das Programm der BP, das „ein freies, selbständiges Bayern, das sich freiwillig bei einem deutschen Bund anschließen könne", fordere. SZ vom 9. 2. 1950.

[38] Strauß: „Eine unklare Verwischung der Gegensätze zwischen CSU und Bayernpartei durch einen Zusammenschluß der gegenwärtigen Parteispitzen hält die CSU allerdings für möglich." „Die Gründer der Bayernpartei, zum Teil enttäuschte Mitglieder oder sogar Minister der CSU, hätten den wahren Gedanken der Union, nämlich die politische Einigung beider Konfessionen überhaupt nicht verstanden oder ihn aus persönlichen

Zu S. 159–163

Gründen und engstirniger Begrenzung ihres politischen Horizonts wieder aufgegeben."
SZ vom 4./5. 3. 1950.
[39] Ebd.
[40] Siehe Teil B II: Verbandsstruktur und Organisationspolitik.
[41] Siehe Teil B IV: Finanzierung.
[42] Siehe Teil C II 4: Bayernpartei und monarchistische Organisationen.
[43] SZ vom 13. 9. 1950.
[44] Siehe Teil B IV: Finanzierung.
[45] Siehe Teil B I 1, Anm. 20.
[46] Allerdings trennte sich die Deutsche Gemeinschaft gleich zu Beginn der Legislaturperiode vom BHE und bildete eine eigene Fraktion, so daß der BHE mit 20 Abgeordneten und die DG mit 6 Abgeordneten vertreten waren.
[47] Die CSU veröffentlichte den Briefwechsel zwischen Baumgartner und Brunner in ihrem ‚Informations- und Rednerdienst' Nr. 13, April 1953.
[48] Vgl. CSU-Informations- und Rednerdienst Nr. 13, 1953. Schäffer schrieb auf Baumgartners Vorhaltungen über diese Bemerkung am 2. 4. 1953: „Lieber Baumgartner, wenn Du ein Preuß wärst, dann hätte ich nicht gesagt, Du hast saudumm dahergeredet, sondern dann hätte ich mich gewählter ausgedrückt [...] Aber du läßt Dich leider von der parteipolitischen Konkurrenz auf einen falschen Weg führen. Es ist immer noch Zeit zur Umkehr."
[49] SZ vom 6. 12. 1950.
[50] Brief Baumgartners an Brunner vom 11. 3. 1953. CSU-Informations- und Rednerdienst, Nr. 13, 1953.
[51] SZ vom 6. 12. 1950.
[52] Darstellung Baumgartners über die Koalitionsverhandlungen 1950 gegenüber dem CSU-Generalsekretär Brunner. Brief vom 11. 3. 1953. CSU-Informations- und Rednerdienst Nr. 13, 1953. Diese Darstellung Baumgartners blieb auch von der CSU nicht unwidersprochen.
[53] Dazu auch Hoegner, Außenseiter, S. 313 f.
[54] Die konkreten Wünsche der BP, die Oettingen gegenüber Ehard vertrat, wurden in der Sitzung der LL der Bayernpartei am 2. 12. 1950 nicht protokolliert. Prot. LL vom 2. 12. 1950. IfZ-Archiv, Nachlaß Baumgartner.
[55] Generalsekretär Brunner gegenüber der Presse. Vgl. SZ vom 2./3. 12. 1950.
[56] Ebd.
[57] Fraktionsprotokoll der CSU vom 12. 12. 1950. IfZ-Archiv, Nachlaß Baumgartner. Es ist ein Indiz für das gute Zusammenspiel zwischen Teilen der CSU mit der BP, daß Baumgartner einen Durchschlag dieses Protokolls zugespielt bekam.
[58] Um seine Position zu stützen, erklärte Ehard, daß nach seinen Informationen „stärkere Teile der BP gegen eine Koalition" mit der CSU eingestellt seien. Ebd.
[59] Ebd.
[60] Ebd.
[61] Ebd.
[62] Ebd.
[63] Ebd.
[64] Ebd.
[65] Ebd.
[66] Unmittelbar nach der Fraktionssitzung am 12. 12. 1950 wurde Baumgartner von Hundhammer in die Staatskanzlei zu einer Unterredung mit Ehard, Seidel, Schwend und Bachmann bestellt. Baumgartner hat dort erklärt, er müsse „in einer halben Stunde nach Bonn" und außerdem sei er nicht befugt, „ohne meine von der Fraktion bestimmten Kollegen weitere Gespräche zu führen". Daraufhin wurde ein Gespräch unter Hinzuziehung des BHE für den 14. 12. vereinbart. Brief Baumgartners an Brunner vom 11. 3. 1953.
[67] Deutscher Bundestag, 1. Wahlperiode, Verhandlungen, 106. Sitzung vom 13. 12. 1950, S. 3922.
[68] „Präsident Dr. Ehlers: Herr Abgeordneter Dr. Baumgartner, ich muß in dieser Ihrer

Erklärung eine Beleidigung aller Flüchtlinge Westdeutschlands sehen. Ich rufe Sie zur Ordnung.
Beifall in der Mitte und Links. – Abg. Dr. Baumgartner: Das ist nur Propaganda! Wir haben immer nur von gerechtem Ausgleich gesprochen!
Tichi (BHE): Das ist unerhört, und das will der künftige Innenminister von Bayern sein." Ebd.

[69] Ebd., S. 3935.
[70] Bericht der SZ vom 15. 12. 1950. Nur noch 13 Abgeordnete sollen dagegen gestimmt haben, einer habe sich der Stimme enthalten.
[71] SZ vom 16./17. 12. 1951.
[72] Vgl. Ehard auf der CSU-Landesversammlung 1951. Hans Ehard, Bayerische Politik, Ansprachen und Reden des Bayerischen Ministerpräsidenten Dr. Hans Ehard, München 1952, und Briefwechsel Baumgartners mit Strauß vom 10. und 28. August 1951; IfZ-Archiv, Nachlaß Baumgartner.
[73] SZ vom 15. 1. 1951. Diese Äußerung tat Hundhammer, der sich schon in seiner Neujahrsansprache in Gegensatz zu Ehard gestellt hatte und Gerüchten über eine aktive Opposition in der CSU damit Vorschub leistete, auf einer Versammlung in Rosenheim.
[74] Schäffer SZ vom 24. 1. 1951, S. 2.
[75] Hauptangriffspunkt war wohl noch immer die Figur Josef Müllers. So schrieb Held an Carl Kerber (BP): „Daß die eine oder andere Randfigur, wie Hundhammer sich einmal ausdrückte, im politischen Leben Bayerns kaltgestellt bzw. isoliert werden muß, um wieder zu einer Einigung im christl.-bayer.-föderalistischen Lager zu kommen." Held bot auch eine paritätische Besetzung des Führungsgremiums zwischen CSU und BP an. Brief an Carl Kerber vom 26. 2. 1951, IfZ-Archiv, Nachlaß Baumgartner.
[76] Brief Helds an Baumgartner vom 12. 1. 1951. Ebd.
[77] Ebd.
[78] Der Kreisvorsitzende der BP von Niederbayern berichtet von einer Besprechung mit Hundhammer: „Hundhammer hat ganz offen die Differenzen in der CSU aufgedeckt. Er hat gesagt, er stellt sich die Volksaktion als die Plattform vor, wo sich Bayernpartei und CSU treffen können unter Ausschaltung der Ehard und Dr. Josef Müller [...]". Kerber habe Held erklärt: „Voraussetzung, daß wir mitmachen, ist die offene Stellungnahme gegenüber der großen Koalition und gegenüber dem Ochsensepp. Ehard hat gegen die Volksaktion Stellung genommen. Er droht, er werde eine bayerische CDU gründen [...]". „Am Sonntag war dann in Regensburg das Bild ganz anders. In der ersten Halbzeit war es eine hundertprozentige CSU-Versammlung. Es waren eine Menge Fürsten und Barone da, darunter Fürstenberg mit Bürgermeister Huber, Landshut. Es hat uns nicht gefallen, trotzdem haben wir gesagt, um den guten Willen zu zeigen, gehen wir einmal hinein." Prot. LL vom 2. 3. 1951, ebd. Fürst Oettingen ist der Meinung, „Schäffer stecke nicht dahinter", denn dieser habe ihm geraten, nicht beizutreten. „Sie wollen doch nicht da beitreten [...] nur Sache einiger Vereinsmeier." Ebd.
[79] SZ vom 24. 1. 1951. Erklärung Schäffers gegenüber der SZ zur Gründung der „Bayerischen Volksaktion".
[80] Zumal der Klerusverband die Volksaktion unterstützte und der Herausgeber Alois Natterer gegen die Große Koalition im Klerusblatt Stellung genommen habe, die Ehard zu Rechtfertigungsversuchen bei den katholischen Bischöfen veranlaßt habe. Brief Helds an Kerber vom 27. 2. 1951. IfZ-Archiv, Nachlaß Baumgartner.
[81] SZ vom 13./14. 1. 1951.
[82] Brief Hubers an Baumgartner vom 27. 2. 1951. IfZ-Archiv, Nachlaß Baumgartner.
[83] „Bei der ganzen Sache kann der verlierende Teil nur die Bayernpartei sein und nicht die CSU", Prot. LL vom 2. 3. 1951, IfZ-Archiv, Nachlaß Baumgartner. Die Generalversammlung der BP-Bezirksvorsitzenden beschloß am 18. 2. 1951, „daß Bezirks- und Kreisvorsitzende nicht von sich aus mit der BVA in Verbindung treten sollten." Prot. der Generalversammlung vom 18. 2. 1951. Baumgartner wandte sich in der Landesleitung gegen eine Zusammenarbeit mit der Volksaktion.
[84] Protokoll der Generalversammlung der BP vom 18. 2. 1951. Ebd.
[85] SZ vom 7. April 1951.
[86] Ebd. Und Prot. LA vom 31. 3. 1951, IfZ-Archiv, Nachlaß Baumgartner.

Zu S. 165–167

[87] Baumgartner hatte die Resolution der BP an den Landesvorsitzenden der CSU mit der Bitte, sie dem LA der CSU zur Kenntnis zu geben, übersandt. SZ vom 16. 4. 1951.
[88] Bericht über die Tagung des Landesausschusses der CSU in Würzburg am 14./15. 4. 1951. SZ vom 16. 4. 1951.
[89] SZ vom 16. 4. 1951.
[90] Prot. LL vom 23. 4. 1951. IfZ-Archiv, Nachlaß Baumgartner, und SZ vom 25. 4. 1951.
[91] Tagung von Landesleitung, Bundestags- und Landtagsfraktion der BP. Prot. vom 4. 5. 1951. IfZ-Archiv, Nachlaß Baumgartner.
[92] Ebd.
[93] Ebd.
[94] Nach längerer Diskussion wurde die LL ermächtigt, mit der CSU Verhandlungen über einen von der Bayernpartei vorzuschlagenden Kandidaten aufzunehmen. Ebd.
[95] Ehard erklärte für die CSU (Brief an Baumgartner vom 10. 5. 1951, IfZ-Archiv, Nachlaß Baumgartner), sofern die CSU in einem Wahlkreis die stärkste Partei sei, „eine Einigung mit anderen Parteien nur möglich ist, wenn diese sich entschließe, in diesem Fall den Kandidaten der CSU zu unterstützen." Im Bundestagswahlkreis Neuburg/Donauwörth gewann die CSU am 27. 5. 1951 die Nachwahl (Wilhelm Niklas, Bundesminister für ELF) mit 42,9%; die Bayernpartei (BP-Landesgeschäftsführer Karl Utz) erhielt nur 10,3%. Vgl. SZ vom 29. 5. 1951. In der Landtagsnachwahl in Oberndorf-Füssen gewann ebenfalls die CSU das Mandat (35,3%), die BP konnte sich aber mit einem Ergebnis von 25,2% gegenüber den Landtagswahlen 1950 (18,8%) verbessern. Vgl. SZ vom 19. 8. 1951.
[96] Baumgartner erklärte: „Hundhammer ist in unseren Augen, wenn der Vergleich erlaubt ist, ein Christus unter Pharisäern". Die BP habe ihren Beschluß, Hundhammer zum Landtagspräsidenten zu wählen, nicht realisieren können, nachdem Hundhammer nicht von den lügnerischen CSU-Methoden während des Füssener Wahlkampfs abgerückt sei. Außerdem, so schrieb Bantele, habe die CSU die christliche Grundeinstellung der BP bezweifelt und die BP als „Schrittmacherin und Wegbereiterin des Bolschewismus" bezeichnet. Bayern-Dienst Nr. 11 vom 7. 7. 1951.
[97] Die Absage an eine Zusammenarbeit wurde von der CSU mit dem Verhalten der BP bei den Nachwahlen und der Wahl des Landtagspräsidenten begründet. SZ vom 25. 6. 1951.
[98] SZ vom 21.. 6. 1951.
[99] Siehe Teil C II 4: Bayernpartei und Bauernverband.
[100] Allerdings wurde ihm diese Unterstützung nicht, wie er hoffte, mit einem attraktiven Auslandsposten gelohnt. Als er aus der BP austrat und sein Bundestagsmandat niederlegte, verminderte sich sein Wert für Adenauer, und er mußte sich nun, anstelle der versprochenen Gesandtschaft in Lissabon, mit dem Generalsekretariat in Instanbul begnügen. Dazu Arnulf Baring, Außenpolitik in Adenauers Kanzlerdemokratie, München und Wien 1969, S. 184.
[101] Siehe Teil B II 2: ‚Wahlagentur' und ‚Heimatverein'.
[102] Dazu: Der Spiegel vom 23. 9. 1953, S. 12.
[103] CSU-Informations- und Rednerdienst Nr. 4 vom 15. 12. 1953.
[104] Ebd.
[105] SZ vom 14./15. 3. 1953.
[106] Ebd. Fischbacher war auch weiterhin an den Verhandlungen über ein Wahlbündnis beteiligt. Dazu Briefwechsel Fischbacher mit Strauß vom 14. bzw. 18. 9. 1953. Nachlaß Fischbacher.
[107] Siehe Teil B IV: Finanzierung.
[108] Bayernruf Nr. 8 vom 16. 4. 1953. Bereits wenige Tage vor dieser Entschließung der BP erklärte Brunner, Generalsekretär der CSU, daß Gespräche zwischen beiden Parteien über ein Wahlbündnis geführt wurden. Wegen der gehässigen Angriffe führender BP-Funktionäre auf die CSU und vor allem auf den CSU-Landesvorsitzenden Ehard stagnierten diese Gespräche. Die CSU „sei noch bereit weiter zu verhandeln, allerdings nur noch über lokale Wahlabkommen. Das erstrebenswerte Fernziel bleibe nach wie vor der Zusammenschluß beider Parteien zu einer ‚Bayerischen Christlichen Sozialen Union'." SZ vom 11./12. 4. 1953.

¹⁰⁹ Ausführlich dazu Thränhardt, Wahlen.
¹¹⁰ Volk, Bayerischer Episkopat, S. 6.
¹¹¹ Dorn, Inspektionsreisen, S. 70. Der Bischof von Bamberg äußerte sich als überzeugter Monarchist und wünscht Otto von Habsburgs Inthronisation. Pollock-Diary, IfZ-Archiv (Mikrofilm).
¹¹² Vgl. dazu Baumgartners Schreiben an die Bischöfe, der diese Einstellung für die BP nutzbar zu machen suchte.
¹¹³ Dazu Otto, Staatsverständnis, S. 79 f.
¹¹⁴ Emil Bauer schrieb im Auftrag des Dekanats Karlstadt an die CSU: „Die Dekanatsgeistlichkeit hat es sehr bitter empfunden, daß bei der Aufstellung der Grundrechte in Bonn auch die unter christlichem Namen auftretenden Parteien dem Artikel VII beigestimmt haben, der die Religion nur negativ behandelt und dazu bei der geplanten Neuordnung der Feiertage in Bayern die Katholiken zwar den protestantischen Karfreitag ohne weiteres schlucken müssen, daß aber das katholische Fronleichnamsfest mit dem ursprünglichen nur preußischen Buß- und Bettag (vulgo ‚Böserbubentag', da früher, als er noch nicht in Bayern vorgeschrieben war, die Preußen in die bayerischen Grenzorte kamen und da allerlei Vergnügen und Unfug trieben) auf gleiche Stufe gestellt werden soll, während die alten katholischen Feiertage wieder nur geduldet bleiben." Abschrift der CSU (Karlstadt) an die CSU-Landesgeschäftsstelle vom 22. 10. 1948 als Anlage zu Hans Wutzlhofer (Bayerische Staatskanzlei) an Walter Strauß (Parlamentarischer Rat) vom 30. 10. 1948. IfZ-Archiv, Sammlung Strauß, Bd. 68.
¹¹⁵ Ebd.
¹¹⁶ Brief des Bischofs von Passau an Baumgartner vom 25. 6. 1949. IfZ-Archiv, Nachlaß Baumgartner.
¹¹⁷ Ebd. und Schreiben Simon Landersdorfers, Bischof von Passau, an Baumgartner vom 24. 6. 1949.
¹¹⁸ Diese Formulierung kehrt in verschiedenen Aufrufen und Briefen wieder.
¹¹⁹ Klerusblatt, 29. Jg., Nr. 19 vom 1. 10. 1949, S. 214.
¹²⁰ Ebd.
¹²¹ Schreiben Simon Landersdorfers an Baumgartner vom 20. 3. 1950. IfZ-Archiv, Nachlaß Baumgartner. Auch Joh. Neuhäusler, Weihbischof der Diözese München, äußerte seine Besorgnis. Brief vom 4. 8. 1950 an Baumgartner. Ebd.
¹²² Schreiben Baumgartners an Neuhäusler vom 11. 8. 1950. Ebd.
¹²³ Ebd.
¹²⁴ Ebd.
¹²⁵ Ebd.
¹²⁶ Resolution der Katholischen Männervereine und Casinos in Bayern e. V. vom 10. 12. 1950 an den Vorsitzenden der Landtagsfraktion der BP: „Die katholischen Männervereine Bayerns sind sich darin einig, daß die Interessen der gläubigen katholischen Wähler nur dann gesichert sind, wenn jene Parteien die Landesregierung bilden, welche die christliche Weltanschauung in ihrem Parteiprogramm verankert haben." Zahlreiche Zuschriften wurden auch an Ehard gerichtet, Protokoll der Fraktionssitzung der CSU vom 10. 12. 1950. Abschrift. IfZ-Archiv, Nachlaß Baumgartner.
¹²⁷ Klerusblatt 31. Jg., Nr. 11 vom 1. 6. 1951. Auch die Katholische Aktion, Landesausschuß Bayern, hatte Baumgartner aufgefordert, „die Zersplitterung zu beseitigen" (Brief vom 1. 5. 1951); die Katholische Aktion (Passau) forderte in einer Resolution vom 1. 5. 1951 „die gesamte christliche Wählerschaft des Bistums auf, auch unter sich und nach allen Seiten hin den Willen nach Einigung nachdrücklich zu äußern, um dadurch not wendig, die uneinigen Parteiführer zur Herstellung der Einmütigkeit zu zwingen". Ebd.
¹²⁸ Ein oberpfälzischer Geistlicher, Jakob Sebastian, Mitglied der BP und des Theologenausschusses der BP schreibt: „Das bischöfliche Generalvikariat Eichstätt hat mir schon zweimal verboten, für die Bayernpartei tätig zu sein wegen der Zerstörung der christlichen Front. Ich bin der Ansicht, daß ein solches Verbot nicht statthaft ist. In der CSU sind die Geistlichen stark tätig. Im Bezirk Parsberg z. B. ist ein Pfarrer Vorsitzender des Kreises der CSU. Prälat Dr. Meixner [MdL – CSU; I. U.] hat vor einigen Wochen hier in einer Versammlung gesprochen, zu der die Pfarrer von weit und breit eingeladen

Zu S. 170–172

waren. Solche Pfarrversammlungen hat er in verschiedenen Städten gehalten. Morgen wird er hier in einer Großkundgebung der CSU die Bayernpartei umzubringen suchen. Viele Pfarrer wettern von der Kanzel gegen die Bayernpartei [...]". Brief vom 13. 12. 1951 an die Landesgeschäftsstelle der BP. IfZ-Archiv, Nachlaß Baumgartner.

[129] Simon Landersdorfer, Bischof von Passau, an Baumgartner. Brief vom 6. 11. 1951. Ebd.

[130] Georg Dötsch, Pfarrer und Mitglied des BP-Theologenausschusses, schreibt an Baumgartner: „In letzter Zeit ist es an der Tagesordnung, daß bei den Kleruskonferenzen H. H. Prälat Meixner oder ein anderer Delegierter der CSU mit Vorträgen aufwartet [...] Wir werden um starke Erfolge unserer Propagandatätigkeit geprellt werden, wenn wir es nicht dahin bringen, daß sich der Klerus am Wahltage der BP gegenüber nicht reservierter als bisher verhält." Brief vom 15. 2. 1953. IfZ-Archiv, Nachlaß Baumgartner.

[131] Antwortschreiben des Bischöflichen Generalvikariats Eichstätt an Baumgartner vom 21. 1. 1952 auf die Anfrage Baumgartners im Falle Sebastian vom 21. 1. 1952. Ebd.

[132] Brief des Stadtpfarrers von Starnberg an Baumgartner vom 9. 7. 1951. Ebd.

[133] Rundschreiben Baumgartners vom 5. 6. 1951 und Rundschreiben der Landesleitung vom 5. 9. 1951 an alle Pfarreien in den Landtagsnachwahlkreisen. Ebd.

[134] Ebd.

[135] Ebd.

[136] Prot. LV vom 23. 8. Anlage zum Prot. LL vom 22. 8. 1952. IfZ-Archiv, Nachlaß Baumgartner.

[137] Unterstreichung im Original. Brief Simon Landersdorfers, Bischof von Passau, an Baumgartner vom 31. 8. 1952. Das erzbischöfliche Sekretariat Bamberg teilte Baumgartner nur mit: „Seine Excellenz kennt keinen Fall, daß ein Geistlicher Seiner Diözese von der Kanzel gegen die BP Stellung genommen hat. Er hegt aber nach wie vor den dringlichen Wunsch nach Zusammenfassung aller bewußt christlichen Kräfte in unserem Volk." Brief an Baumgartner vom 19. 9. 1952. Ebd.

[138] Aktennotiz über ein Telefongespräch mit Johannes Neuhäusler (Weihbischof) vom 4. 11. 1952. Ebd. Baumgartner forderte daraufhin die Landtagsfraktion und Besold auf, Beispiele über die Zusammenarbeit zwischen SPD und CSU für Bayern zusammenzustellen.

[139] Prälat Dr. Johann Zinkl, Domkapitular, an Baumgartner vom 9. 3. 1953. Abschrift als Anlage zum Brief Baumgartners an Fischbacher vom 16. 3. 1953.

[140] Brief Baumgartners an die bischöflichen Ordinariate vom 18. 7. 1953. Ebd.

[141] Schreiben des Ordinariats des Erzbistums München und Freising an Baumgartner vom 31. 7. 1953. Ebd.

[142] Z. B. mit Walter Hemmeter (Generalsekretär der verbotenen Königspartei der Nachkriegszeit), Elisabeth Kaufmann (Schriftführerin der BHKB bis 1933) und Eugen Graf (ehem. Hoflieferant und Vorsitzender des ‚Bayerischen Volksbundes e. V.' in Ansbach/Mfr.). Unterlagen Berr.

[143] Von den 16 Personen, die Berr zur Gründung eingeladen hatte, gehörte die Mehrzahl der Bayernpartei, nur einige Mitglieder einer monarchistischen Widerstandsgruppe und dem BHKB der Weimarer Republik, an. Protokoll der Gründungsversammlung vom 10. 12. 1949. Unterlagen Berr.

[144] Protokoll der Gründungsversammlung vom 10. 12. 1949. Unterlagen Berr.

[145] Brief Kanzlers an Berr vom 30. 12. 1949. Ebd.

[146] Brief Kanzlers an Berr vom 30. 12. 1949. Ebd. Kanzler blieb Mitglied der Bayernpartei. (Kartei der BP-Landesgeschäftsstelle, IfZ-Archiv). Als Nachfolger wurde Gustl Graf La Rosée, ebenfalls BP-Mitglied, gewählt. Siehe auch: Weißblaue gegen schwarzweißrote Monarchisten, in: Südost-Kurier vom 31. 12. 1949.

[147] SZ vom 30. 12. 1949 und Bayerische Landeszeitung vom 31. 12. 1949. Freiherr von Redwitz schrieb dazu an Berr: „Außer Ihrer Person halte ich den 1. Präsidenten Herrn Kanzler nicht für tragbar. Ich kenne Herrn Kanzler und seine einwandfreie Gesinnung seit 1918/19 und ebenso seine unzweifelhaften Verdienste in der Zeit nach der Revolution. Ich weiß aber auch von den bei ihm naheliegenden Angriffspunkten; es könnte sich sehr zum Schaden des Bundes auswirken, wenn solche Angriffe von sicher zahlreichen Gegnern in der Presse aufgegriffen würden." Schreiben des ‚Hofmarschallamts

S. K. Hoheit des Kronprinzen Rupprecht von Bayern' an Berr vom 9. 1. 1950. Unterlagen Berr. Zu Kanzler siehe Fenske, Konservatismus, S. 110 ff.

[148] „Im Namen der zukünftigen und toten Generationen, von denen es seine segenvolle Tradition empfangen hat, ruft Bayern durch den BKB seine Söhne und Töchter zu seiner Flagge, zur Treue an Gott, König und Heimat." SZ vom 2. 1. 1950.

[149] Schreiben des Hofmarschallamts (v. Redwitz) an Berr vom 2. 1. 1950. Ebd.

[150] Ebd.

[151] Ebd. und Brief vom 9. 1. 1950. Redwitz führte nun auch die ablehnende Haltung der evangelischen Landeskirche an. Berr hatte 1948 in einem Zeitungsartikel für das Unglück, das Preußen-Deutschland als Wegbereiter Hitlers Bayern angetan hatte, die Reformation verantwortlich gemacht.

[152] Redwitz forderte Berr auf Wunsch Kronprinz Rupprechts nicht nur auf, sich zurückzuziehen, sondern auch „einem sich neu zu bildenden Ausschuß aus Mitgliedern des alten und Heimat- und Königsbundes und der Heimat- und Königspartei nicht anzugehören." Schreiben des Hofmarschallamts an Berr vom 9. 1. 1950. Unterlagen Berr.

[153] Presseerklärung der BP: „Wir begrüßen die Gründung eines neutralen und überparteilichen heimat- und königstreuen Bundes. Die Bayernpartei stellt ihren Mitgliedern, die Monarchisten sind, frei, sich einem solchen Bund anzuschließen." SZ vom 15. 12. 1949.

[154] Donhauser befürchtete, daß Berr eine „neue Partei daraus machen" wolle, und dies wäre ein „Dolchstoß in den Rücken der Bayernpartei", Schmidhuber regte an, den alten Heimat- und Königsbund wieder aufleben zu lassen. Prot. LL vom 30. 10. 1949. IfZ-Archiv, Nachlaß Baumgartner.

[155] Vgl. Münchner Merkur vom 12. 1. 1950 „Der Streit der bayerischen Königsbünde". Die Mitglieder der monarchistischen bayerischen Widerstandsbewegung Franz Fackler (Stadtrat CSU), Seutter von Leutzen (Bayernpartei) und Pflüger (CSU) distanzierten sich in einem Rundschreiben an die ehemaligen Mitglieder von Berr, der „ein zu parteipolitisches Programm entwickle und dadurch die Einigung der auf CSU, Bayernpartei und SPD verstreuten Monarchisten erschwere", und forderten zur Unterstützung des unter dem Protektorat E. v. Aretins stehenden Königsbundes auf. Vgl. SZ, 9. 1. 1950 und 20. 1. 1950.

[156] SZ vom 28. 2. 1950. Erich Chrambach, königl.-bayerischer Rittmeister und Landrat a. D., seit 1948 Mitglied der Bayernpartei, wurde zum 1. Vorsitzenden gewählt, Graf Deroy-Fürstenberg zum 2. Kreisvorsitzenden. Auch die Bayernpartei-Bundestagsabgeordneten Anton v. Aretin und Ludwig Volkholz nahmen teil.

[157] Ebd.

[158] SZ vom 24. 5. 1950.

[159] Der Präsident des Berrschen Heimat- und Königsbunds Graf de la Rosée (Bayernpartei) trat zum Aretinschen Bund „In Treue fest" über und übernahm den Vorsitz. Auch Graf Preysing, eines der wenigen adligen Mitglieder des Berr-Bundes, trat aus. SZ vom 7. 7. 1950. Anfang August wollte Berr wieder der Bayernpartei beitreten (vgl. SZ vom 1. 8. 1950). Allerdings war die Landesleitung gegen eine Landtagskandidatur Berrs; selbst einfaches Mitglied sollte er nur wieder werden können, wenn er vom evangelischen Landesbischof Meiser empfangen und die Presse darüber berichten würde. Prot. LL vom 28. 8. 1950. IfZ-Archiv, Nachlaß Baumgartner.

[160] Dem Landesausschuß des BHKB „In Treue fest" gehörten wiederum Chrambach und Mitglieder der Königspartei, wie der Lizenzträger Breitenbach an. Vgl. SZ vom 7. 6. 1950.

[161] SZ vom 24. 7. 1950. Das Programm der Königspartei entspricht dem von 1946.

[162] Prot. LL vom 22. 7. 1950. IfZ-Archiv, Nachlaß Baumgartner.

[163] Ebd.

[164] Solche Vermutungen der Presse werden jedoch von seiten des Hofmarschallamts dementiert. Münchner Merkur vom 25. 7. 1950.

[165] Prot. LL vom 4. 8. 1950. IfZ-Archiv, Nachlaß Baumgartner.

[166] Der Vorsitzende des BP-Bezirksverbandes Kaufbeuren erklärte auf einer Versammlung seinen Austritt und den Bezirksverband für aufgelöst. Anlage zum Prot. LL vom 28. 8. 1950. Ebd. Kurz darauf trat er der Königspartei bei.

Zu S. 173–175

167 Prot. LL vom 28. 8. 1950. Ebd.
168 ‚Einladung und Aufruf' der Bayerischen Heimat- und Königspartei, Kreisverband Schwaben vom 20. 9. 1950 (Abschrift), ebd. Donhauser trat Anfang September bei, im November folgten die BP-Bundestagsabgeordneten von Fürstenberg und Wilhelm Rahn. Vgl. SZ vom 7. 11. 1950.
169 Ebd.
170 Vgl. SZ vom 6. 10. 1950.
171 SZ vom 9. 9. 1950.
172 Die Königspartei erhielt in den Landtagswahlen 1950 in Oberbayern 1,6, in Niederbayern 1,6, in Oberfranken 0,2 und in Schwaben 1,0%. In den anderen Regierungsbezirken hatte sie sich nicht zur Wahl gestellt.
173 Fackler hatte der monarchistischen Widerstandsgruppe von Harnier und Zott angehört und war 1939 verhaftet und verurteilt worden. Siehe Bretschneider, S. 144 und 148.
174 SZ vom 13. 12. 1950.
175 Erst am 21. 1. 1952 fand die erste Landesversammlung der vereinigten Heimat- und Königsbünde „In Treue fest" statt.
176 In seinem „Aufruf an das Bayerische Volk" erklärte Rupprecht: „Ich anerkenne und billige die gemeinsamen Bestrebungen von Heimat- und Königstreuen in ganz Bayern sowie ihrer Organisationen. Ihre beharrlichen und selbstlosen Bemühungen beweisen, daß weite Kreise des Volkes nach den Katastrophen der vergangenen Jahrzehnte gerade vom Königstum die wahre Ordnung, überparteiliche Staatsführung und echte Demokratie erwarten. Die Zeichen der Zeit erfordern endlich Sammlung." SZ vom 14. 9. 1951.
177 Nach den Landtagswahlen beklagte sich der 1. Vorsitzende des niederbayerischen Heimat- und Königsbunds Chrambach, daß er entgegen früherer Versprechungen keinen aussichtsreichen Listenplatz erhalten hätte und forderte, daß A. v. Aretin, MdB und MdL, der durch die Untersuchungen des Spiegelausschusses belastet war, sein Landtagsmandat zugunsten von Chrambach zurückgeben solle. Erklärung des I. Vorsitzenden der BHKB Niederbayern in der Sitzung der Kreisvorstandschaft des BP-Verbands Niederbayern. IfZ-Archiv, Nachlaß Baumgartner. Entsprechende Forderungen stellte Otto Zierer für den BHKB Niederbayern in einem Brief an Baumgartner vom 11. 12. 1950. Ebd.
178 Prot. LL vom 29. 10. 1951. IfZ-Archiv, Nachlaß Baumgartner.
179 Dazu Schlögl, Bauernverband; für eine zusammenfassende Darstellung des Gründungsvorgangs, der Struktur und der Konflikte mit der Militärregierung siehe Schreyer, S. 143–151. Für eine Selbstdarstellung des Bauernverbands: Haushofer (Hrsg.), Der bayerische Bauer.
180 Dazu Schreyer, Bayern – ein Industriestaat, S. 146.
181 „Proklamation an das Bayerische Landvolk" des BBV-Vorstands vom 7. 9. 1945. IfZ-Archiv, Nachlaß Baumgartner. Die ‚antikapitalistische' Grundhaltung ermöglichte 1945 die Zusammenarbeit mit den Gewerkschaften (Prot. der konst. Sitzung des BBV vom 14. 11. 1945, ebd.), im Mai 1947 wurde eine Arbeitsgemeinschaft mit dem Bayerischen Gewerkschaftsbund gebildet. Vgl. Schreyer, Bayern – ein Industriestaat, S. 153 f.
182 Siehe Schlögl, Agrargeschichte.
183 Heim versuchte 1920 und 1924 vergebens eine Einigung zwischen Bauernbund und Christlichem Bauernverein herbeizuführen; dazu Renner, Georg Heim und Schlögl, Agrargeschichte, S. 573–577. 1945 wurde der Begriff von den BBV-Gründern für die Einheitsorganisation wieder aufgenommen. Z. B. in der ‚Proklamation an das Bayerische Landvolk' vom 7. 9. 1945 oder Schlögl in einem Artikel „Bauerneinigung!", in: SZ vom 30. 10. 1945.
184 Satzung des BBV von 1945 § 2. Die Neutralität des Verbandes wurde auch in späteren Jahren immer wieder betont. Dazu auch Thränhardt, Wahlen, S. 239.
185 Die Beteiligten der ersten ‚grundlegenden Beratung zur Vorbereitung des Bayerischen Bauernverbands' am 17. 8. 1945 (Baumgartner, Schlögl, Horlacher, Ernst Heim und Niklas als Vertreter des Landwirtschaftsministeriums, Rattenhuber) traten der CSU bei. Dies trifft auch für die Mehrheit der 22 Gründungsmitglieder zu, die am 7. 9. den BBV konstituierten. In der Vorstandschaft wurden der BBMB durch Dr. Anton Fehr, der

Bayerische Landbund durch Konrad Frühwald repräsentiert. Josef Sturm, Alois Schlögl und Michael Horlacher (vor 1933 Präsident der Bayerischen Bauernkammern) sind Christlichem Bauernverein/BVP zuzurechnen. Außer Konrad Frühwald (FDP) gehörten alle später der CSU an.

[186] Die Funktionsverschränkung zwischen BBV und Landwirtschaftsministerium ging so weit, daß sich der BBV als „ein dem Ministerium nebengeordnetes Vollzugsorgan" verstand. Brief Schlögls an Baumgartner vom 20. 12. 1945. Für die ganze Problematik vgl. Schreyer, Bayern – ein Industriestaat, S. 146 f.

[187] Der BBV finanzierte sich durch eine auf der Grundlage des Reichsnährstands erhobene Abgabe, die von der Regierung eingezogen wurde. Dieser „Zwangsabgabe" konnten sich die Bauern nur durch ausdrückliche Weigerung entziehen. Dazu Schreyer, Bayern – ein Industriestaat, S. 150.

[188] Ebd., S. 148 f.

[189] Zur Kontroverse mit Schlögl siehe ebd., S. 144. Auch als Landwirtschaftsminister in der Viererkoalition bemühte er sich um eine Trennung der Kammerfunktionen.

[190] „Sie dürfen überzeugt sein, daß ich als Minister des BBV mein ganzes Tun und Denken darauf abstellen werde, die Interessen des BBV wahrzunehmen", schreibt Baumgartner am 2. 1. 1946 an Schlögl. Als Baumgartner merkte, daß Schlögl Landräte und Bürgermeister auch für die Organisation des BBV auf den unteren Verwaltungsebenen einsetzte (vgl. Schreyer, Bayern – ein Industriestaat, S. 148), er dem BBV und Schlögl nicht mehr so stark entgegenkam und Schlögl vorwarf, die „Dreigliederung der Landwirtschaft" verhindert zu haben, erinnerte ihn Schlögl: „Der Bayerische Bauernverband hat seinen Minister immer in Wort und Schrift verteidigt und zur Durchführung der wichtigsten Aufgaben seinen ganzen Organisationsapparat zur Verfügung gestellt." BBVGen.-Sek. an Herrn Staatsminister für ELF vom 16. 7. 1946. IfZ-Archiv, Nachlaß Baumgartner.

[191] Dazu Schreyer, Bayern – ein Industriestaat, S. 151.

[192] Bemühungen Hundhammers, Schlögl zu verdrängen, schlugen fehl: andere Funktionen, die ihm angeboten wurden, lehnte er ab, denn „nur die Übernahme des Generalpostens" sei „diskutabel". Brief Hundhammers an Fischbacher vom 16. 2. 1946. Nachlaß Fischbacher.

[193] Siehe Teil B III: Sozialstruktur.

[194] Vgl. Das Bild der Bayerischen Landwirtschaft. Monatsbericht der Kreisdirektoren des BBV, Juni 1949; IfZ-Archiv, Nachlaß Baumgartner. Einen Eindruck über die Stärke des BBV vermitteln die Mitgliederzahlen (einschließlich Flüchtlingsbauern, Landfrauen und Landjugend): Oberbayern 60 974, Niederbayern 45 120, Oberpfalz 56 253, Oberfranken 38 406, Mittelfranken 39 317, Unterfranken 39 317, Schwaben 43 655. Ebd.

[195] Fischbacher in einem Brief an Schmidhuber vom 21. 9. 1949.

[196] Brief Schmidhubers an Fischbacher vom 17. 9. 1949. Nachlaß Fischbacher, Kopie im Bes. d. Verf.

[197] Ebd.

[198] BBV-Unterlagen Baumgartners. IfZ-Archiv, Nachlaß Baumgartner.

[199] Ebd. Xaver Ernst trat im April 1958 aus der BP aus. Schreiben Fischbachers an den BP-Bezirksverband Freising-Stadt und Land vom 16. 4. 1958. Nachlaß Fischbacher.

[200] Brief Rothermels an Baumgartner vom 28. 11. 1949. Ebd. Baumgartner blieb bis 30. 6. 1952 in diesem Amt. Ebd.

[201] Dies ging so weit, daß der Kreisdirektor des BBV Schwaben, Andreas Haisch, unaufgefordert einen Bericht über ein Referat Baumgartners auf einer Veranstaltung des BBV an die Zentrale sandte, um nachträglichen Vorwürfen, Baumgartner habe Parteipolitik betrieben etc., zuvorzukommen. Durchschlag als Anlage zu Brief Haischs an Baumgartner vom 6. 3. 1950. Ebd.

[202] Nach der Berufung Schlögls zum Nachfolger Baumgartners ins 2. Kabinett Ehard erhielt Andreas Konrad, Direktor des BBV Oberfranken, nur die kommissarische Leitung des Generalsekretariats. Schlögl hatte einen Vertrag auf Lebenszeit und wollte sich offenbar auch nach einem Ausscheiden aus der Regierung den Rückzug offenhalten.

[203] Brief Baumgartners an Adam Sühler vom 20. 1. 1951. IfZ-Archiv, Nachlaß Baumgartner.

Zu S. *176–179*

[204] Adam Sühler war bereits 1946 Mitglied des Fraktionsvorstands der CSU und gleichzeitig Mitglied des Landesvorstands der CSU. Er war im 2. Kabinett Ehard – nach dem Bruch der CSU-SPD-Koalition – Staatssekretär im Landwirtschaftsministerium; nach Bildung der großen Koalition 1950 fiel dieses Amt wieder an die SPD. Sein Sohn Gustav Sühler wurde 1953 (–1957) Rechnungsführer des BBV, seit 1967 wurde er zum stellvertretenden Präsidenten des BBV gewählt. Vgl. Haushofer, Der bayerische Bauer.

[205] Brief Baumgartners an Adam Sühler vom 20. 1. 1951.

[206] Ebd.

[207] Prot. LL vom 3. 2. 1951.

[208] Baumgartner berichtete der Landesleitung: „Angegangen ist die Sache nicht durch die CSU. Sie haben als Generalsekretär nurmehr Dr. Hundhammer und Dr. Baumgartner. Hundhammer hat zu mir gesagt: ‚Mach es doch Du, ich habe etwas anderes vor.' Er will den Müller-Flügel erledigen. Horlacher unterstützt meine Kandidatur nicht." Ebd.

[209] Sämtliche Zitate dieses Absatzes Prot. LL vom 3. 2. 1951. Ebd.

[210] Baumgartners Bemühungen, über eine Fürsprache Fehrs und Horlachers noch einen günstigeren Anstellungsmodus auszuhandeln: „Nun habe ich den Ministerposten niedergelegt, habe auf das Bundestagsmandat verzichtet und bin jetzt schließlich noch bereit, den Landesvorsitzenden und Fraktionsvorsitzenden niederzulegen. Der Bauerverband bietet mir aber wieder keine Sicherheit, sondern ein vages Provisorium [...] Während Personen, die früher in keiner landwirtschaftlichen Organisation tätig waren und insoweit auch keine besonderen Verdienste nachzuweisen haben, im Bauernverband sich befinden können, muß ich mich als ehemaliger Minister, als Professor, als früherer Stellvertretender Generalsekretär und als Nicht-Pg. wiederum erst bewähren. Ich muß offen sagen, dies ist für mich ziemlich demütigend und entwürdigend [...]". Brief Baumgartners an Anton Fehr vom 6. 2. 1951; einen gleichlautenden Brief erhielt Horlacher. Ebd.

[211] Brief Baumgartners an Fridolin Rothermel vom 8. 2. 1951. Ebd.

[212] Baumgartner bat nun wieder in Rundbriefen um Unterstützung seiner Kandidatur. Darin betonte er, er habe sich nun ein ganzes Jahr „politisch sehr zurückgehalten, mit Ausnahme derjenigen Dinge, die man als Vorsitzender einer Oppositionspartei und als Fraktionsvorsitzender im Parlament als Mindestmaß tun muß." Brief vom 30. 5. 1952 an Valentin Fröhlich und fünf weitere führende Funktionäre des BBV. Ebd.

[213] Valentin Fröhlich, 2. Vorsitzender des oberfränkischen christlichen Bauernvereins und seit 1931 Schriftführer des Christlichen Bauernvereins auf Landesebene, war Mitglied der BVP, 1928–1933 MdL, er befürwortete ein Zusammengehen zwischen NSDAP und BVP. (Dazu Wiesemann, Machtübernahme, S. 119.) Er war Landrat in Herzogenaurach und seit 1947 Vertreter der Land- und Forstwirtschaft im Bayerischen Senat.

[214] Brief Fröhlichs an Baumgartner vom 9. 6. 1952. IfZ-Archiv, Nachlaß Baumgartner. Gregor Klier, Kreisdirektor des BBV Oberpfalz, war nur bereit, ihn zu unterstützen, „wenn seine Wahl zum Generalsekretär des geeinten Bauernstands auch den Weg zur Sammlung aller religiösen Katholiken bereiten würde". Brief vom 7. 6. 1952 an Baumgartner. Ebd.

[215] Passauer Neue Presse vom 5. 7. 1952.

[216] Ebd.

[217] Brief Strauß' an alle Mitglieder des BBV-Präsidiums vom 25. 7. 1952. Abschrift. IfZ-Archiv, Nachlaß Baumgartner.

[218] Diese Resolution, von Baumgartner verfaßt und von der BP-Landesleitung für gut befunden, wurde von der Landesversammlung der BP vom 23. 8. 1952 angenommen. Prot. LL vom 23. 8. 1952. Ebd.

[219] Brief Frühwalds an Baumgartner vom 31. 7. 1952. Ebd.

[220] Brief Rothermels an Baumgartner vom 1. 8. 1952. Ebd.

[221] Memorandum Baumgartners zur Landwirtschaftsabgabe (o. D.) (Juli) 1953.

[222] Presseerklärung Baumgartners vom 23. 10. 1953 und SZ vom 27. 10. 1953.

[223] Von 96 stimmberechtigten Delegierten stimmten 68 für Baumgartner, 62 für Hundhammer. Von seiten des Präsidiums wurde angedeutet: „Man werde sich unter Umständen im nächsten Jahr einer Kandidatur Baumgartners nicht entgegenstellen, wenn der

Ehrenvorsitzende der Bayernpartei durch seine Arbeit im Präsidium zeige, daß er ein Amt im Bauernverband vom politischen Geschäft zu trennen vermag." SZ vom 26. 10. 1953.
[224] Für das Amt des 1. Präsidenten des BBV 1955 kandidierten Horlacher (CSU), von Feury (CSU) und Frühwald (FDP). Baumgartner setzte sich nicht für Frühwald, dem Vertreter einer Koalitionspartei, sondern für von Feury ein; auch Xaver Ernst (BBV-Präsident Obb.) bewog er für von Feury zu stimmen. Heftige Kritik der bäuerlichen Mitglieder der BP und des Jungbayernbunds bog er mit dem Hinweis ab, daß die CSU eine Mehrheit von 75% im BBV habe und Frühwald keine Chance gehabt hätte. Unterlagen IfZ-Archiv, Nachlaß Baumgartner.

III. Scheitern der Bayernpartei an der Viererkoalition

[1] Dr. Franz Lippert, geb. am 12. 4. 1900 in München, juristisches und volkswirtschaftliches Studium, seit 1950 MdL, war Vorsitzender des Haushaltsausschusses und stellvertr. Vorsitzender der BP-Fraktion und trat 1953 den stellvertretenden Fraktionsvorsitz an Lacherbauer ab, wohl eine Bedingung für dessen Übertritt zur BP. Schon im Frühjahr 1954 fanden Übertrittsverhandlungen mit der CSU – unter Beteiligung des Landesvorsitzenden und des Generalsekretärs der CSU – statt. Die Erfolgsmeldung der CSU, „mit Lippert wurde die stärkste parlamentarische Kraft in Niederbayern herausgerissen, [...] ein Generalangriff auf die Bayernpartei" (SZ vom 30. 4. 1954), erwies sich jedoch als verfrüht. Lippert bemühte sich – entgegen den Intentionen des BP-Landesvorsitzenden – die BP-Fraktion für eine Wahlabsprache mit der CSU zu gewinnen. (SZ vom 4. 6. 1954). Ende Juli trat er dann endgültig zur CSU über (SZ vom 29. 7. 1954). Er gehörte zu den wenigen BP-Dissidenten, die auch in der CSU in bedeutende Funktionen gewählt wurden: 1957/58 geschäftsführender Vorsitzender der CSU-Fraktion; im 2. Kabinett Seidel 1958 und im 4. Kabinett Ehard 1962 wurde er Staatssekretär (Justiz); 1962 war er Mitglied der Landesvorstandschaft der CSU.
[2] Dr. Hans Eisenmann, geb. am 15. 4. 1923 in Ampertshausen, Ldkr. Pfaffenhofen/Obb., Studium der Land- und Volkswirtschaft, 1948 Diplom-Landwirt; u. a. Schüler Baumgartners, 1950 Staatsexamen für den höheren landwirtschaftlichen Staatsdienst, 1959 Promotion zum Dr. agr.; 1951–1958 am Landwirtschaftsamt und an der Fachschule für Hopfenbau, Pfaffenhofen, tätig, ab 1954 als Vorstand. BP-Bezirksvorsitzender von Pfaffenhofen und MdL seit 1950. Bei der Aufstellung der Kandidaten für die Landtagswahlen 1954 wollte er offenbar für BP und CSU kandidieren, da der BP-Bezirksvorstand diesem Wahlbündnis nicht zustimmte, kandidierte er für die CSU und versuchte auch den BP-Bezirksverband in die CSU überzuführen. (Brief Rulands an die BP-Landesgeschäftsstelle vom 30. 7. 1954, Unterlagen der BP-Landesgeschäftsstelle, Kopie im Bes. d. Verf.). Seit 1. 5. 1958 Landrat des Landkreises Pfaffenhofen; am 11. 3. 1969 wurde er Nachfolger Hundhammers als Staatsminister für Ernährung, Landwirtschaft und Forsten.
[3] Bereits nach Baumgartners Wiederwahl als Landesvorsitzender erfolgte die erste Austrittswelle zur CSU; die Landtagsabgeordneten Egid Sauckel, Hans Rass, Emil Mergler, Michael Lanzinger, Johann Höllerer und Ludwig Schönecker traten über. Vgl. SZ vom 17. 11. 1953. Rund ein Viertel der BP-Landtagsabgeordneten waren bis zum Ende der 2. Legislaturperiode zur CSU übergetreten.
[4] SZ vom 24. 4. 1954 und vom 4. 6. 1954.
[5] Bayernpartei-Landesgeschäftsstelle (Hrsg.): Die 7. Landesversammlung der Bayernpartei in Straubing im Zeichen von Heimat, Freiheit und Recht. München 1954.
[6] SZ vom 5. 7. 1954.
[7] Schärfer noch wandte sich Lacherbauer gegen die CSU; die Hilfe, welche die Bayernpartei-Landtagsabgeordneten in den vergangenen Jahren der CSU in bestimmten kulturpolitischen Fragen haben angedeihen lassen, sei schmählich belohnt worden. „Mit einer Bierehrlichkeit, die in den Kreisen der CSU heimlich verlacht und verspottet wurde, gewährten die Mannen unserer Fraktion im Namen des Christentums der CSU Hilfe und Beistand, bis dieser CSU allmählich die unverschämte Vorstellung erwuchs,

Zu S. 180–183

auf solche unbezahlten Hilfsdienste der verstoßenen Bayernpartei einen Anspruch zu erheben." Vgl. Bayernpartei-Landesgeschäftsstelle (Hrsg.): Die 7. Landesversammlung, München 1954.

[8] Hans Ulrich Kempski, „Niederbayerischer Wahlkampf im Freistil", in: SZ vom 23. 11. 1954. Kempski berichtet weiter: „Die Bayernpartei, die selbst in den Augen des BHE kein unmöglicher Koalitionspartner von morgen ist, wird weniger bekämpft als angepflaumt [...] Baumgartner pflegt in Niederbayern, für die ihm kaum gewachsenen Lokalgrößen zu rufen: ,Jeder darf reden, je schärfer desto lieber – weil ich heute noch keine Brotzeit gemacht hab', möcht' ich sowieso einen, am liebsten einen fetten CSUler abfieseln.'"

[9] SZ vom 23./24. 10. 1954.
[10] SZ vom 13./14. 11. 1954.
[11] Der Versuch scheiterte. Vgl. SZ vom 11./12. 12. 1954.
[12] Hoegner, Außenseiter, S. 319.
[13] SZ vom 12. 12. 1958.
[14] Nur ein BP-Landtagsabgeordneter, Joseph Reichl, lehnte die Viererkoalition ab und trat Mitte Dezember zur CSU über. Dazu Brief des BP-BV Mallersdorf, der die Viererkoalition begrüßte, an Reichl vom 20. 12. 1954: Reichl wird zur Rückgabe seines Mandats aufgefordert. IfZ-Archiv, Nachlaß Baumgartner. Georg Knott (FAB und seit 1947 BP-Mitglied, MdL 1950–54 und BP-Landrat von Rosenheim) begründete seinen Austritt damit, daß die Regierungsbildung weder dem Parteiprogramm noch dem Wählerwillen entspräche. SZ vom 13. 6. 1955.
[15] SZ vom 11. 12. 1954.
[16] Münchner Merkur vom 9. 12. 1954; vgl. auch SZ vom 10. 12. 1954.
[17] Ebd.
[18] Siehe Mintzel, CSU (Diss.), S. 285 f.
[19] Rede Baumgartners vom 16. 12. 1954. Manuskript. IfZ-Archiv, Nachlaß Baumgartner.
[20] Ebd.
[21] Bayernpartei-Landesgeschäftsstelle (Hrsg.): „Warum Regierung ohne CSU? Die Bayernpartei zur Regierungsbildung im Dezember 1954. Ein Beitrag zur geschichtlichen Wahrheit." München o. J. (1955), S. 17.
[22] CSU-Generalsekretariat (Hrsg.): Informations- und Rednerdienst 1955/Nr. 1, München, Januar 1955, S. 3.
[23] Ebd.
[24] CSU-Generalsekretariat (Hrsg.): Informations- und Rednerdienst, Nr. 1, München September 1958.
[25] Baumgartner habe einen Aufklärungsfeldzug über den wirklichen Verlauf der Koalitionsverhandlungen angekündigt, wobei der CSU „Hören und Sehen vergehen werde", berichtete die SZ vom 27. 12. 1954. Die BP gab ein weißblaues Heft von 60 Seiten zur Regierungsbildung (vgl. Anm. 21) heraus, die CSU widmete das 1. Heft ihres Informations- und Rednerdienstes 1955 diesem Thema (vgl. Anm. 22).
[26] Wie Anm. 21.
[27] Ebd., S. 19.
[28] Ebd. Vgl. auch Abendzeitung (München) vom 11. 12. 1954.
[29] Hoegner, Außenseiter, S. 319, schreibt: „Der Empfang war kühl, wir merkten, daß sich das Blatt gewendet hatte. Der Tag der Rache für die Ausschaltung Dr. Hundhammers im Jahre 1950 schien gekommen."
[30] Dr. Willy Guthsmuths, geb. 1901 Tschechoslowakei (Sudetendeutscher), seit 1950 MdL; seit 1954 geschäftsführender Landesvorsitzender des bayerischen BHE, seit 1955 Landesvorsitzender, Staatssekretär (Wirtschaft) im Kabinett Hoegner II.
[31] SZ vom 2. 12. 1954.
[32] Hoegner, Außenseiter, S. 319; SZ vom 1. 12. 1954.
[33] Sozialdemokratischer Pressedienst, Bonn (Dezember) 1954.
[34] SZ vom 3. 12. 1954.
[35] Ebd.
[36] CSU-Generalsekretariat (Hrsg.): Informations- und Rednerdienst, 1958, Nr. 1; vgl. auch SZ vom 1. 12. 1954.

³⁷ Ebd.
³⁸ BP, Warum Regierung ohne CSU? München 1955, S. 41.
³⁹ SZ vom 6. 12. 1954.
⁴⁰ Ebd.
⁴¹ Dr. Thomas Dehler versuchte, als ehemaliger bayerischer Landesvorsitzender, auch nach seinem Eintritt ins Kabinett Adenauer 1949 und nach seiner Wahl zum Bundesvorsitzenden 1956 auf die bayerische Landespolitik Einfluß zu nehmen.
⁴² SZ vom 6. 12. 1954.
⁴³ Ebd.
⁴⁴ Simmel, Mitglied der BHE-Verhandlungskommission, berichtete der BHE-Fraktion, Knoeringen habe Bezold und ihm erklärt, von „16 Posten wollen wir nur 7 haben". Prot. der BHE-Fraktion vom 6. 12. 1954, S. 12. IfZ-Archiv, ohne Signatur.
⁴⁵ In dieser Sitzung wurden Otto Bezold, Dr. Albrecht Haas und Dr. Hildegard Brücher in die Delegation für die Koalitionsverhandlungen gewählt. SZ vom 6. 12. 1954.
⁴⁶ Siehe dazu (aus der Sicht der CSU) Baer, Ministerpräsidenten, S. 165. „Der Gedanke eines solchen Zusammenschlusses erschien so absurd, daß man ihm keinen Glauben schenkte." Demgegenüber ist darauf hinzuweisen, daß Strauß schon auf der CSU-Aschermittwoch-Kundgebung in Vilshofen behauptet hatte, daß Lacherbauer bereits die Möglichkeiten einer liberalen Koalition zwischen Bayernpartei SPD, FDP und BHE sondiere. SZ vom 4. 3. 1954.
⁴⁷ SZ vom 7. 12. 1954. Der Verhandlungskommission der CSU gehörten – neben Ehard – Meixner, Fugger-Glött und Georg Bachmann an.
⁴⁸ Ebd.; Hoegner und von Knoeringen wurden bevollmächtigt, die Verhandlungen zu führen.
⁴⁹ Stain berichtete der BHE-Fraktion, Hoegner habe „zu verstehen gegeben, daß die SPD wieder mit der CSU zusammenkommt". Prot. der BHE-Fraktion vom 6. 12. 1954. IfZ-Archiv, ohne Signatur. Vgl. auch Baer, Ministerpräsidenten, S. 165 ff.
⁵⁰ So hätten der CDU/CSU nahestehende Zeitungen berichtet. Prot. der BHE-Fraktion vom 6. 2. 1954. IfZ-Archiv, ohne Signatur.
⁵¹ Ebd.
⁵² Die BP hatte sogar ihr Fraktionsbüro im Maximilianeum geschlossen, um zu verhindern, „daß dort eine andere Politik gemacht werde wie die der Landesleitung", berichtete der Münchner Merkur vom 9. 12. 1954.
⁵³ Ein Protokoll dieser Sitzung fehlt in allen einschlägigen Akten der BP und im Nachlaß Baumgartner.
⁵⁴ Hoegner gibt folgende Darstellung: Knoeringen holte ihn gegen halb elf Uhr nachts ab, und sie fuhren zu dem SPD-Landessekretariat. „Dann hielt ein Kraftwagen an der Straße an, eine dunkle Gestalt sah sich vorsichtig nach allen Seiten um und kam dann auf uns zu. Es war Dr. Lacherbauer, Bayernpartei. Nach einiger Zeit kam ein weiterer Kraftwagen, dem Dr. Baumgartner mit seiner Sekretärin entstieg [...] Dr. Baumgartners Sekretärin schrieb gegen Mitternacht den Entwurf einer Koalitionsvereinbarung zwischen der SPD und der Bayernpartei." Hoegner, Außenseiter, S. 319.
⁵⁵ Ebd.
⁵⁶ CSU-Generalsekretariat (Hrsg.): Informations- und Rednerdienst Nr. 1, 1958, S. 1.
⁵⁷ BP, Warum Regierung ohne CSU?, S. 45.
⁵⁸ So die Abgeordneten Weggartner und Reichl. Prot. BP-Fraktion vom 7. 12. 1954. IfZ-Archiv, ohne Signatur.
⁵⁹ Ebd., S. 3.
⁶⁰ Ebd.
⁶¹ Ebd.
⁶² Ebd.
⁶³ Z. B. Weggartner und Schweiger. Ebd.
⁶⁴ Bericht Geislhöringers über die Gespräche in der Staatskanzlei. Ebd., S. 13.
⁶⁵ Ebd.
⁶⁶ Dagegen stimmten: Dr. Martin Schweiger, Weggartner, Brunner, Reichl und Lang. Ebd. Siehe auch SZ vom 8. 12. 1954 und Münchner Merkur vom 9. 12. 1954.
⁶⁷ Der Kommission gehörten Baumgartner, Lacherbauer, Klotz und Frühwald an.

Zu S. 186–188

[68] Ebd.
[69] „In der Koalition mit der SPD sind wir ein echter Partner." Prot. BHE-Fraktion vom 7. 12. 1954. IfZ-Archiv, ohne Signatur.
[70] Die CSU verstünde unter Christentum nur Katholizismus, wurde u. a. geäußert. Ebd.
[71] Ebd.
[72] Ebd.
[73] Oberländer soll gedroht haben, den Bundesvorsitz niederzulegen. Prot. BHE-Fraktion vom 8. 12. 1954. Er versuchte zwar am 9. 12. in der gemeinsamen Sitzung von Fraktion, Landesausschuß und Landesvorstand die Mitglieder der BHE-Fraktion noch umzustimmen – vor allem gegen die BP äußerte er Bedenken –, betonte jedoch, „keinen Auftrag von Adenauer zu haben." Prot. BHE-Fraktion vom 9. 12. 1954. IfZ-Archiv, ohne Signatur. Die stärksten Vorbehalte hatte die BHE-Fraktion gegen Hoegner als Ministerpräsidenten, der als „unsympathisch" eingestuft wurde. Von der BP erwartete man vor allem Zurückhaltung in Sonntagsreden und Verzicht auf „das Beschimpfen des BHE". Ebd.
[74] Prot. BHE-Fraktion vom 8. 12. 1954. Ebd.
[75] Ebd. und SZ vom 9. 12. 1954.
[76] Der bayerische FDP-Vorsitzende Bezold berichtete noch am 8. 12. in der BHE-Fraktion, „ein führender Herr der Wirtschaft habe sich nochmals für Gespräche zwischen CSU und FDP eingesetzt". Vgl. SZ vom 9. 12. 1954.
[77] Schwend versuchte im Auftrag von Ehard Gespräche über die Bildung einer großen Koalition mit der SPD zu führen, berichtete Baumgartner dem BHE. Prot. BHE-Fraktion vom 9. 12. 1954. IfZ-Archiv, ohne Signatur. Siehe auch SZ vom 10. 12. 1954.
[78] Ebd., S. 16.
[79] Gegenüber der SZ vom 11./12. 12. 1954.
[80] SZ vom 14. 12. 1954.
[81] Sicherheitshalber setzte Baumgartner für die Wahl des Ministerpräsidenten Fraktionszwang durch. Prot. BP-Fraktion vom 14. 12. 1954. IfZ-Archiv, ohne Signatur.
[82] Dazu: Ellwein, Klerikalismus, S. 102: „Ohne Zweifel hat zum Beispiel die allzu starke Identifizierung der CSU mit sehr weitgehenden kulturpolitischen Forderungen der katholischen Kirche diese Partei um die Früchte ihres Wahlerfolges in Bayern 1954 gebracht."
[83] Zu Lebenslauf und Charakteristik der Kabinettsmitglieder vgl. SZ vom 5. 12. 1954, und Hoegner, Außenseiter, S. 320.
[84] Man einigte sich auf Dr. August Rucker, Professor an der Technischen Hochschule München und Mitglied in der Katholischen Aktion; er trat eigens für dieses Amt aus der CSU aus. (Dazu SZ vom 15. 12. 1954.)
[85] Die Koalitionsvereinbarungen beruhten auf dem Entwurf Baumgartners und Knoeringens vom 6. 12.; am 8. 12. lag die endgültige Formulierung vor, die durch ein Zusatzprotokoll über die Besprechungen zwischen SPD, BHE, FDP und BP am 10. 12. ergänzt wurde.
[86] Alles folgende zitiert nach Koalitionsvereinbarungen vom 10. 12. 1954. IfZ-Archiv, Nachlaß Baumgartner.
[87] Hoegner, Lehrbuch des Bayerischen Verfassungsrechts, S. 85.
[88] Alles folgende zitiert nach Koalitionsvereinbarung.
[89] Ebd. Dieser Punkt bedeutete ein Entgegenkommen gegenüber der BP. Es handelte sich um eine Forderung Brentano-Hommeyers, Vorsitzender des ‚Bundes der Flieger- und Kriegsgeschädigten' Landesverband Bayern, Münchner Stadtrat und seit 1954 MdL. Formulierungen des Straubinger Programms der BP wie „Beseitigung der Benachteiligung der einheimischen kriegsgeschädigten Bevölkerung bei der Schaffung von Existenzmöglichkeiten, Anstellungen, Seßhaftmachung und Siedlung [...] und keine Benachteiligung vor allem der einheimischen Jugend wie es bisher der Fall ist", wurden allerdings in der Koalitionsvereinbarung weggelassen. IfZ-Archiv, Nachlaß Baumgartner.
[90] Koalitionsvereinbarung; vgl. Hoegner, Außenseiter, S. 321.
[91] Bericht Baumgartners über die Besprechungen im Koalitionsausschuß; Prot. BP-Fraktion vom 22. 12. 1954. IfZ-Archiv, ohne Signatur.
[92] Prot. BP-Fraktion vom 10. 12. 1954. IfZ-Archiv, ohne Signatur.

[93] Warum Regierung ohne CSU?, S. 52–54.
[94] Straubinger Programm, IfZ-Archiv, Nachlaß Baumgartner.
[95] Koalitionsvereinbarung II, 2; vgl. ebd.
[96] Straubinger Programm; vgl. ebd.
[97] Koalitionsvereinbarung. Ebd. und Anm. 89.
[98] Warum Regierung ohne CSU?, S. 53.
[99] Straubinger Programm. IfZ-Archiv, Nachlaß Baumgartner.
[100] Zusatzprotokoll zur Koalitionsvereinbarung vom 10. 12. 1954. Ebd.
[101] Für den gesamten Regierunsprozeß der Viererkoalition wird auf eine Untersuchung, die von Heike Bretschneider bearbeitet wird, verwiesen.
[102] Vgl. Tätigkeitsberichte der Bayerischen Staatsregierung 1955 und 1956; Hoegner, Außenseiter, S. 328 ff. Baer, Ministerpräsidenten, S. 179 und Max Spindler (Hrsg.), Handbuch der Bayerischen Geschichte, Bd. IV, 1, München 1974.
[103] Baer, Ministerpräsidenten, S. 182.
[104] Hoegner, Außenseiter, S. 322. In seiner Regierungserklärung am 17. 1. 1956 versprach er, „die bayerische Staatsregierung wird sich bemühen, eine Regelung der Meinungsverschiedenheiten mit dem Vatikan herbeizuführen". Vgl. Baer, Ministerpräsidenten, S. 182; ein knappes Jahr später wurde im Koalitionsausschuß beklagt, „daß das Gesetz des Handelns beim Vatikan liege." Prot. Koalitionsausschuß (künftig zitiert KA) vom 11. 3. 1957. IfZ-Archiv.
[105] Im Vollzug dieses Gesetzes wurde die „Akademie für politische Bildung" Tutzing/Obb. errichtet.
[106] Vgl. Baer, Ministerpräsidenten, S. 186 ff.
[107] Vgl. Hoegner, Außenseiter, S. 330.
[108] „Baumgartner habe für das Landwirtschaftsministerium viel herausgeholt", stellte der BHE neidvoll fest. Prot. BHE-Fraktion vom 6. 6. 1955; IfZ-Archiv, ohne Sign. und „Die Jahresarbeit der Bayerischen Staatsregierung", hrsg. vom Presse- und Informationsamt der Bayerischen Staatskanzlei, München o. J., S. 24 ff.
[109] Siehe Teil C II 4: Bayernpartei und Bauernverband.
[110] Otto Freiherr von Feury, geb. am 27. 12. 1906, in München, kaufmännische Ausbildung und volkswirtschaftliches Studium 1931–33; 1933 Übernahme und Bewirtschaftung des Gutshofs Tailing/Obb., 1946 Bezirksobmann des BBV Ldkr. Ebersberg; 1946 stellvertr. Präsident des BBV-Oberbayern; 1955 zum Nachfolger Rothermels als erster Präsident des BBV gewählt, 1956 Mitglied des geschäftsführenden Präsidiums und Vizepräsident des Deutschen Bauernverbands. Seit 1946 Kreistag Ebersberg, 1949 Mitglied des Landesausschusses und des geschäftsführenden Landesvorstands der CSU, seit 1950 MdL. Angaben nach Handbuch des Bayerischen Landtags, 6. Wahlperiode 1966, hrsg. vom Landtagsamt, München o. J.
[111] Prot. KA vom 20. Juni 1955. Baumgartner ließ ein Gutachten über die Stellung des Bauernverbands ausarbeiten, wobei besonders geprüft werden sollte, ob Bauernkammern in Bayern geschaffen werden sollten.
[112] Dazu Teil C II: Zersplitterungstendenzen, und Schreyer, Bayern – ein Industriestaat, S. 144. Es handelte sich dabei offenbar um einen Alleingang Baumgartners ohne Absprache mit der BP-Fraktion; nicht einmal Konrad Frühwald (Mitglied des Koalitionsausschusses für Agrarpolitik, der vor jeder Sitzung des Landtags-Ausschusses für Ernährung und Landwirtschaft zusammentreten sollte. Vgl. Prot. KA vom 12. 1. 1955) zeigte sich informiert. Im Februar 1957 erhielt Konrad Frühwald eine Einladung zur Gründung von Landwirtschaftskammern und wollte die Meinung der Fraktion dazu wissen, „diese kann ihm aber keine Empfehlung geben, da niemand weiß, worum es sich hier handelt und der Landwirtschaftsminister selber nicht anwesend ist". Prot. BP-Fraktion vom 11. 2. 1957. AIfZ-Archiv, ohne Signatur.
[113] Eine Schaffung eigener Bauernkammern auf gesetzlicher Grundlage ist in Bayern nicht möglich, es wäre eine Bundesregelung erforderlich. Im KA wird die Überlegung angestellt, ob eine „Initiative im Bund ergriffen werden soll". Prot. KA vom 11. 3. 1957. IfZ-Archiv, Sammlung Hoegner.
[114] Die Welt vom 19. 2. 1957.
[115] Hoegner charakterisiert Geislhöringer folgendermaßen: „Der kleine Mann war wohl

Zu S. 190–192

infolge dieser Eigenschaft immer in ‚Igelstellung'. Seine Abwehr verletzte aber oft den politischen Anstand, wobei ihn dann sein Eigensinn hinderte, sich zu entschuldigen. Er kam aus der Privatindustrie, die Gewerkschaften wirkten auf ihn wie ein rotes Tuch. Aber seine Abneigung gegen die CSU war womöglich noch größer. Er war aber ein gerader Charakter und blieb aufrecht, wo andere wankelmütig wurden." Außenseiter, S. 321.

[116] Prot. KA vom 12. 12. 1955. IfZ-Archiv, Sammlung Hoegner.

[117] Vgl. Neues Deutschland vom 9. 6. 1956. Aufgrund der Angriffe der CSU mußten sich Ministerrat und KA mit dieser Affäre beschäftigen. Prot. KA.

[118] Prot. KA vom 12. 9. 1955. IfZ-Archiv, Sammlung Hoegner.

[119] Prot. BHE-Fraktion vom 6. 6. 1955. IfZ-Archiv, ohne Sign.

[120] Z. B. wurde der Antrag der BP auf Wiedereinführung der Todesstrafe von der Koalition nicht übernommen, sondern die Abstimmung im Landtag den Abgeordneten der Regierungsparteien freigestellt. Prot. KA vom 20. 2. 1956. Der BHE stimmte dieser BP-Initiative mehrheitlich zu. Prot. BHE-Fraktion vom 22. 6. 1956.

[121] Der Gesetzentwurf zur bayerischen Staatsangehörigkeit stieß auf Widerspruch bei BHE und FDP. Dazu Prot. BHE-Fraktion vom 21. 6. und 16. 7. 1956. IfZ-Archiv, ohne Sign. Hoegner ließ die verfassungsrechtlichen Probleme des Gesetzentwurfs prüfen. Prot. KA vom 10. 9. 1956. IfZ-Archiv, Sammlung Hoegner.

[122] Prot. des KA insgesamt.

[123] Baumgartner wies in der Fraktion darauf hin, „daß es in letzter Zeit häufig vorgekommen ist, daß die CSU ihre Anträge mit unserer Hilfe durchgebracht hat. Wenn die CSU ihre Anträge mit uns durchbringt, dann können wir gehen [...]". Prot. BP-Fraktion vom 26. 6. 1957.

[124] Der Koalitionsausschuß beschäftigte sich z. B. damit, daß sechs Mitglieder des Kabinetts eine Predigt des Kardinals samt kritischen Bemerkungen abhören mußten; man diskutierte, inwieweit so etwas „dem Ansehen der Koalition nützlich ist". Prot. KA vom 14. 3. 1955. Eine Kandidatur von Geistlichen für die BP war im Gegensatz zu früheren Jahren auch ausgeschlossen. So wollte der Vorsitzende des BV Erding, Simon Weinhuber, einen Pfarrer als Bundestagskandidaten gewinnen, „aber dafür ist die Genehmigung vom Ordinariat erforderlich, und die bekommen wir nicht". Prot. BP-Fraktion vom 8. 7. 1957.

[125] Flugblatt o. D.; IfZ-Archiv, Nachlaß Baumgartner.

[126] Schreiben des erzbischöflichen Ordinariats Bamberg an Baumgartner vom 25. 4. 1956. Ebd.

[127] Über den ganzen Vorgang berichtete die „Passauer Neue Presse" vom 21. 7. 1956 ausführlich auf S. 1: „Die Parteifahne wurde doch geweiht".

[128] Dazu Mintzel, CSU (Diss.), S. 273 ff.

[129] Josef Panholzer wandte sich im Ministerrat gegen die Pariser Verträge. Er „halte die Pariser Verträge und die Wiederbewaffnung für sinn- und zwecklos. Die Wiederbewaffnung bedeute eine Verschärfung der Lage auf dem Kontinent. Er befürchte, daß sich die Pariser Verträge besonders verhängnisvoll für Bayern auswirkten und daß sie der Anfang vom Ende der Demokratie werden könnten." Prot. Ministerrat vom 15. 3. 1955. Anfang März war eine Delegation der BP (Lacherbauer, Sturm, Bantele) bei Adenauer zu Besuch. Prot. BP-Fraktion vom 7. 3. 1955. Auch vor dem Saarvertrag fand ein Gespräch zwischen BP und Adenauer statt. Prot. BP-Fraktion o. D. [10. 6. 1955], IfZ-Archiv, ohne Sign.

[130] Mintzel, CSU (Diss.), S. 274.

[131] So weist die BP in „Warum Regierung ohne CSU?", S. 18, die CSU-Angriffe zurück: „Die vor allem Dr. Baumgartner als einen Verräter Bayerns, einen verkappten Bolschewisten, als einen Postenjäger bezeichnen, die alle Funktionäre der BP als Antichristen, Gottlose und Linksradikale verurteilen. Wer die Auslassungen der CSU-hörigen Zeitung liest, könnte glauben, in Bayern seien die Spartakisten, Bilderstürmer oder rote Söldlinge des Kremls an die Macht gekommen. Man könnte tatsächlich glauben, die Zeit der Konzentrationslager sei wieder angebrochen und die Regierung verfolge nur ein Ziel, die Kinder heidnisch erziehen zu lassen, die Kirchen zu schließen und die Geistlichkeit zu entrechten." Auch bei Adenauer beklagte sich die BP, daß sie von der CSU, vor

allem von Strauß, als „Linksradikale, Kommunisten, die mit den Sozialisten und Kommunisten Hand in Hand gehen", bezeichnet wurden. Der Bundeskanzler „hat dafür großes Verständnis gezeigt und auch versprochen, er wird sich in dieser Hinsicht stark machen". Prot. BP-Fraktion vom 2. 3. 1955.

[132] Auf Einzelheiten bezüglich der Vergabe von Geldern kann hier nicht eingegangen werden.
[133] Obwohl im Bundestag ein Entwurf für ein Gestz über ein Verbot von Spielbanken bereits vorlag, setzte sich Geislhöringer dafür ein. Prot. Ministerrat Nr. 20 vom 22. 3. 1955.
[134] Ebd. In der Fraktion wies Geislhöringer freilich darauf hin, daß er zwar von der Exekutive aus die Konzessionen erteilen könne, er dies aber „aus Zweckmäßigkeitsgründen und auch aus politischen Gründen nicht getan hatte. Denn wir dürfen nicht vergessen, daß die CSU versucht, hier mit allen Mitteln dagegen zu schießen. Nicht so sehr wegen der Spielbanken, vielmehr jedoch gegen den Innenminister der BP." Außerdem hatte ein Abgeordneter (Stock, SPD) folgenden Antrag eingebracht: „Die Staatsregierung wird beauftragt, den Spielbankbetrieb in den Orten Bad Kissisngen, Bad Reichenhall und Garmisch zuzulassen." Prot. BP-Fraktion vom 23. 2. 1955.
[135] Vgl. Hoegner, Außenseiter, S. 321.
[136] Ebd.
[137] Prot. LL vom 20. 7. 1955 und Prot. LA vom 31. 7. 1955. IfZ-Archiv, Nachlaß Baumgartner.
[138] SZ vom 7. 10. 1955, Bayer. LT, 3. Wp., S. 1206 ff.
[139] Presseerklärung vom 7. 10. 1955. IfZ-Archiv, Nachlaß Baumgartner.
[140] SZ vom 13. 3. 1956.
[141] Ebd.
[142] SZ Nr. 63 vom 14. 3. 1956. Auch die BHE-Fraktion kritisierte Hanauer, „weil er den Ausschuß für wahlpolitische Zwecke mißbrauche". Ebd.
[143] Prot. BP-Fraktion vom 12. 3. 1956. IfZ-Archiv, ohne Sign.
[144] Prot. KA vom 19. 3. 1956. IfZ-Archiv, Sammlung Hoegner.
[145] Die BHE-Fraktion sprach sich dagegen aus. Prot. BHE-Fraktion vom 13. 3. 1956. IfZ-Archiv, ohne Sign.
[146] Ebd.
[147] Prot. KA vom 19. 3. 1956 und SZ vom 21. 3. 1956.
[148] Münchner Merkur vom 21. 3. 1956.
[149] SZ vom 10. 4. 1956.
[150] SZ vom 15. 3. und 21. 3. 1956.
[151] Für die CSU bedeutete der Ausgang allerdings ein Ärgernis. Josef Müller sah in dem Verfahren einen politischen Fehler, weil sie eine Lösung mit der BP erschwert habe. Auch der CSU-Landesvorsitzende Seidel glaubte, daß die Spielbankenuntersuchungen „für die Koalition ein starker Kitt gewesen sind. [...] Er werde immer erregt, wenn er auf das Thema Spielbanken komme, weil er die sichere Überzeugung habe, daß hier ein Sumpf sondergleichen, wie es ihn in Bayern noch nie gegeben hat, vorhanden ist und daß man nur deshalb nicht zum Ziel gekommen sei, weil der Sumpf so groß war, daß Beweise nicht erbracht werden konnten [...]". Prot. der „Sitzung der Landesvorstandschaft der CSU" vom 22. 6. 1956. Archiv CSU-Landesleitung München. Unterlagen des Zentralinstituts für Sozialwissenschaftliche Forschung, Berlin.
[152] SZ vom 11. 4. 1956. Eine detaillierte Darstellung des Spielbankenkomplexes ist noch nicht möglich, ein Teil der Unterlagen ist nicht zugänglich.
[153] Prot. BHE-Fraktion vom 21. 3. 1956 und Prot. KA vom 26 . 3. 1956.
[154] Verärgert stellte man in der BHE-Fraktion fest, daß Hoegner über ähnliche Unterstützungsmaßnahmen für den BHE „kein Wort" gesagt habe. Prot. BHE-Fraktion vom 21. 3. 1956.
[155] In der BHE-Fraktion wurde schon Anfang Januar davon gesprochen, daß „offenbar maßgebliche Herrn des BHE mit der CSU" verhandeln; ein Teil der Fraktion warnte freilich, „man will nur Hoegner los werden". Prot. BHE-Fraktion vom 9. 1. 1956.
[156] Prot. GB/BHE-Fraktion vom 21. 3. 1956.
[157] Prot. GB/BHE-Fraktion vom 26. 6. 1956.

Zu S. 195–197

[158] Mainpost vom 18. 4. 1956 (Würzburg).
[159] Abendzeitung vom 31. 4. 1956 (München).
[160] Prot. BP-Fraktion vom 25. 4. 1956.
[161] Ebd. Der BP-Landesvorsitzende wurde beauftragt, im Koalitionsausschuß ein Treuebekenntnis zur Viererkoalition auszusprechen. Prot. KA vom 2. 5. 1956.
[162] Abendzeitung vom 31. 4. 1956 (München).
[163] Prot. KA vom 26. 3. 1956.
[164] Ebd.
[165] Bericht über eine BP-Versammlung und Rede Baumgartners, Schwäbische Landeszeitung vom 28. 5. 1956.
[166] Dazu u. a. auch Straubinger Tagblatt vom 11. 6. 1956. Baumgartner erklärte auf einer Arbeitstagung des Kreisverbands Niederbayern, daß sich die BP in ihrer gesamten Politik „noch deutlicher als bisher von der Staats- und Wirtschaftspolitik Dr. Adenauers distanziere". Ebd.
[167] Prot. KA vom 9. 6. 1956.
[168] Prot. KA vom 9. 7. 1956. Baumgartner erklärte weiter, es dürften auch keine Besprechungen einzelner Parteimitglieder mehr stattfinden. Die FDP erklärte ebenfalls ihre Bereitschaft mitzuwirken.
[169] Der Passauer Oberbürgermeister, ebenfalls BP, wußte nichts von den Übertrittsabsichten seiner Stadtratsfraktion. Vgl. Passauer Neue Presse vom 19. 7. 1956 und Tagesanzeiger (Regensburg) vom 19. 7. 1956.
[170] Bayernkurier vom 27. 7. 1956. Der Herausgeber der „Passauer Neuen Presse", Hans Kapfinger, sprach von einem „Betrug am Wähler", denn diejenigen, die bei den Kommunalwahlen die BP gewählt haben, hätten nicht gewußt, daß die Bayernpartei mit der SPD auf Landesebene eine „Koalitionsehe" eingegangen sei. Passauer Neue Presse vom 19. 7. 1956.
[171] Tagesanzeiger (Regensburg) vom 27. 7. 1956.
[172] IfZ-Archiv, Nachlaß Baumgartner. Ordner Presseausschnitte.
[173] SZ vom 27. 7. 1956.
[174] SZ vom 28./29. 7. 1956. Auch die FDP erklärte sich grundsätzlich bereit, mit der BP Vereinbarungen zur Bundestagswahl zu treffen. SZ vom 27. 7. 1956.
[175] Der Beschluß des LA der BP lautete: „Der Landesausschuß hält die 5%-Klausel für undemokratisch, für föderalistenfeindlich und für wählerfeindlich. Der LA hofft, daß das Bundesverfassungsgericht diese Satellitenklausel aufheben wird. Der LA der Bayernpartei hält nach wie vor daran fest, daß die Bayernpartei als selbständige Landes- und Heimatpartei ihre volle Unabhängigkeit wahrt, und zwar nach rechts und nach links. Der LA bekennt sich ferner nach wie vor zur loyalen Durchführung des Konkordats mit der katholischen und der Kirchenverträge mit der evangelischen Kirche." Prot. LA vom 28. 7. 1956; siehe auch SZ vom 30. 7. 1956.
[176] Rede Baumgartners vor dem Bayernpartei-Landesausschuß am 28. 7. 1956. Ebd.
[177] Bayernkurier vom 1. 9. 1956.
[178] Wie Anm. 169.
[179] Aktennotiz vom 12. 9. 1956 (Fraktionsunterlagen) und Prot. BP-Fraktion vom 12. 9. 1956. IfZ-Archiv, ohne Sign.
[180] Bayernkurier vom 1. 9. 1956. Der Vorsitzende der Jungen Union Niederbayern, Hans Drachsler, betonte in einem Beitrag mit der Überschrift „Es ist noch Zeit" die Bereitschaft der CSU, ein Wahlabkommen mit der BP einzugehen. Ebd.
[181] So veröffentlichte Baumgartner „zehn offene Fragen an die CSU", die wohl die Funktion hatten, einerseits seine Gesprächsbereitschaft mit der CSU zu zeigen, auf der anderen Seite die Voraussetzung zu schaffen, um die Ablehnung einer Koalition mit der CSU zu rechtfertigen. Vgl. SZ vom 25./26. 8. 1956. Die BP bewertete dann auch die Beantwortung der zehn offenen Fragen als „bayernfeindlich".
[182] Prot. BP-Fraktion vom 3. 10. 1956.
[183] Vgl. Bericht der SZ vom 8. 8. 1956.
[184] SZ vom 21. 11. 1956.
[185] Ebd.
[186] Dazu Bericht der SZ vom 7. 1. 1957. Der SPD-Landesvorsitzende Waldemar von

Knoeringen machte – ohne Wissen der BP-Fraktion – den Vorschlag, daß SPD und CSU aus Gründen des „bayerischen Patriotismus" in drei Wahlkreisen zugunsten der BP auf die Nominierung eigener Kandidaten zugunsten der BP verzichten sollten. Demgegenüber erklärte die CSU, daß sie einer „Interessengemeinschaft BP-Hilfe" nicht beitreten werde. Vgl. SZ vom 16. 1. 1957.

[187] SZ vom 24. 1. 1957.

[188] Im Koalitionsausschuß versicherte man sich, „daß der Zusammenhalt der Koalition auf Offenheit und Ehrlichkeit gegründet sein muß und daß, wie bisher, auch in Zukunft Ehrlichkeit bewahrt wird. Man wird sich gegenseitig über alles informieren [...] Bisher sind von keiner Partei irgendwelche Verhandlungen mit der CSU geführt worden. Auch von Einzelverhandlungen ist nichts bekannt. Gerüchte über Verhandlungen, die Herr Bantele [BP, Anm. d. Verf.] geführt haben soll, werden von Baumgartner als unrichtig bezeichnet." Prot. KA vom 25. 1. 1957. IfZ-Archiv, Sammlung Hoegner. Bereits zwei Tage später war freilich wieder von einer Wahlhilfe der CSU für den BHE die Rede. Vgl. SZ vom 24. 1. 1957.

[189] SZ vom 24. 1. 1957.
[190] Ebd.
[191] Ebd.
[192] Prot. KA vom 25. 1. 1957, IfZ-Archiv, Sammlung Hoegner. Im KA wurde beschlossen, den Versuch zu machen, „einen Eventual-Antrag durch eine Oppositionspartei im Bundestag einbringen zu lassen, der gegenüber der von der SPD eingebrachten Vorlage eine Änderung insofern vorsieht, daß für die Parteien, die sich nur in einem Land bewerben, die Bestimmung des Satzes mit der Maßgabe gilt, daß sie mindestens 5% der in dem betreffenden Land abgegebenen Stimmen erhalten." Ebd.
[193] SZ vom 28. 1. 1957.
[194] Prot. BP-Fraktion vom 6. 2. 1957. IfZ-Archiv, Nachlaß Baumgartner. Weiter wird dort berichtet, daß eine Antwort Adenauers bislang nicht erfolgt sei.
[195] An dem Gespräch nahmen neben Seidel und Eberhard (CSU) auch der Fraktionsvorsitzende der CDU, Krone, und Stücklen für die Landesgruppe der CSU in der CDU/CSU-Bundestagsfraktion teil. FAZ vom 30. 1. 1957.
[196] SZ vom 31. 1. 1957.
[197] Ebd.
[198] Vgl. Oberbayerisches Volksblatt vom 1. 2. 1957 (Rosenheim).
[199] Vogelsang, Das geteilte Deutschland, S. 186.
[200] SZ vom 28. 5. 1957.
[201] Prot. BP-Fraktion vom 24. 1. 1957. IfZ-Archiv, ohne Sign.
[202] Prot. BP-Fraktion vom 6. 2. 1957.
[203] Ebd.
[204] Ebd.
[205] Ebd.
[206] Ebd.
[207] Ebd.
[208] Berichte über den Stand der Verhandlungen mit der CSU vgl. Prot. KA vom 11. 3., 18. 3. und 25. 3. 1957. IfZ-Archiv, Sammlung Hoegner.
[209] Prot. KA vom 1. 4. 1957. Ebd.
[210] Prot. KA vom 15. 4. 1957. Ebd.
[211] Prot. BP-Fraktion vom 8. 5. 1957. IfZ-Archiv, ohne Sign.
[212] Die Chance, auch die CVP der Saar für die Föderalistische Union zu gewinnen, wurde allerdings vertan. Da die CVP unter dem damaligen Ministerpräsidenten Johannes Hoffmann einen neutralistischen Kurs in der Saarfrage verfolgt hatte, damit in Gegensatz zu Adenauer und der CDU stand und deshalb Wahlbündnisverhandlungen mit der CDU scheiterten, mußte sie nach Bündnispartnern Ausschau halten. Die CSU bot ihre Hilfe an, und die CVP schloß sich im Juli 1957 der CSU an. Vgl. dazu: Müchler, Bündnisverhältnis, S. 132. Seidel begründete die Bildung des Landesverbands Saar der CSU vor dem CSU-Landesausschuß: „Wenn wir diese Satzungsänderung und damit die Fusion nicht vornehmen, würde die CVP der Föderalistischen Union beitreten." Prot.

der CSU-Landesausschußsitzung vom 5. 7. 1957. Zitiert nach Müchler, Bündnisverhältnis, S. 133.
[213] Presseerklärung der FU vom 12. 6. 1957. Anlage zum Schreiben des BP-Landesgeschäftsführers an die Mitglieder der BP-Landesleitung vom 13. 6. 1957. IfZ-Archiv, Nachlaß Baumgartner.
[214] Ebd.
[215] Prot. BP-Fraktion vom 11. 7. 1957. IfZ-Archiv, ohne Sign.
[216] Dazu besonders Prot. BP-Fraktion vom 10. 6. 1956 und 19. 6. 1957. Ebd.
[217] Prot. BP-Fraktion vom 19. 6. 1957. Ebd.
[218] Prot. BP-Fraktion vom 11. 7. 1957. Ebd.
[219] Ebd.
[220] SZ vom 3./4. 8. 1957. Ausführlich dazu: U. W. Kitzinger, Wahlkampf in Westdeutschland. Eine Analyse der Bundestagswahl 1957, Göttingen 1960.
[221] Dazu Kitzinger, insbesondere die Untersuchung des Wahlkreises München-Land.
[222] CSU-Korrespondenz zitiert nach SZ vom 21. 9. 1957.
[223] Wegen bajuwarischer Agitation wurde die BP immer wieder zur Einhaltung der Koalitionsvereinbarung ermahnt, beispielsweise anläßlich von Anti-Berlin-Stellungnahmen. Prot. KA vom 1. 4. 1957. IfZ-Archiv, Sammlung Hoegner.
[224] Prot. KA vom 30. 9. 1957. Ebd.
[225] Ebd.
[226] Prot. BP-Fraktion vom 18. 9. 1957. IfZ-Archiv, ohne Signatur.
[227] Ebd.
[228] Ebd.
[229] Um sich abzusichern, schrieb Baumgartner nochmals einen Brief an Schweiger, daß dieser „vom Landesvorsitzenden der Bayernpartei nicht beauftragt und nicht ermächtigt sei, mit der CSU Koalitionsgespräche zu führen." Brief vom 24. 9. 1957. Fraktionsunterlagen.
[230] Prot. BP-Fraktion vom 18. 9. 1957.
[231] Ebd.
[232] BP-Fraktionsunterlagen. Vgl. Hoegner, Außenseiter, S. 335.
[233] Ebd.
[234] Prot. BP-Fraktion vom 2. 10. 1957. S. 13. IfZ-Archiv, ohne Sign.
[235] Ebd., S. 14.
[236] Prot. BP-Fraktionsvorstand vom 3. 10. 1957. Ebd.
[237] Hektografiertes Rundschreiben der BP-Landesgeschäftsstelle über die Auflösung der Viererkoalition. Ebd.
[238] Ebd.
[239] Ebd. Siehe auch den Bericht: ‚Baumgartner macht einen Rückzieher', in: Nürnberger Zeitung vom 7. 10. 1957; Hoegner, Außenseiter, S. 336 und SZ vom 8. 10. 1957. Zu dieser Sitzung waren auch einige Landräte und Bezirksvorsitzende der BP eingeladen. Kurzprotokoll der Besprechung vom 7. 10. 1957 im Landwirtschaftsministerium. BP-Fraktionsunterlagen. IfZ-Archiv, ohne Sign.
[240] Prot. BP-Fraktion vom 8. 10. 1957. Ebd.
[241] Hoegner, Außenseiter, S. 337.
[242] Hektorgrafiertes Rundschreiben der BP-Landesgeschäftsstelle über die Auflösung der Viererkoalition. IfZ-Archiv, ohne Sign.
[243] Ebd.
[244] Hoegner, Außenseiter, S. 337.
[245] Ebd.
[246] Bericht Fischbachers über die Koalitionsbesprechungen mit Seidel und Eberhard. Prot. BP-Fraktion vom 10. 10. 1957. IfZ-Archiv, ohne Sign.
[247] Ebd.
[248] In den folgenden Jahren gab es ständige Auseinandersetzungen um den Kurs der Bayernpartei. Als der CSU-nahe Staatssekretär Wehgartner versuchte, die Bayernpartei ganz in die CSU zu integrieren, rührte sich die Parteibasis: Helmut Kalkbrenner, Fürsprecher einer unabhängigen selbständigen Bayernpartei, wurde zum Landesvorsitzenden gewählt. Doch als 1966 die Bayernpartei, ebenso wie die FDP, Wähler an die

Zu S. 203

NPD verlor und an der 10%-Klausel scheiterte, beschleunigte sich der Auflösungsprozeß. Als Kalkbrenner 1968 die Bayernpartei umbenennen wollte, traten die alten Kämpfer um Lallinger auf den Plan: eine Abspaltung, die Bayerische Staatspartei, war die Folge. Der endgültige Zerfallsprozeß seit 1966 wirkt wie eine Parodie auf die frühe Gründungsphase. Nicht nur sämtliche Versuche zu einer Aussöhnung der beiden Parteien scheiterten, fast 30 Jahre nach der Gründung spaltete Ludwig Volkholz auch noch die Reste der alten Bayernpartei.

[249] Vgl. Rowold, Im Schatten der Macht, S. 22 ff.

Quellen- und Literaturverzeichnis

1. Archivmaterial

Bayernpartei-Landesgeschäftsstelle (Archiv)

darin vor allem:
Protokolle der Landesversammlung, Landesausschuß, Landesvorstandschaft, Fraktion
Rundschreiben der Landesgeschäftsstelle
Korrespondenz
Unterlagen der Kreis- und Bezirksverbände
Unterlagen der Föderalistischen Union
Informationsdienste der Bayernpartei-Landtagsfraktion
Zeitungsausschnitte
Dokumentation der Wahlkämpfe und Wahlergebnisse
Berichte der Ausschüsse, Tagungen
Mitteilungen an die Presse
Entwürfe und Manuskripte von Reden führender Funktionäre
Protokolle des Parteischiedsgerichts

Nachlaß Baumgartner (IfZ-Archiv)

darin vor allem:
Protokolle der CSU (1945–1948)
Korrespondenz als Parteivorsitzender
Protokolle der Landesleitung
Entwürfe von Reden, Manuskripte und Anträge
Aktennotizen und Gedächtnisprotokolle
Korrespondenz und Materialsammlung zu anderen Parteien (vor allem CSU), zu Verbänden etc.
Wirtschaftsakten, Agrarpolitik
Fraktionsprotokolle und -unterlagen
Materialien zur Viererkoalition

Nachlaß Fischbacher

darin vor allem:
Korrespondenz und Berichte der Bezirksverbände an die BP-Geschäftsstelle Oberbayern
Korrespondenz 1946–1953
Unterlagen als Landesvorsitzender 1952
Entwürfe von Manuskripten, Reden, Anträgen

Materialsammlung L. M. Lallinger

Korrespondenz 1946
Gründungsprotokolle der Demokratischen Union und der Bayernpartei
Satzungen, Entwürfe

Materialsammlung Anton Berr

Korrespondenz
Unterlagen des Außenpolitischen Arbeitskreises
Gründungsprotokolle und Unterlagen des BHKB

Institut für Zeitgeschichte, Archiv
  Sammlung Ministerpräsident Hoegner
  Bayernpartei, Sign. Fh 11/Bd. 1–16
  BHE, Fraktionsprotokolle (ohne Sign.) 1954–1957
  Historical Reports des OMG Bavaria, 1946 (ohne Sign.)

Institut für sozialwissenschaftliche Forschung (Archiv), Berlin
  Protokolle der Sitzungen des Landesausschusses der CSU 1950–1957
  Statistiken zur Mitgliederentwicklung der CSU

2. Mündliche und schriftliche Auskunft

Aretin, Anton von
Baumgartner, Lilly
Bayern, Adalbert von
Bayern, Konstantin von
Berr, Anton
Donhauser, Anton
Etzel, Herrmann
Fink, Heinrich
Fischbacher, Jakob
Gerngroß, Rupprecht
Haberstock, Josef
Herndl, Adalbert
Hoegner, Wilhelm
Kalkbrenner, Helmut
Kettner, Josef
Kriegseis, Josef
Lallinger, Max Ludwig
La Rosée, Gustl Graf
Müller, Josef
Schäffer, Fritz
Seutter von Lötzen, H.
Utz, Hans
Volkholz, Ludwig
Wagner, Hans

3. Interne Informationsdienste und Veröffentlichungen der Bayernpartei

Bayernpartei, hrsg. von der Propagandaleitung des Kreisverbandes München. Nur für Mitglieder und Bürgen, Januar 1948, Nr. 1.
Politische Grundsätze der Bayern-Partei, I. Teil: Staatspolitische Grundsätze. Arbeitsentwurf, vorgelegt von J. Kettner und H. Pöhner. Schriftenreihe der Bayernpartei, hrsg. vom Kreisverband Oberbayern der Bayernpartei, Heft 1, o. J. [1948].
Lallinger, Ludwig Max: Rede des Gründers der Bayernpartei, Weilheim 1948.
Donhauser, A., A. v. Aretin, A. Besold: Grundgedanken zu einer Staatenbündischen Ordnung im westdeutschen Raum. Maschinenschriftlich München 1949.
Fischbacher, Jakob: Entwurf einer Bundessatzung. Manuskript-Druck, München 1949.

Weiß-blaue Hefte:
Folge 1: Dr. Josef Baumgartner, Freies Bayern oder preußische Provinz? München. Januar 1949.
Folge 2 und 3: Dr. Hermann Etzel, Preußen – Deutschlands Feind. Teil I und II. München 1949.

Folge 4: Erwein Frhr. von Aretin, Kronprinz Rupprecht von Bayern. Sein Leben und Wirken. Mit unveröffentlichten Bildern aus Wittelsbacher Privatbesitz. München 1949.
Folge 5: Dr. Josef Baumgartner, Bayern muß Bayern bleiben. Programmatische Rede des Landesvorsitzenden der Bayernpartei auf der 2. Landesversammlung der Bayernpartei in Passau am 18./19. Juni 1949. München 1949. Bayern-Verlag: Auflage 15 000.
Bayernpartei (Landesgeschäftsstelle, Hrsg.): Was ist, was will die Bayernpartei? München (Bayern-Verlag 1950).
Bayernpartei (Landesgeschäftsstelle, Hrsg.): Die 7. Landesversammlung. Unser Straubinger Programm. München 1954.
Bayernpartei (Landesgeschäftsstelle, Hrsg.): Warum Regierung ohne CSU? München 1955.
Rundschreiben der BP, Hrsg. Stadt und Landkreis München ab 1. Sept. 1947.
Der Bayer, Mitteilungsblatt der Bayernpartei, Kreisverband München Stadt und Land, ab 1. Sept. 1948.
Bayern-Partei, Mitteilungsblatt. München 1948; ab 1948 Nr. 4 unter dem Titel: Bavaria, Nachrichtenblatt der Bayernpartei bis Ende 1948.
Weißblaue Randglossen. Mitgliederzeitschrift der BP-Frauengruppe. München 1948 f. (erschien nur in wenigen Nummern bis Ende 1949).
Bayerische Landeszeitung. 1. Jg. 1949 (Auflage 65 000).
Korrespondenz der BP. Bonn 1949 ff. ab Nr. 25 vom 9. 11. 1950: Interne Informationen der Abgeordneten der Bayernpartei 1950 f.
Bayerischer Ärztedienst. Organ der freien Ärzteverbände Bayerns. Hrsg.: Bayern-Verlag. München 1950 (vierzehntäglich bis Juni 1950 erschienen, ca. 12 Folgen).
Historische Merkblätter für Redner der Bayernpartei. Hrsg. von der Historischen Arbeitsgemeinschaft der BP. Folge 4: Bayern und Bismarcks Weg von 1866–1871. München 1950.
Bayerndienst, Informationen und Nachrichten der BP. Hrsg. von der Landtagsfraktion der BP. 1. Jg. München 1951 ff.
Der Bayernruf, Mitteilungsblatt der BP, München 1951 ff.
Junges Bayern, Zweimonatsschrift für die Bayerische Jugend. Jg. 1. Folge 1. November 1953.
Bayern-Partei, Rundbrief, hrsg. vom Kreisverband München, Stadt und Land. München 1955 ff.
Freies Bayern, hrsg. vom Kreisverband München der BP. München 1952 ff.
Bayernpartei (Hrsg.): Neueste Nachrichten für die Organisation. Jg. 1. 1954 f. (hektographiert).

4. Veröffentlichungen und Informationsdienste anderer Parteien

Bayerische Königspartei:

Lebsche, Max, Prof. Dr.: Grundsätze und Ziele der Bayerischen Heimat- und Königspartei. Vortrag vom 28. 4. 1946. München o. J. [1946].
Lebsche, Max, Prof. Dr.: Grundsätze und Aufgaben der Bayerischen Heimat- und Königspartei. München 1950.

Christlich-Soziale Union:

Bayernkurier. München 1950 ff.
CSU (Generalsekretariat Hrsg.): Informations- und Rednerdienst. Jg. 1 ff. München 1951–1958.
(CSU): Rednerdienst der CSU. München 1946 (verantwortlich: Dr. Josef Müller).
CSU (Hrsg.): Politisches Jahrbuch der CSU. 1. Jg. 1954 ff. Augsburg/Recklinghausen 1954.
Semler, Johannes: Wirtschaftslage und Wirtschaftsgestaltung. Vortrag gehalten vor Vertretern der Bayerischen Wirtschaft (Fragen der Zeit. Schriftenreihe der CSU in Bayern. H. 1). München 1946.
Politisches Jahrbuch der CDU/CSU. Hrsg. vom Generalsekretariat der Arbeitsgemeinschaft CDU/CSU für Deutschland. 1. Jg. 1950 ff. Frankfurt/M. 1950.

Politisches Handbuch der CDU/CSU. Hrsg. von der CDU/CSU Deutschlands. 2. Jg. 1953. Recklinghausen 1953.
Politisches Jahrbuch der CDU/CSU. Hrsg. von der CDU/CSU Deutschlands. 3. Jg. 1957. Recklinghausen 1957.

Sozialdemokratische Partei Deutschlands:
Jahrbuch der Sozialdemokratischen Partei Deutschlands 1946. Hrsg. vom Vorstand der Sozialdemokratischen Partei Deutschlands. Göttingen 1947.
Jahrbuch der Sozialdemokratischen Partei Deutschlands 1947. Hrsg. vom Vorstand der Sozialdemokratischen Partei Deutschlands. Göttingen 1947.
Jahrbuch der Sozialdemokratischen Partei Deutschlands 1948/49. Hrsg. vom Vorstand der Sozialdemokratischen Partei Deutschlands. Hannover o. J.

5. Zeitungen, Zeitschriften, Informationsdienste

Münchner Merkur, 1947–1958.
Die Neue Zeitung, 1945 ff.
Nürnberger Nachrichten, 1945 ff.
Süddeutsche Zeitung, 1945–1958.
Südostkurier, 1948 ff.
Die Zeit, 1948 ff.
Föderalistische Hefte, 1948 ff.
Frankfurter Hefte, 1946 ff.
Die Gegenwart, 1946 ff.
Klerusblatt, 1948 ff.
Neues Abendland.
Der Ruf.
Der Spiegel, 1949 ff.

Zeitungsausschnittsarchive
Bayerischer Rundfunk 1946–1958.
Süddeutsche Zeitung 1945–1955.

6. Statistiken, Handbücher, Dokumentensammlungen Parlamentsprotokolle.

Amtliches Handbuch des bayerischen Landtags. 1948–1962.
Die Volksvertretung. Handbuch des Deutschen Bundestags. Hrsg. von Fritz Sänger. Stuttgart 1949.
Amtliches Handbuch des Deutschen Bundestags. 2. Wahlperiode 1953. Hrsg. vom Deutschen Bundestag. Darmstadt 1954.
Bayern. Handbuch zur staatspolitischen Landeskunde der Gegenwart. Hrsg. von Helmut Hoffmann. München 1966.
Bayern in Zahlen. Monatshefte des Bayerischen Statistischen Landesamtes München. Jg. 1/ 1947 ff.
Bayernatlas. Landschaft, Anbau, Wirtschaft, Bevölkerungsbewegung. Hrsg. von Martin Kornrumpf. München 1949.
Bayern und Bund. Informationsdienst des Bayerischen Statistischen Landesamtes. R. 1. H. 1.
Beiträge zur Statistik Bayerns. Heft 147, 151, 163, 174, 182, 203, 211, 237. Hrsg. vom Bayerischen Statistischen Landesamt. München 1947 ff.
Dokumente zum Aufbau des bayerischen Staates. München 1948.
Elections and Political Parties in Germany 1945–1952. Office of the US-High Commission of Germany, June 1, 1952.
Flechtheim, Ossip K. (Hrsg.): Dokumente zur parteipolitischen Entwicklung in Deutschland seit 1945. 8 Bde. Berlin 1962.

Hemken, Ruth (Hrsg.): Sammlung der Proklamationen. Gesetze und Verordnungen der US-Militärregierung. Stuttgart 1947.
Information Bulletin, Monthly Magazin of the Office of the US High Commissioner for Germany. Frankfurt und Mehlem 1949–1953.
Internationales Biographisches Archiv (Munzinger Archiv) 1955 ff.
Keesings Archiv der Gegenwart, 16. Jg. ff. 1946 ff.
Mommsen, Wilhelm (Hrsg.): Deutsche Parteiprogramme. München 1960.
Monthly Reports of the Military Governor. Berlin 1945–1949.
Parlamentarischer Rat. Verhandlungen des Hauptausschusses. Bonn 1948/49. Bonn o. J. [1949].
Politische Wahlen – Politische Zahlen. Hrsg. vom Bayerischen Statistischen Landesamt. München 1960.
Schachtner, Richard: Die deutschen Nachkriegswahlen. Wahlergebnisse in der Bundesrepublik, in den deutschen Bundesländern, West-Berlin, Saarland und in der Sowjetzone 1946–1956. München 1956.
Schumann, Gerd: Bibliographie der deutschen Parteien, Frankfurt/M. 1967.
Statistisches Jahrbuch für Bayern 1947. München 1948.
Statistisches Jahrbuch für Bayern 1952. München 1953.
Statistisches Jahrbuch für Bayern 1955. München 1956.
Stenographische Berichte über die Verhandlungen des Verfassungs-Ausschusses der Bayerischen Verfassunggebenden Landesversammlung. Band I–III. München o. J. [1947].
Stenographische Berichte der Bayerischen Verfassunggebenden Landesversammlung. München o. J. [1947].
Treue, Wolfgang: Deutsche Parteiprogramme 1861–1964. Göttingen 1961.
Verhandlungen des Bayerischen Landtags, 1., 2. und 3. Wahlperiode. 1946–1958. Stenographische Berichte.
Verhandlungen des Deutschen Bundestags. 1. Wahlperiode. Stenographische Berichte.
Drucksachen des Deutschen Bundestags. 1. Wahlperiode.
Who's who in Germany. München 1956.

7. Darstellungen und Aufsätze

Abendroth, Wolfgang: Antagonistische Gesellschaft und politische Demokratie. Neuwied und Berlin. 2. Aufl. 1972.
Abendroth, Wolfgang: Innerparteiliche und innerverbandliche Demokratie als Voraussetzung der politischen Demokratie, in: Politische Vierteljahresschrift 5 (1964) H. 3, S. 307–338.
Aenderl, Franz Xaver: Bayern. Das Problem des deutschen Föderalismus. Altötting 1947.
Albrecht, Willy: Landtag und Regierung in Bayern am Vorabend der Revolution von 1918. Berlin 1968.
Almond, Gabriel (Hrsg.): The Struggle for Democracy in Germany. Chapel Hill 1949.
Alt, Franz: Der Prozeß der ersten Regierungsbildung unter Konrad Adenauer. Bonn 1970.
Amery, Carl: Die Kapitulation oder deutscher Katholizismus heute. Hamburg 1963.
Aretin, Erwein von: Krone und Ketten, Erinnerungen eines bayerischen Landedelmannes. Hrsg. von Karl Buchheim und Karl Otmar von Aretin. München 1955.
Aretin, Erwein von: Das bayerische Problem. München 1926.
Aretin, Karl Otmar von: Republikanisches Bayern und monarchistische Tradition, in: Politische Studien 13 (1962), S. 693–697.
Aretin, Karl Otmar von: Die bayerische Regierung und die Politik der bayerischen Monarchisten in der Krise der Weimarer Republik 1930–1933, in: Festschrift für Hermann Heimpel. Göttingen 1971. Bd. I, S. 205–237.
Auerbach, Hellmuth: Zur Geschichte des Widerstands gegen den Nationalsozialismus in Bayern, in: Zeitschrift für bayerische Landesgeschichte 25 (1962) S. 222–232.
Auer, Erhard: Die politische Lage im Reich und in Bayern, Rede des Genossen E. Auer auf dem Bezirkstag in München am 28. Sept. 1924. München 1924.

Ay, Karl-Ludwig: Die Entstehung einer Revolution. Berlin 1968.
Bachem, Karl: Vorgeschichte, Geschichte und Politik der deutschen Zentrumspartei, 9 Bde. Köln 1927–1932.
Badstüber, Rolf: Restauration in Westdeutschland 1945–1949. Berlin 1965.
Baer, Fritz: Die Ministerpräsidenten Bayerns 1945–1962. München 1971.
Balfour, Michael: Viermächtekontrolle in Deutschland 1945–1946. Düsseldorf 1969.
Bauer, Arnold: Die WAV – der gescheiterte Versuch einer mittelständischen Massenpartei, in: Parteien in der Bundesrepublik. Stuttgart und Düsseldorf 1955.
Bauer, Arnold: Die Bayernpartei als föderalistische Landespartei, in: Parteien in der Bundesrepublik. Stuttgart und Düsseldorf 1955.
BVP, Generalsekretariat (Hrsg.): Im Zeichen des Föderalismus, Programme und Programmatisches der Bayerischen Volkspartei. München 1924.
Bayern, Konstantin von: Ohne Macht und Herrlichkeit. München 1961.
Behr, Hermann: Vom Chaos zum Staat, Männer, die für uns begannen. Frankfurt/M. 1961.
Behr, Wolfgang: Sozialdemokratie und Konservatismus. Hannover 1969.
Bell, Daniel (Hrsg.): The Radical Right. Garden City, N. Y. 1964.
Benz, Wolfgang (Hrsg.): Politik in Bayern 1919–1933. Stuttgart 1971.
Benz, Wolfgang: Süddeutschland in der Weimarer Republik. Berlin 1970.
Berberich, Walter: Die historische Entwicklung der CSU in Bayern bis zum Eintritt in die Bundespolitik. Phil. Diss. Würzburg 1965.
Berg-Schlosser, Dirk: Politische Kultur. München 1972.
Bergsträsser, Ludwig: Geschichte der politischen Parteien in Deutschland. München 1965.
Besson, Waldemar: Das politische Bewußtsein der Deutschen – Schwierigkeiten im Verhältnis zur Demokratie, in: Die politische Meinung 8 (1963), S. 31–38.
Beyme, Klaus von: Interessengruppen in der Demokratie. München 1969.
Binder, Gerhart: Deutschland seit 1945. Stutgart 1969.
Blankenburg, Erhard: Kirchliche Bindung und Wahlverhalten. Olten und Freiburg 1969.
Bloch, Max Hermann: Der bayerische Landtag und der bayerische Senat. Bayerische Landeszentrale für Heimatdienst. München 1963.
Bössenecker, Hermann: Bayern, Bosse und Bilanzen. München, Wien, Basel 1972.
Bosl, Karl: Die historische Staatlichkeit der bayerischen Lande, in: Zeitschrift für bayerische Landesgeschichte 25 (1962) S. 3–19.
Bosl, Karl (Hrsg.): Bayern im Umbruch. Die Revolution von 1918, ihre Voraussetzungen, ihr Verlauf und ihre Folgen. München und Wien 1969.
Bosl, Karl: Bayerische Geschichte. München 1974.
Bracher, Karl Dietrich (Hrsg.): Nach 25 Jahren. Eine Deutschland-Bilanz. München 1970.
Braunthal, Gerard: The Federation of German Industry in Politics. Ithaca N. Y. 1965.
Breitling, Rupert R.: Die Verbände in der Bundesrepublik. Meisenheim a. Glan 1954.
Breitling, Rupert R.: Das Geld in der deutschen Parteipolitik, in: PVS 2 (1961) S. 348–363.
Breitling, Rupert R.: Literatur zur Partei und Wahlfinanzierung, in: Politische Vierteljahresschrift 9 (1968) S. 99–120.
Bretschneider, Heike: Der Widerstand gegen den Nationalsozialismus in München 1933–1945. München 1968.
Buchheim, Karl: Geschichte der christlichen Parteien in Deutschland. München 1953.
Cieplik, Ulrich: Organisation und Funktion. Probleme gewerkschaftlicher Politik 1945–1949. Diss. Konstanz 1973.
Conze, Werner: Jakob Kaiser, Politiker zwischen Ost und West 1945–1949. Stuttgart, Berlin, Köln, Mainz 1969.
Cube, Walter von: Ich bitte um Widerspruch. Frankfurt/M. 1952.
Dahrendorf, Ralf: Gesellschaft und Demokratie in Deutschland. München 1971.
Deuerlein, Ernst: CDU/CSU 1945–1957. Köln 1957.
Deuerlein, Ernst: Der Hitlerputsch. Stuttgart 1962.
Deuerlein, Ernst: Freistaat Bayern zwischen Räterepublik und Hitlerputsch, in: Aus Politik und Zeitgeschichte, B44/1964 vom 29. 10. 1964.
Deuerlein, Ernst: Föderalismus. München 1972.
Deuerlein, Ernst und Wolf D. Gruner: Die politische Entwicklung Bayerns 1945 bis 1972,

in: Max Spindler (Hrsg.): Handbuch der bayerischen Geschichte. Bd. IV, 1. Teilbd. München 1974. S. 538–644.
Die bürgerlichen Parteien in Deutschland. Handbuch der Geschichte der bürgerlichen Parteien und anderer Interessenorganisationen vom Vormärz bis zum Jahre 1945. Bd. I und II. Leipzig 1968.
Die Westdeutschen Parteien 1945–1968. Hrsg. vom Deutschen Institut für Zeitgeschichte. Berlin-Ost 1966.
Dirks, Walter: Der restaurative Charakter der Epoche, in: Frankfurter Hefte 5 (1950). S. 942–954.
Dittberner, Jürgen und Rolf Ebbighausen: Parteiensystem in der Legitimationskrise. Opladen 1973.
Doberer, Karl: Die Vereinigten Staaten von Deutschland. München 1947.
Doeberl, Michael: Sozialismus, Sozialistische Revolution, Sozialistischer Volksstaat. München 1920.
Donohoe, James: Hitler's Conservative Opponents in Bavaria 1930–1945. Leiden 1961.
Dorn, Walter L.: Inspektionsreise in die US-Zone, Notizen, Denkschriften und Erinnerungen aus dem Nachlaß. Übersetzt und hrsg. von Lutz Niethammer. Stuttgart 1973.
Dübber, Ulrich: Parteifinanzierung in Deutschland. Köln/Opladen 1962.
Duverger, Maurice: Die politischen Parteien. Tübingen 1959.
Ebsworth, Raymond: Restoring Democracy in Gemany. London 1960.
Edding, F. und E. Lomberg (Hrsg.): Die Vertriebenen in Westdeutschland. Kiel 1959.
Edinger, Lewis: Post-totalitarian leadership: Elites in the German Federal Republic, in: The American Political Science Review 54 (1960) S. 58–82.
Edinger, Lewis: Kurt Schumacher. Stanford und London 1965.
Ehard, Hans: Freiheit und Föderalismus. München 1947.
Ehard, Hans: Die europäische Lage und der europäische Föderalismus. München 1948.
Ellwein, Thomas: Das Erbe der Monarchie in der deutschen Staatskrise. München 1954.
Ellwein, Thomas: Klerikalismus in der deutschen Politik. München 1955.
Ellwein, Thomas: Das Regierungssystem der Bundesrepublik. 3. Aufl. Opladen 1973.
Eyck, Erich: Bismarck und das deutsche Reich. Stuttgart 1955.
Feger, Otto: Schwäbisch-Alemannische Demokratie, Aufruf und Programm. Konstanz 1946.
Fenske, Hans: Strukturprobleme der deutschen Parteigeschichte. Frankfurt 1974.
Fenske, Hans: Konservatismus und Rechtsradikalismus in Bayern nach 1918. Bad Homburg, Berlin, Zürich 1969.
Fetscher, Iring (Hrsg.): Rechtsradikalismus. Frankfurt/M. 1967.
Flechtheim, Ossip K.: Politische Entwicklung und Finanzierung der CDU, in: Die Neue Gesellschaft (1958) Nr. 3.
Flechtheim, Ossip K.: Die Parteien in der Bundesrepublik Deutschland. Hamburg 1973.
Foelz-Schroeter, Marie Elise: Föderalistische Politik und nationale Repräsentation 1945–1947. Stuttgart 1974.
Fogarty, Michael P.: Christliche Demokratie in Westeuropa 1820–1953. Basel/Freiburg i. Br. 1955.
Freund, Michael: Die Flucht nach Europa, in: Die Gegenwart 4 (1949) Nr. 4.
v. d. Gablentz, Otto Heinrich: Die versäumte Reform. Zur Kritik der westdeutschen Politik. Köln und Opladen 1960.
Geiger, Theodor: Die soziale Schichtung des deutschen Volkes. Stuttgart 1932.
Geiselberger, Hans (Hrsg.): Bayerische Seherstimmen aus dem Jahre 1870/71. Altötting 1946.
Gengler, Ludwig Franz: Die deutschen Monarchisten. Kulmbach 1932.
Gerstenberger, Heide: Der revolutionäre Konservatismus. Berlin 1969.
Gesch, Hans Dieter: Die bayerische Wirtschaft in den ersten Jahren nach dem 2. Weltkrieg. München 1969.
Gimbel, John: Amerikanische Besatzungspolitik in Deutschland 1945–1949. Frankfurt/M. 1971.
Gordon jr., Harold J.: Hitlerputsch 1923, Machtkampf in Bayern 1923–1924. Frankfurt/M. 1971.
Grebing, Helga: Geschichte der deutschen Arbeiterbewegung. München 1966.

Grebing, Helga: Konservative gegen Demokratie. Frankfurt/M. 1971.
Grosser, Alfred: Deutschlandbilanz. München 1970.
Gutscher, Jörg Michael: Die Entwicklung der FDP von ihren Anfängen bis 1961. Meisenheim a. Glan 1967.
Habel, Bernd: Verfassungsrecht und Verfassungswirklichkeit. Eine Untersuchung zum Problem Reich – Länder, gezeigt am Beispiel Bayerns unter dem Kabinett Held (1924–1933). Phil. Diss. München 1968.
Hagmann, Meinrad: Der Weg ins Verhängnis. Reichstagswahlergebnisse 1919 bis 1933, besonders aus Bayern. München 1946.
Hallgarten, George W. F.: Hitler, Reichswehr und Industrie. Frankfurt/M. 1962.
Handbuch der bürgerlichen Parteien in Deutschland. Leipzig 1968.
Hassel, Ulrich von: Vom anderen Deutschland. Zürich 1948.
Haushofer, Heinz (Hrsg.): Der bayerische Bauer und sein Verband. München, Basel, Wien 1970.
Hauss, Hans Jochen: Die erste Volkswahl des deutschen Reichspräsidenten. Kallmüntz 1965.
Heberle, Rudolf: Landbevölkerung und Nationalsozialismus. Stuttgart 1963.
Heberle, Rudolf: Hauptprobleme der politischen Soziologie. Stuttgart 1967.
Heidenheimer, Arnold: Adenauer and the CDU. Den Haag 1960.
Heidenheimer, Arnold J.: German Party Finance, CDU, in: American Political Science Review 51 (1957), S. 369–386.
Heinrichsbauer, August: Schwerindustrie und Politik. Essen 1948.
Held, Josef: Bayern und die Monarchie. Regensburg 1956.
v. d. Heydte, Friedrich August Freiherr und Karl Sacherl: Soziologie der deutschen Parteien. München 1955.
Hirsch-Weber, Wolfgang: Politik als Interessenkonflikt. Stuttgart 1969.
Historisch-politische Schriftenreihe des neuen Presseclubs München: Die Bayerischen Ministerpräsidenten der Nachkriegszeit 1945–1963. Heft 1–8. München 1963 ff.
Hoegner, Wilhelm: Föderalismus, Unitarismus und Separatismus, in: Süddeutsche Zeitung vom 13. 11. 1945.
Hoegner, Wilhelm: Lehrbuch des Bayerischen Verfassungsrechts. München 1949.
Hoegner, Wilhelm: Die verratene Republik. München 1958.
Hoegner, Wilhelm: Der schwierige Außenseiter. München 1969.
Hoffmann, Wolfgang: Die Finanzen der Parteien. München 1973.
Hofmann, Hanns Hubert: Der Hitlerputsch. München 1961.
Hofmann, Werner: Universität, Ideologie, Gesellschaft. 2. Aufl. Frankfurt/M. 1968.
Holzgräber, Rudolf: Die DP – Partei eines neuen Konservatismus?, in: Parteien in der Bundesrepublik. Studien zur Entwicklung der deutschen Parteien bis zur Bundestagswahl 1953. Stuttgart und Düsseldorf 1955.
Hubensteiner, Benno: Bayerische Geschichte, 2. Aufl. München 1952.
Huelsz, Isa: Schulpolitik in Bayern zwischen Demokratisierung und Restauration in den Jahren 1945–1950. Hamburg 1970.
Hüttl, Ludwig: Die Stellungnahme der katholischen Kirche und Publizistik zur Revolution in Bayern 1918/19, in: Zeitschrift für Bayerische Landesgeschichte, 34 (1971) S. 652–695.
Hundhammer, Alois: Geschichte des Bayerischen Bauernbundes. O. O. 1924.
Hurwitz, Harold: Die Stunde Null der deutschen Presse. Köln 1972.
Huster, Ernst Ulrich u. a.: Determinanten der westdeutschen Restauration 1945–1949. Frankfurt/M. 1972.
Hylander, Franz Josef: Universalismus und Föderalismus. München 1946.
Jäckel, Eberhard (Hrsg.): Die Schleswig-Frage seit 1945. Frankfurt/M. und Berlin 1959.
Jäger, Wolfgang (Hrsg.): Partei und System. Stuttgart, Berlin, Köln, Mainz 1973.
Janowitz, Morris: Soziale Schichtung und Mobilität in Westdeutschland in KZfSS 10 (1958) S. 1–38.
Jansen, Reinhard: Georg von Vollmar, Eine politische Biographie. Düsseldorf 1950.
Jenke, Manfred: Verschwörung von rechts? Berlin 1961.
Jung, Harald und Eckart Spoo (Hrsg.): Das Rechtskartell. München 1971.
Kaack, Heino: Geschichte und Struktur des deutschen Parteiensystems. Opladen 1971.

Kaden, Albrecht: Einheit oder Freiheit. Die Wiedergründung der SPD 1945/46. Hannover 1964.
Kaltefleiter, Werner: Wirtschaft und Politik in Deutschland. Köln und Opladen 1966.
Kaltefleiter, Werner: Konjunktur als Bestimmungsfaktor des Parteiensystems. Köln und Opladen 1968.
Kanzler, Rudolf: Bayerns Kampf gegen den Bolschewismus. München 1931.
Keßler, Richard: Heinrich Held als Parlamentarier. Berlin 1971.
Kirchheimer, Otto: The Composition of the German Bundestag, in: Western Political Quarterly, 3 (1950) S. 590–601.
Klingemann, Hans D. und Franz Urban Pappi: Politischer Radikalismus. München 1972.
Könnemann, Erich: Einwohnerwehren und Zeitfreiwilligenverbände. Berlin 1971.
Kraiker, Gerhard: Politischer Katholizismus in der BRD. Stuttgart 1972.
Laforet, Georg: Föderalismus und Gesellschaftsordnung. Augsburg 1947.
Lange, Erhard M.: Bestimmungsfaktoren der Föderalismusdiskussion vor Gründung der Bundesrepublik, in: Aus Politik und Zeitgeschichte. Beilage zur Wochenzeitung des Parlaments vom 12. 1. 1974.
Latour, Conrad F. und Thilo Vogelsang: Okkupation und Wiederaufbau. Stuttgart 1973.
Lederer, Werner: Die Einflußnahme der kleinen Koalitionsparteien auf die Regierungspolitik des Bundeskanzlers in den Jahren 1949–1957. Kiel 1967.
Lehmbruch, Gerhard: Strukturen ideologischer Konflikte bei Parteienwettbewerb, in: PVS, 10 (1969) S. 285 ff.
Leibholz, Gerhard: Strukturprobleme der modernen Demokratie. Karlsruhe 1967.
Lent, Friedrich: Deutscher Föderalismus. München 1948.
Lenk, Kurt und Franz Neumann: Theorie und Soziologie der politischen Parteien. Neuwied und Berlin 1968.
Liepelt, Klaus: Anhänger der neuen Rechtspartei – Über das Wählerreservoir der NPD, in: Politische Vierteljahrsschrift 8 (1967) Heft 2.
Linz, Juan L.: Cleavage and Consensus in West German Politics: The Early Fifties, in: Lipset, Seymour Martin und Stein Rokkan (Hrsg.): Party Systems and Voter Alignments. New York 1967.
Lipset, Seymour Martin: Revolution and Counterrevolution. New York 1968.
Lipset, Seymour Martin: Agrarian Socialism. Berkeley, Los Angeles, London 1971.
Lipset, Seymour Martin: Soziologie der Demokratie. Neuwied und Berlin 1962.
Lipset, Seymour Martin und Stein Rokkan (Hrsg.): Party Systems and Voter Alignments. New York 1967.
Loewenberg, Gerhard: Parlamentarismus im politischen System der Bundesrepublik Deutschland. Tübingen 1969.
Löwenstein, Karl: Political Reconstruction. New York 1949.
Löwenthal, Richard und Hans-Peter Schwarz: Die Zweite Republik. Stuttgart 1974.
Lohmar, Ulrich: Innerparteiliche Demokratie. Stuttgart 1963.
Lohmeier, Georg: Josef Baumgartner. München 1974.
Maier, Hans: Revolution und Kirche. Freiburg 1959.
Maier, Reinhold: Ein Grundstein wird gelegt. Die Jahre 1945–1947. Tübingen 1964.
Matthias, Erich (Hrsg.): Mit dem Gesicht nach Deutschland. Düsseldorf 1968.
Mauch, Berthold: Die bayerische FDP. Phil. Diss. Erlangen 1965.
Mauerer, Josef: Aus dem Leben und politischen Wirken des Dr. Josef Müller (Ochsensepp) 1945–1965. Bayerische Profile, Heft 4, Historisch-politische Schriftenreihe des Neuen Presseclubs München. München 1967.
Mayntz, Renate: Soziologie der Organisation. Reinbek 1963.
Mehring, Franz: Geschichte der deutschen Sozialdemokratie. 2. Aufl. Stuttgart 1904.
Meinhardt, Günter: Adenauer und der rheinische Separatismus. Recklinghausen 1962.
Merkl, Peter H.: Die Entstehung der Bundesrepublik Deutschland. Stuttgart 1965.
Meyn, Hermann: Die Deutsche Partei. Düsseldorf 1965.
Michels, Robert: Zur Soziologie des Parteiwesens in der modernen Demokratie. Neudruck der 2. Aufl. Hrsg. und mit einem Nachwort versehen von Werner Conze. Stuttgart 1957.
Milatz, Alfred: Wähler und Wahlen in der Weimarer Republik, 2. Aufl. Bonn 1968.

Mintzel, Alf: Die CSU in Bayern: Phasen ihrer organisationspolitischen Entwicklung, in: Politische Vierteljahresschrift 13 (1972) S. 205–243.
Mintzel, Alf: Die CSU, Anatomie einer konservativen Partei 1945–1972. Mit einem Vorwort von Otto Stammer. Köln und Opladen 1975.
Mitchell, Allan: Revolution in Bayern 1918/19. München 1967.
Möckl, Karl: Die Struktur der Christlich-Sozialen Union in Bayern in den ersten Jahren ihrer Gründung, in: Zeitschrift für Bayerische Landesgeschichte 36 (1973) S. 719–753.
Möckl, Karl: Die Prinzregentenzeit. Berlin 1972.
Mommsen, Hans: Zum Verhältnis von Politischer Wissenschaft und Geschichtswissenschaft in Deutschland, in: Vierteljahrshefte für Zeitgeschichte 10 (1962) S. 341–372.
Mommsen, Wilhelm: Föderalismus und Unitarismus. Laubheim 1954.
Moore, Harriet und Gerhard Kleinnig: Das Bild der sozialen Wirklichkeit, in: KZfSS 11 (1959) S. 353 ff.
Moskovitz, Moses: The Political Re-education of the Germans, in: Pol. Sci. Qu. 61 (1946) S. 535–561.
Müchler, Günter: Zum frühen Verhältnis von CDU und CSU, in: Politische Studien 23 (1972) S. 595–613.
Müchler, Günter: Das Bündnisverhältnis von CDU und CSU. Phil. Diss. München 1973.
Müller, Karl Alexander von: Das bayerische Problem in der deutschen Geschichte. München und Berlin 1931.
Müller-Meiningen, Ernst: Aus Bayerns schwersten Tagen. Berlin 1923.
Müller-Wigley, Ute: Die Entwicklung der staatlichen Parteienfinanzierung seit 1949, in: Zeitschrift für Parlamentsfragen 1 (1970) S. 147–151.
Murphy, Robert: Diplomat unter Kriegern. Berlin 1965.
Narr, Wolf-Dieter: CDU – SPD. Stuttgart, Berlin, Köln, Mainz 1966.
Natterer, Alois: Der bayerische Klerusverband in der Zeit dreier Revolutionen 1918–1933 – 1945. Eichstätt 1946.
Nawiaski, Hans: Bayerisches Verfassungsrecht. Berlin und Leipzig 1923.
Nawiaski-Leusser: Die Verfassung des Freistaates Bayern (Handkommentar). München und Berlin 1948.
Neumann, Franz: Der BHE. Meisenheim a. Glan 1968.
Neumann, Franz L.: Demokratischer und autoritärer Staat. Frankfurt/M. 1967.
Neumann, Siegmund: Die Parteien der Weimarer Republik. 2. Aufl. Stuttgart 1970.
Niethammer, Lutz: Die amerikanische Besatzungsmacht zwischen Verwaltungstradition und politischen Parteien in Bayern 1945, in: Vierteljahrshefte für Zeitgeschichte 15 (1967) S. 153–210.
Niethammer, Lutz: Entnazifizierung in Bayern. Frankfurt/M. 1972.
Nipperdey, Thomas: Die Organisation der deutschen Parteien vor 1918. Düsseldorf 1961.
Nusser, Horst: Konservative Wehrverbände in Bayern, Preußen und Österreich 1818–1933. München 1973.
Otto, Volker: Das Staatsverständnis des Parlamentarischen Rates. Düsseldorf 1971.
Party systems, party organisations and the politics of new masses. Parteiensysteme, Parteiorganisationen und die neuen politischen Bewegungen. Beiträge zur 3. Internationalen Konferenz über vergleichende politische Soziologie. Berlin 15.–20. Jan. 1968. Hrsg. von Otto Stammer. Berlin 1968.
Pfeiffer, Anton: Gedankenwelt und Tätigkeit der BVP. München 1922.
Plum, Günter: Versuche gesellschaftspolitischer Neuordnung – Ihr Scheitern im Kräftefeld deutscher und alliierter Politik, in: Westdeutschlands Weg zur Bundesrepublik 1945–1949. München 1976.
Proebst, Hermann: Bayernpartei, in: Staatslexikon. Hrsg. von der Görres-Gesellschaft. 6. Aufl. 1. Bd. Freiburg i. Br. 1957.
Pye, Lucian W. and Sidney Verba (Hrsg.): Political culture and political development. Princeton 1965.
Quint, Wolfgang: Souveränitätsbegriff und Souveränitätspolitik in Bayern von der Mitte des 17. bis zur 1. Hälfte des 19. Jahrhunderts. Berlin 1971.
Rausch, Heinz (Hrsg.): Zur Theorie und Geschichte der Repräsentativverfassung. Darmstadt 1968.

Rechtliche Ordnung des Parteiwesens. Frankfurt 1967.
Renner, Hermann: Georg Heim, der Bauerndoktor, Lebensbild eines „ungekrönten Königs". München 1960.
Ritter, Gerhard A.: Die Entwicklung der sozialdemokratischen Partei und der freien Gewerkschaften 1890–1900. Berlin 1952.
Röder, Werner: Die deutschen sozialistischen Exilgruppen in Großbritannien 1940–1945. 2. Aufl. Bonn-Bad Godesberg 1973.
Rothfels, Hans: Zeitgeschichte als Aufgabe, in: Vierteljahrshefte für Zeitgeschichte 1 (1953) S. 1–8.
Rowold, Manfred: Im Schatten der Macht. Düsseldorf 1974.
Sartory, Giovanni: Politics, Ideology and Belief Systems, in: American Political Science Review 63 (1969) S. 398–411.
Scammon, Richard M.: Political Parties, in: Edward Litchfield (Hrsg.): Governing Postwar Germany. Ithaca N. Y. 1953.
Schade, Franz: Kurt Eisner und die bayerische Sozialdemokratie. Hannover 1961.
Schäfer, Gerd und Carl Nedelmann (Hrsg.): Der CDU-Staat. München 1967.
Scheuch, Erwin K. und Hansjürgen Daheim: Sozialprestige und soziale Schichtung, in: Glass, David K. und Renée König (Hrsg.): Soziale Schichtung und Mobilität. Sonderheft 5 der KZfSS. Köln und Opladen 1961.
Schieder, Theodor: Die Kleindeutsche Partei in Bayern in den Kämpfen um die nationale Einigung 1863–71, Phil. Diss. München 1936.
Schlögl, Alois: Bayerische Agrargeschichte. München 1954.
Schlögl, Alois: Bayerischer Bauernverband. Entstehung und Geschichte. München o. J. [1947].
Schmidt, Robert H.: Methoden der Politologie. Darmstadt 1967.
Schmidt, Ute und Tilman Fichter: Der erzwungene Kapitalismus. Berlin 1971.
Schoenberg, Hans W.: Germans from the East. The Hague 1970.
Schönhoven, Klaus: Die Bayerische Volkspartei 1924–1932. Düsseldorf 1972.
Schreyer, Klaus: Bayern – ein Industriestaat. München 1969.
Schulz, Gerhard: Zwischen Demokratie und Diktatur. Berlin 1963.
Schumann, Hans-Gerd: Die politischen Parteien in Deutschland nach 1945. Frankfurt/M. 1967.
Schuster, Rudolf: Deutschlands staatliche Existenz im Widerstreit politischer und rechtlicher Gesichtspunkte 1945–1963. München 1963.
Schwarz, Hans-Peter: Vom Reich zur Bundesrepublik. Neuwied und Berlin 1966.
Schwend, Karl: Der Thron war leer, aber nicht vergessen, in: Süddeutsche Zeitung vom 1. 5. 1954.
Schwend, Karl: Bayern zwischen Monarchie und Diktatur. München 1954.
Seibt, Ferdinand: Die bayerische „Reichshistoriographie und die Ideologie des deutschen Nationalstaates 1806–1918, in: Zeitschrift für Bayerische Landesgeschichte 28 (1965) S. 523–554.
Seidel, Hanns: Weltanschauung und Politik. München 1961.
Sendtner, Kurt: Rupprecht von Wittelsbach. München 1954.
Shuster, George N.: In Amerika und Deutschland. Frankfurt/M. 1965.
Sörgel, Werner: Konsensus und Interessen. Stuttgart 1969.
Speckner, Herbert: Die Ordnungszelle Bayern. Phil. Diss. Erlangen 1955.
Spiethoff, Bodo: Untersuchungen zum bayerischen Flüchtlingsproblem. Berlin 1955.
Spindler, Max: Erbe und Verpflichtung. München 1966.
Spindler, Max (Hrsg.): Handbuch der bayerischen Geschichte, Bd. III 1, 2 (1971) und IV, 1 (1974). München.
Stammer, Otto: Politische Soziologie und Demokratieforschung. Berlin 1965.
Stammer, Otto und Peter Weingart: Politische Soziologie. München 1972.
Staritz, Dietrich (Hrsg.): Das Parteisystem der Bundesrepublik. Opladen 1976.
Steltzer, Theodor: 60 Jahre Zeitgenosse. München 1966.
Stoltenberg, Gerhard: Politische Strömungen im Schleswig-Holsteinischen Landvolk 1918–1933. Düsseldorf 1962.

Storbeck, Anna Christine: Die Regierungen des Bundes und der Länder seit 1945. München und Wien 1970.
Tauber, Kurt P.: Beyond Eagle and Swastika. Middletown, Conn. 1967.
Thränhardt, Dietrich: Die bayerischen Wahlen von 1848–1933. Zulassungsarbeit. Erlangen 1966.
Thränhardt, Dietrich: Wahlen und politische Strukturen in Bayern 1948–1953. Düsseldorf 1973.
Tormin, Walter: Geschichte der deutschen Parteien seit 1848. 3. Aufl. Stuttgart, Berlin, Köln, Mainz 1968.
Varain, Heinz-Josef: Parteien und Verbände. Köln 1964.
Vogel, Bernhard und Peter Haungs: Wahlkampf und Wählertradition. Köln und Opladen 1965.
Vogelsang, Thilo: Das geteilte Deutschland. München 1966.
Vogt, Adolf: The Bayernpartei. Phil. Diss. Washington 1972.
Volk, Ludwig: Bayerischer Episkopat und Nationalsozialismus 1932–34. München 1965.
Volk, Ludwig: Kardinal Faulhabers Stellung zur Weimarer Republik, in: Stimmen der Zeit 177 (1966) S. 173–195.
Wagner, Dieter: München '45 – zwischen Ende und Anfang. München 1970.
Wagner, Helmut: Strukturen und Typen deutscher Länder, in: Politische Vierteljahresschrift 10 (1968) S. 80 ff.
Weber, Max: Wirtschaft und Gesellschaft. Tübingen 1947.
Wedl, Kurt: Der Gedanke des Föderalismus in Programmen der politischen Parteien Deutschlands und Österreichs. München und Wien 1969.
Wehler, Hans Ulrich: Geschichte und Soziologie. Köln und Berlin 1972.
Weis, Eberhard: Montgelas 1759–1799. München 1971.
Wellhofer, Spencer E.: Dimensions of Party Development: A Study in Organizational Dynamics, in: Journal of Politics 34 (1972) S. 153–183.
Wiesemann, Falk: Die Vorgeschichte der nationalsozialistischen Machtübernahme in Bayern 1932/33. Berlin 1975.
Wildenmann, Rudolf: Partei und Fraktion. Meisenheim a. Glan 1957.
Winkler, Heinrich August: Unternehmerverbände zwischen Ständeideologie und Nationalsozialismus, in: Vierteljahrshefte für Zeitgeschichte 17 (1969) S. 341 ff.
Zimmermann, Werner Gabriel: Bayern und das Reich 1919–1923. München 1953.
Zink, Harold: The American Military Government in Germany. New York 1947.

Abkürzungen

Abg.	Abgeordneter
BBMB	Bayerischer Bauern- und Mittelstandsbund
BBP	Bayerische Bauernpartei
BBV	Bayerischer Bauernverband
BHE	Block der Heimatvertriebenen, Kriegsgeschädigten und Entrechteten
BHKP	Bayerische Heimat- und Königspartei
BKB	Bayerischer Königsbund
BP	Bayernpartei
BT	Bundestag
BV	Bezirksverband
BVP	Bayerische Volkspartei
CDU	Christlich Demokratische Union
CSU	Christlich Soziale Union
CVP	Christliche Volkspartei
DG	Deutsche Gemeinschaft
Diss.	Dissertation
DP	Deutsche Partei
ELF	Ernährung, Landwirtschaft und Forsten
FAB	Freiheitsaktion Bayern
FAZ	Frankfurter Allgemeine Zeitung
FDP	Freie Demokratische Partei
FU	Föderalistische Union
FVP	Freie Volkspartei
GB	Gesamtdeutscher Block
GVP	Gesamtdeutsche Volkspartei
IfZ	Institut für Zeitgeschichte
JBB	Jungbayern-Bund
KA	Koalitionsausschuß
k. A.	keine Angaben
KPD	Kommunistische Partei Deutschlands
KV	Kreisverband
LA	Landesausschuß
LL	Landesleitung
LT	Landtag
LV	Landesversammlung
LVorst.	Landesvorstand
MdB	Mitglied des Bundestages
MdL	Mitglied des Landtages
MdR	Mitglied des Reichstages
Mfr.	Mittelfranken
Ndb.	Niederbayern
NPD	Nationaldemokratische Partei Deutschlands
Obb.	Oberbayern
Ofr.	Oberfranken
OMGUS	Office of Military Government United States
Opf.	Oberpfalz
Pf.	Pfennig
Prot.	Protokoll
PVS	Politische Vierteljahresschrift
RM	Reichsmark

RT	Reichstag
Schw.	Schwaben
Sign.	Signatur
SPD	Sozialdemokratische Partei Deutschlands
SZ	Süddeutsche Zeitung
Ufr.	Unterfranken
UNRRA	United Nations Relief and Rehabilitation Administration
USFET	United States Forces, European Theater
VELF	Verwaltung für Ernährung, Landwirtschaft und Forsten
v. H.	von Hundert
WAV	Wirtschaftliche Aufbau-Vereinigung

Personenregister

Adenauer, Konrad 33, 38, 59, 92, 124, 132, 134–136, 154 f., 157 f., 160, 166 f., 181 f., 190, 192, 195, 198 f., 204, 252, 262, 271 f., 274, 276 f.
Aenderl, Franz Xaver 20, 29, 208
Allwein, Max 159, 216
Ankermüller, Willi 162
Aretin, Anton von 23, 29, 33, 42, 44, 59, 129, 145, 150, 154, 219 f., 222, 225, 242, 244, 250 f., 253, 255, 266
Aretin, Erwein von 172, 206, 265
Arnold, Karl 132, 248
Auerbach, Philipp 249
Aumer, Hermann 29 f., 130 f., 249 f., 253

Bachmann, Georg 260, 271
Balke, Siegfried 134 f.
Bantele, Georg 36 f., 217, 222, 236, 238, 255 f., 274, 277
Bauer, Adolf 214
Bauer, Emil 263
Baumgartner, Josef 22–25, 29–38, 40, 42, 46–49, 51, 56, 58 f., 61–63, 65–67, 71, 87, 123 f., 127–131, 133–140, 142, 144, 149–161, 163–166, 169–171, 173–180, 182–186, 190 f., 193, 195–198, 200–203, 210–212, 215 f., 218 f., 222, 225–230, 232 f., 244, 248–250, 252, 254, 256–263, 266–274, 276–278
Bebel, August 180
Bender 250
Berthold, Gustav 227
Berr, Anton 54, 144, 147, 172 f., 223, 226 f., 254 f., 264 f.
Besold, Anton 29, 36, 56, 58, 60 f., 64–67, 123 f., 133, 135, 145, 149–151, 161, 167 f., 174, 180, 185, 208, 215, 217, 221, 224–227, 229 f., 232, 242, 244, 250, 252, 254 f., 264
Bezold, Otto 182 f., 186, 271 f.
Bögler, Franz 209
Brandt, Franz Xaver Anton 132 f., 246, 250
Braun, Alois 206
Breitenbach 265
Brentano-Hommeyer, Karl 272
Brücher, Hildegard 271
Brunner, Georg 271
Brunner, Josef 160, 182, 260
Bungartz, Everhard 250

Chrambach, Erich von 206, 265 f.
Churchill, Winston S. 54, 144
Clay, Lucius D. 19, 256

Decker, Hugo 34, 135, 168, 180, 217, 232, 243
Dehler, Thomas 132, 183, 271
Deroy-Fürstenberg, Graf Joseph Erwein 265
Diefenbeck, Hans 233
Dietrich 205
Doberer, Kurt D. 208
Dötsch, Georg 264
Donhauser, Anton 29, 31, 33 f., 45 f., 53, 63, 121, 123, 126–133, 140, 145, 154, 157–159, 173 f., 215, 222, 225, 245, 249, 253, 255 f., 265 f.
Drachsler, Hans 276

Eberhard, Rudolf 202, 277 f.
Eberle, Otto 135, 253
Ehard, Hans 34, 37, 39, 127, 132, 138 f., 152 f., 156–158, 160–163, 165–167, 180–186, 259–263, 267 f., 271
Ehlers, Hermann 260
Eichner, Josef 230
Eilles, Kurt 38, 201, 218
Eisenhower, Dwight D. 15
Eisenmann, Hans 180, 269
Eisner, Kurt 12, 145, 205
Engel, Albert 253
Erhard, Ludwig 186
Ernst, Xaver 176, 267, 269
Etzel, Hermann 34, 36, 42, 45, 50, 57, 145, 151, 154, 166, 177, 215 f., 219, 238, 253, 255 f., 258

Fackler, Franz 174, 206, 265 f.
Falkner, Ernst 32, 36, 40, 45, 49 f., 52, 64, 121–123, 127–130, 132, 141, 151, 153, 159, 173, 206, 215–217, 222, 224–226, 228, 233–235, 242, 244 f., 249–251, 255, 258
Faulhaber, Michael 14, 168
Fehr, Anton 152, 257, 266, 268
Fendt, Franz 209
Feury, Otto Freiherr von 176, 190, 269, 273
Fink, Conrad 250
Fischbacher, Jakob 26, 29 f., 32, 36, 47, 51, 53 f., 58, 60 f., 78, 87, 114 f., 141, 145 f.,

150 f., 161, 164, 166 f., 176, 199–202, 205, 211 f., 215, 219, 222 f., 225, 229, 232, 234, 242 f., 255–257, 262, 267
Frantz, Konstantin 143, 180, 225, 254
Freisehner, Karl 193
Fröhlich, Valentin 177, 268
Frühwald, Georg 178 f., 271
Frühwald, Konrad 38, 217, 238, 267–269, 273
Fürstenberg, Elimar Freiherr von 249 f., 266
Fugger von Glött, Josef-Ernst 201 f., 271

Gärtner 62
Gandorfer, Karl 111
Gassner, Alfons 150
Gaulle, Charles de 54, 144, 152, 227, 254
Gegenwarth, Richard 251
Geiger, Hugo 254
Geislhöringer, August 36, 38, 61, 63, 67, 113, 134 f., 177, 190 f., 193, 200, 203, 218, 232, 242, 244, 251–253, 271, 273, 275
Gerngroß, Ruprecht 206
Godin, Michael Freiherr von 209
Goetzendorf, Günter 241, 256
Goppel, Alfons 203
Graf, Benno 61, 63, 226, 230
Graf, Eugen 264
Graf 230
Gütlein, Rudolf 71, 234
Guthsmuths, Willy 182, 270

Haas, Albrecht 271
Habsburg, Otto von 263
Haisch, Andreas 178, 267
Hanauer, Rudolf 193 f., 275
Harnier, Adolf Freiherr von 14, 266
Hausner, Gottfried 223
Haußleiter, August 158, 240
Heim, Ernst 266
Heim, Georg 12, 66, 111, 140, 175, 177, 205, 266
Heinemann, Gustav 197
Heinrichsbauer August 127, 131, 248, 250
Held, Josef 164, 261
Hellwege, Heinrich 198
Hemmeter, Walter 208, 264
Henze, Lorenz 243
Herndl, Albert 215, 222
Hertling, Georg von 205
Heuss, Theodor 158
Hieber, Adolf 206
Hille, Arnold 249
Hipp, Otto 14, 206
Hitler, Adolf 139
Hoegner, Wilhelm 15, 17 f., 20 f., 25 f., 38, 146 f., 152, 175, 182, 184, 186 f., 189–191, 193–195, 197, 199 f., 202, 207 f., 211 f., 254 f., 257, 270–273, 275
Höllerer, Johann 269
Hoffmann, Johannes 277
Holnstein, Graf Ludwig 208
Horlacher, Michael 22 f., 39, 165, 183, 209 f., 259, 266–269
Huber, Ludwig 151, 257
Huber 261
Hundhammer, Alois 22–24, 29, 35, 37, 39, 43, 114, 127 f., 147, 149, 152, 155 f., 158–166, 168, 170, 174 f., 177, 179, 182, 185, 205, 209, 219, 229, 242, 254, 256 f., 259–262, 267–270

Jäger, Richard 193
Jörg, Josef Edmund 66, 140, 205

Kahn-Ackermann, Georg 195
Kahr, Gustav von 112
Kalkbrenner, Helmut 278 f.
Kammermeier, Hanns 208
Kandetzki, Anton 27
Kanzler, Rudolf 172, 264 f.
Kapfinger, Hans 276
Kaufmann, Elisabeth 264
Keagan, Charles E. 14
Kerber, Ferdinand 173
Kerber, Karl 132 f., 251, 261
Kettner, Josef 29, 150, 215, 255 f.
Klein, Alfred 25, 211
Klepper, Hans 253
Klier, Georg 268
Klotz, Max 243, 271
Knoeringen, Waldemar von 38, 140, 161, 181–185, 187 f., 190, 195, 271 f., 277
Knott, Georg 29, 150, 206, 215, 270
Koenig, Pierre 152, 190
Kolmsperger, Max 223, 257
Konrad, Andreas 267
Konstantin von Bayern 18
Kozminski, Luzian 129
Krempl, Josef 249
Krone, Heinrich 277
Kroneder, Josef 211
Kuën, Theodor 215

Lacherbauer, Carljörg 38, 167, 184, 188, 195, 197, 200, 218, 269, 271, 274
Lallinger, Ludwig Max 26–28, 32, 36 f., 41, 48, 54, 61, 68, 114, 134 f., 138, 141 f., 147, 150 f., 159, 177, 180, 197, 212–215, 217, 220, 222 f., 232, 234, 236, 247, 253 f., 257 f., 279
Lampl, Roman 252
Landersdorfer, Simon 169–171, 263 f.

Lang, Raimund 271
Lanzinger, Michael 269
Lebsche, Max 19, 147, 152 f., 172 f., 208, 257
Leibrecht, Otto 209
Lehner, Karl 213
Leilling, Ottheinrich 206
Lent, Friedrich 152, 206, 257
Lindenblatt 201
Lippert, Franz 180, 269
Loritz, Alfred 127
Lutz, Josef Maria 71, 233

Maerkl, Karl 29, 54, 151, 215, 226
Maier, Alois 213
Maurus 224
Max I. von Bayern 11
Mayrhofer, Georg 130, 249 f.
Meier, Eduard 121, 129, 242, 245
Meiser, Hans 14, 256, 265
Meixner, Georg 159, 169, 259, 263 f., 271
Mergler, Emil 62, 231, 269
Messmer, Josef 127 f., 157, 228, 248 f.
Meyer, Franz 245
Meyer, Otto 252
Michel, Franz 194
Montgelas, Maximilian Joseph Graf von 11
Müller, Josef 14, 21–24, 39, 43, 94, 127 f., 150, 155 f., 161 f., 166, 168 f., 177, 209 f., 212, 242, 245, 257–259, 261, 268, 275

Natterer, Alois 261
Neuhäusler, Johannes 171, 263 f.
Niklas, Wilhelm 158, 258, 262, 266
Neppig, Andreas Konrad 176 f.
Noack, Ulrich 142
Nottheger, Karl 232, 244
Nüssel, Simon 238

Oberländer, Theodor 163, 181, 184, 186, 272
Oettingen-Wallerstein, Eugen Fürst zu 34, 123 f., 132, 161, 173 f., 208, 216, 247, 250, 260 f.
Ollenhauer, Erich 198, 209
Oulman, Gaston 208

Panholzer, Josef 38, 203, 209, 218, 244, 274
Parzinger, Sepp 243 f.
Patton, George X. 18, 151
Paur, Max 215
Pechmann, Freiherr von 208
Pfeiffer, Anton 139, 152, 168, 206, 254
Pferdmenges, Robert 130 f., 252
Pius XII. 170
Plöckl, Josef 232
Pöhner, H. 150, 215, 255 f.

Preusker, Viktor-Emanuel 198
Preysing, Graf 265
Pritzl, Raimund 233
Putz, Anton 214
Putz, Maria Theresa 225
Rahn, Wilhelm 249, 266
Rass, Hans 269
Rattenhuber, Ernst 152, 257, 266
Rauch, Hans 228
Redwitz, Freiherr Franz von 18, 152, 172, 257, 264 f.
Reichl, Joseph 270 f.
Reitmair, Michael P. 27, 212 f.
Ribbeheger, Gerd 233
Riedmayer, Martin 208
Rief, Max 216
Riegl, Anton 195
Ritzinger, Josef M. 208
Röhling, Ewald 216
Rosée, Gustl Graf de la 264 f.
Roßhaupter, Albert 21, 209
Rothermel, Fridolin 179, 267 f., 273
Rucker, August 272
Ruland 269
Rumbucher, Adolf 233
Rupprecht, Kronprinz von Bayern 18 f., 51, 65 f., 152 f., 172 f., 205, 208, 265 f.

Sauckel, Egid 269
Schäfer, Franz 210
Schäffer, Fritz 14 f., 17 f., 21–25, 29 f., 37, 43, 46, 114, 127, 130 f., 133, 141, 147, 150–160, 163 f., 166, 168, 174, 206, 209 f., 215, 250 f., 256–261
Scharf, Josef 216
Scharnagl, Karl 209
Schedl, Otto 201 f.
Schefbeck, Otto 55, 227
Schenkermaier, Franz 213
Schlange-Schöningen, Hans 23
Schlittenbauer, Sebastian 205
Schlögl, Alois 22, 162, 210, 266 f.
Schmidhuber, Wilhelm 33, 46, 122, 128 f., 155, 159, 176, 216, 242, 244, 265, 267
Schmidt, August Wilhelm 134–136, 228, 252
Schmidt, Erich 252
Schönecker, Ludwig 62, 231, 269
Schröder, Hanns 233
Schumacher, Kurt 158, 209, 254
Schuman, Robert 144
Schwalber, Josef 254
Schweiger, Martin 198, 200–202, 271, 278
Schwend, Karl 161, 260, 272
Sebastian, Jakob 263 f.
Seelos, Gebhard 14, 59, 133, 158, 166, 206, 216, 226, 258 f.

Seidel, Hanns 39, 162, 198 f., 202, 260, 275, 277 f.
Seifried, Josef 209
Seiler 173
Semler, Johannes 130, 250
Seutter von Lötzen, Wilhelm 206, 265
Seyssel d'Aix, Graf von 213
Sigl, Rupert 223
Simmel, Erich 271
Solleder, Max 165
Spachtholz, Otto 70, 233
Stadtler, Hans 234
Stain, Walter 271
Stampfer, Friedrich 209
Stegerwald, Adam 15, 21, 209
Stein, Gustav 252
Stock, Jean 275
Strauß, Franz Josef 156, 159, 178, 182, 212, 262, 268, 271, 275
Strauß, Walter 263
Stücklen, Richard 277
Stürmann, Josef 206
Sturm, Wilhelm 123, 246, 251, 267, 274
Sühler, Adam 176, 267 f.
Sühler, Gustav 268

Telle, Theodor 131
Tichi, Hans 261

Togliatti, Palmiro 224
Treuheit 173
Truman, Harry S. 144

Utz, Karl 26, 211, 262

Volkholz, Ludwig 26, 37, 211, 250, 279
Vollmar, Georg von 12

Wagner, Rudolf 201
Wartner, Johann 158, 216, 258
Weggartner, Albert 271
Wehgartner, Robert 278
Weinhuber, Simon 65, 238, 274
Weiß, Franz 123 f., 126, 167, 177, 242, 246 f., 251 f.
Weiß, Heinrich 206
Wimmer, Thomas 21
Wessel, Helene 217, 225
Woppmann, Hans 243

Zedlitz, Freiherr von 28, 213 f.
Ziegler, Franz 216
Zierer, Otto 266
Zimmermann 252
Zinkl, Johann 264
Zott, Josef 266

Schriftenreihe der Vierteljahrshefte für Zeitgeschichte

Band 22/23
Politik in Bayern 1919-1933
Herausgegeben von Wolfgang Benz
1971. 290 Seiten.

Band 24
Hildegard Brenner
Ende einer bürgerlichen Kunst-Institution
1972. 174 Seiten.

Band 25
Peter Krüger
Deutschland und die Reparationen 1918/19
1973. 224 Seiten.

Band 26
Walter L. Dorn
Inspektionsreisen in der US-Zone
Herausgegeben von Lutz Niethammer
1973. 178 Seiten.

Band 27
Norbert Krekeler
Revisionsanspruch und geheime Ostpolitik der Weimarer Republik
1973. 158 Seiten.

Band 28
Zwei Legenden aus dem Dritten Reich
Quellenkritische Studien von Hans-Heinrich Wilhelm und Louis de Jong
1974. 142 Seiten.

Band 29
Heeresadjutant bei Hitler 1938-1943
Aufzeichnungen des Majors Engel
Herausgegeben von Hildegard von Kotze
1974. 158 Seiten.

Band 30
Werner Abelshauser
Wirtschaft in Westdeutschland 1945-1948
1975. 178 Seiten.

Band 31
Günter J. Trittel
Die Bodenreform in der Britischen Zone 1945-1949
1975. 184 Seiten.

Band 32
Hansjörg Gehring
Amerikanische Literaturpolitik in Deutschland 1945-1953
1976. 134 Seiten

Band 33
Die revolutionäre Illusion
Erinnerungen von Curt Geyer
Herausgegeben von Wolfgang Benz und Hermann Graml
1976. 304 Seiten.

Band 34
Reinhard Frommelt
Paneuropa oder Mitteleuropa
1977 132 Seiten

Band 35
Hans Robinsohn
Justiz als politische Verfolgung
1977 168 Seiten.

Sonderband
Aspekte deutscher Außenpolitik im 20. Jahrhundert
Herausgegeben von Wolfgang Benz und Hermann Graml
1976. 304 Seiten.

Band 36
Fritz Blaich
Grenzlandpolitik im Westen 1926-1936
1978. 136 Seiten.

Band 37
Udo Kissenkoetter
Gregor Straßer und die NSDAP
1978. 220 Seiten

Band 38
Seppo Myllyniemi
Die baltische Krise 1938-1941
1979. 167 Seiten

In Vorbereitung:
Band 39
Brewster S. Chamberlin
Kultur auf Trümmern
Berliner Berichte der amerikanischen Information Control Section
Juli-Dezember 1945

Deutsche Verlags-Anstalt

Studien zur Zeitgeschichte

Band 1
Reinhard Bollmus
Das Amt Rosenberg und seine Gegner
Studien zum Machtkampf im nationalsozialistischen Herrschaftssystem.
1970. 360 Seiten (Vergriffen).

Band 2
Shlomo Aronson
Reinhard Heydrich und die Frühgeschichte von Gestapo und SD
1971. 340 Seiten (Vergriffen)

Band 3
Günter Plum
Gesellschaftsstruktur und politisches Bewußtsein in einer katholischen Region 1928–1933
Untersuchung am Beispiel des Regierungsbezirks Aachen.
1972. 319 Seiten

Band 4
Lothar Kettenacker
Nationalsozialistische Volkstumspolitik im Elsaß
1973. 389 Seiten (Vergriffen).

Band 5
Conrad F Latour/Thilo Vogelsang
Okkupation und Wiederaufbau
Die Tätigkeit der Militärregierung in der amerikanischen Besatzungszone Deutschlands 1944–1947.
1973. 227 Seiten (Vergriffen).

Band 6
Michael H. Kater
Das »Ahnenerbe« der SS 1935–1945
Ein Beitrag zur Kulturpolitik des Dritten Reiches.
1974. 522 Seiten und 1 Falttafel mit 3 Übersichten.
(Vergriffen).

Band 7
Marie Elise Foelz-Schroeter
Föderalistische Politik und nationale Repräsentation 1945–1947
Westdeutsche Länderregierungen, zonale Bürokratien und politische Parteien im Widerstreit
1974. 251 Seiten.

Band 8
Alexander Fischer
Sowjetische Deutschlandpolitik im Zweiten Weltkrieg 1941–1945
1975. 252 Seiten.

Band 9
Wilfried Loth
Sozialismus und Internationalismus
Die französischen Sozialisten und die Nachkriegsordnung Europas 1940–1950.
1977. 414 Seiten.

Band 10
(Band 1 der »Beiträge zur Wirtschafts- und Sozialpolitik in Deutschland nach 1945«)
Gerold Ambrosius
Die Durchsetzung der sozialen Marktwirtschaft in Westdeutschland 1945–1949
1978. 303 Seiten.

Band 11
Johannes H. Voigt
Indien im Zweiten Weltkrieg
1978. 414 Seiten.

Band 12
Heribert Piontkowitz
Anfänge westdeutscher Außenpolitik 1946–1949
Das Deutsche Büro für Friedensfragen
1978. 289 Seiten.

Band 13
Christian Streit
Keine Kameraden
Die Wehrmacht und die sowjetischen Kriegsgefangenen 1941–1945
1978. 445 Seiten.

Band 14
(Band 2 der »Beiträge zur Wirtschafts- und Sozialpolitik in Deutschland nach 1945«)
Hans-Dieter Kreikamp
Deutsches Vermögen in den Vereinigten Staaten
Die Auseinandersetzung um seine Rückführung als Aspekt der deutschamerikanischen Beziehungen 1952–1962
1979. 315 Seiten

Band 15
Hans-Joachim Hoppe
Bulgarien – Hitlers eigenwilliger Verbündeter
Eine Fallstudie zur nationalsozialistischen Südosteuropapolitik.
1979. 310 Seiten

Band 16
Ilse Unger
Die Bayernpartei
Geschichte und Struktur 1945–1957
1979. 297 Seiten

Deutsche Verlags-Anstalt

»Der Kommunist ist kein Kamerad«

Auszug aus dem Tagebuch des Generalstabschefs Franz Halder

Christian Streit
Keine Kameraden
Die Wehrmacht und die Sowjetischen Kriegsgefangenen 1941–1945.
Studien zur Zeitgeschichte
Band 13
Herausgegeben vom
Institut für Zeitgeschichte
445 Seiten

Der »Spiegel« hat in Nr. 7 vom 13.2.78 ausführlich über diese Dissertation des Heidelberger Historikers berichtet.
Er schreibt u.a.:
Sie wurden auf dem Marsch in die Lager erschossen, verhungerten oder starben an den Folgen unmenschlicher Zwangsarbeit. Ein Historiker wies jetzt nach: Nicht nur die SS war am Massenmorden beteiligt...

Ihre Führung hatte sich gründlich zu Herzen genommen, was Hitler schon ein Vierteljahr vor dem Überfall auf die Sowjet-Union 250 hohen Offizieren mit auf den Weg gegeben hatte. Generalstabschef Franz Halder notierte aus dieser beispiellos offenen Hitler-Rede in seinem Tagebuch: »Bolschewismus ist gleich asoziales Verbrechertum. Kommunismus ungeheure Gefahr für die Zukunft. Wir müssen von dem Standpunkt des soldatischen Kameradentums abrücken. Der Kommunist ist vorher kein Kamerad und nachher kein Kamerad.«...
Der russische Gefangene blieb bis Kriegsende unverändert der »Untermensch«, der in NS-Wertkategorien nicht vorkam: Er durfte erschossen und geprügelt werden. Für ihn war gut genug, was andere nicht mehr essen mochten...

Von den 5,735 Millionen Sowjet-Bürgern, die im Zweiten Weltkrieg in deutsche Gefangenschaft gerieten, sind 3,3 Millionen (58 Prozent) umgekommen oder ermordet worden. Bei den englischen und amerikanischen Kriegsgefangenen betrugen die Verluste dagegen lediglich vier Prozent. Bis heute ist diese Massenvernichtung sowjetischer Gefangener aus dem öffentlichen Bewußtsein mit Erfolg verdrängt worden. Zum einen weil Tausende der Mordgehilfen noch leben, zum anderen, so Streit, weil schon bald nach Kriegsende »der Kalte Krieg die Möglichkeit bot, die Sowjet-Union in ungebrochener Kontinuität als Gegner zu sehen«.

Deutsche Verlags-Anstalt